新课标

高中历史教学设计丛书

总主编　何成刚

高中历史教学设计

国家制度与社会治理

主　编　刘松柏　梁晓东
副主编　何成荣　李致远

复旦大学出版社

内容提要

本书是“高中历史教学设计丛书”中的一册。“高中历史教学设计丛书”（共7册）是依据《普通高中历史课程标准》（2017年版），基于教育部统编历史教材而编写的高中历史教学设计参考用书。

本丛书以培养学生的历史学科核心素养为目标，遵循从“单元教学设计”到“课时教学设计”的基本思路，兼顾各单元间的逻辑联系；大多采用同课异构的方式，编写了适应合格性考试和选择性考试要求的两套教学设计；以史学阅读为前提，注重将史学研究成果转化为教师“教”与学生“学”的有效资源。

本丛书可与“历史课标解析与史料研习丛书”（共7册）配套使用，初中或中职的历史教学均可参考。

总序

编写高中历史新教材，不容易；用好高中历史新教材，更不容易。

用好高中历史新教材，导向在于培养学生历史学科核心素养，关键在于历史教师要以深度史学阅读为前提。当然，历史教学不等于历史研究。但不可否认的事实是，历史学科核心素养的提出，进一步推动历史教学越来越依赖历史研究，这已成为越来越多的历史教师的"基本共识"。可以说，如果没有深度的史学阅读，深入理解高中历史新教材，创造性地使用高中历史新教材，培养学生历史学科核心素养很有可能就流于形式，陷入空谈。可喜的是，重视史学阅读，重视将史学成果和史料资源转化为有价值的教学资源，使之更好地服务于教师讲述、情境创设和问题设计，已成为越来越多的历史教师进行教学设计和教学实践的"基本常识"。"无阅读，不教学""无史料，不教学"的教学理念越来越深入人心。实践证明，在开展史学阅读和史料教学方面进行积极探索的历史教师，专业发展往往会更显著一些。

考虑到高中历史教师日常工作繁忙、无暇进行深度史学阅读的实际情况，我们在复旦大学出版社的支持下，编写出版了"历史课标解析与史料研习丛书"(7 册)，分别是：《历史课标解析与史料研习・中国古代史》《历史课标解析与史料研习・中国近现代史》《历史课标解析与史料研习・世界古代近代史》《历史课标解析与史料研习・世界现代史》《历史课标解析与史料研习・国家制度与社会治理》《历史课标解析与史料研习・经济与社会生活》《历史课标解析与史料研习・文化交流与传播》。编写这套丛书的目的就在于为广大高中历史教师深入理解课程标准，深入理解高中历史新教材，创造性地使用高中历史新教材，培养学生历史学科核心素养，提供史学支撑。

为进一步提高高中历史教师创造性地使用高中历史新教材的能力，我们基于《普通高中历史课程标准》(2017 年版)，依托史学阅读，遵循史料研习理念，坚持培养学生历史学科核心素养的初心，又编写了"高中历史教学设计丛书"(7 册)，分别是：《新课标高中历史教学设计・中国古代史》《新课标高中历史教学设计・中国近现代史》《高中历史教学设计・世界古代近代史》《新课标高中历史教学设计・世界现代史》《高中历史教学设计・国家制度与社会治理》《高中历史教学设计・经济与社会生活》《高中历史教学设计・文化交流与传播》(后出版的几册因有关情况，书名中未出现"新课标"字样)。在进行教学设计的过程中，我们遵循从"单元教学设计"到"课时教学设计"的基本思路，同时兼顾各单元内容之间的逻辑联系。考虑到历史学业水平的不同要求，我们针对高中历史新教材中的每一课,基于同课异构设计思路,分别编写了适应合格性考试和选择性考试要求的教学设计,希望能为高中历史教师进行教学设计和教学实践提供参考和借鉴,以节约备课时间,提高备课质量,达成教学效果。

大家普遍反映,既要在一个课时内完成高中历史新教材一课的教学任务,又要培养学生的历史学科核心素养。但对很多高中历史教师而言,是一个难以解决的矛盾。我们编写的每一个教学设计,出发点和落脚点都在于培养学生的历史学科核心素养。但实事求是地说,对一些高中历史教师而言,并不是所有的教学设计都能在一个课时内有效实施。在此,我们想强调的是,编写本套教学设计丛书,希望在教材分析、教学目标制定、教学过程设计,特别是在教师讲述、史料选取和问题设计等方面,给高中历史教师提供备课和教学的有益参考和借鉴,不希望高中历史教师不考虑学情地运用“拿来主义”,反对“全盘照搬”和“复制粘贴”,因为我们都知道,并不存在可以“放之四海而皆准”的教学设计。

本教学设计丛书亦可供初中历史教师借鉴和参考。

何成刚

教育部课程教材研究所研究员

目 录

第三单元 法律与教化

第四单元 民族关系与国家关系

第五单元 货币与赋税制度

第六单元　基层治理与社会保障

第一单元

政治制度

第 1 课

中国古代政治制度的形成与发展

教学设计 1

成都嘉祥外国语学校　梁晓东/自贡市嘉祥外国语学校　唐南雁

一、教材分析

本课是统编教材《国家制度与社会治理》第一单元《政治制度》的第 1 课《中国古代政治制度的形成与发展》，包含“先秦时期的政治制度”“秦朝的政治制度”“两汉至明清时期政治制度的演变”三个子目的内容。教材主要讲述了中国古代政治制度在秦朝建立前后的巨大变化，以及从秦到清君主专制中央集权政治制度的演变历程。知识内在逻辑框架见下表：

表一　本课知识框架

<table>
<tr><td>夏</td><td>商</td><td>西周</td><td>春秋战国</td><td>秦</td><td>汉</td><td>魏晋南北朝</td><td>隋</td><td>唐</td><td>宋</td><td>元</td><td>明</td><td>清</td></tr>
<tr><td colspan="3">封邦建国</td><td rowspan="4">/</td><td colspan="9">君主专制中央集权</td></tr>
<tr><td>家天下</td><td>内外服</td><td>宗法分封</td><td colspan="9">皇帝制度、廷议制度、文书行政制度</td></tr>
<tr><td>/</td><td>/</td><td>师保制</td><td colspan="2">三公九卿</td><td>/</td><td colspan="2">三省六部</td><td>中书门下</td><td>中书省</td><td>内阁</td><td>军机处</td></tr>
<tr><td colspan="3">分封制</td><td colspan="6">郡县制</td><td colspan="3">行省制</td></tr>
</table>

《普通高中历史课程标准(2017 年版 2020 年修订)》对本课的要求是：了解中国古代政治体制在秦朝建立前后的巨大变化；通过宰相制度和地方行政层级管理的变化，认识自秦起君主专制中央集权政治体制的演变线索。本课时间跨度极大，内容极为丰富，不过，相关重要知识点大都在《中外历史纲要(上)》中已有讲授。本课主要起到重新梳理线索和深度辨析的作用，故本教学设计对教材内容进行了整合，分为两个子目：“周秦之际的政治制度变革”，主要介绍从西周到秦朝在最高政治领袖、中央行政、地方行政、议政方式、行政方式等方面的重大变化，及秦朝专制主义中央集权体制的逐步建立；“帝制时代的政治制度变迁”主要介绍从秦汉到清朝的宰相制度及地方行政层级的演变，前者指向君主专制，后者指向中央集权。

二、学情分析

学生通过初中及必修教材《中外历史纲要(上)》的学习,对中国古代历代专制主义中央集权政治体制的史实已有较翔实的了解,但对该政治体制从秦朝到清朝的演变脉络及其内在历史逻辑缺乏深入理解。因此,本教学设计注重在简单回顾基础知识的基础上,精选相关史料创设具体生动的历史情境,引导学生构建历史发展演化的脉络,继而引导学生在唯物史观指导下,用发展的眼光看待历史变迁,用辩证的观点去把握史事的本质联系与内部矛盾,并进一步培养家国情怀。

三、教学目标

1. 通过比较文献史料等方式了解中国古代政治体制在秦朝建立前后的巨大变化,全面地、辩证地认识秦朝君主专制中央集权政治体制的建立,培养唯物史观素养和史料实证意识。

2. 通过梳理宰相制度和地方行政层级管理的变化,认识自秦起君主专制中央集权政治体制的演变线索,用历史的观点来看待历史事物,增强文化自信和制度自信。

3. 通过阅读分析文献和考古资料等形式,增加对秦汉文书行政的理解,培养历史解释素养。

四、教学重难点

重点:中国古代政治体制在秦朝建立前后的巨大变化;从秦汉到清朝行政制度的演变逻辑。

难点:中国古代政治体制在秦朝建立前后的巨大变化。

五、教学流程

【导入新课】

教师设问:聚焦细节,方显历史的生动丰富和跌宕起伏;宏观叙述,能见历史的演进阶段与发展潮流。请大家结合所学知识谈一谈,从政治体制的角度,整部中国历史可以被划分为哪几个大的阶段?

(设计意图)开门见山,切入本单元的主题。引导学生回顾《中外历史纲要(上)》的知识,鼓励学生多维度思考和表述,然后综合大家意见中的合理成分,构建宏观历史框架如下:

表二 历史框架

夏	商	周	秦	汉	魏晋南北朝	隋	唐	宋	元	明	清
封邦建国			君主专制中央集权								
/			三公九卿		/	三省六部		中书门下	中书省	内阁	军机处
分封制			郡县制						行省制		

教师讲述: 本课我们重点关注两个问题:一是公元前221年前后,王制向帝制的巨变;二是从公元前221年到公元1912年,帝制(君主专制中央集权制度)内部的变迁。

【学习新课】

(一)周秦之际的政治制度变革

1. 议政方式之变:从国人议政到廷议

(过渡) 公元前221年,秦王嬴政统一六国,建立秦朝,自号"皇帝",宣布"朕为始皇帝,后世以计数,二世三世至于万世,传之无穷"。

材料一 (二十六年)秦初并天下……丞相绾等言:"诸侯初破,燕、齐、荆地远,不为置王,毋以填之。请立诸子,唯上幸许。"始皇下其议于群臣,群臣皆以为便。廷尉李斯议曰:"周文武所封子弟同姓甚众,然后属疏远,相攻击如仇雠,诸侯更相诛伐,周天子弗能禁止。今海内赖陛下神灵一统,皆为郡县,诸子功臣以公赋税重赏赐之,甚足易制。天下无异意,则安宁之术也。置诸侯不便。"始皇曰:"天下共苦战斗不休,以有侯王。赖宗庙,天下初定,又复立国,是树兵也,而求其宁息,岂不难哉!廷尉议是。"分天下以为三十六郡,郡置守、尉、监。

——《史记》,北京:中华书局,1959年,第238—239页

教师讲述: 在《史记·秦始皇本纪》中,秦始皇两次"下其议",这反映的就是"廷议制度"。从秦朝至清朝,廷议制度贯穿帝制时代的始终。

教师设问: 根据材料一,史论结合地说明秦朝廷议制度有何特点,并结合所学知识评价廷议制度的作用。(参考答案:特点:皇帝和丞相、廷尉等"群臣"都参与讨论国家大政方针,表明参与廷议的中央官员众多;"群臣皆以为便",李斯一人反对,最终秦始皇定调"廷尉议是",表明廷议并非民主表决制,最高裁决权由皇帝独自掌握。作用:集思广益,有利于减少重大决策的失误;无法从根本上限制皇权专制。)

教师追问: 根据材料一并结合所学知识,指出西周与秦朝的议政方式有何差异。(参考答案:西周王权不是绝对的,贵族乃至国人一定程度上都能参与或干预朝政;秦朝廷议仅限于公卿,由皇帝独裁。)

(设计意图) 第一,教学设计切入点的选择。关于夏商周的政治制度演进,本课课标要点、教材内容都已在《中外历史纲要(上)》第1课中集中讲述了,因此本教学设计不再简单重复,而是选取公元前221年君主专制中央集权制度在全国推广这一时间节点,选取秦廷廷议新旧制度的具体场景,引导学生回到具象的历史时空,进行周秦制度的比较。第二,史料的选择与运用。材料一选自《史记·秦始皇本纪》,作为第一手史料,信度很高,同时可用于引

导学生关注《史记》及其史料价值;材料一在本教学设计中将被多次、多角度地使用,以提升学生对史料的阅读理解能力和问题意识,同时可避免把历史课上成史料阅读课的通病。

2. 地方行政制度之变:从分封制到郡县制

教师设问: 根据材料一并结合所学知识指出,群臣争辩的议题是什么?(参考答案:双方争辩采用何种政治制度,以丞相绾为首的“群臣”主张在新征服的燕、齐、楚等偏远之地推行分封制;廷尉李斯主张在全国推行郡县制。)

教师追问: 分封制与郡县制有何差异?(参考答案:①分封制与宗法制相联系,以血缘关系为基础;郡县制是在国家大一统的条件下实现的,按照地域划分。②分封的诸侯王位世袭,并拥有封地;郡县长官由皇帝任免调迁,官位不得世袭,官吏只有俸禄没有封地。③分封制下,周王对王畿进行直接管辖,对诸侯国进行间接管辖;郡县制下,中央对地方进行垂直管理。④分封制在初期是有利于强化天子对地方的统治的,但由于诸侯王拥有世袭统治权和很强的地方独立性,逐步发展为地方割据势力;郡县是地方行政机构,有利于中央集权的加强和维护国家统一。)

教师引导学生分析: 郡县制取代分封制,有着更为深远的意义:第一,地域关系取代了血缘关系,使早期的部族国家转化为疆域国家;第二,职业官僚取代世袭领主,使贵族政治转化为官僚政治。

(设计意图) 此处设计层层递进:争论什么?(学生提取材料信息)分封制与郡县制有何差异?(学生深度思考比较)这种差异对中国历史的更长远更深刻的影响是什么?(教师讲述“点透”)其中,第一层次教学中要重点关注学生阅读史料的准确度,学生很容易把丞相绾等“群臣”的主张理解为(全面)恢复分封制,教师一定要引导学生认真阅读《史记》原文,发现他们的建议仅仅是在“燕、齐、荆”“置王”“立诸子”,从全国范围来看,类似于后来汉初推行的郡国并行制。

(过渡) 分封制与郡县制的差异,主要属于地方行政制度之变。西周与秦朝的政治制度的差异,还体现在中央官制、国家元首两大变化上。

3. 中央行政制度之变:从师保制到三公九卿制

材料二 周初成王时,周公为师,召公为保,“相王室,以尹天下”。师、保即太师、太保,掌握着朝廷的军政大权。太史地位仅次于太师、太保,主管册命、制禄、祭祀、时令、图籍等,既是文职官员的领袖,又是神职官员的首领。太保、太师、太史合称“三公”,是西周中央政权中辅佐周天子的执政大臣。

——摘编自白寿彝总主编:《中国通史·第三卷·上古时代》上册,第2版,上海:上海人民出版社,2015年,第261—263页

材料三 汝则在有大疑,谋及乃心,谋及卿士,谋及庶人,谋及卜筮。汝则从,龟从,筮从,卿士从,庶民从,是之谓大同……汝则从,龟从,筮从,卿士逆,庶民逆,吉。卿士从,龟从,筮从,汝则逆,庶民逆,吉。庶民从,龟从,筮从,汝则逆,卿士逆,吉。汝则从,龟从,筮逆,卿士逆,庶民逆,作内,吉;作外,凶。龟筮共违于人,用静,吉;用作,凶。

——慕平译注:《尚书》,北京:中华书局,2009年,第136—137页

教师设问: 根据材料一、二、三并结合所学知识指出,西周的师保制和秦朝三公九卿制有何异同?(参考答案:相同:二者均为中央官制;师保和三公九卿均参与军国大政的决策;二者之间存在历史渊源关系。不同:在宗法分封制度之下,师保对王权有一定约束作用;三

公九卿秉承皇帝命令施政。)

(过渡)从议政方式、地方行政制度、中央行政制度的变化，我们认识到，周“王”与秦“皇帝”虽然都是国家元首，但权力差别极大。

4. 国家元首制度之变：从“王”到“皇帝”

教师设问：根据材料一、二并结合所学知识指出，西周和秦朝的国家元首制度有何差别？(参考答案：元首称谓从“王”变成“皇帝”；由等级君主制变成君主专制。)

教师讲述：通过郡县制，地方权力集结于中央；通过皇帝制度、三公九卿制和廷议制度，中央权力集结于皇帝。这样，秦朝在全国范围内建立起君主专制中央集权制度。

5. 文书行政制度的建立

教师设问：那么，在版图空前广袤的秦帝国，中央政令怎么迅速传到指定层级机构？帝国角落的常规状况和突发情况又怎么迅速层层上报给中央乃至皇帝呢？(参考答案：建立起由中央到地方直至基层的行政机构；书同文、车同轨；法令严明；建立邮驿传递制度、文书行政制度；等等。)

(设计意图)这是一个发散性问题，引导学生在旧知识(郡县制、三公九卿制、书同文、车同轨等)与新知识(君主专制中央集权制度的运作)之间建立起逻辑联系，并引出“文书行政制度”这个新知识点。

材料四　(2016·全国 III 卷)东汉王充在《论衡》中说：“萧何入秦，收拾文书(国家档案文献)，汉所以能制九州者，文书之力也。”其意在说明，西汉成功地实现对全国的统治，是因为汉初

A. 实行了崇尚儒家的政策　　B. 继承了秦朝的基本制度

C. 未能充分发挥文书功能　　D. 官吏熟知秦朝典章制度

(参考答案：B)

材料五　沛公至咸阳，诸将皆争走金帛财物之府分之，(萧)何独先入收秦丞相御史律令图书藏之……汉王所以具知天下厄塞(注：阻塞)，户口多少，强弱之处，民所疾苦者，以(萧)何具得秦图书也。

——《史记》，北京：中华书局，1959 年，第 2014 页

材料六　睡虎地秦墓竹简，是指 1975 年 12 月在湖北省云梦县睡虎地秦墓中出土的大量竹简，这些竹简长 23.1—27.8 厘米，宽 0.5—0.8 厘米，内文为墨书秦隶，写于战国晚期及秦始皇时期，其内容主要是秦朝时的法律制度、行政文书、医学著作以及关于吉凶时日的占书，具有十分重要的学术价值。

——郝勤健：《睡虎地秦墓竹简》，载《湖北画报》，2010 年第 2 期

教师设问：完成材料四练习，并根据材料五、六，及教材第 4 页“史料阅读”《睡虎地秦墓竹简》内容，指出文书档案制度的进步意义。(参考答案：文书管理和文书办理流程的制度化和严密化；大大提高了行政效率；加强了君主专制中央集权制度；有利于巩固国家统一。)

(设计意图)材料四点出“汉所以能制九州者，文书之力也”，材料五进一步细化了“文书”的构成及其在汉朝建国中的作用，材料六及教材“史料阅读”以考古材料的形式着眼于秦朝文书行政管理制度的严密，三者层层递进，环环相扣，调动学生的求知欲，启发思考。同时，三种材料分别为后代学者评论、原始文献记载和现代考古发现，可以润物细无声地“渗透”关

于史料类别、史料价值的相关知识。

(教师小结并过渡)周秦之变,在政治制度方面,主要表现为“封邦建国”的宗法分封制被君主专制中央集权制度取代。秦朝是第一个大一统的帝制王朝,它所开创的君主专制中央集权制度一直延续到清朝。在继承秦朝政治制度的基础上,后代王朝损益之、更新之,总的来讲,在君主专制中央集权制度的大框架下,前面讲过的皇帝制度、廷议制度、文书行政制度以损益为主,而中央行政制度和地方行政制度则多有变迁。

(二) 帝制时代的政治制度变迁

1. 中央行政制度之变

教师设问:阅读教材第 4—5 页相关内容,并结合所学知识指出,历代中央行政中枢体制经历了哪几个重要演变阶段?(参考答案:按时间顺序有秦汉三公九卿制、隋唐三省六部制、宋代二府三司制、元朝中书省制、明朝内阁制和清朝军机处制六大阶段。又可分为两大阶段:秦汉至宋元的宰相制;明清的“兼职宰相制”。)

(设计意图)第一,历代中央行政中枢体制的演变,学生已经在初中和高一进行过系统学习。故本教学设计以梳理基础史实为辅,以思维提升为主,在这一环节并不更多施力。第二,该设问旨在让学生形成整体观念。第三,通过该设问,学生很容易理清六大阶段,教师应启发学生再进一步整合为两大阶段。从六阶段到两阶段,是学生历史理解能力提升的重要表现。

材料七

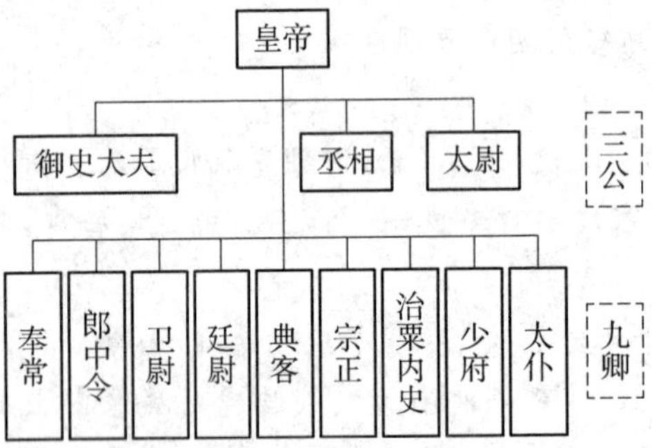

图 1　三公九卿制

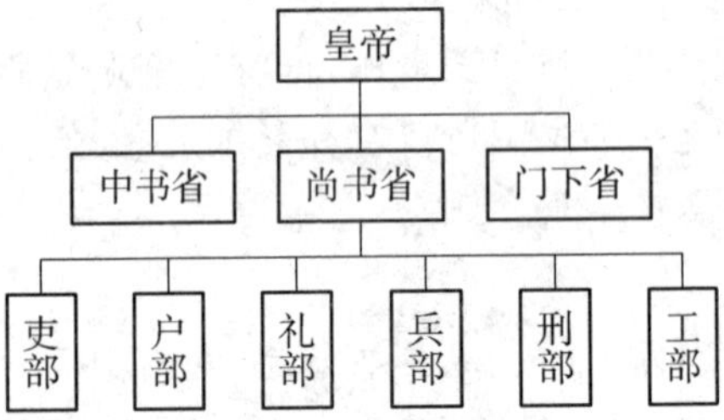

图 2　三省六部制

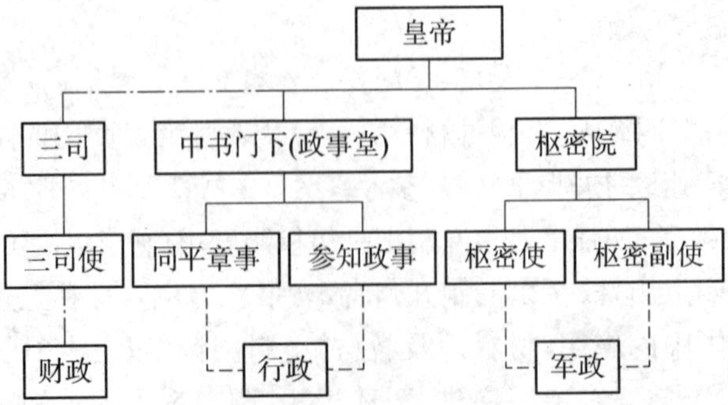

图 3　二府三司制

教师设问： 根据材料七并结合所学知识，指出从秦汉到唐宋时期宰相机构的发展演变有哪些规律性现象，进而谈谈你的认识。（参考答案：发散性思维问题，参考答案见下表。）

表三　秦汉至唐宋宰相机构的演变规律

	现象	认识
1	宰相人数越来越多，任职资格越来越低	相权日益弱化，皇权日益强化
2	机构分权越来越细，彼此牵制越来越强	
3	内侍机构权力扩张，取代外朝宰相机构	
4	立新不废旧，但实权逐渐转移至新设机构	平稳过渡
5	……	……

（设计意图） 在《中外历史纲要（上）》的基础上，拉长时段进行对比，以开放式问题设计，培养学生的归纳能力和历史理解能力。

材料八　终明之世，内阁从制度意义上讲仍然不是宰相。它在编制上一直是临时的，成员严格上讲也都有自己的本职，入阁只是一种兼职。而且，六部作为执行机关，在体制上并不隶属于内阁，内阁领导他们，事实上没有法理上的依据，所以内阁和六部经常会出现摩擦。这个制度跟宰相体制最关键的区别是天下的奏章不是先通过它们，而是由通政司首先送达皇帝那里，再由皇帝批交他们处理，处理完以后，再返回皇帝定夺，用朱笔按阁臣拟的意见批下去。这里，伺候皇帝笔墨的司礼监的太监，在皇帝比较懒惰的时候，往往会做些文章。所以，内阁本质上依然是出于皇帝制度外的信任而私授权力的秘书班子。

军机处仍然属于皇帝的秘书班子，主要工作有这样几项，一是与皇帝商议重大事务，一般由皇帝将全体军机大臣召到身边开会，听取大臣的意见；二是秉承皇帝的旨意，草拟上谕和诏书；三是对皇帝发下来的奏章进行处理，提出处理意见供皇帝参考。军机处的工作特点，时人概括为三个字：密、简、速。密，即办事机密；简，即办事手续简便；速，即办事效率高。

——摘编自张鸣著：《中国政治制度史导论》（第 2 版），北京：中国人民大学出版社，2010 年，第 202、233—234 页

教师设问： 根据材料八并结合所学知识，指出明清中央行政中枢体制的特点及其影响。（参考答案：特点：明初废除丞相制度，明朝内阁和清朝军机处仅是皇帝的内侍机构；内阁和军机处都不能正式统率六部。影响：官僚集团对皇权的牵制作用进一步削弱，君主专制发展达到顶峰；最高决策集团日益封闭化，君主专断独行的盲目性、随意性增大。）

教师讲述： 在帝制时代，虽然国家政治由君主独断，但宰相也要参与决策。宰相作为政府的最高管理者与官僚代表，是历代王朝中枢决策机构的首脑或首脑群体，决策的最终定论固然由君主独断，然而整个决策过程中的调查、草拟、驳议、商讨、修订等，几乎全由宰相参与并主持进行。宰相参与，在秦汉到隋唐这个历史阶段中，表现得比较主动和积极，但自宋以后的元明清各朝，日趋衰微；在历朝政治制度演变的前期和后期，宰相参与的作用也不稳定，

一般来说,前期比较奋发有为,坚强有力,后期往往由于君主的随意、蛮横、残暴的干涉,变得畏缩不前,可有可无。

2. 地方行政制度之变

表四　中国古代行政区划简表

时期	秦汉	魏晋南北朝	隋唐	宋	元	明	清
高层政区	/	州	/	路	行省	布政使司	省
统县政区	郡	郡	州	州	路、府、州	府、直隶州/州	府、直隶州
县级政区	县	县	县	县	县	县	州、县

——摘编自周振鹤著:《中国地方行政制度史》(第2版),上海:上海人民出版社,2014年,第81页

教师设问:根据表四并结合所学知识,指出秦汉以来中国古代地方行政制度演变的规律性现象,并予以解释。(参考答案:见下表。)

表五　中国古代地方行政制度演变及原因

	现象	解释
1	秦汉至唐宋为郡县制;元明清为行省制	制度发展既具有沿袭性又具有变革性;元朝少数民族入主中原且领土空前庞大,故改郡县制为行省制
2	行政区划以二级制和三级制为主	在中央集权与地方自主性之间寻求平衡
3	行政区划上动下稳:县作为地方行政的基层政区,是相对稳定的;高层政区变动较大	中央集权与地方分权的博弈焦点在于高层政区
4	高层政区由虚入实:东汉末年的州、唐代的道、宋代的路都是由监察区或军区演化为来;行省原本为中央派驻机构	中央集权与地方分权的博弈
5	……	……

教师追问:根据表四,结合教材第6—7页"问题探究",概括秦汉以后地方行政制度的历史作用。(参考答案:有利于强化中央集权,有利于维护国家统一。)

【课堂小结】

教师引导学生小结:春秋战国时期,"封邦建国"的宗法分封制逐步瓦解,君主专制中央集权政治体制逐步形成。秦朝是中国历史上第一个大一统的君主专制中央集权王朝,它开创的皇帝制度、中央行政制度、地方行政制度,以及与之运转相适应的廷议制度、文书行政制度,在后世不断传承发展,一直延续到明清时期,并深刻影响到整个中华文明圈。

教学设计 2

四川师范大学附属中学　李致远

一、教材分析

本课是统编教材《国家制度与社会治理》第一单元《政治制度》的第 1 课《中国古代政治制度的形成与发展》，包含“先秦时期的政治制度”“秦朝的政治制度”“两汉至明清时期政治制度的演变”三个子目的内容。教材主要讲述了中国古代政治体制在秦朝建立前后的巨大变化及从秦到清君主专制中央集权政治体制的演变历程。

《普通高中历史课程标准（2017 年版 2020 年修订）》对本课的要求是：了解中国古代政治体制在秦朝建立前后的巨大变化；通过宰相制度和地方行政层级管理的变化，认识自秦起君主专制中央集权政治体制的演变线索。知识框架如下：

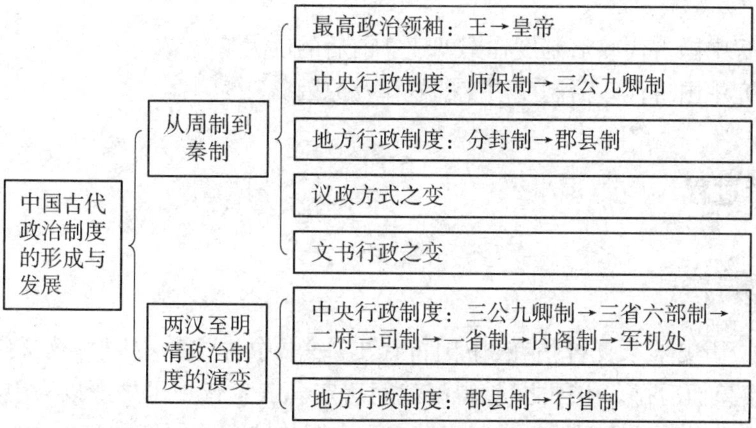

图 1　本课知识框架

本课时间跨度极大，内容极为丰富，完成教学任务必须删繁就简，紧扣课标重构教材。本设计对教材内容进行了整合，分为两个子目：“从周制到秦制”主要介绍从西周到秦朝最高政治领袖、中央行政、地方行政、议政方式、行政方式等方面的重大变化及秦朝君主专制中央集权政治体制的逐步建立；“两汉至明清时期政治制度的演变”主要介绍从两汉到明清中央行政制度的变化及地方行政层级的演变。

二、学情分析

学生通过初中及必修教材《中外历史纲要》的学习，对中国古代专制主义中央集权政治体制等史实有了一定的了解，但对于中国古代政治制度在秦朝建立前后的巨大变化及从秦到清君主专制中央集权政治体制的演变脉络缺乏深入的理解。教学时，需要选取相关史料构建具体生动的历史情境，通过针对性的设问和分析引导学生在唯物史观指导下，用发展的眼光看待历史事物,用辩证的观点去把握史事的本质联系,探寻历史发展的内在线索,并进一步培养家国情怀。

三、教学目标

1. 通过比较文献史料等方式,了解中国古代政治制度在秦朝建立前后的巨大变化,全面地辩证地认识秦朝君主专制中央集权政治体制的建立,提升唯物史观素养和史料实证意识。

2. 通过梳理宰相制度和地方行政层级管理的变化,认识自秦起君主专制中央集权政治体制的演变线索,用历史的、变化的观点来看待历史事物,增强文化自信和制度自信。

3. 通过分析文献和考古资料等方式了解史学研究成果,增加对西周原始民主遗存、秦汉文书行政、内朝制度、军机处、中国古代专制社会等史事的理解,提升史料实证和历史解释素养。

四、教学重难点

重点：理解中国古代政治制度在秦朝建立前后的巨大变化。

难点：探究中国古代政治制度演变的规律及原因。

五、教学过程

【导入新课】

教师讲述：历史学家夏曾佑在《中国古代史》一书中说:“故中国之教,得孔子而后立。中国之政,得秦皇而后行。中国之境,得汉武而后定。三者皆中国之所以为中国也。”[①]由此可见,夏先生认为秦始皇开创的政治制度奠定了中国传统政治制度的基础,推动了中国统一国家的形成与发展,影响深远。

那么,秦朝建立前后,中国政治制度发生了怎样的重大变化?秦朝开创的政治制度又有怎样的演变呢?就让我们一起走进第一单元的第一课《中国古代政治制度的形成与发展》。

(设计意图)通过历史学家评价历史事物的方式创设历史情境,加深学生对秦朝政治的了解和认识,再设置层层递进的问题,激发学生学习和探究的兴趣,进而导入新课。

【学习新课】

(一) 从周制到秦制

1. 最高政治领袖：从“王”到“皇帝”

材料一　西周、春秋时期,氏族制残余犹未完全泯灭,这一时期仍存在的原始民主制遗

① 夏曾佑著：《中国古代史》,北京：团结出版社,2006年,第257页。

存有：一、臣僚对国君的辅贰制(以卿佐辅佐君主)，最高执政在君主行为失度或社稷安全面临严重威胁时，可以以“师保”的身份行使驳议、立君、摄政的特殊权力。二、君主与众卿共同商议大事的朝议制。三、国人参政制。当时政体虽以贵族专制为主，但臣权、民权对君权依旧可起到某种制约作用。

——摘编自徐鸿修：《周代贵族专制政体中的原始民主遗存》，载《中国社会科学》，1981年第2期

教师设问：根据材料一并结合所学知识，指出西周、春秋时期国君权力在哪些方面受到限制。(参考答案：臣僚的辅政权；议政方式；参政群体等。)

教师讲述：周武王灭商两年后病逝，太子诵继位，即周成王。但成王年少，天下初定，周公担心诸侯背叛周王室，于是代成王处理国政。周公代成王摄政，这就是辅贰制的重要体现。当国家遇到重大问题时，君主要征求“国人”的意见，国人也可以通过舆论来干预朝政，这些原始民主传统在春秋战国各国政治中仍然有一定影响。那么，西周时期为什么会保留一些原始民主传统呢？

教师引导学生分析：周代去古不远，西周宗法制度带有明显的氏族制痕迹。一些氏族时代的遗迹与家长奴役制一起留存在周代社会结构之中，西周自然会产生以氏族民主传统制约君主专制的趋向。西周原始民主遗存也是社会生产力水平低下，人们无法或不能改变外在自然力量条件下的产物。到了春秋战国之际，随着宗法制的瓦解，君主集权大大加强，古老的民主政治遗存日趋消亡。

材料二 秦王政在公元前221年亡齐后不久，颁布了“议帝号”令，他提出去“泰”著“皇”，采上古“帝”位号，号曰“皇帝”。紧接着还规定了皇帝的专用称谓，确立了玉玺的制度，并废除谥号。“天下之事无小大皆决于上”“主独制于天下而无所制也！”

——摘编自《史记·秦始皇本纪》，北京：中华书局，1959年，第236、258、2554页

教师设问：根据材料一、二并结合所学知识，指出周秦国家元首制度的变化。(参考答案：称谓由“王”到“皇帝”；君权由有限君主制到绝对君主制。)

教师讲述：在西周、春秋和战国前期，只有天子才能称“王”，是全国的最高统治者。到战国中期以后，周天子的权威已极度衰落，各诸侯也相继称王。秦王政消灭六国，统一中国，诸侯征战的局面结束，天下安定。秦王政自认为功劳高于前代所有的帝王，不应再仅仅称王，最后采用了“皇帝”的称号。从此，“皇帝”就成为中国古代最高统治者的尊号，并为以后历代最高统治者所沿用。嬴政把“家天下”作为统治天下的主要制度，实行皇位世袭。皇帝拥有至高无上的权力，从中央到地方的主要官吏，如郡守、县令等都由皇帝任免，都按照皇帝的律令或者意志办事，军权也集中到皇帝手中。

由此可见，西周到秦朝，最高政治领袖在称谓和权力等方面发生了重大变化，皇权至上、皇帝独尊、皇位世袭的皇帝制度建立，奠定了专制主义中央集权政治制度的基础。皇帝制度为后世历代最高统治者沿用，影响深远。

(过渡)除此之外，周秦政治制度的变化还体现在中央行政制度上。

2. 中央行政制度：从师保制到三公九卿制

材料三 西周的最高执政官是太师和太保，太师是王的老师，太保对王负有保养、辅导的责任。西周的师保是从氏族社会的长老制度演变来的，大都由王族的长老担任。一般地

讲，师保的话，王必须恭敬听命，在王年幼的时候，师保甚至代行王的权力。成王时，“召公为保，周公为师，相成王为左右”，周公以太师的身份总理内外政务。

——摘编自左言东：《西周官制概述》，载《人文杂志》，1981 年第 3 期

教师设问：根据材料三回答，西周师保的主要职能有哪些？（参考答案：作为最高执政官，总理朝政；担负教导、保养周王的职责；辅佐周王，在周王年幼时摄政。）

教师讲述：师保在西周国家政治生活中居于十分特殊的地位。太师、太保、太傅被称为“三公”，是西周最有影响的执政贵族，除了教导君王外，还作为中央政府的首脑，掌握全国军政大权。

但是师保等“三公”执政大臣权力的增大，也会引起周王的疑惧。周公对西周的建立和巩固立有大功，摄政七年后，还政成王，对成王十分谨敬。但有人诬陷周公，成王听信了谗言，周公被迫逃往楚地。后来，成王被周公的忠心和诚心打动，解除了疑虑，把周公接回。周公奔楚，一定程度上反映了周王与执政大臣之间矛盾的尖锐。

（过渡）西周的师保制后来演变为秦朝的三公九卿制，那么秦朝的三公九卿制又有怎样的特点呢？

材料四 皇帝之下设三公九卿。三公指丞相、太尉、御史大夫。丞相是百官之长，行政中枢所在，秉承皇帝，统领百官；太尉掌军事；御史大夫是副丞相，掌管图籍、文书，监察百官。三公之下是分掌各类政务的机构，泛称“九卿”。三公九卿共同组成中央政府。国家重大事务由公卿进行廷议，最后由皇帝裁断。

——摘编自《国家制度与社会治理》，北京：人民教育出版社，2020 年，第 3—4 页

教师设问：根据材料三、四并结合所学知识，概括秦朝三公九卿制的特点。

（参考答案：执政大臣由皇帝任命，不得世袭，秉承皇帝命令施政；通过廷议形式议政，皇帝裁断；三公九卿有明确分工。）

教师引导学生分析：西周的师保主要来自王族长老，除了教导周王外，还参与决策，并主持全国军政事务，师保的崇高声望和巨大权力对君权形成一定的制约。以师保为代表的西周权力中枢还没有明确的政治分工，具有行政、军事、监察不分的特点。

秦朝的三公九卿制由西周的师保制演变而来，重要大臣由皇帝任命，三公九卿承皇命施政，军国大政由皇帝裁断，相对于西周的师保制来讲，君权得到了强化。秦朝的权力中枢主要由丞相、太尉、御史大夫组成，政治分工明确，监察官员的地位提高，这就扩展了中央政府和官僚机构的职能。从此，行政、军事、监察被认为是国家权力的三项最主要的职能。这种政治分工具体化和行政主导的政治运行机制的形成，奠定了中国传统社会中央行政制度的基本格局，推动了中国政治文明的进步。

（过渡）除此之外，从西周到秦朝，地方行政制度也发生了重大变化。

3. 地方行政制度：从分封制到郡县制

材料五 中国古代的早期国家（夏商周三代）是一种部族国家，它的政治制度带有浓厚的部族色彩，形成了以宗法制为核心的制度体系，用分封制作为治理国家的基本方式，用世卿世禄制作为选拔官吏的基本方式。这种制度体系，以西周最为典型……战国的一个重大变化就是逐渐用郡县制替代了分封制……郡、县的长官，不再是世袭领主，而是由君主委派的官员。郡、县长官由君主任免，对君主负责，成为中国历史上取代贵族领主的最早职业

官僚。

——张岂之主编：《中国历史十五讲》，北京：北京大学出版社，2015 年，第 114—115 页

教师设问：与西周分封制相比，秦朝郡县制具有怎样的特点？（参考答案：郡县长官由君主任免，对君主负责；有任期，不得世袭。）

教师引导学生分析：郡县制取代分封制，有着重要意义。郡县制下，郡县长官由君主任免，有任期，不得世袭，这有利于加强中央集权和实现国家大一统，反映出在国家制度中地域关系取代了血缘关系，早期的部族国家转化为疆域国家；国家管理人员由职业官僚取代世袭领主，贵族政治转化为官僚政治，这就扩大了官员来源和统治基础，推动了社会流动；政绩成为任免官员的主要标准，这有利于提高官员的治理能力和水平，推动秦王朝国家治理体系的发展。

（过渡）除了地方行政制度的变化外，周秦政治制度的演变还体现在议政方式上。

4. 议政方式之变

材料六　所以君王处理政事，让公卿以至各级官吏进献讽喻诗，乐师进献民间乐曲，史官进献有借鉴意义的史籍，少师诵读箴言，盲人吟咏诗篇……平民则将自己的意见转达给君王……然后由君王斟酌取舍，付之实施。这样，国家的政事得以实行而不违背道理。

——摘编自《史记·周本纪》，北京：中华书局，1959 年，第 142 页

材料七　秦朝建立后，秦始皇在一些重大问题上实行廷议。如在是否实行分封问题上就让群臣廷议，导致王绾和李斯的激烈论争，而嬴政最终采纳了李斯的建议，废除了分封制，并由此引发了“焚书坑儒”。它在一定程度上体现了统治集团内部的民主，在相当范围内保证重大决策不发生或少发生失误，以推动国家机器和社会肌体的正常运行。

——摘编自赵燕玲：《论中国古代皇权制约理论与制约机制》，载《湖北社会科学》，2013 年第 2 期

教师设问：根据材料六、七并结合所学知识，比较周秦君主听政方式的异同。（参考答案：同：听取多人意见，集思广益，有利于减少决策失误。不同：议政人数和方式不同：西周：上自公卿列士，下至国人均可议政，存在着献诗、上书等多种方式；秦朝：廷议主要局限于中央主要官员，廷臣会议上讨论，皇帝裁决。）

教师引导学生分析：西周的议政方式受到原始民主传统的影响，反映了早期国家制度的不成熟。从西周到秦朝，议政主体范围在缩小，议政程序渐趋规范化，它体现了有限君主制向绝对君主制的转变，反映了国家制度的日益成熟和政治文明的进步。

（过渡）东汉的王充在《论衡》中提到，刘邦占领咸阳后，很多将领都在争抢财物，萧何却忙着收拾秦朝政府的文书，其他人很不理解。萧何为什么要这样做呢？

5. 文书行政之变

材料八　周王通过诰、誓、命等文书来管理国家，这一时期的公文文种及数量还很有限，较为系统的行文关系尚未形成。秦汉时期的公文文种与数量开始大幅度增加，秦代出现了君臣专用文种和地方行政所需的官府往来文种，中央政务公文主要有皇帝御用公文“制”和“诏”，改战国时“上书”为“奏”，列为臣下专用文种。秦代的地方公文主要在郡和县两个层次上运转，公文在国家行政管理活动中起到了巨大的作用。

——摘编自何庄：《古代公文文种变迁原因探析》，载《档案学通讯》，2012 年第 3 期

有事请殹（也），必以书，毋口请，毋羁（羁）请。

行命书及书署急者，辄行之；不急者，日觱(毕)，勿敢留。留者以律论之。

——《睡虎地秦墓竹简》，转引自《国家制度与社会治理》，北京：人民教育出版社，2020年，第4页

教师设问：根据材料八并结合所学知识，概括秦代文书行政的特点并分析其形成的原因。（参考答案：特点：公文文种和数量大幅度增加；行文关系渐趋规范；文书成为行政运作的重要形式；文书管理严密。原因：中央与地方的政务往来密切；中央集权政治体制运转的需要。）

教师引导学生分析：《史记》记载，秦始皇每日都要批阅大量文书，不达到一定数量不休息，可见其处理的公文数量之多。公文数量的巨大反映了国家政务的繁重和国家机器运转的频繁。秦始皇通过阅读文书了解帝国的实际状况，进而做出合理的决策。

教师追问：根据材料八并结合所学知识，分析秦代文书行政的影响。（参考答案：文书是秦王朝治理国家的重要手段，是汉初统治者治国理政的重要依据；影响后世典章制度的编撰，为后世研究秦汉历史提供了重要史料。）

教师引导学生分析：公文文书是官僚行政管理的一个重要手段。萧何入关中，舍弃宫室财物而独取文书，是因为这些文书有着独特的价值，它包括了"秦之形势"——秦朝很多法律制度、赋税制度、行政管理制度以及钱粮、人口等大量数据，是汉初统治者治国理政的重要基础和参考。

教师讲述：文书是传递国家各种信息的主要载体，是秦汉行政体系正常运行的基础。文书也是国家控制官吏的有力工具，睡虎地秦简出现了大量的秦各级政府有关考绩、测评、规范等管理性文书，这些文书都是各级官府为了自身的管理需要和定期上报而制作的，是中央和地方联系沟通的有效方式。由此可见，文书制度在秦汉的行政管理上发挥了巨大作用。同时，行政管理体系也有力地促进了文书制度的发展与完善。二者相辅相成，奠定了整个古代中国文书制度的基础。

(设计意图)通过展示考古和文献史料，使学生更加直观地理解秦朝文书行政的必要性，加深对秦朝专制主义政治体制运行的认识。问题指向：史料实证素养水平3——在探究特定历史问题时，能够对史料进行整理和辨析；能够利用不同类型史料，对所探究的问题进行互证，形成对该问题更全面、丰富的解释。

(教师小结并过渡)从西周到秦朝，无论是最高政治领袖、中央行政、地方行政、议政方式，还是行政方式等方面，都发生了重大变化。秦始皇废除了西周实行了八百余年的贵族分封制，实行中央集权制，这是适应当时社会经济发展需要的重大政治制度变革。新的制度固然是地主阶级用来统治、镇压广大劳动人民的工具，但已基本上摆脱了旧的贵族政治的窠臼，形成了一套完整的传统政治制度。在当时，在此后相当长的时间中，对巩固国家统一，促进社会经济文化发展都起到巨大的作用。此后，我国两千多年的传统社会基本上沿用了这一制度。

（二）两汉至明清时期政治制度的演变

1. 中央行政制度之变

[课前自主学习]

根据教材第4—5页和所学知识，完成以下学案：

表一 中国古代中央行政制度演变简表

阶段	表现	主要内容	作用
汉朝	三公九卿制 中朝	中朝由__①__构成，对重要政事__②__	加强了__⑨__，削弱了__⑩__
隋唐	__③__	中书省负责__④__，门下省负责__⑤__，尚书省负责__⑥__	
宋代	二府三司制	增设参知政事、__⑦__和__⑧__分割相权	
明朝	内阁制	明太祖废丞相，内阁逐渐成为事实上的__⑪__	__⑭__进一步强化
清朝	军机处	军机大臣直接秉承__⑫__，处理__⑬__	

（参考答案：①亲信近臣；②预先决策；③三省六部制；④草拟和颁布诏令；⑤审核、封驳诏令；⑥执行诏令；⑦枢密使；⑧三司使；⑨皇权；⑩相权；⑪行政中枢；⑫皇帝旨意；⑬军国大事；⑭君主专制。）

教师讲述：“汉承秦制，有所损益”，汉王朝继承和发展了秦朝的三公九卿制，后世的宰相制度在前代基础上不断地发展演变。学者巩绍英先生很简要而清晰地描述过中国政治制度史上宰相制度演变的轨迹：

材料九 秦以丞相、太尉、御史大夫三公秉政。西汉有中外朝之分……隋唐实行中书、门下、尚书三省分权，翰林管理文书，号为“内相”……明废丞相，六部尚书直接对皇帝负责，殿阁大学士组成皇帝的办公机构，掌握了实际的权力，清又以军机处代替内阁的地位，内阁成了空衔。这样一层一层地像剥笋一样，无非是“人主之狎近幸而憎尊望者逼己”，就是说，尽量把权力保持在皇帝自己手里。

——巩绍英：《略论秦汉以来专制主义的中央集权制度(上)》，载《历史教学》，1965年第1期

教师设问：根据材料九，概括巩绍英关于秦朝到清朝中央行政制度演变趋势的观点。（参考答案：内朝外朝化；一切权力向皇权集中，君主专制逐渐强化。）

(过渡)那么，巩先生为什么会有这种看法呢？请看他的简历：

巩绍英(1920—1973)，历史学家、诗人。15岁参加革命。1949年前后担任过副厅长、厅长。1954年任人民教育出版社副总编辑，主持中学历史教材的编纂工作。1961年调中华书局任副总编辑。1964年南开大学历史系任教，兼任图书馆馆长。1971年初借调到中国历史博物馆，1973年逝世。①

教师设问：巩先生的上述观点和他的人生经历有什么关系呢？（参考答案：他的观点深受其革命经历和唯物史观的影响，受到60年代社会意识形态和主流史学观点的影响。）

教师引导学生分析：巩先生作为中国共产党的高级干部和文史专家，长期学习马克思主义，必然受到唯物史观的影响。这篇文章发表在1965年，正是阶级斗争学说盛行的年代，这些多少会影响他的史学观点。这说明个人的思想意识离不开他所处的时代。

---

① 摘编自刘泽华：《青莲座上的讲学者——巩绍英》，https://old.pep.com.cn/zt/60zn/hgp_1/wjyzdrjs/gongsy/201012/t20101210_985902.html，2010-12-10。

(过渡)巩先生认为,内朝外朝化是古代宰相制度演变的突出特点。中朝出现在汉武帝时期,史学界的主流观点认为,汉武帝建立中朝的主要原因是他要加强皇权、削弱相权。巩先生也持类似的观点,你赞成吗?

[探究一:汉武帝建立中朝的主要原因]

材料十 汉初统治者"无为而治",宰相"萧规曹随"。经过七十多年的休养生息,汉王朝经济恢复,武帝雄才大略、奋发有为,希望宰相能发挥积极作用。但按照旧制,君、相之间见面次数较少,间隔时间长;旧制"常以列侯为丞相",武将出身的列侯素质下降,不一定能胜任宰相之职;汉初以来天下文书资料皆保存在丞相府和御史大夫寺,武帝不能充分利用这些文书资料,影响决策。鉴于此,武帝诏"郡举贤良……擢(严)助为中大夫(内朝官),后得司马相如、主父偃……东方朔等,并在左右……延贤人与谋议,朝覲奏事,因言国家便宜"。

——摘编自祝总斌:《西汉宰相制度变化的原因》,载《历史研究》,1986 年第 2 期

教师设问:根据材料九、十,指出祝总斌的观点与巩少英的有何不同?(参考答案:祝总斌认为,汉武帝建立中朝的原因在于汉初的宰相制度无法适应形势的需要;中朝有利于提高决策质量和统治效率,从而更有效地进行统治。)

教师引导学生分析:由此可见,汉武帝建立中朝主要并非出于君权、相权之争,而是随着社会经济的恢复,地主阶级要求上层统治集团积极有为、大展宏图,而原来的宰相制度的某些环节已不能适应这一新形势,因而汉武帝不得不对它加以调整。这是客观形势发展的需要,并非单纯由皇帝主观意愿决定。

但客观上来讲,汉武帝建立中朝,扩大了帮忙出谋划策的左右近臣的队伍,皇帝的影响力大大超过了汉初黄老无为思想指导下"垂拱深宫"、消极等待宰相奏请的君主。再加上扩大了丞相的任用范围,这在客观上限制了宰相权力,对长期垄断丞相职位的列侯是个沉重打击。中朝的建立,确实加强了君权、削弱了相权,这是结果,而不是原因。

事实上,在分析历史事物时,很多人容易把结果当成原因,这就提示我们,要区分历史解释中的因果关系。同时,由于历史事物的原因多种多样,我们应该多角度分析,避免单一化。

(过渡)除此之外,巩先生认为,清朝以军机处代替内阁的地位,内阁成了空衔。对此,你怎么看?

[探究二:军机处的影响]

材料十一 军机处的出现并不影响内阁作为中央政府处理日常政务的职能,内阁仍一如既往地承担着大量繁复冗杂的行政事务,这是军机处所不能也无法取代的。乾隆时入阁协办批本的程晋芳曾感慨说:"旁观者谓密勿重务咸由军机,内阁秉成例而行,如邮传耳。乌知国家大政自九卿以下,外而督抚藩臬,凡诸兵农礼乐刑赏之事,胥由是(内阁)出纳焉,可不谓至重欤?"

在军机处设立前,皇帝挑选亲信顾问应对、参与决策是非制度化的,选谁不选谁没有任何条件限制。军机处作为一个正规的决策和协理机构,必然逐渐形成一套成文或不成文的规章制度,这就或多或少地限制了皇帝的用人权。军机处设置后,入值军机处的大学士对朝廷决策影响力有所扩大,这就可能给专制皇权制造出新的异己力量。乾隆中期以后,军机处办公地点逐渐改变了以前严密整肃情形,变得喧闹嘈杂起来,泄密现象时有发生。

——摘编自高翔:《略论清朝中央权力分配体制——对内阁、军机处和皇权关系的再认识》,载《中国史研究》,1997 年第 4 期

教师设问：根据材料十一，指出高翔是如何看待清代军机处作用的。（参考答案：高翔认为军机处并未取代内阁作为中央政府处理日常政务的职能；军机处对皇权有一定的制约作用。）

教师讲述：清史学界存在着一个十分明显的倾向，将清初（乃至明朝）内阁和专制皇权对立起来，认为雍正设立军机处的主要目的是通过削弱内阁权力，以强化皇帝权威。然而高翔认为，从清朝政治运行的实际情况看，军机处和内阁在权力分配上并不对立，军机处设立以后内阁需要票拟的题本一度大量增加。由此可见，高翔是不赞成巩少英"军机处代替内阁的地位，内阁成了空衔"的观点的。

教师讲述：当然也须指出，军机处的出现确实标志着清代君主独裁政体的完善。它使专制皇帝有了一个比较固定的智囊集团和秘书班子，由此建立了一套与之相适应的比较严格的保密制度和行政制度，大大方便了皇帝综核庶务、行使独裁权力，也有效地提高了官僚政府的行政效率和应变能力。所有这一切正是它一旦出现即深受青睐，且在清代能长期存在的最主要原因。

（设计意图）通过展示史学研究成果，并与传统史学观点进行比较，使学生加深对军机处概念的认识。问题指向：(1)史料实证素养水平 4——能够比较、分析不同观点的史料；能够在辨别史料作者意图的基础上利用史料；(2)历史解释素养水平 4——在独立探究历史问题时，能够在尽可能占有史料的基础上，尝试验证以往的说法或提出新的解释。

（过渡）长期以来，史学界主流观点认为中国自秦朝到清朝都属于君主专制社会，皇帝拥有绝对的权力。以宰相制度为代表的中央行政制度的调整，本质上反映了皇帝加强君主专制的需要。巩绍英先生就是持该观点的一个代表。围绕这个话题，从 20 世纪 20、30 年代起，一直存在不同的声音。钱穆先生认为，明代之前中国不属于专制社会，有学者认为在中国古代存在着很多制约君权的因素，中国古代不属于君主专制社会。对此，你如何看待呢？

[探究三：中国古代社会制约君权的因素]

材料十二　汉文帝一次出行，至中渭桥，有一人从桥下走出，惊吓了文帝的车马，文帝差点受伤，随从将这个人抓捕。汉文帝让廷尉张释之审理，张释之以违反"清道令"之名判处此人罚金。文帝不满，认为此人差点伤及皇帝的性命，应当重判。张释之曰："法者，天子所与天下公共也。今法如此而更重之，是法不信于民也。且方其时，上使立诛之则已。今既下廷尉，廷尉，天下之平也，一倾而天下用法皆为轻重，民安所措其手足？唯陛下察之。"良久，上曰："廷尉当是也。"

——摘编自《史记·张释之冯唐列传》，北京：中华书局，1959 年，第 2754—2755 页

教师设问：根据材料十二并结合所学知识，指出汉文帝对张释之断案态度的变化，及该变化说明了什么问题。（参考答案：变化：由最初的不满到最后赞同。说明：文帝最终还是认同了张释之"法与天下共"的观念，即君主权力应限制在法律允许的范围内，皇帝要为臣民做表率。）

教师追问：由此可见，存在于士大夫阶层中的"法与天下共"的法观念，一定程度上制约了君主的擅权。那么，在中国古代社会，制约君权的类似因素还有哪些呢？请完成以下思维导图。

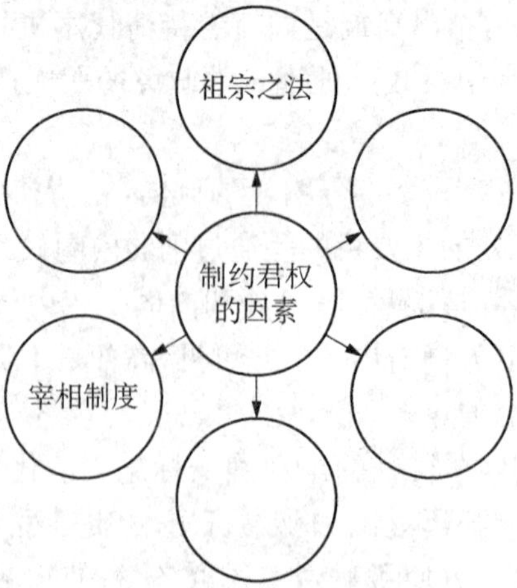

图 2　制约君权的因素

（参考答案：天道观念；仁政思想；廷议制度；谏诤制度；国家权力运行机制等。）

教师引导学生分析：在儒家的"天命""礼教"思想中，确实存在着"王在天下""王在礼下"的因素。儒家强调，君主失德无道是违背了天命，要受到天谴的，以天作为威吓和限制君主的力量。儒家还以"礼"限制君主的行为。儒家认为，天是不变的，礼也就是永恒的，违礼即违天，即便是君主也要遵守"礼"之规范，不能违背。

除了这些观念制约皇权外，国家制度在某种程度上也构成了对皇权的制约。在中国存在了一千多年的宰相制度，要求皇帝颁发的诏、令、制、诰等在交由有关部门执行时，要有宰相的签字方为有效，这就是宰相的副署权。对皇帝的一些决定，宰相如果认为违反法度或道德，或不利于统治，可以进行谏诤，甚至封驳。除此之外，宰相还拥有议政权、奏请权等，确实构成了对皇权的制约。宰相制度、谏诤制度、廷议制度等，构成了对皇权的制度制约，限制了皇帝的独断专行。

唐代前期完善三省六部制，中央设中书、门下、尚书三省，三省长官皆为宰相，中书省负责出令，门下省负责封驳，对中书省草拟的诏令进行审核，不妥者驳还，皇帝的旨意不经中书、门下，不得称诏敕。国家典章制度对权力运行机制的规定一定程度上也制约了皇权的扩张。

总之，这些制度和观念对皇权形成了一定制约。正如历史学家黄仁宇所说，表面上看，皇帝具有传统赋予的权威，他想要做什么就可以做什么，其实，事情并不如此简单。

（过渡）中国古代的确存在着约束皇权的制度机制，那么，事实上它的实际效能如何呢？

教师讲述：张释之在向汉文帝解释时说得明白："且方其时，上使立诛之则已。"皇帝在当时（没有将那人交给廷尉前）是可以自行处置的，可以超越法律的。宰相刘祎之质疑武则天的敕令"不经凤阁（中书省）鸾台（门下省），何名为敕？"结果被"赐死于家"[①]。这表明三省六部制度对皇权有制约，但制约也是有限的，缺乏有效的制衡性。

教师引导学生分析：在中国古代，只存在着对皇帝个人权力约束的"祖宗之法"，而没有约束皇权的成文法。从本质上说，中国古代社会是"人治"社会，在"人治"的政治环境之下，

① 钱穆著：《国史大纲》，北京：商务印书馆，1996 年，第 395 页。

这些制度能否有效运行，取决于两个因素：一是皇帝的个人品质，皇帝是明君、昏君抑或是暴君；二是臣下的操守，他们是否能忠于职守，不惧龙颜，敢于谏言。历史表明，这些制约机制运行良好时，恰恰是明君忠臣同时存在时。

可见，对待中国古代政治制度，我们要辩证、多角度分析。

(设计意图)通过展示不同史料和史论，引导学生探究中国古代制约君权的因素，加深学生对中国古代君主专制制度的认识。问题指向的是：(1)史料实证素养水平 4——能够比较、分析不同来源、不同观点的史料；能够在辨别史料作者意图的基础上利用史料；(2)历史解释素养水平 4——在独立探究历史问题时，能够在尽可能占有史料的基础上，尝试验证以往的说法或提出新的解释。

(过渡)刚才我们学习了专制主义中央集权制度在中央行政上的体现，那么从两汉到明清时期地方行政层级又发生了怎样的变化呢？

2. 地方行政制度之变

教师设问：迅速浏览教材第 5—6 页，概括两汉到明清时期地方行政层级的演变。(参考答案：汉：郡国并行制→郡县制；魏晋南北朝：州、郡、县；隋：州、县；唐：道(方镇)、州、县；宋：路、州、县；元：省、路、府、州、县；明：废行省、设三司；清：省、府、县。)

(设计意图)梳理教材知识，为下一步学习做准备，同时培养学生的自主学习意识。

材料十三　按照政区层级的变化情况，可以将秦到民国初年分成三个阶段。第一个阶段是秦汉魏晋南北朝时期，历时八百余年，政区从两级制变成三级制；第二阶段是隋唐五代宋辽金时期，历时约七百年，政区重复了从两级制变成三级制的循环；第三阶段是元明清时期及民国初年，历时约六百五十年，政区从多级制逐步简化到三级制，以至短时的二级制。

——摘编自周振鹤著：《中国历史政治地理十六讲》，北京：中华书局，2013 年，第 121 页

教师设问：根据材料十三并结合所学，归纳中国古代地方行政层级演变的特点。(参考答案：循环发展；下稳上动；由高降低、由虚入实；监察区转化为行政区。)

教师讲述：纵观中国秦以后两千多年的历史，地方行政层级在二级制、三级制、多级制间循环。县作为地方行政层级的基层政区是相对稳定的，县以上地方行政层级因中央集权与地方分权的博弈，往往处于震荡变动之中。所有高层政区都随着历史的发展而幅员渐次缩减，数目次递增多，级别逐层下降，最后归于消亡，体现出“由高降低”的规律；历代高层政区都是由非行政区(监察区或军区)演变而来，政区长官也由中央官员演变而来，体现出“由虚入实”的规律。

(过渡)中央与地方的关系从古至今一直是个争论不休的话题。

[探究四：分封制，还是郡县制？]

材料十四　秦有天下，裂都会而为之郡邑，废侯卫而为之守宰……摄制四海……时则有叛人而无叛吏……咎在人怨，非郡邑之制失也。汉有天下，矫秦之枉，徇周之制，剖海内而立宗子，封功臣……郡国居半，时则有叛国而无叛郡，秦制之得亦以明矣……唐兴，制州邑，立守宰，此其所以为宜也。然犹桀猾时起，虐害方域者，失不在于州而在于兵，时则有叛将而无叛州。州县之设，固不可革也。

——[唐]柳宗元著：《柳河东集》，上海：上海人民出版社，1974 年，第 43—48 页

材料十五 有圣人起，寓封建之意于郡县之中，而天下治矣……封建之失，其专在下；郡县之失，其专在上。古之圣人，以公心待天下之人，胙之土而分之国。今之君人者，尽四海之内为我郡县犹不足也，人人而疑之，事事而制之……所谓寓封建之意于郡县之中，而二千年以来之敝可以复振。

——[清]顾炎武著：《顾亭林诗文集》，北京：中华书局，1959年，第12页

教师设问： 根据材料十四、十五并结合所学，指出柳宗元、顾炎武关于郡县制观点的不同并分析原因。（参考答案：柳宗元：主张实行郡县制，因为唐中期藩镇割据严重，郡县制有利于中央集权和维护国家统一；顾炎武：主张"寓封建之意于郡县之中"，因为明朝中央集权体制弊病日显。）

教师引导学生分析： 柳宗元生活的中唐时期，藩镇割据严重威胁中央权威和国家统一；顾炎武总结明亡原因，对于中央过度集权、地方丧失自主性深恶痛绝。他们都是从现实出发，在历史中汲取智慧的。

材料十六 顾、黄两贤都将"三代封建"之君认定为"藏天下于天下""未尝为一己而立"，是"以公心待天下之人"；相应则简单地指斥秦以后的中央集权体制为"独私其一人一姓""一人之产业"，均无法通解前后历史。（顾）亭林、（黄）梨洲先贤因为得不到类似亚里士多德那种政治学理念的支撑，既撤不走政治道德化的心理屏障，也跳不出"封建、郡县""公天下、私天下"等固有的概念陷阱。可见中国传统的思维方式在政体分析面前，实在是捉襟见肘。

——摘编自王家范：《重评明末"封建与郡县之辨"》，载《华东师范大学学报》（哲学社会科学版），2000年第4期

教师设问： 根据材料十四至十六和本课所学，谈谈该如何探讨中国古代国家对地方的治理。（参考答案：纵向研究；横向研究；中西对比等。）

教师引导学生分析： 顾炎武"寓封建于郡县"一语，事实上是传统中国学者反对过度中央集权的延续。观念是现实的影子，正是通行至明清之际、秦制所代表的那种高度中央集权体制的各种弊病凸显无遗，才使顾、黄一代学者的"病理诊断"显得特别有深度和力度。他们对明亡的检讨，是在此前无法比拟的更广阔的背景下展开的，几乎包含了对清以前历史的全方位检讨，其反专制的境界自然远远超越历代学者。另一面，若将顾、黄等先贤的文论与西方古哲的政治学著作互相对读，就不难发现，他们往往只能采取"倒回去"的思路，即政治道德化，这充分暴露了中国传统学术的致命弱点，即钱穆等先生批评的那样：只研究治道，不研究政体。柳宗元、顾炎武等都强调要从历史经验中汲取政治智慧，这是一种纵向的历史研究。除此之外，王家范还强调从中西对比的角度进行研究，从不同角度出发得出不同的结论，可以使我们的探讨更加全面。

（设计意图） 通过展示不同来源的史料，使学生加深对郡县制的认识。问题指向：(1)时空观念素养水平4——在对历史和现实问题进行独立探究的过程中，能将其置于具体的时空框架下；能够选择恰当的时空尺度对其进行分析、综合、比较，在此基础上作出合理的论述；(2)史料实证素养水平4——能够比较、分析不同来源、不同观点的史料；能够在辨别史料作者意图的基础上利用史料；(3)历史解释素养水平4——在独立探究历史问题时，能够在尽可能占有史料的基础上，尝试验证以往的说法或提出新的解释。

【课堂小结】

教师引导学生小结： 秦朝建立前后，最高政治领袖、中央行政、地方行政、议政方式、行政方式等方面都发生了重大变化，秦朝开创的专制主义中央集权政治体制在后世不断继承和发展，影响深远。中国古代政治制度是中华文明的重要成果，政治制度的发展推动中华文明生生不息，连绵不绝。正如钱穆先生所说那样，就历史经验论，任何一制度绝不能有利而无弊，国民要对本国历史、制度等要有“温情和敬意”。

第 2 课

西方国家古代和近代政治制度的演变

教学设计 1

四川省成都棠湖外国语学校　任卫东

一、教材分析

本课是统编教材《国家制度与社会治理》第一单元《政治制度》的第 2 课，包含“古希腊罗马的政治制度”“中古西欧的封建制度”“西方资本主义政治制度的产生与发展”三个子目的内容。教材主要讲述了古代雅典的民主政体、斯巴达的寡头政体、罗马共和国和帝国的政体、中世纪欧洲国家的封建制度和近代英法美的资本主义政治制度。

《普通高中历史课程标准(2017 年版 2020 年修订)》对本课的要求是：了解古代至近代西方政治体制各主要类型的产生和演变过程。

人类社会进入文明时代的一个重要标志是国家的产生，国家统治依赖于一系列制度建设。自古及今，东西方各国的制度建设和社会治理经历了漫长而曲折的发展历程，积累了丰富的经验和教训。学习这些内容，能够加深我们对历史和现实的理解。

表一　本课知识框架

时间	空间	政治制度
古代	希腊	有公民直接参与国家管理的民主因素，但各城邦的制度又千差万别
	罗马	从共和国到帝国；从贵族寡头政治到君主政治
中古初期	西欧	贵族君主制
中古晚期	法国	等级君主制
	英国	议会君主制
近代	英国	议会制君主立宪制
	美国	联邦制共和政体——联邦制、三权分立、总统制
	法国	曲折建立共和政体

二、学情分析

学生通过初中的历史学习，对古代希腊、罗马的政治制度、中世纪欧洲封建国家的治理和近代英美法政治制度都有一定了解。高中教师在教学时，要注意引导学生回顾初中已有知识，用发展的眼光看待历史，用辩证的观点去把握对象的本质联系与内部矛盾；探寻历史发展的内在线索，引导学生认识人类社会的政治智慧和治理成果；树立学生的道路自信、理论自信、制度自信和文化自信，并进一步培养学生的家国情怀。

三、教学目标

1. 探明古希腊罗马政治制度、中世纪君主制、近代资本主义政治制度产生的历史背景，理清其历史渊源。在了解这些制度基本内容的基础上，重点分析它们的特点及其在国家治理方面的进步和局限。

2. 以唯物史观为指导，从历史的角度考虑具体的国情和当时的社会状况，明了创立这些制度所要解决的社会问题。

3. 通过对相关材料的解读，加深对所学内容的理解，形成对历史上政治文明演进的正确解释和对人类文明多样性的正确认识，增强对当今中国制度建设与发展的自信心和责任感。

四、教学重难点

重点：雅典民主政治、英国君主立宪制、美国联邦制和三权分立原则。
难点：西方政治制度在国家治理方面的实际效能。

五、教学过程

【导入新课】

教师设问：（展示《古希腊主要城邦分布图》）根据初中所学知识，同学们都知道古希腊不是一个统一的大帝国，而是由众多城邦组成的。雅典和斯巴达就是其中影响最大的两个城邦。那么，同学们知道这些城邦在国家治理上有哪些共性吗？（参考答案：小国寡民；独立自治。）

（设计意图）以地图的形式呈现古希腊的空间范围，直观描述城邦这一基本的国家形态，为学生从空间的角度理解政治文明多样性打下基础。

（过渡）正如同学们所说，小国寡民的古希腊城邦维持着彼此分立、独立自治的治理模式。这些城邦所实行的政治制度也是千差万别，比如雅典和斯巴达就分别实行的是民主政治和寡头政治。我们今天的学习，就从雅典和斯巴达开始。

【学习新课】

一、古希腊罗马的政治制度

(一) 古希腊城邦国家的政治制度

1. 雅典民主政治与斯巴达寡头政治

材料一 伯里克利曾在一篇演说中描述雅典民主政治的理想说:“我们的制度是别人的模范,它之所以被称为民主政治,因为政体是在全体公民手中,而不是在少数人手中。”

——吴于廑、齐世荣主编:《世界史·古代史编》上卷,北京:高等教育出版社,2011年,第170页

材料二 斯巴达公民内部仍有贵贱之分,监察官、王族和贵族不仅垄断官职、指挥一切,还拥有远较普通公民为多的土地、希洛特奴隶和个人财产。因此,连古希腊人也承认,斯巴达实行的是最为彻底的贵族寡头统治的政体。

——吴于廑、齐世荣主编:《世界史·古代史编》上卷,北京:高等教育出版社,2011年,第159页

教师设问: 根据材料一、二并结合教材第8页第二、三自然段,概括雅典民主政治和斯巴达寡头政治的主要差异。(参考答案:雅典公民大会是国家最高权力机关,而斯巴达公民大会只是名义上的国家最高权力机关,王位世袭,国王垄断军事统帅权;雅典的议事会由公民抽签产生,有固定任期,而斯巴达长老会仅30人,且终身任职;雅典的官员由公民选举产生,有固定任期,接受监督,而斯巴达贵族垄断官职。)

教师讲述: 虽然雅典和斯巴达都有公民大会这一国家机构,但其在两个城邦政治生活中所发挥的作用却存在很大的差异。在国家机构和公职人员的产生方面,两个城邦也形成了鲜明的对比。总之,雅典和斯巴达形成了两种不同的国家治理模式:雅典是多数公民掌握政权的民主政治的典型,而斯巴达则是少数人掌握政权的寡头政治的代表。

(设计意图) 引导学生通过阅读史料,以历史比较的视野认识雅典和斯巴达政治体制的差异,理解古希腊城邦政治文明的多样性。这一设计,旨在达到史料实证素养水平1的要求——能够从所获得的材料中提取有关的信息。

(过渡) 雅典和斯巴达同属古希腊,都是小国寡民、独立自治的城邦,为何会在国家制度和社会治理模式上呈现出如此差异呢?

2. 雅典民主政治形成的条件

材料三 (雅典)最初是实行君主政体,以后让位于由九个执政官主持的寡头政治。这九个执政官是主要执政官,全部属于贵族……后来愈益朝民主化方向发展。急速发展的贸易创造出了一个强有力的中产阶级,他们同失去产业的农民联合,要求政治自由化。

——[美]斯塔夫里阿诺斯著,吴象婴等译:《全球通史:从史前史到21世纪》(第7版修订版)上册,北京:北京大学出版社,2005年,第103页

教师设问: 根据材料三并结合所学知识,说明推动雅典民主政治形成的主要因素。(参

考答案：独特的自然地理条件；工商业的繁荣；贵族和平民的斗争；历史文化传统。）

教师讲述：从公元前6世纪初的梭伦改革开始，雅典民主政治逐渐形成。公元前6世纪末的克里斯提尼改革，标志着雅典民主政治正式确立。公元前5世纪中期，伯里克利就任首席将军，雅典民主政治迎来了黄金时代。

教师引导学生分析：雅典和斯巴达之所以形成不同的国家制度和社会治理模式，原因是多方面的。不同的文化传统是其中一个重要原因：斯巴达尚武，注重军事训练；而雅典追求自由平等，注重文化教育，鼓励学术研究。两个城邦自然地理环境的差异也是重要的影响因素：斯巴达在希腊南部，国内多平原；而雅典在希腊东南沿海，海岸线曲折，海上交通便利，独特的自然地理环境为雅典民主政治的形成提供了重要条件。伴随工商业和对外贸易的繁荣，社会经济结构和阶级结构日益多元化，这是雅典民主政治最终得以形成的决定性因素；而斯巴达则以农业经济为主，需要一个强有力的政权维护社会稳定。

（设计意图）引导学生基于一定的时空框架，在解读史料的基础上，打破环境决定论的认识误区；理解雅典民主政治的形成，是由雅典社会的经济结构和阶级结构多元化决定的。

（过渡）古希腊各城邦的政治制度千差万别，其中雅典和斯巴达分别是民主政治的典型和寡头政治的代表。那么，这些千差万别的政治制度有没有共同特点呢？

3. 城邦治理中的民主因素及其局限

材料四　虽然从法律上看，长老会和国王拥有相当的权威，可是在实际的政治生活中，他们的地位并不显赫。监察官对国王形成了有效监督，公民大会在选举、宣战、媾和等重要问题上享有决定权。斯巴达人仍能够区别对待自己作为士兵和公民的身份。斯巴达政体200年来的稳定，也反映了公民对自己的地位相对满意。

——晏绍祥：《古典斯巴达政治制度中的民主因素》，载《世界历史》，2008年第1期

教师设问：根据材料四，说明斯巴达政治制度中的民主因素。（参考答案：长老会和国王并未形成绝对权威；公民大会在重要问题上有决定权；斯巴达人有较强的公民意识。）

教师讲述：事实上，包括斯巴达在内，希腊各城邦的政治制度虽然千差万别，但城邦的公民都在不同程度上可以参与国家的管理，其政治制度都包含了一定的民主因素：无论何种政体，都有一个由公民组成的公民大会作为事实上或名义上的国家最高权力机关；都有公职人员由选举产生和实行任期制的规定。

教师引导学生分析：但是，古希腊城邦政治中的这些民主因素，具有很大的局限性。从雅典来看，主要存在这样几个问题：一是公民权的范围极为有限，仅仅局限于本邦成年男子，而大量的妇女、奴隶和外邦人则被排除在外；二是抽签选举和"轮流坐庄"的方式，难以保证参政人员的素质，往往导致权力的滥用和误用，以致早期民主政治在很长一段时期内被视为"暴民政治"；三是全体公民直接参与国家管理的直接民主，只能适用于雅典这种小国寡民的城邦，不能适用于大国的治理。雅典的辉煌诞生于民主政治宽松和自由的氛围之中，但后来的衰落也和"直接民主"所导致的混乱和内耗密不可分。

（设计意图）通过阅读史料概括斯巴达政治制度中的民主因素，加深对"古希腊城邦的政治制度都有一定民主因素"这一结论的理解。通过教师引导，分析雅典民主政治在公民权范围、民主方式和民主性质等方面的局限性，认识雅典国家制度在社会治理中所发挥的实际效能。

(过渡)古希腊城邦长期维持着这种彼此分立、独立自治的状态，直到衰亡，而古罗马却由一个城邦发展成地跨欧、亚、非三洲的大帝国，走上了同古希腊不一样的历史发展道路。

(二) 从罗马共和国到罗马帝国

1. 从贵族寡头政治到君主政治

教师设问：根据教材第 9 页第一、二自然段，概括从罗马共和国到罗马帝国，政治制度的主要变化。(参考答案：从贵族主导的贵族共和国转变为帝国；从贵族寡头政治转变为君主政治。)

教师讲述：从共和国到帝国，从贵族寡头政治到君主政治，罗马政治制度的变化不仅适应了其对外扩张的要求，更是其经济和政治发展的必然结果。正如学者们所指出的："罗马共和国中期以后，奴隶制经济充分发展起来，土地兼并日益严重，城邦赖以存在的经济基础逐渐崩溃"①，伴随着经济基础的变化，阶级关系也发生深刻变化。到罗马共和国晚期，各种社会矛盾尖锐，矛头集中指向共和国的统治阶级——罗马贵族。恺撒的改革维护了奴隶主阶级的利益，扩大了政权基础。屋大维建立元首制，形成君主政治，适应了社会经济发展的需求和国家治理的现实需要。

(设计意图)引导学生通过阅读教材，概括罗马政治制度变化的本质特征，教师以讲述的方式帮助学生理解罗马政治制度的变化是由经济基础的变化所引起的。

(过渡)建立帝国之后，罗马又是如何进行国家治理的呢？

2. 罗马帝国国家治理的特点

材料五 从公元前 1 世纪建立，到公元 4 世纪末分裂，罗马帝国地跨欧、亚、非三大洲，设置行省管理意大利半岛之外的地区。罗马民族在政治上处于主导地位，意大利以外的人(希腊人除外)被称为"蛮族"。什么是罗马民族呢？那就是罗马人和意大利人，他们在语言、经济和文化上关系密切，也是共同打下帝国天下的核心力量。据一种比较适中的估计，整个帝国人口约 5400 万，意大利约有人口 600 万。行省拥有不同程度的自治权。不断成熟的罗马法通行于帝国全境，但整个帝国的罗马化程度很浅，罗马人使用的拉丁语，在帝国东部只在政府机关和城市中通行，广大农村则仍是各自语言的世界。

——摘编自吴于廑、齐世荣主编：《世界史·古代史编》上卷，北京：高等教育出版社，1994 年，第 428—431 页

教师设问：根据材料五，概括罗马帝国国家治理的主要特点。(参考答案：建立了疆域广阔、人口众多的国家；重视法律的作用；建立起行政管理制度，且帝国行省权力较大；帝国未能实现语言文字的统一；对帝国境内民族区别对待较明显。)

教师引导学生分析：罗马帝国的国家治理，适应了疆域扩大和社会经济发展的需求，但语言文字的不统一、各民族地位的不平等，都使得罗马帝国的民族认同和国家认同程度不高，国家治理的实际效能有限，为帝国境内各种矛盾的激化和最终的分裂解体埋下了隐患。

(设计意图)引导学生在解读史料的基础上，理解罗马帝国国家治理的特点，认识罗马帝

① 齐涛主编：《世界通史教程·古代卷》，济南：山东大学出版社，2001 年，第 165 页。

国在民族认同和国家认同建构上的局限性。

(过渡)公元 4 世纪末,罗马帝国分裂为东、西两部分。公元 5 世纪后期,在内外矛盾的夹击下,西罗马帝国灭亡,欧洲进入封建社会。

二、中古西欧的封建制度

(一) 中古初期的贵族君主制

材料六　在西欧早期的政治舞台上出现的封建君主、封建诸侯和教会贵族三种政治势力相互依存、相互制约的政治局面……君主贵为一国之君,但实际上权力非常有限,只能在自己的直属领地里享有行政、征税、组建军队、发行货币等权力,而不能干涉各封建诸侯、教会主教等领地内的事务。各封建诸侯,虽名义上要服从君主,向君主效忠,为君主服骑兵役,但在自己的领地里则是至高无上的统治者,拥有行政、司法、财政等各方面的权力……各地教会、修道院虽是宗教机构,但也拥有大量的土地,教会主教、修道院院长则拥有领地上的各种权力,且他们无须向君主效忠,要效忠的是罗马教皇。

——陈文滨:《中世纪西欧多元政治的形成及发展》,载《江西社会科学》,2003 年第 12 期

教师设问: 根据材料六并结合教材第 10 页第二、三自然段,概括中古初期西欧政治制度的特点。(参考答案:实行封君封臣制;王权和教权长期并立;各种封建势力分裂割据;王权衰弱。)

教师讲述: 这种大小教俗封建势力割据、王权有限的政治制度,被称为贵族君主制,在中世纪初期普遍实行于西欧各国。教材第 11 页"历史纵横"栏目中所介绍的神圣罗马帝国就是这一制度的典型代表。

(设计意图)引导学生在解读史料和理解教材的基础上,认识中古初期西欧贵族君主制的特点。

(过渡)到中世纪后期,随着社会环境的逐渐稳定和经济的增长,尤其是城市的发展和市民阶级的兴起,市民支持王权反对地方贵族,打破了原有的政治平衡,西欧各国王权都有不同程度的加强。其中,以法国的等级君主制和英国的议会君主制最为典型。

(二) 中古后期的等级君主制和议会君主制

材料七　在等级君主制政体内,作为劳动者阶层的第三等级——市民堂而皇之地登上了政治的殿堂,成为与封建诸侯、教会贵族有同等发言权的政治势力之一。而国王则明显地凌驾于这三种政治势力之上,是政府的最后决策者。但封建诸侯、教会贵族和城市市民又各有独立性的地方权利,国王利用三者间的矛盾制约来实现自己的统治;而封建诸侯,或教会贵族,或城市市民,也利用国王同其他方的矛盾,来约束国王。因而,等级君主制实际上是国王与教会贵族、封建诸侯和市民三个等级势力的联合专政,国王通过议会与三个等级势力的代表沟通,求得多数人的支持,而三个等级势力的代表也利用议会来维护各自集团的利益。有一个多等级的代表参加的议会(或国会)是这一政治的重要标志,所以也称议会君主制政治。

——陈文滨:《中世纪西欧多元政治的形成及发展》,载《江西社会科学》,2003 年第 12 期

教师设问: 根据材料七并结合教材第 10 页第三、四自然段,概括中古后期西欧君主政治的新变化。(参考答案:建立在以王权为中心的政治合作基础之上;王权得到强化;制约王权的议会传统逐渐形成;市民阶级参政。)

教师引导学生分析: 无论是法国的等级君主制,还是英国的议会君主制,其实都建立在王权和封建诸侯、教会贵族、市民阶级政治合作和利益平衡的基础之上。国王在其中居于中心地位,王权得到了扩大和加强,超出了直属领地的范围,建立起了对全国的统治。与此同时,封建诸侯和教会贵族的政治权力和独立性则大为削弱。王权的强化和教俗封建势力的削弱,有效地克服了封建割据,促进了国家统一和近代民族国家的建立,推动了民族认同的形成。同时,王权的强化也为当时经济的发展提供了较为稳定的社会环境,促进了西欧国家从中世纪向近代的社会转型。

不过,此时王权的强化也是有限度的。中世纪的封建领主、教会贵族和新兴的市民阶级都以各种形式制约王权的扩张;以议会为中心制约王权的政治传统,也在这一过程中得到发展。这种议会传统在英国表现得尤为突出,成为近代英国君主立宪制形成的历史渊源之一。

(设计意图)引导学生通过解读史料来理解中世纪后期西欧君主政治的特点及其在西欧社会转型中所发挥的作用,并认识其形成是由西欧经济基础、阶级结构和政治传统所决定的。

(过渡)15 世纪以后,这种平衡逐渐被打破,英法等西欧国家逐渐确立了君主专制政治。伴随着资本主义的发展,新兴资产阶级同专制王权的矛盾也日益尖锐,最终引发了资产阶级革命,一种新的政治制度——资产阶级代议制逐渐形成。

三、近代西方资本主义制度的产生与发展

(一) 英国君主立宪制的形成

1.《权利法案》

教师讲述: 英国资产阶级革命从 1640 年查理一世召开新议会开始,到 1688 年的光荣革命结束。其间,经历了议会斗争阶段、内战阶段、克伦威尔统治时期、斯图亚特王朝复辟时期等阶段。光荣革命后,议会于 1689 年颁布《权利法案》,以法律形式对王权进行明确的限制。

材料八 《权利法案》部分内容:

第一条　凡未经议会同意,以国王权威停止法律或停止法律实施之僭越权力,为非法权力。

第四条　凡未经议会准许,借口国王特权,为国王而征收,或供国王使用而征收金钱,超出议会准许之时限或方式者,皆为非法。

第六条　除经议会同意外,平时在本王国内征募或维持常备军,皆属违法。

第十三条　为申雪一切诉冤,并为修正、加强与维护法律起见,议会应时常集会。

——《世界近代现代史》上册,北京:人民教育出版社,2003 年,第 23 页

教师设问： 根据材料八并结合教材第 11 页第二自然段，概括《权利法案》颁布后英国政治制度的特点。（参考答案：议会掌握立法权；王权受到限制；国王仍然拥有行政权。）

教师引导学生分析：《权利法案》从法律上确立了英国的君主立宪制，议会逐渐成为国家权力中心，王权受到极大限制。这是英国资产阶级革命的成果，也是对中世纪议会传统的继承和发展。

(设计意图) 通过解读史料，理解《权利法案》颁布后英国的权力结构，认识英国君主立宪制的形成。

(过渡) 但是，同学们都知道，今天的英国国王已经没有实际权力，而是一个“统而不治”的虚君。那么，英国又是如何实现从王权受限到国王“统而不治”的转变呢？

2. 责任内阁制

材料九　18 世纪 20 年代，在当时的多数党领袖、财政大臣沃波尔主持下，责任内阁制开始形成……内阁的首脑是首相，成员是各部大臣。首相由议会中多数党的领袖担任，有权提名各部大臣及其他高级官员，主持内阁会议，掌握国家的行政大权，同时又能通过议会对立法活动施加重要影响，成为事实上的国家最高领导人。内阁名义上对国王负责，实则对议会负责，如果议会通过对政府的不信任案，内阁就要垮台。但首相也有权解散议会，重新选举。

——《中外历史纲要(下)》，北京：人民教育出版社，2019 年，第 52 页

教师设问： 根据材料九并结合教材第 11 页第二自然段，概括责任内阁制的基本特点，并以图示的方式来描述英国国王、内阁和议会的关系。（参考答案：国王“统而不治”；多数党领袖担任首相并组建内阁；内阁总揽国家行政权并对议会负责；内阁和议会相互制约。）

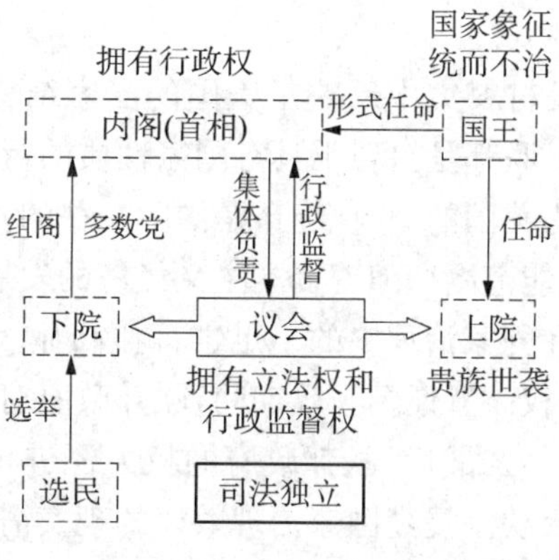

教师引导学生分析： 18 世纪，英国逐渐确立了责任内阁制，行政权由国王转移到内阁，内阁成为国家最高行政机关。议会多数党领袖担任首相，并组建内阁，对议会负责，接受议会的监督。责任内阁在英国的政治生活和国家治理中逐渐居于中心地位，有利于英国政局的稳定，提高了行政效率和国家治理的实际效能。

(设计意图) 在阅读史料和理解教材的基础上，理解责任内阁制形成后英国的权力结构；通过教师引导分析，认识责任内阁在英国政治生活和国家治理中所发挥的中心作用。

(过渡)就在英国君主立宪制确立和完善的过程中,美国成功地将人们普遍认为只适合于小国寡民的共和制在一个大国变为现实。这样一个全新的政体,为近代西方的国家治理探索出了一条新的道路。

(二) 美国的联邦制共和政体

1. 联邦制

材料十 自19世纪初,关于宪法是否明确授权联邦政府帮助地方治理河道的问题,美国国会一直存在争论。1817年和1822年,美国总统两次否决了联邦政府资助地方改善交通的议案,1824年最高法院法官认定,宪法允许联邦政府资助和承担河道改良项目。但联邦政府的权限从改良河道扩大到流域治理、防洪灌溉,又经历了一个多世纪。其间,仍有很多议员认为,联邦政府建设防洪工程过多干预了各州的权力。1935年全国内发生洪灾,100多项防洪议案提交到国会,1936年总统签署《防洪法》,授权联邦政府在全国范围内建设防洪工程,地方需要提供相应的建设土地和空间。

——《2012年普通高等学校招生全国统一考试(北京卷)·文科综合能力测试》第37题

教师设问:根据教材第11页第三自然段,从权力分配的角度解读材料十。(参考答案:材料表明,最初由于美国宪法没有明确授权联邦政府帮助地方治理河流,导致总统两次否决国会提出的议案。1824年最高法院法官对宪法相关条例的解释,解决了联邦政府可以治理河道的法律问题,但是仍然没有理顺联邦和地方在治理河道方面的权力关系,所以国会仍陷于长期争论。20世纪30年代的经济危机、自然灾害,客观上要求联邦政府更多干预地方经济事务;罗斯福新政加强了联邦政府的权力,这一切为1936年总统签署《防洪法》创造了条件。以上内容表明,美国政治权力分配的特点是权力制衡,表现为中央机构之间的三权分立,以及联邦制下中央与地方之间的权力分割。在中央与地方权力分配的某些方面,联邦政府的权力有扩大趋势。)

教师引导学生分析:这段材料集中反映了美国的国家结构形式——联邦制,以及国家机构组织原则——三权分立。联邦是由若干具有国家性质的行政区域(如美国的州)联合组成的统一国家。联邦政府作为美国的中央政府,是国际交往的主体,但联邦政府和州政府相对独立,具有不同的权力和职能范围。随着资本主义经济的发展和全国性统一市场的成熟,这种中央和地方分权的制度在国家治理中的不足也日益凸显。19世纪中期以来,联邦政府的权力逐渐扩大,甚至干预州权。罗斯福新政期间,联邦政府对从前属于州权范围的很多领域,都拥有了合法干预的权力。二战后,联邦政府的权力还进一步扩大,但是联邦制并没有发生根本性变化。这一过程反映了提高国家治理效能的现实需要。

(设计意图)引导学生在理解教材知识的基础上,运用相关知识来解读材料,对材料中的问题形成自己的看法并加以论证;通过教师的引导分析,理解联邦制的概念,认识联邦制在美国国家治理中发挥的作用和发生的变化。

(过渡)除了联邦政府和州政府的分权制衡外,中央机构之间也通过三权分立实现了分权制衡。那么,在三权分立体制下,美国国家权力是如何分配的呢?

2. 三权分立体制

教师设问:根据材料十并结合教材第11页第三自然段,以图示的方式描述美国联邦政

府内部的权力结构。(参考答案：见下图)

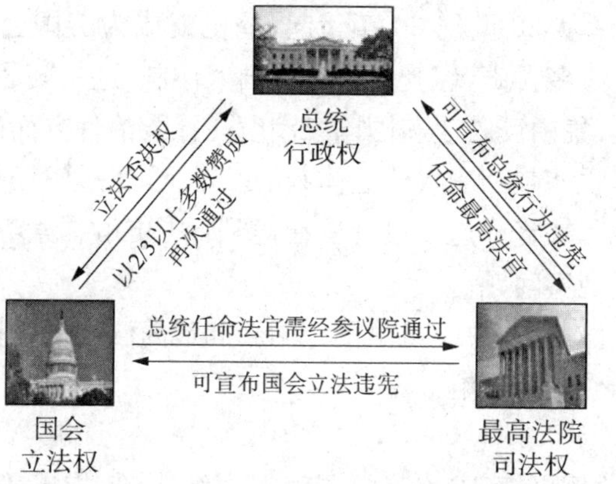

教师引导学生分析： 按照启蒙思想家三权分立理论所建构起来的联邦政府权力结构，突出体现了制约与平衡的原则。三权分立并不完全等同于三个不同机构分享国家权力，三权并不是孤立存在的。在三权分立的基础上，还形成了相互制衡的机制，行政、立法和司法三权之中的任何一项权力都受到其他两项权力的制约。这种交叉分权制有效避免了绝对权力的出现，在一定程度上维护了资产阶级民主。

(设计意图) 在解读材料和理解教材的基础上，以图示的方式描述美国的国家权力结构，认识美国三权分立体制的特点。

(过渡) 但是，从历史和现实来看，这种以权力制衡为原则构建起来的国家权力结构也明显表现出在国家治理效能方面的不足。材料十中，总统、国会和最高法院关于治理河道的反复争论就是历史上一个典型例证，而在美国的现实社会生活和政治生活中，此类事件或现象更是不胜枚举。

材料十一　不久前，美国国会众议院会议大厅上演历史罕见的一幕，为要求由共和党主导的众议院就新的控枪法案进行投票，民主党议员发起"静坐占领"活动，人数最多时逾200人……奥巴马总统与民主党总统候选人希拉里·克林顿都对"静坐占领"表示支持……所有这些都未能使共和党人妥协，会场内的直播摄像机被强行关闭，并宣布于6月23日起休会，"静坐占领"活动最终不了了之。而在早些时候，在两党的互相倾轧下，参议院未能表决通过与控枪有关的4项法案。

——温宪：《美国控枪，无解的死结》，载《人民日报》，2016-07-11

材料十二　今年1月4日，奥巴马曾绕过国会，通过颁布行政命令的方式宣布所有枪支零售商均须获得许可；通过联邦与地方的信息资源共享、零售商配合、增加联邦调查局检查员等举措严防精神病人拥有枪支。然而联邦与地方的各说各话与法理模糊之处，让这些措施在执行起来时效果大打折扣……9月20日，美国步枪协会宣布花费500万美元投放政治广告，支持枪权，并支持共和党总统候选人特朗普。此前，该组织已经花费770万美元用于广告投放。

——钟声：《控枪难的根子还是金钱政治》，载《人民日报》，2016-09-25

教师设问：根据材料十一、十二，从美国政治制度的角度，概括导致美国“控枪难”的主要因素。（参考答案：联邦制和三权分立体制的影响；两党的党争；利益集团的干预。）

教师引导学生分析：从20世纪30年代起，控枪就成为美国公共生活中的一个热门话题。多届政府也做出过诸多尝试，但受制于美国国家体制，这一问题到现在仍然没有妥善解决的途径。控枪的困境，集中反映了美国国家制度在社会治理方面的不足和缺陷。

（设计意图）在理解联邦制和三权分立体制的基础上，通过解读史料，认识美国国家制度在社会治理方面的不足和缺陷。这一设计旨在达到：历史解释素养水平2的要求——能够尝试从历史的角度解释现实问题。

（过渡）在三权分立体制下，总统虽然受到国会和最高法院的制衡，但在美国政治生活中仍然发挥着非常重要的作用和影响。

3. 总统制共和制

教师设问：根据我们刚刚完成的美国国家权力结构图，指出美国总统和国会议员产生的方式，并概括美国总统在美国政治生活中扮演的角色。（参考答案：总统和国会议员都由选举产生；总统既是国家元首，也是政府首脑。）

教师讲述：美国1787年宪法明确规定了联邦和各州实行共和政体，国会议员和作为国家元首的总统等都由公民选举产生，从根本上否定了当时欧洲的世袭君主制。总统既是国家元首，也是政府首脑，还是陆海军总司令。从建国之初到19世纪后期，国会的权力都大于总统。19世纪末以来，尤其是在20世纪30年代初的经济危机中，国家和社会治理的现实需求使得总统权力的扩张不可避免。但总统权力的扩张，也并未从根本上改变三权分立的国家权力结构，更没有克服其在社会治理方面的缺陷。

（过渡）美国在立国之初迅速建立起了总统制共和政体，而有着浓厚君主制传统的法国在政体选择上就显得尤为曲折。

（三）法国共和政体的确立

教师讲述：自1789年大革命发生以后，法国在君主政体和共和政体之间多次反复，政体之争持续了大半个世纪。直到1875年新宪法以一票的微弱优势得到通过，确立了共和政体。

材料十三 由于共和国不是明确被宣布的，而是含蓄地通过其总统的身份和职衔被议会间接地承认的，因此，有人戏称它是“从窗缝潜入的共和国”……它是在一片冷漠中通过的：议员们既无热情，又无掌声。在温和的君主派眼里，这是他们无可奈何地接受的共和国，是“较小的坏事”；而在温和共和派眼里，这是一个与其设想的宪政计划相去甚远的“妥协的共和国”，它还需要大力改造。

——吕一民著：《法国通史》，上海：上海社会科学院出版社，2012年，第237—238页

教师设问：根据材料十三并结合教材第12页第一自然段，说明法国1875年宪法是如何实现“妥协”的。（参考答案：间接承认共和制；参议院权力很大；总统被赋予较大权力，由国会选举产生。）

教师引导学生分析：1875年宪法以一票的微弱优势通过，正说明君主派和共和派仍然存在严重分歧，共和制只是双方妥协的产物，甚至连共和国本身也未在宪法中得到直接承

认。由保皇派控制的参议院居于国家权力的中心，被赋予较大权力的总统也由保皇派担任，而共和派影响的众议院权力相对较小。因此，这部宪法既能适应共和制，也能适应君主制，是当时共和派和君主派妥协的产物。

教师讲述： 到 1879 年，法国的共和政体最终得以确立和巩固，法国成为一个议会制共和国：议会成为国家权力中心，政府只对议会负责，总统逐渐成为不掌握实权的虚职。但由于未能厘清政府主要机构之间的权力关系，加之法国政党林立、内阁更迭频繁，导致国家治理效能相对不足。

议会制共和制在法国一直延续到二战后的第四共和国时期。1958 年，法兰西第五共和国新宪法又扩大了总统的权力，削弱了议会的权力，降低了总理和内阁的作用，确立了半总统共和制。半总统共和制有效缓解了议会制共和制下法国国家治理的缺陷，促进了政局的稳定，成为二战后法国快速发展的制度保障。

（设计意图）引导学生解读史料，认识法国共和政体确立的复杂性和艰巨性；通过教师引导分析和讲述，理解法国国家治理的特点。这一设计旨在达到：历史解释素养水平 2 的要求——能够尝试从历史的角度解释现实问题。

（过渡）从古代到近代，西方各国在国家治理的过程中探索出了不同的政体。这些政体既有共通之处，又各有特色，分别适应了各自国家治理的需要，同时又存在一定的局限性。

【课堂小结】

材料十四　美国的联邦宪法，好像能工巧匠创造的一件只能使发明人成名发财，而落到他人之手就变成一无用处的美丽艺术品。

——［美］托克维尔著，董良果译：《论美国的民主》，北京：商务印书馆，2018 年，第 205 页

教师设问： 运用本课所学知识，解读材料十四中托克维尔的观点。（参考答案：不同国家的政治制度可以相互借鉴，但不能照搬。1787 年的美国联邦宪法以权力制衡为基本原则，确立了美国的联邦制和三权分立体制，维护了美国的国家统一和民主制度，为美国的快速发展奠定了基础；1912 年中华民国成立，尝试引入美国的共和制，设计了三权分立的国家权力结构，但因不符合当时中国的国情，造成民初政局持续动荡，共和也徒有其表。这表明美国的政治制度并不是现代国家的唯一治理模式，要尊重人类文明的多样性，确定基于国情的政治制度和国家治理模式。）

教师引导学生小结： 人类政治文明具有多样性，不同国家的政治制度产生于各自不同的国情，可以相互借鉴，但不能盲目地照抄照搬。

（设计意图）引导学生运用所学知识来解释历史结论，认识人类文明的多样性，深化制度自信、文化自信。这一设计旨在达到：家国情怀素养水平 1、2 的要求——能够具有对家乡、民族、国家的认同感，理解并认同社会主义核心价值观和中华优秀文化传统，能够理解和尊重世界各国优秀传统文化；家国情怀素养水平 3、4 的要求——形成正确的世界观、人生观、价值观和历史观，更全面、客观地认识历史和现实社会问题。

教学设计 2

四川师范大学附属中学　杨雪芹

一、教材分析

本课是统编教材《国家制度与社会治理》第一单元《政治制度》的第 2 课，包含“古希腊罗马的政治制度”“中古西欧的封建制度”“西方资本主义政治制度的产生与发展”三个子目的内容。分别讲述了古希腊罗马的政治制度、中古欧洲法国的等级君主制和英国的议会君主制、近代西方英美法等国的政治体制。

本课知识逻辑图示如下：

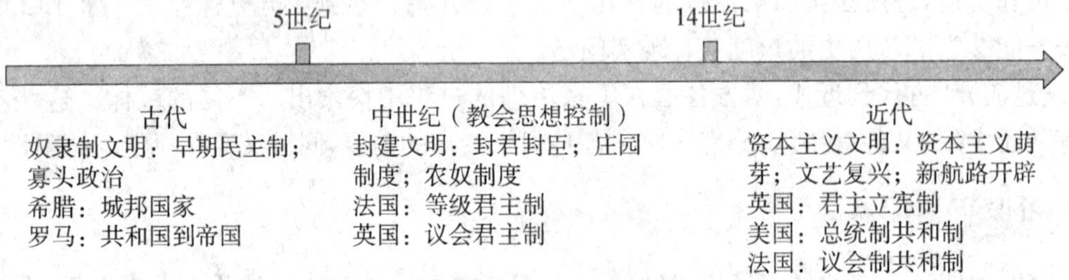

图 1　本课知识框架

《普通高中历史课程标准（2017 年版 2020 年修订）》对本课的要求是：了解古代至近代西方政治体制各主要类型的产生和演变过程。

本课不仅要让学生了解古代至近代西方不同类型政治体制的产生和演变过程，还要承担梳理西方古代至近代历史发展线索的任务。所以，本教学设计着力于描述古代欧洲、中古欧洲、近代欧洲的历史沿革，搭建准确的时空框架，并据此理清历史线索，把时空转换中的历史逻辑清楚地展现出来。由于本课教学容量大，教学过程中应该坚持“以课标为本，以史事为纲”的原则，进行适当的取舍。

二、学情分析

学生通过初中及高一的历史学习，对西方历史沿革有一定了解，但对于相应历史时期的制度建设与政治、经济、文化等领域之间的关系缺乏深入的理解。教学时，需要通过相关史料构建具体生动的历史情境，引导学生在唯物史观指导下，多重视角看待历史上的一切，用辩证的观点去把握对象的本质联系与内部矛盾，探寻历史发展的内在线索，进一步培养家国情怀。

三、教学目标

1. 了解古希腊罗马的政治制度，认识到古代西方世界的公民仅仅是少数，这一时期只有公民才有资格参与政治。能够对早期政治制度进行理性的分析和科学的历史解释。

2. 了解中古欧洲的封建制度，了解这一时期国家制度的重要特征是王权和基督教会长期并立，实行有限君主制。

3. 以英美法为例，了解近代西方政治制度的产生与发展，及它们各自的特点。进而认识到，近代西方政治制度的确立是资产阶级与封建制度长期斗争的结果；能够运用唯物史观认识到西方民主制度的形成是一个长期渐进的过程。

四、教学重难点

重点：西方各主要类型的政治制度产生和演变过程。
难点：建立与完善适合国情的政治体制的曲折性和渐进性。

五、教学过程

【导入新课】

图 2　柏拉图的代表作《理想国》

教师讲述：古希腊哲学家柏拉图在其著作《理想国》中，设计了一个真、善、美相统一的政体，认为这样可以构建公正的理想国。

从直接民主到间接民主，从奴隶制民主到资产阶级民主，西方人一次又一次地探索适合本国国情的社会治理模式，构建起了独具特色的“理想国”。今天，我们一起走进西方，一起去探寻西方政治体制的产生和演变历程。

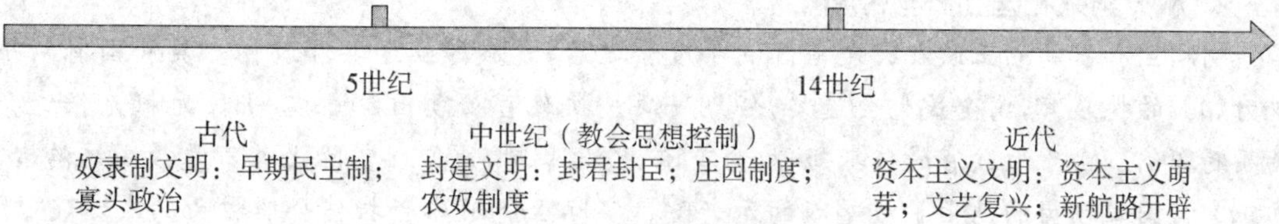

图 3　西方历史发展历程

(设计意图)通过图片和时间轴,直观地将学生带入本课所涉及的西方历史发展历程的三个阶段。同时,借助时间轴及关键信息的梳理,迁移《中外历史纲要(下)》中学生已知的阶段分期及重要史实,强化学生的时空观念,为本课学习打下坚实基础。

(过渡)公元前 6 世纪,古代希腊城邦国家形成。城邦的公民直接参与国家管理,城邦的制度中体现一定的民主因素,但各城邦实际实行的制度却千差万别。

【学习新课】

(一) 古希腊、罗马的政治制度

1. 古希腊城邦国家

材料一 伯里克利曾在一篇演说中描述雅典民主政治的理想说:"我们的制度是别人的模范,它之所以被称为民主政治,因为政体是在全体公民手中,而不是在少数人手中。"

斯巴达公民内部仍有贵贱之分,监察官、王族和贵族不仅垄断官职、指挥一切,还拥有远较普通公民为多的土地、希洛特奴隶和个人财产。因此,连古希腊人也承认,斯巴达实行的是最为彻底的贵族寡头统治的政体。

——吴于廑、齐世荣主编:《世界史·古代史编》上卷,北京:高等教育出版社,1994 年,第 243、260 页

教师设问:根据材料一并结合教材第 8 页第二、三自然段,分别概括雅典民主政治和斯巴达贵族寡头政治的特点。(参考答案:雅典:国家权力掌握在公民大会、议事会、官员和陪审法庭手中;公民有参与国家政治管理的权利。斯巴达:监察官、王族和贵族不仅垄断官职指挥一切;国王世袭继承,垄断了军事统帅权等。)

(设计意图)本问引导学生通过阅读史料,概括雅典民主政治和斯巴达贵族寡头政治的特点。学生首先需要根据材料内容和设问对材料进行整理,其次,提取材料中与设问相关的历史信息,最后,再利用材料信息组织语言。

教师讲述:在很长一段时间内,雅典都经历着不同政体的选择。梭伦改革后,雅典也经历了庇西特拉图的僭主政治。在其执政期间,帮助农民发展生产,提高农民的政治地位,雅典繁荣起来。但庇西特拉图仍然未能得到雅典民众的认同,最终被推翻。这表明雅典有悠久的民主传统,专制政体不被民众认同。公元前 6 世纪末,通过克里斯提尼改革,雅典的民主政治得以确立。

(过渡)与雅典截然不同,由意大利中部的一个蕞尔小邦发展到帝国的罗马,在对外扩张的过程中,把被征服地区的大量居民卖为奴隶,奴隶制迅速发展起来。从罗马共和国到罗马帝国,罗马的政治体制也在发生变化。

2. 从罗马共和国到罗马帝国

材料二 罗马的王政在公元前 509 年废除之后,贵族建立了共和政体。共和国有两个权力相等的执政官,由全民大会选举,任期一年。执政官必须出身贵族,平民无权充任这个最高的职位。由于执政官的任期短,权力有限,彼此牵制,他们在实际上并不是最高统治者。真正掌握国家权力的是由贵族垄断的元老院。实际上能够享受担任公职权力的人,只限于那些有足够财产的人。衣食无告的平民,即使被选上了,谁也不能够枵腹从公。因此所谓一

切公职都向平民开门的制度，其实只是在法理上如此。

——摘编自吴于廑著：《古代的希腊和罗马》，北京：生活·读书·新知三联书店，2012年，第 112—115 页

教师设问：根据材料二，概括罗马共和国时期政治体制的特点。（参考答案：政权并没有真正移到平民手中，罗马共和国依旧是一个贵族共和国；具有浓厚的贵族寡头特征；罗马共和国的政体是一种融贵族政治与平民政治为一体的复合政体。）

（过渡）公元前 1 世纪末，罗马共和国崩溃，屋大维建立元首制，实际掌握罗马国家大权，形成君主政治。其中原因何在？

材料三　一方面，罗马共和国中期以后，奴隶制经济充分发展起来，土地兼并日益严重，城邦赖以存在的经济基础逐渐崩溃；另一方面，罗马征服地中海世界后事实上已经成了一个地域辽阔的帝国，阶级关系和社会矛盾都发生了深刻的变化。

恺撒掌权期间，针对当时社会问题，实行了一系列改革；如增加了元老院人数，扩大了公民权授予范围，改变了税收制度。改革维护了罗马境内所有奴隶主阶级的利益，扩大了罗马国家的统治基础，适应了共和制向帝制转变的历史趋势。

屋大维在相继战胜政敌后，成为罗马唯一的全权统治者。正式确立了个人的军事独裁统治，实际上是罗马帝国的第一个皇帝。

——摘编自齐涛主编：《世界通史教程·古代卷》，济南：山东大学出版社，2001 年，第 165—167 页

教师设问：根据材料三并结合所学知识，概括罗马由共和制走向帝制的原因。（参考答案：奴隶制经济的发展使城邦失去存在的经济基础；阶级关系和社会矛盾的变化；恺撒、屋大维等改革和对外征服的推动；罗马经济、政治发展的必然结果。）

教师引导学生分析：罗马由共和制走向帝制，不仅是罗马疆域扩大的需要，更是罗马国家政治、经济发展的必然结果。这体现了经济基础和上层建筑的辩证关系。

“从公元前 146 到公元前 27 年的一百多年，是罗马共和国的晚期，这时罗马社会的各种矛盾发展达到高潮。矛盾集中的焦点，指向垄断共和政权的元老贵族阶级。”①元老贵族对共和国政权的垄断，同时也是对被征服地区的统治权的垄断，无法满足各民族精英参与国家治理的需求。对广大居民而言，共和制度也无非是罗马元老压迫剥削他们的一个工具。转变国家体制，以帝制代替共和制，是历史的要求。

同时，恺撒、屋大维的对内改革和对外征服，树立了个人的绝对权威，这也为罗马帝制的建立提供了条件。

（设计意图）本问引导学生通过阅读史料，概括罗马由共和制走向帝制的原因。学生首先需要根据设问对材料进行分类整理，指向：(1)时空观念素养水平 3——能够把握相关史事的时间、空间联系，并用特定的时间和空间术语对较长时段的史事加以概括和说明；(2)史料实证素养水平 3——能够对史料进行整理和辨析。其次，提取材料中与罗马政体变化相关的历史信息，这指向了史料实证素养水平 1——能够从所获得的材料中提取有关的信息。第三，利用材料关键词和历史专业术语组织语言，指向了历史解释素养水平 2——能够选择、组织和运用相关材料并使用相关历史术语，对个别或系列史事提出自己的解释。最后，对

① 朱龙华著：《罗马文化》，上海：上海社会科学院出版社，2012 年，第 13、66—76 页。

政体变化的原因的探讨，是在唯物史观的引领下进行的，这指向了唯物史观素养水平 3、4——能够将唯物史观运用于历史学习、探究中，并将其作为认识和解决现实问题的指导思想。

(过渡)在古代社会，不论是希腊城邦，抑或是罗马共和国和罗马帝国，它们都是奴隶制国家，公民都仅是少数。妇女、外侨和奴隶都没有资格参与政治，还受到剥削和多种压迫。

材料四 从公元前 1 世纪建立，到公元 4 世纪末分裂，罗马帝国地跨欧、亚、非三大洲，设置行省管理意大利半岛之外的地区。罗马民族在政治上处于主导地位，意大利以外的人(希腊人除外)被称为“蛮族”。什么是罗马民族呢？那就是罗马人和意大利人，他们在语言、经济和文化上关系密切，也是共同打下帝国天下的核心力量。据一种比较适中的估计，整个帝国人口约 5400 万，意大利约有人口 600 万。行省拥有不同程度的自治权。不断成熟的罗马法通行于帝国全境，但整个帝国的罗马化程度很浅，罗马人使用的拉丁语，在帝国东部只在政府机关和城市中通行，广大农村则仍是各自语言的世界。

——摘编自吴于廑、齐世荣主编：《世界史·古代史编》上卷，北京：高等教育出版社，1994 年，第 428—431 页

教师设问：根据材料四并结合所学知识，概括罗马帝国国家治理的特点。(参考答案：建立了疆域广阔、人口众多的国家；重视法律的作用；建立起行政管理制度，且帝国行省权力较大；帝国未能实现语言文字的统一；对帝国境内民族区别对待较明显。)

教师引导学生分析：罗马帝国作为一个疆域辽阔、人口众多的国家，其国家治理反映了历任统治者丰富的政治智慧。他们完善法律体系，建立行省制度，加强对行省的监督和管理，促进了行省经济的发展和帝国的繁荣，使公元 1 至 2 世纪的罗马帝国出现了相对安定的局面，进入“罗马和平”时期。可见，帝制取代共和制，是历史的进步。

但文字未统一，各民族不平等，也反映出罗马国家治理的局限，埋下了帝国爆发社会危机的隐患。从公元 2 世纪末到公元 3 世纪末，由于奴隶制的衰落和奴隶社会矛盾的激化，罗马帝国爆发了严重的社会危机。

在公元 5 世纪，日耳曼人最终消灭了西罗马帝国，欧洲开始进入封建社会。

(二) 中古西欧的封建制度

1. 中古前期：贵族君主制

教师讲述：在本课伊始，我们提到，在世界历史上，5—14 世纪一般被称为“中古时期”。中古西欧国家制度的一个重要特征，是王权和基督教会长期并立。国王依靠教会支持获得政权的合法性；教会依靠王权扩展基督教，维护教会权威。在走向统一的过程中，王权和教会多次发生冲突。在欧洲中世纪初期，贵族君主制是这一时期的主要政体形式。例如公元 10 世纪时建立的神圣罗马帝国，就是实行贵族君主制的典型。这一时期神圣罗马帝国皇帝是最大的封建主，在帝国境内，有大大小小的诸侯、贵族割据一方。大小领主封建割据，王权衰弱，是欧洲中世纪贵族君主政体的重要特征。

教师设问：结合刚才的描述，尝试绘制出中世纪前期贵族君主制的结构示意图。(参考答案：见图 4。)

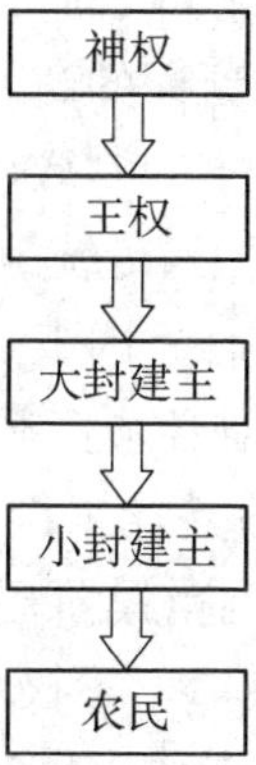

图 4　中世纪前期贵族君主制结构示意图

(过渡)到了中世纪后期，随着城市在西欧普遍兴起，市民支持王权反对地方贵族，打破了原有的政治平衡，推动领主政治向等级君主制发展。

2. 中古后期典例：法国的等级君主制和英国的议会君主制

材料五　1302 年，腓力四世召开三级会议，除了一、二等级的教俗大封建主的代表参加外，还有作为第三等级的市民代表参加，这表明法国进入了等级君主制时代。

在等级君主制政体内，作为劳动者阶层的第三等级——市民堂而皇之地登上了政治的殿堂，成为与封建诸侯、教会贵族有同等发言权的政治势力之一。而国王则明显地凌驾于这三种政治势力之上，是政府的最后决策者。

——摘编自陈文滨：《中世纪西欧多元政治的形成及发展》，载《江西社会科学》，2003 年第 12 期

材料六　1295 年爱德华一世为筹集军费召开国会。1297 年，国会正式获得了批准赋税征收的权力。14 世纪初年，国会又获得了颁布法律的权力，同时成为王国的最高法庭。由于各个等级的利害不同，英国国会从 1341 年起分为上、下两院。上议院由教俗贵族组成，下议院由地方骑士和市民代表组成。

——摘编自齐涛主编：《世界通史教程・古代卷》，济南：山东大学出版社，2001 年，第 255 页

教师设问：根据材料五、六，指出中古时期法国的等级君主制与英国议会君主制的异同。(参考答案：异：法国等级君主制下，王权仍是政府的最后决策者；英国议会君主制下，议会成为国王与贵族、骑士、市民共商国是的平台，形成等级代表会议与国王相结合的统治形式；英国王权受到更多的制约。同：都形成了制约王权的议会政治。)

教师引导学生分析：法国的等级君主制是由国王与教会贵族、封建诸侯、市民等多个等级势力的联合专政。国王通过议会与三个等级势力的代表沟通，求得多数人的支持。英国的议会获得税收、颁布法律的权力，成为实际上的最高法庭。其议会成员组成多元化，形成等级代表会议与国王相结合的统治形式。

法国的等级君主制与英国的议会君主制是西欧中世纪后期君主制政治的两个典型代表。

教师设问：请根据材料五、六并结合所学知识，指出中古欧洲的君主专制与东方君主专制的不同并分析其原因。(参考答案：不同：欧洲王权受到教俗贵族和市民阶层的制约；东方王权实现了高度集中，实行绝对君主制；原因：一是经济基础不同，东方是以自然经济为

主导，西欧则是传统的封建领主经济，工商业较为发达；二是阶级基础不同，东方是单一的地主阶级，西欧则是传统的教俗封建贵族加新兴的商人和手工业者。）

教师引导学生分析：因而，欧洲的君主专制政治并不像东方的君主专制政治那样是一元化的。在其发展过程中，逐渐形成了国王、传统封建贵族、以商人为代表的市民阶层三种政治势力，这实际上是一种多元的政治组合。国王是国家最高权力的象征，和传统封建贵族有着相同的渊源，同是封建势力的代表，他必须依靠传统封建贵族来维护他的封建特权；同时，他又必须依靠商品经济和市民阶层的支撑来维护他对其他贵族的优势，确保其专制权力。所以，国王在行使权力时，既要照顾到市民阶层的利益，又要考虑到传统封建贵族的利益，实际上是用权力平衡的方式来进行统治。王权与国家统一、民族国家的构建、以民族国家为单元来实现国家治理，逐渐成为世界各国国家治理的基本范式。

教师设问：根据材料五、六并结合所学知识，以英法为例，概括中世纪欧洲政治体制的特点。（参考答案：王权与基督教会长期并立；世俗王权日益壮大，寻求摆脱基督教的控制；国王与贵族、教会与市民，共同形成复合型治理体系。）

（设计意图）本问引导学生通过阅读史料，比较中古时期法国、英国政治制度的特点。学生首先需要根据设问对材料进行分类整理，这指向了史料实证素养水平3——能够对史料进行整理和辨析。其次，提取材料中与特点相关的历史信息，这指向了史料实证素养水平1——能够从所获得的材料中提取有关的信息。第三，构建起不同材料信息点之间的内在逻辑联系，这指向了史料实证素养水平4——能够比较、分析不同来源、不同观点的史料。最后，利用材料关键词和历史专业术语组织语言，这指向了历史解释素养水平2——能够选择、组织和运用相关材料并使用相关历史术语，对个别或系列史事提出自己的解释。

（过渡）中古欧洲的专制君主制就是这样，它使贵族和市民阶级保持了一定程度的平衡，但这种平衡是建立在王权授予基础上的，缺乏应有的法律保障。随着资本主义经济的进一步发展，资产阶级革命必定到来，新政权即将建立。17至18世纪，逐渐壮大的资产阶级对封建制度和专制王权发起冲击，多国进行了资产阶级革命和改革，确立了近代西方政治制度。

（三）近代西方资本主义制度的产生与发展

1. 英国：从二元制君主立宪制到议会制君主立宪制

教师讲述：17世纪初，英国斯图亚特王朝的专制统治严重阻碍了资本主义经济的发展，17世纪英国资产阶级革命中，1688年光荣革命及1689年《权利法案》，是英国政体发展历程中的关键事件。

光荣革命后，国王的权力受到议会的限制，但当时议会对政府并没有控制权。尽管议会有充分的权力可以制定法律，国王却可以不加理会，而继续行使特权；大臣不对议会负责，而只以个人的身份对国王负责，议会对此毫无办法。行政与立法其实处在一种双头状态下，双方各行其是，缺乏配合的机制。直到18世纪早期，英国形成责任内阁制，内阁掌握行政权，受议会监督，对议会负责——议会成为国家最高立法机关和权力机关。

材料七　英国议会选举法颁布于1406年，以后实施了四百多年，选区分布、选民人数和议员选举程序都变得极不合理。1830—1832年实行第一次议会改革，废除了一些小选区，设立了若干新选区，选民人数由40万人增加到60万，但仍不足全体成年居民的5%。1867年、1883年继续进行议会改革，选民人数增加二百多万，仍不过全体成年居民的8%，人口半数的妇女仍然不是选民。直到1918年和1928年两次颁布新选举法，才最终实现了不分性别和财产资格的成年公民选举制。值得注意的是，英国历史上导致政治制度变化的政治斗争始终在加强着法制化的趋势。

——摘编自阎照祥著：《英国政治制度史》，北京：人民出版社，2012年，第1—6页

教师设问： 根据材料七并结合所学知识，概括英国政治制度发展过程的特点。（参考答案：较多地继承了英国的文化传统；通过不断改革，完善国家制度与社会治理；通过渐变方式逐步确立和完善；通过议会立法的方式确立民主政治。）

教师讲述： 在英国政治制度的发展过程中，法制化始终影响着政治斗争的程度和方式，使国内各类政治行为能够逐渐公开化、合法化和比较温和地进行，较少诉诸暴力，这需要高度的责任感和高超的政治技巧，统治者与被统治者都必须承担责任。英国尊重历史文化传统，在国家制度的发展进程中展现出较高的政治理性，这使得英国常常能以较少的社会代价赢得较多的社会进步，君主立宪制也得以发展和完善。

(过渡) 在18世纪中期，英国通过海外殖民，其殖民地遍布全球，号称“日不落帝国”。1775年，英国在北美的13个殖民地的革命者发起独立战争，建立了美利坚合众国。美国独立后进入现代化的快车道，其民主制度也在变革中逐渐完善。

2. 美国：总统制共和制

材料八　11世纪以来，英国国王便通过颁布特许状的形式赋予城市以自由权。17世纪初，第一批到北美的英国移民多为清教徒，他们长期扎根在乡郡，具有强烈的民主自由意识和丰富的地方自治和管理经验。他们签署《五月花公约》，宣称建立自治机关，自愿结为民众自治团体，形成一个基于自然法的市民社会雏形。在殖民地时代，英国对北美殖民地实行“重商主义”政策，侧重经济管理，各个乡镇任命自己的行政官员，规定自己的税则，征收并分配自己的税款。美国独立后，地方自治制度得到较为充分的实行。

——摘编自[法]托克维尔著，高牧译：《论美国的民主》，海口：南海出版公司，2007年，第42、45页

教师设问： 根据材料八并结合所学知识，简析北美大陆地方自治的传统对美国国家治理的影响。（参考答案：利：影响了美国初期国家结构形式的选择；有助于维护美国的民主制度和社会秩序；提供了西方近代地方自治的一种模式；有利于公民素养的提升。弊：过分强调自治，容易导致国家意识的淡薄；地方政府权力过大，影响联邦政府治理效能。）

教师引导学生分析： 1787年宪法把美国从邦联制改为联邦制，实行了美国联邦政府与州政府的纵向分权治理。立法、行政、司法三权分立，又反映了美国同级政府的横向分权治理。在这样的国家治理体制下，美国的国家治理能力究竟如何？我们一起将目光转向今天疫情之下的北美，去看看疫情之下的美国怪相。

材料九　疫情之下的美国怪相之一——总统违宪？

美国总统特朗普于2020年4月13日发布推特援引媒体报道称，“一些假新闻媒体说重启各州是各州州长的决定，而不是美国总统和联邦政府的决定”，“让我们搞清楚，这是不正确的。从很多角度来说，这都是总统的决定”。“基于这一点，联邦政府和我正和各州州长密切合作，这也将持续。在州长们和其他人的合作下，我很快将作出决定”。

——凤凰网资讯：《新冠肺炎疫情危机下美国总统权力到底有多大?》，http://

news.ifeng.com/c/7vff0I80Hnv,2020-04-14

教师讲述：特朗普在推特上发布推文后，引起了美国媒体广泛的热议。4月13日晚，在白宫每日疫情新闻发布会上，有记者据此向特朗普提问，他将如何迫使州长们在疫情期间重启经济。特朗普回答称，"当一个人成为美国总统，他的权力是完全的。也应当是这样的。"

针对总统的这一推文和新闻发布会上的言论，有媒体认为，特朗普的做法和言论涉及违宪。根据材料九并结合所学知识，对该观点进行简要评价。(参考答案：从美国的国家治理体制而言，特朗普并非违宪，这是宪法赋予总统的权力；但特朗普声称"当一个人成为美国总统，他的权力是完全的"，这一言论确实不妥，因为美国宪法并不支持总统拥有绝对的权力。)

材料十　疫情之下的美国怪相之二——各州哄抢呼吸机

据《观察者网》报道：日前，纽约州州长科莫在一场政府发布会中表示，纽约州政府已经以每台2.5万美元的价格，从中国下单了1.7万台呼吸机，此外，在发布会上科莫还透露，其中的2500台呼吸机将在两个星期内到达纽约，并强调，这是纽约与其他州，甚至联邦政府争抢之后的结果。

——网易要闻：《疫情之下，中国这一设备遭到美国各州哄抢》，https://3g.163.com/3g/article_cambrian/F9QGQ1QB05159R61.html，2020-04-10

教师讲述：根据材料十并结合所学知识，对"各州哄抢呼吸机"现象进行解读。(参考答案：在美国新冠肺炎疫情不断蔓延恶化的境况中，美国各州连同联邦政府在内，哄抢防疫物资。这反映了美国现行政治体制下，在国家应对公共危机时，联邦政府缺乏权威性；也暴露了当下美国国家治理的严重缺陷。)

(过渡)与美国的宪政之路不同，法国的共和之路在曲折中反复，才得以最终确立。

3. 法国：议会制共和制

教师讲述：18世纪末19世纪初的法国，资本主义发展较英国缓慢，资产阶级力量相对弱小，封建势力非常强大，这导致大革命之后法国君主制与共和制反复更替，政局动荡不休。直到1875年宪法颁布后，法国的共和政体才得以确立。

(1) 国家政体的构建

教师设问：根据所学知识，完成1875年法兰西第三共和国宪法下的国家政权结构示意图(见图5)。

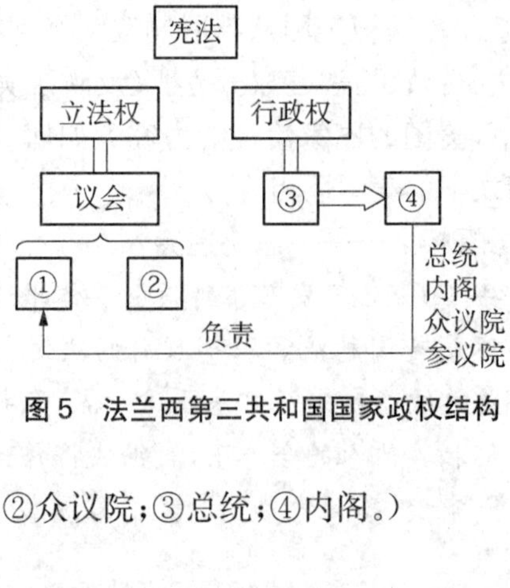

图5　法兰西第三共和国国家政权结构

(参考答案：①参议院；②众议院；③总统；④内阁。)

教师讲述：在1875年宪法下，参议院由间接选举产生，众议院由直接选举产生；总统由参众两院议员选举产生。总统经众议院同意有权任命内阁，经参议院同意有权解散众议院；参议院有权否决众议院通过的法律，内阁要对参议院负责。可见，总统、参议院成了国家权力中心。

教师讲述：但是，此时的法国政体依然模糊不清：法国中央政府拥有总统和议会两大权力中心，形成了"半总统半议会制政体"。第三共和国政党林立，内阁更迭频繁，政局长期不稳。这反映了当时法国国家制度的设计存在重大缺陷，对国家治理产生了长远的影响，也成为当时法国相对衰落的重要原因。

(2) 国家政体的定型

(过渡)二战后，1958年9月，公民投票通过新宪法草案，产生了法兰西第五共和国宪法。

材料十一　1958年9月，公民投票通过新宪法草案，产生了法兰西第五共和国宪法。10月5日，法兰西第五共和国宣告成立。12月，戴高乐当选总统。

第五共和国宪法规定，总统是国家元首和三军统帅，有权直接任免总理、解散议会、宣布"紧急状态"、撇开议会行使"非常权力"。

——摘编自张建华主编：《世界现代史(1900—2000)》，北京：北京师范大学出版社，2008年，第305页

教师设问：根据材料十一并结合所学知识，指出法兰西第五共和国宪法的新变化。(参考答案：扩大了总统的权力，削弱了议会的权力，降低了总理和内阁的作用。)

教师引导学生分析：法兰西第五共和国宪法纠正了第三共和国时期国家治理的若干缺陷，是二战后法国的综合国力增强的制度原因。通过这部宪法，法国从议会制共和制国家演变为半总统制的共和国，法国的政体最终定型。今天的法国政体，可视为英美混合制。

[探究活动]

材料十二　1947年11月11日下午，丘吉尔向英国下议院，也向子孙后代，发表了他著名的为民主辩护的演讲："……没有人敢宣称民主是完美的或完全明智的。确实，除了那些经常被尝试的其他所有政体之外，民主是政府的最坏形式。"

——摘编自[美]彼得·林德特著，郇雷译：《民主制度如何影响经济发展》，载《国外理论动态》，2012年第12期

材料十三　管理国家应当是相当专业的工作，美国一人一票的选举制，在立国之初并没有普及于全民；民权运动到今天，确实已经落实到每个成年人都有一票。然而，柏拉图早就警告：群众政治会产生僭主的困局。例如美国芝加哥的市政，几乎有五六十年一直被戴利家族独霸。匹兹堡也有几个政治世家代代出市议员、州议员甚至国会议员。这种现象，都是在群众盲目地按惯例行事而致。"特朗普现象"也是一个明显的个例。

——摘编自许倬云著：《许倬云说美国》，上海：上海三联书店，2020年，第330—331页

教师设问：根据材料十二、十三并结合所学知识，简评西方的民主制度。(参考答案：西方的民主制度，经历了几百年的发展、完善，才达到了今天的水平；资本主义国家的民主制度日益完善，一定程度上赢得了国内相对稳定的局面；在资本主义社会，有产者才享有充分的民主；无产者的民主只是形式上的，很难通过"民主"来保障自身的基本权利。)

教师引导学生分析：学者弗朗西斯·福山在《历史的终结》一书中曾言，美国的制度就

是市场经济下的自由经济，也就是资本主义的社会和民主选举的政治体系，乃是历史的终结。人类的演化到了一个近乎完美的状态，从此只需时时微调而已。不久前，哈佛大学美国史教授拉波尔在其著作《如此真理：美国的历史》一书中，却指陈了美国历史中无穷无尽的冲突和矛盾、对立和分裂。两位学者的观点，就像一枚硬币的两面，从不同的视角审视了当今美国政治体制。

【课堂小结】

教师引导学生小结：民主是人类政治文明发展的成果，也是世界各国人民的普遍要求。各国的民主是由内部生成的，而不是由外力强加的。任何国家的政治制度，要适合本国国情，不断完善和发展，才是有效的、富有生机的。照搬照抄别国模式从来不能成功，美国等西方大国到处输出民主的做法也没有一个是成功的。

探寻适合本国国情的政治体制，从来都不是一蹴而就的。中国从传统走向现代的征途中，要学习他国成功的经验，避免其失误的轨迹，走出一条适合自身的道路，才能真正找到属于自己的"理想国"。

第 3 课

中国近代至当代政治制度的演变

教学设计 1

四川省成都列五中学　何艳妮

一、教材分析

本课是统编教材《国家制度与社会治理》第一单元《政治制度》的第 3 课，主要讲述了我国从南京临时政府开始建立共和制度到中华人民共和国实现真正政治民主化的曲折发展历程。教材共有三个子目："民国时期的政治制度" 分别介绍了南京临时政府建立共和、北洋军阀政府破坏共和、南京国民政府"训政"和"宪政"等内容；"中国共产党在根据地和解放区的制度探索" 主要介绍中国共产党在新民主主义革命的各个时期进行的民主制度的探索和实践；"中华人民共和国的政治制度" 主要介绍了新中国成立以来的民主制度的建立、发展过程。本课的基本逻辑结构如下：

表一　本课逻辑结构

时期	近代：中华民国			当代：中华人民共和国
	南京临时政府	北洋政府	南京国民政府	
政党政治	议会制、多党制竞争型的政党政治		国民党一党专制独裁	中国共产党领导的多党合作和政治协商制度
共和历程	建立共和	破坏共和	假共和真专制	真正的民主共和制度 根本政治制度：人民代表大会制度； 基本政治制度：中国共产党领导的多党合作和政治协商制度、民族区域自治制度、基层群众自治制度

《普通高中历史课程标准(2017 年版 2020 年修订)》对本课的要求是："了解共和制在中国建立的曲折过程，理解中国政治道路发展的独特性。"教材涉及的知识时间跨度有一个多世纪，政权、制度等名词较多，容易混淆；中华人民共和国成立后民主政治的建立和发展也有一个曲折的过程。在教学中要注意搭建时空框架，理清历史线索，把握历史发展的脉络，利用恰当的史料引导学生深入探究政治道路发展的"曲折"和"独特性"的原因、影响、利弊得失

等内容,进而形成对社会主义民主政治优越性的认知。本课教学容量大,教学过程中要坚持"以课标为根本,以课本为材料,以史料作辅助",适当取舍,但要线索清晰,结构完整。

二、学情分析

经过初中和高一年级必修《中外历史纲要》的学习,学生对于本课涉及的大事件,比如辛亥革命、国民政府的统治、中华苏维埃共和国、抗日民主政权、新中国初期的政治建设等都有了一定的了解,但是对于共和制的整个发展历程、各个历史时期的政权性质仍然缺乏深入的理解,未能形成对历史发展规律的系统认知。教学时,通过引导学生在唯物史观指导下构建清晰的时空观念,用相关的史料构建生动具体的历史情境,帮助学生认清历史现象背后的原因、本质及带来的影响,自然而然地得出只有中国共产党才能保障人民的权利,才能实现真正民主共和的认识。

三、教学目标

1. 能够结合"近代""新民主主义革命时期""抗日战争时期"等不同的历史时间术语简要描述国统区、根据地、解放区等地相应的政治制度的建立、发展和特点。

2. 通过阅读和分析史料,了解辛亥革命以来中国各个政权的性质和当时政党政治的特点,从史料中了解北洋军阀政府对共和的破坏和南京国民政府的"训政"和"宪政"的实质就是"假共和真专制",认识到只有中国共产党才能保障人民的权利,才能实现真正的民主共和。

3. 了解新中国成立后我国民主政治的发展历程,明白社会主义民主政治制度在实践探索中曲折前进的道理,并进一步树立包括"制度自信"在内的"四个自信"。

四、教学重难点

重点:民国各时期政党政治的特点;民主革命时期中国共产党建立的民主政权,中华人民共和国的政治制度的建设。

难点:民国时期政党政治的特点。

五、教学过程

【导入新课】

教师讲述:1912 年 1 月 1 日,中华民国成立……但清王朝以良弼为首的顽固派不甘失败,组织"宗社党"反对革命。为了扫清革命阻碍,彭家珍自告奋勇,决定舍身前往刺杀"宗社党"领袖良弼。1912 年 1 月 26 日晚,在良弼乘车回到府邸时,彭家珍向他投出炸弹,良弼重伤,于两天后毙命。23 岁的彭家珍被弹片击中,壮烈牺牲。爆炸行动前,彭家珍在绝命书中写道："共和成，虽死亦荣；共和不成，虽生亦辱。与其生受辱，不如死得荣。"[①]

与彭家珍一样，秋瑾、林觉民、徐锡麟、陈天华、邹容、黄兴等为了共和前赴后继、不屈不挠，直到流尽最后一滴血。彭家珍说"共和成，虽死亦荣"，那么1912年中华民国成立之后，共和就真的成了吗？志士们的心愿达成了吗？让我们走进课堂《中国近代至当代政治制度的演变》。

(设计意图)通过一则故事，让学生体会推翻专制，建立共和的不易。通过提问，让学生形成建立了共和制，却没有真正实现民主共和的认知冲突，激发学习和探究的兴趣，为本课教学打下基础。

【学习新课】

(一) 民国时期的政治制度

1. 南京临时政府：建立共和

教师设问：新建立的中华民国南京临时政府的政权是如何体现"共和"的？请根据教材第14页的知识回答。（参考答案：政权名称为中华民国；五色旗为国旗；使用阳历，以中华民国纪年；颁布《中华民国临时约法》，确立三权分立的政治体制，实行责任内阁制。）

教师引导学生分析：国名为"中华民国"，体现了主权在民；"五色旗"代表五族共和；用中华民国纪年取代年号纪年，否定了君主专制；颁布《中华民国临时约法》，以法律的方式废除了君主专制制度，确立了资产阶级民主共和国的政治体制。

2. 北洋军阀统治：破坏共和

(过渡)中华民国已经建立，共和政体已经实现，民众欢欣鼓舞，期待着"飘扬五色旗，民国荣光，锦绣河山普照。吾同胞鼓舞，文明世界，和平永保"。[②] 彼时大多数的革命党人都沉浸在胜利的欢乐中，他们认为需要思考的只是在民主共和制度的新格局下建设这个国家。

材料一　民国肇建，开放党禁，以议会为中心，一瞬间冒出几百个政党……国会伊始……各路人马都对政党政治信心满满……梁启超在1912年民国建立之初如此说："我国非采政党内阁制，无以善治，此殆国中稍有识者所共喻。"不仅是责任内阁，而且是多党轮流执政的政党内阁，成为民国初年……追求的目标。

——许纪霖著：《家国天下》，上海：上海人民出版社，2017年，第187页

材料二　这次国会选举，从1912年12月开始，到1913年3月全部结束，前后共达4个月之久。其结果是：在参议院总额274席中，国民党获得123席，占总额的44.9%……在众议员总额596席中，国民党获得269席，占总额的45.1%……这样，国民党占议员总数的45%以上，成了国会中第一大党……宋教仁更是喜出望外，认为由国民党组织责任内阁和由他担任总理已成定局，国会制和政党政治从此在中国实施势成必然……

——钟德涛：《中国政党制度的产生与演变》，华中师范大学博士学位论文，2007年，第

① 吴文诩：《彭家珍：慷慨赴死为共和》，http://www.xinhuanet.com/politics/2018-04/09/c_1122655742.htm，2018-04-09。

② 和璐：《中国国歌的百年发展》，载《党史纵览》，2010年第6期。

31页

材料三 因为民国初年的政党虽然有党员跨党、党义不着实、没有民众作基础的弱点，但尚有集权、分权的精神差别可言，尚有标举出来的党纲可见；南北混争时代的政党全然变为个人的私党，除了什么"韬园""静庐""潜社"，什么胡同十二号、什么大街二百号，什么系的名号以外，便只有金钱和官位，"党纲"二字全然听不到有人说及了。

——李剑农著：《中国近百年政治史》，北京：中华书局，2019年，第356页

教师设问：根据材料一、二、三，概括民国初年政党政治的特点。（参考答案：竞争型的政党政治，党派多，参与政治活动积极，崇尚议会制，政党政治不成熟。）

教师追问：结合教材第14—15页和所学知识，分析民国初年政党政治失败的原因，并谈谈你的认识。（参考答案：原因：辛亥革命并没有根本上改变中国近代社会半殖民地半封建的社会性质；民族资本主义发展不充分，民族资产阶级力量弱小，缺乏竞争型政党政治的经济基础和阶级基础；不成熟的政党竞争客观上削弱了民主力量，为专制统治的建立提供了可乘之机；革命党人的软弱性和妥协性；传统思想根深蒂固。认识：在半殖民地半封建社会的中国，议会制的道路和多党制的竞争型的政党政治行不通。）

教师引导学生分析：《中华民国临时约法》规定实行责任内阁制，议会多数党产生内阁总理。为谋求议会席位，各党派展开激烈竞争。与西方比较，当时的中国不管是政治、经济还是思想文化等各方面都不具备现代化转型的充分条件，政党本身非常不成熟，政党政治仓促实践必然以失败告终。

(设计意图)通过详实的历史材料，让学生对民国初年的政党政治有大概的了解，并能深入分析其失败的原因。本环节指向：(1)历史解释素养水平2——能够选择、组织和运用相关材料并使用相关历史术语，对个别或系列史事提出自己的解释；(2)家国情怀素养水平3、4——能够表现出对历史的反思，从历史中汲取经验教训，更全面、客观地认识历史和现实社会问题。

(过渡)"无量金钱无量血，可怜购得假共和"①，中国错失实现政治民主化的历史机遇，要实现真正的民主共和，还需要不断奋斗，继续努力。

3. 南京国民政府："假共和、真专制"

教师讲述：为了维护民主共和，孙中山先生进行了一系列的斗争，但都失败了。后来在中国共产党和共产国际的帮助下，孙中山组织召开国民党一大，改组了国民党，实现第一次国共合作，开展了国民革命运动。北伐基本推翻了北洋军阀的统治，中国再次迎来了政治民主化的历史机遇。可国民党右派叛变革命，国民大革命失败，政治民主化的机遇又失去了。

教师设问：将上述历史事件的进程用时间轴的形式表示出来。（参考答案：见图1。）

(设计意图)这是一个重要的历史时期，事件多而杂，对中国历史影响巨大，利用画时间轴的方式能够让学生更加清晰明了地理清此阶段的历史事件。问题指向：(1)时空观念素养水平2——能够利用历史年表、历史地图等方式对相关史事加以描述；(2)时空观念素养水平4——能够选择恰当的时空尺度对其进行分析、综合、比较，在此基础上作出合理的论述。

---

① 刘宝森：《风云变幻感沧桑 拒虎谁知又进狼——读辛亥志士、南社成员蔡济民〈书愤六律〉》，载《武汉学刊》，2019年第3期。

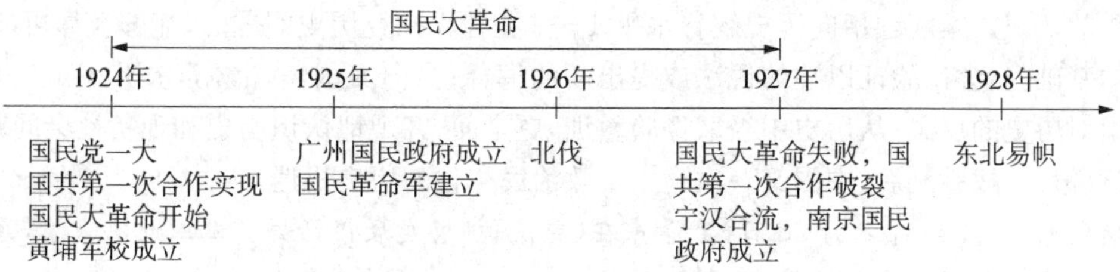

图1　国民大革命时期大事记

(过渡)1928年底张学良宣布“东北易帜”，接受南京国民政府的领导。至此，中华民国宣告形式上统一。根据孙中山先生的“革命程序”论，蒋介石认为“军政”时期已经结束，“训政”阶段开始。

材料四　1927年4月，《国民政府定都南京宣言》中宣布：“本政府……尤须于最短期间开国民会议，废除不平等条约，实现三民主义，使中华民国成独立自由之国家，中华民族成为自由平等之民族，同享民有、民治、民享之幸福。”

——戴逸主编：《中国近代史通鉴：1840—1949·第八卷·南京国民政府时期》中册，北京：大地出版社，1997年，第58页

教师设问：根据材料四并结合教材第15页第四段内容，说明国民党的《训政纲领》与《国民政府定都南京宣言》的相悖之处。(参考答案：材料四明确国民政府将召开国民会议，并建立一个保障人民权利的民主政府，而《训政纲领》却将一切权力皆归于国民党，实行国民党的一党专政。)

材料五　在训政时期，核心工作在于地方自治，《国民政府建国大纲》规定“政府当派曾经训练合格之员，到各县协助筹备自治”……“其国民有直接选举官员之权，有直接罢免官员之权，有直接创制法律之权，有直接复决法律之权”，“每县地方自治政府成立之后，得选国民代表一员以组织代表会，参预中央政事”。

——秦楠：《孙中山“革命程序论”思想及其实践》，载《黄山学院学报》，2008年第4期

材料六　(1942年)委员长本人变得更专断，更难于接近，政府官员要见他得等几个星期……身为国民党的总裁，蒋介石实际上掌握了至高无上的权力，他可以操纵行政院，挟持立法院，绕过司法院，其实这些机构只是摆设。

——[美]布莱恩·克洛泽著，封长虹译：《蒋介石传》，北京：国际文化出版公司，2010年，第234页

教师追问：根据材料五、六并结合所学知识，简评南京国民政府统治时期的训政。(参考答案：材料五中孙中山先生强调训政的核心是地方自治，政府协助地方逐步实现并保障民众的权利，建立民主的政权。可是实际执行中，国民政府违背了孙中山先生的民主建国精神，实行国民党一党专政和蒋介石个人独裁，为之后南京国民政府的覆灭埋下了伏笔。)

教师引导学生分析：孙中山先生为了维护民主共和付出了全部的心血，留下了“革命尚未成功、同志仍须努力”的遗嘱。打着“实现先总理遗愿”旗号的蒋介石建立了南京国民政府，并完成了国家形式上的统一，实际表现和建立之初的承诺却完全背离，这充分体现了国民政府打着“民国”“国民政府”的旗号实行专制统治的本质。

(设计意图)通过三段材料和对比性的设问，让学生对国民政府“假共和、真专制”的本质

有初步的认识。本问题指向历史解释水平4——在独立探究历史问题时，能够在尽可能占有史料的基础上，尝试验证以往的说法或提出新的解释；指向家国情怀素养水平3、4——能够表现出对历史的反思，从历史中汲取经验教训，更全面、客观地认识历史和现实社会问题。

(过渡)抗战胜利后，中国又一次迎来了政治民主化的历史机遇。

材料七 （1945年8月28日）毛泽东在（重庆）机场发表谈话说："本人此次来渝，系应国民政府主席蒋介石先生之邀请，商讨团结建国大计……目前最迫切者，为保证国内和平，实施民主政治，巩固国内团结。国内政治上军事上所存在的各项迫切问题，应在和平、民主、团结的基础上加以合理解决，以期实现全国之统一，建设独立、自由与富强的新中国。"

——金冲及著：《二十世纪中国史纲》第二卷，北京：社会科学文献出版社，2009年，第558页

教师设问：根据材料七并结合所学知识，分析毛泽东去重庆谈判的背景和目的。（参考答案：背景：国际：二战后和平民主成为当时的世界潮流；国内：中国共产党和中间势力的壮大；和平民主建国是民心所向；国民党发动全面内战的条件尚不具备。目的：维持两党合作，力争和平建国。）

教师讲述：重庆谈判签订了《双十协定》，国民党在口头上承认和平团结的方针和人民的某些权利，表示要避免内战，由两党合作建设新中国。1946年1月，政治协商会议在重庆举行，并通过了一系列决议，比如："国民政府委员会为政府之最高国务机关"，"国府委员名额之半，由国民党人充任，其余半数由其他党派及社会贤达充任"等。这有利于冲破国民党的一党专政和推进民主政治，有利于和平建国。中国共产党真心实意地准备履行这些协议，甚至一度过于乐观了。

材料八 （1946年）马歇尔便加倍努力地劝说蒋介石与共产党建立一个联合政府。然后，蒋介石对这些建议置若罔闻……（1946年7月）蒋介石命令他的军队开始进攻，到9月中旬华北的主要铁路干线已在国民党的控制之下……为此，共产党向马歇尔将军提出了抗议，并说如果国民党军队不停止行动，他们将中断与政府的谈判。蒋介石置马歇尔的调解于不顾，使马歇尔越来越恼火，他强迫蒋介石停止攻占张家口的行动。但蒋介石根本听不进去，最后终于占领了这座城市。

11月15日蒋介石召集的国民大会在南京召开，共产党和民主同盟都没有出席……11月27日（蒋介石）向"国民大会"提交了一部宪法草案……中共和民盟都没有参加宪法的制定……就中国大陆当时的情形而言，这部宪法的规定形同虚设。

——[美]布赖恩·克洛泽著，封长虹译：《蒋介石传》，北京：国际文化出版公司，2010年，第284—288页

教师设问：根据材料八并结合所学知识，说明1946年《中华民国宪法》制定的背景，并进行简要评价。（参考答案：背景：和平民主成为战后世界潮流；民众对宪政的要求；国民党被内战初期的胜利冲昏头脑；国民党企图以宪政的名义把内战独裁合法化。评价：国民党在发动内战和实行独裁的背景下，召开国民大会并制定宪法，违反政协决议，使其程序和内容都存在严重的缺陷；宪法遭到了广大民众的抵制，在当时的环境下形同虚设；国民党的统治在法理上宣告失败。）

教师引导学生分析：国民党违背政协决议，在中国共产党和民盟缺席的情况下强行召

开国民大会并制定宪法，充分暴露了他借“宪政”之名，行“专制”之实的本质。

(过渡)抗战后，中国人民仿佛看到了政治民主化的曙光，但是国民政府漠视民众的真正需求，将国家带入内战的灾难中；并且在国家政治制度建设上的失败、经济上的混乱，使其不断失去民心，其失败已经是历史的必然了。

那么，谁才能真正保障人民的权利，使中国真正实现民主共和呢？

（二）中华人民共和国的政治制度

1. 民主革命时期中国共产党建立的民主政权

教师设问：阅读教材第 16—17 页，比较中共在土地革命和抗日战争两个时期政权性质的差异并说明发生变化的原因。（参考答案：差异：苏维埃政权是工人和农民的民主政权；边区政权是按三三制原则组织起来的抗日民主政权。原因：不同历史时期的社会主要矛盾不同，中国共产党始终代表着人民大众的根本利益，中国共产党能根据社会主要矛盾的变化适时调整政策。）

材料九　美国很有影响的《时代》《生活》杂志的记者西奥多·怀特和安娜·雅各布当时写了一段报道：“共产党的全部政治论题可以概括为下面的一段话：如果你遇见这样的农民——他的整个一生都被人欺凌、被人鞭笞、被人辱骂，而且他的父亲把祖祖辈辈传下来的痛苦感情都转移给了他。你真正把他作为一个人来对待，征求他的意见，让他投票选举地方政府，让他组织自己的警察和宪兵；给予他权力，让他决定自己应交多少赋税，让他自己决定是否减租减息。如果你做到了这一切，那么，这个农民就会变成一个具有奋斗目标的人。而且，为了保卫这个目标，他得同任何敌人——不管是日本人还是中国人——进行殊死拼搏。”

——金冲及：《七七事变：全民族抗战的开端》，载《人民日报》，2017 - 07 - 07

教师设问：材料九中的哪些信息可以用来说明抗日根据地政权的民主性质？（参考答案：你真正把他作为一个人来对待；征求他的意见；让他投票选举地方政府，让他组织自己的警察和宪兵；给予他权力，让他决定自己应交多少赋税，让他自己决定是否减租减息。）

教师设问：根据材料九并结合所学知识分析，敌后抗日根据地的农民阶级在思想和行为上发生了怎样的变化，由此你得出什么启示。（参考答案：变化：从思想上和行为上都获得了解放；从安于现状到有了奋斗目标；从逆来顺受到积极参与政治活动。启示：中国共产党保障了包括农民在内的中国人民的权利，其政权获得了民众的支持，在民主革命时期，其国家制度和社会治理方面获得了成功，为后来新中国的国家制度建设和社会治理提供了经验。）

教师引导学生分析：材料九中，“你真正把他作为一个人来对待，征求他的意见”这句话可以看出农民实现了人格的独立，享有真正的人权；“让他投票选举地方政府，让他组织自己的警察和宪兵”说明根据地的农民被赋予了广泛的政治民主权利；“让他决定自己应交多少赋税，让他自己决定是否减租减息”会使农民的生活水平得到提高。根据地用制度保障了农民的权利，充分说明了根据地政权的民主性本质，并让农民各方面的面貌都发生了深刻的变化，实现了真正的解放。

教师讲述：中国共产党在不同的历史时期，正确分析社会主要矛盾的变化并对政策作出调整，充分体现了实事求是的原则。民主革命时期的政权建设为新中国的政治制度提供了历史的经验，也打下了坚实的群众基础。毛泽东同志在新中国建立前夕发表《论人民民主专政》,为建立人民共和国奠定了理论基础。

(设计意图)学生通过阅读教材和史料,更能体会中国共产党能够取得新民主主义革命的胜利是因为人民的支持,与前面国民党的统治形成鲜明的对比。在比较中情感得到了升华,对中国共产党的认同感进一步得到增强。问题指向:(1)史料实证素养水平4——能够在辨别史料作者意图的基础上利用史料;在对历史和现实问题进行独立探究的过程中,能够恰当地运用史料对所探究问题进行论述;(2)唯物史观素养水平3、4——能够将唯物史观运用于历史学习、探究中,并将其作为认识和解决现实问题的指导思想。

2. 中华人民共和国的政治制度——真共和

(过渡)1949年9月,在筹建新中国的中国人民政治协商会议上,毛泽东在开幕词中庄严宣告:"我们有一个共同的感觉,这就是我们的工作将写在人类的历史上,它将表明:占人类总数四分之一的中国人从此站立起来了。"①

(1) 中国共产党领导的多党合作和政治协商制度

材料十 (著名社会学家费孝通在参加北平市第一次各界人民代表会议后,生动地描述了他那种以前没有过的强烈感受)"我踏进会场,就看见很多人,穿制服的,穿工装的,穿短衫的,穿旗袍的,穿西服的,穿长袍的,还有位戴瓜帽的——这许多一望而知不同的人物,会在一个会场里一起讨论问题,在我说是生平第一次。这是什么意思呢?我望着会场前挂着的大大的'代表'二字,不免点起头来!代表性呀!北平住着的就是这许多形形色色的人物。如果全是一个样子的人的这里开会,那还能说是代表会么?"

——费孝通著:《费孝通文集》第6卷,北京:群言出版社,1999年,第96—97页

教师设问:根据材料十概括新中国成立前夕的人民代表会议的特点。(参考答案:代表的广泛性;议政的平等性;民主的真实性。)

教师引导学生分析:民主不仅是存在于文件或宣言中,更应体现在现实中,看民众是否真的能参政议政。材料中与会者不同的服装体现了他们来自不同的职业,不同的社会阶层,说明代表来源广泛;他们能坐在一起共商国是,说明了他们身份平等,参政议政真实。由此可见,只有在中国共产党的领导下,中国才能实现真正的民主共和,人民的权利才能切实得到保证。

(设计意图)历史的细节更能体现历史的真实,特别是民主共和这么一个抽象的政治概念,用亲历者的材料更能让学生理解真实的人民民主。问题指向:(1)史料实证素养水平2——在对史事与现实问题进行论述的过程中,能够尝试运用史料作为证据论证自己的观点;(2)历史解释素养水平4——在独立探究历史问题时,能够在尽可能占有史料的基础上,尝试验证以往的说法或提出新的解释。

(过渡)确实,过去被人瞧不起的、穿着"短衫"和"工装"的工人农民,现在能够同穿着"西服"和"长袍"的人坐在一起,平等地共商大事,这不仅仅是一个政权取代另一个政权,而且是极大的社会变革,它把参政议政从过去少数人的特权,变成多数人能享受的权利,这才是真正的民主共和。

---

① 李庆刚:《"我们的工作将写在人类的历史上"——中国人民政治协商会议第一届全体会议的筹备与召开》,载《中国党政干部论坛》,2011年第7期。

材料十一　参加这次会议的有各党派、人民团体、无党派民主人士和特邀代表 662 人。包括中国共产党、中国国民党革命委员会、中国民主同盟、中国民主建国会、中国民主促进会、中国致公党、九三学社……等方面的代表……特邀代表宋庆龄发言说:"我们达到今天的历史地位,是由于中国共产党的领导。这是唯一拥有人民大众力量的政党。"中国民主同盟主席张澜指出:"用政治协商的方式,建立人民自己的政权,组织人民自己的政府。"

——李庆刚:《"我们的工作将写在人类的历史上"——中国人民政治协商会议第一届全体会议的筹备与召开》,载《中国党政干部论坛》,2011 年第 7 期

教师设问: 根据材料十一并结合所学知识回答,新的政治协商制度的内涵是什么?(参考答案:前提:中国共产党的领导;政党关系:中国共产党是执政党,各民主党派是参政党;议政方式:平等协商,共商国是。)

教师引导学生分析: 中华人民共和国时期的政党制度是符合中国国情的新型政党制度。历史证明,民国初年竞争型多党制的政党政治是失败的,南京国民政府时期一党独裁的政党政治是注定被历史和人民抛弃的,而在长期的民主革命中,"中国共产党与各民主党派进一步加强了团结合作的友好关系。在打败国民党反动势力的基础上,在筹建新中国的斗争实践中,形成了中国共产党领导的多党合作和政治协商的新型政党制度。"[①]这种新型的政党制度是中国共产党、中国人民和各民主党派、无党派人士的伟大政治创造,是从中国土壤中生长出来的新型政党制度。

(过渡) 在 1949 年的政协会议上,规定了人民代表大会制度、中国共产党领导的多党合作和政治协商制度,以及民族区域自治制度这三大政治制度,其中人民代表大会制度是我国的根本政治制度。不过当时并没有召开全国人民代表大会,为什么?(参考答案:因为解放战争还没有完全结束,普选人大代表的时机不成熟。)

这种情况下,政协代行人大职权。《中国人民政治协商会议共同纲领》起了临时宪法的作用。

(2) 人民代表大会制度

材料十二　1953 年 4 月 3 日,政务院发布《为准备普选进行全国人口调查登记的指示》和《全国人口调查登记办法》……1954 年 11 月 1 日,国家统计局公布第一次全国人口普查的结果:全国在 1953 年 6 月 30 日 24 时总人口为 6 亿零 193 万 8035 人。

——郑维之:《新中国第一次人口普查》,载《党史博览》,2014 年第 4 期

教师设问: 根据材料十二并结合所学知识,分析新中国首次人口普查的有利条件和主要目的。(参考答案:有利条件:全国解放(除台湾外);各级地方人民政权建立;社会秩序稳定;政权已经巩固;普选产生了各级人民代表大会;经济已经恢复并逐步发展;社会主义改造开始。主要目的:为选举人大代表提供准确数据。)

(设计意图) 用材料自然过渡到人民代表的选举和人民代表大会的召开。问题指向:(1)时空观念素养水平 3——能够把握相关史事的时间、空间联系,并用特定的时间和空间术语对较长时段的史事加以概括和说明。(2)历史解释素养水平 2——能够在历史叙述中将史实描述与历史解释结合起来。

---

① 梁琴、钟德涛著:《中外政党制度比较》,北京:商务印书馆,2013 年,第 105 页。

材料十三 1954年9月15日，第一届全国人民代表大会第一次全体会议在北京开幕……《人民日报》记者袁水拍在《六亿人民心花开》一文中这样写着："代表们走进了会场，坐上最高国家权力机关的席位。他们从车床边来，从田地里来，从矿井中来，从海岸的防哨来。放下钳子，放下犁耙，放下镐头，放下笔杆、圆规……同他们所爱戴的党和国家领导人们一起，商议国家的大事……9月20日下午……采取无记名的办法对《中华人民共和国宪法》表决的结果：投票数1197张，同意票1197张。"

——刘政：《一届全国人大一次会议盛况实录》，载《山东人大工作》，2016年第3期

教师设问： 根据材料十三并结合所学知识，概括人民代表大会制度是怎样体现人民民主原则的。（参考答案：代表来自社会各个行业，体现人民性；普通代表与党和国家领导人一起商议国家大事，体现平等性；全国人民代表大会是国家最高权力机关，地方各级人民代表大会都是地方国家权力机关，体现政治地位高；无记名投票体现政治技术文明；这是新型的人民民主。）

教师讲述： 这次会议之后，政协代行人大职权的历史任务结束，但是政协依旧并将长期存在，其基本职能是政治协商、民主监督和参政议政。社会主义的民主政治是人民民主和协商民主的统一。

我国还建立了民族区域自治制度和基层群众自治制度（见教材第20页）。

（3）民族区域自治制度

（4）基层群众自治制度

（过渡）新中国的民主政治发展也是有曲折的，也不是一帆风顺的。特别是"文化大革命"期间，我国的民主政治遭到了严重的破坏，各级党政机关受到严重的冲击，民主集中制被破坏，人民代表大会和政协会议长期未能正常召开。改革开放后，我国的民主政治有了长足的发展。

（5）民主制度的新发展

材料十四 坚持和完善人民代表大会制度，必须全面推进依法治国。发展人民民主必须坚持依法治国、维护宪法法律权威，使民主制度化、法律化……实现国家各项工作法治化。

——习近平：《在庆祝全国人民代表大会成立六十周年大会上的讲话》，载《求是》，2019年第18期

中国共产党领导的多党合作和政治协商制度将长期存在和发展。

——《中华人民共和国宪法》（1982年），载《人民日报》，1982-12-05

《中华人民共和国全国人民代表大会和地方各族人民代表大会选举法》

最早制定	1953年
重新修订	1979年
第一次修改	1982年
第二次修改	1986年
第三次修改	1995年
第四次修改	2004年
第五次修改	2010年

图2 1953—2010年，选举法进行了多次修改

图3　1998年全国人民代表大会常务委员会通过《中华人民共和国村民委员会组织法》，规定实行村务公开制度

图4　1984年全国人大六届二次会议通过《中华人民共和国民族区域自治法》

教师设问：根据材料十四举例说明我国民主政治的新发展。（参考答案：改革开放以来，我国的民主政治建设进一步完善。人民代表大会制度进一步发展；中国共产党领导的多党合作和政治协商制度被写入宪法，走上了制度化的道路；民族区域自治制度不断发展；基层民主政治不断发展；全面推进依法治国。）

教师追问：简要说明我国民主政治新发展的意义。（参考答案：服务于经济发展，有利于改革开放的深入；调动了民众参政议政的热情；有利于社会的稳定和谐。）

教师引导学生分析：回顾这一百多年以来，中国人民为保障自己的权利，实现真正的民主共和，不懈地探索和实践。从竞争型的政党政治到国民党一党专政，都未能找到真正适合中国的道路。中华人民共和国建立后，我们建立了人民代表大会制度、中国共产党领导的多党合作和政治协商制度、民族区域政治制度和基层群众自治制度，真正保障了人民的权益。

【课堂小结】

材料十五　（2019年）人代会上，南京的全国人大代表共提交40条议案建议……内容涉及各个领域，真实反映基层实际情况和人民群众关切……比如，在民生方面，建议尽快制定出台降低和统一全国企业职工基本养老保险费率政策，建议深化教师编制管理改革，还建议以患者为中心，完善医疗指标制度建设……类似这样的建议议案，在去年的全国人代会上，南京的全国人大代表提了40条，件件都得到了答复落实。

——宁人宣、周敏：《去年在宁全国人大代表提出的40条议案建议全部办结》，载《南京晨报》，2020-05-15

材料十六　"问政四川"今年共收到网友留言4万余条，增幅达165%，其中3.6万余件获得相关部门及时回复或解决，增幅达164%；参与"问政四川"网民留言转办回复的部门（单位）达5000个以上；网友反映的问题，主要集中在城建、交通、住房、教育等16个领域。

——川观新闻：《2020问政四川年度观察报告》，https://cbgc.scol.com.cn/news/568527，2020-12-28

教师引导学生小结：在新时期，人民的权利进一步得到保障，民众的需求和呼声不断得到落实。如材料十五、十六所见，基层人大代表反映社情民意并形成提案，纳入社会治理的实践中，增强了国家决策的科学性和民主性；普通百姓通过"网络问政"，增强了民主的广泛性和实效性，也发挥了群众的监督作用。历次宪法修正案的公开征求意见，民法典和其他法律规范制定过程中的公开征求意见，反腐倡廉行动中群众的广泛参与，更是让百姓的参政议政有了真实的获得感。中国特色的社会主义制度和国家治理体系显示出巨大的优越性，成为实现中华民族伟大复兴的有力保障！

教学设计 2

成都市田家炳中学　刘群英

一、教材分析

本课是统编教材《国家制度与社会治理》第一单元《政治制度》第 3 课，包含"民国时期的政治制度""中国共产党在根据地和解放区的制度探索""中华人民共和国的政治制度"三个子目的内容。本课知识框架结构如下：

表一　本课知识结构

时期		宪法/宪法性文件	确立/实践的政治制度	政治特征
中华民国	南京临时政府	《中华民国临时政府组织大纲》	总统共和制	三权分立
		《中华民国临时约法》	议会共和制	三权分立、内阁制
	北洋政府	/	政党内阁制	政党政治活跃
	南京国民政府	《训政纲领》	训政体制	一党专政
		《中华民国宪法》	总统共和制	
中华人民共和国		《中国人民政治协商会议共同纲领》	政治协商会议制度	政治协商、人民民主共和
		"五四宪法" "八二宪法"	人民代表大会制度、多党合作和政治协商制度、民族区域自治制度	人民民主共和、协商民主

《普通高中历史课程标准(2017 年版 2020 年修订)》对本课的学习要求是："了解共和制在中国建立的曲折过程，理解中国政治道路发展的独特性。"就具体历史事件而言，《中外历史纲要(上)》已基本涵盖。本课的学习重心不会过多关注政治事件本身及其过程，而是从制度视角了解政治制度的内容、认识政治生活的样态和揭示制度发展的规律。

二、学情分析

学生经过《中外历史纲要》的学习，积累了中外通史的基础知识，为本课的学习奠定了基础。本专题前两课的学习内容，涉及“专制”“民主”“总统共和制”“议会共和制”等政治学概念，有助于本课教学活动的开展，但本课还将涉及更多新概念，学生要理解这些概念的内涵，梳理历史发展脉络，会有一定的难度。

三、教学目标

1. 了解不同历史阶段（民国、中华人民共和国）中国的政治制度，以及同一历史时期不同区域内（国统区、根据地）的政治制度，增强时空观念。

2. 通过史料的分析，理解各政治制度的内涵、差异与传承，提升史料实证和历史解释的能力。

3. 了解中国民主政治建设的曲折历程，体会政治制度探索的艰难与复杂。认识到中国政治的现代化是在吸收与借鉴他国民主经验的基础上，制定了适合本国政治文化的发展战略，形成了具有中国特色的民主形式，进而增强对国家制度建设的认同感，树立制度自信，培养家国情怀。

四、教学重难点

重点：《中华民国临时约法》；《中华人民共和国宪法》（1954 年）；中国共产党领导以普选为基础的政权建设和制度探索。

难点：理解中华人民共和国政治制度的特点。

五、教学过程

【导入新课】

材料一　火车从上海出发，经苏州、无锡、常州，目的地是南京……他将在那里，主持成立中国第一个共和政府。此时是 1912 年元旦的清晨。这是一个梦幻般的早晨，共和国的梦想似乎伸手可及。但是没有人知道，那些高喊“共和万岁”的青年中间，到底有多少人真正明白“共和”的深意。可能孙中山本人也不会准确地预见到，在今后的几年中，围绕“共和”二字，会引发多少流血与牺牲。

——杨时旸：《孙中山：我有一个共和梦想》，载《中国新闻周刊》，2011 年第 37 期

教师设问：根据材料一并结合所学知识，说明为什么“1912 年元旦的清晨”被视为一个“梦幻般的早晨”。（参考答案：武昌起义后，各省纷纷独立，清王朝大势已去，孙中山即将在南京参加中华民国成立大典；推翻君主专制，建立民主共和国的革命理想即将实现；呼唤“共和万岁”的口号，表明中国已迈入共和时代，中国历史将迎来划时代的变化，古老中国即将获得新生。）

教师追问：根据材料一指出，围绕“共和”，在今后的几年中，为什么会引发那么多的流血与牺牲。（参考答案：没有多少人真正明白“共和”的深意；以孙中山为首的革命派过于

乐观。)

(设计意图)借助文献的描述，创造生动的历史学习情境。抓住关键字词“梦幻般的早晨”与“流血与牺牲”设问，引导学生回顾已有知识，总结辛亥革命建立民主共和国的伟大历史意义，同时为探究新知识——“共和”建设的曲折埋下伏笔。

(过渡)1911年10月10日武昌起义，1912年1月1日南京临时政府成立，短短两个多月民国就取代了帝国，由于来得过于急骤，人们对于如何建设共和国、建设怎样的共和国缺乏充分的准备。

【学习新课】

(一) 民国时期的政治制度

1. 南京临时政府建立民主共和制

(1)《中华民国临时政府组织大纲》——总统共和制

教师讲述：1911年12月，各省代表议决通过《中华民国临时政府组织大纲》，规定临时政府采用总统共和制，这也符合孙中山的一贯主张。

材料二 宋教仁主张实行内阁制，反对总统权力过于集中，孙中山则力主采取总统制，他说：“内阁制乃平时不使元首当政治之冲，故以总理对国会负责，断非此非常时代所宜，吾人不能对唯一置信推举之人，而复设防制之法度。”

——张晋藩著：《中国宪法史》，北京：中国法制出版社，2016年，第183页

教师设问：根据材料二并结合所学知识，指出孙中山力主实行总统共和制的理由，并分析内阁制“非此非常时代所宜”的原因。(参考答案：理由：临时大总统是公推的人选，不应设防；责任内阁制不适宜“非常时代”。原因：清帝尚未退位，南北对峙；各省虽宣布赞成共和，但各自拥兵自重；各派为争夺领导权互相攻击；民国草创，议会制度及选举制度尚未建立；列强不承认临时政府；时局艰难，需要强有力的中央政府。)

教师讲述：经各省都督府代表再次议决，总统共和制成为定制。但当时的南京临时政府缺乏相应的社会基础与政治实力，财政尤其窘迫。“安徽都督孙毓筠向临时政府求饷，孙中山当即批给20万元，但领款人到财政部后才知金库中只有10块大洋”①。革命党人想北伐完成统一已无可能。一旦袁世凯表示拥护共和并迫使清帝退位，孙中山妥协让位，袁世凯继任不可避免。

(过渡)为巩固革命成果，孙中山在与袁世凯交接政权前，于1912年3月11日，颁布了由临时参议院通过的《中华民国临时约法》(后简称《临时约法》)。

(2)《中华民国临时约法》——议会共和制

材料三 《中华民国临时约法》部分条款：

第十九条 ……参议院对于临时大总统认为有谋叛行为时……可决弹劾之。参议院对于国务员认为失职或违法时……可决弹劾之。

第二十九条 临时大总统、副总统由参议院选举之……

① 王晓华、俞前著：《秀才造反与民国创立》，上海：上海人民出版社，2011年，第337页。

第三十条 临时大总统代表临时政府，总揽政务，公布法律。

第三十四条 临时大总统任免文武职员，但任命国务员及外交大使、公使，须得参议院之同意。

第四十四条 国务员辅佐临时大总统负其责任。

第四十五条 国务员于临时大总统提出法律案、公布法律，及发布命令时，须副署之。

附则：第五十五条 本约法由参议院参议员三分二以上，或临时大总统之提议，经参议员五分四以上之出席，出席员四分三之可决，得增修之。

——赖骏楠编著：《宪制道路与中国命运——中国近代宪法文献选编：1840—1949》上卷，北京：中央编译出版社，2017 年，第 357—359 页

教师设问：根据材料三并结合所学知识，概括《临时约法》为限制总统权力而进行的制度设计。（参考答案：改总统共和制为议会共和制，实行责任内阁制，将总统置于内阁的监督与约束之下；赋予立法机构广泛的立法权力，限制行政机构的行政权力；规定了严格的《临时约法》修改程序。）

教师引导学生分析：《临时约法》赋予了临时大总统大量的权力，但在总统行使行政权力时，则附加了参议院"同意"、国务员"副署"等条件，使其处处受限。《临时约法》这样的制度设计，无疑是考虑到袁世凯本人的品质和野心，试图用法律捍卫民主共和。

（设计意图）通过分析《临时约法》中的部分条款，指出其对临时大总统权力的限制，说明《临时约法》确有防止袁世凯专权的目的。本环节主要指向历史解释素养水平 4——能够在尽可能占有史料的基础上，尝试验证以往的说法。

（过渡）这样的权力分割对制度运行会带来怎样的影响呢？

（3）内阁制下权力的失衡

材料四 英法的责任内阁制，不过是以内阁总理取得国会多数的信任为条件，总理以外的国务员全由总理择人组织；《临时约法》上的责任内阁、一切国务员，都要先行正式提交参议院，得它的同意，方可任命，实在是"变本加厉"了。这种拘于一时环境的立法精神，是所谓"对人立法"的精神；对人立法，在理论上是不能赞许的，因为真正的大枭雄不肯把法律放在眼里，徒使公正的政治家失去政治运用应有的活动。

——李剑农著：《中国近百年政治史》，北京：中华书局，2019 年，第 336 页

教师设问：根据材料四并结合所学知识，指出《临时约法》在国家权力结构和立法精神上存在的缺陷。（参考答案：权力结构缺陷：立法机构对行政机构有"同意权"，行政机构对立法机构无"解散权"，权力分立但不制衡；立法精神缺陷：因人立法、视人建制。）

教师引导学生分析：南京临时参议院到院议员人数为 49 人，其中同盟会成员占 38 人，占比为 77.55%；有留学日本和欧美经历的为 40 人，占比 81.67%。[1] 在短短的 32 天时间里，他们就制定了《临时约法》，把"主权在民"和"三权分立"原则移植到了中国，但他们未能领略到西方宪政的精髓。设计的议会共和制，三权分立但不制衡；在赋予内阁行政权力的同时，又保留了总统制下国家元首享有的若干权力。此外，北方政治势力尤其是袁世凯势力没有参与立法，造成他们对这部临时宪法的认同感较低。临时参议院立法，关注"一时"胜于关

① 陈建：《〈中华民国临时约法〉比美国 1787 年宪法更为进步吗》，载《历史教学》，2011 年第 17 期。

注“长远”，这虽然适应了当时革命派政治斗争的需要，却对之后的民主政治建设造成了不利的影响。

(过渡)南北和议结束后，临时参议院同意袁世凯在北京宣誓就职，中华民国开启了北京政府(北洋政府)时代。

2. 北洋政府时期民主共和制的试验

(1) 责任内阁制的落空

教师讲述：总统命令必须总理副署才能生效，是《临时约法》用以防范总统独裁的重要制度。即位后不久，袁世凯就公然破坏了这一制度，导致民国第一任国务总理唐绍仪被迫辞职。在这种情况下，宋教仁致力于第一届国会选举，力图促成政党内阁，即由国会中选举获胜的第一大党负责组阁，进而开展议会斗争以限制袁世凯的权力。

(2) 政党内阁制的实践

材料五 1912年2月12日，清帝退位，封建王朝专制统治覆灭的大局已定。新旧政权更迭之际，中国政治生活中出现了一定的权力真空。南京临时政府颁布《中华民国临时约法》，进一步以法律形式规定了人们结社组党、参与政治事务的自由和权利。加之民初浓烈民主氛围的刺激，社会各阶层成员，尤其是民族资产阶级、上层小资产阶级及其知识阶层成员积极行动起来，创立政党，进行政治活动，试图以此夺取或控制政权，直接干预国家政治利益的分配。

——于小英著：《政治道路选择与中国多党合作制度的确立》，成都：四川人民出版社，2012年，第96页

表二 第一届国会各党所占议席

<table>
<tr><th colspan="2">党籍</th><th colspan="2">众议院</th><th colspan="2">参议院</th><th colspan="2">合计</th></tr>
<tr><td colspan="2">国民党</td><td colspan="2">269</td><td colspan="2">123</td><td colspan="2">392</td></tr>
<tr><td rowspan="3">进步党</td><td>共和党</td><td>120</td><td rowspan="3">154</td><td>55</td><td rowspan="3">69</td><td>175</td><td rowspan="3">223</td></tr>
<tr><td>统一党</td><td>18</td><td>6</td><td>24</td></tr>
<tr><td>民主党</td><td>16</td><td>8</td><td>24</td></tr>
<tr><td colspan="2">跨党者</td><td colspan="2">147</td><td colspan="2">38</td><td colspan="2">185</td></tr>
<tr><td colspan="2">无党者</td><td colspan="2">26</td><td colspan="2">44</td><td colspan="2">70</td></tr>
<tr><td colspan="2">总计</td><td colspan="2">596</td><td colspan="2">274</td><td colspan="2">870</td></tr>
</table>

——谢振民编著：《中华民国立法史》上，郑州：河南人民出版社，2016年，第88页

教师设问：根据材料五、表二，结合本课导言及第14页“历史纵横”的内容，指出民国初年政党政治出现的背景，说明政党政治运作的概况。(参考答案：背景：君主专制王朝被推翻；《临时约法》的推动；民国初年，政治环境相对宽松。概况：各类政党、社团纷纷建立，政党政治活跃；各政党随形势的变化和利益的转化不断分化组合，党组织不够稳固；存在大量党员跨党的现象。)

教师引导学生分析：民国初年专制政府被推翻，南京临时政府颁布的《临时约法》规定国民有言论、结社等自由，公民结党合法化；资本主义民主制度的确立，为政党政治创造了活

动空间；此时辛亥革命的影响还没有褪去，各派政治力量尚在共和制度的框架内竞争，政治环境相对宽松，民主氛围浓厚。但是为争取政治利益，各政党分合频繁，还存在党员跨党的情况，这表明各党组织不够稳固，彼此界限模糊，不利于政党有序竞争。

教师追问：根据表二并结合所学知识，分析第一次国会选举结果会对国家权力结构产生哪些影响。（参考答案：国民党在国会两院中占有多数席位，拥有组阁权，甚至可以左右正式大总统的选举结果。）

教师讲述：国会选举的获胜，让国民党大为振奋，国民党实际负责人宋教仁准备北上组阁。1913 年 3 月 20 日，宋教仁在上海火车站被暗杀，舆论直指袁世凯为幕后凶手。1913 年 11 月 4 日，袁世凯以国民党发动二次革命为借口，下令解散国民党京师本部，取消国民党议员资格。1914 年 1 月 10 日袁世凯正式解散了国会。

(设计意图)探究民初政党内阁制的尝试，涉及民国建立、《临时约法》的颁布、政党纷纷成立、国民党改组、第一届国会选举、宋教仁被暗杀等相关联的历史事件，学生需要构建它们的逻辑联系，分析民初政党政治活跃的背景、了解其运行情况等。本环节主要指向时空观念素养水平 3——能够把握相关史事的时间、空间联系，运用特定的时间和空间术语对较长时段的史事加以概括和说明。

材料六　当民国丧失了国会和《临时约法》的时候，民国便只剩下一具躯壳……袁世凯不但排除了国民党，而且丢弃了“袒袁”的进步党。在专制主义的权力面前，任何政党都被剥夺了存在的权利……《正式国会之殷鉴》一文则在法理和武力的比较之中表达了更深刻的反思：“纵使将来国会议员人人皆肩比卢梭，而驾孟德斯鸠，一人袁氏之武力世界中皆成无数木偶。”

——陈旭麓著：《近代中国社会的新陈代谢》，北京：生活·读书·新知三联书店，2017 年，第 325—326 页

教师设问：材料六中陈旭麓认为民国初年政党政治失败的原因是什么？（参考答案：以北洋军阀为代表的专制力量过于强大，国会在对抗中处于劣势。）

教师讲述：议会政治的主要内容是政党政治。民主政治的运作以政党为枢纽；政党以议会为活动舞台，通过议会实现其政治抱负；议会解散，政党失去了活动的合法场所，政党政治也就无所凭借。

(过渡)政党政治试验的失败因专制势力过于强大，更因政党自身发育的不成熟，但政党活动的成效却值得肯定。

(3) 政党政治的成效

材料七　民初议会政治刚刚施行的两年内还是有一定的效果的，各党在议会中也做了不少实事，如在临时参议院及第一届国会中议决的大量议案，涉及政治、经济、外交等各方面，对于民初社会经济发展是有一定促进作用的，对于当时袁世凯政府也起了一定的监督和制衡作用。

——别琳：《20 世纪 80 年代以来“民初政党政治史”研究述评》，载《西南师范大学学报(人文社会科学版)》，2006 年第 2 期

教师设问：根据材料七并结合所学知识，评价民国初年的政党政治。（参考答案：评价：对政府起到了一定的监督制约作用，提出了大量议案，为建立民主政治付出了努力；促进民

初社会经济的发展;推动中国向近代社会转型。)

教师讲述: 议会合法斗争失败后,国民党逐渐走上了以暴力手段维护民主政治的道路。以孙中山为代表的国民党人先后开展了一系列反对北洋军阀,维护民主共和的斗争,均以失败告终。1923 年后,孙中山决定与苏联及中国共产党合作开展国民革命。1924 年开始的国民大革命,基本推翻了北洋军阀的统治。1928 年,南京国民政府颁布了《中国国民党训政纲领》,宣称要"训练人民行使各项权利,实行地方自治,以向宪政过渡"。

3. 南京国民政府的"训政"和"宪政"

(1) 训政体制

教师设问: 阅读教材第 15 页第三自然段及"历史纵横:'革命程序'论",画出国民政府训政体制下的党政机构关系图,并指出训政体制的实质。

(参考答案:关系图:见图 1。实质:国民党掌握国家政权,即以党治国,一党专政。)

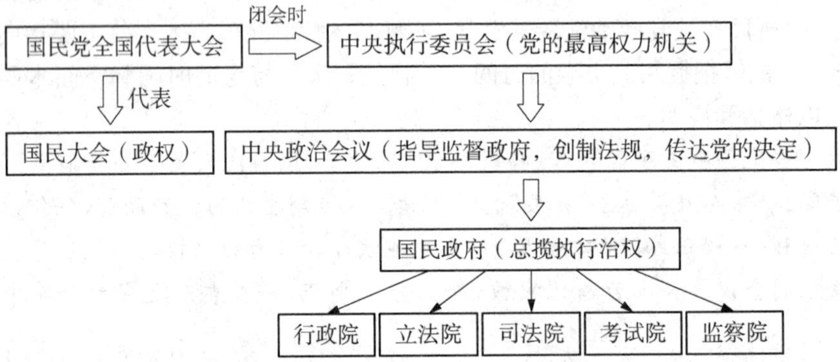

图 1　训政体制下,国民政府党政机构关系图

(设计意图) 通过阅读教材国民政府训政体制的相关内容,学生独立完成训政体制下党政机构关系的思维导图,能够将党政机构层级关系清晰表现出来,从而明了训政体制的实质。本环节主要指向史料实证素养水平 3——在探究特定历史问题时,能够对史料进行整理和辨析。

教师讲述: 从 1928 年开始的训政,原本应于 1935 年结束,进入宪政时期。由于日本军事侵略等因素影响,训政时期一再延长。在抗战过程中,国民党一党专政的军事独裁统治不断强化。中国共产党和各民主党派开展了一系列民主建设运动,要求国民党施行宪政。面对国际压力和国内的民主呼声,1945 年国共双方签署了《双十协定》。1946 年 1 月各党派、无党派人士代表汇聚重庆,召开政治协商会议,达成了《和平建国纲领》等五项协议。民主共和的气象一时之间呈蒸蒸日上之势。

(过渡) 政协会议是成功的,而政协决议的执行却是彻底的失败。1946 年夏,国民党撕毁政协协议,发动内战。10 月,在占领重镇张家口后,国民党单方面宣布召开国民大会。

(2) "行宪"乱局

材料八　《政协决议》,是要停止内战,改组政府,完成宪草才能召开国大。……现在内战没有停下来,国民党的所谓扩大政府基础,也只是请客,不是联合政府。……我们民盟不能放弃自己的意见和立场,不怕一切威胁和利诱,绝不参加。

——张澜：《在渝与记者就时局发表谈话(1946年10月14日)》，载龙显昭主编：《张澜文集》，成都：四川教育出版社，1991年，第276页

材料九　在选举伪国大代表过程中，出现了金钱行贿、封官许愿等丑行。选举结果与原来设想的相距太远，国民党中央下令，凡未经提名而当选的国民党员把名额让给提名圈定的党员和民、青两党的党员。未经提名而当选的代表拒不退让，经提名而未当选的代表要求出席国大。有的到国大会堂绝食，有的竟把棺材抬到国大会堂，以死相挟……会议进行中代表们有“呼呼入睡”“闭目养神”的，女代表有脱鞋弄足、梳头照镜的。由于会场上曾出现“全场鼎沸，人人离座，拂袖舞拳，大打出手”的局面，致使蒋介石不得不亲自出来“训斥”。

——摘编自郑德荣、郭彬蔚主编：《中共党史教程》，北京：高等教育出版社，1989年，第424—425页

教师设问：根据材料八并结合所学知识，说明民盟为什么拒绝参加国民大会？(参考答案：国民党违背政协议定的立宪程序。)

教师追问：根据材料八、九并结合所学知识，指出国民政府在制宪和行宪过程中存在的问题。(参考答案：单方面宣布召开国民大会，违背政协精神；主要党派如中共和民盟没有参加，国民大会的代表性与制宪的合法性备受争议；国民大会代表选举过程中不公开透明，充满交易；国民党用行政手段改变选举结果，违背民主宪法精神；代表将会议视为儿戏。)

教师讲述：制宪应在全面停战的前提下，由各党派联合改组政府，再由改组后的民主联合政府完成宪草，并负责召开国民大会制定宪法。但国民党一意孤行，单方面宣布召开国民大会，以期通过制定宪法来完成社会整合，确定其长期统治的法理基础。中共和民盟拒绝参加，使国民党不能达成预期目标。国民大会的正与伪的问题，成为国民党无法摆脱的政治包袱。这说明，在通往宪政主义国家的过程中，国民党不能完成领导中国构建现代国家和促进社会转型的历史使命。

(过渡)1927—1949年，22年间，中国共产党继承和发展了孙中山的革命思想，走出了一条符合中国国情，以马克思主义为指导的新民主主义道路。它的体制渊源可以追溯到革命根据地政权的建设。

(二) 中共在根据地和解放区的制度探索

1. 苏维埃工农民主政权

材料十　苏维埃政权……行政机关由立法机关选举产生和授权，并对其负责和报告工作……中国苏维埃政权的机构设置、权力配置、活动原则等均效仿苏联……国家名称……为“中华苏维埃共和国”。中国苏维埃政权实行工农民主专政，将可以争取成为同盟军的城市小资产阶级和民族资产阶级排除在外。

——秦立海著：《从〈共同纲领〉到“五四宪法”——1949—1954年的中国政治》，北京：人民出版社，2017年，第168—169页

教师设问：根据材料十并结合所学知识，指出革命根据地在政权和制度建设上取得的成就及存在的不足。(参考答案：成就：建立苏维埃政权；颁布了宪法大纲，通过了一系列法令；在根据地实现了对工人、农民、红军士兵及一切劳苦大众的民主管理。不足：取消资本家、富农等阶层的参政权利和政治自由，具有“左”倾色彩；一定程度上脱离了国情。)

教师引导学生分析：中国共产党向苏联学习，建立工农民主专政的苏维埃政权，这是中国领土上出现的一种全新的民主政权。但苏维埃政权取消了资本家、富农等阶层的参政权利和政治自由，扩大了政权的对立面，这与中共二大制定的民主革命纲领相违背，限制了民主革命力量的发展。

(过渡)随着国内主要矛盾的变化，1937 年抗日民族统一战线建立。中共设立陕甘宁边区政府，作为民国地方政权，苏维埃代表会改为参议会，中共开始了抗日根据地政权的建设。

2. 抗日民族民主政权

(1) 政权机构的“三三制”

材料十一 在华中地区，实行“三三制”以后，原地方精英与新四军和抗日政权出现少见的融洽气氛，特别是一些被选进或者聘任为参议员和区代表的乡绅，表现出了空前的抗日热情，滨海县的参议长乡绅徐岫青，将自己的三个儿女都送到了新四军……有的乡绅甚至捐出自己的田产……一些本来就有武装的地方精英，也纷纷把武装交出来，归到新四军里。乡绅的积极性调动起来以后，减租减息的阻力也相应减小了。

——张鸣著：《乡村社会权力和文化结构的变迁：1903—1953》，西安：陕西人民出版社，2013 年，第 180 页

教师设问：根据材料十一，结合教材第 17 页“学思之窗”，对“三三制”原则进行简要评析。(参考答案：原因：壮大抗日民族统一战线，巩固抗日根据地政权的需要。特点：中国共产党领导、多党合作、协商民主，各阶层联合、全民参政。意义：各阶层的关系更为融洽，减少了抗日根据地政策执行的阻力；团结了抗日力量，抗日民主政权获得了更多的人力、物资支持，有利于夺取抗战胜利；从制度上保障了各阶层的民主权利，扩大了民主政治的基础；为新中国建立人民民主政权提供了宝贵的历史经验。)

(设计意图)结合史料评析“三三制”原则，可以引导学生从“三三制”的原因、特点、意义等视角全方位认识历史概念。本环节主要指向史料实证素养水平 4——在对历史和现实问题进行独立探究的过程中，能够恰当地运用史料对所探究问题进行论述。

(过渡)在“三三制”政权的运行过程中，确立并实行了普遍的民主选举制度。面对广大目不识丁的人民，选举活动又是怎样进行的呢?

(2) 基层民主普选制

材料十二 乡民大会或区民大会开会时，把候选人加倍提出列坐一排，一一介绍其姓名、历史(实则本乡本区人大多相识)，每人背后置一斗，如选举九个乡行政委员，则每一选民发给九粒黄豆，愿选何人，即在何人背后斗中投一粒豆，投毕数之，即得票数。后来……改为每一选民发给横字条一张，纸上印有圈数与候选人数相等，愿选第几人，即用笔或炭将第几圈涂黑作记，投诸柜中……这种选举方法，和可以发挥自主能力的各种事实，是给借口民众不识字，程度太低即不可能实行民主者以最有力的打击。事实给证明，唯有在扶助民主中，才可以训练民众的能力，而达到完全的民主。

——张云川：《苏北见闻记(1944 年 8 月 21 日、22 日)》，载《中国抗日战争军事史料丛书·新四军·参考资料》1，北京：解放军出版社，2015 年，第 208 页

教师设问：根据材料十二指出，张云川看见的抗日根据地选举活动具有怎样的特点。(参考答案：广泛的群众参与；实行直接的、自由的、一人一票平等的差额选举；选举方法符

合选民特点，简单易操作；是深入乡村的基层民主自治。）

教师讲述：面对广大农村地区人民民主意识淡薄，普遍目不识丁的现实，中国共产党创新民主实践技术，让广大基层人民切实行使了选举权与被选举权。加强了政权与人民的联系，调动了人民参与基层民主的积极性与能动性。普选既传播了民主观念，也让广大民众参与了民主实践，中国共产党的这种乡村治理无疑是真实的、成功的民主政治建设范例。

（过渡）抗日战争胜利后，中共十分重视解放区的政权建设，随着国共关系的变化，解放区政权建设有了新的变化。

3. 解放战争时的人民代表会议制度

教师讲述：解放战争时期，解放区政权建设的主要变化有：从政权的组织形式看，新、老解放区逐步建立了各级人民代表会议制度；新解放区城市实行带有过渡性质的军事管制制度；少数民族地区开始实行民族区域自治制度；分散的隔离的小块解放区逐渐连成片，建立了大行政区民主政权。

（过渡）1948 年 4 月 30 日，中共中央发布“五一”劳动节口号，号召各民主党派、各人民团体、无党派人士，将新民主主义革命进行到底，并迅速召开政治协商会议，成立民主联合政府。

（三）中华人民共和国的政治制度

1.《中国人民政治协商会议共同纲领》——人民政治协商会议制度

（1）民主统一战线——人民政治协商会议的召开

材料十三　纪录片《毛泽东 1949》第 7 集[①]片段

视频字幕：“各级人民代表大会闭会期间的各级政权机关为各级人民政府，国家最高政权机关为全国人民代表大会，全国人民代表大会闭会期间中央人民政府为行使国家政权的最高机关。”在表述国家最高权力的文字中，毛泽东字斟句酌。这是新政协开幕时的历史影像，兴致勃勃的代表们来自四面八方，建立新中国的政权。中国共产党始终本着政治协商这一基本准则，新政协会议的代表来自 46 个单位，党外人士占到了 56%。我们特意拍摄了这份新政协会议代表名单，在当时，毛泽东称它是一部协商建国、包罗万象的天书。在新政协开幕在即的宴会上，毛泽东仿佛是要告诉整个世界，他高声说道：“我们这一桌什么都齐了，有无产阶级李立三，有无党派人士、文学家郭沫若，有民主教授许德珩，有工商界前清翰林陈叔通，还有妇女界廖夫人及华侨两老人，这是统一战线的胜利。”

教师设问：根据材料十三的视频资料，指出 1949 年新政协会议人员构成的特点，以及新政协的历史使命。（参考答案：特点：广泛的代表性、平等性。使命：协商建国，制定施政纲领。）

教师追问：根据材料十三并结合所学知识，说明各民主党派、无党派人士为什么愿意响应中共号召参加新政协？（参考答案：中国共产党同民主党派有长期团结合作的传统；各民主党派、无党派人士有建设民主中国的追求与愿望；民主党派历史的选择。）

---

① 央视网：https://tv.cctv.com/2019/12/25/VIDE1355592144763374.shtml? spm=C55924871139.PGHhECZjcTkS.0.0,2009-12-25。

(过渡)新政协通过了《中国人民政治协商会议共同纲领》(后简称《共同纲领》),确定了新中国的政治制度,也议定了新中国的国号——“中华人民共和国”。

(2) 人民民主共和——“中华人民共和国”国名的内涵

材料十四 清华大学政治学教授张奚若表示:“我看叫中华人民共和国好。有‘人民’,就可以不要‘民主’二字,焉有人民而不民主哉?”最后,新政协筹备会常委会经过讨论协商,决定采用张奚若的意见,将新中国定名为“中华人民共和国”。对此,董必武解释说:“因为共和国说明了我们的国体,‘人民’二字在今天新民主主义的中国是指工、农、小资产阶级和民族资产阶级四个阶级的人,它有确定的解释,这已经把人民民主专政的意思表达出来,不必再把‘民主’二字重复一次了。”周恩来也曾解释道:去掉“民主”二字的“原因是感觉到‘民主’与‘共和’有共同的意义,无须重复,作为国家还是用‘共和’二字比较好。”

——摘编自秦立海著:《民主的追求》,北京:当代中国出版社,2012 年,第 281—282 页

教师设问:根据材料十四并结合所学知识指出,“中华人民共和国”国号中蕴含了哪些政治信息?(参考答案:人民与民主的统一,体现人民民主专政的国家性质;人民(民主)与共和的统一,体现人民当家做主的政权本质;多个阶层联盟共同治理国家。)

教师引导学生分析:人民与民主的统一,人民包含“工、农、小资产阶级和民族资产阶级四个阶级”。最广大的人民享有民主,体现了我国人民民主专政的国家性质与人民当家做主的政权特点。人民(民主)与共和的统一,人民(工、农、小资产阶级和民族资产阶级)内部共和,涵盖了民族(中华民族)共和、阶级(四个阶级)共和、政党(共产党与各党派、民主人士)共和。新中国由革命根据地的工农共和国走向人民共和国,人民的包容性逐渐增强。“人民共和”是中华人民共和国的现实基础和出发点。从新中国成立到现在,70 多年过去了,“人民”群体在发展中不断得到充实。

(过渡)《共同纲领》符合新民主主义时期的国情,维护了人民民主权利,在恢复和发展国民经济等方面起着指导作用。但《共同纲领》毕竟只是起到临时宪法的作用,普选与在民意基础上的制宪是我国民主政治发展的必然方向。1953 年,基于国内局势的逐渐稳定,在人口普查的基础之上,新中国着手人民代表大会的召开和制宪工作。

2. “五四宪法”——人民代表大会制度的确立

材料十五 宪法起草委员会,包括了中国共产党、各民主党派、各人民团体的负责人及有关方面的专家。在全国人大通过之前,在全国范围内进行了三次规模巨大的全民大讨论。从高级干部到普通群众……讨论进行了近三个月,参加讨论的有 1.5 亿人,而当时全国人口只有 5 亿人,最后由宪法起草委员会整理的意见共 138 万条。当时曾参加制宪的宪法专家许崇德教授说:“我能理解那个时代老百姓参与宪法讨论的热情。在前清、北洋军阀时期,还有蒋介石时代,统治者自娱自乐的立宪把戏,中国老百姓看多了。1954 年,百姓以当家做主的主人翁责任感,来参与制定一部真正的人民自己的宪法,怎么能不激动?”

——韦冬主编:《中国共产党思想道德建设史》上,济南:山东人民出版社,2015 年,第 328—329 页

教师设问:根据材料十五并结合教材第 18 页“史料阅读”,指出制宪过程和宪法内容是怎样体现百姓“当家做主”的?(参考答案:制定过程体现了开放性和民众参与的广泛性;宪

法规定国家权力属于人民，人民通过各级代表大会行使管理国家的权力。）

教师讲述： 如此大规模的讨论，在中国的法制史上是史无前例的，它体现了全国人民对新中国第一部宪法的热情和期待。1954年宪法被公认制定得很好，但因为时代所限，尚未从制度层面上建立有效预防和解决违宪的制度，实施过程颇为曲折。

3. 民主政治的新发展

(1) 民主宪政的发展——“八二宪法”

材料十六　为了保障人民民主，必须加强法制。必须使民主制度化、法律化，使这种制度和法律不因领导人的改变而改变，不因领导人的看法和注意力的改变而改变。现在的问题是法律很不完备，很多法律还没有制定出来。往往把领导人说的话当做“法”，不赞成领导人说的话就叫做“违法”，领导人的话改变了，“法”也就跟着改变。

——《解放思想，实事求是，团结一致向前看》(1978年12月13日)，载《邓小平文选》第2卷，北京：人民出版社，1994年，第146页

教师设问： 根据材料十六并结合所学知识，指出我国民主政治建设的方向。（参考答案：建立并完善法律体系，使民主制度化、法制化；健全社会主义法治，从传统的“魅力型政治”向现代的“法理型政治”的转变；从依靠领袖人物的非凡才能、个人魅力，到依靠法律的明文规定、民主的政治制度设计来治理国家。）

教师讲述： 1982年宪法继承和发展了1954年宪法，确认了包括坚持共产党的领导在内的“四项基本原则”，进一步完善了人民代表大会制度，扩充了保障公民基本权利和自由的内容，发展了监督制度，设立了基层民主制度。随着政治、经济和文化的发展，我国又对1982年宪法作了及时的修改，补充了“依法治国”“邓小平理论”等重要内容，尤其是在2004年人大通过的宪法修正案中，“三个代表”思想、“国家尊重和保障人权”“三个文明”入宪，这丰富和发展了1982年宪法内容，充分保障了人民的民主权利，完善了社会主义民主法制。

（过渡） 1982年宪法进一步完善了中国共产党领导的多党合作和政治协商制度。根据《共同纲领》第十三条规定，在普选的全国人民代表大会召开以前，由中国人民政治协商会议的全体会议执行全国人民代表大会的职权，在普选的全国人民代表大会召开以后，中国人民政治协商会议得就有关国家建设事业的根本大计及其他重要措施，向全国人民代表大会或中央人民政府提出建议案。

(2) 协商民主的发展——多党合作和政治协商制度

教师设问： 根据教材第19页的内容，梳理人民政治协商会议制度确立与发展的历程。（参考答案：见表三。）

表三　人民政治协商会议制度确立与发展历程

建立	1949年举行的中国人民政治协商会议，正式确立共产党领导的多党合作和政治协商制度，代行全国人大职能
转变	1954年全国人民代表大会召开，人民政协代行人大职能结束，作为人民民主统一战线的组织继续存在，行使政治协商、民主监督和参政议政的职能
发展	1956年中共提出“长期共存，互相监督”八字方针，标志着共产党领导的多党合作和政治协商制度发展到一个新阶段

续表

曲折	1966—1976年,政治协商制度遭破坏
完善	1982年,中共提出"长期共存,互相监督,肝胆相照,荣辱与共"方针,进一步完善了中国共产党领导的多党合作和政治协商制度
入宪	1993年,第八届全国人大一次会议通过的宪法修正案,将"中国共产党领导的多党合作和政治协商制度将长期存在和发展"写入宪法

(设计意图)梳理人民政治协商会议制度的历史概况,掌握这一制度确立与发展的历程。主要指向时空观念素养水平2——能够利用历史年表、历史地图等方式对相关史事加以描述,认识事物发生的来龙去脉。

(过渡)中国共产党领导的多党合作和政治协商制度,既不同于西方的多党制,又有别于苏联的一党制,它是一种独特的协商民主的形式。中国共产党领导中国人民,在近100年的探索历程中,建立、健全了符合中国国情的政治体制,开辟了具有中国特色的民主共和之路,为人类文明的发展提供了有益的借鉴。

[探究:共和、共和制、共和国辨义]

材料十七 召公、周公二相行政,号曰"共和"。

——《史记·周本纪》,长沙:岳麓书社,1988年,第29页

材料十八 公民大会实行的是团体票制,其中百人团大会的多数票由富有阶层控制,参会的35个部落中,31个是农村部落,其中的大部分农民公民通常不能或不愿跋涉到罗马开会,而大量的城市下层公民只能集中在4个城市部落之中,并不能平等地分享政治权利。还有,公民大会只能由高级行政官僚或者保民官召集……公民亦不能自由发言,通常只能就高级行政官僚和保民官提出的法案进行投票。

——摘编自黄洋:《古代世界的共和主义》,载《史学集刊》,2010年第3期

材料十九 美国共和、民主两党提名总统候选人时,都把筹款能力作为首要条件,这是政治惯例。谁的经费越充足,谁获胜的希望就越大。例如在2004年的国会选举中,众议院中97%以上的席位,参议院中88%的席位,都是由花钱最多的候选人赢得了选举。"钱多者胜"几乎成了普遍规律。

——孙怀玉著:《走下巅峰的美国》,武汉:武汉出版社,2016年,第85页

教师设问:结合所学知识,指出材料十七、十八、十九中三类"共和"的含义。(参考答案:周召共和:共同执政;罗马共和国:贵族共和,贵族享有国家权力;现代美国:资产阶级的共和。)

教师追问:综合上述材料和问题,说明"人民共和"的历史进步性。(参考答案:以前的共和,反映少数人的意志,并非真正意义上的人民政权,中华人民共和国是有别于历史上任何政权的新型人民民主政权,真正实现了人民当家做主。)

【课堂小结】

教师引导学生小结:在不同的历史阶段,时代赋予了"共和"不同的含义,这也见证了人

类对于文明发展方向所进行的一次次探索。无论是上古中国的“共同执政”，还是古罗马的“贵族共和”，抑或是近现代西方文明的“资产阶级共和”，都不能实现真正的“民主共和”。新中国在中国共产党领导下，建立了人民民主政权，真正实现了人民当家做主，把孙中山先生的“共和梦”变为现实，也为人类文明的发展作出新的贡献。

第 4 课

中国历代变法和改革

教学设计 1

四川师范大学附属中学　何成荣

一、教材分析

本课是统编教材《国家制度与社会治理》第一单元《政治制度》第 4 课《中国历代变法和改革》，包含“中国古代的重要变法和改革”“中国近代的改革探索”“新中国成立以来的重要改革”三个子目。教材主要讲述了中国历史上的重大改革的概况。本课知识框架如下。

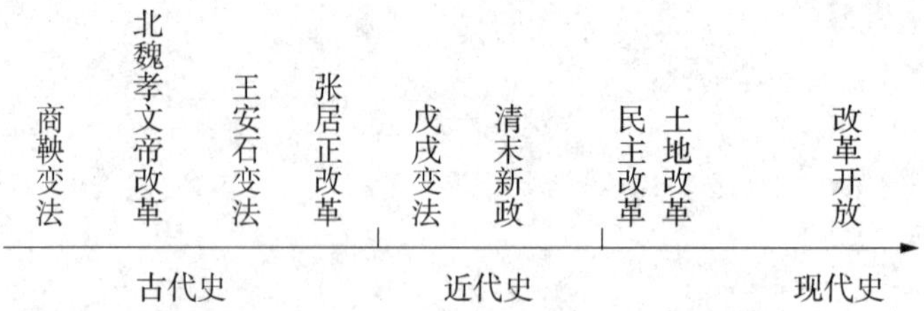

图 1　本课知识框架

《普通高中历史课程标准(2017 年版 2020 年修订)》指出：“自古及今，东西方各国的制度建设和社会治理经历了漫长而曲折的发展历程，中国也发生过多次变法与改革，积累了丰富的经验和深刻的教训，不能脱离特定社会政治条件和历史文化传统来抽象评判。”因而，在学习中国历史上的改革时，需要通过对古今不同改革的比较分析，使学生更清楚地认识不同国家各自的治理特点和相互之间的异同。

本课主要起到重新梳理线索和引发深度思辨的作用，知识点涉及的时间跨度极大，内容极为丰富，不过，相关重要知识点在《中外历史纲要(上)》中大都已有讲授。故笔者把本课的设计逻辑放到“从个案中汲取普适性智慧”上，将教材内容整合为两个子目：第一个子目“前事不忘，后事之师——1949 年以前历史上的重大改革”，主要介绍中国古代到近代的重大改革，重点在于通过回顾重大改革的概况，从唯物史观入手，把握历史上改革发生的共同原因，理解改革者的个人素养和性格、改革策略对改革的重要影响，认识影响改革成败的共同因素，进而总结经验教训。第二个子目“以史为鉴，持续变革——新中国成立以来的重大改革”主要介绍新中国成立后党和国家的一系列改革，以培养学生的家国情怀。

二、学情分析

学生通过学习《中外历史纲要(上)》,对中国历史上的重大改革有了一定的了解,但在从宏观视角理解改革、把握改革的规律和特点等方面尚存在认识和能力方面的欠缺。因此,笔者在简要回顾基础知识的基础上,借助相关史料创设具体生动的历史情境,构建历史发展演化脉络,继而引导学生在唯物史观指导下,用联系的眼光看待历史变迁,用辩证的思维把握改革中诸要素之间的内在联系与矛盾冲突,进而认识到改革是历史发展的必然趋势。

三、教学目标

1. 通过不同改革史料的对比,以唯物史观为指导,总结引发改革的共同原因。

2. 通过不同改革策略和改革者个人政治素养的对比,认识到改革者、改革策略对于改革成败的重要性。

3. 通过对出旗为民成功和清末新政失败原因的分析,总结影响改革成败的诸要素;总结改革给我们的启示。

4. 对"改革"的概念进行定义,理解改革的历史意义。

5. 理解新中国成立前后土地改革和城市、民族地区的民主改革。

6. 通过自主学习,梳理改革开放的重大历史事件;通过对材料的概括归纳,认识21世纪改革的发展方向;说明改革开放的伟大成就并分析成功的原因。

四、教学重难点

重点:对古今改革的规律性认识;改革开放。

难点:对古今改革的规律性认识,理解21世纪改革开放的发展方向。

【导入新课】

教师讲述: 贝塔斯曼集团创始人莱因哈德·莫恩曾说,"广泛的改革需要奉献、勇气以及耐心。""单靠金钱是无法启动革新的,所需要的是那种能披荆斩棘、开拓的能力。"奉献精神、勇气和超乎寻常的耐心,是人类文明历史上改革文化的重要组成部分;开拓的能力、开放的意识、开明的心态,是改革者应具备的重要素养。正是在这些文化和素养的基础上,古今中外的改革者开展了一次又一次的变革运动,推动着人类文明前行。那中国历史上的改革者是怎样传承这样的改革文化和素养的,让我们走进课堂:《中国历代变法和改革》。

【学习新课】

(一) 前事不忘,后事之师——1949年以前历史上的重大改革

[**学生活动**]根据教材第22—24页内容,并结合所学知识,用表格形式,梳理中国古代、

近代史上重要的变法运动。(参考答案:见表一、表二。)

表一　中国古代的重要变法运动

	商鞅变法	北魏孝文帝改革	王安石变法	张居正改革
背景	战国时期,诸侯争霸,秦国急需富国强兵;封建经济兴起并发展;新旧势力矛盾尖锐;各国变法的实践推动;法家思想影响	鲜卑族统一黄河流域;民族融合成为历史潮流;社会矛盾尖锐	北宋中期,政治腐败;财政困难;农民起义不断;北部边患	明中后期,政治日益腐败;府库空虚;土地兼并严重;农民纷起反抗
内容	废除井田制;奖励耕织;废除世卿世禄制;奖励军功;实行什伍连坐;建立县制等	实行俸禄制;推行均田制、三长制等;迁都洛阳、易服装、改汉姓、说汉话、通婚姻等	在官僚机构、财政制度、军事体制等方面进行变革	整顿吏治,加强官吏考核;裁减开支;清丈土地;改革税制
性质	新兴地主阶级为建立封建制度进行的质变型改革	少数民族的封建化质变型改革	封建制度内部的量变型改革	封建制度内部的量变型改革
影响	打击了贵族特权;促进了封建政治、经济、军事的发展;为秦成就统一霸业奠定了基础	巩固了北魏政权;促进了北方经济的发展;加快了北方各族人民的交融;缓和了民族矛盾;为统一多民族国家的发展作出重要贡献	初期取得显著成效;后被终止	国家财政收入增加;社会矛盾相对缓和;统治危机得以暂时缓解

表二　中国近代的变法运动

	戊戌变法	清末新政
背景	列强侵华,甲午战败,民族危机日益严重;洋务运动没有实现富国强兵的目的;民族资本主义发展,民族资产阶级力量壮大;启蒙思想传入;康梁等维新思想的传播	统治危机日益严重
内容	在政治、经济、军事、文化、教育等领域进行变法	改革教育;派遣留学生;编练新军;振兴商务;奖励实业
性质	资产阶级性质的改革运动	清政府领导的全面近代化运动
影响	证明了资产阶级改良道路在半殖民地半封建社会的中国行不通;起到了思想启蒙作用	客观上促进了中国民族资本主义的发展,但没有使清政府摆脱内外困境

[探究一:为什么要进行改革?]

材料一　到战国初年,原有的宗法统治秩序已经瓦解,社会结构处于大变动之中,各国都面临着政治、经济制度的重建。……随着铁器的使用和牛耕的推广,……土地私有权逐步得到认可……新兴地主阶级的经济实力越来越强,他们要求政治权利,主张废除奴隶主贵族的特权。秦孝公即位后,下求贤令:"能出奇计强秦者,吾……与之分土"。

——《普通高中课程标准实验教科书·历史选修·历史上重大改革回眸》(第3版),北京:人民教育出版社,2009年,第16—17页

材料二 从19世纪下半叶起，发展资本主义已经成为一种世界性的潮流。甲午战后，西方列强掀起了一场瓜分中国的狂潮。……19世纪末，中国民族资本主义得到了初步发展。中国资产阶级作为新的政治力量开始登上政治舞台，成为资产阶级维新变法运动的阶级基础。

——《普通高中课程标准实验教科书·历史选修·历史上重大改革回眸》(第3版)，北京：人民教育出版社，2009年，第120—121页

教师设问：根据材料一、二并结合所学知识，指出两场变法运动背景的相似之处。(参考答案：都面临着社会发展和进步的社会潮流；国家或政权都面临着不同程度的社会危机；原有体制不能适应社会发展需求；新的经济因素的发展；新的社会力量的壮大。)

教师引导学生分析：一场改革运动的兴起原因，需要我们在社会大转型的背景下，运用生产力决定生产关系，经济基础决定上层建筑等唯物史观的基本理念进行深度解读。总的看来，随着社会的发展与变迁，旧有社会(国家)治理体制不能适应社会发展需求，进而引发较为严重的社会(统治)危机，这往往构成了改革发生的必要性；而新的经济因素、新的社会(阶级)力量的兴起与壮大，包括新思想对旧思想的冲击，则从经济、政治和思想文化等层面为社会变革提供了可能性；统治者往往出于解决现实问题，稳定社会秩序，富国强兵，进而巩固统治的需要，推进改革的开展，这就构成了改革的直接目的和根本目的。

(设计意图)本问要求学生对商鞅变法和戊戌变法背景的相似之处进行概括分析。学生首先需要根据设问对材料进行分类整理，其次，要提取材料中与改革背景相关的历史信息；再次，要构建起不同材料信息点之间的内在逻辑联系，最后，利用材料关键词和历史专业术语组织语言。这考查了学生在唯物史观引领下的史料实证和历史解释能力。

(过渡)从个人的因素去认识历史上的重大改革，有利于我们加深对改革的理解和认识。

[探究二：改革的领导者和反对者]

材料三 在秦孝公的支持下，商鞅先后两次进行变法改革，时间长达20年。……秦国在早期的历史发展中，形成了崇武尚战、重功利而轻伦理、宗法观念相对淡薄、注重实际、讲求实效的文化传统。商鞅变法充分顺应了这种传统，把其中的积极因素上升为国家的统一政策，制定出具体而详尽的措施保证其贯彻执行；利用政权的力量抑制其消极、落后的内容，发扬其能够服务于新制度的内容，使新制度与新文化结合起来共同推动了秦国社会历史的发展。

——王绍东：《论商鞅变法对秦文化传统的顺应与整合》，载《内蒙古大学学报(人文社会科学版)》，2002年第5期

教师设问：根据材料三并结合所学知识，说明商鞅的改革策略。(参考答案：积极而稳妥地推进改革；在尊重既有文化传统的基础上对其进行改造和整合；因势利导。)

教师引导学生分析：商鞅变法之前，秦人的尚武精神广泛存在于社会生活的各个方面，其中的重要表现就是私斗成风。经过商鞅变法，引导人们在对外战争中争取功名爵禄，形成了“民勇于公战，怯于私斗”的局面，从而大大提高了秦国军队的士气和战斗力。再例如，秦人宗法意识淡漠，商鞅因势而为，对反对变法的太子势力严厉镇压，限制和削弱贵族的世袭特权，推行县制和官僚政治，建立君主的绝对权威。综上所述，商鞅采取了乘势而行、借势而进、因势利导的改革策略，在顺应传统文化基础上对其进行改造与融合，为改革成功提供了

条件。

教师讲述：中外历史上的众多改革证明，能够处理好旧文化、旧制度与新文化、新制度之间关系的改革，往往能够取得成功；反之，急于与传统文化和制度彻底决裂的改革，往往会面临诸多的困难，甚至以失败告终。

材料四　康有为在《日本变政考》中说："既知比较宇内大势，国体宜变，而旧法全除，宜用一刀两断之法。"维新派把变科举、废八股作为变法的第一步，接着又要求精简机构，裁汰冗员，这就使全国成千上万的官吏失去官位。在"百日维新"期间，光绪帝先后发布变法诏令有184条之多，政治、经济、文化、教育、社会、军事等各个方面，都有所涉猎。李鸿章是洋务派的代表人物，曾在慈禧太后面前自称为"康党"。他要求列名和资助强学会，但是康有为等人却以其名声太臭加以拒绝。

——许跃宇：《循序渐进是政治改革的基本策略——析戊戌变法》，载《浙江树人大学学报》，2015年第1期

教师设问：根据材料四并结合所学知识，评析维新派的改革策略。（参考答案：主张与旧法彻底割裂，违反基本国情；颁布过多诏令，企图在短期内通过变法强国，反映了急于求成的改革心态；先从变科举和裁汰冗员入手，导致改革一开始就遭受巨大阻力，说明维新派缺乏清晰的改革思路；拒绝团结洋务派，削弱了支持改革的力量，为改革失败埋下伏笔。维新派缺乏必要的政治素养和国家治理的经验，没有形成成熟而有效的改革策略，成为导致改革失败的重要因素。）

教师引导学生分析：维新派包括他们的领袖康有为，大都是一群缺乏政治斗争经验的书生，他们完全没有弄清究竟需要依靠什么力量、联络什么力量、孤立什么力量、打击什么对象，而只是凭借一股热情不断发布诏令来"除旧布新"。维新派在变法期间不大注意斗争策略，动作太快，触动面太宽，这样就树敌过多，使自己更加陷于孤立。在发布诏书时，维新派往往只凭主观愿望强调必要性，却缺少周密调查论证其可行性，更没有考虑到各项改革的社会心理承受能力，以及由于民众缺乏理解而可能增加的反对情绪。所以说，改革领导者的政治素养和正确的改革心态、改革策略，是影响改革成败的非常重要的因素。

（设计意图）上述问题要求学生根据材料信息和所学知识，说明改革领导者的改革策略并进行简要评价。设问的目的，在于培养学生以唯物史观为引领，在史料实证基础上进行历史评价的能力。

（过渡）在改革中，改革派与反对派的文化心态和政治视野存在着怎样的差异？这种差异是否就一定是二元对立的？对改革的进程产生了怎样的影响？这些问题往往是历史研究者关心的话题。

材料五

（关于青苗法，王安石为首的改革派认为）人之困乏常在新陈不接之际，兼并之家乘其急以邀倍息，而贷者常苦于不得。……今通一路之有无，贵发贱敛，以广蓄积，平物价，使农人有以赴时趋事，而兼并不得乘其急。

——（清）徐松辑，刘琳等校点：《宋会要辑稿》，上海：上海古籍出版社，2014年，第6041页

（司马光曰）今出钱贷民而敛其息，富者不愿取，使者（官员）以多散（贷出）为功，一切抑配（即强制百姓向官府借贷）。恐其逋负（拖欠），必令贫富相保，贫者无可偿，则散而之四方；

富者不能去，必责使代偿数家之负。春算秋计，展转日滋，贫者既尽，富者亦贫。十年之外，百姓无复存者矣。

——《宋史·司马光传》，载李克整理：《二十四史精华》第9册，北京：北京联合出版公司，2018年，第2501页

教师设问：根据材料五并结合所学知识，指出改革派和司马光对青苗法的态度，并分别说明其理由。（参考答案：态度：改革派主张推行，司马光反对推行。理由：改革派认为青苗法可以解决农民借贷困难的问题，避免高利贷的盘剥；增加政府收入，有利于平抑物价；不误农时，有利于农业生产。司马光认为青苗法的“抑配”将造成拖欠、逃亡和累及担保人等弊端，造成地方混乱。）

教师引导学生分析：王安石与司马光，一个是改革派的“灵魂”，一个是反对派的“精神领袖”。两人的品行都相当高迈：一个“洁白之操，寒若冰霜”，一个刚直不阿、信念如磐；两人也都相当自信执拗，以身许国，敢于担当。他们同时出现在神宗一朝，演出一场长达16年的变法与反变法的政治活剧。实际上，不论是改革派，还是反对派，他们都认识到了当时大宋面临的严重危机，只是在怎样处置危机上存在着一定的意见分歧。但是，两派士人在朝堂上“非此即彼”“为反对而反对”的党争和交流不畅的沟通渠道，加剧了双方的分歧与冲突，改革共识始终难以凝聚，导致了北宋中期缓和社会危机努力的失败。

综上所述，我们进一步领会到：“推广改革的关键在于形成一个环境，以影响政治舞台上所有的参与者。……问题不在于用一大套无所不包的要求去压垮一个单一的对手，而是以非常有限的一套要求将反对自己的人减少到最低限度。企图一下子就完成一切的改革者，到头来将一事无成，或者成就极少。”①

（设计意图）本问要求学生对不同的史料进行辨析。主要考查学生能够从所获得的材料中提取有关的信息，并说明导致形成不同态度的原因并加以评析的能力。

（过渡）中国的文化传统长期以来有“是非成败转头空”“不以成败论英雄”的说法，但从中国历史上改革运动的结局来说，对其成败原因形成规律性认识，是充分发挥历史人文功能的重要途径。

［探究三：改革成败的原因及启示］

材料六 清廷入关后，确立了对满洲、蒙古、汉军八旗的“恩养”政策，建立了一套以官缺、旗地和月饷为三大支柱的特权经济模式……随着国家承平日久，旗丁“渐以庸懦”“习俗甚坏”。

——范传南：《乾隆朝八旗汉军出旗标准刍议》，载《历史教学》，2010年第6期

材料七 乾隆在保证满洲八旗和蒙古八旗的编制与待遇稳定的前提下，把具有正身旗人资格的八旗汉军成员豁除旗籍，编入州县民籍。出旗政策的实施是一个由少量到大量、由自愿到强制、由试探到逐渐形成标准的渐进性过程，朝廷还给予了诸多补偿措施。这些政策的实施为汉军解决了后顾之忧，“出旗”并没有遭到汉军多大的抵抗。自此以后，“不问满汉，但问旗民”，以旗人和一般民众的差别来指称满汉民族的不同也就具有了更加切近于实际的内涵。

① ［美］塞缪尔·亨廷顿著：《变动社会的政治秩序》，上海：上海译文出版社，1989年，第374—375页。

——孙静:《乾隆朝八旗汉军身份变化述论》,载《黑龙江民族丛刊》,2005年第2期

教师设问:根据材料六、七并结合所学知识,指出乾隆"出旗为民"改革成功的原因。(参考答案:八旗问题日益严重,社会要求进行改革;采取渐进性策略;给予"汉军出旗"诸多补偿,缓和了改革中的矛盾;乾隆采取强有力的措施,不断推进改革。)

材料八 1901年,慈禧太后宣布实施"新政",她在集权与放权之间踌躇不前,只能以传统的统治之术和仅存的权威勉强维持岌岌可危的政权。……很多政府官员对新政"应喜者不喜,应惧者不惧,相与漠然置之"。满族贵族在新政中不断削弱汉人和地方督抚的权力,使权力日益向自己倾斜。……在保路运动中,地方实力派、民族主义者、激进的立宪派和负担太重的贫苦农民等利益集团竟然在反对路权国有化的口号下空前团结起来,形成一股势不可挡的反政府的政治大同盟。

——史成虎、张晓红:《亨廷顿改革理论视域下的清末新政败因》,载《山西大同大学学报》,2013年第2期

教师设问:根据材料八并结合所学知识,分析清末新政失败的原因。(参考答案:新政的目的是维护清廷专制统治;民主共和已成为历史发展潮流;清朝统治者缺乏领导改革的能力;没有高超的政治谋略和改革技巧;清政府公信力的下降;统治集团内部的争权夺利;各种利益集团的联合反对;辛亥革命的爆发。)

教师设问:根据材料六、七、八并结合所学知识,指出影响改革成败的因素。(参考答案:改革是否顺应时代潮流;改革策略是否得当;改革者群体的实力强弱和政治素养高低;改革是否让多数人受益;反对力量的强弱;是否有效减少了改革的负面影响。)

教师引导学生分析:对于改革成败原因的规律性认识,我们要使用"内外因分析法"进行综合分析。

首先,是否顺应时代潮流是影响改革成败的根本性因素。

其次,从内因来说,改革者本身的因素、改革策略、改革措施是否全面,是否切合实际并得到贯彻实施等,都会影响改革的结果。

再次,从外因来说,政治、经济和文化力量的对比、是影响改革结果的重要因素。

最后,能否让多数人受益,是改革成败的关键要素。改革在一定程度上可以看作是"重新分配利益"的过程。既然不是像革命一样推倒重来,必然要涉及协调既得利益者与利益受害人之间的矛盾,通过寻找双方可接受的折中方案来改变利益格局。一场改革,如果能让大多数民众受益,那改革的成功就具有了较坚实的社会基础。

教师设问:根据以上材料并结合所学知识,说明改革给我们带来的启示。(参考答案:改革要顺应历史发展潮流;改革要有利于生产力的发展和社会进步;要建立强有力而团结的改革领导集体;要采取积极而稳妥的改革策略;改革措施要全面而切实有效;要注意协调好各方利益,减少或化解改革的阻力;要注意处理好旧制度、旧文化与新制度、新文化的关系;改革不能超过社会承受力;尽量减少改革的负面影响。)

(设计意图)本问要求学生根据材料和所学知识,得出历史启示。这主要考查学生在对历史和现实问题进行独立探究的过程中,能够恰当地运用史料对所探究问题进行论述的能力。

[探究四:什么是改革?]

教师追问:根据以上材料并结合所学知识,从领导群体、改革方式、目的和实质等视角

对“改革”进行定义。(参考答案:改革是统治者以自上而下、和平的方式,对旧有的生产关系、上层建筑作局部或根本性的调整,以促进历史发展和社会进步的改良革新。)

教师讲述: 改革就是通过革除已经过时的旧制度、旧文化和旧思想,创造富有生机的新制度、新文化和新思想,解放生产力,推动社会进步和历史发展的过程。其实质是调整生产关系以适应生产力的发展。

在中国历史上,改革运动贯穿始终。一场成功的改革,在“重新分配利益”的过程中,往往能够有效地解决社会现实问题,缓和社会矛盾,巩固统治者的统治,进而促进生产力的发展和社会进步。同时,改革也能够留下宝贵的经验教训,为后来者的改革和治国理政提供借鉴。

(过渡)新中国成立后,为了促进社会主义革命与建设,进行了一系列的社会改革,新中国在改革中砥砺前行。

(二)以史为鉴,持续变革——新中国成立以来的重大改革

1. 土地改革和民主改革

(1) 土地改革

教师讲述: 新中国成立前后,人民政权在新解放区的广大农村开展土地改革运动,废除地主土地所有制,建立农民土地所有制。这从根本上废除了延续中国数千年的农村封建生产关系,摧毁了封建制度赖以存在的经济基础。土地改革有效地调动了农民革命和生产的积极性,巩固了新生的人民政权,并为社会主义革命与建设创造了条件。

图2 农民集会庆祝土地改革

(过渡)在农村进行土地改革的同时,新中国在城市也开展了清除反革命和封建残余势力的民主改革运动。

(2) 民主改革

材料九 城市的情况虽然有了根本的变化,但原有的社会权势阶层未被触动,封建残余势力依旧剥削控制群众,阻碍政府与群众的直接联系。1951年,中共开封市委决定开展民主改革运动,将“半殖民地半封建的旧城市”打造成新的“人民的城市”。在工厂要铲除不合理的旧的封建把持制度;在行业中铲除封建把头制;在区镇街道清除保甲统治的余威,建设区镇政权。在每一方面都选取重点、然后由点到面全面展开。

——霍晓玲:《城市民主改革运动与新中国初期的政权建设——以河南开封为例》,载《中共党史研究》,2014 年第 7 期

图 3　废除封建把持制度

教师设问: 根据材料九及图 3,说明新中国初期城市民主改革的策略。(参考答案:坚持中国共产党和政府领导;由点到面,逐步推行;全方位、多层面进行社会改革;发动群众开展反封建斗争。)

教师追问: 根据材料九并结合所学知识,指出新中国建立初期城市民主改革的意义。(参考答案:清除了反革命和封建残余势力;巩固了人民政权,营造了新的社会秩序和社会风气;真正实现了人民当家作主;增强了民众对新政权的政治认同;增强了新政权的社会动员能力和社会治理能力;提高了民众的建设热情,促进了城市的生产与建设;人民生活水平得到改善;为抗美援朝运动和其他革命运动的胜利提供了可靠的保障。)

教师引导学生分析: 新中国建立初期的民主改革运动,实质上是中国共产党为进一步肃清反革命分子,打倒封建残余势力而进行的一场社会改造运动。城市民主改革运动将个人从宗派、行帮和把头制的束缚中解放出来,政府与人民得以建立直接的联系;也为国家创建工会、妇联等各级人民群团组织扫除了障碍。民主改革在一定程度上完成了人民政权"重构基层社会"的任务。

教师讲述: 1950 年代,党和国家也在少数民族地区进行了以废除剥削压迫制度,实现人身自由和政治平等为主要内容的民主改革。经过民主改革,千百万贫苦农牧民、农奴和奴隶不但分得了土地等生产资料,而且获得了人身自由,成为土地财产和国家政权的主人。农牧业生产得到发展,人民生活得到改善,为各民族繁荣和进步奠定了基础,对增进各民族团结、巩固国家统一也有重大意义。

图 4　西藏的民主改革

(设计意图) 本环节要求学生分析新中国成立初期城市民主改革的策略和意义,主要考查学生在正确的历史观和方法论的指导下,对历史事实作出解释的能力。

(过渡) 1956 年,随着我国对农业、手工业和资本主义工商业的社会主义改造的基本完成,我国正式建立了社会主义制度。毛泽东《论十大关系》的发表和中共八大的召开,标志着我国进入全面建设社会主义的阶段。由此二十年内,我国一直在探索符合中国国情的社会主义建设道路。期间,既有有益的探索,也存在着工作中的严重失误。高度集中的政治经济

和文化体制越来越不适应生产力发展和社会进步的需求。1978年,中共十一届三中全会召开,揭开了我国改革开放的序幕,我国进入社会主义现代化建设新时期。

2. 改革开放

(1) 改革开放的历程

[**学生活动**]填写表格,梳理改革开放历程。

表三 改革开放历程

时间	会议	内容
1978	中共十一届三中全会	停止"以阶级斗争为纲",把党和国家工作中心转移到经济建设上来,实行改革开放
1992	中共十四大	提出建设社会主义市场经济体制的目标
1997	中共十五大	将"依法治国"确立为治理国家的基本方略(人大九届二次会议将其写入宪法,十六大时写入党章)
2001	/	中国加入WTO
2013	中共十八届三中全会	对全面深化改革作出总部署、总动员,提出完善和发展中国特色社会主义制度、推进国家治理体系和治理能力现代化的全面深化改革总目标
2013	/	提出"一带一路"的战略构想
2019	中共十九届四中全会	进一步明确全面深化改革的总目标:2035年,基本实现国家治理体系和治理能力现代化;新中国成立100年时,全面实现国家治理体系和治理能力现代化
2020	/	提出"以国内大循环为主体、国内国际双循环相互促进"的新发展格局

(2) 21世纪改革开放的发展方向

教师设问: 根据表三及课本第26页第三自然段,概括21世纪中国改革开放的发展方向。(参考答案:从以经济体制改革为主到全面深化改革;进一步完善和发展社会主义市场经济体制;从"引进来"到"走出去"再到"双循环",实现中国和世界其他国家的共同发展;深化和完善现代化企业管理制度改革;持续完善社会主义民主法制建设;实现国家治理体系和治理能力的现代化。)

教师讲述: 在新中国成立后的30年内,由于西方国家对中国的基本态度未发生本质性的改变,中国经济主要是"内循环"的发展模式。改革开放后,我国大力引进外来先进技术、资金和生产管理经验,并大力发展外向型经济,逐渐实现了从"引进来"到"走出去"的转变。21世纪的今天,我国已经成为世界经济大国,在世界经济发展中的地位和作用日益重要。但近年来,世界经济深度衰退、国际贸易和投资大幅萎缩、国际金融市场动荡、国际交往受限、经济全球化遭遇逆流、一些国家保护主义和单边主义盛行、地缘政治风险上升,这使我国发展逆境日益增多,不稳定性不确定性增大。同时,我国已进入高质量发展阶段,多方面优势和条件更加凸显,国内需求潜力巨大。在这种情况下,习近平总书记提出"推动形成以国内大循环为主体、国内国际双循环相互促进的新发展格局",是根据我国发展阶段、环境、条件变化提出来的，是重塑我国国际合作和竞争新优势的战略抉择。

当今世界正经历百年未有之大变局，我国正处于实现中华民族伟大复兴关键时期。要顺应时代潮流，适应我国社会主要矛盾变化，不断满足人民对美好生活新期待，战胜前进道路上的各种风险挑战，就必须在坚持和完善中国特色社会主义制度、推进国家治理体系和治理能力现代化上下更大功夫。中共十八大以来，我们党领导人民统筹推进"五位一体"总体布局、协调推进"四个全面"战略布局，推动中国特色社会主义制度更加完善、国家治理体系和治理能力现代化水平明显提高，为政治稳定、经济发展、文化繁荣、民族团结、人民幸福、社会安宁、国家统一提供了有力保障。

(设计意图)本问要求学生概括 21 世纪改革开放的发展方向，这主要考查学生对信息进行分类整理并对史料进行整理和辨析的能力，同时还要求其能够恰当地运用史料对核心问题进行论述。

(3) 改革开放的成就

材料十 改革开放 40 年来，我们始终坚持以经济建设为中心，不断解放和发展生产力，我国国内生产总值由 3679 亿元增长到 2017 年的 82.7 万亿元，……占世界生产总值的比重由改革开放之初的 1.8%上升到 15.2%，多年来对世界经济增长贡献率超过 30%。……我国主要农产品产量跃居世界前列，建立了全世界最完整的现代工业体系，科技创新和重大工程捷报频传。我国基础设施建设成效显著……。现在，我国是世界第二大经济体，制造业第一大国、货物贸易第一大国、商品消费第二大国、外资流入第二大国，我国外汇储备连续多年位居世界第一，中国人民在富起来、强起来的征程上迈出了决定性的步伐！

——《国家制度与社会治理》，北京：人民教育出版社，2020 年，第 27 页

教师设问：根据材料十并结合所学知识，概括我国改革开放 40 年是怎样"改变中国、中华民族、中国人民和中国共产党的面貌"的。（参考答案：经济迅速发展，建立了完整的现代化工业体系；建立了现代化的国家政治经济文化和社会等治理体系，社会主义民主法制得到进一步完善与发展；科技创新取得突破性成就，增强了中华民族伟大复兴的软实力；综合国力显著增强；人民生活水平显著提高，增强了各族人民的国家认同和文化认同，统一的多民族国家进一步发展；中国共产党切实改善民生，领导民族复兴，执政能力和社会威信进一步提高。）

教师讲述：我国改革开放在 40 年里取得辉煌成就。这一方面归结于我们有一个强有力的领导核心。在中国共产党领导下，我们国家在历史传承、文化传统、经济社会发展的基础上，长期探索、渐进渐改，走出了一条不同于西方国家的成功发展道路，形成了一套不同于西方国家的成功制度体系。而且几代领导人坚持改革开放的基本国策不动摇，保证了政策的连续性。另一方面则要归结于改革让广大人民得到了切实的利益。在 40 年里，党和国家聚焦人民群众普遍关心关注的民生问题，采取有针对性的措施，让人民群众获得感、幸福感、安全感更加充实、更有保障、更可持续。人民群众的支持成为改革开放进一步推进的坚实基础。

(设计意图)通过对改革开放 40 年伟大成就的阐释，培养学生的史料实证能力和历史解释能力，明了改革开放取得伟大成就的原因，引导学生树立制度自信、文化自信和道路自信。

【课堂小结】

教师引导学生小结：“以数千年大历史观之，变革和开放总体上是中国的历史常态”。[①] 改革，不仅作用于国家、民族和社会，又作用于个人和群体的成长与发展。改革的过程，就是自我否定，自我革新，自我超越的过程。个人、民族，乃至国家，最可怕的并非暂时的贫穷或落后，而是失去了超越自我，自我革新的意识与勇气。所以说，改革是推动个人、民族、国家发展和社会进步的重要动力。

改革，我们一直在路上！

教学设计 2

四川师范大学附属中学　李致远/东莞市厚街湖景中学　李志先

一、教材分析

本课是统编教材《国家制度与社会治理》第一单元《政治制度》的第 4 课，共有三个子目：“中国古代的重要变法和改革”“中国近代的改革探索”“新中国成立以来的重要改革”。从古及今，东西方各国的制度建设和社会治理经历了漫长而曲折的发展历程，中国也发生过多次变法与改革，积累了丰富的经验和深刻的教训，不能脱离特定社会政治条件和历史文化传统来抽象评判。

二、学情分析

本课涉及商鞅变法、孝文帝改革、王安石变法、张居正改革、戊戌变法、清末新政、南京国民政府改革、新中国成立以来的重要改革等内容。除张居正改革以外，其他内容学生均已进行了较系统的学习。但之前的学习是在通史体系下进行的，本课侧重于从国家治理体系和治理能力的形成和完善入手，引导学生运用唯物史观的阶级分析方法，对上层建筑的各领域的实质进行深入分析，结合特定社会政治条件和历史文化传统来评判改革，旨在使学生认识到，改革开放是当代中国最显著的特征、最壮丽的气象。

三、教学目标

1. 通过对商鞅变法、孝文帝改革的对比分析，认识到顺应时代潮流的改革才能走向成功。

① 习近平：《在庆祝改革开放 40 周年大会上的讲话》，http://politics.people.com.cn/n1/2018/1218/c1001-30473936.html，2018 - 12 - 18。

2. 通过对王安石变法、张居正改革的对比分析，汲取改革失败的经验教训。

3. 通过对戊戌变法和清末新政的比较分析，认识改革在推动近代化方面的重要作用。

4. 通过对新中国成立初期相关改革的梳理，理解社会主义基本制度的确立是中国历史上最深刻最伟大的社会变革。

5. 通过对十一届三中全会以来的改革开放，尤其是党的十八大以来全面深化改革的分析，认识到改革开放是实现中华民族伟大复兴的关键一招，增强对当今中国改革发展的自信心和责任感。

四、教学重难点

重点：古今重要改革变法的成败得失；改革开放。

难点：对古今重要改革变法成败得失的理论性分析。

五、教学过程

【导入新课】

教师讲述：《周易・系辞下》云："神农氏没，黄帝、尧、舜氏作，通其变，使民不倦；神而化之，使民宜之。《易》穷则变，变则通，通则久。"[①]大意是，上古相继出现的圣王，往往能会通过改变前代的典章制度，以便百姓进取不懈，神妙地化用变通之理，使百姓各得其宜。"穷则变，变则通，通则久"的思想深入中国社会各个方面，对后世影响深远。变通而图存，在发展受阻时，应善于打破不合时宜的老规矩，灵活变通，才能寻找到出路。正是受到这一观念影响，改革成为中国的传统。

【学习新课】

（一）古代中国改革与变法的成败得失

教师讲述：社会改革在人类历史上从来就是推动社会发展的重要动力，是解决社会矛盾、推动社会进步的有效途径。在中国古代，一部中华民族的发展史也可以说是一部改革史，历史上曾出现过许多改革，无论其成功、失败，都给我们留下了宝贵的财富。改革贯穿了中华民族历史发展的始终，是文明发展的主旋律。中国古代史上的变法与改革主要有三种类型：一是改朝换代后的开国之君，为长治久安而重新立章建制，如秦始皇、汉高祖、隋文帝、宋太祖和宋太宗、明太祖等均对政策进行了重大调整；二是王朝中后期国家机构不能正常运行，由开明之士倡导革新或改制，如王安石变法、张居正改革；三是社会形态变革时期的改革，它助推一种社会形态向另一种社会形态转变，如商鞅变法、北魏孝文帝改革。历史上没有完全相同的改革，每一次改革都有自身的特点。

---

① （魏）王弼、（晋）韩康伯注，（唐）陆德明音义，（唐）孔颖达疏：《周易注疏》，北京：中央编译出版社，2012年，第381页。

教师设问：结合教材第22—23页相关内容，梳理中国古代的重要变法和改革。（参考答案：见表一。）

表一　中国古代的重要变法和改革

名称	商鞅变法	北魏孝文帝改革	王安石变法	张居正改革
原因	兼并战争不断，各诸侯国为富国强兵纷纷变法	鲜卑族统一黄河流域；社会矛盾尖锐；各民族交往交流频繁	政治腐败，财政困难；北部边患；农民起义	政治腐败；府库空虚；土地兼并；农民起义
举措	废除井田制；奖励耕织；废除世卿世禄制；奖励军功；什伍连坐；建立县制	实行俸禄制；推行均田制、三长制等；迁都洛阳；易服装；改汉姓；说汉话；通婚姻	涉及官僚机构、财政制度、军事体制等方面	整顿吏治，加强官吏考核；裁减开支；清丈土地；改革税制
效果	废除了旧制度，确立了新的政治、经济、军事制度；为秦的统一奠定基础	促进了北方经济的发展；加快了北方各族的交融；为统一多民族国家的发展作出重要贡献	初期取得显著成效	财政收入增加；社会矛盾相对缓和；统治危机暂时缓解
结局	商鞅虽死，新法犹存	孝文帝死后，改革中断	变法几年后，王安石被罢职，措施被废	张居正死后，除一条鞭法外，其余被废止

（设计意图）本环节主要指向：时空观念素养水平2：能够将某一史事定位在特定的时间和空间框架下，能够认识事物发生的来龙去脉。

教师讲述：上述改革给后人留下了丰富的文化遗产，其最突出的意义在于"史鉴"价值。

材料一　改革要立足于对内外环境的准确判断；改革者要树立远大的目光和大无畏的精神；改革一定要正视人性才能因"性"利导；改革要通过"法治"推行，借助"势治"巩固。

——摘编自董成雄、王四达：《"商鞅变法"的现代启示——从习近平十八届三中全会座谈会讲话谈起》，载《华侨大学学报（哲学社会科学版）》，2014年第4期

教师设问：根据材料一并结合教材，指出商鞅变法与北魏孝文帝改革的相似背景，并分析改革均取得显著成效的共同原因。（参考答案：背景：自身社会面临重大转型；自身经济文化落后；生产力发展；都面临分裂割据，需变法图强。共同原因：都顺应历史潮流；改革者具有大无畏的精神；都讲求改革策略，因势利导；措施符合实际；重视人才；最高领袖支持。）

教师引导学生分析：商鞅变法和北魏孝文帝改革均能顺应历史潮流，破除旧制度、旧势力的阻碍，推动了社会转型，为后世的统一和强盛作出重大贡献。同时，在改革过程中推行的新的治理方式不仅提升了当时的国家治理效能，而且为后世国家治理提供了借鉴。

（过渡）中国古代王朝初期的改革大多成效显著，而中后期的改革大多以失败结束，王安石变法和张居正改革就是其中的典型，那么我们从这些失败的改革变法中可以汲取哪些经验教训呢？

材料二　今出钱贷民而敛其息，富者不愿取，使者以多散为功，一切抑配（摊派）。恐其逋负（拖欠），必令贫富相保，贫者无可偿，则散而之四方；富者不能去，必责使代偿数家之负。春算秋计，展转日滋，贫者既尽，富者亦贫。

——《宋史》卷三百三十六，北京：中华书局，1977年，第10766页

材料三 明代的宗藩制度和优免制度引起的弊端极为严重，财政危机、田赋不清、负担不公、社会动荡皆与其密切相关。但张居正知其弊而不改，而是一味强调以增收来解决日益增加的财政支出问题。例如，对于清丈土地，只要地方官多丈量出田亩，并增加田赋，便给予表彰甚至晋升。于是，地方官罔顾事实，为邀功而无所不用其极。

——摘编自胡铁球:《新解张居正改革——以考成法为中心讨论》，载《社会科学》，2013年第5期

教师设问：根据材料二、三并结合所学知识，指出王安石变法和张居正改革失败的共同之处。(参考答案:经济指导思想存在偏差;措施失当;用人不当;最高统治者不能长久支持等。)

教师引导学生分析：不管是王安石还是张居正，在面对财政危机时均通过增收而不是积极发展生产来解决，在理财指导思想上存在偏差。在新法实施过程中均存在脱离实际、用人不当的现象。最终王安石被罢官，张居正死后被抄家，新政均以失败结束。而改革变法的失败又加速了王朝的覆亡。

教师引导学生小结：商鞅变法、孝文帝改革的成功与王安石变法、张居正改革的失败形成了鲜明对比，引发后人深思:改革要统一思想认识，对于赞成和反对的意见都要充分讨论，减少认识上的分歧，提出解决问题的具体措施，特别注意弥补和解决执行中存在的制度和机制缺陷，提高国家治理能力和水平。既要看到国家利益和民族大局，也要看时机和条件是否成熟，注意化解各方矛盾。改革不能因人废立，要持续、长久地坚持下去……

(二) 近代中国现代化改革的努力与失败

教师设问：结合教材第23—25页相关内容，梳理中国近代的改革。(参考答案:见表二。)

表二 中国近代的改革

名称	戊戌变法	清末新政	民国时期的改革
原因	甲午战败，民族危机加深	统治危机日益严重	政局动荡，国家未能实现实质上的统一
领导力量	民族资产阶级	地主阶级	官僚资产阶级
主要内容	涉及政治、经济、军事、文化、教育等领域	改革教育;派遣留学生;编练新军;振兴商务;奖励实业	关税、币制等方面
成效	起到了思想启蒙作用，促进了中国人民的觉醒	促进了民族资本主义的发展，但未使清政府摆脱困境	多以失败告终

材料四 与戊戌变法相比，长达十年以上的清末新政，无论就这一改革所导致的社会动员的广度和深度而言，还是就新政各项政策措施在社会和地方各层面产生的消极的和积极的后果而言，它都提供了更为丰富的信息。新政运动在教育、军事、财政、法制、路矿、实业、地方自治和立宪政治各方面的广泛展开，引起了从革命派、激进立宪派、温和派到保守派和儒家的原教旨派相当激烈的反应和政策思想冲突。从当朝权贵到地方督抚，从留学生到破

落的塾师，从农民、士绅、商人到洋场买办，纷纷在海内外各种报刊上发表不同的言论，彼此针锋相对。各种不同的利益集团和社会阶层，也都积极调动各自拥有的社会资源来影响决策。

——萧功秦：《清末新政与中国现代化研究》，载《战略与管理》，1993年第00期

教师设问：根据材料四并结合所学知识，概括清末新政与戊戌变法的不同之处及其原因。（参考答案：不同：持续时间长；新政措施付诸实践；通过改革实现现代化成为士绅共识；社会动员程度大；涉及更多领域；影响更加深刻。原因：改革主导者不同；地方实力派对改革的认识与支持程度不同；推行过程不同；面临的国内外形势不同。）

教师追问：根据材料四并结合所学知识，评述清末新政的历史功过。（参考答案：客观上推动中国的近代化进程；引发社会各阶层对国家前途的深层思考与探索；提升了民众的政治参与水平；促进革命形势的成熟；推动了先进思想文化的传播；新政是晚清政府的自救性改革，最终失败。）

教师讲述：清末新政原本旨在维系自身统治、开启现代化进程，然而各项改革措施在具体实施中大多走样变味，知识分子的信仰破碎了，大批西化的学生和军人被革命派拉拢，立宪派大多转向革命。清末新政最终随着大清王朝的覆灭宣告结束。民国时期的改革由于政局动荡，国家未能实现实质上的统一，多以失败告终。

（过渡）由此可见，代表近代中国主要阶级的政党和政治力量都未从根本上改变中国半殖民地半封建社会的命运。只有中国共产党领导人民通过新民主主义革命走社会主义道路，不断改革创新，坚持、发展和完善中国特色社会主义，才最终实现了“站起来—富起来—强起来”的伟大飞跃。

（三）新中国成立以来的重要改革

教师讲述：新中国成立后，中国共产党领导中国人民推行土地改革和民主改革，很快完成社会主义革命，确立了社会主义基本制度，为中华民族作出了伟大历史贡献。社会主义基本制度的全面确立，是中国历史上最伟大、最深刻的社会变革，这不仅巩固了民族独立和人民解放的成果，而且为中国随后的发展、进步奠定了制度基础。

图1　1950年湖南省岳阳县麻塘乡农民易振家在土改中分到了土地

材料五 （1949—1952年间）工业的恢复和新建设项目的开工，要求商品粮和其他工业原料的生产有较大幅度的增长，而土地改革后个体农民扩大再生产的能力非常有限，不能满足大规模工业化建设的需求。国家开始进行有计划的经济建设，要把有限的资源、资金和技术力量集中使用到重点建设上来，而私人资本主义经济则要求扩大自由生产和自由贸易来发展自己。这就不可避免地引起国营经济同私人资本主义经济之间的矛盾和冲突。

——中共中央党史研究室：《中国共产党历史·第2卷·1949—1978》上，北京：中共党史出版社，2011年，第184页

教师设问： 根据图1和材料五并结合所学知识，指出新中国土地改革的影响。（参考答案：彻底废除了封建土地制度，调动了农民革命和生产的积极性，巩固了人民政权；土地改革后的小农经济不能满足大规模工业化建设的需要，推动了社会主义三大改造的进行。）

表三 1952年、1957年国民经济情况表

所有制性质	经济成分	1952年	1957年
公有制经济	国营经济	19.10%	32.20%
	合作社经济	1.50%	56.40%
	公私合营经济	0.70%	7.60%
私有经济	个体经济	71.80%	2.80%
	资本主义经济	6.90%	0.10%以下

——商业部商业经济研究所编著：《新中国商业史稿：1949—1982》，北京：中国财政经济出版社，1984年，第23页

教师设问： 指出相比1952年，1957年国民经济出现的变化，并分析其原因。（参考答案：变化：国民经济的成分中，公有制占据绝对优势。原因：三大改造的完成。）

教师引导学生分析： 1953至1956年间，国家对农业、手工业和资本主义工商业进行社会主义改造，实行农业和手工业合作化，资本主义工商业实现公私合营。1956年底社会主义基本经济制度建立，我国进入社会主义社会的初级阶段。

图2 1949年新政协召开

图3 1954年一届全国人大召开

教师设问： 根据图2、图3并结合所学知识，分析新中国初期政治建设的成就。（参考答

案:在新民主主义革命胜利的基础上,我国确立了新中国的社会主义国家制度和政治制度。国体方面,实行工人阶级领导的、以工农联盟为基础的人民民主专政;政体方面,实行民主集中制的人民代表大会制度;国家结构方面,实行统一的多民族国家和在单一制国家中的民族区域自治制度;政党制度方面,实行中国共产党领导的多党合作和政治协商制度。)

材料六 新中国成立前,各类工矿企业中不同程度地存在着封建把头、包工头等封建残余势力,他们利用发放工资、监督生产等权力,对工人实行残酷的"中间剥削"。从1950年开始,人民政府对工矿企业开展大规模的民主改革运动。首先,改造旧的领导机构,选举成立工厂管理委员会和职工代表大会,实行厂长负责制和工人民主管理相结合的制度;第二,废除搜身制、把头制、包工制,在企业中实行党领导下的班组、车间、厂矿三级管理制度;第三,初步建立按劳分配制度,提高工人工资,逐步解决管理人员与工人工资差别过大的问题。到1952年底,全国各地各行业的民主改革全部完成,为大规模的经济建设奠定了群众基础。

——白云涛:《建国初期工矿企业的民主改革》,载《党史天地》,2002年第12期

教师设问: 根据材料六并结合所学知识,概述新中国成立初期工矿企业民主改革的意义。(参考答案:使工人获得了解放;提高了工人待遇,有利于改善工人生活;提高企业效益,为大规模经济建设创造条件;有利于新中国政权的巩固;为其他领域的民主改革提供借鉴。)

教师引导学生分析: 这些改革彻底消灭了剥削制度,完成了中华民族有史以来最为广泛而深刻的社会变革,为当代中国一切发展进步奠定了根本政治前提和制度基础,为中国发展富强、人民生活富裕奠定了坚实基础,实现了中华民族由不断衰落到根本扭转命运、持续走向繁荣富强的伟大飞跃。

(过渡)中国共产党在探索适合中国情况的社会主义建设道路的过程中,曾经犯过严重错误,如1958年的"大跃进"运动,1966年开始的"文化大革命",但总体上,成就是主要的、巨大的。在探索中,虽然经历了严重曲折,中国共产党在社会主义建设中取得的独创性理论成果和巨大成就,为新的历史时期开创中国特色社会主义提供了宝贵经验、理论准备、物质基础。

教师设问: 1978年12月中共十一届三中全会的召开,标志着中国进入改革开放新时期。请分别从经济体制改革、对外开放的角度对1978—2012年的历史进行分期,并说明理由。(参考答案:经济体制改革角度:1978年—1992年—2012年,1992年中国确立社会主义市场经济体制目标;对外开放角度:1978年—2001年—2012年,2001年中国加入WTO。)

(设计意图)这是一个开放性问题,没有唯一答案。其他分期只要言之有理均可,意在培养学生历史时空观念。

教师讲述: 中共十一届三中全会召开,改革开放大幕初启,至2012年中共十八大,中国共产党把马克思主义基本原理同中国改革开放的具体实践相结合,鼓励探索,倡导创造,团结带领人民进行建设中国特色社会主义新的伟大实践,敢闯敢试,敢为人先,"真正活跃起来,真正集中力量做人民所希望的事情",使中国大踏步赶上了时代,实现了中华民族从"站起来"到"富起来"的伟大飞跃。

材料七 党的十八大以来……全球金融危机影响犹存,世界经济复苏乏力、局部冲突和

动荡频发,世界经济结构发生明显调整与变化;围绕市场、资源、人才、技术等方面的国际竞争更加激烈;生态环境和气候变化、能源资源安全、粮食安全三大全球性问题更加突出。由于全球经济复苏乏力、地缘政治风险加大等因素,针对中国的各种形式的贸易保护主义与投资保护日趋突出。

中国经济增长处于速度换挡期、结构调整阵痛期、前期刺激政策消化期"三期叠加"状态,维持经济中高速增长的动力正在变弱……中国经济由高速发展转向中高速发展并成为常态。中国虽然是经济大国,但还不是经济强国……中国人均国民生产总值和人均收入仍居世界后列,仍然是世界上最大的发展中国家。生产力不发达的状况没有根本改变,产业结构不合理和经济效益较差的局面没有得到根本扭转,中国发展面临动力转换、方式转变、结构调整的繁重任务。发展中不平衡、不协调、不可持续问题突出,还有相当多的地区仍是不发达和贫困地区,科学技术的水平还不高。中国的社会主义制度还有待进一步完善,社会主义市场经济体制还不成熟,民主法制还不健全,反腐败斗争形势依然严峻。经济、政治、文化、社会、生态文明等方面的改革任务更加艰巨。

——摘编自李正华:《党的十八大以来改革开放的重要特征》,载《马克思主义研究》,2020年第1期

教师设问:党的十八大以来,中共中央为什么提出全面深化改革?(参考答案:因为要有效破解面临的各种难题,妥善应对来自各方面的风险和挑战,更好发挥中国特色社会主义制度优势,推动经济社会持续健康发展,实现中华民族伟大复兴的中国梦。)

教师讲述:紧紧围绕完善和发展中国特色社会主义制度、推进国家治理体系和治理能力现代化这个总目标,党的十八大以来,以习近平同志为核心的党中央从认识论、方法论到价值论,从总目标、大方向到动力源,对改革开放进行系统性思考,形成了习近平新时代中国特色社会主义思想。以理论创新为指引、以制度创新为保障,中国共产党总揽全局,团结带领人民进行伟大斗争、建设伟大工程、推进伟大事业、实现伟大梦想,中华民族迎来从"富起来"到"强起来"的伟大飞跃。①

材料八 党的十八届三中全会通过的《中共中央关于全面深化改革若干重大问题的决定》,总结了我国改革开放以来积累的宝贵经验,其中很重要的一条就是必须坚持以人为本,尊重人民主体地位,发挥群众首创精神,紧紧依靠人民推动改革。党的十八届五中全会首次提出坚持以人民为中心的发展思想。把人民对美好生活的期待变成党的行动和奋斗目标,把人民的希望变为现实,让人民群众有幸福感、获得感、安全感。坚持以人民为中心的发展思想,成为十八大以来党执政为民、改革发展的一面鲜亮旗帜。

……围绕更好保障和改善民生、促进社会公平正义深化社会体制改革。改革收入分配制度,促进共同富裕,推进社会领域制度创新和基本公共服务均等化,加快形成科学有效的社会治理体制,努力使改革发展成果更多更公平惠及全体人民。围绕实现脱贫攻坚目标,推进精准扶贫、精准脱贫机制创新,全面建立健全脱贫攻坚领导责任制。……统筹推进县域内城乡义务教育一体化改革发展,中西部和农村教育明显加强。城乡居民收入增速超过经济增速,中等收入群体持续扩大。统筹推进社会保障领域制度改革,实施机关事业单位养老保

① 任仲平:《创造历史的伟大变革——纪念改革开放40周年(上)》,载《人民日报》,2018-12-14。

险制度改革，推进社会保障城乡统筹、有序衔接，覆盖城乡居民的社会保障体系基本建立。按照“房子是用来住的、不是用来炒的”定位，多主体供给、租购并举、政府保障基本需求的住房制度正在加快形成。全面推开公立医院综合改革，全部取消药品价格加成，群众就医负担持续减轻。实施两孩政策，加强儿童医疗卫生服务改革。

——李正华：《党的十八大以来改革开放的重要特征》，载《马克思主义研究》，2020 年第 1 期

教师设问： 党的十八大以来，全面深化改革是如何把人民的希望变为现实的？（参考答案：对照民众获得感的改革清单，各项便民惠民利民的举措密集出台：深化户籍制度改革，实行城乡养老并轨，推进公立医院改革等，改革释放出来的红利惠及人民群众。）

教师引导学生分析： 老百姓关心期盼什么，党中央就重视关注什么，改革就抓紧推进什么，民生问题始终贯穿于党中央治国理政的方方面面。习近平总书记指出，要抓住人民最关心最直接最现实的利益问题，既尽力而为，又量力而行，一件事情接着一件事情办，一年接着一年干。大病保险制度基本建立、完善社会救助制度、实施健康中国战略等一项项顶层设计提纲挈领。实施全面两孩政策、积分入户、推进“厕所革命”等一件件“民生小事”落地推进。

（设计意图） 本环节主要指向：史料实证素养水平 2——在对史事与现实问题进行论述的过程中，能够尝试运用史料作为证据论证自己的观点。

教师设问： 结合教材第 27 页的“历史纵横”，谈谈对“改革开放是实现中华民族伟大复兴的关键一招”的理解。

教师引导学生分析： 这一论断的根据，是改革开放 40 年让中华民族迎来了从“站起来”、“富起来”到“强起来”的伟大飞跃，让中国特色社会主义迎来了从创立、发展到完善的伟大飞跃，让中国人民迎来了从温饱不足到小康富裕的伟大飞跃。这份沉甸甸的成绩单，使改革开放与建立中国共产党、成立中华人民共和国一道，成为近代以来实现中华民族伟大复兴的三大里程碑之一。

40 余年的改革开放，尤其是 2013 年以来在习近平总书记为核心的党中央领导下的全面深化改革，有效解决了一批结构性矛盾，在很多领域实现了历史性变革、系统性重塑、整体性重构，打通理顺了机制上的堵点、难点、痛点，解决了民生领域的操心事、烦心事、揪心事。但是改革没有完成时，只有进行时！中共十八届三中全会后，全面深化改革拉开序幕，2013 年 12 月 30 日中共中央政治局召开会议，决定成立由习近平任组长的中央全面深化改革领导小组。从 2014 年至 2021 年 2 月，习近平总书记亲自主持召开 38 次中央全面深化改革领导小组会议，18 次中央全面深化改革委员会会议，审议通过 400 多个重要改革文件，推出 2000 多个改革方案，中共十八届三中全会提出的 336 项重大改革举措中已出台实施方案的超过 95％。

2020 年 9 月 1 日下午习近平总书记主持召开中共中央全面深化改革委员会第十五次会议并发表重要讲话。他强调，加快形成以国内大循环为主体、国内国际双循环相互促进的新发展格局，是根据我国发展阶段、环境、条件变化作出的战略决策，是事关全局的系统性深层次变革。要继续用足用好改革这个关键一招，保持勇往直前、风雨无阻的战略定力，围绕坚持和完善中国特色社会主义制度、推进国家治理体系和治理能力现代化，推动更深层次改

革，实行更高水平开放，为构建新发展格局提供强大动力。

【课堂小结】

教师引导学生小结：无论是王安石变法、张居正改革还是戊戌变法、清末新政，中国古代近代的改革鲜有善终。无论是苏联模式还是日本经验，他国的道路无法复刻。没有可以奉为金科玉律的教科书，没有可以对中国人颐指气使的教师爷，我们只有回望改革开放这段激情燃烧的岁月，从中总结经验、把握规律、增强勇气、开拓力量，才能让中国特色社会主义铸就新的辉煌。

第二单元

官员的选拔与管理

第 5 课

中国古代官员的选拔与管理

教学设计 1

郫都区嘉祥外国语学校　何熹/成都嘉祥外国语学校　梁晓东

一、教材分析

本课是统编教材《国家制度与社会治理》第二单元《官员的选拔与管理》的第 1 课，包含“秦汉至魏晋南北朝时期的官员选拔与管理”“隋唐至两宋时期的官员选拔与管理”“元明清时期的官员选拔与管理”三个子目的内容。教材主要讲述了三大版块的内容：一是中国古代选官制度，提及西周的世官制、秦朝的“以法为教”“以吏为师”制度，讲述汉代察举制、魏晋南北朝九品中正制、隋唐至明清科举制；二是中国历代王朝的官员考核制度；三是中国历代王朝的监察制度。

《普通高中历史课程标准（2017 年版 2020 年修订）》对本课的要求是：了解中国古代官员选拔方式的更迭过程和不同阶段的特征，知道中央集权体制下古代中国官员考核和监察制度。教材内容按照秦汉至魏晋南北朝、隋唐至两宋、元明清三大历史时期编排，时序感强，但分阶段交织讲述三大制度的演变，使各制度的发展历程不够连贯。故本教学设计将教材内容按制度进行重组，如下页图 1 所示。

二、学情分析

首先，通过学习《中外历史纲要（上）》，学生对九品中正制和科举制已有深入了解，但对官员选拔制度整体发展脉络缺乏认识。因此，本教学设计既注重构建选官制度的整体发展脉络和阶段特征，又注重不同选官制度之间、某一选官制度内部的演变逻辑。其次，官员管理制度在《中外历史纲要（上）》中基本未曾涉及，本教学设计以考核制度为主，以监察制度为次，分别梳理了考核、监察制度的发展历程，进而总结其制度特征。再次，官员的选拔与管理同古代王朝的经济基础、社会形态、政治体制、时势世事都密切相关，本教学设计注重调动学生在初中、高中必修课和本册第一单元的既有知识，强化时空观念，运用唯物史观立体多元地认识中国古代官员的选拔与管理制度。

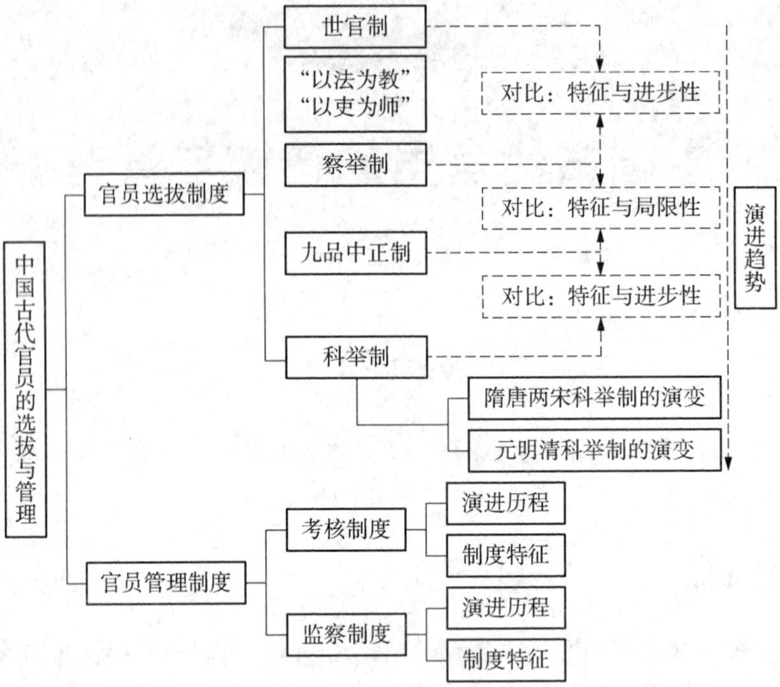

图1　本课内容框架

三、教学目标

1. 知道中国古代不同时期的官员选拔、考核和监察制度及其更迭过程。

2. 结合时间观念进行制度对比，分清察举制、九品中正制和科举制的制度特征，以及科举制演化的阶段特征。

3. 通过分析官员选拔制度更迭的背景及影响，认识到官员选拔制度总体上加强了中央集权，提升了国家的治理水平，促进了社会公平公正与文化教育的进步，并推进了世界政治文明进程。

四、教学重难点

重点：察举制；科举制。

难点：科举制演变的阶段特征及其历史影响。

五、教学过程

【导入新课】

教师讲述：汉高祖曾说："夫运筹策帷帐之中，决胜于千里之外，吾不如子房；镇国家，抚百姓，给馈饷，不绝粮道，吾不如萧何；连百万之军，战必胜，攻必取，吾不如韩信。此三者，皆人杰也，吾能用之，此吾所以取天下也。”[①]汉宣帝曾称：“与朕共治天下者，其唯良二千石（郡太守）乎！”[②]后来的帝王反复重申上述观念。这共同体现了官员在王朝建立和国家治理中起着异常关键的作用。那么，历代王朝在官员的选拔、管理方面都有哪些举措、经验和教训呢？让我们一起来学习第5课《中国古代官员的选拔与管理》。

（设计意图）通过化用2015年全国卷Ⅱ第25题“皇帝与郡守共治天下”的思路，并补充学生更熟悉的汉高祖称赞汉初三杰的史事，囊括中央高官与地方高官，指出官员选拔与管理的重要性，顺利导入新课。

【学习新课】

（一）中国古代官员的选拔

1. 世官制（西周到春秋）

材料一　（陈胜）曰：“且壮士不死即已，死即举大名耳，王侯将相宁有种乎！”

——《史记》，北京：中华书局，1959年，第1952页

图2　大泽乡起义

教师设问：秦末农民起义领袖陈胜呐喊“王侯将相宁有种乎”，反映出官制变迁的哪些历史信息？（参考答案：世官制曾经占据主流地位，此时已受到猛烈冲击。）

（设计意图）材料一引文和图片选自统编版义务教育教科书《中国历史》七年级上册，旨在帮助学生在新旧知识之间搭好桥梁。对“王侯将相宁有种乎”口号的分析，则是对高二学生思辨能力的良好训练：发出这种呐喊，表明在当时或之前“王侯将相有种”是常态；但连下层民众都能够发出这种呐喊，表明“王侯将相有种”已经难以为继了。

2. “以法为教”“以吏为师”制度（秦朝）

教师讲述：其实出自社会底层的陈胜，对时代变迁的认知已经有点滞后了。世官制的确长期实施，但主要是在西周和春秋时期；陈胜所在的秦朝，选官制度已经变成“以法为教”“以吏为师”了。那么这两种选拔方式有何差异呢？（参考答案：前者以血缘作为选拔标准，官职世代继承，以宗法制分封制为存在基础；后者以才能或功劳作为选拔标准，皇帝直接任免官员，以君主专制中央集权制度为存在基础。）

---

① 《史记》，北京：中华书局，1959年，第381页。

② （明）黄淮、杨士奇编：《历代名臣奏议三百五十卷》，清文渊阁四库全书本，第1707页。

(过渡)汉承秦制，以才能与功劳选官。但秦朝统治短暂，汉初无为而治，二者都没来得及把这种选官方式上升到制度的高度。这种过渡状态一直持续到西汉武帝时期。

3. **察举制(汉代)**

教师设问：阅读教材第30页第一子目第二段文字，归纳察举制的内容。（参考答案：察举流程：由地方向中央进行举荐，再由中央授官；标准：儒家才德；科目：孝廉、茂才等常科，贤良方正、贤良文学、明经等特科。）

(设计意图)从察举流程、标准、科目等方面归纳，落实教材基础知识。

教师设问：请大家将表一填写完整，然后指出察举制的特征。

表一　世官制与察举制对比表

	世官制	察举制
实施时间	①	②
选官标准	③	④
官员任免	⑤	⑥
存在基础	⑦	⑧

（参考答案：填空：①西周—春秋；②西汉武帝—东汉末年；③血缘；④德才；⑤世卿世禄；⑥由下到上；以官举士、权操于上；⑦宗法制分封制；⑧君主专制中央集权制度。特征：以官举士、权操于上；兼重德才。）

材料二　汉初选官沿袭秦制，重在军功，故“公卿多起于屠贩”。随着封建经济的恢复发展以及中央集权国家的不断完善和巩固，武帝时“吏多军功”的局面已不适应地主阶级政权的需要，军功地主已开始没落，官吏出自“任子”或“赀选”的办法，已难以选拔真正的人才。因此，武帝时出于扩大封建统治基础以强化中央集权制政治的需要，开始推行“以儒取士”的察举制，并逐步发展成为完善的选官制度。

——王震亚：《论汉代的察举制度》，载《西北师大学报(社会科学版)》，1991年第4期

教师设问：根据材料二并结合所学知识，指出汉武帝推行察举制的历史背景。（参考答案：汉初原有选官制度已经难以选拔真正的人才；封建经济的恢复发展；加强中央集权的需要；儒家思想成为封建正统思想。）

表二　两汉察举制演化表

	主科	察举标准	实施结果
西汉	孝廉	才能和品德	各方面突出人才的涌现，是汉武帝时期鼎盛局面出现的重要原因
东汉前期	孝廉	乡举里选（人才在地方上的声望）	/
东汉后期	孝廉	门第族望	被察举人成为举荐人的门生、故吏；累世公卿局面形成；“举秀才，不知书；举孝廉，父别居”

——摘编自大纲版高中教科书《中国古代史》，北京：人民教育出版社，2005年，第36页

教师设问：根据表一、表二并结合所学知识，简要评价察举制。（参考答案：选官标准由血缘变成德才，有利于促进阶层流动；为两汉政权选拔了大批人才；以官举士、权操于上，为专制皇权服务；人治色彩浓厚，政治清明时可以为国选才，政治腐朽时助长吏治败坏。）

（设计意图）此处设计充分体现学生主体地位：一是转引大纲版《中国古代史》教科书内容，切题、简洁、通俗，符合学生的认知结构；二是得出评价的过程严格遵从了“论出史出”原则，把培养学生关键能力落到了实处。

（过渡）如上所述，东汉后期，察举制已被地方豪强势力控制。汉末天下大乱，察举制崩坏，为九品中正制所取代。

4. 九品中正制（魏晋南北朝）

材料三　九品中正制的产生

汉末社会动荡，“人口流移，考详无地”，举举制所依赖的乡里清议失去了社会基础。当时，选官多操纵在地方大族名士手中。他们交结朋党，严重干扰了人才选拔。曹操开始尝试新的选人方法。曹丕继任魏王后，采纳吏部尚书陈群的建议，颁行九品中正制。这种选官制度既继承了两汉乡里评议人物的传统，又将评议权收归中央，在一定时期内加强了中央集权。

——《中外历史纲要（上）》，北京：人民教育出版社，2019年，第38页

教师设问：根据材料三并结合教科书第30页最后一段文字，指出九品中正制与察举制的区别。（参考答案：见表三。）

表三　九品中正制与察举制的区别

	察举制	九品中正制（初期）
颁行君主	西汉武帝	东汉末年魏王曹丕
选拔流程	由下向上举荐，中央考察任命	本籍中正官（京官）评定资品，吏部授官
选拔标准	道德、才能	家世、道德、才能

教师追问：由此可见，曹丕为什么推行九品中正制？他的初衷是什么？（原因：东汉中后期以来，豪强大族控制了地方察举权；汉末社会动荡，人口大迁徙，察举制所依赖的乡里清议失去社会基础；九品中正制继承了两汉乡里评议人物的传统，有利于稳步过渡；九品中正制将评议权收归中央，有利于加强中央集权。初衷：选拔经世治国人才，加强中央集权。）

（过渡）那么，九品中正制的实施效果，与其设计初衷吻合吗？

材料四　魏晋之际，寒门升上品已非易事。西晋时，品第高卑的依据主要是家世，“状”，即德才的作用已不大。从而出现“上品无寒门，下品无势族”的状态。南北朝时期，崔、卢（北方）、王、谢（南方）子弟，胎毛未干，“已拜列侯”；未离襁褓，已被“冠带”。只要有一个“高贵”的出身，也就是凭借门第和父、祖的官爵，就可以“平流进取，坐致公卿”。因此，他们做官不仅不需要竞争，甚至连起码的道德文化素养、政治统治之术也不必要去学习和具备。

——白钢主编：《中国政治制度史》（第3版），天津：天津人民出版社，2016年，第354页

教师设问：根据材料四并结合所学知识，指出九品中正制的实施效果。（参考答案：在

制度推行初期,政府全面掌握选官大权,有利于强化中央集权。后来,资品评定唯看家世,严重堵塞"选贤与能"道路,造成门阀士族垄断政治的腐朽局面,九品中正制成为巩固门阀势力、削弱专制集权的工具。)

(设计意图)引导学生融合必修教材与选择必修教材,引导学生关注制度设计初衷与制度实施效果背离的现象。(如果学生对《中外历史纲要(上)》相关内容掌握良好,老师可以省略材料四,直接以上文的"过渡"来提问。)

(过渡)随着皇权的振兴和庶族地主的崛起,大一统的隋朝以大气磅礴的气度,首创科举制。科举制一直沿用到1905年,影响到近代西方文官制度的创立。

5. 科举制(隋唐至明清)

(1) 隋唐两宋时期科举制度的发展

教师设问:阅读教材第31页第三段文字,并结合所学知识,指出科举制的特征。(参考答案:分科考试;以成绩作为录取依据;考试内容以儒家经义为主;不再是以官举士,而是自主投考。)

(设计意图)在统编版义务教育教科书《中国历史》七年级下册和统编版高中历史教科书《中外历史纲要(上)》中,科举制都是主干内容,故此处以引导学生重温既有知识为主。

表四 隋唐两宋科举制度发展大事纪要

隋文帝	废除九品中正制,开始采用分科考试的办法选拔官员
隋炀帝	始建进士科,科举制度形成
唐太宗	增加考试科目,以进士和明经两科为主
武则天	扩大科举取士的人数,首创了武举和殿试
唐玄宗	任用高官主持考试,提高了科举考试的地位
宋代	"取士不问家世",大批出身平民家庭的士人进入政坛,不少人官居高位

——摘编自《中外历史纲要(上)》,北京:人民教育出版社,2019年,第38、63页

材料五 进士科大大影响了唐代文官制度。除宦官系统、地方军阀系统以外,他们几乎垄断了省、部、寺、御史台和京府各机构,以及中央所能控制的各州县刺史、县令、参军事、丞尉、主簿等官职。

——白钢主编:《中国政治制度史》(第3版),天津:天津人民出版社,2016年,第482页

材料六 (2011年江苏卷第2题)右图所示为《唐书》所载830名进士的出身分布比例,由此可见,唐代科举制

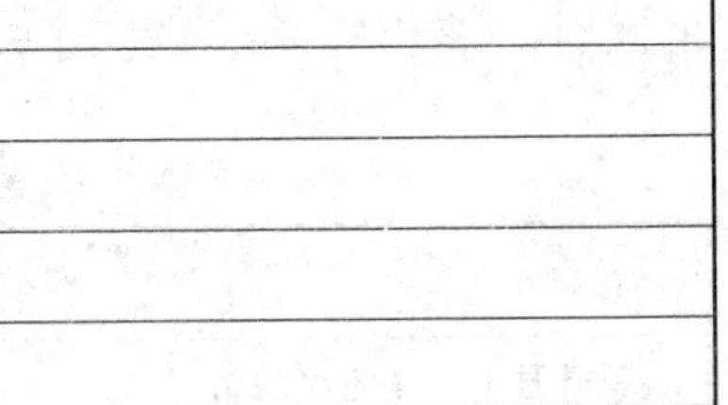

A. 为选拔士族子弟而设立

B. 仍然是九品中正制翻版

C. 缩小了人才选拔的范围

D. 兼顾多个阶层但不完善

【参考答案】D

材料七 (宋朝)考试之前,被指定的考官全部进入贡院,考试期间不得私自外出或会见

亲友。试卷一律“封弥”(糊名)、“誊录”。

——袁行霈、严文明等主编:《中华文明史》(第三卷),北京:北京大学出版社,2006年,第130—131页

教师设问:根据表四及材料五至七,并结合所学知识,概括隋唐两宋科举制的演变特点,并指出科举制的进步性。(参考答案:特点:政府越来越重视,地位越来越高;考试程序越来越严密;报考资格限制越来越少;录取人数越来越多;录取人员的阶层越来越平民化等。进步性:有利于加强中央集权;有利于社会的公平公正;有利于社会重学风气的形成等。)

(2) 元明清时期科举制度的发展

教师讲述:元朝入主中原后,曾一度废弃科举制度,后来宣布恢复,但时断时续,这是科举制发展史上的低谷。明清时期,科举制度进一步发展完善。

材料八　明朝科举考试的主要内容是八股文,清朝沿袭其制。主要特点有:从儒家经书中命题作文,写作时必须遵循程朱理学的有关解释;需要模仿古代“圣贤”口吻写作,不许自由发挥个人见解;作文的骨干部分是四段对偶排比文字。

——《中外历史纲要(上)》,北京:人民教育出版社,2019年,第76页

教师设问:根据材料八,结合教材第32页第二段文字、“进士题名碑”图片及“历史纵横”内容,归纳明清时期科举制度的进步性和局限性。(参考答案:进步性:明清科举考试录取人数更多;组织管理更严密和系统;南北卷制有利于地域平衡;八股取士有利于增强考试的客观性。局限性:八股取士进一步禁锢了读书人的思想;读书人进一步沦为皇权的附庸;学风空疏,科学技术长期不受读书人重视等。)

(设计意图)在教材学习资源充足的情况下,教学设计优先使用教材图文,而不是盲目引用大量课外文献。如此有利于控制课堂容量,并引导学生形成用好教材的良好习惯。

教师引导学生小结:从察举制、九品中正制到科举制,除九品中正制被门阀控制外,历代王朝的选官制度总体上是向着加强中央集权、推动社会公正、引导重学风气的方向发展。当然,归根到底,选官制度是服务于王朝统治、服务于家天下的。

(过渡)选拔出高素质官员只是第一步,要让选拔出的官员克己奉公,“在其位”就要勤于“谋其政”,还得加强管理。

(二) 中国古代官员的管理

1. 考核制度

教师设问:请大家阅读教材,列表整理中国古代的官员考核制度。(参考答案:见表五。)

表五　中国古代的官员考核制度

	制度	考核主管	考核标准	考核功能
秦汉	上计	御史参与	计簿	以考核结果赏罚官员
隋唐	/	吏部	德才	以考核结果升降官员

续表

	制度	考核主管	考核标准	考核功能
宋	/	/	（标准严格）	/
明	考满	文官归吏部 武官归兵部	/	决定官员的升迁、降、调
	考察	/	/	查处官员的贪、酷和不作为
清	京察	/	/	/
	大计	/	/	/

教师追问：根据表五内容，归纳中国古代官员考核制度的特点。（参考答案：考核的内容和考核方式多样化；考核对象存在分类；考核机构从兼任到逐步专门化；重视对考核结果的利用。）

材料九　（唐太宗）曰："为朕养民者，唯在都督、刺史，朕常疏其名于屏风，坐卧观之，得其在官善恶之迹，皆注于名下，以备黜陟（注：官员的升降）。县令尤为亲民，不可不择。"乃命内外五品以上，各举堪为县令者，以名闻（注：把他们的名字告诉我）。

——《资治通鉴·唐纪》，四部丛刊景宋刻本，第 2129 页

材料十　我们的政事，注重体制的安定，而不计较对一人一事的绝对公允。牺牲少数人，正是维持大局的办法。人事考察条例，也就从这里着眼。按照规定，四品以下的地方官三年任满应当入京朝觐述职，由皇帝及有关部门核定他们政绩的优劣。但是全国有一千一百多个县，任何精明强干的人事官员也无法详细知道他们的具体成绩，而只能在大节目上斟酌一二。如果一个地方官所统辖的地区安静无事，税收没有多大亏欠，该地区的民风就是"淳厚"而并非"刁顽"，这一位地方官必为好官而非"浮躁"或"才力不及"。

——［美］黄仁宇著：《万历十五年》（增订本），北京：中华书局，2007 年，第 51—52 页

教师设问：根据材料九、十并结合所学知识，谈一谈你对中国古代官员考核制度的看法[①]。（参考答案：官员考核制度事关吏治清明与否，事关国家治理好坏；中国古代官员考核制度归根到底是人治等。）

2. 监察制度

教师设问：请大家阅读教材，列表整理中国古代的监察制度。（参考答案：见表六。）

表六　中国古代的监察制度

	中央监察体系	地方监察体系	制度创新
秦汉	御史大夫	十三州部	巡视监察制度
隋唐	御史台	十道监察区	/
宋	御史台	诸路监察区	台谏合一

① 在实际课堂教学中，大概率需要细化问题以启发学生深度思考。例如，对材料九的设问，可以预设几个"搭台阶"的"子问题"：唐太宗如此重视官员"善恶之迹"，会对吏治产生什么积极影响？会不会产生什么消极影响？唐太宗数十年如一日如此勤奋的概率有多大？像唐太宗这么亲力亲为的皇帝多吗？唐太宗这一行为属于正常的官员考核制度流程吗？

续表

	中央监察体系	地方监察体系	制度创新
元	御史台	行御史台、肃政廉访司	/
明	科道	/	/
清	科道	/	/

材料十一　秦朝和西汉的御史大夫居副丞相，与丞相、太尉并为三公。东汉御史中丞、司隶校尉朝会时与尚书令一样独坐，号称“三独坐”。南北朝御史中丞专道而行。元朝御史台与中书省、枢密院并为三大府。明清都察院与六部并重。一般御史秩卑权重，手握尚方宝剑。西汉侍御史和刺史品秩仅为六百石，相当于低级县令，但职权大大超过他的身份，刺史依《六条问事》，可监察二千石地方长官。唐代的监察御史仅为正八品上，但有权监督六部尚书，奉制巡按，气派“震慑州县”。

——邱永明著：《中国监察制度史》，上海：华东师范大学出版社，1992年，第6—7页

教师设问：根据表六和材料十一，结合所学知识，指出中国古代监察制度的特点。（参考答案：监察机构逐渐独立；监察机构和监察主官地位崇高；一般监察官位卑权重；监察方式多样化；监察制度在继承中创新；皇帝掌握最高监察权，监察官员机构仅是皇帝的“耳目风纪之司”；人治色彩浓厚，监察实际效能有限等。）

【课堂小结】

教师引导学生小结：正如钱穆先生所言，“任何一项制度，决不是孤立存在的。各项制度间，必然是互相配合，形成一整套。任何一制度，决不会绝对有利而无弊，也不会绝对有弊而无利。我们讨论一项制度，固然应该重视其时代性，同时又该重视其地域性。制度不能推之四海而皆准，正如其不能行之百世而无弊。”①对于中国古代官员的选拔与管理制度，我们需要回到历史现场去审视它们的利弊，从当时与后世、中国与世界等多个维度为其进行历史定位。对待历史，我们需要多一分“同情的了解”，多一分“温情与敬意”。

教学设计2

成都市锦江区嘉祥外国语高级中学　雷志伟

一、教材分析

本课是统编教材《国家制度与社会治理》第二单元《官员的选拔与管理》的第1课，选官

① 钱穆著：《中国历代政治得失》（第3版），北京：生活·读书·新知三联书店，2012年，前言第2—4页。

制度中的九品中正制和科举制在统编必修教材《中外历史纲要(上)》已有部分涉及。本课的编写严格按照新课程标准,分秦汉至魏晋南北朝时期、隋唐至两宋时期和元明清时期三个时段,从中国古代官员选拔、考核和监察三个角度来编写。

第一子目是"秦汉至魏晋南北朝时期的官员选拔与管理",教材主要叙述了秦汉至魏晋时期察举制和九品中正制形成的背景、具体表现以及历史影响;呈现了秦汉时期"上计"考核制度和刺史监察制度的细节。

第二子目是"隋唐至两宋时期的官员选拔与管理",教材叙述了隋唐至两宋时期科举制的历史背景、主要内容和显著特征;简要叙述了隋唐至宋代官员的考核方式,在监察制度上着重强调了隋唐御史台机构与两宋的台谏制度。

第三子目是"元明清时期的官员选拔与管理",教材主要叙述了该时期科举考试的主要表现与特点;详细呈现了明清时期官员的考核类别与方式,还阐述了明清时期监察机构都察院和六科的职能。

《普通高中历史课程标准(2017 年版 2020 年修订)》对本课的要求是:了解中国古代官员选拔方式的更迭过程和不同阶段的特征,知道中央集权体制下古代中国的官员考核和监察制度。本教学设计主要从中国古代官员的选拔制度、考核制度和监察制度三个方面来设计。

二、学情分析

由于本课属于选择性必修课程,课程安排主要集中在高二年级,学生已经在高一年级经历了必修课程通史的学习。其中,统编必修教材《中外历史纲要(上)》第七课《隋唐制度的变化与创新》中的正文和附录部分就已涉及九品中正制和科举制。因此,高二学生对于中国古代官员的选拔与管理有一定的认知和理解。但该章节内容属于专题内容,学生对于中国古代秦汉至明清官员的选拔、管理和监察的发展脉络并不熟悉,且包含不少专业名词,学生概念不清,理解有困难。教学时,需要通过相关史料构建具体生动的历史情境,引导学生在唯物史观指导下,用发展的眼光看待历史上的一切,用辩证法的观点去把握对象的本质联系与内部矛盾,在复杂生动的历史情境中探寻历史发展的内在线索,并进一步培养家国情怀。

三、教学目标

1. 知道中国古代不同时期官员选拔、考核和监察的主要制度。

2. 通过阅读、理解中国不同时期官员选拔、考核和监察制度的相关史料,概括出不同时期官员选拔、考核和监察制度的基本特征和历史地位。

3. 通过对中国古代官员选拔、考核和监察制度的学习,总结中国古代政治制度的优秀经验,对后世中国乃至世界政治文明建设提出合理的见解。

四、教学重难点

重点：中国古代官员选拔、考核与监察制度的基本特征。
难点：中国古代官员选拔、考核与监察制度的影响。

五、教学过程

【导入新课】

教师讲述：传统观点认为中国对世界文明的最大影响，是把纸、印刷术、火药、罗盘传到西洋。但日本早稻田大学福井重雅认为，这种说法已经过时了，中国对世界的最大功绩，就是汉代的察举制度。[①] 该学者把汉代察举制度与四大发明同列，这一观点是否妥当呢？察举制度是一种什么样的制度呢？今天我们进入第二单元第1课的学习。

（设计意图）通过呈现日本学者将察举选官制度与“四大发明”同列，引发学生对察举制度的思考与共鸣，为新课导入营造出趣味化的情境。

（过渡）中国古代官员的选拔制度经历了世官制、察举制、九品中正制和科举制四个阶段。世官制广泛存在于先秦时期，进入秦汉，官员选拔被倚重德才的察举制取代。“察举”是汉代由公卿、列侯、刺史及郡国守相等推荐人才，由朝廷考核后任以官职的选官制度。今天我们就来梳理下汉代察举制的产生渊源与演变历程。

【学习新课】

（一）中国古代官员的选拔制度

1. 汉代察举制

（1）举荐贤才

材料一 文帝前元二年诏：“及举贤良、方正、能直言极谏者，以匡朕之不逮。”同时又规定，县乃至于乡，要根据人口规模，“以户口率置三老、孝悌、力田常员，令各率其意以道民焉。”文帝前元十二年诏：“孝悌，天下之大顺也；力田，为生之本也……廉吏，民之表也。朕甚嘉此二、三大夫之行，今万家之县，云无应令，岂实人情？是吏举贤之道未备也。”

——赖华明：《汉代察举制概论》，载《天府新论》，2003年第6期

教师设问：根据材料一，概括汉文帝选拔官吏的基本标准。（参考答案：品德；才能。）

（设计意图）引导学生阅读汉文帝的两条诏令，获取文帝选拔官吏标准的历史信息，进而理解汉初的人才选拔与时代背景的密切关联，提升学生获取和解读信息的能力。

教师讲述：从汉文帝的两条察举诏令中，我们看到汉初察举贤士包含“孝悌”“力田”“廉吏”“贤良、方正”“直言极谏”等名目，统治者更多着眼于官吏的“德”与“才”，这些科目为武帝

---

① 黄留珠：《福井重雅〈汉代选官制度研究〉简介》，载《西北大学学报》，1992年第3期。

时期察举制的成型奠定了重要基础。

（2）分类取士

表一　汉代察举科目与内容

<table>
<tr><th colspan="2">类目</th><th>科目</th><th>察举内容</th></tr>
<tr><td rowspan="4">汉代察举制</td><td rowspan="2">特举</td><td>贤良方正、直言极谏等科</td><td>发生灾异、动乱或其他重大政治问题之时，由皇帝下诏察举，被举者以“对策”形式发表政见，然后分等授官</td></tr>
<tr><td>明经、明法以及“能治河者”“勇猛知兵法”等科</td><td>擢举各类专门人才或特种人才</td></tr>
<tr><td rowspan="2">岁举</td><td>秀才、孝廉二科</td><td>地方向中央朝廷定期贡士，分州举和郡举，这两科最初没有考试，举后直接授官</td></tr>
<tr><td>尤异、廉吏二科</td><td>擢举地方官吏中之有功绩的吏能者</td></tr>
</table>

——摘编自阎步克著：《察举制度变迁史稿》，北京：中国人民大学出版社，2009 年，第 2—3 页）

教师设问：根据表一，概括汉代察举制的基本特点。（参考答案：特举与岁举相结合；科目丰富，面向紧缺人才；朝廷征召与地方推举相结合；道德与才能并重。）

教师讲述：汉代地方向中央举荐是察举制的主要形式，官员选拔以实用才干与道德品质为主要选拔依据。但在选拔体制上察举制逐渐出现了不公的缺陷，为此，东汉政府对察举制进行了调整，史称“阳嘉新制”。

（3）阳嘉新制

材料二　阳嘉年间，汉顺帝下令，士人不满四十岁原则上不能应选，倘若真的才学卓异，可适当放宽；被举荐者来到中央后，需要通过政府组织的两轮考试，其中包括笔试；“诸生（儒生）试家法，文吏课笺奏”，章句家法是儒学经术，“笺奏”则是行政文书；考试不合格的要被“黜落”。

——摘编自阎步克著：《察举制度变迁史稿》，北京：中国人民大学出版社，2009 年，第 56—62 页

教师设问：根据材料二，指出阳嘉新制的主要变化。（参考答案：强化考试的作用。）

教师讲述：阳嘉新制重新强化了考试的作用，这也为后来隋唐科举制的出现提供了制度上的借鉴。但阳嘉新制并没有改变察举制度走向没落的境况。我们来看看这段材料。

（4）孝廉世家

表二　两汉孝廉家世统计表

家世情况	官贵	富豪	平民	贫民
人数	128	11	29	16
百分比	69.6%	6%	15.7%	8.7%

注：本表从两汉书等文献及主要汉碑材料中收集，所能考见的两汉孝廉共列出 307 人（西汉 21 人，东汉 286 人），其中能确定有家世者 184 人。家世情况基本可分作官（官僚）贵（贵族）、富豪、平民、贫民四类。

——黄留珠著：《秦汉仕进制度》，西安：西北大学出版社，1985 年，第 142 页

教师设问：根据表二并结合所学知识，指出两汉察举孝廉存在的主要弊病，并分析该弊

病产生的历史影响。(参考答案：弊病：倚重官僚和贵族。影响：导致察举制走向衰落；推动后世门阀世族的壮大。)

教师讲述：东汉中后期，政治腐败，社会动荡，察举制举人不实的现象愈发严重，察举制走向衰落。回顾察举制产生与演变的历程，它始终与汉王朝的兴衰命运相关联。在盛世时代，察举制为汉王朝输送了大批国家栋梁之材，武帝时代文治武功，盛极一时，与察举制广求贤才是分不开的。在动荡时代，昏君在位，纲纪废弛，察举制便被汉代豪强地主、贵胄外戚垄断把持，任人唯亲，赏罚失当，民怨四起，它与东汉王朝一起被历史湮没。

(过渡)在察举制荒废的背景下，东汉最后一年，即曹魏建政的前一年，魏王曹丕听取了陈群的建议，建立了九品官人法的选拔制度，即九品中正制度。

2. 魏晋南北朝九品中正制

(1) 德才之辩

材料三 建安年间，曹操在不到八年的时间里，连续下了三次“唯才是举令”。最后一次令中，他谈到吴起所谓“杀妻自信”是不仁，“散金求官”是无节，“母死不归”是不孝，吴起这三点都与时人尊奉的道德律则相背，但吴起“在魏，秦人不敢东向，在楚则三晋不敢南谋”。在他看来，只要有才，连不仁不孝的人都要举荐。但主持选人事宜的毛玠、崔琰并不认同，二人注重所举用之人是否“贞”“逊”和廉洁，何夔也曾向曹操进言，认为所用之人应先审核在乡里的名声是否符合儒家的伦理规范。

——摘编自郝虹：《德与才的较量：从“唯才是举令”到九品中正制》，载《孔子研究》，2005年第1期

教师设问：根据材料三，概括建安年间“德才之辩”产生的主要原因，指出“德才之辩”的实质。(参考答案：主要原因：东汉以来察举选官被豪族控制；儒家思想的影响深远。实质：以儒取士与以才取士的冲突。)

教师讲述：曹魏王朝既然兴起于汉末群雄逐鹿的乱世，因此其选才标准自然更侧重实际才干，倡导唯才是举原则。

(2) 官品与乡品

教师讲述：九品中正制下，中正品第的高低直接决定了官员任职的品级。依据九品中正制的划分标准，不同品级的身份对应不同品级官位。

材料四

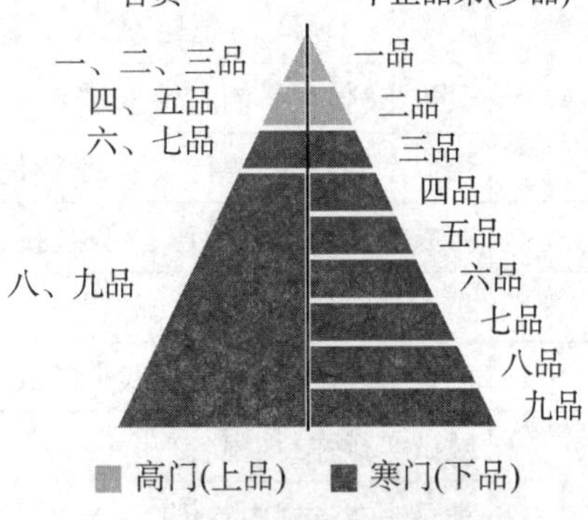

九品中正制品级示意图

——摘编自张旭华著：《九品中正制略论稿》，郑州：中州古籍出版社，2004年，第8—14页

教师讲述： 此示意图内，左边是官品，即任职者的人才品级；右边是乡品，也叫资品，是任职资格的品级。拥有一、二资品的任职者才能就任一至五品的上品官位，三品资历的任职者才能就任六、七品的中品官位，而四至九品资历的任职者只能就任八、九品的下品官位。

教师设问： 该示意图反映九品中正制什么特点呢？（参考答案：等级严密；高门与寒门品级差异显著。）

教师讲述并过渡： 九品中正制关键在于中正官对任职"资品"的评定，出身高门贵族的子弟能轻易就任国家高级官职，而寒门子弟基本无望。世家大族凭借高族门第，长期垄断高级官员的选拔权，逐渐形成了"上品无寒门，下品无世族"的政治现象。这也为魏晋南北朝时期的政治乱象埋下了伏笔。

（3）门阀世家

材料五 南北朝时期，崔、卢（北方）、王、谢（南方）子弟，胎毛未干，"已拜列侯"；未离襁褓，已被"冠带"。只要有一个"高贵"的出身，也就是凭借门第和父、祖的官爵，就可以"平流进取，坐致公卿"。因此，他们做官不仅不需要竞争，甚至连起码的道德文化素养、政治统治之术也不必要去学习和具备。

——白钢主编：《中国政治制度史》上卷，天津：天津人民出版社，2002年，第345页

教师设问： 根据材料并结合所学知识，指出魏晋南北朝时期九品中正制的弊端及其出现的原因。（参考答案：弊端：品评依据依靠门第和血缘关系；官员素养低下。原因：世家大族垄断政权；皇权衰弱。）

教师引导分析并过渡： 魏晋南北朝时期的官员选拔制度日益被世家大族垄断，官员选拔走向贵族化和门第化，九品中正制设立的初衷已完全异化。隋朝建立后，科举制取代九品中正制，成为古代官员选拔的重要制度。

3. 隋唐至明清科举制

教师讲述： 隋唐至明清时期官员的选拔制度主要为科举制度，该制度是中国古代官员选拔的重要制度，对我国人才选拔乃至近代资本主义世界文官考试都有着深远的影响。这一制度从产生到消亡的历史轨迹是什么样的呢？

（1）分科取士

表三　科举制大事年表（部分）

时间	主要事件
隋炀帝大业元年（605年）	设进士科，科举制起始于此
隋炀帝大业三年（607年）	诏以孝悌有闻、德行敦厚、学业优敏、文才美秀等十科举人
唐高祖武德五年（622年）	布衣寒士得不到举荐者可以"投牒自应""自举"
唐太宗贞观初年	扩大进士科录取人数
唐武则天长安二年（702年）	创贡士殿试制度；始置武举考试
宋太宗淳化三年（992年）	殿试实行弥封（糊名）
宋真宗景德二年（1005年）	誊录法在省试中首创
宋神宗熙宁四年（1071年）	王安石改革科举，罢明经诸科；进士科罢诗赋而试经义、策论

续表

时间	主要事件
明仁宗洪熙元年(1425年)	确定南北方分卷考试方针
明宪宗成化年间(1465—1487)	八股取士制度成型
光绪三十一年(1905年)	废止科举

——摘编自刘海峰、李兵著:《中国科举史》,上海:东方出版中心,2004年,第482—488页

教师设问:根据表三并结合所学知识,概括科举制的基本特征。(参考答案:分科取士,方式多样;相对严谨公平,择优录取;兼顾地域平衡;考试形式和内容多有变化,后期逐渐走向僵化。)

教师讲述:影响科举取士的因素有很多,比如考试内容、考试时间、考试方式等因素的变化都会影响应试者的科场表现,除了这些,应试者的出身也是影响科举取士的重要因素。

(2) 进士的出身

材料六 下图所示为《唐书》所载830名进士的出身分布比例。

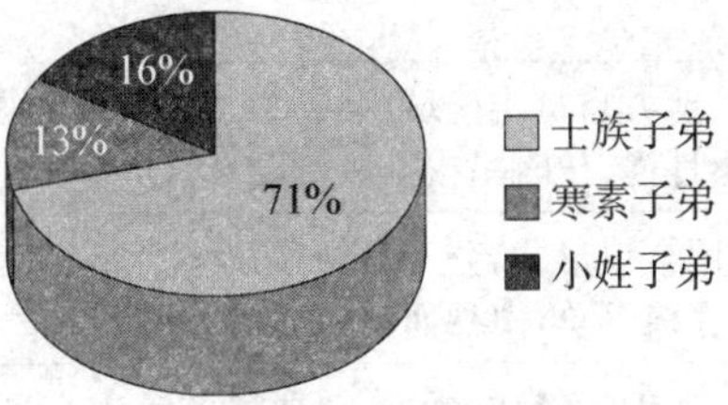

——转引自2011年江苏省历史单科高考第2题

教师设问:该示意图反映了唐代进士科什么特点?(参考答案:兼顾不同阶层群体,但士族子弟居多。)

教师讲述:作为"国家抡才大典",科举考试受到历代统治者的高度重视,它为历代王朝培养和输送了大批人才。但科举考试制度并非完美,历史上曾围绕着科举制度存废话题出现了六次争议。

(3) 存废争议

材料七 首次科举存废之争出现于唐代宗时期,此时唐历经安史之乱,有人把科举考试的弊端与社会伦常联系起来,对其进行攻击。唐文宗开成元年(836年),郑覃与唐文宗就科举在文学取士方面的争论是第二次科举存废之争。北宋神宗时期,关于德行取士与考试取士的争辩,引发第三次科举存废之争,此事缘起于神宗下令恢复察举办法的问题。进入元朝,科举长期停摆,元代有识之士力倡恢复科举考试,此事引起朝野争议,是第四次科举存废之争。清朝乾隆初年,科场舞弊现象严重,科场内容和形式也不适应时势的需要,由此引起第五次科举存废的争论。第六次科举存废之争从鸦片战争开始一直到1905年废止科举制度为止,此次存废之争是科举制度的完结之争。

——摘编自丛兴苓:《"论争"辩"去留"——记六次科举存废之争及启示》,载《教育与考

试》,2015 年第 3 期

教师设问: 根据材料七并结合所学知识,概括古代科举制度存废之争出现的历史原因。(参考答案: 国家政局的影响;新旧势力的斗争;科举取士标准与考试内容的分歧;科举制与时代需求有所脱节。)

教师讲述: 科举存也好,废也好,作为延续千年之久的历史制度,是值得我们现代人尊敬并反思的。能够屹立千年而不倒,必有它的价值所在;能在外来入侵时轰然倒塌,也必有它的软肋所在。因此在分析科举存废之争后,我们应该认真反省,哪些教训该警醒,哪些经验可以学习。

(二) 中国古代官员的考核制度

教师讲述: 考课,亦即考绩或考功。对于官吏进行考课,是中央集权的封建国家实行的重要制度。这一制度也是职官制度的重要组成部分,它与选举制度、监察制度以及法律制度等都有紧密联系。

1. 时代特色

表四　中国古代主要官员考核制度

时代	制度	主要内容
战国	上计制	每年岁终,地方官员将区域内户口、垦田、赋税收入、刑狱、灾变,以及徭役赋税征派,编好上计簿,按时呈报有关部门
汉代	考课制	考核均采用会议形式,公开举行评议,主考者提出问题,受考核者需据政绩实情回答。然后逐级汇总,由县而郡,由郡而朝廷,最后是丞相,总其成上奏天子
唐代	“四善二十七最”考核制	以“四善”“二十七最”的标准,对所属的流内官进行年终考核。“四善”一曰德义有闻,二曰清慎明著,三曰公平可称,四曰恪勤非懈。“二十七最”则是根据国家各部门职掌之不同,分别提出的二十七条具体标准
宋代	“四善四最”考核制	颁行《守令四善四最》考课法。“四善”仍为唐时的“德义、清谨、公平、勤恪”;“四最”是“断狱平允、赋人不扰;均役屏盗、劝课农桑;赈恤饥穷、导修水利;户籍增衍、整治簿书”
明代	“考满”和“考察”制	分“考满”与“考察”,前者三年一考,九年三考,分为称职、平常、不称职三等,以定黜陟。后者按八法:贪、酷、浮躁、不及、老、病、罢、不谨考察内外官吏

——摘编自张晋藩:《考课与监察——综论中国古代职官管理》,载《中国法律评论》,2015 年第 1 期

教师设问: 根据表四,概括中国古代官员考核制度的基本特点。(参考答案: 分类分级考核;道德标准与能力标准相结合;考核有章可循,制度法律化;考课机构走向专职化。)

教师讲述: 中国古代官员考核制度具有鲜明的时代特征,从历史沿革来看,其制度化、法律化、体系化的趋势十分明显。那中国古代官员考核制度的考课效益如何呢? 我们来看明清时期的统计数据。

2. 考核成效

材料八　明太祖洪武十八年,据吏部考核统计,凡布按州县朝觐官,考核者达 4117 人,

其中称职者占1/10，平常者占7/10，不称职者占1/10，贪污枉法者也约有1/10。据《清史稿》载，康熙朝自二十二年至六十一年，共举行大计十四次，考课出卓异官580名，纠参、罢斥、降调官员5137名。

——冯勇：《中国古代考课制度中的权力制约机制》，载《法律文化研究》，2009年第00期

教师设问：根据材料八并结合所学知识，指出明清时期官员考核制度的历史影响。（参考答案：推动官员执政水平的提高，有利于政权的稳定；有利于保障经济、文化的繁荣发展。）

教师讲述：中国古代官员考核制度的设计是理想化的，现实情况下，诸多朝代的考核制度并不能按章办事，出现了许多制度上的漏洞与缺陷。

3. 制度缺陷

材料九　春秋战国、秦汉等朝代的上计制度规定，负责考课的官吏"取自上裁"。部分官吏为了能够在考核中得到一个满意的结果，获得升迁的机会，不仅使上报的计簿、账本的内容严重失实，而且形成了一种阿谀奉承、溜须拍马的官僚作风。自宋代以后年资逐渐取代贤能成为考核的主要标准，考核不重执政能力，却倚重官吏资历，导致众多官吏出现"不求有功，但求无过"的消极思想，严重挫伤了实干型官吏的积极性。

——岳海鹰、杨瑞梅：《中国古代官吏考核制度之评介与借鉴》，载《长江论坛》，2006年第1期

教师设问：根据材料九，针对中国古代官员考核制度存在的缺陷，提出合理的改革建议。（参考答案：构建官员考核的法律体系；严格落实奖励与惩罚标准；注重对考核权力的监督与制约；最高统治者亲力亲为整顿官员考核的贪腐问题。）

教师讲述：中国古代官员的考核制度历史悠久，历代考核标准也不尽相同，具有鲜明的时代性，虽然其在执行层面还存在诸多缺陷，但趋于制度化和法律化的设计，对提升官员执政素质，维护社会的稳定具有显著效用。其中，不少朝代的考核举措经传承和创新，对我国当今公务员考核制度有着重大影响。

（三）中国古代官员的监察制度

教师讲述：中国古代官员监察制度是一种具有制衡、治官、监督、检察、弹劾、惩戒和教育之效能的政治制度，是中国古代政治制度的重要组成部分，也是调节国家机器的制衡器。

1. 监察特色

表五　中国古代官员监察制度发展简表

时代	主要表现
战国	御史既是国君左右记事之官，也负责监督百官的言行
秦朝	御史府执掌典政法度，举劾奸邪；御史执行公务时"皆冠法冠"，以示执法不阿
汉朝	御史台为中央最高监察机关，隶属于少府，职权显赫。武帝时出现刺史，刺史根据"六条问事"监督郡国守相及地方豪强的不法行为
	东汉，御史台脱离少府，成为独立监察机构，地位提高

续表

时代	主要表现
魏晋南北朝	御史中丞已拥有“震肃百僚”的权威,“自皇太子以下,无所不纠”
唐朝	御史台是中央最高监察机关,御史台下设台院、殿院、察院,三院既分立,又互相配合。武周时期允许御史“风闻言事”。唐朝谏官有权向皇帝言谏和封驳
宋朝	皇帝亲掌监察御史的任用权,规定凡是经宰相荐举为官的或其亲戚故旧,均不得为御史
明朝	改御史台为都察院,设六科给事中,专掌六部监察事宜,废止言谏制度。御史巡按地方,巡按御史有“大事奏裁,小事立断”之权
清朝	继承明制,都察院下设五城察院,是集监察、行政、司法合一的基层监察机构。颁布监察法规《钦定台规》

——摘编自张晋藩:《考课与监察——综论中国古代职官管理》,载《中国法律评论》,2015 年第 1 期

教师设问: 根据表五并结合所学知识,概括中国古代官员监察制度的基本特征。(参考答案:监察机构独立;监察职官位卑权重;具有中央与地方两套监察体系;统治者十分重视;监察方式多样;立法监察。)

教师讲述: 中国官员的考核制度与监察制度是密切关联的,与考核制度相比,中国古代官员的监察制度也走向多样化、制度化、体系化,在强化君主专制与中央集权层面,作用甚大。因此,历代统治者对于监察官员极为重视,选任十分严格。

2. 选拔依据

材料十 监察官作为皇帝的“耳目之司”,官品虽卑,但职权极重。位卑,便于皇帝控制,权重,是源于“代天巡守”。正因为如此。对于监察官的选任资格极为严格。首要的是具有清正刚直,疾恶如仇的品格。其次,需要具有较高的文化素质,“非科举正途出身,不得任用”,而且考选合格后,还须经过试职,才得实授。明成祖曾明令吏部“御史为严耳目之寄,宜用有学识通达治体者。”再次,需有地方实际工作经验,而且年龄适中,为官有瑕疵者不得为监察官。最后京官三品以上及督抚子弟也不得考选监察官。

——张晋藩:《考课与监察——综论中国古代职官管理》,载《中国法律评论》,2015 年第 1 期

教师设问: 根据材料十,概括中国古代监察官员选任的主要标准,并分析监察官员的选任极为严格的历史原因。(参考答案:标准:品格高尚;文化素质较高;有地方工作经验。原因:监察官员为皇帝耳目,代天子监察;监察事关国运。)

教师讲述: 中国古代官员的监察方式多样,除自上而下的监察外,还有自下而上的言谏制度。比如武周时期,还出现了类似今天信访制度的投匦制度。

3. 监察手段

材料十一 武则天时期,出现投匦制度。所谓“匦”,类似于今天的检举箱,“投匦”类似于今天的信访和举报。武则天接受鱼保宗的建议,铸铜匦,四面分别涂以青、丹、白、黑四色,各有投信开口。这四匦分别由谏议大夫、补阙、拾遗负责,称为“知匦使”。匦函设置后,为防

止投状内容琐细、伪滥及匿名诬告等现象，唐政府逐渐制定了检验副本制度。

——晁中辰主编：《中国谏议制度史》，北京：中华书局，2015年，第265—266页

教师设问： 根据材料十一并结合所学知识，指出武周时期"投匦"制度的历史影响。（参考答案：有利于下情快速上达，巩固了武则天的统治；助长了告密之风，造成了政治上的恐慌局面；为唐代以及后世的言谏制度提供了借鉴。）

教师讲述： 中国古代的监察机关是国家机关体系中的重要组成部分，虽然它为皇权服务的本质没变，但其职权之所以不断扩大，是因为它是中国古代防止官员贪腐的一道重要防线，对于维护国家统治，发挥官僚机构职能，提高官员素质以及保证国家机器运转，起着积极作用。

【课堂小结】

中国古代官员的选拔与管理，分为官员选拔与官员管理两大部分。其中官员的选拔制度是本课重点介绍的部分。官员选拔只是古代中国官员走向仕途的第一步，官员任职还需经历铨选等的资历考查，官员任职后，还要面对国家的定期考核与监察。官员的选拔、考核和监察为历代统治者高度重视，通过本课的学习，我们掌握了古代中国官员选拔制度、考核制度和监察制度的基本特征，深入理解了古代中国政治文明精髓与智慧，进而实现优秀中国传统文化的传承与创新。

第 6 课

西方的文官制度

教学设计 1

乐山高新区嘉祥外国语学校　李建伟/成都嘉祥外国语学校　梁晓东

一、教材分析

本课是统编教材《国家制度与社会治理》第二单元《官员的选拔与管理》第 2 课，包含“西方文官制度出现的背景”“西方文官制度的建立”“西方文官制度的特点和影响”三个子目的内容。

《普通高中历史课程标准(2017 年版 2020 年修订)》对本课的要求是：了解中国科举制与西方近代文官制度渊源关系，知道西方近代文官制度的特点。众所周知，英国文官制度是现代西方公务员制度的典范，文官制度作为一种现代化的政府人事制度，适应了议会民主发展，弥补了由政党轮换带来的政府工作不稳定性的弊端，以其常任、高效的特性对社会政治发展起到了积极作用。可以说，没有现代文官制度，就不会有英国乃至整个西方相对高效有序的行政管理绩效。因此，不论是从历史发展进程、教材叙述重心，还是从学生认知心理来看，英国文官制度都是本课的重中之重。本教学设计重组教材结构如下：

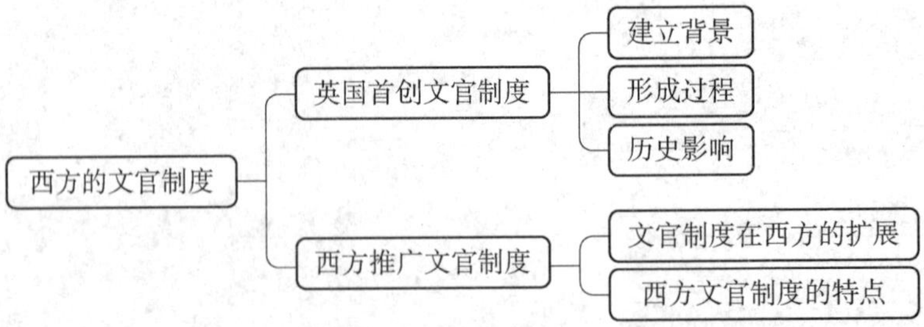

图 1　本课设计框架

二、学情分析

通过初中阶段和高一年级《中外历史纲要(下)》的学习，学生对西方资本主义经济发展、民主政治演变都有一定的了解，但对文官制度还很陌生。英国的文官制度与君主立宪制的形成和发展相适应，也与英国资本主义经济的发展相适应。本教学设计注重在“已知”和“未知”之间搭建桥梁，在讲授西方文官制度的同时，引导学生深刻理解文官制度与资本主义经济发展、近代宪政演进之间的历史内在联系。

三、教学目标

1. 了解英国文官制度建立的过程。

2. 通过分析英国文官制度的背景与影响，进一步提升运用唯物史观分析问题的能力。

3. 通过对英国文官制度建立过程的梳理，感悟到优良的制度总是顺应国家和社会的发展趋势不断调整完善的，不存在脱离时代与国情、超越时间与空间的所谓“完美制度”。

四、教学重难点

重点：英国文官制度的建立。

难点：引导学生认识到任何一项制度都不是孤立的，优良的制度是在解决时代痛点的过程中逐步磨合出来的，没有超越时间与空间的一成不变的完美制度。

五、教学过程

【导入新课】

材料一　政治素人执掌政权

图2
美国总统特朗普

图3
法国总统马克龙

图4
意大利总理孔特

图5
斯洛伐克总统恰普托娃

图6
乌克兰总统泽连斯基

材料二　唐宁街10号三易其主

图7
2016年7月卡梅伦卸任

图8
2019年6月特蕾莎·梅辞职

图9
2019年7月约翰逊接任首相

教师讲述：近几年，西方政坛颇不宁静。一是频频出现"政治素人"执掌政坛的局面，最著名的就是2016年当选的美国总统特朗普和2017年当选的法国总统马克龙，随后还有意大利总理孔特、斯洛伐克总统恰普托娃、乌克兰总统泽连斯基；二是从2016年到2019年短短36个月，英国首相宝座三易其主。素人执政或频繁倒阁之下，这些大国小国的国家机器运转正常，社会并未失序，这是为什么呢？奥秘之一，就是西方近代的文官制度。

(设计意图)从国际时政倒叙切入，拉近历史与现实、历史与政治的距离，激发学习兴趣，引发思考。

【学习新课】

材料三　所谓文官制度，就是指资本主义国家对各级文官的考试、录用、考核、奖惩、待遇、培训、晋升、调动、解职、退休、保障以及分类管理等作系统规定的规章制度和管理体制。

——顾新生：《近代西方资产阶级的文官制度》，载《史学月刊》，1989年第6期

教师设问：根据材料三谈一谈，西方议会的议员属于文官吗？西方总统、总理、首相是文官吗？理由是什么？（参考答案：都不是。理由：不论是议员，还是政府首脑都是选举产生的，不是考试录用的。）

教师讲述：这下我们明白了，在今天西方三权分立的体制下，文官属于行政体系的官员；即使是在行政体系之内，也有一些官员不属于文官。所以，近代西方的"文官"可不是中国古代那种与"武将"对称的"文官"。

(设计意图)通过对"文官制度"概念的界定，以及对非"文官"的不完全反向排除，既能为"文官""正名"以规范讨论话题，又能诱发学生从"以为我知道"到"原来我不知道"的心理落差中产生疏离感和求知欲。

(过渡)近代文官制度形成于英国，至今，英国文官制度依然是现代西方公务员制度的典范。当然，英国文官制度不是一蹴而就的，它形成于两百多年甚至更长的时间河流中。我们首先来梳理英国文官制度的形成过程，请大家关注这一过程中的重要改革，并聚焦三个话题：第一，当时的英国官僚体系有何严重弊端？第二，当时英国社会出现了哪些推动文官体系改革的新力量？第三，从改革的前因后果来看，改革后的新体系或新制度具有什么特点，或具有哪些进步性？等等。

(设计意图)这一小段文字是本教学设计的核心思路所在。教师引导学生回归历史现场，追溯文官制度的重要改革，并围绕上面的三个话题展开讨论，既能引导学生从英国社会的整体变迁中复盘文官制度改革，又能潜移默化地构建讨论问题的模式。

(一)英国首创近代文官制度

1. 建立过程

教师设问：请大家阅读教材第35—36页，把英国文官制度形成过程中的重大事件标注在图10所示的年代轴上。（参考答案：①18世纪初，限制大部分官员当选下院议员；②19世纪初，区分政务官与事务官；③1855年法令，文官制度开始形成；④1870年法令，文官制度最终确立；⑤19世纪末20世纪初，建立文官退休与晋升制度。）

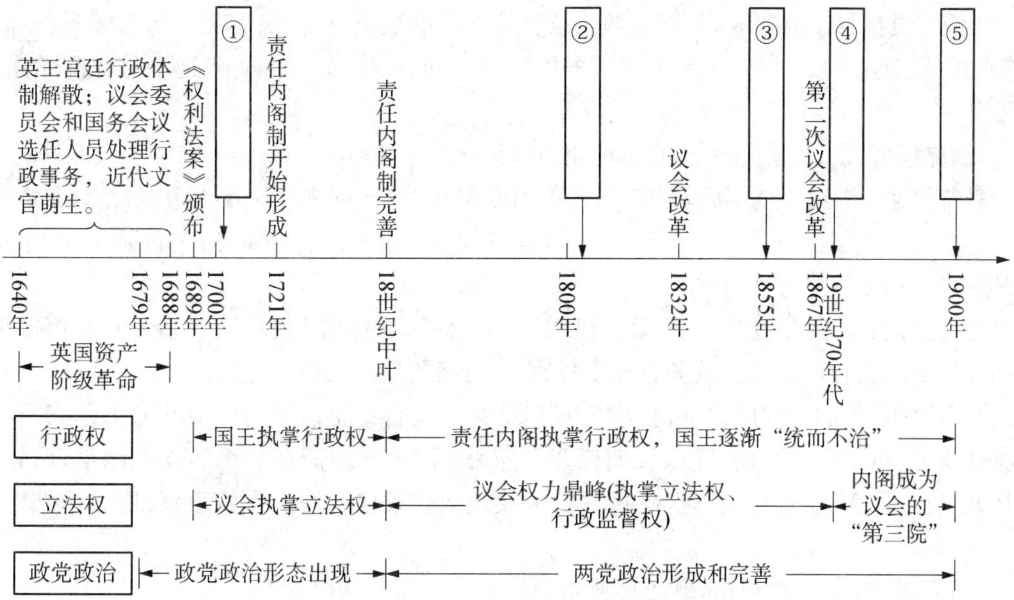

图10 英国君主立宪制的形成与发展

(板书)

1. 建立过程

(1) 历史基础：__①__；__②__；__③__

(2) 开始建立：1855年法令

(3) 最终确立：1870年法令

(4) 继续完善：19世纪末至今

教师讲述：英国资产阶级革命前，宫廷和政府之间没有明确界限，官员主要由国王遴选，并被视为国王的仆人。资产阶级革命爆发后，议会委员会委派官员办理行政事务，近代意义上的文官由此萌生[①]。

(填充板书)①革命时期，文官诞生

材料四 1694年，英国出现第一个限制政府机关工作人员成为议员的法律。1700年，议会的《吏治澄清法》进一步明确规定政府内除各部大臣及国务大臣外，其他人员均不能是议会下院议员。

——董建萍著：《西方政治制度：传承与变革》，北京：经济日报出版社，2002年，第152—153页

教师设问：根据图10的内容，指出材料四中所说的限制措施有何目的，并说明你的理由。(参考答案：目的：限制国王把自己的亲信安插进议会。理由：国王掌握行政权，恩赐官职，行政官员均是其亲信。)

教师讲述：其实议会的这些限制在当时效果是不太理想的，但从长久来看却产生了良好的效果。把各部大臣、国务大臣和其他官员区别对待，使英国政府官员逐渐分化为两大

① 阎照祥著：《英国政治制度史》，北京：人民出版社，2012年，第227—228页。

类：高级官员担任政府要职，甚至可担任议员参与政府决策；中低级官吏专事政策贯彻和行政管理。后面这一类别，正是后来所谓的“文官”。可以说，文官制度从这个时代开始略具雏形①。

(填充板书)②17世纪初，文官制度略具雏形

教师讲述：大约100年后，1797年的英国政府共设大小机构75个，雇用文官16267人，绝大多数文官隶属财政部②。1805年，财政部分别设立政务次官和常务次官，到1833年，政府其它各部均设立常务次官。

教师设问：阅读教材第35页第三段文字，结合图10指出：政务官与事务官有何区别？英国政府部门为什么要区分政务官和事务官？（参考答案：区别：政务官包括大臣和政务次官或政务秘书，他们随内阁共进退；事务官包括常务次官直至以下的一般政府工作人员，负责具体事务，不受党派影响，可以长期任职。原因：国王和内阁部长纷纷安插亲信，两党轮流执政，官职成为“胜利果实”；行政机关的大换班致使政府日常工作发生混乱，政策缺乏必要的连续性。）

(填充板书)③19世纪初，事务官独立

(副板书)缓解两党制下“政党分肥”的困境；不受党派影响

(设计意图)引导学生回到18世纪末19世纪初的英国政坛困境，理解区分政务官与事务官的时代价值，既有利于培养时空观念素养，也容易渗透“面临问题——解决问题——分析得失”的改革史分析模式。（如果学生难以回答第2个小问题，可用如下2个细化的问题“搭台阶”进行启发：想一想，19世纪初的英国，官员任命权掌握在谁手里？会对政府机构的运行产生什么消极影响？）

教师讲述并设问：政务官随内阁共进退，事务官不受党派影响，的确有利于缓解政党分肥制的弊端，有利于维护政府日常工作和国家政策的稳定性和连续性。那么，事务官独立后，“政党分肥制”的漏洞被彻底堵住了吗？（参考答案：没有。还有一个漏洞是录用文官缺乏制度标准，国王依然“恩赐官职”，资产阶级权贵依然“个人徇私”，私人关系和个人感情仍然是获取官职的关键因素。）

(过渡)文官系统内腐败公行，管理混乱，工作效率低下。这种制度弊病直到1855年和1870年两次改革后才得以解决。1855年是局部改革，标志着文官制度开始形成；1870年几乎全面推进，标志着文官制度的最终确立。

教师设问：1855年和1870年两次文官改革的核心内容是什么？（参考答案：公开考试，择优录取。）

(副板书)公开考试，择优录取

2. 历史背景

教师追问：阅读教材第34—35页相关内容，并结合图10，指出1855年文官改革得以推进的历史因素。（参考答案：文官录用充斥着国王恩赐授官和权贵个人徇私，政治腐败；克里米亚战争进一步暴露了政府机构的混乱腐败；工业革命推动国家管理职能急剧扩展，亟须

① 阎照祥著：《英国政治制度史》，北京：人民出版社，2012年，第228页。

② 阎照祥著：《英国政治制度史》，北京：人民出版社，2012年，第228页。

建立廉洁高效的职业官僚体系；工业革命推动资产阶级和无产阶级的壮大；议会改革使资产阶级获得了更多的选举权和参政权；教育进步推动人民平等参与政府工作的愿望日益强烈；剑桥大学、牛津大学和英国东印度公司书面考试录用方法的影响。）

（板书）

[负向因素]文官系统的腐败混乱；克里米亚战争的推动。

[正向因素]国家管理职能急剧扩展；工业革命（及其影响下的议会改革、教育进步等）的推动；政党政治的完善；英国既往书面考试的经验。

材料五 中国考试制度传到西方，较集中的时间有两次。第一次是明末西方传教士来华，他们回国后介绍了中国的科举制度；第二次是鸦片战争前后，英国人把有关中国科举制度的文献资料带回本国。据不完全统计，在1570—1870年的300年间，用英文出版的关于中国政治制度包括考试制度等方面的书籍达70多种。中国考试制度传入西方后，英国率先仿效，并于1855年建立了一种通过考试选拔文官的制度。

——房列曙：《中国考试制度对世界文明的贡献》，载《安徽史学》，1996年第3期

材料六 美国的政党分肥制比英国还极端。1800年，托马斯·杰斐逊在美国总统大选中获胜，上台后就清洗了上届总统亚当斯卸任前几个小时突击任命的大批联邦党官员，换上了民主—共和党人。1829年上任的第七任总统安德鲁·杰克逊奉行“战利品属于胜利者”的原则，上任后仅三个月，就免去近千名官员，选拔了一批忠于自己的亲信担任政府要职。在他任职的8年内，先后撤换了约1/5的联邦政府官员。杰克逊的拥护者、纽约州参议员威廉·L·马西竟无耻地辩解说：“在政治上要像在爱情和战争上一样公平，肥缺属于胜利者所有”。1841年，哈里森当选美国总统，一个月后便因忙于职位分配劳累而死。

——摘编自古燕著：《西方政治的稳定器——文官制度》，沈阳：辽宁大学出版社，1996年，第45—46页

教师追问：根据材料五、六，指出推动英国1855年文官制度改革的其它因素。（参考答案：中国科举制度是英国文官制度改革的渊源之一；英美“政党分肥制”愈演愈烈引发强烈反弹。）

（板书）

[正向因素]中国科举制度的渊源

[负向因素]英美“政党分肥制”弊端严重

教师追问：那么，改革后的英国文官制度，和中国科举制度是一回事吗？（参考答案：不是。二者相同之处在于都是通过考试选官，但区别也很明显。选拔对象不同：英国只选拔文官（事务官），中国科举制可以选拔所有官员；考试内容不同：英国文官考试侧重于国家管理和社会治理能力，中国科举制度侧重于考儒家经典；制度内容不同：英国文官制度涵盖文官的选拔和管理，科举制度只是选官制度；性质不同：英国文官制度服务于资产阶级民主制度，中国科举制度服务于君主专制中央集权制度。）

（设计意图）最后追问比较文官制度和科举制度，旨在引导学生既能理解到科举制度是文官制度的重要渊源，树立对中国优秀传统文化的敬意和自豪感，同时也看到科举制度与文官制度之间的“代差”，实事求是地看到国外政治文明发展的进步之处。

3. 历史影响

教师设问：请大家根据教材内容和板书、副板书等内容，指出文官制度建立的影响。

(参考答案：第一，性质：文官制度是资本主义民主政治制度下的一种行政管理制度。第二，进步性：规范了西方国家政府行政部门事务官的选用和管理；实现了政治与管理的分离；有利于政府工作的稳定性和持续性；促进了国家治理水平的提高等。第三，消极性：文官系统自成体系，容易滋生官僚习气和僵化现象；文官制度服务于资产阶级的统治。)

(设计意图)在前面梳理文官制度的建立过程和历史背景时，教师已经有意识地书写了板书、副板书，这些都成为学生思考“历史影响”的路标，根本不需要再堆砌史料来论证。

(二) 西方推广文官制度

1. 文官制度在西方的推广

教师讲述：1870年之后，文官制度在纵深完善的同时又横向扩展。从纵深发展来看，1855年和1870年的英国文官制度改革是不彻底的，公开竞争考试还未成为文官录用的唯一方式，恩赐制仍在一定范围内存在；文官的晋升、退休等配套管理制度还比较单薄。因此，英国文官制度一直在根据时代和社会的变化进行完善和调整。例如教材指出的，19世纪末20世纪初建立文官晋升和退休制度；又如教材没有谈及的，1968年英国再次改进文官制度，在文官队伍中增加专业人员的比重，实行专业化管理。从横向扩展来看，1883年，美国建立文官制度；二战后，法国、德国、日本最终建立起文官制度。后来，文官制度在整个西方资本主义世界得以普及。

(过渡)虽然西方国家都建立起文官制度，但各国并没有照搬英国制度，而是根据本国国情进行了调整，并随着时代和社会的变化与时俱进。

2. 西方文官制度的特点

材料七　根据《关于建立常任文官制度的报告》，英国于1855年和1870年两次颁布法令，揭开了文官制度大规模改革的序幕。改革法令规定文官不受选举与执政党更迭的影响，只要无过失就不受免职处分，可一直工作至退休。法令要求文官不得参加政治活动，不得兼任议员或政务官员，不得参加政党和营利性经济活动。

——张延华：《廉洁与效率：英国两次文官制度改革的共同价值取向》，载《山东师范大学学报(人文社会科学版)》，2002年第1期

教师设问：那么，西方国家的文官制度有哪些共同特点呢？请大家根据材料七并结合板书、副板书内容(见表一)，予以概括。(参考答案：公平竞争，选拔考试向社会开放；公开考试，择优录取；政治中立；工作具有隐名性，忠实执行政务官制定的政策，不对政策的正确与否负责；职务常任。)

(设计意图)这些特点，基本都能从前面的学习过程，尤其是板书、副板书中推导出来。当然，学生只知道特点是什么还不够，还得知其所以然。

教师追问：为什么各国文官制度，都要强调工作的隐名性和职务常任？(参考答案：切实保障文官的政治中立；在政党轮流执政的背景下，保持政府工作的稳定性和持续性。)

教师讲述：需要指出的是，政治中立是指文官必须在资产阶级各政党之间保持中立态度，以维护统治阶级的整体利益，而不可能在统治阶级和被统治阶级之间保持中立。

(设计意图)追问及老师的补充讲解，其实是强调制度与国情的关联性，既有利于引导学生深刻认识西方政治制度，又有利于引导学生树立制度自信。

【课堂小结】

教师引导学生小结： 英国文官制度是工业革命、政治民主化、自由主义思想、文化教育进步等诸多进步因素共同作用的结果，并吸取了中国科举制度的公开考试、择优录取等政治精华，代表着世界政治文明的发展方向。几十年间，文官制度已经在西方国家得到普及，适应了资产阶级民主政治的发展。同时，英国文官制度，也对中国近代、现代的公务员制度产生了不同程度的影响。

六、附录

表一 本课板书

主板书	副板书
(一) 英国首创近代文官制度 1. 建立过程 (1) 历史基础： 革命时期，文官诞生 17 世纪初，文官制度略具雏形 19 世纪初，事务官独立 (2) 开始建立：1855 年法令 (3) 最终确立：1870 年法令 (4) 继续完善：19 世纪末至今 2. 历史背景 (1) 负向因素 (2) 正向因素 3. 历史影响 (二) 西方推广文官制度 1. 文官制度在西方的推广 2. 西方文官制度的特点	 → 缓解两党制下“政党分肥制”的困境，不受党派影响 → 公开考试，择优录取 → 文官系统的腐败混乱 克里米亚战争的推动 英美“政党分肥制”弊端严重 → 国家管理职能急剧扩展 工业革命的推动 政党政治的完善 英国既往书面考试的经验 中国科举制度的渊源

教学设计 2

成都市锦江区嘉祥外国语高级中学 王芳芳

一、教材分析

本课是统编教材《国家制度与社会治理》第二单元《官员的选拔与管理》第 2 课，包含“西方文官制度出现的背景""西方文官制度的建立""西方文官制度的特点和影响"三个子目。教材结构如下：

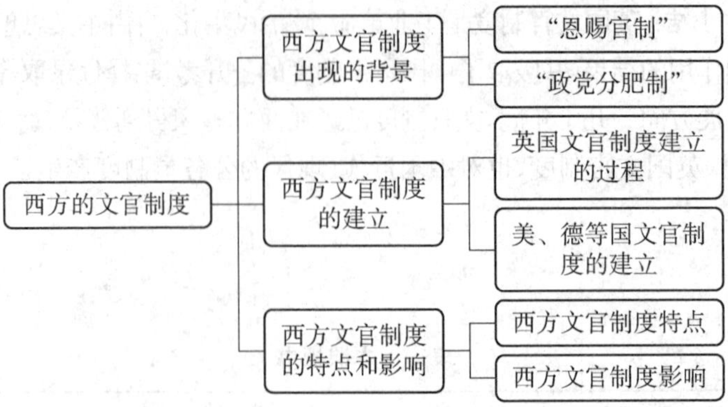

图1　本课教材结构

《普通高中历史课程标准(2017年版2020年修订)》对本课的要求是：了解中国科举制与西方近代文官制度渊源关系，知道西方近代文官制度的特点。然而，实际上本课重点叙述了西方文官制度的建立及其特点，并未叙述中国科举制与西方文官制度的渊源关系。所以，教学过程中应基于课程标准进行调整，对教材内容进行相应的扩充，强化学生对中国科举制与西方近代文官制度渊源关系的认识。教材中对西方文官制度的特点描述过于平铺直叙，所以在教学中教师应注意补充生动的史料，加深学生对西方文官制度特点的理解。

二、学情分析

学生通过高中必修教材中世界史的学习，对西方的政治制度的整体发展有一定了解，但由于本课所学习的西方文官制度在必修教材中并未涉及，故学生对该部分内容相对陌生。所以在教学过程中，可以通过引用相关史料构建生动的历史情境，引导学生加深对该部分内容的理解。同时，应注意建立与学生已有的政治史、经济史知识的内在联系，提升学生历史思维品质，培养学科素养。

三、教学目标

1. 了解西方文官制度建立前选官制度的弊病，知道西方文官制度建立的过程。
2. 通过阅读、理解西方文官制度建立的相关史料，概括西方文官制度的特点，认识西方文官制度的影响。
3. 通过中国科举制和西方文官制度的渊源关系的学习，培养对中华文化的认同感。

四、教学重难点

重点：西方文官制度的特点。

难点：中国科举制和西方文官制度的渊源关系。

五、教学过程

【导入新课】

教师讲述：1689年，英国颁布《权利法案》，在西方率先建立了近代民主政治。18世纪以来，英国的民主政治日益发展和完善，为英国社会的发展提供了良好的政治环境，也为世界其他国家的政治体制的建立提供可借鉴的模式。但是，18世纪初英国的选官制度却比同时期处于中央集权体制的清朝滞后。那么，英国原有的选官制度存在什么样的弊病呢？

(设计意图)通过教师讲述，激发学生探究学习西方文官制度建立的兴趣。

【学习新课】

(一) 西方文官制度建立的背景

材料一 1786年，海军部主计长查理·米德尔顿收取官位佣金300基尼，他对此举直言不讳。海军部财务处长官和陆军部主计处长官每年分别花费500镑和1000镑雇人代职，官俸剩余部分留作己用。18世纪30年代，第一任内阁首相沃波尔的儿子尚在幼年，每年即可支取400年金。

——阎照祥著：《英国政治制度史》，北京：人民出版社，2012年，第229—230页

材料二 1800年，托马斯·杰斐逊在大选中获胜，上台后就清洗了上届总统亚当斯卸任前几个小时突击任命的大批联邦党官员，换上了民主—共和党人。1829年上任的第七任总统安德鲁·杰克逊奉行“战利品属于胜利者”的原则，上任后仅三个月，就免去近千名官员，选拔了一批忠于自己的亲信担任政府要职。在他任职的8年内，先后撤换了约1/5的联邦政府官员。杰克逊的拥护者、纽约州参议员威廉·L·马西竟无耻地辩解说：“在政治上要像在爱情和战争上一样公平，肥缺属于胜利者所有。”

——古燕著：《西方政治的稳定器——文官制度》，沈阳：辽宁大学出版社，1996年，第41—46页

教师设问：根据材料一和材料二，并结合教材第34页内容，概括指出18—19世纪西方选官制度存在的问题，并分析其产生的影响。（参考答案：问题：国王恩赐；腐败渎职；政府官员频繁更换。影响：文官素质下降；行政效率低下；不利于政策的稳定和延续。）

教师引导学生分析：英国君主立宪制建立后，选官制度并没有发生较大的变化，仍沿用中世纪的“恩赐制”，国王和权贵常常凭个人的喜好随意恩赐官职给身边的人，官员也只是为国王和显贵服务，类似于仆从。随着英国政党政治的发展，逐渐形成“政党分肥制”，即在选举中获胜的执政党往往利用手中的权力，竞相在政府中安插亲近，不仅造成了文官素质每况愈下、行政效率低下，也不利于政府政策的连续和稳定。

(设计意图)一方面引导学生阅读教材，落实教材内容；另一方面通过史料阅读及问题设计，引导学生从史料中提取有效信息，概括西方选官制度的弊端，进而引导学生认识英国选

官制度改革的必要性,培养学生史料实证和历史解释的核心素养。

(过渡)随着西方工业革命的开展,西方的政治、经济等各方面都发生了深刻的改变。处于上升时期的西方国家,在选官方面也产生了制度化、规范化的需求,改革势在必行。

(二)西方文官制度的建立

材料三 现在欧美各国的考试制度差不多都是学英国的。穷流溯源,英国的考试制度原来还是从中国学过去的。所以,中国的考试制度,就是世界中最古最好的制度。

——黄昌穀编辑:《孙中山先生演说集》,上海:民智书局,1926 年,第 35 页

材料四 至中国抡才之典,西国莫不慕之,近代渐设考试以取人才,而为学优则仕之举。今英、法、美均已见端,将来必至推广。

——[美]丁韪良著:《西学考略》下卷,光绪九年同文馆聚珍版,第 53 页

材料五 19 世纪前期印度殖民政府和牛津、剑桥两所大学先后进行改革,它们的一些有效措施,如实行公开竞争考试选拔人才等,为全面实行文官制度改革提供了宝贵的经验。

——阎照祥著:《英国政治制度史》,北京:人民出版社,2012 年,第 345 页

教师设问: 根据材料三、四、五,概括指出英国选官制度改革的制度渊源。(参考答案:中国的科举制;英国的大学考试制度;印度殖民地选官制度改革经验等。)

教师引导学生分析: 随着东西文明的交流不断扩大,中国的科举制度传入西方,并逐渐引起西方人的关注和推崇。如,启蒙运动时期的法国学者伏尔泰就对中国的科举制赞不绝口。中国科举制度的"公开考试""公平竞争"等原则迎合了英国工业革命后工业资产阶级对高效廉洁政府的需求,对近代西方文官制度的形成起到了很大的推动和借鉴作用。同时,英国自身的大学改革以及殖民地改革经验也为西方近代文官制度的建立奠定基础。

(设计意图)通过史料阅读及问题设计,引导学生分析英国选官制度改革的制度渊源,进而认识中国的科举制对西方近代文官制度的建立有重要影响。通过此环节培养学生的家国情怀,增强学生对民族、国家的认同感。

(过渡)在借鉴中国科举制及本国大学考试制度的基础之上,英国的文官制度逐步建立起来。在英国文官制度的影响下,美国、德国等西方国家的文官制度也最终建立起来。

教师设问: 阅读教材第 35 页,列表梳理西方文官制度的建立过程。(参考答案:见表一。)

表一　西方文官制度的建立过程

时间	事件
18 世纪初	英国规定除大臣以外,其他官员不得当选为下院议员
19 世纪初	英国将政府官员分为两类:政务官和事务官,事务官即文官,不受党派更替影响,长期任职
1855 年	英国颁布法令,建立不受党派干涉的文官委员会,对被推荐的候选人进行考试
1870 年	英国颁布法令,规定多数重要文官职位必须通过公开竞争考试择优录用,文官制度建立
1883 年	美国通过《美国文官法》,建立了文官制度
第二次世界大战后	法国、德国和日本等国的文官制度也最终建立起来

(过渡)西方国家文官制度建立和发展的过程中呈现出一些共性。

(三)西方文官制度的特点和影响

材料六　英国的政府官员分为两大类,一类是政务官,另一类是事务官。政务官包括首相、大臣等,有任期的限制,与内阁共进退。事务官不受选举和内阁更替的影响,不参与党派活动,无重大过失不受免职处分。

——古燕著:《西方政治的稳定器——文官制度》,沈阳:辽宁大学出版社,1996年,第28—29页

教师设问:阅读教材第36页的史料阅读,并结合材料六,概括指出英美文官制度的特点,并分析其影响。(参考答案:特点:文官常任、政治中立。影响:有利于政府政策的稳定和延续;提高政府的行政效率;纠正官员的腐败风气。)

教师引导学生分析:英美文官制度的建立是从政务官和事务官的分离开始的,事务官常任,不受选举和内阁更替的影响,改变了政府官员频繁更换的局面,有利于政策的稳定性和延续性。同时,规定政府官员不参与党派活动,政治中立,有利于纠正官员的腐败风气,进而提高政府的形象和工作效率。

表二　1860年12月德文港文官考试科目和前6名平均分数

科目	总分	前6名平均得分
算术	300	262
拼写	100	93
语法	100	73
英文写作	100	69
地理	100	48
数学	300	150
其他科目	250	155

——《女王陛下文官委员会的报告(六)》,转引自阎照祥著:《英国政治制度史》,北京:人民出版社,2012年,第348页

教师设问:阅读表二及教材第35页的"历史纵横",并结合所学分析英国文官制度和中国科举制的异同。(参考答案:同:都是公开考试、择优录取的选官制度;异:制度涵盖面上,科举制主要是一种选官制度,西方文官制度不仅包含官员的选拔,还包括官员的退休、晋升等方面制度;考查内容上,科举制侧重考查儒家经典,西方文官制度侧重考查行政管理能力;背景不同,科举制是君主制度下的产物,西方近代文官制度是工业革命及资本主义民主制度的产物。)

教师引导学生分析:随着英国选官制度改革的进一步推进,1870年政府颁布关于文官制度改革的第二个法令,规定多数重要文官职位必须通过公开竞争考试择优录用,标志着英国现代文官制度正式确立。同中国科举制一样,英国文官制度确立了公开考试,择优录取的

原则，与此同时，也呈现出基于时代发展的差异性。英国近代文官制度一定程度上纠正了英国政界的腐败风气，适应了工业革命后对高效廉洁政府的需求，有利于选拔高素质的政府官员，提高了政府的行政效率，同时，保障了政府政策的稳定性和延续性。随着英国文官制度的建立，欧美其他资本主义国家也相继学习英国，并结合自身国情，建立相应的文官制度。

(设计意图)通过引导学生阅读西方文官制度改革的相关举措及考试情况，进一步增强学生对西方文官制度的理解，认识西方文官制度的特点，以此培养学生史料实证的素养。通过引导学生认识文官制度的特点，并分析其产生的影响，以此培养学生的历史解释素养。

【课堂小结】

教师引导学生小结：西方文官制度的建立并不是一蹴而就的，也经历了曲折而漫长的过程，既受中国古代科举制度的深远影响，又与近代西方社会转型相伴而生。其呈现出的政治中立、公开考试、择优录取、文官常任的特点，适应了时代发展的需要，又对世界近现代的公务员制度产生重要影响。

第7课

近代以来中国的官员选拔与管理

教学设计1

彭州市嘉祥外国语学校　张平松

一、教材分析

本课是统编教材《国家制度与社会治理》第二单元《官员的选拔与管理》的第3课，包含“晚清选官制度的变革”“民国时期的官员选拔制度”“中华人民共和国的干部制度和公务员制度”三个子目。教材主要讲述了晚清废除科举制后的官员选拔与管理制度；民国时期孙中山对中国文官制度的构想以及北洋政府、南京国民政府的文官制度实践；中华人民共和国干部制度的发展与公务员制度的建立和完善。整堂课比较完整地讲述了中国文官制度现代化的发展历程。知识内在逻辑框架如下：

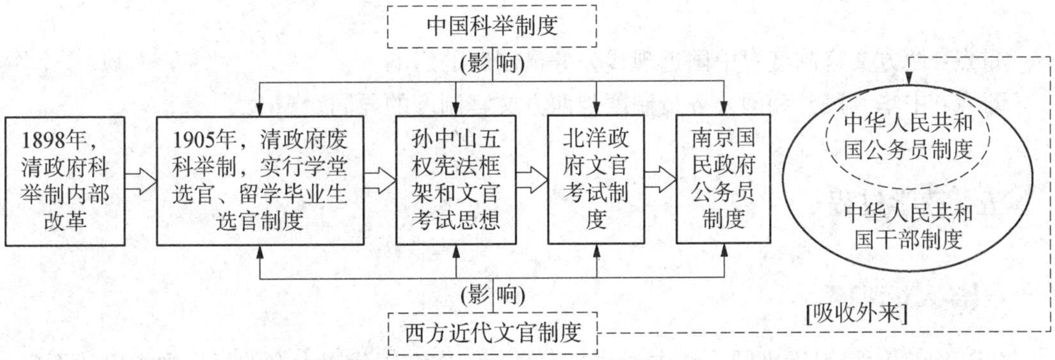

《普通高中历史课程标准(2017年版2020年修订)》对本课的要求：了解西方近代文官制度对近现代中国公务员制度的影响。近代以来中国官员选拔与管理制度可划分为两大阶段：第一阶段，晚清废除科举制度，确立学堂选官制度和留学毕业生选官制度，这是在传统与现代之间的过渡状态；第二阶段，民国以来公务员制度的建立与发展。需要指出的是，民国时期的公务员制度与西方文官制度大同小异，但中华人民共和国公务员制度则是新时期“党管干部”原则下干部制度的创新。

二、学情分析

关于近代以来中国的官员选拔与管理制度，学生相对陌生。但该制度形成与发展的历史大背景，学生在学习初中和高中必修内容时都已反复构建，这是教师引导学生探究新知应当用好的“脚手架”。在本课教学中，需要通过相关史料构建具体生动的历史情境，引导学生在唯物史观指导下，用发展的眼光看待晚清、民国和新中国的官员选拔与管理制度，在特定的且相互关联的时空背景下以辩证法的观点去把握对象的本质联系与内部矛盾，探寻历史发展的内在线索，并进一步培养家国情怀。

三、教学目标

知道晚清科举制的废除与学堂选官和留学毕业生选官方式的出现；了解国民政府不同时期官员选拔与管理制度的实践情况；知道新中国公务员制度的建立和完善。

利用史料探究分析晚清至民国官员选拔与管理制度变化的社会原因及历史影响；通过对比分析中国近现代官员选拔管理制度与西方文官制度存在的内在联系，充分理解晚清至民国官员选拔与管理制度的发展过程。

运用历史解释的科学方法阐述中国近现代官员选拔与管理制度的发展，形成对这一时期制度发展的整体认识；认识中西方各自独特的官员选拔与管理制度的探索过程，增强对本国的道路自信、理论自信，以及对本国文化的认同和世界不同文化的理解。

四、教学重难点

重点：西方文官制度对中国近现代公务员制度的影响。
难点：中华人民共和国公务员制度与西方文官制度的异同。

五、教学过程

【导入新课】

2017 年 10 月，习近平同志在中国共产党第十九次全国代表大会的报告中指出，“不忘本来、吸收外来、面向未来，更好构筑中国精神、中国价值、中国力量，为人民提供精神指引”。这为坚定文化自信、不断铸就中华文化新辉煌、建设社会主义文化强国指明了前进方向。其实，“不忘本来、吸收外来、面向未来”是从人类历史发展长河中凝成的伟大智慧，近代中西官员选拔制度的相互借鉴即是一例。

(设计意图)以习近平同志“不忘本来、吸收外来、面向未来”的观点切入，带领学生回归历史现场，体会近代中西官员选拔制度改革的成功经验，包括立足国情、与时俱进、相互借鉴等，了解制度变迁的内容，理解制度演进的原因，领悟政治改革的智慧。既高屋建瓴，又激发兴趣。

【学习新课】

(一)从“除旧”到“采西”——近代中国文官制度的探索

1. 晚清“渐变”与“剧变”的困境

教师讲述：1905年，光绪帝诏准袁世凯、张之洞等人的立停科举之奏。至此，在中国历史上延续了1000多年的科举制度最终被废除。可就在前一年，张之洞等人还提出用长达十年的时间逐步废除科举制。从“十年渐废”到“立停”，晚清政府的官员选拔制度改革的具体内容有何变化？为什么会变化？收效如何？我们一起来看看。

教师设问：请大家阅读教材第38—39页，分别概括戊戌变法与清末新政两个时期晚清官员选拔制度改革的内容。（参考答案：戊戌变法时期，科举制度内部改革，考试科目与考试内容有所调整；清末新政时期，废除科举制，确立学堂选官制度和留学毕业生选官制度。）

教师引导学生分析：清末新政前，主要是科举制内部改革，而且还几经反复，徘徊于变与不变之间，可称为“渐变”。清末新政开始后几年的时间里彻底废除了科举制，确立了新的选官与管理制度，变得迅速、变得彻底，这可称为“剧变”。可见，晚清时期，官员选拔制度经历了从“不变”到“变”，又从“渐变”到“剧变”的过程。

教师追问：从19世纪80年代到20世纪初，晚清官员选拔制度为什么会从“不变”到“变”，又从“渐变”到“剧变”？（参考答案：“变”的原因：生产力的大发展，经济基础的变革；世界形势的急剧变化；西方文官制度的影响。“剧变”的原因：瓜分狂潮，民族危机加剧；国内资产阶级革命和改革的冲击。）

(设计意图)通过对“渐变”与“剧变”的概括对比，让学生迅速整合零散知识，整体把握清末官制变革情况，进而分析变化的原因，培养学生的高阶思维。

(过渡)清末新政前的“渐变”无法跟上时代变化，那么清末新政后的“剧变”又能否挽救风雨飘摇的清政府呢？

材料一　现以1906年清朝设官奖励的情况为例，加以说明：第一级为分科大学计358名；第二级为高等学堂、专门学堂、高等实业学堂、高等师范计1662名；第三级学堂为中等师范学堂、初级师范学堂、中学堂计3135名。上述设官奖励额数，与毕业生应授职数额相差甚远，其第一级、第二级、第三级的毕业生，分别为36人、40人、57人才有一个职位。学生总数也快速增加，1905年以前，学生最多不过258873人（不含军事、教会学堂），1912年跃为2933387人。此外，加上未经申报立案的公私立学堂、军事学堂以及教会所办学校的学生，估计辛亥时国内学生数在300万人左右，几乎是1905年的12倍。这些新式学堂的毕业生，经过考试步入仕途的只是很小的一部分。

——摘编自房列曙著：《中国近现代文官制度》，北京：商务印书馆，2016年，第61页

材料二　1912年，法政毕业生有5115人，占全国高校毕业生总数8326人的61.43%”。

——摘编自潘懋元、刘海峰著：《中国近代教育史资料汇编高等教育》，上海：上海教育出版社，2007年，第823页

材料三　受到前后夹攻的学生，一开始就面临毕业即失业的危机，尖锐的地位矛盾强化

了他们对现实的不满情绪。如不彻底改造社会,就只能自生自灭。这使学生及新知识群的破坏性功能超常发挥,而建设性功能受到抑制。

——桑兵著:《晚清学堂学生与社会变迁》,桂林:广西师范大学出版社,2007 年,第 395 页

教师设问: 根据材料一、二、三,概括科举制废除后清末教育出现的新情况,结合所学阐述这些情况的出现与清末革命运动发展的内在联系。(参考答案:新情况:新式学堂蓬勃发展,学生总数快速增加;法政学堂畸形繁荣,大量新式学堂学生以做官为目的;毕业生就业困难。内在联系:因职业分流矛盾的爆发,大量无法进入行政系统的传统士人和新式学堂毕业生流入会党、新军以及社会革命组织,直接推动了清末革命运动的发展。)

教师引导学生分析: 与西方文官制度不同的是,晚清官制改革抛弃了原有的中央统一考试选官做法,转而将育人和取才都合并在学校。本来学堂旨在为经济社会发展培养新式人才,但失去科举入仕机会的士阶层大量转向新式学堂,仍然以取得官职为目标,使得政法学堂畸形繁荣。政府又无法提供相应的工作岗位,职业分流矛盾于是愈演愈烈,最终形成一股改变社会的强大力量。而那些没有经济能力上新式学堂的年轻人和一些上了年纪不适应新式学堂又因科举废除突然"失业"的人员,也成为清末革命运动的重要推动力量。从这个角度看确实很讽刺,清政府本想通过这种变革挽救自身,却在变革中为自己培养了一批"掘墓人",不得不说这也是清末科举改革推动社会发展的另一种方式。

(设计意图)探究清末科举制废除对教育的影响是教材提出的问题,应是教学过程中必须解决的问题。学生通过阅读、分析材料,认识到不建立完善的学堂选官体制,一味地求快也无法达到改革目的。

(过渡)晚清政府的文官制度改革经历了"渐变"与"剧变",最终陷入了进退失据的两难境地,推动了清末革命运动发展。面对官员选拔制度"旧破新未立"的困境,辛亥革命后的中华民国政府采取了什么措施?

2. "兼采中西"——孙中山的文官制度理论奠基

材料四 在君主专制国中,黜陟人才悉凭君主一人的喜怒,所以虽讲资格,也是虚文。至于社会共和的政体,这资格的法子正是合用。因为那官吏不是君主的私人,是国民的公仆,必须十分称职,方能任用。但是这考选权如果属于行政部门,那权限未免太广,流弊反多,所以必须成了独立机关才得妥当。

——《孙中山全集》第 1 卷,北京:中华书局,2011 年,第 330 页

材料五 管理政府的人,便要付之于有能的专门家……练兵打仗便要用军事家,开办工厂便要用工程师,对于政治也知道要用专门家。

——《孙中山全集》第 9 卷,北京:中华书局,2011 年,第 331、333 页

材料六 孙中山为了纠正西方"分赃选举""感情选举"金钱选举"等弊端,也为了防止民意机关代表成为如同北京民国政府时期的"猪仔议员"一类的政客,规定必须经过考试以决定他们是否具有候选人资格,避免选举权的滥用。孙中山在"五权宪法"中指出,考试院的职权是"选拔公务员与公职候选人"……只有将考试和选举结合起来,通过考试辨其才,由选举判断其品德,这样才能挑选出德才兼备的合格人才。

——房列曙著:《中国近现代文官制度》,北京:商务印书馆,2016 年,第 110 页

教师设问：根据材料四、五、六，概括孙中山关于文官制度的构想，并结合所学知识指出该构想的渊源。（参考答案：内容：将考试权纳入五权宪法体系；官吏是国民的公仆；德才兼备，以德为先；注重文官通才素养和专业化素养；将选举与考试相结合。渊源：西方文官制度的经验和教训；中国传统考试制度、监察制度的合理成分。）

教师引导学生分析：民国时期文官制度的探索基本是在孙中山文官制度设想的框架下进行的。孙中山在流亡外国的过程中，既观察到了西方文官制度的优点，也总结了缺陷。他看到西方政务官选举时出现的分赃选举、感情选举、金钱选举，官员才德缺失现象；认识到考试不能仅针对事务官，也要针对政务官。结合我国传统选拔人才的"中央统一考试"和"德才兼备，以德为先"准则，他创造性地将人才选拔融入"五权宪法"体系中。

(过渡)孙中山的文官思想为中国文官制度近代化的探索指明了方向，可是直到20世纪20年代末，孙中山关于文官考试的主张才以法律的形式基本得到确立，这其中又经历了怎样的曲折探索？

3. "西为中用"——北洋政府和南京国民政府的实践与发展

教师设问：阅读教材第40页，找出北洋政府时期与南京国民政府时期文官制度的异同，并完成表一。

表一　北洋政府与南京国民政府文官制度对比表

相同	选官方式	①
	法制建设	②
不同	选考机构	③
	选拔范围	④

（参考答案：①"考试"和"甄别"并用；②出台文官考试法案；③北洋政府考选机构为"铨叙局"，南京国民政府的为"考试院"；④北洋政府选拔范围小；南京政府选拔范围更大，更具开放性与平等性。）

(过渡)教材第40页指出，"南京国民政府时期的公务员制度以北洋政府时期的文官制度为基础，继承、吸收了中国传统考试监察制度和西方文官制度的精华"，孙中山的文官制度的构想在这一时期得以部分实践。

材料七　1933年10月第二届文官高等考试部分试题

国文试题：孟子谓"入则无法家拂士，出则无敌国外患者，国恒亡"，其理由何在？试申论之。

经济学试题：试略述李嘉图地租学说之理论及其对后世经济思想之影响。

社会学试题：帕克教授分主要的社会历程为四种，即竞争、冲突、顺应与同化，究竟其区别何在，其分类是否适当，试评论之。

财政学试题：试述财政之意义，及其与私经济之异同。

——摘编自高等考试典试委员会编辑：《民国二十二年高等考试总报告》，考试院考选委员会1934年校印，第325—377页

材料八　普通行政人员考试第一试科目：一、国文；二、总理遗教、建国方略大纲、三民

主义及中国国民党第一次全国代表大会宣言;三、中国历史;四、中国地理;五、宪法(宪法未公布前考《中华民国临时约法》);六、政治学。

——房列曙著:《中国近现代文官制度》,北京:商务印书馆,2016年,第478页

教师设问:根据材料七、八并结合教材第40页内容,评析南京国民政府对文官制度的探索。(参考答案:南京国民政府在北洋政府文官制度基础上进一步改进,允许女子参加考试,体现平等性;借鉴西方文官制度考试科目,加入大量近(现)代社会科学内容,体现其开放性;对官员的选拔注重联系实际情况,培养实用人才;但在文官制度探索中"党治"色彩浓厚,摒弃了西方文官制度中的"政治中立"原则。)

教师引导分析:南京国民政府时期的选官制度继承了北洋政府文官制度合理内容,摒弃了北洋政府的落后之处,如女子不得参加考试等。南京国民政府时期相对强力的中央政府也为实践孙中山文官考试思想提供了条件,这一时期文官制度的平等性、开放性、实用性得到了一定的彰显。对孙中山文官考试思想的实践和对北洋政府文官制度的扬弃,既是继承传统,又是吸收外来。同时,国民政府的文官制度建设又体现出鲜明的局限性,如考试内容中强化"党治"。

(设计意图)层层剥笋,条分缕析,引导学生达到"了解西方近代文官制度对近现代中国文官制度的影响"这一课标重点要求。学生在评析的过程中结合史实进行阐述,提出自己的历史解释;将南京国民政府的文官制度探索史实放在特定的时空尺度下进行分析、综合,作出合理的论述。

(二) 从"干部"到"公务员"——现代文官制度的探索

1. 立足国情,因时而变

教师讲述:新中国成立后,沿用民主革命时期由中共中央与各级党委组织部门统一管理的干部制度。

材料九 党员干部在"三反"运动中均须在一定的会议上作一次公开的自我检讨,并虚心接受群众的批评。凡未作过这种检讨的都要作一次;作过检讨但不深刻的要再作一次,谁也不能例外。在当年3月底以前,一律要对自己的思想工作写一份书面检讨,并由各级党委作出鉴定。今后每年年终,各级负责干部应像这次"三反"运动中所采取的方法一样,在工作人员中进行公开的自我检讨,接受群众批评。

——罗国亮、赵铮:《新中国60年来干部考核制度的历史演变》,载《中共贵州省委党校学报》,2009年第5期

教师设问:根据材料九,分析中华人民共和国初期的干部制度有何特点?(参考答案:由各级党委集中统一管理;重视干部思想品德建设;充分发挥群众监督作用。)

(过渡)新中国成立后,干部制度经历了不断地改革与完善,逐步形成了中国特色社会主义的干部管理制度。但随着改革开放的深入进行,干部人事制度又一次面临重大挑战。

材料十 1992年,邓小平同志提出社会主义市场经济的理论之后,党的十四大决定,我国经济体制改革的目标是要建立社会主义市场经济体制……商品经济与市场经济的发展对行政管理尤其是国家机关的人事管理提出了更高的要求,它要求我们改革原来不合时宜的干部人事制度,加快推行公务员制度。

——李如海主编:《公务员制度》,北京:高等教育出版社,2007年,第6页

教师设问: 根据材料十并结合教材第42页内容,分析我国建立现代公务员制度的主要原因。(参考答案:社会主义市场经济体制的提出与发展;原有干部选拔与管理制度无法适应经济发展需要;现代文官制度的影响。)

材料十一　我国在长期的革命斗争、社会主义建设和改革开放中,在干部人事管理方面形成了许多好的经验与做法。例如党管干部的原则、干部"四化"的方针、德才兼备的用人标准、为人民服务的宗旨、干部管理走群众路线等。这些已经被十几年或几十年的实践证明是行之有效的优良传统,在我国公务员制度中得到了继承与发展……当然,公务员制度毕竟是要同一个国家的经济与政治制度相适应的。所以,我国所推行的公务员制度,一定要适合中国的国情,要具有中国特色,同时也要借鉴资本主义国家公务员制度中科学管理的方法和原则,如公开、平等、竞争、择优的原则,功绩制原则,法制化原则等,只是对那些不符合中国国情的如"政治中立"与"两官分途"等项制度则加以摒弃。

——李如海主编:《公务员制度》,北京:高等教育出版社,2007年,第13页

教师设问: 据材料十一并结合教材第41—42页内容,完成表二。

表二　中国现代公务员制度与西方文官制度对比表

相同	产生原因	①
	选拔方式	②
	历史影响	③
不同	④	
	⑤	
	⑥	

(参考答案:①原有官员选拔与管理制度无法适应经济与社会发展的新形势;②考试录用;③有利于选拔人才;保持行政延续性与稳定性;符合国情,助推国家治理现代化;④中国公务员制度继承发展原有干部制度,其含义与西方国家公务员不同;⑤中国公务员不分政务官和事务官,摒弃政治中立原则,贯彻"党管干部"原则;⑥中国公务员选拔坚持德才兼备和全心全意为人民服务原则。)

教师引导学生分析: 参照第6课与第7课对中西方公务员的不同定义,我们会发现不同国家公务员包含的范围不同。中国现代公务员制度继承发展原有的干部制度,并吸收西方现代公务员制度的一些优点。这就决定了我国的公务员制度与西方有相似之处,但又保留了一部分独具特色的内容,是符合我国国情的正确探索。

(设计意图)《普通高中历史课程标准(2017年版2020年修订)》要求学生知道西方近代文官制度"对近现代中国公务员制度的影响",《普通高中历史课程标准(2017年版2020年修订)解读》将其细化为:"知道西方文官制度的影响何在,并注意我国当代公务员制度与它的异同。"解决这一问题既是对课标要求的落实,又能帮助学生更好地理解中国现代公务员制度的特点。

(过渡)改革开放以来,中华人民共和国的公务员制度探索取得丰富成果。近年来,公务员报考人数持续保持高位,呈现出"公务员热"现象。

2. 制度完善,焕发生机

材料十二 从29日上午的数据来看,目前平均竞争比为44∶1,远高于去年的27∶1,报名最热职位依然为国家知识产权局商标评审委员会案件审理处主任科员及以下一职,招录3人,7267人报名;竞争比最热依然是广东省惠州市惠阳区气象局预报股业务管理科员,招录1人,竞争比2172∶1。虽然热门职位这边"热闹",但依然有"冷清"的冷门职位。据专家统计的29日9时数据显示,有1070个低于面试比例职位,其中163个职位无人报考。

——《2019国考报名数据"冷热"对比明显》,http://www.chinagwyw.org/zhongyang/426106.html,2018-10-29

教师设问:根据材料十二并结合教材第42页内容,评析"公务员热"现象。(参考答案:"公务员热"反映出近年来我国公务员录用公开化、透明化、平等化的发展进步;有利于激发民众参政热情,更有利于精选人才,推进国家治理现代化。但存在公务员报考的区域与行业"冷热不均"现象,尚需引导其良性发展。)

(设计意图)引导学生从正反两面认识今天的"公务员热",启发学生更全面、更客观地认识历史与社会现实问题,并且在唯物史观的指导下认识和解决当下实际问题。

【课堂小结】

官员选拔与管理制度是国家制度的核心内容之一。中国古代的选官制度与管理制度适应了中国古代社会历史的发展需要,西方近代的文官制度是民族国家的出现和资本主义发展的结果,近代以来中国公务员制度的出现和发展也是中国在世界形势发生急剧变化的情况下,对国家治理方式作出的一种调整,总体上都反映了生产力决定生产关系、经济基础决定上层建筑这一唯物史观的基本原理。近代西方和中国文官制度改革的经验与教训共同表明,政治文明建设,也需要"不忘本来,吸收外来,面向未来"。

教学设计2

成都市锦江区嘉祥外国语高级中学 唐婧

一、教材分析

本课是统编教材《国家制度与社会治理》第二单元《官员的选拔与管理》的第3课,包含"晚清选官制度的变革""民国时期的官员选拔制度""中华人民共和国的干部制度和公务员制度"三个子目。教材以时间为线,主要讲述了三个阶段的选官制度变动:晚清科举制受到冲击,最终被废除,于是清政府实行学堂选官和留学毕业生选官的制度;民国时期,政府启动了一系列有关文官选拔与甄别的制度设计与实践;中华人民共和国成立以来,具有中国特色的干部人事管理制度逐渐形成，国家公务员制度正式推行。本课知识逻辑结构如下：

表一　本课知识框架

时期	晚清 1904—1912 年	中华民国时期	中华人民共和国时期
制度	学堂选官制度 留学毕业生选官制度	近代文官制度	干部制度（1949 年至今） 公务员制度（1993 年至今）
备注	废除科举制度，以传统“学而优则仕”制度为主，吸纳西方文官制度因素	以西方文官制度为蓝本，继承中国传统考试、监察制度长处	干部制度：继承民主革命时期干部制度，并加以发展创新 公务员制度：是干部制度的创新和组成部分；吸纳西方文官制度长处

《普通高中历史课程标准（2017 年版 2020 年修订）》对本课的要求是，了解西方近代文官制度对近现代中国公务员制度的影响。基于此，在落实教学任务中，老师需要理清近代以来的选官制度变革历程，还要与前两课进行比较联系，引导学生理解西方近代文官制度和中国科举制度对近现代中国公务员制度的影响，进而理解制度设计需要传承、借鉴与创新。此外，为了深化学生对选官制度变动与近现代社会变迁大势互动的理解，培养学生对制度实践的现实关怀，还有必要从制度变革的背景和影响等角度补充史料，开展拓展性探究。只有基于对制度产生与运行的社会环境和文化传统等要素的深刻理解，才能走进选官制度的曲折迈进历程，理解其中的复杂性。

二、学情分析

学生通过前两课的学习，了解了古代科举制和西方文官制度的特点；通过初中和高一历史必修课的学习，对清末、民国和中华人民共和国成立以来的政治局势也有基本的史实了解。此外，多数学生对当代公务员制度的实践状况有所耳闻，具备观照现实的一些基础。

困难在于，学生对制度的分析主要停留于对章程的抽象评价，而弱于结合政权特点、历史传统、文化积淀等要素进行综合分析。教学时，教师可以通过补充史料，弥补学生背景知识的不足，丰盈学生的思维。同时，教师设计问题时需要注重、比较分析相关联的材料，观照当代公务员制度改革的现实问题，引导学生从历史中汲取智慧。

三、教学目标

1. 知道近代以来不同时期主要的官员选拔制度。

2. 结合教材和补充的史料，能概括出晚清选官制度变革的背景和影响；分析民国时期文官制度设计与西方文官制度、中国古代科举制的联系；总结当代公务员制度的特点和影响。

3. 通过对晚清选官制度变革历程的学习，认识到社会转型的复杂性；通过对民国、中华人民共和国时期的官员选拔制度的学习，认识到政治文明的创新应该根植于本国社会政治条件和历史文化传统。

四、教学重难点

重点：晚清选官制度变革的影响；民国文官制度的形成背景及特点。

难点：晚清选官制度变革的影响。

五、教学过程

【导入新课】

2018年11月26日，中共中央政治局就中国历史上的吏治举行第十次集体学习。中共中央总书记习近平在主持学习时指出，我国历朝历代都重视官吏的选拔和管理，中国历史上凡是有作为的政治家都懂得，“为政之要，惟在得人”“育材造士，为国之本”的道理。

晚清以降，面临“三千年未有之大变局”，中国的官员选拔制度何去何从？从民国到新中国，官员选拔制度何以浴火重生？带着这些问题，我们走进今天的新课。

(设计意图)从习近平谈治国理政切入，引出两个历史问题，激发学生的探讨兴趣，拉近历史与现实的距离，更契合选择性必修1《国家制度与社会治理》的教材定位。

【学习新课】

(一) 除旧：进退失据——晚清时期的官员选拔制度

1. 从废八股到废科举

材料一 (2014年全国Ⅰ卷第29题)1898年，梁启超等联合百余举人上书，请废八股取士之制。参加会试的近万名举人，“闻启超等此举，嫉之如不共戴天之仇，遍播谣言，几被殴击”。这一事件的发生表明

A. 废八股断送读书人政治前途　　B. 改制缺乏广泛的社会基础

C. 知识分子在政治上极为保守　　D. 新旧学之间矛盾不可调和

[参考答案：B]

教师设问：根据材料一并结合所学知识指出：当时梁启超对科举制度有何建议？目的何在？当时的社会主流意见又是什么样的？(参考答案：建议：废除八股取士，改试策论，即改革科举的考试内容。目的：变法维新，救亡图存。主流意见：从朝廷态度来看，戊戌变法一度废除八股取士制度，戊戌政变后又恢复旧制；从读书人态度来看，多数士子反对废除八股取士制度，遑论废除科举制度。)

(过渡)然而，仅仅过了几年，政治形势和社会民意发生了翻天覆地的变化。

材料二 微视频：央视九套纪录片《科举·穷途末路》[①]剪辑片段

① 央视网：https://tv.cctv.com/2014/09/30/VIDE1414468268297484.shtml，2020-01-14。

微视频内容概要：1900年八国联军侵华，北京城的贡院被毁，慈禧仓皇出逃，其惨痛经历刺激她在归京途中就宣布要推行新政。新政涉及诸多领域，其中就包括教育改革和官制改革。新政虽然鼓励创办新式学堂，但是京师大学堂却门可罗雀，就算考生坐在教室里也是身在课堂，心系科举。

教师设问：根据材料二并结合教材第38—39页内容，指出晚清官员选拔制度发生了什么变革。（参考答案：废除科举制度；实行学堂选官制度和留学毕业生选官制度。）

教师引导学生小结：晚清官员选拔制度的变革在短时期内经历了两次变化：第一次是改革科举制度，废除八股，改试策论；第二次是废除科举制度，实行学堂选官制度和留学毕业生选官制度。

材料三　取士概归学堂，固已明示天下以作新之基……且设立学堂者，并非专为储才，乃以开通民智为主，使人人获有普及之教育，具有普通之知能，上知效忠于国，下得自谋其生。其才高者，固足以佐治理，次者亦不失为合格之国民……凡算学、地理、财政、兵事、交涉、铁路、矿务、警察、外国政法等事，但有一长，皆可保送。俟考试时分别去取……其取定者，酌量用为主事、中书、知县官。

——《袁世凯、赵尔巽、张之洞等会奏之停科举推广学校折暨上谕立停科举以广学校》(1905年)，转引自2014年新课标全国卷第40题

材料四　1901年到1905年那几年间，仅张之洞、袁世凯等人关于科举制的奏折所提出的办法，几乎是几月一变，一变就跃进一大步；前折所提议的措施尚未来得及实施，新的进一步建议已接踵而至，终于不能等待学堂制的成熟即将科举制废除。

——罗志田：《清季科举制改革的社会影响》，载《中国社会科学》，1998年第4期

教师追问：根据材料二、三、四并结合所学知识指出，以慈禧太后为首的清政府在1898年连废除八股都接受不了，为何在短短几年后骤然废除科举制？（参考答案：民族危机空前严重；资产阶级革命浪潮的冲击；资产阶级立宪派和开明官僚的推动；清政府急于求成的改革心态；新政急需大量新式人才。）

2. 实施学堂选官制度和留学毕业生选官制度

（过渡）1905年，延续了1300多年的科举制被废除。那么，新的选官制度运行情况如何呢？

材料五　清季实行学堂奖励出身制度，实际上具有学位考试和文官录用考试双重性质，实乃将近代学位制度与现代文官制度混在一起，实际上是“学而优则仕”观念之延续。

——左玉河：《论清季学堂奖励出身制》，载《近代史研究》，2008年第4期

教师设问：根据材料五并结合所学知识，谈一谈晚清新式选官制度与传统选官制度、西方近代文官制度之间的关系。（参考答案：晚清新式选官制度取代了传统科举制度；它继承了传统“学而优则仕”的理念和制度；它一定程度上吸纳了西方近代文官制度和西方近代学制的长处。）

（设计意图）在传统与现代、东方与西方之间，给晚清学堂选官制度、留学毕业生选官制度定位。后文的中华民国文官制度、中华人民共和国干部制度也将谈到历史定位，三者之间将会形成一种历史的对比。

（过渡）历史比人们想象中的还要吊诡。科举制才废除五年，曾以废除它而自豪的梁启

超就后悔了，说废除科举是因噎废食、大错特错的一件事，甚至主张恢复科举："吾故悍然曰：复科举便。"这是怎么回事呢？

材料六 当初清政府在改革科举之时，已开始兴办学堂来填补科举制的教育功用，这本是很有见识的举措。但一种新教育体制并非一两纸诏书在短期内便可造成，而清季举国都已有些急迫情绪……上有所好，下必趋奉；诏书一下，则人人皆竞言开学堂。但事前并无人才物质的充分准备，许多新学堂也就难以起到原设计的建设性功用。

——罗志田：《清季科举制改革的社会影响》，载《中国社会科学》，1998年第4期

教师设问： 根据材料六并结合所学知识，指出1910年梁启超"复科举便"的言论反映出哪些历史信息。（参考答案：晚清官员选拔制度改革效果很不理想，旧制度已废，新制度未真正发挥建设性功能，导致官员选拔的混乱，加剧了社会的失序。）

材料七 废科举最大的输家正是清朝统治者，他们本来试图以弃旧图新挽救统治危机，却因此而造就了大批激进青年，并导致中年士子文化心理失衡，反倒丢掉了江山社稷。

——关晓红：《科举停废与近代乡村士子——以刘大鹏、朱峙三日记为视角的比较考察》，载《历史研究》，2005年第5期

教师设问： 根据材料七并结合所学知识谈一谈：你赞同梁启超"复科举"的观点吗？为什么？（参考答案：观点：不赞同。原因：科举制度无法适应生产力大发展和经济基础变动的社会变革；实行学堂选官制度和留学毕业生选官制度，推动了广泛的社会变迁，加速了资产阶级革命的进程。）

教师引导学生分析： 晚清官员选拔制度改革的进退失据，一方面体现出晚清政治的腐朽，例如错失改革窗口期，改革急于求成，官场腐朽导致改革措施走样等；另一方面，官员选拔制度改革又带来广泛社会变革，推动了资产阶级革命的发展和中国社会的近代化历程。

（设计意图） 以梁启超对科举制度态度的一变再变来串连本节，线索分明，悬疑感强。材料六、七及其对应的两个"教师设问"，实际上是在评价晚清官员选拔制度改革，意在让学生看到制度设计与制度实践的落差，理解制度嬗变的复杂性，明白改革需要注意制度设计的系统性。在实际教学过程中，如果学生思维能力较强，可以将材料六、七及相关两个设问整合为一个高阶问题：根据材料六、七并结合所学知识，评析梁启超"复科举便"的观点。

（二）采西：高开低走——民国时期的官员选拔制度

（过渡） 民国时期的官员选拔制度，多取法于孙中山的文官考试思想。

1. 孙中山的文官考试思想

材料八 希望在中国实施的共和政治，是除立法、司法、行政三权外还有考选权和纠察权的五权分立的共和政治……考选制和纠察制本是我中国固有的两大优良制度，我期望在我们的共和政治中复活这些优良制度，分立五权。

——《复张永福林义顺函》（1906年），载《孙中山全集》第1卷，北京：中华书局，1981年，第320页

教师设问： 根据材料八，指出孙中山官员选拔思想的主要内容、特点及其思想渊源。（参考答案：内容：在"五权宪法"框架内，以考试方式选拔官员；建立文官的培养、任用、监察等方面的运行机制。特点：兼采中西，自主创新。渊源：以西方文官制度为蓝本，吸收中国

传统考试制度和监察制度的优点。）

教师讲述：正如“五权宪法”并非单纯移植西方宪政思想一样，孙中山的文官考试思想也是对西方文官制度的批判性继承，其政治眼光是相对高远的。1912年，中华民国建立。孙中山的文官考试思想，转化为南京临时政府一系列文官选拔制度的法规草案。然而南京临时政府存续时间极为短暂，文官选拔制度建设没来得及推行，但仍成为北洋政府文官选任制度的基础。

2. 北洋政府的文官制度

教师设问：阅读教科书第40页第一段，归纳北洋政府时期官员选拔制度的内容。（参考答案：颁布《文官考试法草案》，建立起文官考试制度；选拔官员主要采用考试和甄别两种方式。）

材料九　曾任北洋政府财政总长与司法总长的罗文干曾感慨：“北京做官这几年，可谓妙之又妙。不要资格，不拘学识，不问能力，不理好劣，如果能有两位阔人的八行书，一两张议员的荐条，就可以做官了。官缺毫无限制，多多益善，名目愈弄愈新……只要总长们一时高兴，升官不问劳绩，只要有人说话，革官不管是非，只凭长官的意气。”

——罗文干：《狱中人语》，载沈云龙编：《近代中国史料丛刊》第2辑，台北：文海出版社，第211页

教师设问：根据材料九指出：罗文干是如何评价北洋政府文官制度的？我们该如何看待该材料的史料价值？（参考答案：评价：北洋政府文官制度腐败混乱。价值：一方面，罗文干作为亲历者，可以了解到北洋政府时期官场的许多真实细节，再结合当时的政治生态，我们认为该史料有一定的可信度；但是，每个人的观点都带有不同程度的主观性，且北洋政府时期文官考试曾被一度执行，依据考试成绩选拔了一些人才①，所以我们也不能盲目相信该史料。）

（设计意图）用罗文干的材料切入，分析北洋政府时期文官选拔的实际效果，培养学生的史料实证和历史解释等素养。

3. 南京国民政府的公务员制度

教师设问：阅读教材第40页，指出北洋政府、南京国民政府官员选拔制度的异同。（参考答案：相同：建立起相对规范严密的法律体系；考试机关和考试权相对独立；考试与甄别并举；制度规定多流于形式，实施过程存在较多漏洞。不同：后者在“五权宪法”框架内构建文官考试制度，基本上贯彻了孙中山的文官考试思想；后者允许女子参加文官考试，具有更强的开放性和平等性。）

（过渡）南京国民政府时期，前前后后出台法规累计百余部，意图保障文官考选的顺利推进。其具体实效性又如何呢？

材料十　据1931年的调查，南京国民政府中央及其直属机关的公务员为46266人，有人据此估计，“如果把各省综合计算，其数目恐将十倍于此”，也就是46万人左右，考试及格

---

① 北京国民政府于1916年、1919年举行两次高等文官考试，录取人数分别为194人、490人（含外交官领事官10名）；于1917年、1920年举行两次普通文官考试，录取人数分别为295人、400人，4次考试总计录取1379人。数据转引自李里峰：《民国文官考试制度的运作成效》，载《历史档案》，2004年第2期。

人员不到总数的1/40。另据国民政府主计处统计局1946年统计，中央机关及各省市政府公务人员已有35万人，若连司法人员、外交官、领事官及其他公务人员合并计算，总数当在70万人以上，那么考试及格人员仅占其1/70。

——李里峰：《民国文官考试制度的运作成效》，载《历史档案》，2004年第2期

教师设问： 根据材料十并结合所学知识，简要评价民国时期的文官制度建设。（参考答案：有利于选拔人才，提高行政效率；有利于推动行政管理的近代化；制度设计为后世提供了借鉴；由于政局动荡、制度缺陷和社会环境的限制，实际成效有限。）

（三）创新：别开生面——中华人民共和国的干部制度

1. 干部制度的发展

教师设问： 阅读教材第41页，概括中华人民共和国干部制度发展演变的阶段特征。（参考答案：新中国成立初期，沿用民主革命时期的统一管理的干部制度，注重统一管理；后来，建立起在统一领导、统一管理之下分类管理的干部制度；改革开放后，逐步实现了干部管理的科学化、民主化、法制化、现代化；十八大以来，干部队伍建设更加规范化、制度化。）

2. 公务员制度的建立和发展

教师讲述： 在中国特色社会主义干部制度的形成过程中，建立公务员制度是一项重大改革。1992年，党的十四大提出尽快推行国家公务员制度的要求。1993年10月1日起实施《国家公务员暂行条例》，公务员制度开始推行。1994年6月《国家公务员录用暂行规定》的颁布，标志着国家公务员考试录用制度正式建立。2005年全国人大常委会通过《中华人民共和国公务员法》，标志着公务员制度正式形成。

教师设问： 在干部人事制度改革中，为什么要建立公务员制度？意义何在？（参考答案：原因：发展社会主义市场经济；吸纳西方文官制度的有益成分；继承传统官员选拔制度的优秀成分。意义：为国家管理人员的队伍建设增添活力；对国家机关的民主化、科学化、法制化建设起促进作用；促进经济和社会发展，推进社会主义现代化建设等。）

材料十一　公务员录用……坚持下列原则：（一）党管干部；（二）公开、平等、竞争、择优；（三）德才兼备、以德为先，五湖四海、任人唯贤；（四）事业为上、公道正派，人岗相适、人事相宜；（五）依法依规办事。

——中共中央组织部、人事部：《公务员录用规定》，http://www.scs.gov.cn/ksly/lnksly/202001/t20200108_16202.html，2020-01-08

教师设问： 根据材料十一并结合所学知识，比较中华人民共和国公务员制度与西方文官制度的异同。（参考答案：相同点：①公开考试、严格考察、平等竞争、择优录取；②由法律规范保障；③重视管理的科学化和规范化，实行职位的分类。不同点：①外延不同：西方公务员特指事务官；我国的公务员涵盖了所有各级政府机关中行使国家行政职权、执行国家公务的人员，即政务官和事务官都包含在内；②活动原则不同：西方文官必须恪守政治中立，不参与党派之争；我国公务员具有鲜明的政治性，必须坚持中国共产党的领导，坚持社会主义方向；③根本性质不同：西方文官制度服务于资产阶级专政；我国公务员制度必须坚持为人民服务的宗旨。）

【课堂小结】

教师引导学生小结：官员选拔与管理是国家制度的核心内容之一。中国古代的官员选拔和管理制度适应了中国古代社会历史的发展需要；西方近代文官制度是民族国家出现和资本主义发展的结果；近代以来中国公务员制度的出现和发展也是中国在应对世界形势急剧变化的进程中，对国家治理方式作出的一种调整。三者总体上都反映了生产力决定生产关系、经济基础决定上层建筑这一唯物史观的基本原理，也体现出批判继承历史传统与借鉴外国政治思想对社会发展的作用。

历史经验告诉我们，"一国人民的根本的政治制度，是从该国人民的特性和生活成长起来的一种有机的产物。"[①]只有与中国国情相结合，建立符合本国国情的官员选拔与管理制度，才能提高国家治理水平，促进国家的发展。

① ［英］J. S. 密尔著，汪瑄译：《代议制政府》，北京：商务印书馆，1997年，第6页。

第三单元

法律与教化

第8课

中国古代的法治与教化

教学设计1

成都嘉祥外国语学校　梁晓东

一、教材分析

本课是统编教材《国家制度与社会治理》第三单元《法律与教化》第1课，包含三个子目："先秦时期的德治与法治"简述了中国成文法的形成过程，以及春秋战国时期的德治与法治之争；"秦汉至隋唐时期的法律与教化"梳理了法律儒家化的历史进程；"宋元至明清时期的法律与教化"讲述在中华法系形成之后，统治者运用法律制裁和伦理教化两种基本手段，相辅相成进行社会治理。

《普通高中历史课程标准（2017年版2020年修订）》对本课的要求是："知道中国先秦时期成文法的产生过程，以及这一时期思想家对于德治、法治关系的讨论；知道自西汉起历代王朝法律、礼教并用的统治手段。"本课囊括着整整一部中国古代法律儒家化的专门史，时间跨度长，学术性强，其知识框架如下图所示：

表一　本课知识框架

<table>
<tr><th></th><th>夏</th><th>商</th><th>西周</th><th>春秋</th><th>战国</th><th>秦</th><th>西汉</th><th>东汉</th><th>魏晋南北朝</th><th>隋</th><th>唐</th><th>宋</th><th>元</th><th>明</th><th>清</th></tr>
<tr><td>1</td><td colspan="3">习惯法</td><td colspan="12">成文法</td></tr>
<tr><td>2</td><td colspan="3">/</td><td colspan="2">儒法争鸣</td><td>一断于法</td><td>引经决狱</td><td>以经注律</td><td>引礼入律</td><td>/</td><td colspan="5">一准乎礼（礼法合一）</td></tr>
<tr><td>3</td><td colspan="6">/</td><td colspan="9">法治、教化并用（礼法并用）</td></tr>
<tr><td>4</td><td colspan="6">/</td><td colspan="5">法律儒家化进程</td><td colspan="4">/</td></tr>
</table>

在课堂教学设计中，必须紧扣课标，重构教材，取精用弘，突出素养。本教学设计对教材内容进行整合，分为三个子目："礼耶法耶——周秦时期的政治辩论与思想争鸣"，主要介绍春秋战国时期中国成文法的形成，以及围绕礼治、法治产生的政治和思想论争；"礼法合流——汉唐时期的法律儒家化"，主要介绍从西汉的引经决狱、东汉的以经注律、魏晋南北朝的引礼入律，到唐代礼法合一的历史进程；"明刑弼教——宋元明清的法律与教化"，主要介绍封建王朝利用法律手段来强力推行教化，使法律与教化逐渐深入基层社会。

二、学情分析

选择性必修1的第三单元，对于选修历史学科的高二学生而言，是一道“坎”。第一单元、第二单元基本上是与《中外历史纲要》联系紧密的内容，而第三单元偏向于跨学科性质的专门史，第7课又首当其冲。如何让学生从“已知”平顺过渡到“未知”，如何让学生超越“知识与能力”升华到“核心素养”层面？本教学设计以倒叙手法切入，用清末修律之争来启发学生初步认识中华法系的特点，并自然而然引发两点思考：礼法合一的中华法系是如何形成的？对中国社会有着什么样的深刻影响？

三、教学目标

1. 了解法律、教化、礼治、法治、德治的内涵，理解中国古代王朝法律制裁与伦理教化并用的统治策略。

2. 了解西汉引经决狱、魏晋引礼入律、唐代礼法合一等法律儒家化的历史进程，理解中华法系的特征，进一步养成时空观念和家国情怀素养。

3. 理解从习惯法到成文法、从秦朝厉行法治到汉唐礼法合一两大历史变迁，进一步培育历史解释和唯物史观两大核心素养。

四、教学重难点

重点：自西汉起历代王朝法律、礼教并用的统治手段。

难点：法律儒家化的演进及其特征。

五、教学过程

【导入新课】

1902年，清政府下旨参酌西方各国法律，删改旧律，订定新律，制定现代式样的律典，清末法律改革由此开启。从此至1911年，将近十年间，删改旧律，订定新律，制定了多部现代式样的律典，其中，立法时间最长、也最具争议性的，乃是《钦定大清刑律》。清末著名的礼法之争，便主要围绕这部法律展开。

材料一 《大清律例 · 刑律 · 诉讼 · 子孙违反教令》：“凡子孙违反祖父母、父母教令，及奉养有缺者，杖一百。”

《大清律例 · 刑律 · 斗殴 · 殴祖父母父母》：“其子孙违反教令，而祖父母、父母非理殴杀（不依法决罚而横加殴打）者，杖一百；故杀（无违反教令之罪，为故杀）者，杖六十、徒一年。”

——（清）三泰修：《大清律例》卷三十，清文渊阁四库全书本，第242、257页

材料二 “子孙违反教令”是清末礼法之争的两大焦点之一。礼教派认为，“子孙治罪之

权，全在祖父母、父母，实为教孝之盛轨”。在正当防卫的概念是否适用于子孙受到尊长亲属侵害的场合上，礼教派主张保留尊亲属对子孙的教令权，对“正当防卫”条款予以限制；而法理派则认为教令权是旧的家族主义的残余，与宪政时代的国家主义原则格格不入。

争论双方在话语上一开始就不是对等的，以结果而论，法理派在当时及后来都是胜者。

——摘编自梁治平著：《礼教与法律：法律移植时代的文化冲突》，上海：上海书店出版社，2013年，第25—27页

教师设问：根据材料一、二并结合所学知识，指出“子孙违反教令”反映出的中国古代法律与近现代法律思想的差异。（参考答案：前者全面贯彻儒家伦理道德，后者贯彻近代自由、平等价值观。）

（设计意图）课堂采用倒叙手法，从“传统法律的退场时刻”切入，以朝堂争辩的戏剧性场景来吸引兴趣，激发疑问，产生求知欲望。之所以说是戏剧性场景，因为“子孙违反教令”本身并不是刑法中最基本最重要的内容，但它如此牵动人心，与男女不正当关系并列成为争辩的两大焦点。男女和长幼两个范畴，在传统道德、法律和政治上均有着特殊的重要性，以致针对这些条款所作的任何修改，都可能触动和改变传统中国的某些核心价值。学生能从课堂导入中，初步形成两大重要的印象：中国传统法律影响深且远；中国传统法律自成一体，迥异于西方近代法律体系。

（过渡）其实，清末修律并非中国古代史上的第一次礼法之争。礼与法的纠缠，贯穿中国古代王朝法律制裁与伦理教化的始终。清末礼教派希望维护的“法律贯彻礼教”原则，也是在中国法律史长河中逐步形成的。

【学习新课】

（一）礼耶法耶——周秦时期的政治辩论和思想争鸣

1. 铸刑鼎之争

材料三　公元前536年郑国的执政者子产把《刑书》铸在鼎上，公之于众。史称“郑人铸刑书”。晋国的大夫叔向提出反对，理由是过去“临事制刑”，现在完全公开，老百姓知道了刑法的规定，就不害怕统治者了；再则发生争论，他们会同刑书对照，可以免去统治者任意惩罚。三十年后，叔向所在的晋国也把他们的《刑书》公布了，这一次引起了孔子的强烈抨击：“晋其亡乎！失其度矣……贵贱不愆，所谓度也……今弃是度也，而为刑鼎，民在鼎矣，何以尊贵？贵何业之守？贵贱无序，何以为国？”

——摘编自张晋藩总主编：《中国法制通史》第一卷，北京：法律出版社，1999年，第409页

教师设问：根据材料三中的政治辩论，并结合教材内容和所学知识，指出郑国铸刑鼎的历史影响。（参考答案：郑国铸刑鼎，标志着中国古代成文法的诞生；从习惯法到成文法，反映出西周礼乐制度的崩溃和治国策略的重大改变；成文法的诞生，有利于削弱贵族专权；围绕铸刑鼎展开的政治辩论，推动了思想界关于德治、法治的大讨论。）

（过渡）成文法的颁布，是“礼崩乐坏”的必然结果。面对西周礼乐制度再也无法照旧统治这一变局，诸侯国君纷纷寻找治国新思想，诸子百家也激烈争鸣，朝野互动频繁。

2. 儒家与法家之争

教师设问：阅读教材并结合所学知识，完成表二。

表二　春秋战国时期的德治与法治之争

	德治	法治
代表学派	①	②
代表人物	③	④
代表言论	⑤	⑥
国君选择	⑦	

（参考答案：①儒家。②法家。③孔子、孟子、荀子。④商鞅、韩非。⑤“为政以德”“节用而爱人，使民以时”“施仁政于民，省刑罚，薄税敛”。⑥“以法治国”“不务德而务法”“以法为教”“以吏为师”。⑦战国时期，各诸侯国以法家思想为指导，进行富国强兵的改革。）

（设计意图）指导学生阅读教材，了解基础史实，并通过阅读儒家、法家的原始文献来理解和概括其思想观点。

材料四　先秦的“德治”与“法治”之争，实质是社会治理方式之争。从法治的立场出发，法家根本否认可以用道德人格的力量决定国家的治乱安危。但法家并不是全盘否认道德的价值，在他们看来，一些基本的、有利于君主统治的道德规范还必须遵守。韩非说：“臣事君，子事父，妻事夫，三者顺则天下治，三者逆则天下乱，此天下之常道也。”也就是说，他们也赞同维护君主统治的一套现行的道德规范，在这一点上他们与儒家并无不同。他们与儒家的不同，只在于如何使人们达到这些规范的要求。儒家认为，要使社会达到这样一种有序的状态，必须要依靠道德高尚者的榜样力量，必须要靠社会的道德教化，必须要靠个人的道德修养。而法家则认为，要实现这些道德只须用法和刑的手段就足够了。

——摘编自关健英：《先秦法家的法治精神内涵》，载《北方论丛》，2004 年第 3 期

教师设问：根据材料四并结合所学知识，指出儒家、法家思想的共同之处，简析春秋战国时期德治与法治之争的历史意义。（共同之处：实现良好社会治理，维护君主统治。意义：第一，两派及其它学派相互辩论，相互吸收，丰富了对社会治理方式的认识，推动了思想解放运动；第二，德治与法治之争，让处于激烈兼并战争时期的诸侯国君进一步认识到了法家思想对于富国强兵的现实意义，推动了战国变法运动，最后，变法最为彻底的秦国统一六国，建立起中国历史上第一个君主专制中央集权的国家；第三，德治与法治之争，形成的相关思想对于以后历代王朝的治国实践具有重要影响。）

（设计意图）教材的“史料阅读”和正文，只强调了德治与法治之争对立的一面。材料四引入对儒家法家思想共性的材料，有利于进一步培养学生的辩证思维。

教师追问：先秦法家宣扬的“法治”和秦国变法厉行的“法治”，与近现代的“法治”是同一概念吗？（参考答案：先秦“法治”的实质是君主以法治国，服务于君主专制，用今天的眼光来看，它与先秦儒家宣扬的德治、礼治本质上都是一种“人治”；近代现代的“法治”则是建立在自由、平等、人权等启蒙价值基础之上，强调“法律面前人人平等”。）

(设计意图)历史名词自带历史时空属性，辨析这两个概念，不但有利于深刻理解课标和教材内容，而且有利于培养时空观念素养。

(过渡)秦朝的统一，标志着法家思想的全面胜利。而我们在课堂导入时却注意到，清末修律时的礼法之争，反映出中国传统法律最大的特点就是法律儒家化，简单地说，就是法律条文贯穿着儒家伦理道德。这其中的变化，其实是在西汉到唐代漫长的治国实践中逐步完成的。

(二) 礼法合流——汉唐时期的法律儒家化

1. 西汉：引经决狱

材料五　董仲舒《春秋决狱》曰：甲父乙与丙争言相斗，丙以佩刀刺乙，甲即以杖击丙，误伤乙，甲当何论？或曰，殴父也，当枭首。

——(宋)李昉编纂，任明等校点：《太平御览》第六卷，石家庄：河北教育出版社，1994年，第42页

教师讲述：一代雄主汉武帝及其满朝文武，曾经被一个小小的刑事案件难住了，迟迟不能判决！如材料五所示，案情简单清晰，涉案者是普通百姓，司法官员已经给出了"当枭首"的判决意见，且这一意见符合西汉的《九章律》及其司法实践惯例。这有什么难的？原来，是一帮儒士跳出来唱反调了。他们争辩，"某甲"伤父是实，然而其志在救父，不应坐"殴父"之罪。

教师设问：在"春秋大一统"强化君权、严刑峻法治天下的政治大环境下，儒士集团哪里来的胆量抗辩？(参考答案：一方面，汉武帝诏令"罢黜百家，独尊儒术"，儒家思想成为正统思想，为儒士挺身辩论提供了护身符；另一方面，儒家崇尚仁政，重视伦理，有经世济民的勇气与担当，希望把"独尊儒术"真正贯彻到现实政治生活中。)

教师讲述：至此真相大白。小案件的背后，是伦理派与法治派的争辩，是独尊儒术的意识形态与严刑峻法的法律实践之间的冲突。向左，是弃守法律条文而遵循意识形态；向右，是严守法律条文而背弃意识形态。这两条路，让汉武朝左右为难！这两条路，都是危机重重！

教师设问：两种判决思路各有什么致命隐患？还有没有第三条道路？(参考答案：隐患：向左走，法律失守，社会秩序必然大乱；向右走，意识形态与法律制度相悖，政治与思想的"大一统"必成泡影。第三条道路：在不改变现有法律制度的前提下，逐步渗透儒家正统思想，走向儒法合流。)

教师讲述：事涉法律制度和正统思想，二者都是国家根本，如果要在司法实践中推广采儒补法，就必须从意识形态的高度来论证其合理性！这才是满朝文武束手无策之处。怎么办？天无绝人之路，关键时刻，朝廷想起了"独尊儒术"理论提出者董仲舒。

材料六　董仲舒《春秋决狱》曰：甲父乙与丙争言相斗，丙以佩刀刺乙，甲即以杖击丙，误伤乙，甲当何论？或曰，殴父也，当枭首。议曰：臣愚以父子至亲也，闻其斗，莫不有怵怅之心，扶杖而救之，非所以欲诟父也。《春秋》之义，许止父病，进药于其父而卒，君子原心，赦而不诛。甲非律所谓殴父也。诏：不当坐。

——(宋)李昉编纂，任明等校点：《太平御览》第六卷，石家庄：河北教育出版社，1994

年，第 42 页

教师设问：董仲舒建议如何判决此案？与朝堂之上的儒士相比，他的历史贡献何在？（参考答案：建议：判决“不当坐”，即殴父罪名不成立。贡献：他为嫌犯摆脱“殴父”罪名寻找到不容置疑的理论依据——《春秋》之义。）

教师追问：材料六中“诏：不当坐”一句，能反映出哪些重大历史信息？（参考答案：其一，“诏：不当坐”一句，证明当时确有此类案件发生，而且皇帝还亲自作出最终判决。其二，当遇到疑难案件，现行律条不足以征引为据，特别是经义与法律发生冲突时，经义便承担起了法律的功能，在法律之外构筑成细密的法律解释权。其三，儒家思想对法律的渗透，是通过用儒家经义解释法律，并以“诏令”许可这一法律载体实现，反映出汉代法律本身并没有融入儒家伦理道德条文，但法律儒家化在汉代已开其端。）

（设计意图）培养学生的历史推理能力。

（过渡）《春秋决狱》是一部以经义代替法律作为判案依据的判例集，具有指导法律实务的功能。董仲舒开启的这一流行于当世的审判方式，我们可以称之为“引经决狱”，它开辟了法律儒家化新道路。东汉时期，汉儒主动介入律学，律令章句学盛行。律章句是汉儒采用训诂学的方法分析汉律，阐发法制，我们称为“以经注律”。法律一经颁布不能随意修改，经学大师用儒家经义来解释现行法律条文，这些注释之言或经过朝廷的批准而具有法律效力，或通过改变司法官的法律意识而在司法中悄悄发挥作用。

2. 魏晋南北朝：引礼入律

材料七　亲属间相犯，视血缘亲疏而有轻重之分，是魏晋南朝司法实践中通行的原则。北朝在接受汉族法律文化影响以后，也以此为刑法原则之一。特别是晋律“峻礼教之防，准五服以制罪”的原则确立以后，使得依伦常定罪量刑进一步制度化、法律化。所谓“五服”是根据亲疏等差关系而形成的五种丧服制度，即斩衰、齐衰、大功、小功、缌麻。如亲属间相犯，根据服制所定的亲疏有区别地定罪量刑，从而加强了礼在刑法中的比重。据北魏律，对亲属相犯，拟罪之前，先查清相互间的亲疏尊卑长幼关系，再依据服制详定刑罚等差，或加重，或减轻。凡是卑幼伤尊长，如杀祖父母、父母，处分重于常人相杀。反之，尊长杀卑幼，刑事责任轻于杀常人。北魏《斗律》：“祖父母、父母忿怒，以兵刃杀子孙者，五岁刑；殴杀者，四岁刑。若心有爱憎而故杀者，各加一等。”但如常人相杀，则处死刑。直到清末修律之前，“准五服以制罪”不仅适用于亲属间的刑事犯罪，也适用于民事纷争。

——张晋藩著：《中华法制文明史》古代卷，北京：法律出版社，2013 年，第 252—253 页

教师设问：根据材料七并结合教科书知识，指出魏晋南北朝时法律儒家化的阶段特征及其历史意义。（参考答案：阶段特征：“准五服以制罪”表明魏晋南北朝开始“引礼入律”，即直接把儒家礼教内容引入律令。历史意义：使得儒家的礼仪制度与法律适用完全结合在一起，法律强化了对君权、父权和夫权的维护；法律儒家化始于魏晋，经隋唐采用后便成为中国法律的正统，延续到中国近代。）

3. 唐代：礼法合一

材料八　唐律与礼的关系极为密切：第一，唐律的修撰以礼为指导原则。第二，唐律的条文大多源出于礼。今传唐律共十二篇，五〇二条，绝大部分律条本身，或直接、或间接地源出于礼。所谓“直接源出于礼”，就是说，唐律的有些条文，特别是一些原则性的规定，是直接

从礼的有关原则演变而来的,有的干脆照搬礼典,有的则是演绎礼文。所谓"间接源出于礼",指的是那些为了惩罚非礼而制定的律条。第三,唐律的实施在相当大的程度上为礼所左右。古代法律的实施,有两个重要的环节,一是对律文的解释,一是律文的具体执行。唐律有统一的、官方的解释,这就是《唐律疏议》,它完全以礼为理论基础。至于礼在唐律的具体执行中发生的影响,也是很明显的。律条无文时,可以据礼处断;律条有文时,可以用礼解释;律条与礼冲突,难以附会时,可以弃律从礼。

——摘编自刘俊文:《唐律与礼的密切关系例述》,载《北京大学学报》,1984 年第 5 期

材料九 《唐律疏议》提出"德礼为政教之本,刑罚为政教之用,犹昏晓阳秋相须而成者也"。这就是说,德礼是行政教化的根本,刑罚是行政教化的表现;德礼和刑罚对行政教化都是不可缺少的。《唐律疏议》完全是以儒家的经典《诗》《书》《易》《礼》《春秋》的基本思想来注释《唐律》,有不少条文,实际上是把礼义道德规范直接纳入法律,使儒家学说法典化。可以说,"唐律一准乎礼,而得古今之平"实质上就是唐律一切依礼"以为出入",礼与刑相辅相成,律学与经义相互发明,使礼法结合在唐律中达到十分完备的程度。

——摘编自张晋藩总主编:《中国法制通史》第四卷,北京:法律出版社,1999 年,第 125—126 页

教师设问: 根据材料八、九并结合教材知识,指出唐代法律儒家化的阶段特征及其历史意义。(参考答案:阶段特征:唐律"一准乎礼",礼法合一。历史意义:《唐律疏议》礼法合一,标志着中华法系的确立;唐律成为后代王朝创制法律的蓝本,并对日本等儒家文化圈国家产生了重大影响。)

(过渡) 秦、汉法律为法家系统,不包含儒家礼的成分在内。西汉中期开始引经决狱、东汉以经注律,通过引用儒家经义解释法律条文的方式,曲线救国,开启了法律儒家化的道路。魏晋引礼入律,唐代礼法合一,中华法系正式确立。那么,在礼法合一的时代,统治者是如何运用法律与教化两大武器来治理国家和社会的呢?

(三) 明刑弼教——宋元明清的法律与教化

材料十 清朝覆灭二十多年后的一天,在偏僻而闭塞的四川北部某县的一个小山村,梁氏家族的五房长老齐聚一堂,以家族会议的形式决断一起民事案件——梁甲控告梁乙"孙子打婆(注:祖母)"!——这可是"伤天理害国法"的重大案件啊,如果控诉成立,梁乙将被逐出族门甚至处死。然而长老们沉闷严肃的沧桑面容也掩盖不住滑稽暗笑,因为被控诉的梁乙只不过是一个五六岁的孩童!经过长时间的控辩和讨论,长老们一致决定:梁乙"孙子打婆"事实成立,然而这只是一个小孩子的嬉戏之举,既非恶意,又无伤害,不予追究;梁甲的指控完全是无事生非,惊扰族中长老,罚其摆酒席礼送长老,并向梁乙婆孙赔礼道歉。

教师设问: "孙子打婆"故事来自梁老师幼年时的亲耳听闻,讲述者正是事件的亲历者。根据材料一和材料十,从法律与教化的角度谈一谈,"孙子打婆"案件揭示出哪些重大历史事实?(参考答案:就全国而言,四川堪称偏僻;就四川而言,川北某县堪称偏僻;就川北某县而言,梁氏家族所在的小山村又堪称偏僻。就这么一群目不识丁的庄稼汉,在清王朝已经终结二十年之后,还能忠实地按照《大清律例》的精神控诉和决断族中案件。可见,法律深入社会毛细血管,影响深而远;按照传统法律判案时考虑的因素远远不止于法律文本,还有天理、

人情等价值观念。)

教师追问: 在法律儒家化形成之后,历代王朝是如何把法律与教化渗透到社会基层,灌输到这些目不识丁的庄稼汉大脑深处的呢?请大家阅读教材中关于唐宋元明清的相关内容,予以归纳。(参考答案:法律制裁和伦理教化是历代统治者进行社会治理的两种基本手段。在法律制裁方面,宋、明、清都以唐律为本创制法律,并通过强大的国家机器,由中央、地方直至基层组织,进行卓有成效的司法实践。在伦理教化方面,朝廷制定礼典,例如《大唐开元礼》,推行礼治;朝廷控制教育和科举,维护儒学正统地位;儒士向基层渗透理学,例如宋代朱熹的《家礼》和《小学》成为家庭和幼童的行为规范,吕大钧撰写《吕氏乡约》教化乡里。明清时期,法律与教化在基层社会实现了紧密结合,例如,明清王朝利用乡约来推广皇帝圣谕和政府律令,使乡约、族规与法律合流。)

【课堂小结】

教师引导学生小结: 伦理教化和法律制裁历来是统治者进行社会治理的两种基本手段。经历过春秋战国和秦朝的礼治、法治的争辩和对立后,从西汉到唐朝,法律儒家化逐步成型,礼法合一,形成以“天下刑律无不本于礼教”的中华法系,适应了中国古代社会农耕生产、宗法家族、集权政体三合一的社会存在,并深刻影响了儒家文明圈。晚清修律时关于“子孙违反教令”的争辩及礼教派的失败,不仅宣告了传统法律与教化模式的崩溃,也反映出中国传统社会共同体和文化共同体的瓦解。一个新的社会,正在旧社会的瓦砾堆中萌发出新芽。

(设计意图) 既引导学生理解中华法系的特征和历史贡献,树立对于中华民族五千多年历史文明所孕育的中华优秀传统文化的热爱,又能结合时空观念素养,回归历史现场,辩证认识中华法系的优劣,进而从唯物史观的高度,认识“法律与教化并用”的治国手段与中国古代社会经济、政治、文化的相互关系。

教学设计 2

达州嘉祥外国语学校　蔺渊博/成都嘉祥外国语学校　梁晓东

一、教材分析

本课是统编教材《国家制度与社会治理》第三单元《法律与教化》第 1 课,主要讲述了先秦时期成文法的产生过程,思想家对于德治、法治关系的讨论,以及自西汉起历代王朝法律、礼教并用的统治手段。本课教材共三个子目:“先秦时期的德治与法治”简述了中国成文法的形成过程,以及春秋战国时期的德治与法治之争;“秦汉至隋唐时期的法律与教化”,梳理了这一时期法律儒家化的历史进程;“宋元至明清时期的法律与教化”,介绍在中华法系形成之后,统治者运用法律制裁和伦理教化两种基本手段,相辅相成进行社会治理。本课的知识逻辑可归纳为“四个变化”,图示如下:

《普通高中历史课程标准(2017 年版 2020 年修订)》对本课的要求是:“知道中国先秦时期成文法的产生过程,以及这一时期思想家对于德治、法治关系的讨论;知道自西汉起历代王朝法律、礼教并用的统治手段。”本课内容时间跨度长,学术性强,囊括着整整一部中国古代法律儒家化的专门史。因此,在课堂教学设计中必须紧扣课标,重构教材,取精用弘,突出素养。

二、学情分析

学生通过对古代政治制度史和思想文化史的学习,已初步了解中国古代统治政策,为学习本课奠定了基础。但本课内容偏向法律专门史,生僻名词多,抽象论述远多于史实陈述,离学生的既往知识经验和社会生活经验较远。教学时需要教师营造历史情境,引导学生在唯物史观指导下,用发展的眼光看待历史上的一切,用辩证法的观点去把握对象的本质联系与内部矛盾,探寻历史发展的内在线索,并进一步培养法制化观念。

三、教学目标

1. 知道中国先秦时期成文法的产生过程,以及这一时期思想家对于德治、法治关系的讨论;知道自西汉起历代王朝法律、礼教并用的统治手段。

2. 通过概括中国古代法律发展的历程,理解中华法系的特征,进一步提升时空观念和家国情怀素养。

3. 理解从秦朝厉行法治到汉唐礼法合一的历史变迁,以及宋元明清时期法律与教化向社会基层的渗透,进一步提升历史解释和唯物史观两大核心素养。

四、教学重难点

重点:自西汉起历代王朝法律、礼教并用的统治手段。

难点:礼法并用的基层化渗透。

五、教学过程

【导入新课】

教师设问: 在古代王朝中后期,州县官往往被称为“父母官”。这一称呼背后,蕴含着什

图 1　晚清"为民父母"匾额

么样的政治隐喻呢？（参考答案：地方县令相对人民，既是"严父"又是"慈母"，人民好比年幼的孩子。）

教师讲述并导入： 古代王朝本着儒家的统治思想，对人民摆出的首先是一位仁者的面貌，这是国家保护弱者的儒家仁慈的一面。同时，国家在人民面前也摆着法家严肃的一面，君主总揽大权，人民没有独立于君权的权利，国法主要是一套犯禁惩罚的条规：违反国家关于结婚程序、继承规则、土地买卖等规定，是要受笞杖刑的。国家这两幅面孔合并起来，即所谓"父母官"，这是国家在人民面前摆出的自我形象①。可以说，"父母官"这一形象生动地概括了古代王朝进行国家统治和社会治理的基本策略：法治与教化并用。今天，我们一起来学习《中国古代的法治与教化》。

(设计意图) 从学生相对熟悉的历史概念"父母官"切入，于无疑处引疑，调动学生的求知欲望。同时，把"法治与教化"这种枯燥抽象的概念，注入"父母官"名词和"为民父母"匾额这样具象性知识之中，降低了学生求知的畏难情绪，帮助学生平稳地由"旧知"走向"新知"。

【学习新课】

(一) 东周至秦朝的德治与法治之争

1. 从习惯法到成文法

材料一　随着春秋社会王政下移、礼坏乐崩，单靠礼这一单独的统治术已经无法维护社会稳定，社会对法和刑的呼唤越来越强烈。子产的"铸刑书"是对传统法的一次大的调整，即将法律规范刻铸成所谓的"刑书"，使国人周知，废弃了"议事以制，不为刑辟"的"先王"之制，对具有法律垄断权的贵族阶级来说是一次不小的冲击。二十多年后，当叔向所在的晋国开始"铸刑鼎"时，孔子强烈反对，将"铸刑鼎"与破坏贵贱等级秩序联系起来，认为将法律规范公开化破坏了"贵贱不愆"的社会秩序，"民在鼎矣，何以尊贵？贵何业之守？贵贱无序，何以为国？"

——摘编自桑东辉：《子产与孔子》，载《光明日报》，2015 - 08 - 10

教师设问： 根据材料一并结合所学知识指出，子产和孔子是什么时期的人？他们有何政治分歧？这一分歧反映出什么样的历史大变动？（参考答案：时期：春秋。分歧：子产"铸刑书"，孔子间接反对。变动：成文法诞生。）

① 黄宗智著：《清代的法律、社会与文化：民法的表达与实践·重版代序》，上海：上海书店出版社，2001 年，第 2—3 页。

教师讲述: 春秋时期,中国产生了成文法。郑国的子产“铸刑书”,就是中国历史上最早的成文法。

教师设问: 结合材料一与教材第44页内容,说一说叔向、孔子为何会反对“铸刑书”“铸刑鼎”,或者说,成文法对传统政治有何冲击。(参考答案:传统法是习惯法,口耳相传,议事以制,即“按老规矩办”,法律实质上为贵族所垄断;成文法公开法律规范、照章执行,打破了贵族对法律的垄断,一定程度上保护了平民和新兴地主阶级的利益。)

教师追问: 春秋时期为什么会发生从习惯法到成文法的历史大变动?(参考答案:生产力大发展,铁器牛耕出现;生产关系大变革,井田制瓦解,封建经济开始形成;分封制和宗法制走向瓦解;新兴地主阶级开始形成。)

教师追问: 子产与孔子,在法治观念上有何异同?(参考答案:相同:二人都主张礼法并用。不同:子产在礼主法辅的历史基础上大力提升法的地位,事实上促成了礼与法的分离;孔子期望维护传统法律秩序,礼主法辅,德主刑辅。)

(过渡) 可见,从习惯法到成文法,不仅是法律形式的大变动,还是德治、法治观念的大碰撞。随着成文法的诞生,二者的争论不但没有停止,反而更加激烈。

2. 从“儒法争鸣”到“一断于法”

材料二 《孟子》中记载了孟子与其学生关于法律问题的讨论。学生问:“舜做天子后,假如其父杀人,舜的法官该怎么办呢?”孟子回答:“抓起来就行了。”学生又问:“难道舜不阻止法官吗?”孟子说:“舜怎么能阻止呢?法官是按职责办事。”学生问:“那舜又该怎么办呢?”孟子说:“舜应当放弃天子之位,毫不顾惜。然后偷偷地背上父亲逃到海边住下,一辈子都很快乐,把曾经做过天子的事情忘掉。”

——摘编自《孟子·尽心》,转引自2015年新课标全国卷Ⅱ第40题

教师设问: 根据材料二并结合所学知识,概括孟子的法治观念。(参考答案:治国需要法治;权力不能干预执法;当法律与人伦冲突时,维护人伦。)

材料三 从法治的立场出发,法家根本上否认道德在治理国家中的价值。法家认为,作为一种社会控制手段,法的功用在于禁恶而非劝善,用法来达到一种社会秩序而不是使人道德高尚。法家只关注人有没有犯罪,至于人们是因为“中心悦而诚服”还是由于“畏威而远罪”,则大可不必过问。法家主张“不务德而务法”,但并不是全盘否认道德的价值。在他们看来,一些基本的、有利于君主统治的道德规范还必须遵守。韩非说:“臣事君,子事父,妻事夫,三者顺则天下治,三者逆则天下乱,此天下之常道也。”

——关健英:《先秦法家的法治精神内涵》,载《北方论丛》,2004年第3期

教师设问: 根据材料二、三并结合所学知识,指出战国时期儒家、法家在德治法治问题上的异同。(不同:儒家认为人性善,主张德治;法家认为人性恶,主张法治。相同:旨在维护君主统治。)

教师讲述: 据《史记》记载,商鞅第一次见秦孝公,说之以“帝道”,即效法尧、舜无为而治,秦孝公“时时睡,弗听”;第二次召见时,商鞅说之以“王道”,即以德治国、仁义无敌,秦孝公很不耐烦地回应“久远,吾不能待”;第三、四次召见时,商鞅说之以“霸道”,即以法治国、富国强兵、以力取天下,秦孝公始称善,甚至“公与语,不自知厀之前于席也”,不自觉间主动凑近商鞅去倾听。后来的结果大家早就知道了,商鞅变法后,秦国逐步强盛,最终灭六国,统一

天下。于是,战国时期的儒法争鸣局面被一刀斩断,“事皆决于法,刻削毋仁恩和义……于是急法,久者不赦”①。

教师设问: 在战国时期的儒法争鸣浪潮中,历史为什么会选择法家思想?(参考答案:儒家思想有利于教化民众,但法家思想更符合战国时期各国富国强兵、政令统一的需要。)

教师讲述: 秦朝厉行法治,但短命而亡。后世王朝吸取秦朝刑法严酷、暴政而亡的教训,再也没有王朝公然宣布“一断于法”了,法家学派也由此式微。

(过渡) 那么,以法治国就这么退出中国历史舞台了?非也!

(二)西汉至明清王朝的法治与教化

1. 汉唐时期的法律儒家化

材料四 秦、汉之法律为法家所拟订,纯本于法家精神。商鞅之秦法,固不待论,即萧何所制汉律亦全袭秦旧,为法家一系相承之正统。

——瞿同祖著:《中国法律与中国社会》,北京:中华书局,1981年,第329—330页

材料五 唐律与礼的关系极为密切:第一,唐律的修撰以礼为指导原则。第二,唐律的条文大多源出于礼。今传唐律共十二篇,五〇二条,绝大部分律条本身,或直接、或间接地源出于礼。所谓“直接源出于礼”,就是说,唐律的有些条文,特别是一些原则性的规定,是直接从礼的有关原则演变而来的,有的干脆照搬礼典,有的则是演绎礼文。所谓“间接源出于礼”,指的是那些为了惩罚非礼而制定的律条。第三,唐律的实施在相当大的程度上为礼所左右。古代法律的实施,有两个重要的环节,一是对律文的解释,一是律文的具体执行。唐律有统一的、官方的解释,这就是《唐律疏议》,它完全以礼为理论基础。至于礼在唐律的具体执行中发生的影响,也是很明显的。律条无文时,可以据礼处断;律条有文时,可以用礼解释;律条与礼冲突,难以附会时,可以弃律从礼。

——摘编自刘俊文:《唐律与礼的密切关系例述》,载《北京大学学报》,1984年第5期

教师设问: 根据材料四、五并结合所学知识指出,从西汉到唐朝,古代法律发生了什么重大变化。(参考答案:汉律“一断于法”;唐律“一准乎礼”。)

教师讲述: 从汉律“一断于法”到唐律“一准乎礼”,这个历史变化过程,学术界称之为“法律儒家化”。

材料六 儒家思想以伦常为中心,讲究贵贱、尊卑、长幼、亲疏有别,因此制定有差别性的行为规范——礼。法家则讲一赏一刑,反对有别,认为亲亲爱私则乱,不因人而异其法,太史公所谓“不别亲疏,不殊贵贱,一断之于法”者也。所谓“儒法之争”主体上是礼治、法治之争,更具体言之,亦即差别性行为规范及同一性行为规范之争。

——摘编自瞿同祖著:《中国法律与中国社会》,北京:中华书局,1981年,第328—329页

教师设问: 根据材料六和教材第45—46页内容,并结合所学知识,概括汉唐时期法律儒家化的历史进程。(参考答案:见表一。)

---

①《史记·商君列传》,北京:中华书局,1959年,第238页。

表一　法律儒家化的历史进程

时期	西汉	东汉	魏晋南北朝	唐朝
经过	引经决狱	以经注律	引礼入律	一准乎礼
方式	引儒家经典古老判例或某种原则作为判案依据	汉儒主动介入律学，采用训诂学方法分析汉律，阐发法制	将儒家的礼与法律结合，强化君权、父权、夫权	礼作为法的编纂、判定、量刑的原则、依据、标准
影响	法律的部分解释权开始儒家化	利用注解使法律解释权大规模儒家化	开始直接引用儒家礼教填充法律	法理被儒家伦理占据，法律彻底儒家化

教师引导学生分析：第一，汉武帝独尊儒术，儒家思想成为正统思想。然而当时的汉律依然是法家系统，而且不可能全盘推倒重来。于是，以董仲舒为首的西汉儒生，发明了“引经决狱”的审判方式，开辟了法律儒家化新道路。第二，东汉儒生更进一步，主动介入律学，律令章句学盛行。律章句是汉儒采用训诂学的方法分析汉律，阐发法制，我们称为“以经注律”。就是说，法律一经颁布不能随意修改，经学大师用儒家经义来解释现行法律条文，这些注释之言或经过朝廷的批准而具有法律效力，或通过改变司法官的法律意识而在司法中悄悄发挥作用。第三，魏晋南北朝开始“引礼入律”，即直接把儒家礼教内容引入律令。亲属间相犯，视血缘亲疏而有轻重之分，是魏晋南朝司法实践中通行的原则。特别是晋律“峻礼教之防，准五服以制罪”的原则确立以后，使得依伦常定罪量刑进一步制度化、法律化。所谓“五服”是根据亲疏等差关系而形成的五种丧服制度，即斩衰、齐衰、大功、小功、缌麻。如亲属间相犯，根据服制所定的亲疏有区别地定罪量刑，从而加强了礼在刑法中的比重。“准五服以制罪”表明儒家的礼仪制度与法律适用完全结合在一起，法律强化了对君权、父权和夫权的维护。第四，唐律“一准乎礼”，礼法合一。《唐律疏议》标志着法律儒家化的完成和中华法系的确立，唐律成为后代王朝创制法律的蓝本，并对日本等儒家文化圈国家产生了重大影响。

(过渡)在法律儒家化完成的时代，统治者是如何运用法律与教化两大武器来治理国家和社会的呢？

2. 宋元明清的法律与教化

教师设问：阅读教材第46—47页相关内容，完成表二的基础知识梳理。

表二　唐宋元明清时期的法律与教化

	朝廷	儒士
唐朝	颁布《贞观律》《永徽律》《__①__》 颁行《__②__》	/
宋朝	编纂《__③__》《天圣令》 南宋后期确立程朱理学为正统思想	创建程朱理学 通过__④⑤⑥__，向社会广泛传播理学
元朝	在司法实践中广泛援引__⑦__	/
明朝	颁布《大明律》	在乡约中宣讲明太祖的“__⑧__”
清朝	颁布《大清律例》	在乡约中宣讲__⑨__和__⑩__

（参考答案：①唐律疏议；②大唐开元礼；③宋刑统；④私塾授徒、书院讲学；⑤制定乡约、族规、家训；⑥撰写普及读物如《家礼》《小学》；⑦唐律；⑧六谕；⑨“圣谕十六条”；⑩《圣谕广训》。）

教师追问：从表二可见，唐宋明清王朝在利用法律和教化“两只手”来进行国家统治和社会治理时，体现出哪些特点？（参考答案：朝廷和儒士良性互动；既重视法律制度，也重视礼乐制度；既重视法律与礼制的制定，也重视向社会和基层推广。）

（1）立法制礼：法律与教化并用

材料七 狭义的唐律指唐代国家的刑法典，即由《武德律》初创，《贞观律》完善，《唐律疏议》传世的唐代律典。唐律有十二篇。《名例律》涉及惩罚犯罪的刑罚名称与等级，以及刑罚适用的原则等。《卫禁律》是关于惩治出入皇帝宫殿、庙苑和关津、要塞等方面的违法犯罪的规定。《职制律》是关于官吏违反职守和法度的犯罪规定。《户婚律》是关于户籍、土地、赋税及婚姻家庭方面的违法犯罪。《厩库律》是关于饲养使用公私牛马和仓库管理方面的违法犯罪……《捕亡律》是关于捉拿逃亡的罪犯和士兵、役丁逃亡的违法犯罪的规定。

——摘编自张晋藩总主编：《中国法制通史》第四卷，北京：法律出版社，1999 年，第 157—166 页

材料八 《开元礼》一百五十卷，包括序例三卷、吉礼七十五卷、宾礼二卷、军礼十卷、嘉礼四十卷、凶礼二十卷。其中，吉礼包括祭天神、祀地祇、享宗庙三大类。宾礼主要是对与蕃国往来礼仪的规定，用以接待四夷君长及其使者。军礼有皇帝亲征、讲武、田狩、大射、合朔伐鼓等。嘉礼计五十项，以冠礼、婚礼为重要。凶礼分凶年赈抚、劳向疾苦、五服制度和丧葬程式四大类。这样，大到祭天祀地之礼，小到婚冠丧礼，衣食住行，几乎包容了社会生活的各个方面。《开元礼》对上起帝王，下至百官臣僚的政治活动与日常生活都作了详尽的规定，甚至连“礼不下庶人”的庶民阶层，也有礼仪程序需要遵守。从某种意义上说，《开元礼》是唐代社会生活的百科全书。

——赵澜：《〈大唐开元礼〉初探》，载《复旦学报（社会科学版）》，1994 年第 5 期

教师设问：根据材料七、八并结合所学知识指出，既然唐律已经礼法合一了，为什么政府在颁布《唐律疏议》等法典后，还要制定《大唐开元礼》等礼典？（参考答案：法典用以禁恶，礼典用以扬善，即用刑法告诫百姓不能做什么，礼典告诉百姓言行举止的规范。二者相辅相成，共同指向建立儒家礼治社会，维护封建君主专制统治。）

（2）司法实践：法律与教化并用

材料九 他（明朝著名清官海瑞）说，他充当地方的行政官而兼司法官，所有诉讼，十之六七，其是非可以立即判定，只有少数的案件，是非尚有待斟酌，这斟酌的标准是：“凡讼之可疑者，与其屈兄，宁屈其弟；与其屈叔伯，宁屈其侄。与其屈贫民，宁屈富民；与其屈愚直，宁屈刁顽。”

——[美]黄仁宇著：《万历十五年》（增补本），北京：中华书局，2007 年，第 125 页

材料十 关于民事诉讼，清代官方表达的图像之一是，县官们处理民事诉讼案件的时候，一般是像父母亲处理孩子们的争执那样，采取的是调处的方法，用道德教诲子民，使他们明白道理，不都依法律判案。然而，诉讼案件档案显示的却是不同的图像：衙门处理纠纷的时候，要么让庭外的社区和亲族调解解决，要么就是法官听讼断案，依法律办事。县官本身

极少在庭上进行调解。

——黄宗智著：《清代的法律、社会与文化：民法的表达与实践·重版代序》，上海：上海书店出版社，2001年，第4—6页

教师设问：根据材料九、十并结合所学知识，指出在面向社会基层和普罗大众进行司法实践时，法律与教化是如何并用的。（参考答案：既然礼法已经合一，依照法律条文判案，就是实践礼法并用；当法律条文不足或案情不清时，依照儒家伦理判案；正式审判之前，鼓励亲族调解，即在县官“听断以法”前多多发挥亲邻“调处以情”的作用。）

(3) 宋代儒士：基层教化的先行者

教师讲述：前面两点，我们主要从朝廷角度来梳理法律与教化的推进，现在我们把视角从“庙堂之高”转向“江湖之远”。宋代以来，法律与教化发展的一大趋势，就是逐步深入社会基础。其中，宋代儒士在教化乡里方面作出了开创性的卓越贡献。如教材所举的两大方面：一是以朱熹为代表的儒士，通过授徒、书院讲学传播理学；二是以吕大钧为代表的儒士，用乡约教化乡里。

(4) 明清乡约：法律与教化的基层合流

材料十一　宋代乡约组织是乡村士大夫缙绅阶层提倡、制定并付诸实施的，以儒家思想为指导，以士大夫礼仪标准为尺度，企图达到“敦教化，美风俗”的作用，目的是为了探索出更加适合宋代乡村社会发展的自治化组织。宋神宗熙宁九年（1076年）诞生了中国历史上第一个文本式乡约——《吕氏乡约》。

——吕建康：《宋代乡约组织社会职能研究》，陕西师范大学硕士论文，2014年

教师设问：根据材料十一并结合教材第47页“学思之窗”以及所学知识，指出从宋朝到清朝，乡约所讲内容有何变化。（参考答案：宋代乡约以教化为主，主要宣讲儒家道德礼仪；明清增加了宣讲国家法律的内容。）

教师引导学生分析：乡约原本是儒士主导、教化乡里；明清王朝加强对乡约的控制，教化与法律合流。总之，经过朝廷的立法制礼、司法实践，儒士的基层教化，宋元明清时期，法律与教化一步步向社会基层渗透，普通民众逐渐被卷入古代王朝用法律和教化织成的社会治理巨网。

【课堂小结】

教师引导学生小结：法律制裁和伦理教化历来是统治者进行社会治理的两种基本手段。法律是由国家制定或认可，并以强制力约束社会的规则；教化是国家提倡的政教风化，在中国古代主要就是传播儒家伦理道德和统治阶级所提倡的社会风尚，以及普及国家政令。中国古代的法律与教化自成一体，以“礼法合一”闻名。但这“礼法合一”也是发展变化的：夏商西周的习惯法是以奴隶主贵族的“礼”为主；春秋时期成文法诞生，儒法争鸣，出现德治、法治的大讨论；秦朝一度“一断于法”；从西汉中期到唐朝，经历漫长的法律儒家化过程，“礼法合一”的中华法系形成；宋代以降，法律与教化逐步向社会基层普及，使“礼法合一”的法律与教化从国家制度层面逐步深入民众日常生活，最终融合成中国人的共同民族文化心理。

第9课

近代西方的法律与教化

教学设计1

成都嘉祥外国语学校　谢春林　梁晓东

一、教材分析

本课是统编教材《国家制度与社会治理》第三单元《法律与教化》第2课，共包括三个子目。“近代西方法律制度的渊源及发展”子目主要讲述了近代西方法律制度的渊源及其发展过程：从以《十二铜表法》为开端、以《查士丁尼民法大全》为最高成就的罗马法，到在日耳曼人部落习惯法基础上编纂的日耳曼法，再到教会根据基督教神学制定和颁布的教会法，它们共同构成了近代西方法律制度的主要渊源；西方法律制度在近代的发展主要表现在“英美法系”和“大陆法系”两大法律体系的形成。“近代西方法律制度的基本特征”子目从总体上概述了近代西方法律制度的三大基本特征：在国家权力结构上实行权力制衡、三权分立；在法律内容上注重保护个人权利；在司法实践过程中坚持程序公正和无罪推定。“宗教伦理与教化”子目主要讲述了基督教的宗教伦理和教化在中世纪发挥的作用，以及新教伦理对西方社会发展的影响。

《普通高中历史课程标准(2017年版2020年修订)》对本课的要求是：了解近代西方法律制度的渊源和基本特征，知道宗教伦理在西方社会发展进程中的作用。从单元结构上来说，本课上承《中国古代的法治与教化》一课，下启《当代中国的法治与精神文明建设》一课，按照中外古今的方式编排，建构起了较为合理的时空框架，有利于学生在构建良好时空观念的同时，加深对于法律与教化的理解。本教学设计对教材知识体系进行了重新整合，如下图：

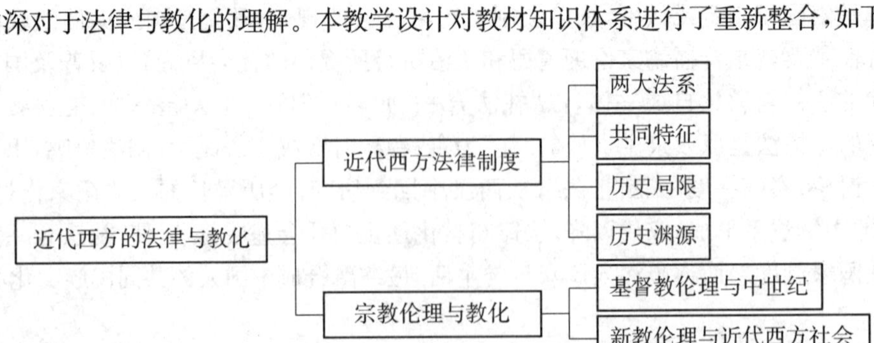

二、学情分析

统编版义务教育历史教材对于基督教的发展历史有着较为详细的阐述，但是对于西方法律制度的起源及发展过程却没有系统梳理。通过学习《中外历史纲要（下）》，学生对于古罗马的历史和基督教的起源有了一定了解，对于西方资产阶级革命及其过程中建立的一系列法律制度也有了一定的了解，但对于西方法律制度和伦理教化缺乏系统全面的认识。

在本课教学中，我们需要提供必要的史料来帮助学生建构起结构性和对比性的历史情境，帮助学生更加全面地认识近代西方法律制度的渊源及其发展历程，以及宗教在西方社会教化中起到的作用。在教学过程中，注重以唯物史观为指导，引导学生辩证地看待西方法律制度与宗教伦理，进一步培养学生的家国情怀和全球视野，以及理解多元文化的能力。

三、教学目标

1. 了解西方近代法律制度的渊源和发展过程，认识西方近代法律制度的基本特征，辩证认识西方资本主义法律制度的价值与局限。

2. 通过梳理基督教伦理与中世纪的关系、新教伦理与西方近代社会的关系，进一步认识西方宗教伦理与教化的双重作用。

四、教学重难点

重点：近代西方法律制度的基本特征。

难点：宗教伦理与教化。

五、教学过程

【导入新课】

教师讲述：东方西方，心同理同。中国古代王朝以法律制裁和伦理教化为国家统治和社会治理的两大手段，相辅相成。西方社会从古代、中世纪到近现代也是如此。只不过，他们的法律和教化自成一体，既与古代中国不同，自身也在发展变化，在古代、中世纪与近代现代的传承中质变。

【学习新课】

（一）近代西方法律制度

教师讲述：广义上的“法律制度”指一国的立法制度与司法制度的总称①。“近代西方法

① 夏征农主编：《大辞海·法学卷》，上海：上海辞书出版社，2003年，第12页。

律制度”是一个时空观念强烈的历史名词，从时间上看，始于 1640 年英国资产阶级革命，终于 20 世纪初；从空间上看，主要覆盖资本主义国家①。

教师设问：大家知道哪些近代西方法律呢？（参考答案：英国以《权利法案》为代表的宪法性文献，以及 1787 年宪法、《法国民法典》《德国民法典》等。）

(设计意图)教材按照古希腊法律、罗马法、中世纪西欧法律体系、近代法律制度的时序，讲述了近代西方法律制度的渊源。对此，本教学设计作了调整，首先引导学生认识西方近代法律制度，包括其概念、形成过程、两大体系、整体特征，再回溯其历史渊源，这种倒叙法更符合对西方法律史基本陌生的高中生的认知心理。本教学设计从界定“法律制度”的概念入手，聚焦主题，然后对“近代西方法律制度”进行时空定位，进一步明确概念。接着引导学生回忆《权利法案》《法国民法典》等旧知识，从抽象回归具象。

1. 两大法系

教师设问：根据世界主要法系的分布地图并结合所学知识，指出近代以来资本主义世界主要法系的分布情况。（参考答案：英美法系和大陆法系是资本主义世界两大法律体系，英美法系主要覆盖英国、美国、加拿大、澳大利亚、印度等国家和地区；大陆法系覆盖欧洲大陆、拉丁美洲以及亚洲、非洲部分地区，代表国家有法国、德国、意大利、日本等。）

教师讲述：1689 年英国颁布《权利法案》，确立了君主立宪制，法律体系更加完善，为英美法系的形成创造了条件。1804 年，拿破仑颁布《法国民法典》，它与此后制定的四部法典一起被统称为“拿破仑法典”。拿破仑法典与此前颁布的法律，构成了法国的成文法体系，最终确立了法国的资产阶级法律制度。这成为欧洲大陆各国建立自己的法律制度的楷模，近代意义上大陆法系逐渐形成。两大法系的形成，标志着近代西方法律制度的日益完善。

材料一　微视频：1957 年美国电影《十二怒汉》片断剪辑

微视频故事梗概：法庭上，一个十八岁男孩被指控杀害父亲，而最后的审判还需要参考此次由十二个人组成的陪审团的意见。这十二个人各有各的职业与生活，每个人都有自己思考和说话的方式，但是除了工程师戴维之外，其余的人都对这个案子不屑一顾，在还未进行讨论之前就早早认定男孩就是杀人凶手。第一次的表决结果是 11 对 1，大部分陪审员认为男孩有罪，但按照法律程序，陪审团意见必须是一致的，也就是 12 对 0 的表决结果才会被法庭采纳。首先站出来赞成无罪的是戴维，由于戴维的坚持，也随着对三个关键证据的科学推理，赞成无罪的意愿开始在其他十一个陪审员心中萌生。对男孩是否有罪的表决也开始出现戏剧性的改变：11 对 1、9 对 3、8 对 4、6 对 6、3 对 9、1 对 11。通过各种不同人生观的冲突和各种思维方式的较量，所有的陪审员都负责地投出了自己神圣的一票。最后，12 名陪审员达成了一致意见：无罪！

图 1　电影《十二怒汉》海报

教师设问：电影《十二怒汉》以写实和知性风格闻名。根据材料一并结合所学知识，指

① 张芳芳：《试论近代西欧法律制度的形成》，载《华南师范大学学报》，2001 年第 1 期。

出该微视频反映出英美法系哪些特点。(参考答案：推行陪审团制度，采用无罪推定原则等。)

材料二 大陆法系法官的职责只在于严格按照现行法律规范来审理案件，不允许对法律条文有丝毫的更改和发展，也不允许法官在缺乏现成法律规范的情况下自行创制法律规则。因此，在大陆法系国家，法官仅仅是“制定法的奴仆”，无权创制法律规则……由于大陆法系法官用以审理案件的法律依据主要是高度抽象概括的法典，法律条文是大前提，案件事实是小前提，判决结果则是结论。这是一个典型的演绎推理过程。而英美国家的法官首先要做的是从无数类似的先例中归纳出法律原理，然后与当前审理的案件事实进行对比，最后得出判决结果，因此它的推理过程主要是一个归纳的过程。

——叶秋华、王云霞主编：《大陆法系研究》，北京：中国人民大学出版社，2008年，第9—10页

教师设问： 根据材料一、二并结合所学知识，指出英美法系与大陆法系的区别。(参考答案：英美法系以判例法为主，大陆法系以成文法为主；英美法系法官地位突出，具有“法官造法”的司法导向，大陆法系法官只能严格执行法律，不允许“法官造法”；英美法系运用法律的推理方法主要是归纳法，而大陆法系主要是演绎法。)

2. 共同特征

材料三 如果我们过于纠缠大陆法系诸国与英美法系诸国之间的种种差异，我们将无法将西方法律作为一个整体与非西方国家法律加以区分。假如我们求之于对西方各法律制度均产生广泛影响的文化因素，例如基督教、政治民主制以及经济上的资本主义等，便发现这种影响并非在所有这些国家中都达到同样的程度……各种形式的西方法律均具有悠久而丰富的历史传统，它们或直接渊源于罗马法，或一直受到罗马法的实质性影响。

——[澳]G. 萨维尔，贺卫方译：《西方法律的九个要素》，载《环球法律评论》，1991年第4期

教师设问： 根据材料二、三并结合教材第50—51页相关内容，指出近代西方法律制度的基本特征。(参考答案：在历史渊源上，建立在罗马法的基础上，历史传统悠久；在法制理论上，在继承传统法律思想的基础上，融合了启蒙思想；在国家权力结构上，坚持权力制衡、三权分立；在法律内容上，注重保护个人权利；在司法实践过程中，坚持程序公正和无罪推定；在性质上，都是资产阶级性质的法律制度。)

教师讲述： 在罗马法的基础上，英国和法国分别发展了英美法系和大陆法系。近代西方法律制度的基本特征是立法和司法独立，强调保障个人的权利。

3. 历史局限

材料四 随着自由经济的发展，建立在传统哲学和自由经济学基础之上的近代私法体系逐渐暴露出其局限性。首先引起人们注意的是自由经济发展过程中弱肉强食的现象。这主要表现之一就是处于强者地位的资本家对工人的剥夺。

——李东方：《近代法律体系的局限性与经济法的生成》，载《现代法学》，1999年第4期

教师设问： 根据材料四，指出近代西方法律制度有哪些局限性。(参考答案：过于强调对私有财产的保护，为资产阶级利益服务。)

教师追问： 大家还记得1787年宪法的历史局限性吗？后来是如何修正这些缺陷的？

(参考答案：局限性：种族歧视；性别歧视；没有明确规定公民权利条款。修正：采用宪法修正案的形式，前后历时200多年，逐步修正。)

教师引导学生分析： 西方法律制度存在着局限性，作为资本主义法律制度，保护资产阶级利益是其必然立场，例如，对私有财产权的确认和保护，带来法律地位与财产多寡隐性挂钩的弊端。同时，西方法律制度是发展变化的，随着生产力的发展和社会的进步，一些历史弊端也得到了修正或部分修正。

(过渡)正如前文G. 萨维尔所指出的，西方法律具有悠久而丰富的历史传统，那么，近代西方法律制度又从何而来？

4. 历史渊源

材料五 日耳曼法为后世的法律文化提供了不可替代的因素。英美法系以英国中世纪普通法为基础，而普通法的主要成分就是与盎格鲁—撒克逊的习惯一脉相承的英格兰王国的习惯，因此，从普通法形成之初，它在内容与形式上就已与日耳曼法结下不解之缘。大陆法系的成文法典的模式源自罗马法，立法理念和立法内容也吸收了罗马法，但地方法、习惯法、法学著作等都是制定法典时必然参考的渊源，日耳曼法就是借助这些渊源而被近代法典所吸收，并成为大陆法系的重要因素。例如，《法国民法典》在很大程度上是深受罗马法影响的南部成文法与以日耳曼法为基础的北部习惯法这两种传统制度的巧妙融合物。具体而言，民法典中的契约法部分几乎完全来自成文法，而习惯法，特别是巴黎习惯法，首先在家庭法和继承法中得到体现。日耳曼土地法的公示原则则被民法典以登录和登记制的僵化形式加以接受。

——摘编自李秀清著：《日耳曼法研究》，北京：商务印书馆，2005年，第489、506—508页

教师设问： 根据材料五，指出近代西方法律制度的主要渊源。(参考答案：罗马法、日耳曼法、英国中世纪普通法等。)

教师讲述： 此外，中世纪诞生的教会法、封建法、王室法、商人法、自然法等，也是近代西方法律制度的渊源。

教师追问： 材料五旨在强调日耳曼法是近代西方法律制度的重要渊源，但行文中也透露出罗马法的重要影响。材料中提到了哪些影响呢？(参考答案：大陆法系的成文法典的模式源自罗马法，立法理念和立法内容也吸收了罗马法。)

教师引导学生分析： 公元5世纪，西罗马帝国覆灭，罗马法在西欧急剧衰落，冲垮西罗马帝国的日耳曼诸王国以各自的习惯法为基础，吸收罗马法的一些原则和术语，先后制定较系统的成文法，这就是日耳曼法。公元6世纪，东罗马帝国皇帝查士丁尼编纂《罗马民法大全》，完成了对从公元前753年罗马建成以来的罗马法的整理。公元11世纪，西欧出现罗马法的复兴。19世纪，几乎所有的欧洲国家发生了法典化运动，最著名的是1804年颁布的《法国民法典》、1811年的《奥地利普通民法典》、1896年的《德国民法典》等，它们的编纂无不以查士丁尼的法典为基础①。

(过渡)材料五及我们的解读，更多地反映了罗马法作为大陆法系渊源的一面。材料五明确指出，"英美法系以英国中世纪普通法为基础，而普通法的主要成分就是与盎格鲁—撒

① 徐国栋著：《罗马的第三次征服：罗马法规则对现代公私法的影响》，北京：中国法制出版社，2016年，第417页。

克逊的习惯一脉相承的英格兰王国的习惯”。然而，教材第49页“学习聚焦”和材料三则强调罗马法是近代西方法律制度——不但是大陆法系，也包括英美法系——的主要渊源。那么，怎么理解罗马法是英美法系的重要渊源呢？

材料六　(2009年宁夏卷第29题)罗马法规定：当事人若不向法庭提起诉讼，法庭即不予受理；一个人除非被判有罪，否则即是无罪之人；一个被控有罪的人，可在宣判前为自己辩护；法官审判应重证据等。这些规定后来成为现代法治的重要原则。下列各项中，符合上述规定的是

A. 法庭立案与否皆取决于案情

B. 被告在法庭审理过程中无罪

C. 被告必须为自己的行为辩护

D. 证据是法官判案的唯一依据

【参考答案】B

教师引导学生分析：该题题干陈述的这些罗马法规定，不仅是大陆法系的重要原则，也是英美法系的重要原则。因此，罗马法也是英美法系的重要渊源。

(设计意图)材料六引用高考真题，以具体例子让学生清晰认知罗马法这些规定和现代法治的重要原则之间的关系，直观理解罗马法是近代西方法律制度的渊源。

(过渡)如前所述，教会法与罗马法、日耳曼法一起构成近代西方法律的三大渊源。其实，教会对于西方社会治理的作用，远远不止于法律层面，它深深地影响着西方社会的每一个方面。

(二) 宗教伦理与教化

1. 基督教伦理与欧洲中世纪

图2　中古西欧的“三种人”

材料七　中世纪盛行的基督教信仰极大地影响着普通人的日常生活，基督教的行为和态度渗透到了日常生活的方方面面。村庄的教堂是庄园活动的中心，也是社会、政治、经济和宗教中心。一个人生命中的许多重要事件都发生在教堂里或围绕着教堂展开：孩子出生几个小时后在教堂接受洗礼；男人和女人们在那里向牧师忏悔自己的罪恶和在复活节与圣诞节时接受圣餐礼；在教堂前，马上端坐的主教把手放在候选人的头上，并在他前额上画一个十字标记，这样才能确认他的基督教徒身份。根据官方教堂的说法，基督教徒宗教生活的核心是弥撒，是基督在十字架上献身的重现。每个星期日和宗教节日，村民们都中断辛苦的劳作，站着或蹲在地板上做弥撒。最后，人们想埋葬在教堂的墓地里。教堂是村庄社会生活的中心，洗礼、婚礼和葬礼等活动通常都在教堂的院子里举行。

——摘编自[美]约翰·巴克勒等著，霍文利等译：《西方社会史》第一卷，桂林：广西师范大学出版社，2005年，第430—431页

教师设问：根据材料七并结合教材第51—52页相关内容，指出基督教的伦理与教化对中世纪西欧的社会治理与历史发展的影响。(参考答案：在中世纪前期的分裂混乱、经济衰退、文化萧条的年代里，基督教维系了基本的社会政治经济秩序，保存了部分古典文化，发展

了教育和文化事业，为西欧文明的传承作出了巨大贡献；基督教宣扬信仰上帝，奉行禁欲说和得救说，一方面有利于引导民众忍受苦难度过黑暗年代，另一方面也为教会和贵族盘剥民众进行辩护；基督教控制民众从生到死的日常生活的方方面面，一方面教导人们向善，另一方面也禁锢了民众的思想。）

教师强调：总之，基督教的伦理与教化，对中世纪的欧洲产生了双重影响。一方面，发挥着社会教化的正面功能，另一方面，强化了对民众的精神控制。

（过渡）16 世纪，随着欧洲资本主义的发展，天主教会成为欧洲历史发展的巨大障碍，欧洲各国相继爆发了宗教改革运动。

2. 新教伦理与近代西方社会

图 3　马丁·路德与神圣罗马帝国皇帝辩论的场景

教师设问：根据图 3 并结合教材第 52 页相关内容，指出新教提出了哪些新伦理，对西方近代社会的发展有何重大影响。（参考答案：新伦理：因信称义；先定论；提倡节俭和积极入世；赞扬劳动和追求财富等。影响：适应了资本原始积累时期新兴资产阶级的政治、经济诉求，推动了资本主义的发展。）

教师追问：根据教材第 53 页“史料阅读”并结合所学知识，指出新教伦理在教化民众方面的双重性。（参考答案：既有教导民众进取、向善的一面，又有麻醉民众、精神控制的一面。）

（设计意图）本教学设计中，多次显性或隐性地运用教材的“学习聚焦”“历史纵横”“学思之窗”“史料阅读”“问题探究”“学习拓展”等栏目辅助教学。这既是对教材经典材料、重要问题的灵活运用，也是引导学生重视对教材的阅读和理解。同时，图 2、图 3 引用统编版普通高中历史教材《中外历史纲要（下）》的插图作为材料，既有利于删繁就简，更是为了引导学生从旧知推出新知。

【课堂小结】

教师引导学生小结：法律和教化属于上层建筑，始终服务于经济基础。随着资本主义的萌芽和发展，近代西方法律形成，新教诞生。二者相辅相成，共同促进了西方社会的国家治理和社会发展。同时，近代西方法律制度和新教虽然都代表着新兴资产阶级政治、经济和文化诉求，但它们都植根于西方社会悠久的历史传统，在传承中实现有序革新。

教学设计2

成都市锦江区嘉祥外国语高级中学 王子涵

一、教材分析

本课是统编教材《国家制度与社会治理》第三单元《法律与教化》的第2课，包含“近代西方法律制度的渊源及发展”“近代西方法律制度的基本特征”“宗教伦理与教化”三个子目的内容。教材主要讲述了近代西方法律制度以罗马法为历史渊源，经历中世纪的日耳曼法、教会法的融合发展，在复兴罗马法的基础上于英国和法国分别发展形成了英美法系和大陆法系，并在这一过程中，形成了立法和司法独立、强调保障个人权利等基本特征。基督教伦理一方面强化迷信，一方面也利于教化大众，深刻影响了西欧人们的思想意识和日常行为。尤其是宗教改革后的新教伦理，对近代西方资本主义社会影响巨大。

《普通高中历史课程标准(2017年版2020年修订)》对本课的要求是：了解近代西方法律制度的渊源和基本特征，知道宗教伦理在西方社会发展进程中的作用。本课教材内容在必修课程中无系统讲解，且时空跨度较大，甚至涉及一些法学和宗教学领域的专门知识与专有概念。教材基本以叙述结论性的史实为主，缺少形象生动的案例供学生理解，因此教学难度颇大。基于此，可先将前两个子目进行整合，同时补充第三子目让学生了解西方近代法律与宗教的关系：

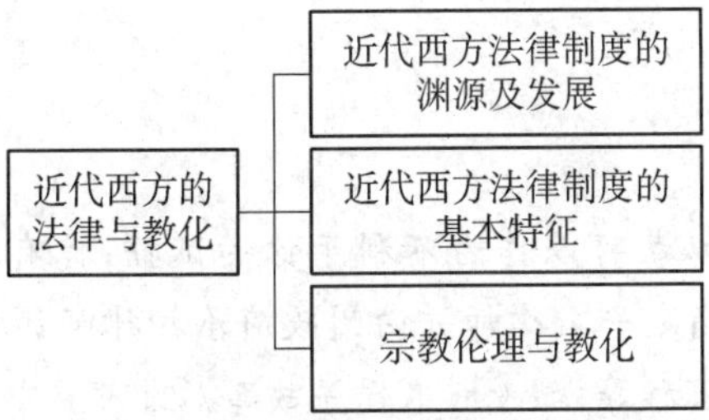

图1 原教材子目

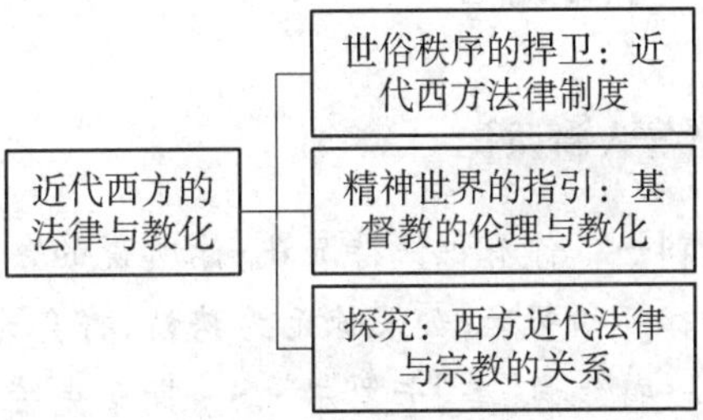

图2 整合后的子目

另外，教学中要始终具备长时段视野与跨学科意识，准确把握西方法律产生、发展的基本时空框架以及相应的社会政治、经济条件，注重理清不同时期法律继承发展的历史逻辑，依据学情适当补充法学、宗教学等相关学科的基本知识与史料，引导学生辩证地认识和理解西方法律与宗教教化。

二、学情分析

学生对本课的学习存在三处难点：一、本课内容在必修课程中对应知识较少，又涉及跨学科知识的理解，学生缺乏相关知识储备；二、本课内容的时空跨度较大，涉及的具体历史时期、国家较多，学生难以理解不同时期法律、宗教继承发展的内在逻辑；三、由于中西方历史文化、社会环境不同，学生在理解西方法律、宗教问题时，难以“共情”，从而影响学习和进一步探究的兴趣。教学时，教师需要尽可能挖掘形象生动的典型案例与史料，引导学生探究法律、宗教与相应历史时段社会经济、历史文化发展状况之间的关联。

三、教学目标

1. 了解西方近代法律制度的历史渊源，认识罗马法对近代西方两大法系的深远影响；能够根据基本的时空线索梳理西方近代法律发展脉络，学会用唯物史观辨析法律发展与相应历史时段社会经济、历史文化发展状况之间的关联。

2. 理解近代西方法律制度的基本特征，能够辩证地看待西方法律制度的价值与局限。

3. 了解基督教伦理教化对中世纪的影响，理解宗教改革后新教伦理对近代资本主义的推动作用。

4. 对西方法律与宗教的关系有一定的认识。

四、教学重难点

重点：西方近代法律制度的历史渊源与基本特征。

难点：法律制度与宗教教化的关联性。

五、教学过程

【导入新课】

材料一 你有权保持沉默；你所说的任何话，都可以作为不利于你的证据；你有权利获得辩护律师的帮助；如果你无力聘请，将会为你指定一名律师并由州政府承担律师的费用。

——摘编自[美]卡罗尔·S·斯泰克编，吴宏耀等译：《刑事程序故事》，北京：中国人民大学出版社，2012年，第146—147页

教师讲述：同学们在观看欧美或是香港警匪电影时，应该对材料一中这句台词印象颇深，这就是著名的“米兰达警告”。发出这样的警告不只是警察擒获嫌犯时的例行程序，其中更隐含了一项重要的法律制度：沉默权制度。这一制度始于英国，后在美国推行，并影响了欧洲诸国，以及我国台湾、香港地区①，其所蕴含的程序正义原则，为世界各国法律所遵守。但若追溯历史，其实古罗马时期就有类似的法律格言：“不得强迫任何人做出对其不利的证词”②。如同“米兰达警告”的前世今生，西方法律有悠久的历史渊源，许多法律精神与原则延续至今。而在精神世界领域，基督教自兴起以来，《圣经》的教义就逐渐传播至西方世界的各

① 李昌道、董茂云：《西方沉默权比较研究》，载《复旦学报(社会科学版)》，2002年第1期。

② 陈瑞华著：《看得见的正义》，北京：北京大学出版社，2013年，第176页。

个角落，其所宣讲的伦理道德，深刻影响了人们的生活与思想意识。基督教连同西方法律制度一起成为维系西方文明的重要支柱。

那么，近代西方法律体系是如何逐步发展完善的？有怎样的特征？宗教伦理又是如何影响社会生活的？我们带着这些问题，进入"溯源之旅"。

（设计意图）将本课的主题法律与宗教情境化，选择学生相对熟悉的情境引入，拉近学生与所学内容的距离，激发学生学习和探究的兴趣。

【学习新课】

（一）世俗秩序的捍卫：近代西方法律制度

1. 渊源：罗马法的浮沉与中世纪的"诸法并立"

教师讲述：罗马法是西方法律制度的渊源，其发展完善历经千年，至今历久弥新。

表一　罗马法发展史

罗马共和国	前期（前6世纪—前3世纪）	初期贵族垄断习惯法解释权，平民斗争不断。后元老院成立十人立法委员会，他们到希腊考察法制后，编成《十二铜表法》。该法是罗马第一部成文法，但仅适用于罗马市民，维护奴隶主阶层利益
	后期（前3世纪—前1世纪）	奴隶制经济发展，经济生活复杂化，对外战争胜利，版图日益扩大。罗马设置内事、外事裁判官，调整罗马市民、被征服地区及其之间的关系，侧重私法，扩大了罗马法适用范围
罗马帝国	前期（前1世纪—3世纪）	此时期法学家活动日益加强，罗马法学研究兴盛。随着皇权逐步加强，皇帝敕令逐渐成为法律内容的主要渊源
	后期及查士丁尼时期（3世纪—6世纪）	奴隶制社会没落和崩溃时期。东罗马帝国皇帝查士丁尼谋求罗马昌盛再现，挽救垂危的奴隶制，组织法学家对罗马法进行了系统的整理和编纂，统称《罗马民法大全》，标志着罗马法发展到最发达、最完备的阶段

——摘编自曾尔恕主编：《外国法制史》，北京：中国政法大学出版社，2007年，第52—60页

教师设问：根据表一，概述罗马法发展演变的历程，并指出推动罗马法发展完备的因素。（参考答案：历程：习惯法—成文法；公民法—万民法；侧重公法—重视私法；零散—体系完备等。因素：奴隶制经济的不断发展；国家体制的变化；借鉴外邦经验；法律裁判官的司法实践；法学家的活动。）

教师引导学生分析：从《十二铜表法》到《罗马民法大全》，罗马法的发展主要体现在它的成文形式、适用范围的扩大、法律内容逐渐精细化、侧重私法以及法律体系的不断完备上。理解法律的发展应回到当时的具体时空。罗马法的不断完善根植于奴隶制经济发展的需求，"它对这种商品生产的各种法律关系，例如所有权、债权和契约等等，都作了极为详尽的规定"①。同时，罗马法也要应对罗马版图的扩张与属民复杂的社会现实，以适应统治阶级的

① 沈宗灵：《略论罗马法的发展及其历史影响》，载《历史研究》，1978年第12期。

需要。在这个过程中，罗马法广泛借鉴了希腊法制传统，在与外邦法律的不断碰撞中，通过具体法律实践，结合法学家们的理论研究逐渐完备。

（设计意图）此处设计意在于探究罗马法的“变”中，引导学生抽象出影响法制发展的因素，并尝试从经济基础与上层建筑的关系视角理解把握法制发展与时代的互动关系，为本子目后面内容的学习提供基本思路。

（过渡）著名法学家耶林曾说：“罗马曾三次征服世界，第一次是以武力，第二次是以宗教，第三次是以法律，而这第三次征服也许是其中最为平和、最为持久的征服。”罗马法何以征服世界，而且是“最为持久的征服”呢？我们必须挖掘罗马法的思想精神。

材料二　法(jus)的始端应导源于法律，因为法律乃是自然之力量，是明理之士的智慧和理性，是合法和不合法的尺度……它适应了所有时代，产生于任何成文法之前。

——[古罗马]西塞罗著，王焕生译：《论共和国论法律》，北京：中国政法大学出版社，1997年，第190页

材料三　罗马的《学说汇纂》宣称：“根据自然法，所有人都是生来自由的”，“根据自然法，所有人都是平等的”。

——[美]约翰·麦克西·赞恩著，于庆生译：《法律的故事》，北京：中国法制出版社，2011年，第190页

教师设问：根据表一，及材料二、三，归纳罗马法蕴含的基本精神。（参考答案：自然法精神、理性精神、私法精神等。）

教师引导学生分析：材料三中的“法”不是具体的、实在的法律，而是一种带有理想色彩的立法观念，即“自然法精神”，它包含了自然、理性、自由、平等等原则。罗马法学家认为，任何“人定法”都必须遵循自然与理性，这赋予了罗马法追求正义的价值诉求，深刻影响了后世的立法。罗马人最先制定了私有财产的权利，在商品经济的发展中壮大的私法体系，也孕育出维护个人利益和权利的“私法精神”。正是这些理念和实践层面蕴含的法律精神，赋予罗马法“世界性”的意义。

（过渡）法律体系的逐渐完备没有帮助罗马帝国阻挡住北方蛮族的刀斧，公元476年，西罗马帝国灭亡，西欧进入了中世纪。

材料四　西欧中世纪法制由日耳曼法、罗马法与教会法构成。日耳曼法在西欧中世纪早期占据统治地位，带有原始民主性；教会法是天主教会制定和颁布的法规总称，对中世纪西欧社会影响巨大。公元12世纪以后，西欧商品经济获得迅速发展，西欧大陆掀起了以继承罗马法为内容的轰轰烈烈的法律改革运动。各国封建君主都乐意采用罗马法，借以论证君主的权威，摆脱教皇的控制。三支性质不同的法律体系适应统治需要相互渗透与融合，成为西欧中世纪法发展的独具特点。

——摘编自叶秋华：《西欧中世纪法制发展特点论析》，载《南京师大学报（社会科学版）》，1999年第6期

教师设问：根据材料四，概括中世纪西欧法制的基本特点，并解释罗马法得以复兴的原因。（参考答案：特点：诸法并行，相互渗透；世俗法与宗教法形成二元格局。原因：商品经济的发展和城市的复兴；罗马法系统相对完备；王权挑战教权。）

教师引导学生分析：中世纪法律形成了世俗法与宗教法的二元格局与诸法并行的多元

体系。日耳曼法具有的封建性质，是从日耳曼原始氏族习惯中演化而来的。蛮族统治下，罗马法隐而不彰；教会法依靠教权庇护逐步壮大，与世俗的封建法相互冲突，又相互并存融合。在中世纪中后期，西欧资本主义经济在封建社会内部产生并发展，“详细拟定的罗马私法便立即得到恢复并重新取得威信”[①]，“因为在罗马法中，凡是中世纪后期的市民阶级还在不自觉地追求的东西，都已经有了现成的”[②]。加之当时的世俗王权也需要借助罗马法挑战教权势力，罗马法重登历史舞台，迎来了它在历史上的又一个春天。

（过渡）日耳曼法、罗马法、教会法三支法律体系的冲突与融合，对近代两大法系的形成和发展产生了重大的影响。

2. 发展：英美法系与大陆法系的形成

材料五 英美法系的法官在拿到一个案件时经常会问：“我们以前是怎么处理的？”他们必须寻找判例并与手上的案子进行比较研究，因为构成英美法的原则和学说不是记载于任何法典之中，而是通过阅读先前的判决。而当大陆法系的法律职业者接触一个案件时，他们首先就是去法典中搜索相关的法律规定；如果碰到法律上没有规定的难题时，他们很可能求助于法学著作而不是判例。

——潘锋平、饶艾：《西方两大法系判例之比较》，载《成都行政学院学报》，2003年第5期

教师设问：根据材料五并结合教材内容，分析两大法系体现出的不同特点。（参考答案：英美法系以判例法为主要形式，遵循先例；大陆法系以成文法为主要形式，法律体系比较完整。）

教师引导学生分析：以《拿破仑法典》为典型，大陆法系国家注重成文法典的编纂，法学家们追求创建完善的法律体系，努力建构完备的法律大厦，法官只是起到解释法律的作用；而英美法系国家，更多偏向于在日积月累的司法案例中寻找答案，判例法就是长期以来法官在审理案件过程中“创造”的法律，这种先例对其后的案件具有法律约束力，英美法系的法官地位也更加突出。

材料六 大陆法系起源于古罗马法，罗马法一直表现出成文法典的传统特色。同时，法国资产阶级革命的胜利，资产阶级要求创立一个全新的法律秩序，通过编纂大量新法典，把过去的旧法制、法律思想都融化在法典之中，来废除旧的不适合资产阶级统治需要的东西。

英美法系其实是在日耳曼法的基础上形成并发展起来的。普通法是在中央司法机关——王室法院巡回法官的司法活动中通过判决产生的。在历史发展的进程中，由于作为“母法国”的英国资产阶级革命不彻底，革命后的法律在法律形式上完全保留了旧的、表现为判例的普通法和衡平法，这种判例法又随大英帝国的殖民侵略扩散开来，影响英美法系各国。

——摘编自饶艾：《罗马法与日耳曼法——西方两大法系特点之比较研究》，载《法商研究》，1995年第5期

教师设问：根据材料六并结合教材内容，概括两大法系在中世纪向近代的发展中呈现出不同特点的历史原因。（英美法系：受日耳曼法影响较深，普通法的形成受司法经验影响

---

① 《马克思恩格斯选集》第一卷，北京：人民出版社，2012年，第213页。

② 《马克思恩格斯全集》第二十一卷，北京：人民出版社，2003年，第454页。

较重；英国资产阶级革命不彻底，法律保留传统，渐进发展。大陆法系：受罗马法影响较深，法国大革命较为彻底，法律适应资产阶级需求。）

教师引导学生分析：大陆法系受罗马法的影响较深。罗马法中贯彻了从抽象到具体，从理论到实际的理性主义原则[①]，近代法国等大陆法系国家的法典编纂，继承发展了罗马法法律逻辑、体系完备的传统。英美法系最早可追溯到日耳曼法，日耳曼法就是原始习惯或判例汇编的法，影响了普通法的制定。英美法信奉法律是被发现而不是被创造出来的[②]，法律的生命不是逻辑，而是经验[③]。

此外，英、法两国的资产阶级革命的不同特点，也影响了两大法系法律渊源的分野。英国革命以妥协告终，法律制度带有极大的保守性，封建时代的法律形式被继承下来。而法国大革命较为彻底，资产阶级要求以成文法的形式巩固其革命成果，肯定启蒙学者所宣扬的自由平等、博爱思想，在此基础上构筑资产阶级的法律大厦。[④]

（过渡）两大法系各具特点，但在法律的内容、基本原则上有着众多一致性。

3. 基本特征与局限

（1）基本特征

材料七　法国1789年《人权与公民权宣言》第1条规定："在权利方面，人民生来是而且始终是自由平等的"……第2条规定："任何政治结合的目的都在于保存人的自然的和不可动摇的人权。这些权利就是自由、财产、安全和反抗压迫"……美国1776年的《独立宣言》则明确宣告：人人生而平等，他们都从他们的造物主那里被赋予了某些不可转让的权利，其中包括生命权、自由权和追求幸福的权利……以《拿破仑法典》为例，第8条规定："所有法国人都享有民事权利"……第554条规定："所有权是对于物有绝对无限制地使用、收益及处分的权利。"

——徐爱国、李桂林著：《西方法律思想史》（第3版），北京：北京大学出版社，2014年，第155—156页

教师设问：根据材料七，概括西方近代法律内容的基本内核。（参考答案：保护"天赋人权"，如生命、自由、财产权等，体现了人人平等的思想。）

教师引导学生分析：以上材料列举了近代两大法系的主要国家具有代表性的法律规定与法律制度，我们可以看出法律对于"天赋人权"和"人人平等"的重视。生命权、自由权、财产权等权利被反复提及，成为近代西方人权学说的基本组成部分。

（过渡）我们都知道，上述"平等""自由""保护私有财产"等说法，并不是西方近代才骤然产生，那何以在这一时期汇聚成滚滚潮流，成为众多西方国家法律内容的基本内核呢？

材料八　资本主义的经济自由主要是靠契约（或合同、协议）来体现的……因此，契约必须具有法律效力，才能保证经济自由。也正因为如此，用法律来管制一切，把法律提到最高的地位上去，是资产阶级革命的一条首要任务。所以一切资产阶级革命首先都要制宪和立法。

---

① 董茂云：《大陆法系与英美法系的根本区别——两大法系法律观念比较》，载《法学研究》，1987年第1期。
② 李军：《两大法系形成理念之差异——以两大法系的民法存在形式为视角》，载《西南政法大学学报》，2004年第3期。
③ [美]霍姆斯著，冉昊、姚中秋译：《普通法》，北京：中国政法大学出版社，2005年，第1页。
④ 潘华仿、高鸿钧等：《当代西方两大法系主要法律渊源比较研究》，载《比较法研究》，1987年第3期。

——刘宗绪主编:《世界近代史》,北京:高等教育出版社,1986年,第4页

材料九 随着文艺复兴和宗教改革深入,随着资本主义的兴起,理性主义作为一种思想武器得以长足地发展。到17、18世纪,宣传人类理性和自然法运动达到了顶峰……按照人类的普遍理性,人们可以推演出详尽的、普遍适用于人类的法律或法典。

——徐爱国、李桂林著:《西方法律思想史》(第3版),北京:北京大学出版社,2014年,第84页

教师设问:根据材料八、九并结合所学知识,概括西方近代法律人权观念形成的原因。(参考答案:反抗专制制度、发展资本主义经济的需要;资产阶级革命的推动;文艺复兴、宗教改革的影响;启蒙运动与理性主义的兴起;自然法思想传统的影响等。)

教师引导学生分析:要分析西方近代法律人权观念形成的原因,应回到15—19世纪具体的历史时空中,这一时期是西方封建制度的衰落和资本主义制度的上升期。新航路开辟以来,资本主义生产方式发展壮大,商品贸易中蕴含的"自由交易""平等交换""所有权占有"等要素亟待被重视。文艺复兴和宗教改革吹拂着人文主义的新风,启蒙思想家们又奏响了理性主义的号角。新兴的资产阶级先是与世俗王权结合,共同对付日益腐朽的教权势力,又在民族国家发展的浪潮中,开始挑战专制王权。在法律制度层面,古典自然法传统成为资产阶级的思想武器。如洛克所言:"自然状态有一种为人人所遵守的自然法对它起着支配作用;而理性,也就是自然法,教导着有意遵从理性的全人类:人们既然是平等的和独立的,任何人就不得侵害他人的生命、健康、自由和财产。"①

(设计意图)此处引导学生将"西方近代法律保障人权"这一核心特征,置于近代资本主义发展的时空进程中,同时运用唯物史观进行深入分析,建构起西方法律传统与近代法律发展的历史逻辑。

(过渡)我们可以认识到:宪法、法律并不是"天赋人权"的基础,恰恰相反,"天赋人权"是宪法、法律的基础。② 对个人权利的诉求与保护,根植于资产阶级自身发展的需要,是在理性主义的浪潮下,援引并发展西方自然法传统的结果。那么,西方法律又是如何设计以保障公民权利的呢?我们从国家权力结构和司法实践的层面进行分析。

材料十 宪法规定美国国家的管理形式是总统制的共和国,国家权力(立法权、行政权和司法权)分别由相互独立的三个部门——国会、总统和法院按"权力分立"和"制约与平衡"的原则行使……"三权分立""制约与平衡"是按照资产阶级启蒙思想家孟德斯鸠、洛克等人的分权学说建立起来的……即每个权力机关都享有必要的宪法权力,来对抗其他机关的权力扩张和侵犯,防止权力集中于某一个部门。

——曾尔恕主编:《外国法制史》,北京:中国政法大学出版社,2007年,第179页

教师设问:根据材料十指出,1787年宪法对美国国家权力结构作了怎样的划分,体现了什么原则。(参考答案:划分:三权分立。原则:启蒙思想家的分权制衡理论。)

教师引导学生分析:美国宪法明确表达了政府职权和组织活动都由法律规定,政府必

① [英]洛克著,瞿菊农、叶启芳译:《政府论》下,北京:商务印书馆,1996年,第6页。
② 谢菲、顾晔:《人权、契约、分权制衡——近代西方宪政思想探源》,载《当代法学》,2002年第10期。

须在法律范围内进行活动的法治原则。[1] 在此基础上，首次将启蒙思想家“分权制衡”与“三权分立”的理论付诸政治实践。立法、行政、司法三部门，在法律之下相互独立，又相互制约。英、法等其它资本主义国家，也都在近代实现了国家权力结构分权与制衡的法制化。议会立法与司法独立是各国普遍遵守的法治原则，其直接目的是限制权力异化与滥用，防止暴政与决策失误，以此来达到保障公民权利，捍卫公民自由的终极价值。

(过渡)除了国家权力结构的分权制衡，司法程序的不断完善也为实现法律公正提供了重要支撑。

材料十一 1723年“国王诉剑桥大学案”

在剑桥大学副校长主持的一次会议上，本特利博士的神学博士学位被取消。对此，本特利却没有获得任何申辩的机会。王座法庭裁决恢复了本特利博士的神学博士学位。担任该案首席法官的普拉特评论道：“此次会议在对他进行与之不利的指控、降低其资格的时候拒绝听取他的申辩，这与自然公平是不相容的。”

——摘编自[英]彼得·斯坦、约翰·香德著，王献平译：《西方社会的法律价值》，北京：中国法制出版社，2004年，第113页

教师设问：根据材料十一指出：当时王座法庭恢复本特利学位的理由是什么？（参考答案：剑桥大学无视本特利的辩护权。）

教师引导学生分析：难道不应该依据剥夺学位是否合理进行裁决吗？万一本特利确实做出了违法的事呢？我们可以从这个案例中看到西方法律对于程序公正的重视。其实早在古罗马时期就有法学家提出：“无论是谁作出的判决，如果他没有让其中一方当事人陈述自己的意见，哪怕判决事实上是正义的，他的行为也并非正当。”[2]得以获得法庭受审的机会、作法庭陈述、辩护，以及司法过程中的依法取证，都体现在程序公正之中。美国《联邦宪法》第5条修正案规定，“无论何人……不经正当法律程序，不得被剥夺生命、自由或财产”；第14条修正案规定，“任何一州……不经正当法律程序，不得剥夺任何人的生命、自由或财产”。[3]

教师设问：阅读教材第50—51页，结合“历史纵横”部分指出：西方法律建立了哪些基本制度来保障程序公正？这些制度是如何体现程序公正的？（参考答案：制度：律师制度、陪审团制度。体现：律师独立、专业，为被审判者提供辩护，可以减少法官对法律的误读；陪审团从普通民众中产生，参与案件的审理和判决，体现司法民主。）

教师引导学生分析：律师制度起源于古罗马。依据自己的法律知识，为当事人及其合法权益进行辩护是律师的天职，这也是司法公正的重要体现。有人会问：为何律师会为“坏人”进行辩护？首先，这个人不一定是“坏人”，根据无罪推定的原则，在审判之前，他们只能被称为“嫌疑人”，应依法保障他们的基本人权。“诚如医生挽救罪犯的生命，只是支持犯罪的生命权而不是支持罪犯一样，律师为被告人辩护也只是支持被告人的申辩权而并不是支持罪恶本身。”[4]陪审团制度允许公民参与司法审判，一定程度上代表了对社会当下价值的尊

① 何勤华主编：《外国法制史》(第4版)，北京：法律出版社，2006年，第195页。

② 转引自[爱尔兰]约翰·莫里斯·凯利著，王笑红译：《西方法律思想简史》，北京：法律出版社，2010年，第66页。

③ 转引自王希著：《原则与妥协：美国宪法的精神与实质》(修订本)，北京：北京大学出版社，2000年，第496、498页。

④ 姜元秀：《律师该不该为“坏人”辩护——论律师在诉讼中的应然角色》，载《法制与社会》，2014年第11期。

重，同时，更起到了防止司法专断的作用。

(过渡)由此可见，通过限制权力、完善程序来达到保障权利目的，是西方近代法律的基本特征。但西方法律发展史也清晰地告诉我们，对于另一些人，权利绝不是“天赋”的，是要通过自身的抗争来争取。

(2) 局限

材料十二　资产阶级获得选举权以后，立刻变得保守起来，和传统的贵族势力一道，扼杀工人阶级的民主诉求。19世纪30—40年代英国发生了规模浩大的宪章运动，工人提出了《人民宪章》，要求取得参政权。但是，议会不但没有讨论《人民宪章》，统治阶级还残酷地镇压了宪章运动。

——杨光斌：《民主的社会主义之维——兼评资产阶级与民主政治的神话》，载《中国社会科学》，2009年第3期

材料十三　非洲黑人从17世纪60年代被当作奴隶贩运到北美洲，到20世纪60年代民权运动之后才真正获得美国公民权，其间整整经历了三个多世纪的漫长岁月……当下还会时常出现白人警察无故逮捕黑人或者枪杀黑人青年的案件。

——石庆环、方瑞华：《论美国法律平等保护的局限性——从黑人争取基本权利的视角观察》，载《求是学刊》，2017年第1期

教师设问：根据材料十二、十三并结合教材内容，概括西方近代法律发展过程中体现出的局限性。(参考答案：主要为资产阶级利益服务，排斥工人阶级的正当权利；没有真正实现法律面前人人平等，黑人、原住民和女性等群体的维权之路漫长。)

教师引导学生分析：宪章运动时期的工人柯林斯在一次演讲中说道：“倘若豺狼为羔羊制定法律，鸥鹭为河鱼制定法律，不用说，他们必将使羔羊和河鱼所处的地位最便于他们掠食。”[①]西方近代法律虽标榜“个人权利”，但工人阶级、黑人、原住民和妇女群体却一直在为实现“法律面前人人平等”这一基本底线苦苦斗争。直到20世纪，欧美国家的女性才陆续赢得了选举权和被选举权，而黑人和少数族裔群体所遭受的种族歧视，现在依然存在。大家可以关注2020年5月25日，美国明尼苏达州黑人男子弗洛伊德遭白人警察跪压7分钟而死亡这一事件。

(过渡)崇尚法治自近代就已成为西方政治制度的基本原则之一。历任美国总统就职宣誓时都会来这么固定的一段：“我谨庄严宣誓，我必忠实执行合众国总统职务，竭尽全力，恪守、维护和捍卫合众国宪法”。我们注意到一个细节，美国总统们在念出“捍卫宪法”的誓词时，手上总按着《圣经》，这说明宗教对于国家和社会治理同样重要。基督教作为西方世界最重要的宗教，其伦理与教化影响至深。

(二) 精神世界的指引：基督教的伦理与教化

1. 中世纪的基督教伦理与教化

材料十四　在中世纪的西欧社会，从王公贵族到平民百姓都把基督教信仰当作至高无上的真理来加以维护……在内心深处对于上帝创世、亚当堕落(“原罪”)、基督救赎、末日审

① [英]R·G·甘米奇著，苏公隽译：《宪章运动史》，北京：商务印书馆，2017年，第44页。

判、灵魂不死等基本信条深信不疑……基督教会和修道院一方面通过忏悔和祷告来引导人们的灵魂超越苦难的现实生活，向往光明圣洁的彼岸世界，另一方面也使得宗教活动成为平淡无味的现实生活中的惟一调味品。

——赵林：《基督教与欧洲中世纪文化教育》，载《中国宗教》，2005年第5期

教师设问：根据材料十四，概括中世纪基督教教义的基本特点。（参考答案：宣扬原罪、憧憬彼岸、鼓吹禁欲等。）

教师引导学生分析：在西罗马帝国被日耳曼蛮族摧毁后，蒙昧与狂暴取代了辉煌的古典文化。在满目疮痍的西欧废墟上幸存的基督教会，用“上帝的福音”洗涤了蛮族的粗俗。对于大众而言，基督教的教义让他们看到超脱现实痛苦、获得灵魂救赎的希望。“把外在的强制性的律法变成内在的自觉的道德律令，这正是基督教之所以能够摄住人心的力量。”①由此，基督教会大力宣扬禁欲主义，对信徒们建立起“从摇篮到坟墓”的精神控制，也借由教权的强势，建立起超越世俗的“上帝之国”。

材料十五　政治化的教会也有其积极的一面，如发展教育，在修道院中整理古籍、古代的经书，慢慢后来又加上了天文学、逻辑学等等，发展成后来的大学，这是教会做的一件好事。

——陈乐民著：《欧洲文明十五讲》，北京：北京大学出版社，2004年，第91页

材料十六　当脑满肠肥的罗马教皇和枢机主教们把天主教廷变成“淫乱的巴比伦”时，面色阴沉的修道僧们则把宗教裁判所变成了燃烧着硫磺之火的可怖地狱……二者实际上是狼狈为奸、沆瀣一气，共同谱写了中世纪基督教文化的伪善奏鸣曲。

——赵林著：《西方宗教文化》，武汉：武汉大学出版社，2005年，第285—286页

教师设问：根据材料十五、十六并结合所学知识，评价中世纪基督教的伦理和教化。（参考答案：保存了古典文化，发展教育，孕育了近代文明的理性；藏污纳垢，伪善专制，腐朽衰败之势尽显无遗。）

教师引导学生分析：一方面，中世纪的基督教“有意或无意地承担起传播信仰和传承文明的历史责任”②，保存了大量古希腊罗马文化精髓，扶持并保护了近代大学的成长，推动了欧洲文化的复兴。但另一方面，吊诡地展现出其理论与实践的背离。虽然基督教告诫人民须过一种光明圣洁的苦行生活，但在罗马教廷成为凌驾于世俗王权之上的独立王国之后，善功逐渐成为教会敛财的程序，宗教裁判所成为迫害“异端”的屠宰场。其结果，一方导致了意大利人文主义，一方导致了德国宗教改革。这两场彼此呼应、相辅相成的改革运动构成了中世纪基督教文化向近代西方文化过渡的历史分水岭。③

（过渡）在马丁·路德愤怒地张贴出挑战教皇权威的“战斗檄文”后，宗教改革的巨浪已不可阻挡，各个新教教派纷纷登上历史舞台。

2. 新教伦理与资本主义精神

材料十七　路德说：“灵魂称义不因任何行为，仅由于信仰”；“人有了信仰，根本就不需

---

① 赵林著：《西方宗教文化》，武汉：武汉大学出版社，2005年，第254—255页。

② 赵林著：《基督教与西方文化》，北京：商务印书馆，2013年，第166页。

③ 赵林著：《西方宗教文化》，武汉：武汉大学出版社，2005年，第302页。

要神职人员的圣礼”；“基督教除了基督是领袖外，没有别的领袖”；“我们都是神职，彼此没有区别”。（加尔文）提出了“呼召论”，其内容是：人之得救与否，上帝早已决定，得救者为“选民”，不能得救为“弃民”。加尔文提出了三项选民的标准：(1)有坚定的信心相信自己是选民；(2)学习与事业的成功；(3)品德高尚，特别是勤俭与节约，走正道。

——摘编自雷雨田、伍渭文主编：《路德文集》第一卷，上海：三联书店，2005年，第23、24、44页

教师设问： 根据材料十七，概括新教伦理的内涵。（参考答案：信徒灵魂自主，信仰得救；摒弃教会权威；蕴含平等思想；关注世俗生活；提倡勤俭等。）

教师引导学生分析： 对比天主教教义，新教伦理的内涵可以用“信仰得救”和“信仰入世”来理解。路德猛烈地批判教皇和教会作为“人神中介”的特权地位，宣扬“信徒皆为祭司”，让个人获得了精神自由和灵魂得救的自主权，蕴含着自由、平等、理性的观念。在这一新教基本原则之下，加尔文提出“先定论”，强化人们对基督信仰的同时，将世俗的奋斗、事业的成功、道德的克制与成为“选民”相联系，凸显了新教伦理入世的品格。正如马克思·韦伯所言：“全力以赴的精神、积极进取的精神或者其他不管怎么称呼的精神，这些精神的觉醒都倾向归功于新教教义。”①

教师追问： 马克斯·韦伯是这一研究领域最具影响力的学者之一，在《新教伦理与资本主义精神》一书中，他论证了新教伦理与资本主义之间的关系。他认为新教伦理是近代资本主义飞速发展的决定性动力之一。你同意马克斯·韦伯的观点吗？若同意，请加以说明，若不同意，请提出你的观点。（参考答案：言之有理即可，但需要有史实支撑。）

教师引导学生分析： 回到我们对于新教伦理内涵的分析，新教伦理“把履行世俗事务的责任，看作是个人道德活动所能采取的最高形式。”②这样就将世俗职业赋予了神圣化色彩，激发了资产阶级以一种积极的、问心无愧的方式追求财富。同时，新教伦理提倡勤俭节约的禁欲主义精神，又给予资产阶级理性化的经营方式与生活方式，适应了资本主义原始积累的需求。韦伯的观点，是从精神动因层面出发，阐述了新教伦理对资本主义发展的巨大作用，但我们也要看到经济活动和思想运动对资本主义发展的促进意义，比如“资本主义于16和17世纪在荷兰和英格兰的发展不是因为这两个地方的新教势力，而是主要因为大量的经济活动，特别是因为地理大发现以及由此产生的结果”③。

尽管新教伦理对近代资本主义的崛起贡献巨大，但其对于人的束缚与麻醉依然长期存在。基督教的分裂引发的教派冲突，也让近代西方世界持续陷于撕裂与动荡中，对社会造成了重大的破坏。

(设计意图)“经济状况是基础，但是对历史斗争的进程发生影响，并且在许多情况下主要是决定着这一斗争的形式的，还有上层建筑的各种因素。”④此处通过对马克思·韦伯经典论题的辨析，渗透唯物史观“历史合力论”分析思路，引导学生尝试从文化因素和个体价值观念的角度就新教伦理对资本主义发展的作用进行历史解释，同时，也让学生对新教的消极影

① [德]马克思·韦伯著，马奇炎、陈婧译：《新教伦理与资本主义精神》，北京：北京大学出版社，2012年，第37页。
② [德]马克思·韦伯著，马奇炎、陈婧译：《新教伦理与资本主义精神》，北京：北京大学出版社，2012年，第76页。
③ [英]R·H·托尼著，赵月瑟、夏镇平译：《宗教与资本主义的兴起》，上海：上海译文出版社，2013年，第238页。
④《马克思恩格斯选集》第四卷，北京：人民出版社，2012年，第604页。

响产生一定认识。

(过渡)西方法律与宗教的不断完善,为西方资本主义国家的发展提供了强大的制度保障与精神动力。最后,我们有必要对二者关系进行进一步认识。

(三)西方近代法律与宗教的关系

材料十八 现代法律制度的一个基本特性就是从宗教中挣脱出来,实现法律的自主性,即割断法律与精神领域的关系,只管辖人的世俗行为,为人的现实的行为确立自由活动的边界……法律如果没有正义,它就不是法律,这样就必然涉及宗教,因为最高的正义是从宗教那里开出来的……尽管宗教性的表达形式越来越淡化,但其背后都与宗教的诉求有关,都指向一个正义的社会,人们制定法律的目的是为了实现一个正义的社会。

——高全喜:《法律的宗教分析》,载《清华法律评论》,2006 年第 00 期

教师设问:关于西方法律与宗教的关系,材料十八包含了哪些不同的观点?你赞成哪一种观点,为什么?(参考答案:不同观点:法律与宗教"二元对立";法律与宗教相辅相成。讨论观点:言之有理即可,但需要有史实支撑。)

教师引导学生分析:很多人喜欢引用"恺撒的归恺撒,上帝的归上帝"这句话来比喻西方法律与宗教的关系,他们认为法律维护世俗秩序,而宗教守护精神信仰,二者互不打扰,互不侵犯。但若站在西方历史发展的长时段视角中,宗教与法律互相影响的史实不胜枚举,无论是《旧约》"摩西十诫"、《汉谟拉比法典》的宗教色彩,还是中世纪教会法本身,又或是新教精神(理性、重视个人权利与契约关系)对西方近代法律的浸润(如《独立宣言》的首段),都说明二者并非简单的"二元对立"。若从近代资本主义社会演进的趋势来看,随着世俗权力挣脱教权以及理性主义发展,西方法律与宗教确有"各司其职"的一面,但也应看到,法律与宗教同为社会的上层建筑,在新兴的资本主义生产方式的影响下,相互影响,相辅相成,有着相似的价值追求(追求正义),共同促进了西方资本主义文明的成长与壮大,也共同成为西方国家社会治理的核心手段。

(设计意图)从教材子目的设置来看,近代西方法律与宗教教化似乎是"平行"关系,学生需要进一步思考二者的联系。法律与宗教的关系涉及众多学科领域,如法学、宗教学、哲学、人类学等,著述可谓汗牛充栋,此处可以渗透唯物史观的分析思路:"政治、法律、哲学、宗教、文学、艺术等的发展是以经济发展为基础的,但是,它们又都相互影响并对经济基础发生影响。"①同时,必须注重学生时空观念的准确度,抓住"西方"这个限定词,引导学生将法律与宗教置于近代的历史时空下,从更长时段的历史发展中去分析比较。学生论证问题时,必须运用基础史实论证自己的看法,培养自身的史料实证意识。以上素养的考查,皆是以该问题的历史解释为载体。

【课堂小结】

教师引导学生小结:近代西方的法律制度与宗教教化有着悠久的历史渊源,在发展中不断调整完善,从"理性世俗"与"神性信仰"两个层面维系着社会秩序的稳定,彼此亦有密切

---

① 《马克思恩格斯选集》第四卷,北京:人民出版社,2012 年,第 649 页。

的互动，也暴露出一定的局限性。我们应尝试理解法律与宗教对整个人类文明的重要意义，如美国法学家伯尔曼所言："人类随时随地都要面对未知的未来，为此，他需要对超越其自身的真理的信仰，否则，社会将式微，将衰朽，将永劫不返。同样，人类处处、永远面对着社会冲突，为此，他需要法律制度，否则，社会将解体，将分崩离析。"①

① [美]伯尔曼著，梁治平译：《法律与宗教》，北京：商务印书馆，2012年版，第39页。

第 10 课

当代中国的法治与精神文明建设

教学设计 1

成都市锦江区嘉祥外国语高级中学　杨雅宁　刘蕾

一、教材分析

本课是统编教材《国家制度与社会治理》第三单元《法律与教化》的第 3 课，包含“新中国的法治建设进程”“社会主义精神文明建设”两个子目。

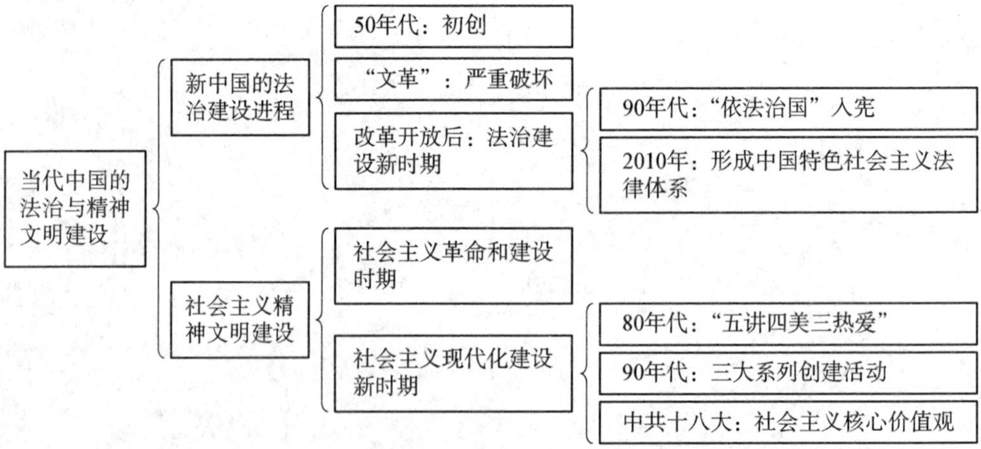

图 1　本课知识框架

《普通高中历史课程标准（2017 年版 2020 年修订）》对本课的要求是：了解当代中国的法制建设和精神文明建设成就。本单元的主题是“法律与教化”，所以，本课的重点是梳理新中国不同历史时期的社会主义法治建设与精神文明建设的成就，不仅让学生了解其具体表现，还要运用唯物史观，将成就与时代特征对应，归纳发现每一时期法治建设与精神文明建设所承载的历史使命。和以往专题史教材相比，本课有相当部分知识属于新增加内容，部分内容与政治学科重合，识记类知识可通过时政热点获取。教学方式上，可采取学生分组讨论的方式，引导学生在时空框架下认识历史，增强对当今中国制度建设与发展的自信心和责任感。

由于本课是本单元的最后一课，教师可以引导学生对本单元内容进行总结，认识到制度会随着社会变迁而变化，任何一种制度都不是十全十美的；不同国家和地区的制度，应当在坚持自身优秀传统的基础上，从社会实际状况出发，互相取长补短，臻于完善。

二、学情分析

本课的内容较新，与时政、日常生活有紧密联系，教学目标以了解和感知为主。同时，学生在初中阶段对本课知识知之甚少，因此教学时需要通过精选相关史料，充分利用音视频资料，构建生动具体丰富的历史情境，引导学生在唯物史观指导下，用发展的眼光看待社会的变迁；用辩证法的观点去把握历史的内在关联，理清发展脉络；用客观的态度评价东西方的差异，培养学生的家国情怀。

三、教学目标

1. 了解当代中国的法治建设进程，了解社会主义精神文明建设不同时期的内涵，认识精神文明建设与现代化建设之间的关系。

2. 通过阅读和梳理，了解当代中国法治建设的相关史实；通过对比分析，理解精神文明建设的现实意义。

3. 认识法治中国的建设并非一步到位，而是曲折发展、逐步完善的过程；增强践行社会主义核心价值观的意识，培养家国情怀。

四、教学重难点

重点：改革开放以来的法治建设和精神文明建设成就。

难点：认识“法制国家”与“法治国家”的区别；认识社会主义精神文明建设的现实价值。

五、教学过程

【导入新课】

教师向学生播放十三届全国人大三次会议表决通过《中华人民共和国民法典》的新闻报道视频。

教师讲述：《中华人民共和国民法典》的立法之路一波三折，1954 年、1962 年制定工作曾两次启动，但受历史条件制约，均未能完成，直到改革开放之后，民法典的制定才逐渐步入正轨。2020 年 5 月 28 日，十三届全国人大三次会议通过《中华人民共和国民法典》，它的诞生彰显了我国法治建设的成果，也蕴含着当代法治建设的时代精神，是我国法治建设的重要里程碑。

设计意图：以《中华人民共和国民法典》的出台导入新课，紧扣时政热点，拉近历史与现实的距离。

【学习新课】

（一）当代中国的法治建设

1. 法制初创时期(20世纪50年代)

(过渡)1949年,新中国成立后,中国开启法制建设新历程。50年代,我国一系列的立法成果是社会主义法制初创的集中体现。

教师设问:阅读教材第54页第一段内容,指出新中国法制初创时期有哪些代表性的法律、法令,它们分别涉及哪些方面。(参考答案:法律法令:《中华人民共和国婚姻法》《中华人民共和国土地改革法》《中华人民共和国宪法》等。方面:社会主义中国基本政治制度、民事立法等。)

材料一 1954年宪法总纲(节选)

第一条 中华人民共和国是工人阶级领导的、以工农联盟为基础的人民民主国家。

第二条 中华人民共和国的一切权力属于人民。人民行使权力的机关是全国人民代表大会和地方各级人民代表大会。

全国人民代表大会、地方各级人民代表大会和其他国家机关,一律实行民主集中制。

第四条 中华人民共和国依靠国家机关和社会力量,通过社会主义工业化和社会主义改造,保证逐步消灭剥削制度,建立社会主义社会。

——《中华人民共和国宪法》,载《人民日报》,1954-09-21

教师设问:根据材料一,说明1954年宪法体现了什么原则。(参考答案:人民民主原则和社会主义原则。)

2. 重建与完善时期(1979年—20世纪80年代)

(过渡)1954年,全国人大常委会组织力量起草民法典,但之后由于反右斗争扩大化,立法活动被终止。1962年,民法典起草工作再次被提上议程,却又因“文化大革命”而停止,“文化大革命”时期,社会主义法制遭到严重破坏。直到1979年全国人大常委会第三次组织民法典起草工作,至1982年形成民法草案第四稿。民法典的制定能够重提日程,与十一届三中全会后加强社会主义法制建设有关。

材料二 为了保障人民民主,必须加强法制。必须使民主制度化、法律化,使这种制度和法律不因领导人的改变而改变,不因领导人的看法和注意力的改变而改变。现在的问题是法律很不完备,很多法律还没有制定出来。往往把领导人说的话当做“法”,不赞成领导人说的话就叫做“违法”,领导人的话改变了,“法”也就跟着改变。所以,应该集中力量制定刑法、民法、诉讼法和其他各种必要的法律,例如工厂法、人民公社法、森林法、草原法、环境保护法、劳动法、外国人投资法等等,经过一定的民主程序讨论通过,并且加强检察机关和司法机关,做到有法可依,有法必依,执法必严,违法必究。

——《解放思想,实事求是,团结一致向前看》,载《邓小平文选》第二卷,北京:人民出版社,1994年,146—147页

教师设问:根据材料二,概括邓小平提出了哪些法制建设方针,结合所学知识指出当时必须加强法制建设的原因。(参考答案:方针:集中力量制定各种必要的基本法;法律制定

要经民主程序讨论通过；加强检察机关和司法机关；有法可依，有法必依，执法必严，违法必究。原因："文革"中践踏民主法制的惨痛教训；当时的法律很不完备，人治色彩浓厚；保障人民民主的需要；发展社会主义国家的需要。）

(设计意图)改革开放是我国社会主义建设的关键转型时期，经济建设的需要和对历史教训的总结共同推动了法制的重建和完善。因此该设问分为两个层次提升学生知识与思维能力：第一层次概括法制建设方针，引导学生阅读材料、提取信息、归纳概括，知道改革开放初期法制重建的具体方针举措；第二层次分析材料，结合当时时代背景，理解法制重建的必要性和重要性，培养学生的时空观念。

教师设问：根据教材第 54 页第三段内容，概括在改革开放初期社会主义法制重建与完善的成果。（参考答案：提出法制原则：有法可依、有法必依、执法必严、违法必究，保证法律面前人人平等；修订宪法：1982 年全国人大通过了《中华人民共和国宪法》。）

材料三

序言	
第一章	总纲(20 条)
第二章	国家机构(64 条)
第三章	公民的基本权利和义务(19 条)
第四章	国旗、国徽、首都(3 条)

图 2　"1954 年宪法"目录

序言	
第一章	总纲(32 条)
第二章	公民的基本权利和义务(24 条)
第三章	国家机构(79 条)
第四章	国旗、国徽、首都(3 条)

图 3　"1982 年宪法"目录

教师设问：根据材料三，指出 1982 年宪法有什么重大调整，结合教材第 58 页"学习拓展"栏目的材料，概括之所以作出这样调整的原因。（参考答案：调整：1982 年宪法将"公民的基本权利和义务"提升为第二章，凸显了国家尊重和保障人权的理念。原因：法理规范的要求；内容逻辑更加连贯；借鉴世界其他国家的立法经验。）

设计意图：充分利用教材课后"探究与拓展"的补充材料，引导学生阅读材料、提取信息，进行归纳总结。

(过渡)在改革开放后，我国的法制建设逐渐步入正轨。1982 年宪法通过后，我国通过修宪的方式不断完善法制建设体系，逐步进入全面依法治国时期。

3. 全面依法治国时期(20 世纪 90 年代以来)

材料四　改革时代的宪法修正共有四次，1988 年的修宪主要解决的是公有制土地的市场化问题，即通过宪法修正确认土地可以在法律范围内有偿转让，这就为中国的城市化提供了重要的宪法支持，但也因此带来了所谓的"土地财政"和后续的征收拆迁问题。1993 年的修宪主要是确认社会主义市场经济体制作为改革目标，从而使得市场自由成为新的宪法原则。1999 年的修宪主要是解决"法治国家"作为国家建设目标的问题，从而在市场自由原则的基础上又增加了法治原则，使得中国法治在宪法原则层面更加明确和健全。2004 年的修宪主要是解决"人权"入宪和私有财产保护的问题。

——高全喜、张伟等著：《现代中国的法治之路》，北京：社会科学文献出版社，2012 年，第 211 页

教师设问：根据材料四，指出“依法治国，建设社会主义法治国家”方针提出的背景。（参考答案：社会主义民主、法治的发展；发展社会主义市场经济的客观需要；借鉴世界其它国家的立法经验。）

教师讲述：1997年，中共十五大报告第一次完整地提出要“依法治国，建设社会主义法治国家”，将以往的“建设社会主义法制国家”改为“建设社会主义法治国家”。1999年和2004年，《中华人民共和国宪法修正案》先后将“实行依法治国，建设社会主义法治国家”和“国家尊重和保障人权”写入宪法，法治建设得到进一步加强。2010年，形成中国特色的社会主义法律体系。

教师设问：把“建设社会主义法制国家”改为“建设社会主义法治国家”，“制”改为“治”，请你谈谈对这一字之改的认识。（参考回答：“法治”是法律的运行状态和过程，表示治理国家必须在法律的规范之下，不允许有法律之外和法律之上的特权；而“法制”是一个静态的概念，是“法律制度”的简称。健全的法律制度是实行法治的必要条件，但不是充分条件。）

教师引导学生分析：在我国，法治就是指依法治理，它是一种与人治相对的治国方略或良好法律秩序。其形式上要求具备依法办事的制度安排及运行机制，实质上则强调法律至上、制约权力、保障权利、程序公正、良法之治的法律精神和价值原则。所以，法治既是一种治国方略，又是一种国家治理目标和所追求的价值。从广义上说，法治可以涵盖法制的概念，其本身不仅要求良法之治，而且还要求法律制度的完备性和体系性。从这一意义上说，法制是法治在法律体系层面的基本要求。

（二）社会主义精神文明建设

（过渡）建设社会主义法治国家也离不开精神文明建设，2019年印发的《新时代公民道德建设实施纲要》指出：“坚持和发展中国特色社会主义，需要物质文明和精神文明全面发展、人民物质生活和精神生活水平全面提升。”[①]在价值观的倡导和塑造中，“劳模”往往代表着时代的精神和追求。

表一　当代中国劳模发展史

时期	劳模精神	典型特征	代表人物
20世纪50—60年代	不畏困难、艰苦奋斗、自力更生、无私奉献、刻苦钻研、勇于创新、不怕牺牲、团结协作、爱岗敬业、多作贡献	“生产型” “技术革新型”	时传祥、王进喜、李四光、钱学森、华罗庚、焦裕禄、郭凤莲
社会主义现代化建设新时期	奋力开拓、争创一流、建功立业、改革创新、创造价值、与时俱进	“知识型” “创新型” “技能型” “管理型”	徐虎、许振超、宋鱼水、姚明

——王永玺、张晓明：《简述中国劳模的历史发展》，载《北京市工会干部学院学报》，2010年第3期

① 中华人民共和国中央人民政府网：http://www.gov.cn/zhengce/2019-10/27/content_5445556.htm，2019－10－27。

教师设问： 根据表一，指出新中国劳模评选的发展趋势。（参考答案：劳模精神内涵不断丰富，体现与时俱进的特点；评选标准更加具有时代特征；来源更加广泛，构成也更加多元。）

教师引导学生分析： 劳模评选的变迁体现出与时俱进的特点，其变迁的背后反映了价值观念的变化和时代的诉求：在新中国建立初期，出于在"一穷二白"基础上发展国民经济、进行社会主义建设的需要，评选出的劳模彰显艰苦奋斗、勇于创新等价值追求；进入社会主义现代化建设新时期，劳模队伍与时俱进，体现了改革开放的要求，也反映了新时代的精神价值导向，"知识型""创新型""技能型""管理型"劳模反映出改革开放新时期的时代要求。

(设计意图) 社会主义精神文明建设是现代化建设的重要目标和重要保证，单从概念本身出发，于学生而言有较大的距离感。此设问选取劳模的发展变迁为突破口，以点窥面，有助于加深学生对精神文明建设意义的理解。通过设问，使学生对比不同历史时期劳模精神以及劳模评选标准的变化，从知识层面认知精神文明建设的阶段性特征，从能力层面培养学生提取信息，进行历史解释的素养。

教师设问： 根据教材第 56—57 页内容，归纳我国不同历史阶段的社会主义精神文明建设成果。（参考答案：见表二。）

表二　我国社会主义精神文明建设成果

<table>
<tr><th>历史阶段</th><th colspan="2">社会主义精神文明建设成果</th></tr>
<tr><td>社会主义革命和建设时期</td><td colspan="2">倡导社会形成：
(1) 健康向上的<u>道德风尚</u>
(2) 热爱党、热爱社会主义的<u>政治氛围</u>
(3) 关心集体、无私奉献、全心全意为人民服务的<u>行动准则</u>
(4) 互相关心、互相爱护、互相帮助的<u>新型人际关系</u></td></tr>
<tr><td rowspan="3">社会主义现代化建设新时期</td><td>80 年代</td><td>"五讲四美三热爱"</td></tr>
<tr><td>90 年代</td><td>(1) 三大系列创建活动
(2) 爱国主义教育</td></tr>
<tr><td>21 世纪
社会主义核心价值观的形成</td><td>(1) 2006 年，中共十六届六中全会提出建设社会主义核心价值体系的战略任务
(2) 2012 年，中共十八大形成社会主义核心价值观</td></tr>
</table>

(过渡) 社会主义核心价值观现已成为当代中国精神的集中体现。富强、民主、文明、和谐是国家层面的价值标准；自由、平等、公正、法治是社会层面的价值取向；爱国、敬业、诚信、友善是公民个人层面的价值准则。这些价值标准看起来似乎很抽象，但实际上植根于传统，存在于现实，也将服务于未来。

教师设问： 提起"爱国"，大家能够联想到中国历史中哪些代表性的人物？（参考答案：屈原、辛弃疾、文天祥、林则徐、龚自珍、邓世昌、谭嗣同、孙中山等。）

教师追问： 中国古代与近代以来的爱国主义精神有何不同？

教师引导学生分析： 爱国主义在不同历史时期有不同的内涵，古代中国传统社会语境下的“爱国”往往是与“忠君”联系在一起的；近代的爱国主义则伴随着追求民族独立和解放的呼声；而当今，爱国主义与中华民族的伟大复兴息息相关。这说明社会主义核心价值观植根于历史传统，延续了中华传统文化的精髓。“我们要善于把弘扬优秀传统文化和发展现实文化有机统一起来，紧密结合起来，在继承中发展，在发展中继承。”①

教师设问：那么，现当代的爱国主义又有哪些新的内涵呢，请大家阅读教材第57页“历史纵横”栏目黄大年的生平事迹，谈谈你的看法。（参考答案：言之成理即可。）

教师引导学生分析：新时代的爱国主义是要把对国家的拥护与热爱融入改革发展的伟大事业之中，关心国家的发展，承担建设的责任，磨砺提升自我，勇于创新开拓，尽自己所能为实现中华民族伟大复兴的中国梦贡献智慧和力量。

（过渡）精神文明建设不仅对个人而言意义重大，站在国家发展的角度来看，它更具有时代意义。

教师设问：请阅读教材第58页“问题探究”，结合材料，运用唯物史观，阐述社会主义精神文明建设的作用和地位。（参考答案：经济基础决定上层建筑，社会存在决定社会意识，社会意识对社会存在具有能动作用。“物质文明是基础，经济建设这个中心必须牢牢把握，毫不动摇，但是精神文明搞不好，物质文明也要受破坏，甚至社会也会变质。”②因此，社会主义精神文明建设是关系社会主义兴衰成败的大事。③ 改革开放以来，物质文明进步发展，使得人民对精神文明有了更高的要求；而经济的快速增长也催生出许多社会问题。进行社会主义精神文明建设，有助于提升人民精神文化素养，构建有序健康的社会生活规范，有利于我国进一步全面深化改革。

设计意图：充分利用教材现有资料，培养学生唯物史观核心素养。以社会主义核心价值观——“爱国”为切入口，并结合具体案例分析，最终上升到宏观层面的理解，使学生更为直观地认识社会主义精神文明建设的必要性和价值。

（三）德法兼备，中国特色的治理方案

材料五　德阳女医生自杀事件

2018年8月25日，四川德阳的安医生因不堪网络暴力而自杀。事件起因于一场泳池冲突。8月20日，泳池里两个男孩在游泳时和安医生发生了冲突，安医生觉得熊孩子冒犯了自己，希望这两个男生道歉，男生拒绝并朝安医生吐口水，这一场面被安医生丈夫看到，安医生丈夫冲过去将男孩往水里按。之后，男孩家长赶来，与安医生及其丈夫发生肢体冲突。最终，经过警方协调，安医生丈夫道歉，双方和解。第二天，网上却流传出安医生丈夫打人、安医生还击的视频片段，并在微博、微信、官媒上被大量转发，形成网络暴力旋涡：安医生遭到

---

① 习近平：《在纪念孔子诞辰2565周年国际学术研讨会暨国际儒学联合会第五届会员大会开幕会上的讲话》，载《人民日报》，2014-09-25。

② 中国网：《中共中央关于加强社会主义精神文明建设若干重要问题的决议》（1996年10月10日），http://www.china.com.cn/guoqing/2012-09/10/content_26748212.htm，2012-09-10。

③ 中国共产党历次全国代表大会数据库：《中共中央关于社会主义精神文明建设指导方针的决议》（中国共产党第十二届中央委员会第六次全体会议 1986年9月28日）http://cpc.people.com.cn/GB/64162/64168/64565/65381/4429515.html。

人肉搜索，有些网民直接去安医生办公室恶语相向，微博、微信上大量流传着安医生的护照和身份证信息等。安医生在舆论压力下选择了服药自杀，网上流传出安医生被抢救的视频，随后上了微博热搜。舆论反转，开始谴责男孩父母以及孩子的行为。

——摘编自澎湃新闻：《德阳女医生自杀后600天》等，https://www.thepaper.cn/newsDetail_forward_5431436，2020-04-16

材料六 我国法律法规关于"网络暴力"的规定比较分散。根据我国《刑法》规定，网络暴力行为涉嫌诽谤罪和侮辱罪，可处以3年以下有期徒刑、拘役、管制或者剥夺政治权利。根据我国民法规定，网络暴力侵犯的是受害者的名誉权和隐私权等权利，受害人可以要求侵权人停止侵权、赔礼道歉、消除影响、赔偿损失等。

——徐才淇：《论网络暴力行为的刑法规制》，载《法律适用》，2016年第3期

材料七 《中华人民共和国民法典》将从2021年1月1日起正式施行。民法典中格外注重对网络延伸出的民事权利保护，涉及个人信息保护、网络虚拟财产、打赏、电子合同、肖像权、网络侵权等与互联网相关的内容。

——人民网：《民法典对网络侵权说"不"》，https://baijiahao.baidu.com/s?id=1668619456910049905&wfr=spider&for=pc，2020-06-05

教师设问：根据材料五，分析案例中的网络暴力为何会发生。结合材料六、七，从法治建设与精神文明建设的角度，为频发的网络暴力事件提出你的解决方案。（参考答案：原因：互联网缺乏制度和道德约束，网民个人素养有待提高，社会法治和精神文明建设有待提升等。解决方案：强化网络制度建设和道德约束，从道德训诫和法律强制两个层面增强网民的责任意识。）

教师引导学生思考：网络暴力现象在当今互联网时代愈发频繁，其背后折射出网络民意的盲目、偏激。安医生事件中，很多网络媒体出于"流量至上"的需求转发视频片断，体现媒体缺乏媒介素养和道德约束；而网民的"人肉"和恶语相向，则反映了民众对网络中流传的信息片段缺乏分析判断，自诩为道德制高点，殊不知触碰了道德的界线和法律的红线。因此，网络暴力现象的出现说明了加强法治与精神文明建设的必要性。

依法治国主要依靠建立完整的法律体系和严格执行法律，精神文明的核心部分则是思想道德。法律具有国家强制力，法律贯彻靠他律，有刚性特点；而思想和道德则主要靠自律和社会舆论的压力，特点属柔性。道德与法律具有互补的关系，我们既要重视发挥法律的规范作用，又要重视发挥道德的教化作用。以法治传播道德理念，强化法律对道德建设的促进作用；以道德滋养法治精神，强化道德对法治文化的支撑作用。实现法律和道德相辅相成，法治和德治相得益彰。

【课堂小结】

教师引导学生小结：新中国的法治建设和精神文明建设都取得了阶段性的成果。无论是法治建设还是精神文明建设，都体现了时代的诉求，也促进着时代的发展。中共十八大以来，党中央全面推进依法治国和大力发展社会主义精神文明建设的战略方针，丰富和发展了中国特色社会主义理论，也推进了国家治理体系的完善。

教学设计 2

四川师范大学附属中学　宋晓兰

一、教材分析

本课是统编教材《国家制度与社会治理》第三单元《法律与教化》的第 3 课，包含两大子目："新中国的法治建设进程"列举了新中国法治建设过程中制定的主要法律、提出的方针政策；"社会主义精神文明建设"概述了不同历史时期社会主义精神文明的内涵及创建活动。教材知识框架如下：

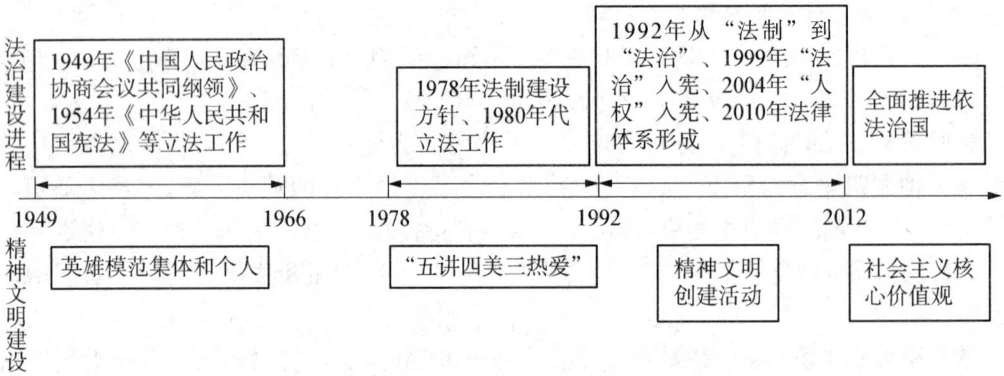

图 1　本课知识框架

《普通高中历史课程标准(2017 年版 2020 年修订)》对本课的要求是：了解当代中国的法制建设和精神文明建设成就。遵照课标要求，结合教材内容和具体学情，本教学设计在完成"了解当代中国的法制建设和精神文明建设成就"要求的基础上，引导学生从唯物史观的高度去思考法治建设、精神文明建设与时代、与国情的双向互动，进而认识到法治建设是一个漫长而曲折的过程，强化法治立国初心和法治强国使命，认识到精神文明建设是社会主义现代化建设的重要目标和重要保证。

二、学情分析

学生通过《中外历史纲要(上)》的学习，对《中国人民政治协商会议共同纲领》、五四宪法、1982 年宪法已有一定的认识和理解，但对新中国法治建设缺乏整体认知：一是对法治建设进程的发展脉络认识不清，需要在唯物史观的指导下认识建设中国特色的社会主义法治强国的进程；二是需要在了解具体法律法规的基础上，形成法律部门和法律层级概念，进而理解中国的法律体系。

关于社会主义精神文明建设，《中外历史纲要(上)》多处涉及新中国的文化建设及人民群众在现代化建设中表现出来的时代精神风貌。本课需要引导学生梳理新中国各历史阶段精神文明建设的重点活动，认识到社会主义精神文明建设是现代化建设的重要目标和重要保证。

三、教学目标

1. 知道新中国法治观念的进步、立法工作的成就、中国的法律体系，了解社会主义精神文明建设成就。

2. 通过分析新中国不同历史时期的法治建设、精神文明建设的阶段特征，从唯物史观的高度理解政权性质与意识形态、经济基础与上层建筑的辩证关系。

3. 通过中外对比，认识到法治建设进程具有长期性、复杂性和曲折性，树立社会主义法治建设的道路自信和制度自信；通过古今对比，认识到社会主义先进文化植根于中国优秀传统文化，认同社会主义核心价值观。

四、教学重难点

教学重点：中共十八大以来党中央全面推进依法治国、建法治强国的成就和大力发展社会主义精神文明建设的战略方针及成就。

教学难点：强化法治立国初心和法治强国使命，认同社会主义核心价值观。

五、教学过程

【导入新课】

材料一

图 2

图 3

图 4

教师设问：同学们，材料一的三幅图片，反映的是哪一热点时政事件？（参考答案：2020 年 5 月，美国白人警察“跪杀”黑人，引发强烈、持续的抗议，出现社会骚乱。）

教师讲述：美国种族歧视问题异常复杂。如图 5 所示，从 1862 年林肯总统颁布《解放黑人奴隶宣言》，到 1965 年约翰逊总统签署《选举权利法案》，经过漫长的抗争，美国黑人的自由和平等权利终于获得法律制度的保障。然而，今年5月爆发的白人警察“跪杀”黑人事件引发长期骚乱，反映出在种族歧视问题上，美国法治依然力有不逮。

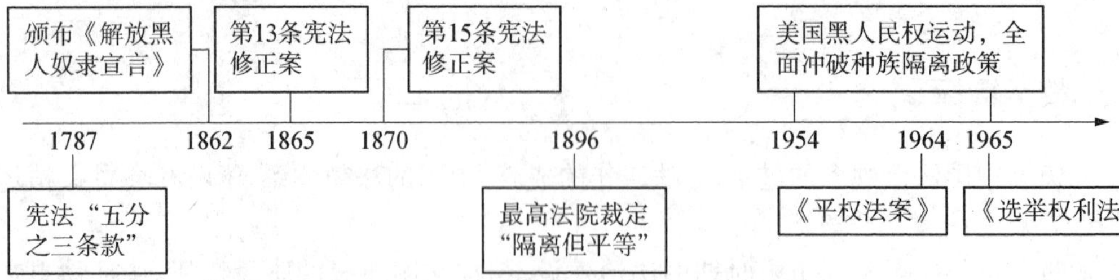

图5　美国种族问题大事纪要

(过渡)自诩为近代资本主义世界法治灯塔的美国，法治建设都如此漫长、曲折和复杂，其它国家和地区自然难以一帆风顺。中国特色社会主义法治建设，前无古人，只能在曲折中探索前进。

(设计意图)以时政热点切入，有利于点燃学生的学习热情。以美国法治建设的长期性、曲折性和复杂性作为知识背景，引导学生对新中国的法制建设多一分“同情的理解”，树立社会主义法治建设的道路自信和制度自信。

【学习新课】

(一) 70载法治建设铸就制度自信

教师设问：什么是“法制”？什么又是“法治”呢？请同学按自己的理解简单谈一谈。(参考答案：法制是法律制度(系统)的简称，是起法律调整作用的实体工具，有国家就有法律，也就有法制；“法治是相对于人治而言的一种治国理念和治国方略，是以民主为前提和基础，以严格依法办事为核心，以制约权力为关键的社会治理机制、社会活动方式和社会秩序状态。”①)

教师讲述：由“法制”到“法治”是一个进步。我国经历了从“法制”上升到“法治”和“依法治国”的历程，逐步走上了社会主义法治强国之路。

(设计意图)针对教材中出现的“法制”“法治”概念，一开始就引导学生辨别其概念及内涵，避免混淆。

教师设问：阅读教材第54—55页，采用列表或思维导图等形式，归纳新中国法治进程的五个阶段及其代表性成就。(参考答案：见表一。)

表一　新中国法制进程

建设阶段	起止时间	主要成就
社会主义法制初创时期	1949—1966年	1949年《中国人民政治协商会议共同纲领》等立法工作 1954年《中华人民共和国宪法》等立法工作

① 汪火良：《新中国成立以来中国共产党法治思想回顾与思考》，载《探索》，2014年第5期。

续表

建设阶段	起止时间	主要成就
社会主义法制严重破坏时期	1966—1976年	/
社会主义法制建设新时期	1978—1992年	1978年法制建设方针 1980年代立法工作
依法治国新时期	1992—2012年	1992年从“法制”到“法治” 1999年“法治”入宪 2004年“人权”入宪 2010年中国特色社会主义法律体系形成
全面推进依法治国新时代	2012年以后	以宪法为核心的中国特色社会主义法律体系日趋完善 全面推进依法治国,实现国家治理体系与国家治理能力现代化

(设计意图)通过自学方式,梳理法治进程的基础知识点,一方面为深入理解法治建设奠定史实基础,另一方面培育学生的阅读理解、归纳概括和整理表达的学习能力。

1. 社会主义法制初创时期(1949—1966年)

教师讲述:中国新民主主义革命的胜利,催生了中国特色社会主义法制发展进程中的第一次法律革命。以毛泽东为主要代表的中国共产党人在领导中国革命和建设的过程中,从具体国情出发,组织和推动了新中国第一次法律革命。

材料二 1949年2月,中共中央发布了《关于废除国民党的六法全书①与确定解放区的司法原则的指示》,宣布“在无产阶级领导的工农联盟为主体的人民民主专政的政权下,国民党的六法全书应该废除,人民的司法工作不能再以国民党的六法全书为依据,而应该以人民的新的法律为依据”。

——摘编自何勤华:《论新中国法和法学的起步——以“废除国民党六法全书”与“司法改革运动”为线索》,载《中国法学》,2009年第4期

教师设问:根据材料二并结合所学知识,分析中共中央提出废除国民党六法全书的原因。(参考答案:原因:六法全书是半殖民地半封建社会的产物,是大地主大资产阶级意志的反映,是对人民专政的工具;新民主主义革命即将胜利,帝国主义、封建主义及官僚资本主义在中国的统治即将结束,需要建立体现无产阶级意志的法律。)

材料三 一个团队要有一个章程,一个国家也要有一个章程,宪法就是一个总章程,是根本大法。用宪法这样一个根本大法的形式,把人民民主和社会主义的原则固定下来,使全国人民有一条清楚的轨道,使全国人民感到有一条清楚的明确的和正确的道路可走,就可以提高全国人民的积极性。

——《毛泽东文集》第五卷,北京:人民出版社,1977年,第129页

教师设问:根据材料三,指出毛泽东认为制定五四宪法要解决的主要问题。(参考答

① 何勤华在该文注解中指出:狭义的六法全书是指国民党政府制定的宪法、民法、商法(由于民国政府后来实行了民商合一模式,没有制定独立的商法典,故也有学者将行政法列入六法的内涵)、刑法、民事诉讼法和刑事诉讼法。广义的六法全书则包括了上述六大法典为主的国民党政府的所有法律。

案：一是把人民民主专政的政权体制确定下来；二是确定建设社会主义总路线并推进其实施，实现向社会主义过渡的目标。）

教师引导学生分析： 中国特色社会主义法制是在彻底摧毁国民党政权旧法统的前提下，根据马克思主义国家与法的理论、结合由新民主主义向社会主义过渡的社会实际建立起来的，深受战争年代法制传统的影响，法律作为政治斗争的工具，法律的工具性特征明显。尤其突出的是，认为宪法是政府管理社会的总纲领和总政策，是为当时的路线和经济建设服务的，而没有认识到宪法是政府及领导人行使权力的行为准则。

材料四 第一条 废除包办强迫、男尊女卑、漠视子女利益的封建主义婚姻制度。实行男女婚姻自由，一夫一妻、男女权利平等、保护妇女和子女合法利益的新民主主义婚姻制度。

第三条 结婚须男女双方本人完全自愿，不许任何一方对他方加以强迫或任何第三者加以干涉。

——《中华人民共和国婚姻法》(1950 年)，载《人民日报》，1950－04－16

材料五 第一条 废除地主阶级封建剥削的土地所有制，实行农民的土地所有制，借以解放农村生产力，发展农业生产，为新中国的工业化开辟道路。

——《中华人民共和国土地改革法》(1950 年)，载《人民日报》，1950－06－30

教师设问： 根据材料四、五并结合所学知识，谈一谈国体与法制之间的关系。（参考答案：《中华人民共和国婚姻法》彻底废除封建婚姻制度，建立起新民主主义婚姻制度；《中华人民共和国土地改革法》废除封建土地所有制，实行农民阶级的土地所有制。二者都是新中国构建的、与新民主主义政权相适应的法律制度，它们深刻改变了经济基础和婚姻关系，又反过来强化了新政权的新民主主义性质。）

教师讲述： 从新中国成立到三大改造完成，在中国共产党的领导下，在新民主主义法制发展的基础上，借鉴苏联经验，通过制定《中国人民政治协商会议共同纲领》和五四宪法，巩固了新民主主义革命的成果，促进了向社会主义的转变；通过加强刑事立法，惩治贪污犯罪和镇压反革命，整顿了吏治，巩固了新生的人民民主专政的政权；通过加强民事经济立法，完成了对生产关系的改造；通过科教文卫方面的系列立法，促进民生，使得“中国人民站起来”有了法律上的保障；通过完善人民的司法制度，保障了人民的合法权利有一个公正诉求和获得支持的渠道。这一时期的法制建设，旨在实现从半殖民地半封建社会的法律秩序向新民主主义乃至社会主义法律秩序的历史更替，为中国特色社会主义法制道路的形成奠定了基础。

(过渡) 但是，从 20 世纪 50 年代后期开始，由于“左”倾思潮的影响，广大干部群众法制观念淡薄，搞人治，搞阶级斗争，如邓小平同志所说的“往往把领导人的话当做法，不赞成领导人说的话就叫‘违法’，领导人的话改变了，‘法’也就跟着改变”①。“文化大革命”十年动乱，社会主义法制遭到严重破坏。直到中共十一届三中全会召开，中国特色社会主义法制建设才借着改革的春风进入了一个历史变革的新时代。

2. 社会主义法制建设新时期(1978—1992 年)

材料六 为了保障人民民主，必须加强法制。必须使民主制度化、法律化，使这种制度

---

①《解放思想，实事求是，团结一致向前看》，载《邓小平文选》第三卷，北京：人民出版社，1993 年，115 页。

和法律不因领导人的改变而改变，不因领导人的看法和注意力的改变而改变。

——《中国共产党第十一届中央委员会第三次全体会议公报》，载《北京日报》，1978-12-24

材料七　今后国家的根本任务是集中力量进行社会主义现代化建设……全国各族人民、一切国家机关和武装力量、各政党和各社会团体、各企业事业组织，都必须以宪法为根本的活动准则……任何组织或者个人都不得有超越宪法和法律的特权。

——《中华人民共和国宪法》(1982年)，载《人民日报》，1982-12-05

教师设问：根据材料六、七，指出新时期党和国家领导人对民主法制建设有哪些突破性的认识。(参考答案：强调制度、法律高于领导人；把民主法制建设确立为国家的根本任务和现代化建设的重要目标；把宪法置于各政党和一切国家机关之上，解决了党与法律的关系问题。)

教师讲述：面对防止"文化大革命"历史悲剧重演、维护国家长治久安的重大时代课题，党和国家领导人对社会主义民主和法制建设作了深刻反思，从而对民主法制建设重要性的认识产生了质的飞跃，这三点突破性的认识对新时期中国法制建设具有重大意义。

(过渡)为贯彻落实中共十一届三中全会精神，1979年2月，第五届全国人大常委会决定设立一个由80人组成的庞大的法制委员会，作为全国人大常委会负责立法的专门工作机构。委员会从1979年3月正式开展工作，短短4个月内就向全国人大常委会提交了7个法律草案，7月1日正式颁布。

(过渡)中共十一届三中全会为改革开放新时期法制建设确立方针；1982年颁布的《中华人民共和国宪法》作为改革开放初期制定的一部宪法，通过对公共权力的有效规范和对公民权利的切实保障，成为中国特色社会主义民主法制建设的重要保障。

(课堂讨论)阅读并讨论教材第58页"学习拓展"。

(设计意图)正确的课程资源观强调首先要用好教材的内容资源，既包括正文部分，也包括辅助部分。教材第58页"学习拓展"活动，与课标要点、正文内容联系紧密，既具有情感态度价值观的引领作用，又具有开放讨论的思维空间，恰当整合进课堂教学过程之中，善莫大焉。

(过渡)随着改革开放的深入，1992年中共十四大提出建立社会主义市场经济体制的目标。市场经济是法治经济，它要求的不仅仅是立法上的完善，不仅仅是工具性"法制"的进步，而是举国实行"法治"。经济基础向上层建筑提出了更高的要求，依法治国作为党治理国家的基本方略被提了出来。

3. 依法治国新时期(1992—2012年)

材料八　"深圳市工商行政管理局等与泰国贤成两合公司等行政纠纷案"于1998年7月21日终审审结。这起案件曾引起国内外媒体的广泛关注，被法律界称为我国行政诉讼法实施后的"行政诉讼第一案"。

该案发生的背景要追溯到1988年，由中外合资共同开发的贤成大厦在取得合法手续后开始兴建，中途却因该公司董事长吴贤成撤资而被迫停工。当地政府随后对其进行了清算，并联合其他公司完成了该项目建设。

1995年1月，出走境外的吴贤成以泰国贤成两合公司和深圳贤成大厦有限公司法定代表人的身份，以注销贤成大厦有限公司和批准成立鸿昌广场有限公司及成立清算组的行政行为违法为由,对深圳市工商局、外资办提起诉讼。

广东省高级人民法院作出一审判决,以深圳市工商局、外资办注销贤成大厦有限公司、组成清算组、批准成立鸿昌广场有限公司缺乏事实依据,与法律规定不符,违反法定程序等为由,撤销深圳市工商局、外资办作出的上述三个具体行政行为。

——周頔:《"个案推动法治"——行政诉讼经典案例剖析》,载《民主与法制时报》,2019-05-12

教师设问: 根据材料八,从中国法治建设进程的角度分析"行政诉讼第一案"的积极意义。(参考答案:该案坚守了依法审判的原则,树立了司法审判的权威;彰显了依法行政和有限政府的理念,对于确立行政行为正当程序的理念具有积极意义;有利于提高执法人员的法治意识;折射出从计划经济向市场经济转变过程中,人治向法治的转变;有利于创造良好的营商环境。)

教师引导学生分析: 在计划经济体制之下,政府是全能的大保姆,既担当运动员又是裁判员;在市场经济体制之下,市场承担着资源配置的主要作用,政府的作用是有限的,政府既要能够调控经济,其自身也要受到市场的制约,更多地担任裁判员的角色。所以,在市场经济体制下,法治建设的重点之一就是要规范政府的行为。

教师设问: 阅读教材第54页最后一段文字,指出中共十五大提出"依法治国"及《中华人民共和国宪法修正案》(1999年)写入"依法治国"的重大意义。(参考答案:依法治国作为党领导人民治理国家的基本方略得到正式确立,标志着中国共产党从革命党的主要依靠群众运动和政治方式实行领导,向执政党的主要依靠法制、法治进行执政的转变,标志着我们国家的治国基本方略从"人治"到"法制",再从"法制"到"法治"的跨越;依法治国是发展社会主义市场经济的客观需要,是社会文明进步的重要标志,是国家长治久安的重要保障。)

4. 全面推进依法治国新时代(2012年至今)

(过渡) 2012年11月召开的中共十八大,提出全面推进依法治国,强调法治是治国理政的基本方针。2014年10月召开的中共十八届四中全会是中国共产党执政历史上首次以"法治"为主题的中央全会,全会通过的《中共中央关于全面推进依法治国若干重大问题的决定》(下称《决定》)是中国社会主义法治建设史上、也是世界社会主义历史上第一部就法治建设的根本性、全局性、长远性和前瞻性问题作出全面部署的纲领性文献。

材料九 全面推进依法治国,总目标是建设中国特色社会主义法治体系,建设社会主义法治国家。这就是,在中国共产党领导下,坚持中国特色社会主义制度,贯彻中国特色社会主义法治理论,形成完备的法律规范体系、高效的法治实施体系、严密的法治监督体系、有力的法治保障体系,形成完善的党内法规体系,坚持依法治国、依法执政、依法行政共同推进,坚持法治国家、法治政府、法治社会一体建设,实现科学立法、严格执法、公正司法、全民守法,促进国家治理体系和治理能力现代化。

——《中共中央关于全面推进依法治国若干重大问题的决定》,载《中国法学》,2014年第6期

教师设问: 根据材料九,指出中共十八届四中全会提出的全面推进依法治国的总目标,分析该总目标提出的重大意义。(参考答案:总目标:建设中国特色社会主义法治体系,建设社会主义法治国家。意义:在理论上,明确了全面依法治国的重点和总抓手是建设中国

特色社会主义法治体系；在道路上，向国内外鲜明宣示将坚定不移走中国特色社会主义法治道路；在实践上，是实现国家治理体系和治理能力现代化的必然要求。）

(过渡)全面依法治国，必须依宪治国。党的十八届四中全会将每年12月4日定为“国家宪法日”，规定建立宪法宣誓制度，凡经人大及其常委会选举或者决定任命的国家工作人员正式就职时公开向宪法宣誓。2015年第十二届全国人大常委会第十五次会议表决通过，确立了宪法宣誓制度，该制度于2018年被正式写入宪法修正案。

表二 历届“国家宪法日”主题

2014年	弘扬宪法精神，建设法治中国
2015年	弘扬宪法精神，推动创新、协调、绿色、开放、共享发展
2016年	大力弘扬法治精神，协调推进“四个全面”战略布局
2017年	学习贯彻党的十九大精神，维护宪法权威
2018年	尊崇宪法、学习宪法、遵守宪法、维护宪法、运用宪法
2019年	弘扬宪法精神，推进国家治理体系和治理能力现代化

——摘编自徐峰：《“国家宪法日”的故事》，载《人民法治》，2019年第23期

教师设问：根据表二，谈谈你对设立“国家宪法日”的认识。（参考答案：有利于开展宪法教育，弘扬宪法精神；传递依宪治国、依宪执政理念；有利于维护宪法权威；有利于提高全社会的宪法意识，树立法治意识；有利于全面推进依法治国，推进国家治理体系和治理能力现代化。言之成理即可。）

(过渡)中国的传统是崇尚德治的，现在我们施行的是法治，那么在当代要如何处理德治和法治的关系呢？党的十八届四中全会《决定》作出了全面回答：“国家和社会治理需要法律和道德共同发挥作用……既重视发挥法律的规范作用，又重视发挥道德的教化作用，以法治体现道德理念、强化法律对道德建设的促进作用，以道德滋养法治精神、强化道德对法治文化的支撑作用，实现法律和道德相辅相成、法治和德治相得益彰。”①

(二) 70载精神文明建设铸就文化自信

1. 精神文明建设的成就

教师设问：请同学们阅读教材第56—57页，采用列表或思维导图等形式，分阶段归纳新中国精神文明建设的重大活动和主要成就。（参考答案：见表三。）

表三 新中国精神文明建设的重大活动和主要成就

阶段	1949年—1966年	1978年—1992年	1992年—2006年	2006—2012年	2012年以来
活动或成就	英雄模范集体和个人评选	“五讲四美三热爱”	三大系列创建活动 爱国主义教育 公民道德建设	建设社会主义核心价值体系	社会主义核心价值观

① 《中共中央关于全面推进依法治国若干重大问题的决定》，载《中国法学》，2014年第6期。

2. 精神文明建设的作用与地位

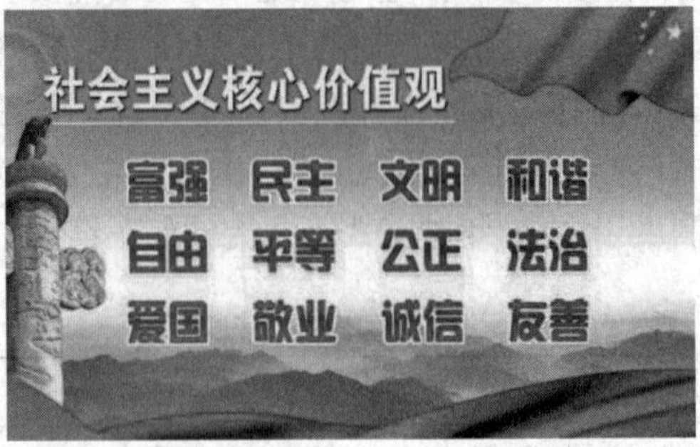

图6　社会主义核心价值观宣传画

教师设问:“富强、民主、文明、和谐”“自由、平等、公正、法治”“爱国、敬业、诚信、友善”分别从国家层面、社会层面、公民个人层面对社会主义核心价值观基本理念进行提炼。下面,我们以“诚信”这一核心价值观为切入口,大家谈谈两个问题:第一,在古代,有过哪些代表性的“诚信故事”?第二,在今天,“诚信”为什么有必要上升到社会主义核心价值观的高度?(参考答案:开放性问题,言之成理即可。)

(设计意图)旨在引导学生认识:社会主义先进文化植根于中国优秀传统文化;在社会主义市场经济和全面依法治国时代,诚信有着不可取代的精神力量和现实价值。

教师追问:根据图6和教材第58页“问题探究”,运用唯物史观,阐述社会主义精神文明建设的作用与地位。(参考答案:社会主义精神文明建设是社会主义社会的重要特征和社会主义制度优越性的重要表现,是我国社会主义现代化建设的重要目标,也是社会主义现代化建设的精神动力、智力支持和思想保证。)

(设计意图)上文社会主义核心价值观宣传画及设问,其实是为教材“问题探究”进行思维铺垫,引导学生由关于诚信具体而微的深度思考,过渡到理解社会主义精神文明建设的作用与地位的宏观层面。思维培育梯度递进,价值引领春风化雨。

【课堂小结】

自1949年中华人民共和国成立以来,中国共产党领导人民逐步建立了一条有中国特色的社会主义法治强国之路,民主法治建设迈出了重大步伐,中国特色社会主义法治体系日益完善,全社会法治观念明显增强,中国特色的社会主义制度优势尽显。社会主义精神文明建设与法治建设相辅相成,社会主义核心价值观和中华优秀传统得到弘扬,70载精神文明建设成就辉煌,极大地坚定了我们的文化自信。

第四单元

民族关系与国家关系

第 11 课

中国古代的民族关系与对外交往

教学设计 1

成都市实验外国语学校五龙山校区　刁礼霞

一、教材分析

本课是统编教材《国家制度与社会治理》第四单元《民族关系与国家关系》的第 1 课，包含“秦汉时期的民族关系”“隋唐至两宋时期的民族关系”“元明清时期的民族关系”和“中国古代的对外交往”四个子目的内容。教材讲述了中国古代的民族关系与对外交往，其中重点介绍了秦汉、隋唐至两宋和元明清三个历史时期中央对少数民族地区的管理政策，及在此基础上与各民族多种方式的交往、交流和交融。除此以外，本课也介绍了在三个历史时期，我国通过海、陆两路进行对外交往的基本情况，展现了中国从开放逐渐走向封闭的过程。通过本课的学习，学生可以在通史学习的基础上更深入地了解我国统一多民族国家的发展历程和中国古代处理对外关系的体制，从而为历史地理解民族区域自治制度和独立自主的和平外交政策打下基础。本课逻辑结构如下：

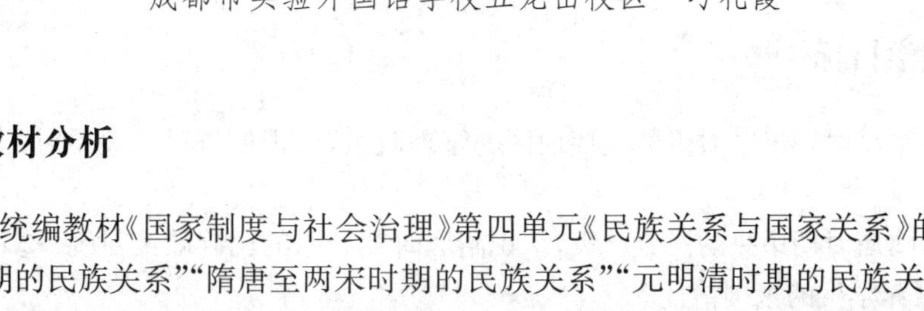

图 1　本课逻辑结构

《普通高中历史课程标准(2017 年版 2020 年修订)》对本课的要求是：了解中国古代的民族政策和边疆管理制度，认识中国作为统一多民族国家的发展历程，以及中国古代处理对外关系的体制。本课教材处理的难点在于知识比较分散：一是在结构上，对外关系和民族关系交织叙述；二是时间跨度较大，囊括了自秦朝到清朝的对外关系和民族关系。因此在处理时可以根据课标对教材内容进行适当的整合，将相关知识抽离出来，围绕着认识“统一多民族国家的发展历程”和“对外关系的体制”展开，在《中外历史纲要》的基础上，对这两个主题进行更深入的探讨。

二、学情分析

学生通过必修课程《中外历史纲要》的学习，对中国古代各时期民族关系的史实有一定的了解，但对于整个中国古代的民族关系缺乏系统的认识，对于国家在边疆和少数民族地区实施的管理政策缺乏理解。同时，学生对我国古代的对外政策也有一定的了解，但是对古代对外政策的变化的整体线索缺乏认识。教学时教师需要借助相关史料构建历史情境，引导学生在唯物史观指导下，用发展的眼光看待历史上的一切，用辩证的观点去把握对象的本质联系与内部矛盾，探寻历史发展的内在线索，并进一步培养家国情怀。

三、教学目标

1. 了解秦汉时期国家对少数民族地区的管理政策，认识处理民族关系对“大一统”局面的影响。

2. 了解隋唐时期中央的民族政策，认识隋唐时期开明的民族政策对统一多民族国家发展的影响，培养学生的家国情怀。

3. 了解明清时期的民族政策，认识其对进一步巩固统一多民族国家的意义。

4. 了解不同时期中国的对外政策相关史实，认识中国对外体制的变化，理解对外政策的变化与国家发展的关系。

四、教学重难点

重点：历代王朝对少数民族的管理政策和不同时期对外交往的史实。

难点：民族关系的处理与统一多民族国家发展之间的关系；认识中国古代对外体制的发展。

五、教学过程

【导入新课】

图2　何尊

图3　何尊内底铭文

教师讲述：何尊作为中国首批禁止出国(境)展览文物、国家一级文物，是西周早期一个名叫何的宗室贵族铸造的祭器。在尊内底铸有铭文 12 行 122 字，记述了周成王继承周武王遗志营建成周(今河南洛阳)之事。

教师设问：试着识别图 3 中圈出来的铭文。(参考答案：宅兹中国。)

教师讲述：中国的概念虽然是近代才出现的，但“中国”这一词在三千多年前就已经出现了，这里“宅兹中国”就是“中国”一词最早的文字记载。中国这个民族国家是如何发展演变的呢？请看《中外历史纲要(上)》第 16、35、80 页《秦朝形势图》《唐朝前期疆域和边疆各族分布图(669 年)》《清朝疆域图(1820 年)》三幅地图。

教师设问：根据三幅地图并结合所学知识，指出古代中国疆域的变化反映了怎样的实质性问题。(参考答案：中国国力逐渐增强；中华文明的影响力逐渐提升；统一的多民族国家形成并发展。)

教师讲述：上述三幅地图反映出，中国在空间上是一个边界不断变化的“中国”。边界不断移动、变化的过程也是我们统一多民族国家发展、壮大的过程，在这个过程中我们是如何处理民族关系和对外关系的呢？今天，就让我们一起来学习。

(设计意图)利用文物图片导入，能较快地吸引学生，激发他们的学习兴趣，同时培养学生的史料实证意识；引入历史地图，可以让学生直观感受我国疆域的变化，培养学生的时空观念。本环节指向的是：(1)时空观念素养水平 2——能够将某一史事定位在特定的时间和空间框架下；能够认识事物发生的来龙去脉；(2)史料实证素养水平 1——能够从获得的材料中提取有关的信息。

【学习新课】

(一) 中国古代的民族关系的发展

1. 秦汉时期

(1) 秦朝

教师设问：在公元前 221 年，秦朝实现了统一，建立了第一个统一多民族国家，对于少数民族地区，是如何管理的？(参考答案：中央设置典客典属国等官职管理；在地方，北逐匈奴修长城，南抚夷、越，设置南海郡、桂林郡、象郡。)

教师追问：秦通过一系列措施扩大疆域，为统一多民族国家的发展奠定了基础。汉朝在处理与周边少数民族关系的政策上，又有怎样的继承和发展？(参考答案：继承：在中央设置官职管理民族事务；攻打匈奴；设置郡、县。发展：在汉初对匈奴采取和亲政策；设置西域都护府和校尉。)

(2) 汉朝

(过渡)汉初为什么会采取和亲政策？这个政策是怎么演变的？我们通过几则材料来进行了解。

材料一　(平城归来)冒顿为单于，兵强，控弦三十万，数苦北边。上(汉高祖刘邦)患之，问刘敬。刘敬曰：“天下初定，士卒疲于兵，未可以武服也。冒顿杀父代立，妻群母，以力为威，未可以仁义说也。独可以计久远子孙为臣耳，然恐陛下不能为。”……刘敬对曰：“陛下诚能以适长公主妻之，厚奉遣之。”……上竟不能遣长公主，而取家人子名为长公主，妻单于。使刘敬往结和亲约。

——《史记·刘敬叔孙通列传》，北京：中华书局，1982年，第2719—2720页

教师设问：根据材料一并结合所学知识，概括指出汉初实行和亲政策的原因。（参考答案：汉初对匈奴战争失败；汉初，天下初定，急需休养生息；匈奴军事力量强大，直接武力对抗不能取胜；用和亲平定边境地区战乱；用后世子孙控制匈奴。）

材料二 和亲政策之后面，即为贿赂与通商。藉胡、汉通婚之名义，匈奴上层贵族，每年既得汉廷之赠遗，其下层民众，亦得定期边塞贸易。其物质上之需要既满足，亦可暂时解消武力侵略之欲望。

——钱穆著：《国史大纲》，北京：商务印书馆，1996年，第201页

教师设问：根据材料二并结合所学知识，概括和亲政策的积极影响。（参考答案：影响：缓和了汉匈两族的关系；维持了边疆地区的和平安定；有利于边境贸易；有利于民族融合。）

教师讲述：在汉初特定的历史条件下，汉朝统治者采取了和亲政策，收到了良好的效果。后来，汉朝统治者还主动与西域的乌孙和亲，取得西域各民族对汉朝的支持。为了加强对西域的控制，汉朝于公元前60年设置西域都护府。加强了西域与内地的政治、经济、文化联系，也保障了丝绸之路的畅通。在设置西域都护府的同时，屯田政策也被纳入地方军政管理体系中。

材料三 臣谨条不出兵留田便宜十二事。步兵九校，吏士万人，留屯以为武备，因田致谷，威德并行，一也。又因排折羌虏，令不得归肥饶之地，贫破其众，以成羌虏相畔之渐，二也……居民得并田作，不失农业，三也。军马一月之食，度支田士一岁，罢骑兵以省大费，四也……以闲暇时下所伐材，缮治邮亭，充入金城，六也，兵出。乘危徼幸，不出，令反畔之虏窜于风寒之地，离霜露疾疫瘃堕之患，坐得必胜之道，七也。亡经阻远追死伤之害，八也。内不损威武之重，外不令虏得乘间之势，九也……大费既省，繇役豫息，以戒不虞，十二也。留屯田得十二便，出兵失十二利。

——《汉书·赵充国传》，北京：中华书局，1999年，第2246页

教师提问：根据材料三，说明西汉时期实行边境屯田的原因。（参考答案：原因：兴办军屯，屯田得谷，节省军费，减轻国家负担；威德并行，打击叛乱首要分子；使人民获得生产资料，发展农业生产，争取群众。）

材料四

秋当早糴。书到，豫缮治仓臾。部、郭、辟，令▱

▱城仓、库、延水、居延农、甲渠、殄北、卅井候官、督蓬。

▱及省卒、徒缮治城郭、坞、辟，令、丞、候、尉史遂等三老。

——甘肃省文物考古研究所等编：《居延新简》，北京：文物出版社，1990年，第338页

材料五

十一月辛丑，将兵护民、田官。居延都尉章。

十二月辛未，将兵护民、田官。居延都尉谓城仓长禹兼行“丞事”。

——谢桂华、李均明等编：《居延汉简释文合校》，北京：文物出版社，1987年，第468页

教师提问：根据材料四、五，概括西汉政府的屯田保障措施。（参考答案：修缮城郭、坞、

郭、辟、仓等，防御敌人的进攻，为边防提供后勤保障；建立都尉将兵护田制度。）

教师讲述：汉朝中央政府通过完善边防来为屯田提供安全保障，屯田制度的实施，促进了边疆地区生产力的提高，促进了边疆地区的开发。东汉延续西汉王朝对西域各地的统治，重建西域都护管理该地军政事务，著名的定远侯班超就曾担任过西域都护多年。后设立西域长史取代了西域都护职能，加强了对西域地区的管理，班超之子班勇曾就任西域长史。

（设计意图）秦汉时期是中国统一多民族国家的奠基时期，两汉的和亲政策不仅促进了民族交融，而且对后世的和亲、联姻政策有重要影响。汉代的屯田制集军事和经济于一体，对于促进少数民族生产力的提高和边疆地区的开发有重要意义。教师呈现史料，引导学生分析、理解秦汉实行和亲政策和屯田制度的原因、影响，培养学生史料实证和历史解释核心素养。本环节指向：(1)史料实证素养水平 2——在对史事与现实问题进行论述的过程中，能够尝试运用史料作为证据论证自己的观点；(2)历史解释素养水平 2——能够选择、组织和运用相关材料并使用相关历史术语，对个别或系列史事提出自己的解释；能够在历史叙述中将史实描述与历史解释结合起来。

2. 隋唐至两宋时期

(1) 隋朝

（过渡）随着封建国家的进一步发展，隋唐及两宋时期民族关系如何发展，国家对少数民族地区实行了哪些政策呢？请根据教材第二子目完成表一。

表一　隋唐时期民族关系管理

朝代	管理机构	边疆管理
隋朝	①	②
唐朝		③

（参考答案：①中央：尚书省的礼部及鸿胪寺。②北方东突厥接受隋朝管辖；加强对岭南统治（册封百越女首领冼夫人为谯国夫人）；推行郡县制；加强与流求的接触。③西北设安西、北庭都护府；北方设安北、单于都护府；东北设安东都护府；南方设安南都护府。都督府都督和羁縻州刺史由各民族首领担任。）

(2) 唐朝

教师讲述：中国古代历史上的羁縻政策十分宽泛和灵活，唐朝是羁縻政策实行的鼎盛时期。

材料五　隋唐时期，浓厚的胡汉交融的社会和家庭氛围弱化了那种"夷狄非我族类"之类的民族观念……加上"……装备很差、数量不多的唐军本身并不具备威慑西域、足拒强敌的实力"，隋唐统治者吸取前代的经验，最终在西北地区推行羁縻政策。

——薛宗正著：《安西与北庭——唐代西陲边政研究》，哈尔滨：黑龙江教育出版社，1998 年，第 373—375 页

教师设问：根据材料五并结合所学知识，概括指出隋唐时期实行羁縻政策的原因。（参考答案：民族交融的发展；唐初政治、军事实力相对弱小；民族观念的进步；民族地区复杂的社会环境。）

教师讲述：隋唐时期，统治者对少数民族地区推行羁縻政策，与当时的民族交融趋势有直接关系。在隋唐时期统治者推行了开明的民族政策，唐太宗说过："自古皆贵中华，贱夷狄，朕独爱之如一，故其种落皆依朕如父母。"民族交融促进了不同民族间的相互通婚，各族上层也不例外。再加上西北地区复杂的社会环境和唐朝初期较弱的军事、政治力量，因此唐朝政府继承了前代的羁縻政策，并且将这一政策进一步完善。

唐朝的羁縻政策囊括了政治、经济、文化等方面。在政治上，除了采取和亲、册封、纳质等方式外，还设置羁縻府州。羁縻府州的都督、刺史基本上是由本部族的首领转化而来，可以自行任命官吏，组成自己的官僚集团，权力也较大，可以自行征收赋税，有自己的军队，唐政府一般都不过问羁縻府州的内政。在经济上，有民间或官方组织的边境互市，采取贡赐贸易的手段拉拢少数民族。在文化上，采取尊重少数民族风俗，以隆重的高规格的礼仪对待少数民族首领，用儒家的礼教对少数民族进行教化，增强少数民族地区对中央政权的认同。

材料六　从羁縻州的郡县属性而言，首先，唐原则上在羁縻州与经制州中要推行其共同遵守的约束性法令；其次，在此前提下，尽管羁縻州区域广大……并不全面推行内地行政制度，但是原则上又要不同程度地推及唐王朝统一的政治、制度、法律……唐又比照内地行政制度，在羁縻州中根据具体情况不同程度地推及唐统一的政令、法令。唐在羁縻州施政……将社会、文化多元性的政治统治区域，整合为有别于西汉的大一统政治结构。

——王义康：《因俗而治与一体化：唐代羁縻州与唐王朝的政令法令》，载《中国历史地理论丛》，2019 年第 4 期

教师设问：根据材料六，概括唐朝羁縻州施政特点。（参考答案：兼具"因俗而治"的特殊性与行政体制一体化的共同性。）

教师引导学生分析：唐原则上在羁縻州推行其需共同遵守的约束性法令，实现了内地与非汉地区地方行政体制的一体化；唐朝政府根据羁縻州区域大小、内部情况复杂与否，不同程度地推行统一的政治、制度、法律。因此，唐在羁縻州的施政，兼具"因俗而治"的特殊性与行政体制一体化的共同性。

教师讲述：羁縻府州制度既保留少数民族传统的行政管理制度，又将少数民族地区纳入国家统一行政设置之中。加授各族首领担任羁縻州的都督、刺史等官，并且世袭其职，让他们继续统辖本族人民，但这些都督、刺史都必须由中央政府任命，同时还取消了大部分民族地区少数民族上层分子原有的"可汗"称号，从而保证了中央政府统治和行政管理的统一，避免了民族地区的独立与分裂。这种民族管理制度既保证了国家的统一和领土的完整，又加强了中央王朝对少数民族地区的领导和扶持，密切了各民族之间的联系，使他们仍按照原来的方式安居乐业。在当时的历史条件下，是一种进步的民族管理制度，对于民族间经济文化的交流和民族地区的生产发展也起到了积极作用，同时这也成为后世土司制度的渊源。

（设计意图）隋唐时期是中国统一多民族国家的发展时期，这一时期，开明的民族政策促进了民族交融的进一步加强。在沿用了前代的民族政策基础上，唐朝政府将这些政策进行优化，羁縻政策是典型体现。教师通过提供史料，引导学生分析唐朝实行羁縻政策的背景和唐朝羁縻州府的特点，培养学生史料实证、历史解释和家国情怀素养。问题指向的是：(1)史料实证素养水平 2——在对史事与现实问题进行论述的过程中，能够尝试运用史料作为证据论证自己的观点；(2)历史解释素养水平 1——能够对所学内容中的历史结论加以分

析；(3)家国情怀素养水平 1、2——能够具有对家乡、民族、国家的认同感，理解并认同社会主义核心价值观和中华优秀传统文化，具有对祖国和人民的深情大爱。

(3) 宋朝

教师讲述：两宋时期，民族政权并立。两宋政权多次同少数民族政权交兵，但最终往往以岁币等方式换取和平，形成和议局面。和议活动使两宋政权得到了一个长久的和平环境，并与各方开展了经济、文化交流。北宋与辽、西夏分别在边境地区设置榷场进行贸易；南宋时期大批的契丹人、女真人进入中原地区，与汉族人民共同劳动生活；部分少数民族统治者在吸收汉族政治制度文化的基础上进行汉化改革。由此，各民族之间经济文化交流日益加强，各民族之间的差异逐渐缩小，形成了民族大融合的趋势。

3. 元明清时期

(1) 元朝

教师讲述：元朝结束了唐末五代以来长期多个地方政权并存的局面，重建了统一多民族国家，元朝统治者对不同的民族制定不同政策。在民族文化上则采用相对宽松的多元化政策，即尊重国内各个民族的文化和宗教，并鼓励国内各个民族进行文化交流和融合。在地方，实行行省制度，对全国实行有效统治。中央设置宣政院直辖西藏，设立澎湖巡检司管辖澎湖和琉球(今台湾)，标志着西藏、台湾正式纳入中央王朝的版图。

(2) 明朝

教师讲述：明朝建立时，不仅抛弃元朝划分民族等级的做法，公开申明对各个少数民族要坚持华夷一家、一视同仁的态度；而且对各个少数民族实行“因俗而治”的政策，维持少数民族原有的政治制度、生产方式、风俗习惯、宗教信仰不变。在中央设置礼部、鸿胪寺，管理各民族事务，设置提督四夷馆，负责培养各种民族文字翻译人才；在边疆地区，设置机构进行管辖。

(过渡)同学们对比唐朝和明朝地图，可以发现在明清时期，疆域上的空间变化主要集中在西藏地区，现在我们通过材料来具体了解明清时期，中央政府和西藏地区的互动。

材料七　在明朝统治的近三百年间，对西藏的管理，基本上沿袭了元朝治藏的制度与方式，又与元朝有所不同。明朝在藏地采取了对上层僧俗首领进行普遍封赐的政策……以招抚、宣慰、化导的方法，通过诰封、敕命、赏赐等手段，使藏地各地僧俗首领直接受命于朝廷。针对藏地教派林立的现状，明初改变了元朝只倚重萨迦派的做法……以法王为最高僧职。又分封了五个实力强大的政教领袖，使其抚治一方，称五大教王。此五王各有自己的领地，王位可以世袭，但承嗣者必须上报中央，经明廷册封后方为合法。明朝还沿袭元朝的做法，先后设置乌思藏、朵甘两个“卫指挥使司”和“俄力思军民元帅府”，分别管理前后藏、昌都和阿里地区的军政事务。

——马啸：《明清与西藏政治互动策略之比较》，载《青海民族大学学报》，2011 年第 3 期

教师设问：根据材料七，概括明朝管理西藏的措施。(参考答案：措施：对藏地僧俗首领进行册封以确立中央对西藏统属权的模式；多封众建、分而治之；设置军政机构，军政结合。)

(过渡)除了在政治上根据西藏的实际情况采取相应的措施，加强西藏地区和中央政府的联系以外，以经济手段强化对藏地的管辖是明朝治藏的一个重要手段。为了笼络藏族上层，明王朝对循例进京朝贡的使团不仅给予政治上的殊荣，而且对贡物没有严格的数量要求，照例厚赐，薄来厚往，赐予经济上的实惠，以促其内附。正如明太祖所说：“其所贡方物，

不过表诚敬而已。”

(3) 清朝

教师讲述：清朝统治期间，统一多民族的国家得到了进一步的巩固和发展，清王朝对少数民族地区司法管辖的深入与具体，是历代所不及的。在中央设理藩院。理藩院是专理少数民族重大案件的中央司法机关，其出现是中央政府对民族地区司法管辖深入、体系严密的表现，也表明了清代对少数民族司法管辖的加强。

材料八　清朝与明朝的不同之处在于：第一，清朝在西藏驻兵。清朝在西藏地方建立了常备兵制，确定了驻兵的地点、数额、后勤补给来源等。第二，派官员直接对藏政进行管理。建立驻藏大臣制度，直接参与处理藏政，并不断加强和扩大驻藏大臣的权力，最终制定《钦定藏内善后章程》29 条，以法律的形式明确驻藏大臣、达赖、班禅的地位和权限，确立了驻藏大臣对藏政的领导地位。

——马啸：《明清与西藏政治互动策略之比较》，载《青海民族大学学报》，2011 年第 3 期

教师设问：根据材料八并结合所学知识，概括说明清朝治藏政策的特点，并分析其影响。(参考答案：特点：全面性，清朝在政治、经济、文化多方面对西藏进行管理；直接性，驻藏大臣直接参与处理西藏事务；周密性，西藏宗教领袖产生方式上采取“金瓶掣签制度”。影响：促进了治藏制度的逐渐完善；使中央与西藏地区的政治关系进一步强化；促进了统一多民族国家的进一步发展；为后世治藏提供借鉴。)

(设计意图)元明清是中国统一多民族国家进一步巩固和发展时期，这一时期，对边疆的管辖进一步加强，版图最终奠定，民族分布相对固定下来，各民族成为不可分割的整体。通过教师提供的史料，分析明清时期治藏政策的变化和特点。问题指向的是：(1)史料实证素养水平 1——能够从所获得的材料中提取有关的信息；(2)历史解释素养水平 2——能够选择、组织和运用相关材料并使用相关历史术语，对个别或系列史事提出自己的解释；(3)家国情怀素养水平 1、2——能够具有对家乡、民族、国家的认同感，理解并认同社会主义核心价值观和中华优秀传统文化，具有对祖国和人民的深情大爱。

(过渡)在“中国”这个民族国家空间不断扩展的过程中，民族交融持续加强，统一多民族国家不断发展。中国古代与其他国家间的关系如何？我们在不同时期采取了怎样的对外政策？这些对外政策又产生了怎样的影响？接下来我们通过“丝绸之路”的演变来了解我国古代的对外政策。

(二) 中国古代的对外交往

1. 对外交通路线

教师设问：根据《中外历史纲要(上)》第 46 页《唐朝对外主要交通路线示意图》，并结合所学知识，简述唐朝对外交流的概况。(参考答案：概况：海外贸易繁盛，陆上丝绸之路和海上丝绸之路都比较发达；政府设置市舶使管理海外贸易；主要商业城镇大多分布在丝绸之路沿线。)

教师引导学生分析：在政治上，唐朝国家统一，政局稳定，唐朝政府实行开放的对外政策；经济上，唐朝经济繁荣，特别是南方地区农业、手工业的迅速发展为对外经济交流提供了物质基础；交通上，唐朝海陆贸易并重，不但有东西陆路交通，而且开通了向东、向西的海路

交通，同时南方的水运发达也促进了对外贸易的发展。

教师设问：根据《唐朝对外主要交通路线示意图》与《普通高中历史地图册·必修 2》第 16 页《宋代海外贸易航线图》，并结合所学知识，指出宋代海外贸易与唐朝的不同之处，分析出现不同的原因。（参考答案：不同：宋代陆上丝绸之路萎缩，海上丝绸之路发达。原因：民族政权并立造成陆上丝绸之路的阻塞。）

教师引导学生分析：宋元时期海外贸易中，陆路贸易下降，海路贸易地位日渐上升。其原因如下：其一，西北少数民族政权的阻隔，如西夏。其二，陆上丝路本身存在难以克服的缺点。我国传统的外销商品丝绸、瓷器、茶叶等的产地主要位于东南地区，陆路西运，远离产区，既不经济，又不方便。加之陆上丝路的自然条件十分恶劣，行程艰巨，时间久，运费高。其三，陶瓷制品作为宋元时期最重要的外贸商品，不适合于陆上长途运输。其四，经济重心南移，南方经济地位提高。其五，宋代航海业和造船业的发展，航海经验的积累，如指南针的应用等。

材料九　这一时期，以英国为首的西方列强在中国东南沿海频繁活动，要求扩大对华贸易，开拓中国市场。清朝起初指定 4 所城市为对外通商口岸，后仅保留广州 1 处，并规定由官府特许的“十三行”商人代为管理对外贸易事务。外商在广州的活动及其与中国商民的交往，都受到严格约束。民间船只出海贸易，更在严厉禁止之列。

——《中外历史纲要（上）》，北京：人民教育出版社，2019 年，第 81 页

教师设问：请同学们根据材料九，并结合所学知识，指出明清时期对外贸易发生了怎样的变化，产生了怎样的影响。（参考答案：转变：由原来的对外开放变为闭关锁国。影响：使中国逐步落后于世界潮流。）

教师引导学生分析：闭关锁国是明清两朝实行的严格限制对外交流活动的一项政策。后代历史学家认为闭关锁国的原因有很多，一是小农经济自给自足的特点；二是明朝中期日本的倭寇开始侵扰东南沿海地区；三是统治者出于维护政权巩固的需要，限制人民出海活动，采取消极的闭关锁国政策。

闭关锁国是一种封闭的国家政策，该政策严格限制了国家经济、文化等方面的对外交流，压制了商业贸易的发展，阻碍了国家之间的合作和文化的交流。特别是明朝中后期已经孕育出资本主义萌芽的情况下，长期的重农政策以及闭关锁国严重阻碍了中国社会的转型，使中国逐渐落后于西方国家。

2. 文明交流：物质、技术、制度、文化

表二　中国古代对外文明交流概况

时间	输出	输入
秦汉时期	丝绸、漆器；开渠、凿井、铸铁技术	西域的良种马、香料、玻璃、宝石等；核桃、葡萄、石榴、苜蓿；琵琶；佛教
隋唐时期	丝绸、茶叶、瓷器、铜器；造纸术；均田制、租庸调制、中央官制、律令	菠菜（波斯）、莴笋（地中海地区）；葡萄酒酿造技术、玻璃器制作技术；乐舞、马戏；
宋元时期	瓷器；火药、指南针、雕版印刷术；程朱理学	占城稻（越南）
明清时期	儒家道家学说	甘薯、玉米、烟草、西红柿、辣椒；基督教新教；科学技术

——摘编自白寿彝主编:《中国通史》,上海:上海人民出版社,1999年

教师设问: 根据表二并结合所学知识,概括说明中国古代对外交往的特征。(参考答案:对外交往的内容:以经济交往为主,也包含制度、文化交往;对外交往的形式:以民间交往、和平交往为主,官方交往则以朝贡贸易为主要形式;对外交往的通道:秦汉时期主要通过陆上丝绸之路,宋元以后海上丝绸之路;交往的范围:秦汉时期主要通过丝绸之路与西域地区进行交流,隋唐时期交流范围扩大到地中海沿岸地区,明清时期美洲物种传到中国,交往范围不断扩大;交往的影响:中国传出的物质、技术和制度对其他国家产生重要影响,如隋唐时期的中央官制、律令、均田制对日本产生重要影响,造纸术、印刷术、火药、指南针促进了欧洲社会转型;印度佛教传入影响到中国的思想、文学、艺术,中国僧人保存的佛教典籍成为研究古印度历史的珍贵文献史料,中国与东亚国家交往表现为中华文明的单向传播,与印度、欧洲的交往表现为中外文明的双向交流。)

(设计意图) 呈现史料,让学生了解中国古代对外交往的变化与特征,并从全球发展的角度分析闭关锁国政策带来的消极影响。本环节指向的是:(1)时空观念素养水平2——能够将某一史事定位在特定的时间和空间框架下;能够认识事物发生的来龙去脉;(2)史料实证素养水平2——在对史事与现实问题进行论述的过程中,能够尝试用史料作为证据论证自己的观点;(3)唯物史观素养水平3、4——能够将唯物史观运用于历史学习、探究中,并将其作为认识和解决现实问题的指导思想。

【课堂小结】

教师引导学生小结: 通过古代中央对边疆的管理,我们要知道中国古代疆域的变迁以国家实力为基础,国力强盛,疆域则宽广。纵观中国古代民族关系,我们发现既有阶段性的和平,也有阶段性的战争。总体而言,民族友好、民族融合是古代民族关系发展的主流,为今天的统一多民族国家的发展奠定了基础。在不同时期,统治者也采取了不同的对外政策,国家经历了从开放到封闭的过程。了解古代的民族关系和对外交往的史实,可以为我们今天提供相应的借鉴。

教学设计2

四川师范大学附属中学　李桦

一、教材分析

本课是统编教材《国家制度与社会治理》第四单元《民族关系与国家关系》的第1课,讲述了秦汉、隋唐、两宋及元明清时期的民族关系与对外交往的史实。中国自商周以来,历代中原王朝对边疆地区进行了持续的管理,与周边少数民族展开广泛而深入的交流、交往与交融,并与周边乃至欧洲的国家进行了不同程度的交往。在这个过程中,各族人民之间既有冲

突，又有融合，而融合是主流，推动了近代中华民族的形成。在对外交流方面，古代中国建立了一套基于自身对世界认识基础之上的对外交流制度——朝贡制度。

《普通高中历史课程标准(2017年版2020年修订)》对本课的要求是“了解中国古代的民族政策和边疆管理制度，认识中国作为统一多民族国家的发展历程，以及中国古代处理对外关系的体制”。从教材结构体系来看，本课是学生理解近代中华民族和中国民族国家形成与外交近代化的基础；从内容看，本课分作民族关系与对外交往两条主线来讲解，许多内容在《中外历史纲要(上)》中已经有所涉及，如果简单重复，内容显得琐碎繁复。事实上，中国古代在处理民族关系与对外交往问题时所采取的政策、建立的制度，与古代中国对自身与周边民族、周边世界的看法是密不可分的，而传统夷夏观则是这些看法的重要组成部分。因此，本课拟从传统夷夏观切入，探讨其内容，引导学生认识在这一观念的影响下中原王朝在民族交往中采取了“因俗而治”的政策，同时在适当的时期推进政治、经济和文化的一体化，这些政策推动了中国古代多元一体民族格局的形成。本课知识内在逻辑如下表：

表一　本课知识逻辑框架

<table>
<tr><td rowspan="4">先秦：夷夏观的内容</td><td colspan="3">夷夏观影响下的民族交往</td><td rowspan="4">近代：夷夏观的更新</td></tr>
<tr><td rowspan="2">民族关系</td><td>历代中原王朝“因俗而治”</td><td>战争与和亲、典属国(典属邦)、羁縻政策、土司制度</td></tr>
<tr><td>政治、经济和文化的一体化</td><td>改土归流、设置驻藏大臣</td></tr>
<tr><td colspan="3">对外关系：对外交往史实、朝贡制度</td></tr>
</table>

二、学情分析

学生经过高一对《中外历史纲要》的学习，对中国古代各王朝民族交往与对外交往的史实已有基本的了解，且对历史学习的基本方法有所掌握。但本课涉及的机构、制度、政策等，学生对它们的内在联系还缺乏深入理解。教学时教师需要借助合适的史料创建情境，设置问题，帮助学生将以往零散的知识点串联起来，形成对中国古代民族关系和对外交往更为理性的认识。

三、教学目标

1. 通过自学及制作中国古代民族关系的思维导图，初步了解中国历代中原王朝管理边疆和对外交往的机构及基本制度，并在课堂上进行展示。

2. 通过对史料的解析，了解中国古代王朝处理民族关系的主要思想——夷夏观的主要内容。

3. 通过对史料的分析、解读，在课前自学的基础上，进一步认识和理解历代中原王朝在夷夏观的影响下采取了不同的边疆治理政策和制度；认识正确的民族政策对国家强盛所起的作用。

4. 通过分析中国古代对外交往的基本史实,认识中国古代对外交往的演变趋势,并全面认识中外交往的主要制度——朝贡制度。

5. 认识中华民族多元一体格局的形成、中国疆域的奠基是多个民族共同参与、共同努力的结果。

四、教学重难点

重点:在夷夏观的影响下,中原王朝对边疆民族地区推行的各项政策和制度;古代对外交往的主要制度——朝贡制度。

难点:理解正确的民族观、民族政策对国家强盛所起的作用。

五、教学过程

【导入新课】

教师设问:以下为秦、西汉、唐、元、清 5 幅中国统一王朝的疆域图①,请同学们仔细观察,它们反映了哪些历史信息。(参考答案:自秦汉到元明清,各民族间不断交流、交往、交融;逐渐形成多元一体的民族格局;增强中国人的文化认同、民族认同和国家认同观念。)

【学习新课】

教师讲述:我国大一统的多元一体的民族格局的形成,与历代王朝推行的民族政策、边疆治理政策密不可分,而我国古代各王朝是如何治理边疆地区?如何推进民族交往的呢?大家都已经在课前进行了预习,完成了《中国古代民族关系简表》。我们现在可以展示一下。(参考答案:见表二。)

表二　中国古代民族关系简表

时期	机构	政策与措施
秦汉	秦:典客、典属国 汉:大鸿胪	战争、和亲 在边疆地区设郡、都护 屯戍政策
隋唐	礼部、鸿胪寺	归附;和亲;战争;会盟;册封
两宋	/	与辽、西夏、金长期并立 周边民族政权吸收中原王朝先进制度、经验与文化、各民族持续交往交融

① 教师展示《中外历史纲要(上)》第 16、22、35、57、80 页的《秦朝形势图》《西汉形势图》《唐朝前期疆域和边疆各族分布图(669 年)》《元朝形势图(1330 年)》《清朝疆域图(1820 年)》。

续表

时期	机构	政策与措施
元	/	统治者"行汉法" 对不同民族实行差别对待政策
明	礼部、鸿胪寺、提督四夷馆	修筑长城 设置卫所、军镇 设置土司 敕封西藏僧俗领袖 实行茶马贸易
清	理藩院	满蒙联姻;军事斗争;册封;改土归流

教师讲述:通过同学们自制的思维导图我们可以看到,中国自秦汉到明清,历代中央王朝推行了多项民族交往和边疆治理政策,并建立了一系列制度,那么中国古代民族政策及制度的形成有没有一个指导思想呢?如果有,那这个指导思想是什么呢?

(过渡)其实,中国古代是有一个指导思想的,而这个指导思想就是中国古代传统的夷夏观。什么是夷夏观呢?

(一) 什么是夷夏观?

教师讲述:在中国古代史上,中原文明往往将不同族群分为夏和夷两大类别,"夏"是指在中原地区形成的华夏族及由其发展而来的汉族,"夷"则用来指称华夏族或汉族以外的其他众多民族。在夷夏长期交往的过程中,逐渐形成了夷夏观,那么,传统夷夏观有哪些内容呢?

材料一　远古时代,黄河中下游一带的古代中国人形成了一种内聚的世界观,以一种优越自足的目光对待自己。……周王朝时代,古代中国就确立了引以为傲的系统的伦理、道德、习俗规范体系——"周礼"。它被看作是华夏族与其他种族相区别的核心标志,在华夏族看来,一个不遵守"礼"的种族无异于禽兽之邦。

——摘编自刘永生、邓怡舟:《传统"夷夏"观断想》,载《湖南科技学院学报》,2006 年第 1 期

战国以降,经过春秋"尊王攘夷"血与火的洗礼,夷狄要么被同化,要么被迫迁至边远地区。这样,在观念上,华夏与"夷蛮戎狄"五方之民共为天下;在地理上,形成华夏居中、四夷环居周围的大致格局,华夏与夷狄之间的地理和文化界限已经泾渭分明……周边四夷和远方之国理应如百川归海般前来称臣纳贡,接受中华文化的熏染,以收"用夏变夷"之功效。

——李云泉:《朝贡制度的理论渊源与时代特征》,载《中国边疆史地研究》,2006 年第 3 期

教师设问:根据上述材料和所学知识,指出传统夷夏观的内容。(参考答案:主张华夏与夷蛮五方之民共为天下;强调以文化和区域分布的不同来认识、区分民族;强调"华夷之辨";主张"用夏变夷",承认夷夏是可以转换的,华夏统治者应该主动用华夏文明来改变周边民族。)

教师引导学生分析：在长期的历史发展中，我国逐渐形成了以华夏居中原、各民族居于四周的民族分布格局。因为自然环境、社会发展阶段等方面的不同，华夏与各民族之间也形成不同的生产和生活方式，进而形成夷夏之防的观念，并由此产生了“守中治边”或是“守在四夷”的治边思想；但是，传统夷夏观又认为“华夏与‘夷蛮戎狄’五方之民共为天下”，即天下是华夏与蛮夷的天下，而非仅仅是华夏的天下，因此又主张中原统治者要“以夏变夷”，即用华夏文明去改变少数民族，使之学习、认同华夏文明。

教师讲述：由此可见，传统的夷夏观并不绝对将血缘或族群作为区分“夷夏”的标准，反而更强调文化的因素。正如孔子所说：“夷狄之有君，不如诸夏之亡（无）也”（《论语·八佾》）。在孔子看来，夷狄哪怕有了君主，但仍然不如“诸夏”，因为“诸夏”有礼仪文化，其文化可以长久传承下去。然而，以是否采用华夏文化作为判断夷夏的标准，其实留下了夷夏互变的空间，正如《左传·成公四年》中所说的：“诸夏用夷礼则夷之，夷狄用诸夏礼则夏之。”在传统夷夏观和“溥天之下莫非王土，率土之滨莫非王臣”观念的支配下，中原华夏统治者不但将民族关系，也将一切外交关系视之为“来朝”“来王”的朝贡关系①。可见，所谓“夷夏观”，其实更多的是一种文化观，它强调夷夏之辨，客观上为中原王朝尊重少数民族推行“因俗而治”提供了理论基础；但它又强调在合适时候“以夏变夷”，又推动中原王朝采取措施推进民族整合，进而实现政治、经济和文化的一体化。

（设计意图）通过对材料的解读，了解影响了中国古代民族交往和对外交往的夷夏观，并以此为线索，串联中国古代王朝推行的民族交往政策和对外交往政策两大版块。本环节指向的是：(1)史料实证素养水平 2——在对史事与现实问题进行论述的过程中，能够尝试运用史料作为证据论证自己的观点；(2)历史解释素养水平 2——能够选择、组织和运用相关材料并使用相关历史术语，对个别或系列史事提出自己的解释；(3)唯物史观素养水平 3、4——能够将唯物史观运用于历史学习、探究中。

教师讲述：正是在夷夏观的影响下，历代中原王朝对民族和边疆地区推行了一系列政策，而这些政策和制度又分别体现了两大方向：一是尊重各民族的社会习俗和宗教信仰，因俗而治、因地制宜地进行行政管理；二是在适当的时机推进边疆和民族地区与内地在政治、经济和文化一体化，强化国家统一。

（二）夷夏观影响下的民族交往与边疆治理

1. “因俗而治”，推动各民族多元发展

(1) 两汉：和亲与战争

教师讲述：公元前 221 年，秦王嬴政统一中国。从这时起，中原统一王朝的目光就不仅仅局限于“中国”，还将周边的民族，如北方的匈奴、南方的百越，也纳入视野之中。秦朝在统一六国后即派军队北击匈奴，修筑长城。西汉与匈奴的关系则经历了一个从“兄弟之国”到“君臣之国”的演变过程。在西汉建立之前，匈奴早已雄霸北方，成为一个强大的游牧汗国。西汉则因天下初定，国力虚弱，面对强势南下的劲敌，汉高祖刘邦只能采纳刘敬的“和亲”政策，“岁奉匈奴絮缯酒米食物各有数，约为昆弟以和亲”。但匈奴仍然咄咄逼人，连年侵扰汉

① 李云泉著：《朝贡制度史论——中国古代对外关系体制研究》，北京：新华出版社，2004 年，第 13 页。

朝边境。到了汉武帝时期，情况发生了改变。

材料二　前 127 年，汉军击败匈奴，取得河套地区，……汉武帝在表彰卫青的诏书中说："匈奴逆天理，乱人伦，暴长虐老，以盗窃为务，行诈诸蛮夷，造谋籍兵，数为边害。故兴师遣将，以征厥罪"……前 121 年，霍去病大破匈奴，浑邪王率 4 万余众投降汉朝，"既至长安，天子所以赏赐者数十巨万"。朝廷不仅在生活上给予归降者优厚的待遇，更对上层投降者大规模地封侯加爵。匈奴休屠王太子金日磾得到汉武帝厚爱，后来竟然跻身于托孤大臣之列，他的子孙后代因忠孝显名，历经七世而不衰。

——摘编自胡岩涛、徐卫民：《论夷夏观与汉武帝时期的汉匈战争》，载《内蒙古社会科学（汉文版）》，2015 年第 6 期

教师设问：根据材料二及所学知识，说明汉武帝对匈奴发动反击战争的依据，并简评西汉统治者在战后优待匈奴降者的政策。（参考答案：依据：匈奴违背天理，不守人伦；欺凌其他部族；进犯汉朝边境，破坏边境生产生活。评价：减少匈奴内部抵抗情绪，分化匈奴统治集团；彰显西汉朝廷宽大仁义，以德服人，树立汉王朝天下正统地位；弘扬华夏文化，增强民族和文化认同；有利于促进民族融合。）

经历了长期的战争，以及随之而来的天灾，匈奴由盛转衰，最终发生分裂。公元前 51 年，呼韩邪单于来到长安，"朝天子于甘泉宫"，开创单于亲自入朝觐见之先河。而西汉政府在政治上给予其"位在诸侯王上，赞谒臣而不名"的地位，并赐以"匈奴单于玺"。公元前 33 年，单于请求和亲，汉元帝将王昭君许配给了他，从而有了"昭君出塞"的故事，而这个故事，引发了众多文人墨客的感叹。

材料三

《咏史》

（唐）戎昱

汉家青史上，计拙是和亲。
社稷依明主，安危托妇人。
岂能将玉貌，便拟静胡尘。
地下千年骨，谁为辅佐臣。

——（唐）戎昱：《咏史》

《昭君》

（明）孙蕡

莫怨婵娟堕虏尘，
汉宫蕃地一般春。
皇家若起凌烟阁，
功是安边第一人。

——（明）孙蕡：《昭君》

教师设问：材料三可否作为史料用于历史研究？在使用过程中要注意什么问题？（参考答案：材料三属于文学作品，在一定程度上反映了当时的社会现实，能弥补文献资料的不足，可以作为史料用于历史研究。文学作品存在着时代烙印、作者的主观倾向、虚构加工等问题，因此在使用文学作品研究历史时，要注意作品成文的时代背景、作者的立场、知识水平

和人生阅历等——这些都会影响到文学作品的倾向,还要将作品相关内容与其他文献进行印证对比。)

教师设问: 这两首诗都涉及昭君出塞,诗人对昭君出塞的评价存在怎样的差异?(参考答案:前一首诗坚持夷夏有别,对昭君出塞与和亲政策予以了否定。后一首诗认为昭君是“安边第一人”,其功绩高于文臣武将,此观点片面夸大了昭君出塞的功绩,未能认识到国力的提升才是“安边”的根本;但是该诗也反映了作者对于传统夷夏观的突破,值得肯定。)

教师追问: 根据所学知识,你认为应该如何评价历史事件?(参考答案:尽可能全面地搜集历史资料;从不同的视角对历史事件进行全面评价;要结合当时的时代背景进行评价。)

教师讲述: 呼韩邪单于“朝天子于甘泉宫”,遣子入质汉朝,开创了单于亲自入朝觐见的先例,以后呼韩邪单于又多次入朝,这一行动具有非常深远的意义,一方面表明匈奴已经不再是汉朝的“兄弟之国”,而是成为西汉的“臣国”;另一方面,对于匈奴的“入朝”“称臣”“纳贡”,汉“遇之甚厚”,这样一来,对于汉匈关系而言,匈奴必须朝觐、进贡、纳质,汉朝则对其上层给予相应的册封和赏赐,自先秦以来就存在的朝贡由此逐渐走向制度化。

教师讲述: 汉代的和亲政策,在唐朝得到了更多运用,而且唐朝的和亲更多的是中原王朝主动采取的措施。从公元 640 年唐弘化公主嫁给吐谷浑之后,文成公主、金城公主嫁去吐蕃,宁国、崇徽等多位公主嫁到回纥。另外,唐朝还与奚、契丹、突骑施等少数民族政权实行过和亲。通过和亲,唐朝与这些少数民族政权建立了良好的关系,促进了民族间的友好交往。

教师讲述: 古代中原王朝与周边少数民族政权曾经多次发生战争,不管是两汉与匈奴的战争,还是唐与突厥、吐蕃的战争,以及两宋与契丹、女真、蒙古的战争等等,这些战争给双方人民带来深重的灾难,破坏了正常的生产生活。但在更长的历史时期内,中原王朝与周边少数民族政权展开了包括和亲在内的多种形式的和平交往。汉匈在经历一百多年的战争后,最终实现和平,昭君出塞,促成了汉、匈友好相处,两边的经济、文化交流日益发展。唐朝对周边少数民族的和亲,也推动了双方的友好交往。

(设计意图)此处以汉匈之间的和亲为切入口学习秦汉时期的民族政策,通过分析西汉对匈奴发动战争的理由,以及击败匈奴后优待降者的材料,使学生认识西汉在制定对以匈奴为代表的少数民族的政策时文化观念所起的作用。通过比较两首有关昭君出塞的诗歌,让学生辨析其内容、观点,归纳对历史事件的评价方法,从而掌握在不同时空中,利用史料实证进行具体历史解释的方法。本环节指向:(1)时空观念素养水平 4——在对历史和现实问题进行独立探究的过程中,能将其置于具体的时空框架下;(2)史料实证素养水平 2——能够认识不同类型的史料所具有的不同价值。史料实证素养水平 4——能够比较、分析不同来源、不同观点的史料;能够在辨别史料作者意图的基础上利用史料;(3)历史解释素养水平 2——能够选择、组织和运用相关材料,对个别或系列史事提出自己的解释;(4)唯物史观素养水平 3、4——能够将唯物史观运用于历史学习、探究中,并将其作为认识和解决现实问题的指导思想。

(2) 秦汉:典属国(典属邦)

教师讲述: 秦汉时期,除了对周边少数民族展开战争或和亲之外,中原王朝还在边疆地区屯戍垦田,在新征服地区设置郡,在少数民族地区设置“典属国”(秦叫“典属邦”)进行管理。在 1975 年湖北云梦县出土的睡虎地秦简中,学者发现了有关“属邦”的直接记录。通过睡虎地秦简,我们知道,秦代的属邦有一定的自治权,中央政府对属邦实行间接统治,属邦统治者由少数民族首领担任,属邦臣民不得随意离开属邦进入内地,属邦首领如果犯法,可以受较轻的惩罚。秦代法律中专门记载了辨别一个人是属邦人还是秦人的标准。这其实是后世中原王朝羁縻政策的雏形。

(3) 隋唐：羁縻政策

(过渡)在北朝民族大融合浪潮中兴起的隋唐——尤其是唐朝——是我国历史上重要的时期,唐朝不仅在政治上实现了汉以后真正的大一统,而且与周边民族一直保持着密切的关系。唐朝对周边民族和地区进行了一系列卓有成效的管理和交往,其中颇具特色的就是唐代施行的羁縻政策。

材料四　据《唐会要》卷 93 载,太宗认为“夷狄亦人,以德治之,可使如一家”。《资治通鉴》卷 197 亦载,太宗曰:“夷狄亦人耳,其情与中夏不殊,人主患德泽不加,不必猜忌异类,盖德泽洽,则四夷可使如一家;猜忌多,则骨肉不免为仇敌。”《资治通鉴》卷 198 载唐太宗曰:“自古皆贵中华,贱夷、狄,朕独爱之如一。”

——李振中:《初唐夷夏观、藩属观、天下观与极盛疆域的形成关系论略》,载《商丘师范学院学报》,2015 年第 5 期

教师设问:根据材料四及所学知识,概括唐朝初年的民族观。(参考答案:唐初以唐太宗为代表的统治者虽然也用“蛮夷”“夷狄”等称呼边疆民族,但更多的是对边疆民族的尊重,认为施行德治,可以实现华夷一家,统治者视华夷如一。)

材料五　公元 646 年,回纥归顺,“太宗为置六府七州,府置都督,州置刺史,府州皆置长史、司马已下官主之(长史、司马是中央派遣的文官,职责是监督羁縻府州)。以回纥部为瀚海府,拜其俟利发吐迷度为怀化大将军,时吐迷度已自称可汗,置官号皆如突厥故事。”

——[日]王柯著:《从“天下”国家到民族国家》,上海:上海人民出版社,2020 年,第 132 页

教师设问:根据材料五,概括唐代实行羁縻政策的特点。(参考答案:在归顺唐朝的民族地区设置相应的羁縻州府;州府长官一般由少数民族首领充任;少数民族内部的社会制度和管理制度予以保留;中央设置官职进行监督。)

教师讲述:唐代羁縻政策,其实是夷夏观中强调华夷之辨,“守中治边”或“守在四夷”这一处理边陲问题基本原则的体现。这一政策强调对周边民族政权和地区采取间接统治,不试图改造羁縻州府的传统政治制度和社会制度。但是,我们也要注意到,唐代的羁縻政策较之于秦汉的属邦属国制度,对民族地区及政权的控制又有所加强。设置羁縻州府时唐朝往往会派遣长史、司马等文官进行监督;羁縻州府虽不必向中央政府纳税,但对唐王朝有遵守臣礼、定期朝贡等义务,双边通商贸易往往也是依附于朝贡体制而开展的。

材料六　唐代民族融合达到一个新高度,周边少数民族尊唐太宗为天可汗,北边少数民族修建“参天可汗道”,以便进一步密切边疆地区与中央政府的往来联系。唐代继承和发展了前代的册封体制,并创造了新的羁縻体制。唐朝通过册封域外政权首领,确立自己的政治主导地位……域外政权也借助唐朝册封的权威来对内巩固自己的统治,对外防范强邻的侵犯,同时也借以吸收和引进先进的文化。

——摘编自张国刚:《唐代开放与兴盛的当代思考》,载《河北学刊》,2008年第3期

教师设问: 根据材料四、五、六及所学知识,概述唐朝民族政策带来的影响。(参考答案:唐朝民族政策虽然有蔑视周边少数民族的色彩,但与以前“中国百姓,天下本根;四夷之人,犹于枝叶”观念相比,具有较为开明、进步的一面;密切了边疆地区和中原的交往;有利于维护周边和平安宁的政治秩序,有利于中华先进文化的传播;为唐朝的对外开放与强盛提供了政治保障。)

(设计意图) 此处通过引导学生解读史料,了解以羁縻政策为代表的唐代一系列民族政策,认识唐朝平等的民族政策推动了唐代各民族交往、交流和交融,进而促进了唐代的强盛。本环节指向:(1)史料实证素养水平1——能够从所获得的材料中提取有关的信息;(2)历史解释素养水平2——能够选择、组织和运用相关历史术语,对个别或系列史事提出自己的解释;(3)家国情怀素养水平3、4——能够把握中华民族多元一体的发展趋势,形成正确的世界观、人生观、价值观和历史观。

(4) 元明:土司制度的建立及其演变

(过渡) 13世纪,北方的蒙古族南下,建立了中国历史上疆域最为辽阔的统一王朝——元朝。元朝统治者在西南地区按照当地民族居住地划分不同类型的行政单位,不改变当地的社会制度和习俗,任命当地民族首领担任总管、知府、知州等地方长官以管理当地,并给予他们世袭职权和管理当地事务的权力,甚至允许他们拥有自己的军队,从而在较短时间内确立了对这一地区的统治,由此开始了绵延元明清三个王朝的土司制度。由此看来,似乎土司制度就是羁縻制度的延续,但是元明时期的土司制度相对于羁縻制度,已经发生了许多变化。

材料七 明朝时期,土司的军队被朝廷派往各地驻屯之事时有发生,并和正规军一起镇压叛乱和参加对外战争,但绝不允许土司用军队来解决与其他土司之间的矛盾。……在实行人口调查和编纂户籍的基础上,对不同土司分别按时课以赋税。……明朝还规定:土司应袭子弟“其不由儒学读书习礼者,不听保袭”。在土司地区兴建儒学,从明代开始苗和布依人中就有了用汉字书写的地方规约,到了明清时期,还出现了汉姓汉名、家谱和写有“天地君亲师”字样的牌位。

——摘编自[日]王柯著:《从“天下”国家到民族国家》,上海:上海人民出版社,2020年,第168—173页

教师设问: 根据材料七及所学知识,概括指出明代土司制度是怎样促进民族和文化认同的。(参考答案:将土司军队编入国家军队体系中作战;严厉禁止将土司军队作为谋求私人和部族利益的工具;在土司地区进行人口调查、编纂户籍、征收赋税;推广儒学教育。)

教师讲述: 土司制度是秦汉、隋唐羁縻制度的延续和发展,在元明时期,中央政府已经把土司控制地区视为中国的一部分,在一定时期内,土司制度起到了加强中央与民族地区的政治、经济、文化联系,增进民族和文化认同的作用。明朝中期之后,土司制度的弊端日益显露,明王朝开始在一些地区推行改土归流政策。但这一政策的大规模推行,还要到清朝。

(过渡) 历代中原王朝对周边少数民族地区采取了尊重少数民族社会习俗、不改变少数民族地区社会和文化制度的“因俗而治”的策略,有利于各民族互相学习、共同发展。但同时,中原统一王朝也在适当的时机,采取各种措施,大力推进边疆地区和内地在政治、经济和

文化各领域的一体化进程，从而强化中央集权，推动和巩固国家的统一。

2. 强化中央集权，推进一体化格局的形成

(1) 改土归流政策

教师讲述：元朝时期开始推行的土司制度，在明代已经显露了诸多弊端。因此，明朝开始在部分地区推行改土归流政策，清朝在雍正年间，开始大规模改土归流。

材料八　清朝前期只设置五品以下的小土司，严格限制土司的权限，还向土官政府派遣流官……大规模的改土归流则是始于雍正时期，一直持续到清代末期……清代在西南民族地区设立学校，让"土司子弟""苗民""与汉人一体考试"。清朝将实行了改土归流的地区与内地一视同仁，调查人口土地，实行保甲制度，提倡"崇文治、正人心、变风俗"。

——摘编自[日]王柯著：《从"天下"国家到民族国家》，上海：上海人民出版社，2020年，第178—179页

教师设问：根据材料八，概括清代推行改土归流政策的特点。(参考答案：派遣流官；改土归流延续几乎整个清朝；将实行改土归流的民族地区纳入与内地相同的管理制度之下；改土归流与经济、文化措施配套推行。)

(过渡)值得注意的是，清王朝的建立者和元朝一样都是入主中原的少数民族，但在对待西南地区少数民族的问题上采取了与前代截然不同的政策。

材料九　清朝雍正皇帝表示："夷狄之名，本朝所不讳"，但又认为所谓"夷狄"仅是地域上的一种划分，"本其所生而言，犹今人之籍贯耳"，"何得以华夷而有殊视?"否认这是"中外"划分的标准，并认为"尽人伦则谓人，灭天理则为禽兽，非可因华夷而区别人禽也。"

——李大龙：《传统夷夏观与中国疆域的形成》，载《中国边疆史地研究》，2004年第1期

教师设问：根据材料九指出清朝统治者是如何看待夷夏区别的，并分析其影响。(参考答案：看法："夷夏"只是一种地域上的划分，夷夏本身没有优劣之分，反对用人与禽兽、中与外来区分华夷。影响：有利于缓和清初民族矛盾，稳定清朝统治；有利于清朝对边疆的管理；有利于民族的交流与融合；有利于统一的多民族国家的巩固与发展。)

教师引导学生分析：雍正帝对于华夷标准的判断，首先突破了用人与禽兽来区别华夷的束缚，坦率承认本朝就是夷狄所建立，但又强调华夷只是地域上的划分，满清统治者入主中原，一统天下，政教兴修，万民乐业，那就不应该再把满清统治者刻画为夷狄①。这其实是对传统夷夏观的一种改造，即否定了对夷狄在文化上的歧视。这种改造，不仅为边疆民族入主中原提供了理论武器，更是让清朝统治者摆脱了传统夷夏观中"守中治边"的束缚，为加强对边疆民族地区的管理、推动边疆地区融入内地提供了理论基础。

(设计意图)通过对土司制度的相关史料的解析，使学生了解元明清时期土司制度本身的变迁以及透过土司制度反映出的传统夷夏观的演变，并让学生认识到中华民族多元一体格局是在中华各个民族共同参与下形成和发展的。本环节指向：(1)时空观念素养水平4——在对历史和现实问题进行探究的过程中，能将其置于具体的时空框架下；(2)史料实证素养水平2——在对史事与现实问题进行论述的过程中，能够尝试运用史料作为论据论证自己的观点；(3)历史解释素养水平2——能够选择、组织和运用相关材料并使用相关历史术

① [美]史景迁著，温洽溢、吴家恒译：《雍正王朝之大义觉迷》(第1版)，桂林：广西师范大学出版社，2011年，第139页。

语，对个别或系列史事提出自己的解释；(4)家国情怀素养水平3、4——能够把握中华民族多元一体的发展趋势，形成正确的世界观、人生观、价值观和历史观。

(2) 驻藏大臣的设置

材料十 （元明时期）中央王朝的治藏方针往往通过西藏地方政权贯彻，由于缺乏有效监督，极易导致中央政府的方针政策得不到贯彻或收不到预期的效果。1717年准噶尔部突袭拉萨，虽然最终被清军击败，但其势力始终威胁西藏。西藏地方政权内部也勾心斗角，争权夺利。雍正皇帝因此决定向西藏派遣驻藏大臣，办理前后藏一切事务。1791年廓尔喀入侵西藏，驻藏大臣一面向清廷奏呈战争情况，另一方面协调西藏地方与进剿清军的关系，督办粮饷。战争结束后，又协助制定《藏内善后章程》，经清王朝批准，颁布实施，并劝导西藏地方政权减免赋税，并请求中央王朝赈恤。当西藏发生疫情时，驻藏大臣又下令建房安置，捐款购买药品等安抚民众。除此之外，驻藏大臣还要协理达赖喇嘛等处理一般事务，而且经常协调西藏地方各种势力之间的关系，化解各种矛盾。

——摘编自陈柏萍：《清代驻藏大臣的设置及其历史作用》，载《青海民族研究》，2005年第1期

教师设问：根据材料十，概括清朝设置驻藏大臣的背景，说明驻藏大臣的职责。（参考答案：背景：中央政府通过西藏地方政权统治效果不佳；准噶尔部威胁西藏；西藏内部争权夺利。职责：抵御外侮，维护领土完整；赈恤灾民，安抚民众；处理西藏政务，协调各方关系。）

教师讲述：驻藏大臣的设置，一方面是清政府对西藏地区"因俗而治"政策的延续，另一方面也是中央政府不断加强对民族、边疆地区控制的体现。驻藏大臣与西藏宗教上层人士、地方政权一起，对西藏施行了有效的统治，强化了西藏和内地的联系。此外，清朝还经略北部蒙古，招抚诸部，设理藩院管辖；乾隆时期，清军先后平定准噶尔及回部，将整个新疆地区融入了中国疆域，使边疆局势得以巩固，边疆地区的归属得以完全明确，从而最终奠定了作为近代领土国家的版图。

(过渡)中国历代统一中原王朝一方面采取各种措施，对边疆地区进行了有效的管理，与少数民族进行了一系列交往；另一方面，也努力推动与周边国家和政权的友好和平交往。

(三) 中国古代的对外交往

教师讲述：中国古代与周边国家和政权进行了友好和平的交往，那具体交往史实有哪些呢？请同学们阅读教材第64—65页，列表梳理。（参考答案：见表三。）

表三 中国古代的对外交往

时期	交通	政治交往	经济文化交往
秦汉	开通海陆两条商路	东汉光武帝赐倭国"汉委奴国王"金印；甘英出使西亚	丝织品传向中亚、西亚、欧洲和北非
隋唐	西域丝绸之路畅通，海路交流进一步发展	日本多次派遣唐使到华	造纸术西传阿拉伯；留学生和学问僧来华；中华文化圈形成

续表

时期	交通	政治交往	经济文化交往
宋	陆路交通阻隔，海路交通发达，明州、泉州成为重要港口	/	/
元	海陆交通通畅	/	马可·波罗来华
明清	/	郑和下西洋 清朝对外关系缓慢转型：与俄国签署《尼布楚条约》；马戛尔尼访华	政府极力维护朝贡体制和朝贡贸易；郑和下西洋；海禁政策；民间贸易和走私兴盛

教师讲述：在这个表格中，我们要注意到两处时间间隔久远但却相互关联的地方：一是东汉时期日本的倭奴国王派使臣到洛阳，得到东汉王朝赐予一枚金印："汉委奴国王"印，这其实就是朝贡体制的反映，即中原王朝将一切外交关系都视为"来朝""来王"的朝贡关系。二是在明清时期，政府极力维护朝贡体制和朝贡贸易。这就涉及我国古代对外交往中的主要制度——朝贡体制。

教师讲述：我们前面已经学习到，基于传统夷夏观和大一统的观念，中原华夏统治者不但将民族关系，也将一切外交关系视为"来朝""来王"的朝贡关系，这其实是先秦时代中央与地方之间、天子与诸侯之间朝贡制度的延伸和发展。随着中原王朝与周边民族、国家在政治、经济与文化领域的交流不断深入，汉代以后，中原王朝周边的民族、国家被一个一个地纳入朝贡体系之中。从总体上看，这一体系不断发展完善，并最终形成了一个以"天朝"为中心的国际体系。

材料十一　洪武四年，朱元璋曾跟他的大臣们说："海外蛮夷之国，有为患于中国者，不可不讨；不为中国患者，不可辄自兴兵。"……并将朝鲜、日本、安南等国列为不征国。

——摘编自南炳文、汤纲著：《明史》(第 2 版)，上海：上海人民出版社，2014 年，第 186 页

材料十二　明太祖建国之初，……宣称："朕仿前代帝王治理天下，惟欲中外人民各安其所"。郑和在下西洋过程中，对所经的各国进行"厚往薄来"的贸易活动，甚至无偿援助，以争取其归服之心；对信奉宗教的东南亚和南亚诸国如锡兰等，组织树碑布施等仪式，以密切感情，增进友谊；对西洋属国因误会而导致的"犯上作乱"之举，采取忍辱负重的克制态度，化干戈为玉帛；对周边诸国之间的矛盾和纠纷，实行开诏颁赏、互相调和的策略，促使其和好如初，平等相处；……当然，这种和平友好也是有原则的，是建立在互相尊重基础上的，对极少数"蛮王之梗化不恭者"和"寇兵之肆暴掠者"，郑和也毫不留情地诉诸武力。

——摘编自萧季文：《郑和下西洋的外交启示》，载《文史杂志》，1994 年第 1 期

教师设问：根据材料十一概括明初推行的外交原则。(参考答案：明初推行了和平友好的外交原则，只要不为患中国，则不会进行讨伐，中国在国际关系中不欺寡、不凌弱。)

教师追问：根据材料十二及所学知识，说明郑和是怎样促进中外交流的。(参考答案：开展贸易往来；尊重他国宗教信仰；理性对待中外纠纷；对敌视行动进行反击；调解周边国家间矛盾，彰显大国形象。)

(过渡)明朝中期之后，随着新航路的开辟，西方国家开始积极地殖民扩张，建立了殖民

制度。

教师设问：根据材料十一、十二及所学知识，比较中国朝贡制度与西方殖民制度的差异。（参考答案：朝贡制度是以文化的吸引与认同为前提，展开经济、文化交流，中原王朝对朝贡国家不存在政治控制和军事征服，而西方殖民制度则强调殖民国家以各种方式控制被殖民国家，弱肉强食；从两种制度的经济基础来看，朝贡制度建立于自然经济基础之上，而西方殖民制度建立于商品经济发展和世界市场逐步形成的基础之上；从影响上看，朝贡制度强化和巩固了朝贡体制，没有促成中国社会的转型，但客观上有利于周边国家与中国展开经济与文化的交流；而殖民制度促进了欧美殖民国家资本主义的发展，客观上将被殖民国家和地区纳入到资本主义世界市场，推动了这些国家和地区的社会转型。）

教师讲述：从目的与推行手段来看，朝贡制度与西方的殖民扩张形成鲜明对比，它是和平主义的，它反映了中国传统的天下观。在"溥天之下莫非王土，率土之滨莫非王臣"观念影响下，中国人认为天下一家、四海之内皆兄弟，追求世界大同，这使中国文化具有了包容非华夏民族的文化基因，讲求"和而不同"，形成了中华民族特有的向心力，在对外交往中更多强调和平交往而非武力征服、政治控制。这种独具特色的思想观念，对正处于重新构建世界格局的今天具有非常重要的现实意义。

然而，随着时代不断向前推进，反映中国传统天下观的朝贡制度适合新的世界吗？

材料十三　汉唐虽然也有边患，但魄力究竟雄大，人民具有不至于为异族奴隶的自信心，或者竟毫未想到，凡取用外来事物的时候，就如将彼俘来一样，自由驱使，绝不介怀。

——鲁迅：《看镜有感》

材料十四　与外界完全隔绝曾是保存旧中国的首要条件，而当这种隔绝状态在英国的努力之下被暴力所打破的时候，接踵而来的必然是解体的过程，正如小心保存在密闭棺木里的木乃伊一接触新鲜空气便必然要解体一样。

——马克思：《中国革命和欧洲革命》，载《马克思恩格斯选集》第二卷，北京：人民出版社，1972年，第3页

教师设问：根据材料十三、十四，指出：汉唐与清朝对待外来事物时心态上存在怎样的差别？这种差别反映了什么问题？（参考答案：差别：汉唐时期对待外来事物持开放心态；清朝则对外来事物持抗拒的态度。汉唐的开放心态使中国积极学习外来优秀文化，成就了汉唐时期中国的强盛；清朝对外来事物的抗拒阻碍了明清之际的西学东渐，使中国日渐保守，让中国在明清之际丧失向近代社会转型的机遇，逐渐落后。）

教师讲述：汉唐时期中国人对于外来事物所持有的宏阔开放心态来自强盛的国力，同时也体现了对自身主体文化的高度自信；而明清时期对于外来事物的抗拒，并随之逐渐强化的闭关锁国，表面上看是对主体文化的极端自负导致的，但实则是封建制度逐渐衰落、对自身实力不自信的表现。这也预示了中国以衰败的面貌步入近代。

(设计意图)通过本环节学习，引导学生首先从知识上了解朝贡制度的产生和发展过程，然后将朝贡制度和西方的殖民制度进行对比，认识中国传统文化对中国外交的影响。本环节指向：(1)史料实证素养水平3——在探究特定历史问题时，能够对史料进行整理和辨析；能够利用不同类型史料，对所探究的问题进行互证；(2)历史解释素养水平4——在独立探究历史问题时，尝试验证以往的说法或提出新的解释；(3)家国情怀素养水平1、2——能够具有

对家乡、民族、国家的认同感，理解并认同中华优秀传统文化，理解和尊重世界各国优秀文化传统；家国情怀素养水平 3、4——能够表现出对历史的反思，从历史中汲取经验教训，更全面、客观地认识历史和现实社会问题；能够将历史学习所得与民族和国家的发展繁荣结合起来。

（四）余音——夷夏观的更新：由夷夏之辨到中华民族

教师讲述： 19 世纪中期，西方用坚船利炮打开中国的大门，中国传统民族观、天下观、文化观受到西方文明的强烈冲击，传统的朝贡制度和宗藩体系也逐渐被西方近代的条约制度取代。在这场“三千年未有之大变局”中，随着西方“民族”概念的传入，一些思想家超越传统夷夏观，提出了“中华民族”这一概念。“中华民族”的提出，既是中国民族主义走向近代的表现，更是中国传统文化治理理念向近现代文化治理理念发展的结果。

教师设问： 在当今国际环境下，我们应该践行怎样的民族观、文化观和天下观？（参考答案：在文化观方面，我们要认识到：文化本身是没有优劣之分的；但文化影响力的强弱在很大程度上是以综合国力为基础的；一国传统文化的形成与该国的历史、社会紧密联系，无法截然分开，因此要充分发扬本国传统文化优秀部分；以开放的心态吸收国外先进文化。）

（设计意图） 本环节对本课所学知识进行总结，并将传统夷夏观导向近代中华民族概念，使学生对传统夷夏观有全面认识，同时也为以后学习作好铺垫。教师设置的开放性问题，帮助学生将视线从书本转向现实世界。本环节指向：家国情怀素养水平 3、4——能够表现出对历史的反思，从历史中汲取经验教训，更全面、客观地认识历史和现实社会问题；能够将历史学习所得与民族和国家的发展繁荣结合起来。

第 12 课

近代西方民族国家与国际法的发展

教学设计 1

四川省剑阁中学校　阳亚洲

一、教材分析

本课是统编教材《国家制度与社会治理》第四单元《民族关系与国家关系》第 2 课，包含"近代西方民族国家的产生""国际法的形成与外交制度的建立""20 世纪国际法的发展"三个子目的内容。本课的知识框架如下：

表一　本课知识框架

子目	内容	知识分解
近代西方民族国家的产生	英法等近代早期民族国家的形成	早期民族国家的奠基
		早期民族国家的巩固
	民族国家的普遍形成	民族国家遍地开花：法国大革命与拿破仑战争
		民族国家的精神支柱：民族主义
国际法的形成与外交制度的建立	近代国际关系与国际法的形成	理论基础：《战争与和平法》
		实践之路：《威斯特伐利亚和约》
	近代外交制度的形成	从国王私人使者到国家驻外大使：外交制度的建立
		"大国一致"促和平："欧洲协调"的尝试
20 世纪国际法的发展	国际联盟和联合国	国际联盟
		联合国
	中国积极参与全球治理体系建设	/

《普通高中历史课程标准(2017 年版 2020 年修订)》对本课的要求是：了解近代西方民族国家的形成情况，以及国际法的发展。本课主要介绍了在中世纪晚期、近代早期，随着罗马天主教权威的削弱，世俗王权日益强大，民族意识觉醒，西方近代民族国家逐渐形成。由

于国与国之间的经济文化交流更加密切，加上战争日益频繁，出于国家利益的考量以及维护地区和平稳定的现实需要，近代外交制度诞生；17 世纪欧洲三十年战争之后签订的《威斯特伐利亚和约》又催生了国际法，而国际法的形成进而推动近代外交制度的发展。20 世纪爆发的两次世界大战给人类带来深重灾难的同时，催生了国联和联合国等旨在维护地区和世界和平的国际组织，让世界各国人民期待已久的持久和平现出一丝曙光。然而，源于世界各国政治经济发展不平衡，世界格局也是处于不断变动的过程之中，一些大国推行霸权主义和强权政治，使得国际法的践行和进一步发展困难重重。

二、学情分析

学生在学习了必修课程之后，掌握了一定的世界历史基础知识，然而本课部分内容“在必修课程中较难涉及，对学生来说可能属于全新知识，是本专题的学习难点”[①]，需要教师进行必要的指导。教学过程中，可以给学生提供必要的阅读文本、历史图片、纪录片和影视作品片段等作为辅助，搭建起历史与现实之间的桥梁，激发学生学习兴趣和求知欲望，再由此引导学生学习民族国家形成过程中的内在动因和现实基础，认识近代外交制度和国际法的作用和影响。

三、教学目标

1. 了解西方民族国家形成的基本概况，认识到西方民族国家的形成是多种因素促成的结果，从而理解近代民族国家的基本特征。

2. 通过了解中世纪欧洲的政治、经济、文化的基本状况，认识到为何民族国家、近代外交，以及国际法会产生在此时的欧洲，而不是世界其他地区，培养时空观念。

3. 了解近代外交制度与国际法形成的过程，深入认识加强世界各地区、各文明、各民族的交流与联系是历史的必然。

4. 了解 20 世纪国际法发展的基本状况，认识国际法曲折发展的历史和现实原因；增强世界眼光，认识到构建人类命运共同体的理念是促进国际法健康发展，促进世界持久和平与共同发展的重大贡献。

四、教学重难点

重点：西方近代民族国家形成的原因、基本特征；国际法发展的过程及其曲折发展的原因。

难点：理解在不同历史时期近代民族国家的含义、特点。

---

① 徐蓝、朱汉国主编：《普通高中历史课程标准(2017 年版)解读》，北京：高等教育出版社，2017 年，第 131 页。

五、教学过程

【导入新课】

教师讲述：“民族”“国家”“王朝”“政府”，这几个词虽耳熟能详，但若要给它们各自下一个确切的定义还是十分困难的。再有，“民族国家”又作何解？现代国家形态是如何形成的？

材料一 封建西欧……像英格兰、法兰西这些概念，基本上是一种地域上的概念……现代人脑子里的“民族”观念，在中世纪西欧是很模糊的。同时，“国家”的概念也一样模糊……因此，人们说在中世纪西欧，只有领地，没有“国家”……事实上，如果说中世纪西欧有什么共同点，那就是它是个天主教大世界，天主教是所有人共同的身份认同。

——钱乘旦主编：《世界现代化历程：总论卷》，南京：江苏人民出版社，2009 年，第 174—175 页

教师设问：根据材料一并结合所学知识，说明中世纪西欧缺乏国家观念的原因。（参考答案：原因：罗马天主教认同的普遍存在；各地经济文化交流相对较少；封建领主制的盛行；尚未形成独立而强大的世俗王权。）

（设计意图）从“民族国家”等重要概念切入，引出现代国家形态形成的大致过程，直面本课的核心内容之一——西方民族国家的形成。抓住本课重点概念，有助于进一步培养学生的整体思维，引导学生认识到历史发展的完整性、延续性、关联性。

（过渡）那么，近代西方人是怎样从模糊的国家和民族概念中，以及对自己和自己所处群体的不确定性中，找到了现代意义上的身份认同——民族国家，从而找回了自我呢？

【学习新课】

（一）近代西方民族国家的产生

1. 英法等近代早期民族国家的形成

（1）早期民族国家的奠基

材料二 都铎王朝（1485—1603 年）初期，英国著名政治家托马斯·克伦威尔通过对枢密院的改革，抬高了对政府管理的作用；财政改革促进了国家财力的管理和充盈；地方行政改革则实现了中央—地方的统一。

——岳蓉著：《英国民族国家研究》，贵阳：贵州人民出版社，2004 年，第 86—101 页

材料三 1534 年，英国议会通过著名的《至尊法案》，规定：“国王陛下，他的后嗣和继承者……被称为英吉利教会在尘世中唯一的至尊领袖。”通过宗教改革，英王亨利八世完全控制了英国教会，将罗马天主教势力从英国挤出，结束了中世纪形成的政教分离的局面。

——钱乘旦主编：《英国通史·第三卷·铸造国家：16—17 世纪英国》，南京：江苏人民出版社，2016 年，第 47—48 页

材料四 英法百年战争期间，英国议会已着手将英文作为法律用语。1363 年，法务大

臣首次在议会中用英文致开幕词……十四世纪末，英国的语言文化和艺术对英国社会产生了深刻的影响。

——高岱编著：《英国通史纲要》，合肥：安徽人民出版社，2002 年，第 147 页

图 1　英国国王亨利八世(1509—1547 年在位)

教师设问：根据材料二、三、四并结合所学知识，请以英国为例，概括近代早期民族国家的特征。(参考答案：经济联系的加强，国内统一市场逐渐形成；民族语言的统一和文化认同的形成；教俗贵族势力的削弱；国家完成统一，王权集中并不断强化。)

教师引导学生分析：英法百年战争是 1337—1453 年英格兰和法国进行的一场旷日持久的战争。战争初期的性质只是英法封建势力之间为争夺领地和财富的王朝战争，战争后期的性质逐渐演变为法国的民族解放战争。"英法百年战争让英国退回到不列颠岛，从此它就只能按民族和地域的原则行事了，从而为组建民族国家设置了方向。"①英国红白玫瑰战争则基本上消灭了英国本土的封建割据势力，专制王权逐渐强大。世俗王权逐渐将中世纪欧洲碎片化的一个个庄园整合成新的统一的民族共同体，而国王就成了这个共同体的纽带。正如恩格斯所说："在(中世纪)这种普遍的混乱状态中，王权是进步的因素，这一点是十分清楚的。王权在混乱中代表着秩序，代表着正在形成的民族而与分裂或叛乱的各附庸国的状态对抗。"②

教师讲述：以首都为中心的统一的国内市场逐渐形成，各地区经济交流加强；民族语言的推广和民族文化的发展强化了国家意识和民族意识；原先的天主教会势力遭到严重削弱，中世纪的天主教归属感转变为近代早期的民族认同感。总之，欧洲近代早期民族国家的基本形成为向近代后期民族国家的转变奠定了基础。

(设计意图)通过史料阅读及设问，引导学生从材料中概括出英国早期民族国家的基本概况，认识到专制王权强化的历史必然性，并运用辩证的观点去把握对象的基本联系，理解

① 钱乘旦、许洁明著：《英国通史》，上海：上海社会科学院出版社，2002 年，第 73 页。

② 恩格斯：《论封建制度的瓦解和民族国家的产生》，载《马克思恩格斯全集》第 21 卷，北京：人民出版社，1965 年，第 448—458 页。

专制王权的形成与强化对于西方早期民族国家形成的重要奠基作用。本环节指向的是:(1)唯物史观素养水平3、4——能够将唯物史观运用于历史学习、探究中,并将其作为认识和解决现实问题的指导思想;(2)史料实证素养水平1——能够从所获得的材料中提取有关的信息;(3)历史解释素养水平2——能够在历史叙述中将史实描述与历史解释结合起来。

(过渡)随着英法早期民族国家的形成,资本主义生产关系的发展推动了两国专制王权的进一步强化。已经势力衰微的大贵族希望得到国王的庇护;资产阶级希望借助王权促进资本主义的发展;大多数农民和城市市民希望由国王来改善自身处境。因此,在这一历史时期,强化王权成为社会各阶层的共识,从而推动了早期民族国家的进一步巩固。

(2) 早期民族国家的巩固

材料五 客观上,重商主义为英格兰工商业发展提供了某种便利:16世纪到17世纪期间,英格兰由出口原料的国家转变为出口工业品的国家。逐渐夺取了汉萨同盟和意大利商人的商业垄断地位,甚至还占领了欧洲西北部和中部的重要市场。

——岳蓉著:《英国民族国家研究》,贵阳:贵州人民出版社,2004年,第148—149页

图2 英国女王伊丽莎白一世(1558—1603年在位)

教师设问:根据材料五并结合所学知识,指出英国巩固民族国家的举措,并分析其影响。(参考答案:举措:政治上,进一步削弱封建割据势力,加强中央集权,强化君主专制;经济上,颁布了一系列客观上有利于资本主义发展的重商主义政策,抢占海外市场。影响:增强了英国的国力;为近代化的推进创造了重要条件。)

教师引导学生分析:英国早期民族国家形成后,顺应当时欧洲对外殖民扩张潮流。英国海军在1588年打败西班牙无敌舰队,展现出新兴民族国家的强大力量,英国海上霸权之路由此开启。

(过渡)西方民族国家形成之后,这种新型的国家形态展示出惊人的能量,极大地促进了本国资本主义的发展。从此以后,民族国家的形成成为不可阻挡的历史潮流。与此同时,专制王权也逐渐走向它的反面,日益成为资本主义发展的障碍。在17、18世纪早期资产阶

级革命，尤其是法国大革命和拿破仑战争中，专制王权逐渐被克服，民族国家形态走向近代化。

2. 近代民族国家的普遍形成

(1) 民族国家遍地开花：法国大革命与拿破仑战争

材料六　法国大革命期间，在抵抗外来敌人方面，在雅各宾派执政时期，于 1793 年 8 月 23 日发布了全民皆兵法令，宣布："从现在起直到敌人被赶出共和国领土为止，法国人民始终有应征入伍的义务。"

——张芝联主编：《法国通史》，北京：北京大学出版社，1988 年，第 183 页

材料七　拿破仑在对外战争中传播了法国大革命的一些基本原则，对于各国推翻封建制度是具有积极意义的。但是拿破仑对外战争毕竟是侵略战争，激起了欧洲各国的强烈反抗，点燃了各国的民族主义思潮，民族利益、国家利益至上压倒了人们对宗教的忠诚，这是前所未有的。德国在这种新思潮的影响下，于 1871 年完成了国家统一。到 19 世纪末 20 世纪初，欧洲各国的民族国家普遍建立了起来。

——[美]斯塔夫里阿诺斯著：《全球通史：从史前史到 21 世纪》(第 7 版)，北京：北京大学出版社，2005 年，第 526—530 页

教师设问：根据材料六、七并结合所学知识，以法国为例，说明与近代早期相比，近代后期民族国家的新发展。(参考答案：资本主义民主政治的建构；资本主义经济的发展；启蒙思想、革命斗争推动国民意识增强；法治取代人治。)

教师引导学生分析：近代后期，随着资本主义的进一步发展，原先的专制王权就成了经济发展和社会进步的巨大障碍。欧洲的资产阶级革命浪潮纷纷推翻了封建君主专制制度，确立了资产阶级民主政治；公民取代臣民，人们不再对某个具体的人(专制君主)效忠，而是热爱整个民族，对国家忠诚；原先凌驾于法律之上的个人和特权阶级不复存在，逐渐实现了法律面前人人平等的法治理念。

(过渡)封建君主专制时代，国王代表的就是整个国家。法国大革命和拿破仑战争后，民族国家共同体的内涵发生了本质的变化。专制王权体制下的早期民族国家向近代民族国家转变速度加快，民族主义逐渐成为凝聚各个民族国家的精神支柱。

(2) 民族国家的精神支柱：近代民族主义

图 3　法兰西共和国国旗

法国三色旗最初的用意是象征皇室与人民的结合，资产阶级革命时期，旗帜上白色居中，代表国王，象征国王的神圣地位；红、蓝两色分列两边，代表巴黎市民；同时这三色又象征法兰西共和国王室和巴黎资产阶级联盟。现代含义是法兰西共和国大革命的象征，三色分别代表自由、平等、博爱。

材料八 在专制王权下的法国，国王曾自视为民族的代表，路易十四声称“朕即国家”“朕即民族”……启蒙思想家主张人民主权，抨击君主专制，他们认为“专制之下无祖国”。

——李宏图著：《西欧近代民族主义思潮研究——从启蒙运动到拿破仑时代》，上海：上海社会科学院出版社，1997年，第65、101页

教师设问： 根据图3、材料八并结合所学知识，以法国为例，分析近代后期民族主义的特点。（参考答案：爱国主义成为核心价值观念；民主、自由和平等为核心的公民意识的形成；反对专制主义；民族国家内部各族群平等。）

教师引导学生分析： 经过启蒙运动的洗礼，法国大革命和拿破仑战争把民族国家的这些重要原则传播到欧洲各国、各地区，一些欧洲国家在反击外来侵略的战争过程中，民族意识逐渐觉醒，民族主义思潮涌动。至此，以现代公民为核心的民族认同逐渐深入人心。19世纪末20世纪初，随着世界现代化进程的加快推进，民族国家在欧洲被普遍建立起来，这种新的国家形态很快就被推广到全世界。

（过渡） 近代民族国家形成后，中世纪王朝之间的交往交流机制和规则已不能适应国家形态转变的需要，这要求在国际法的规范下构建新的国际关系。

（二）国际法的形成与外交制度的建立

1. 近代国际关系的确立与国际法的形成

（1）理论基础：《战争与和平法》

教师讲述： 荷兰人格劳秀斯在《战争与和平法》一书中系统阐述了国家间的战争与和平法规问题，从自然法的角度来论述战争的动机、方式与结局，奠定了近代国际法的理论基础，因此，他也被誉为“近代国际法之父”。1648年，欧洲召开了著名的威斯特伐利亚和会，和会颁布的《威斯特伐利亚和约》被认为是近代国际法的起点，开启了近代意义上的国际关系。

（2）实践之路：《威斯特伐利亚和约》

材料九 《和约》中包含诸多国际法概念，比如和平共处、主权国家平等、和平解决争端、禁止使用武力、共同安全保障、集体制裁等，对国际法原则、制度和实践的发展产生了深远影响。

——李明倩著：《〈威斯特伐利亚和约〉与近代国际法》，北京：商务印书馆，2018年，第215页

材料十 欧洲中世纪的大一统世界秩序观是古罗马帝国及基督教传统的混合物：世俗间与天国一样应由一位皇帝统治，而教会也应由一位教皇领导……（然而在三十年战争与《威斯特伐利亚和约》签订以后），国家利益取代了中世纪的世界道德观、均势则取代了对大一统的向往……即在于保持“普遍的和平、永恒和诚挚的和睦关系”。

——黄德明：《论威斯特伐利亚和约对国际法的影响》，载《江汉论坛》，2000年第6期

教师设问： 根据材料九、十并结合所学知识，概括近代国际法出现的背景与基本准则。（参考答案：背景：欧洲各国间战争频仍；人民渴望永久和平；各国尝试用谈判手段解决争端。基本准则：国家平等、维护和平、集体合作。）

图 4 《威斯特伐利亚和约》确认仪式(1648 年)

教师引导学生分析: 欧洲各国战争不断,给各国人民带来深重灾难,人民普遍渴望和平。加之一定时期内各国在力量上保持均衡,便不得不回到谈判桌上,共同制定了一些重要的国际准则。欧洲三十年战争与《威斯特伐利亚和约》是近代国际关系的起点,是近代国际法形成的历史源头。

(过渡)随着近代早期民族国家的形成以及近代国际关系的确立,国与国之间的交流比以往任何时候都更加密切,传统的国王私人的使者代表不能应对近代化的国际交流需要。这就要求建立适应国与国之间常态化的交流和对话机制,即近代外交制度。

2. 近代外交制度的建立

(1) 从国王私人使者到国家驻外大使: 外交制度的建立

材料十一　在西欧,常驻外交代表机关(使团)是从 15 世纪开始才偶尔出现……但在实践上,只是从 1648 年的《威斯特伐利亚和约》后才确立了常驻外交代表机关的制度,并在欧洲开始普遍实行起来。

——王绳祖主编:《国际关系史 · 第一卷 · 1648—1814 年》,北京: 世界知识出版社,1996 年,第 63 页

材料十二　16 世纪以来,欧洲国际关系方面,外交使节位次排列先后无硬性规定,而时常会引起麻烦。1815 年 3 月 14 日,维也纳会议指导委员会 8 个国家签订公约,规定使节分三个等级: 第一级是大使,第二级是特使全权公使,第三级是代办。

——王绳祖主编:《国际关系史 · 第二卷 · 1814—1871 年》,北京: 世界知识出版社,1996 年,第 14 页

教师设问: 根据材料十一、十二并结合所学知识,概述外交制度产生的原因。(参考答案: 早期民族国家的形成;国际交往的需要;《威斯特伐利亚和约》的推动。)

教师引导学生分析: 民族国家产生后,为维护国家主权独立等重大国家核心利益,促进地区与世界和平,原先临时性的代表国王私人的外交使者不能适应近代国际关系发展的需要。1648 年《威斯特伐利亚和约》签订之后,近代外交制度逐步建立;1815 年,维也纳会议期间,外交制度得到进一步发展,逐渐走向成熟。

(过渡)维也纳会议期间由英国首先提出的"欧洲协调"[①]机制,虽在当时的历史条件下未

① 又称"欧洲大国的一致",是维也纳会议(1815 年)期间,为保证当时欧洲各大国的利益所提出的一项制度。

能很好实施，但是其倡导的“大国一致”的和平外交思想，即通过召开国际会议解决国际争端，对于20世纪国联、联合国等国际组织的诞生，对国际法的发展都产生了重大影响。

（2）“大国一致”促和平：“欧洲协调”的尝试

表二　17—19世纪重要的国际会议概览

时间	会议名称	与会国	会议主题
1648年	威斯特伐利亚和会	几乎所有欧洲国家	恢复欧洲和平
1814—1815年	维也纳会议	几乎所有欧洲国家	恢复被拿破仑战争破坏的欧洲封建秩序
1818年	亚琛会议	俄、奥、普、英、法	维护封建正统，镇压革命运动
1820年	特洛波会议	俄、奥、普、英、法	维护欧洲协调，反对革命
1821年	莱巴赫会议	俄、奥、普、英、法	维护欧洲均势，镇压革命运动
1822年	维罗纳会议	俄、奥、普、英、法	维护欧洲和平秩序

——摘编自王绳祖主编：《国际关系史·第二卷·1814—1871年》，北京：世界知识出版社，1996年，第1—29页

图5　维也纳会议（1814—1815年）

教师设问： 根据表二并结合所学知识，概括17—19世纪前期国际秩序的特点。（参考答案：基本局限于欧洲；以谋求和平为重要目标；注重维护旧有统治秩序；带有大国强权政治色彩。）

教师引导学生分析： 世界历史迈入近代后，以欧洲为主导的国际关系体系逐渐形成，长年累月的战争给欧洲人民带来了深重灾难，为促进地区和平稳定，维护国家主权等重大核心利益，在欧洲主要大国的主导下，逐渐形成了以国际会议协商谈判为主要方式的国际交往交流机制，国际法从理论构想转变为现实实践。

（过渡） 由于资本主义政治经济发展的不平衡，各国实力存在着巨大差距，世界格局总是处于一个动态变化的过程之中。20世纪爆发的两次世界大战，是人类有史以来最大的两场浩劫，战争不仅给亿万世界人民带来了深重灾难，而且改变了近代以来以欧洲为中心的世界格局，也深刻影响着国际法的发展。

(三) 20 世纪国际法的发展

1. 国际联盟和联合国

(1) 国际联盟

表三　国际联盟对帝国主义国家发动侵略战争的反应

重大历史事件	国际联盟的反应
九一八事变	虽明确日本发动事变是对中国的侵略行为,但却肯定日本在伪满的利益。
埃塞俄比亚问题	宣布意大利为侵略者,但未能有效地彻底地制裁意大利(例如,未对钢铁与石油等战略物资实施禁运措施),使意大利有继续发动侵略的物资基础。
西班牙内战	国联要求西班牙共和国政府解散"国际纵队"(支援西班牙人民反本国独裁势力和德意法西斯的志愿军),企图换取英法等国对法西斯势力施压。

——摘编自王绳祖主编:《国际关系史·第五卷·1929—1939 年》,北京:世界知识出版社,1996 年,第 64—67、148—150、160—171 页

教师设问: 根据表三并结合所学知识,评价国联在国际关系史上的作用。(参考答案:带有明显的大国强权政治色彩;激化了列强之间的矛盾,埋下了新的战争隐患;没有真正起到制裁侵略、维护和平的实质作用;为后来联合国的成立提供了经验和教训。)

教师引导学生分析: 近代民族国家诞生以来,民族利益、国家利益高于一切的原则逐渐确立,人类围绕此原则而进行的战争连绵不绝。一战之后诞生的国际联盟给渴望永久和平的世界各国人民带来了一丝新希望,因为它曾明确提出维护世界和平,制止大国侵略行为。然而在大国操纵国际格局的现实下,在国家力量对比动态变化的过程中,这一组织也未能阻止人类空前劫难——二战的爆发。

(过渡) 一战后的国际联盟是建立在凡尔赛—华盛顿体系上的,其存在着许多无法解决的矛盾,诸如战胜国之间的矛盾,战胜国与战败国之间的矛盾,殖民地、半殖民地同殖民列强之间的矛盾,埋下新的战争隐患,因此法国的福熙元帅曾预言:"这不是和平,这是二十年的休战。"[①] 二战之后的联合国,更是人们追求永久和平的产物,它让世界发展和国际交流朝着规范化、制度化、理性化方向发展,也为国际法的进一步发展提供了重要保证,为世界迎来了持久和平的希望。

(2) 联合国

材料十三　1943 年 10 月,中、美、英、苏四国共同签署了《关于普遍安全的宣言》,宣告在战后建立一个维持国际和平与安全的国际组织,奠定了联合国成立的基础。1944 年 8—10 月,中、美、英、苏四国代表在美国举行会议,中国代表团提出的关于处理国际争端的原则等多项建议后来被纳入联合国宪章,被称为"中国建议"。10 月 9 日,中、美、英、苏四国同时发表了《关于建立普遍性的国际组织的建议案》,确立了未来联合国宪章的基本内容。1945 年 6 月 25 日,制宪大会一致通过《联合国宪章》。

---

① 杨泽伟主编:《20 世纪国际关系史》,北京:中国法制出版社,2001 年,第 65 页。

——张海鹏主编:《中国近代通史·第九卷·抗日战争(1937—1945)》,南京:江苏人民出版社,2005 年,第 519—532 页

图 6　中国代表在《联合国宪章》上签字(1945 年)

表四　17 世纪以来的国际法(或具有国际法性质的条约、公约)举要

1625 年	《战争与和平法》(格劳秀斯)
1899 年	《国际争端和平解决公约》(海牙国际会议)
1919 年	《国际联盟盟约》(巴黎和会)
1928 年	《非战公约》
1945 年	《联合国宪章》(旧金山会议)
1949 年	《日内瓦和平解决国际争端总议定书》(联合国大会修订)

——摘编自刘德斌主编:《国际关系史》,北京:高等教育出版社,2003 年,第 51—338 页

教师设问: 根据材料十三、表四并结合所学知识,概述中国在参与联合国创建过程中的主要活动,并分析制定国际法的目的与作用。(参考答案:主要活动:签署主张成立联合国的《关于普遍安全的宣言》;提出多项被纳入《联合国宪章》的"中国建议";发表初步描绘联合国蓝图的《关于建立普遍性的国际组织的建议案》;参与组织联合国制宪会议,签署《联合国宪章》。目的:维护地区与世界和平;维护大国利益并兼顾弱小国家利益;解决人类生存与发展所面临的共同问题。作用:成为维护世界和平、促进共同发展的法律依据;规范国际关系;对各国的对外政策与行动具有一定的约束力。)

教师引导学生分析: 战争与和平关乎人类的生存与发展,纵观 17 世纪以来国际法的发展历程,消弭战争、维护和平始终是国际法建设的重要目的。一系列国际法在实践中虽非完美,但它们是整体世界进程中形成的、人类对国际关系和全球治理的有益探索,具有重大的历史价值和现实意义。

二战后联合国的建立是世界格局发生深刻变动的体现,也是现代民族国家纷纷建立的一种需要。联合国为弱小国家发展自我,提升国际地位提供了国际舞台。

(过渡) 抗日战胜利后,中国重回世界大国行列。20 世纪 70 年代,特别是改革开放以后,

中国积极开展以联合国为中心的多边外交，国际影响力进一步增强。新时期以来，中国更加积极地参与国际治理体系建设，展示了一个负责任大国的良好形象，体现出关注全人类命运发展的大国情怀。

2. 中国积极参与国际治理体系建设

材料十四　中国中央电视台大型政论片《大国外交·第一集·大道之行》(片段)①

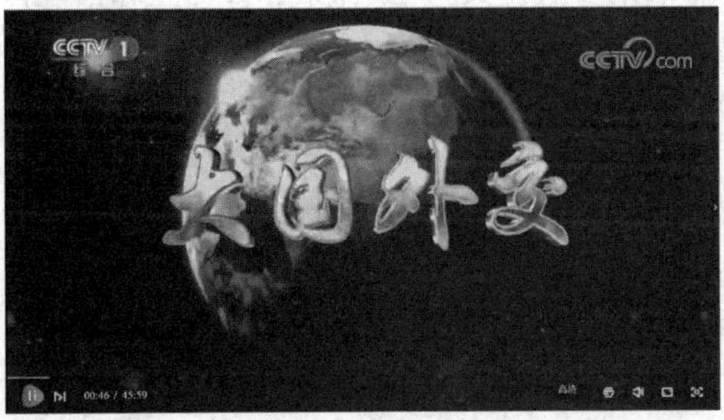

教师设问：自主观看央视大型政论片《大国外交》并结合所学知识，列举中国政府近年来积极参与国际治理体系建设的重大表现。(参考答案：推进"一带一路"建设；提出构建人类命运共同体理念；积极参与联合国维和行动。)

教师引导学生分析：21 世纪以来，中国政府所倡导的"构建人类命运共同体"有着坚实的国际法基础，是符合时代发展的先进的国际法学理念。它为国际法发展提出新的价值追求和前进方向，有助于扩大发展中国家的话语权，为国际法发展注入新的动力，体现了中国作为负责任大国的历史担当。② 中国积极参与以联合国为中心的国际治理体系建设与改革，必将为推动建立公正合理的国际政治经济新秩序，推动国际法健康发展作出更大的贡献。

(设计意图)通过史料阅读与问题设计，引导学生从史料与以往所学知识中，分析 20 世纪国际法曲折发展的原因，并观照现实，认识到构建人类命运共同体的理念是促进国际法健康发展的一剂良方，问题指向的是：(1)唯物史观素养水平 3、4——能够将唯物史观运用于历史学习、探究中，并将其作为认识和解决现实问题的指导思想；(2)历史解释素养水平 2——能够在历史叙述中将史实描述与历史解释结合起来；能够尝试从历史的角度解释现实问题；(3)家国情怀素养水平 1、2——能够理解和尊重世界各国优秀文化传统；(4)家国情怀素养水平 3、4——能够表现出对历史的反思，从历史中汲取经验教训，更全面、客观地认识历史和现实社会问题；能够将历史学习所得与家乡、民族和国家的发展繁荣结合起来，立志为新时代中国特色社会主义建设、中华民族伟大复兴作出自己的贡献。

【课堂小结】

教师引导学生小结：近代西方民族国家的形成对于世界近现代历史发展具有重要作

① 央视网：http://news.cctv.com/2017/08/28/ARTIlON6heJ8YjGy9ZjSiFcY170828.shtml，2017－08－29。
② "人类命运共同与国际法"课题组：《人类命运共同体的国际法建构》，载《武大国际法评论》，2019 年第 1 期。

用——正是由于近代民族国家的形成,世界现代化有了可依托的坚实载体;近代民族国家形成后,为了维护本国本民族的利益,国际法和外交制度诞生。20 世纪,在国联、联合国,这两大标志性国际组织的引领下,国际法取得了重大发展,由于霸权主义、强权政治的存在,国际政治经济发展不平衡,加之国家利益存在着一定的冲突,以及西方某些大国在执行国际法的过程中实行双重标准等,20 世纪国际法发展路途曲折。只要各国认真遵守和践行《联合国宪章》,开展以联合国为中心的多边外交,积极探索和参与全球治理体系建设和改革,那么国际法的发展前景一定是光明的。

教学设计 2

成都嘉祥外国语学校成华校区　郭翔

一、教材分析

本课是统编教材《国家制度与社会治理》第四单元《民族关系与国家关系》第 2 课。本课包括“近代西方民族国家的产生”“国际法的形成与外交制度的建立”“20 世纪国际法的发展”三个子目的内容,主要讲述了以英、法为代表的近代西方民族国家产生的历程、原因和意义,以及国际法与国际体系形成和发展的历程。本课的知识内在逻辑框架如下:

表一　本课知识逻辑框架

时间 内容	15—17 世纪	18—19 世纪	20 世纪以来
民族国家的形成与发展	英、法等近代早期民族国家的形成	近代民族国家在欧美主要国家建立	近代民族国家在世界范围内普遍建立
国际法	/	国际法的初步创设 《战争与和平法》 《威斯特伐利亚和约》	国际法的日益完备 《非战公约》 《联合国宪章》
外交制度	/	外交制度的建立	国际组织的涌现
国际体系	/	威斯特伐利亚体系 维也纳体系	凡尔赛—华盛顿体系 雅尔塔体系

《普通高中历史课程标准(2017 年版 2020 年修订)》对本课的要求是:了解近代西方民族国家的形成情况,以及国际法的发展。西方各国是近代以来通过资产阶级革命或民族独立运动建立起来、以一个或几个民族为国民主体的国家。其成员效忠的对象是有共同认同感的“同胞”及其共同形成的体制,而认同感的来源可以是传统的历史、文化、语言或新创的政治体制。一般认为 17 世纪中叶《威斯特伐利亚和约》的签订标志着近代西方民族国家的

出现，这种国家建构方式又逐渐影响到世界其他地区。同时，在《威斯特伐利亚和约》的影响下，国际法开始形成，近代外交制度也逐渐建立起来。进入 20 世纪以来，国际法的内容和范围得到扩充和发展，在全球治理中发挥了极其重要的作用。

本课内容存在时间跨度大、主题相对集中且理论性、逻辑性较强的特点，需要教师借助历史人物及故事，或紧扣一条主线对教学内容进行重新构建和梳理，以便建立知识联系和形成知识脉络，从而更好地实现教学目标。

二、学情分析

学生对于本课内容的背景及影响有所了解，但对于国际法的形成与外交制度的建立几乎不了解。

本课内容涉及近年来的学术研究热点或时政热点，绝大多数学生对本课的主干内容都能保持一定的兴趣，但对近代民族国家的建构、《威斯特伐利亚和约》的内容、国际体系的发展等重要概念的认识和理解存在困难。

教学中需要引导学生通过分析材料，掌握近代民族国家、国际法以及国际体系的基本史实，并进一步探究近代民族国家建立的历史意义、《威斯特伐利亚和约》的深远影响以及 20 世纪以来的国际体系的重大变化等，从而丰富、深化已有的历史认识。

三、教学目标

1. 梳理法国建构民族国家的历程，了解以法国为代表的近代西方民族国家的形成过程及历史意义，理解近代民族国家的内涵。

2. 结合格劳秀斯的国际法学说，了解近代国际法出现的背景，并通过分析《威斯特伐利亚和约》的文本，认识其对国际法发展的影响。

3. 结合国际联盟和联合国的成就与局限，概括 20 世纪以来国际体系发展的重大变化，探究新中国在全球治理中的作用，并深刻理解国家利益决定国际关系走向，以及建构人类命运共同体的必要性。

四、教学重难点

重点：了解近代民族国家建立的历程及意义；了解格劳秀斯的学说，认识《威斯特伐利亚和约》的影响；概括 20 世纪以来国际体系的重大变化，探究全球治理变革背景下的中国方案。

难点：理解国家利益是决定国际关系走向的重要因素；形成对建构人类命运共同体的认识。

五、教学过程

【导入新课】

图1　油画《在火刑柱上的贞德》

教师设问：同学们知道“贞德之死”的故事吗？

【学习新课】

材料一　1430年，贞德被俘虏并交给英国人组织的宗教法庭审讯。贞德在英国人的威逼利诱和严刑拷打面前，大义凛然，宁死不屈。1431年5月30日，贞德被当作“穿戴男装”“妖术惑众”的女巫活活烧死。贞德虽死，但她的壮举所唤起的民族意识在法国人民中间继续高涨。在为贞德复仇的口号下，法国人民的抗英斗志愈来愈强烈，并在光复国土的战争中节节取胜……1453年7月，法军在卡斯蒂荣战役大败英军，至此，除加来港外，所有失地均已收复。

——吕一民著：《法国通史》，上海：上海社会科学院出版社，2012年，第43页

教师设问：根据材料一，请你用一句话评价贞德在百年战争中的地位和作用。（参考答案：地位：贞德成为法兰西民族意识和国家观念的象征；作用：为法国的统一提供了思想资源。）

（过渡）作为百年战争的最终胜利者，法王查理七世虽收复了英王室在法国除加来港的所有领地，但国内尚未统一，经过近四十年的努力，直到1491年，查理八世才真正完成统一，法国的近代版图得以确立。

【学习新课】

（一）法国建构民族国家的历程

1. 早期民族国家的形成

材料二　1549年，法国人文主义团体——“七星诗社”形成……入社的诗人们抵制拉丁

语以及用拉丁语创作的各种作品。他们断言法语也可以像拉丁语一样,表达任何学术知识和人类的思想。但是,他们也提出了既要向古希腊和罗马的语言借用一些词汇和表达方式;同时也要对旧词进行改造,使它们成为符合时代发展需要的新词;还应该依据现实的社会生活,创造新的词汇。

——姚介厚、李鹏程等著:《西欧文明》,北京:中国社会科学出版社,2002 年,第 448 页

教师设问: 根据材料二并结合所学知识,分析"七星诗社"在建构法国民族国家中的贡献。(参考答案:抵制拉丁语;保卫和弘扬法语;开发和丰富法语;弘扬法兰西民族文化,有助于文化民族主义的发展,有助于构建法兰西文化认同。)

教师引导学生分析:"七星诗社"代表了一种强烈的、世俗的民族主义情绪,他们提倡使用法兰西民族语言,写作法兰西文学,而反对用拉丁语写作,这反映了世俗的民族意识的觉醒。"七星诗社"为法兰西民族语言的形成起到了重要作用。

教师讲述: 不仅如此,同一时期的法国作家拉伯雷和蒙田也通过法语发表了大量的作品,成为法国文艺复兴的标志性人物。16 世纪,法王弗朗索瓦一世签署敕令,确定法语为官方语言,判决书和公证书等官方文件必须用法语撰写。

(展示油画)

图 2　路易十四像

材料三　1661 年,路易十四亲政,他宣称"朕即国家",声明不再需要首相,自己单独行使王权。在中央,他亲自组建四个中央理事会。各理事会由他亲自挑选的大臣负责,他们只起咨询作用,没有执行权,非经国王同意不得下达任何命令……路易十四宣布教士会议必须听命于国王。1665 年,他宣布巴黎高等法院和地方高等法院不得讨论和表决国王的敕令。在地方,他推行凌驾于地方各级官僚体制之上的监察官制度……他还抑制省一级的三级会议,只允许在需要征税时召集会议。路易十四还组建了 45 万人(包括海军)的正规军队。

——姚介厚、李鹏程等著:《西欧文明》,北京:中国社会科学出版社,2002 年,第 562—563 页

教师设问: 根据材料三并结合所学知识,指出绝对君主制的形成对法国构建民族国家的影响。(参考答案:打击了从中央到地方的世俗贵族势力;推动了世俗王权高于教权局面

的形成;提供了早期民族国家形成的基本条件。)

教师引导学生分析: 路易十四是法国历史上最著名的国王。这不仅是因为他统治的时间最长,还因为他使法国在当时欧洲的威望显赫不已。路易十四亲政伊始,就笃信:只有君主才有权思考和决策,其他人的职责,只不过是执行他的命令而已。此外,路易十四还召开了第一次三级会议,奉行重商主义,实行关税保护政策,创办对外贸易公司,筹建一系列文化艺术机构等,这都促进了法兰西民族国家的形成与发展。

教师讲述: 专制王权统治时期是民族国家的早期阶段。其历史意义在于:它把统辖范围内的人民强制捏合在一起,让他们形成一个“民族”。这个民族在同一个政府的统治下经历各种事件,培养起共同的情感,形成共同的身份、文化及价值认同。以民族为支撑的国家形成了统一的疆域,致力于自身的发展。已经形成民族国家的地区在地区竞争和国际竞争中占据优势,其原因很简单:国家比领地有更强的凝聚力,也具备更多的人力、物力的资源。

由此,在近代早期的欧洲,民族国家成为潮流,破坏了以领地、庄园为支撑点的中世纪政治、社会、经济结构;为争夺土地、资源、人民和发展的优势,以及国家的生存权,民族国家间的竞争也日趋激烈,促使民族国家由早期向近代转型。

教师引导学生小结: 伴随着疆域的统一和专制王权的增强,经济的发展和交往的日益频繁,民族语言的盛行以及文化交流的展开,民族观念的进一步加强,共同的民族文化及价值系统的传承、传播,至此,早期民族国家的基本形式得以完成。

(设计意图)以“七星诗社”和“路易十四”为切入口,进一步激发学生兴趣,便于学生较直观地认识弘扬法语和专制王权在建构早期民族国家中的重要作用,让学生理解“早期民族国家”的内涵。本环节指向的是:史料实证素养水平3——在探究特定历史问题时,能够对史料进行整理和辨析。

教师设问: 根据材料二、三并结合所学知识,从政治、经济、社会和思想文化等视角整理建构早期民族国家的主要因素。(参考答案:封建教俗势力遭到削弱;宗教改革的推动;国家的统一;专制主义中央集权的强化;资本主义的兴起及新兴资产阶级(市民阶层)力量的壮大;民族语言由方言上升为官方语言;民族观念和共同价值观的认同。)

(过渡)1715年,路易十四驾崩,随着“太阳王”的陨落,君主专制时代也日薄西山,统治法国长达200年的波旁王朝终于在法国大革命的洗礼中划上了句号。法兰西民族国家进一步朝着民族民主国家的方向迈进。

2. 近代民族国家的发展

材料四 法国革命和拿破仑统治时期的领袖们为了保卫革命成果和法兰西祖国,抵抗欧洲各国封建反动政权的围攻,不得不动员法国的全体公民为革命的祖国而战……法国革命将法语确定为中央的或国家的语言,要求所有法国公民都使用法语,从而取代了各地的方言。它还建立了公立小学网,从小教授孩子们说法语,同时向他们灌输对祖国的热爱。法国革命也促进了报纸、小册子和期刊的出版,它们以通俗的语言向人民大众传播爱国主义思想。最后,法国革命创立了国旗、国歌和国家节日,它们成为民族主义的仪式和象征。

——姚介厚、李鹏程等著:《西欧文明》,北京:中国社会科学出版社,2002年,第837—838页

教师设问: 根据材料四并结合所学知识,归纳法国大革命和拿破仑统治时期法国民族

主义的表现。（参考答案：自由、民主、平等思想的传播；法语取代了各地方言；公民自幼接受爱国教育；创立了国旗、国歌和国家节日；个人对国家的忠诚超过对宗教和地区的忠诚。）

教师引导学生分析： 较之于早期民族主义国家，近代民族主义国家还具备以下新的内涵：建立在资本主义发展的基础上；资本主义民主政制的构建；启蒙运动推动自由、民主、平等思想的广泛传播；忠于国家的现代公民和国民观念的增强。

（过渡）随着拿破仑对外战争的扩展，法国大革命所引发的近代民族主义意识逐步扩展到欧洲的其他国家。

3. 欧洲近代民族国家的普遍建立

材料五

图 3　油画《1808 年 5 月 3 日》

图 4　歌德与席勒雕像

图 5　俄国十二月党人起义纪念邮票

教师设问： 材料五中的油画、雕塑和邮票，分别纪念什么人物或事件？它们背后共同主题的什么？（参考答案：纪念对象：图 3 纪念的是反抗拿破仑入侵的西班牙爱国起义者；图 4 纪念的是 19 世纪德国最伟大的两位作家；图 5 纪念的是俄国革命民主主义者。共同主题：19 世纪欧洲国家的民族主义情绪。）

教师追问： 为什么民族主义浪潮会在 19 世纪席卷欧洲？（参考答案：欧洲近代民族国家的纷纷建立；法国大革命及拿破仑战争促进了欧洲各国近代民族意识的觉醒；各国统治阶层的倡导。）

教师引导学生分析： 拿破仑帝国覆灭后，欧洲各地爆发了一系列民族独立运动。这些运动的共同诉求是实现国家的统一和民族的独立，以便建立统一的市场，发展强大的以资本主义经济为方向的民族经济，有力地参与激烈的国际竞争。为此，19 世纪欧洲各国的民族主义领导人都致力于建立在民族共同体利益基础上的政府，发动公民为实现民族利益而努力工作。可以说，正是法国大革命及拿破仑战争强化了欧洲各国人民的民族认同感，推动文化民族主义逐渐转变为政治、经济民族主义。

教师引导学生小结：从百年战争、法国大革命、拿破仑战争到德、意、俄等民族国家的建立；从封建庄园制度的瓦解到资本主义制度的兴起、发展；从文艺复兴、宗教改革的觉醒、启蒙运动的推动到近代民族民主主义的高涨，这几百年来，贯穿其间的一条"潜流"就是民族主义的发展。

(设计意图)以"法国大革命和拿破仑战争"为切入口，进一步激发学生的兴趣，便于学生比较早期民族国家和近代民族国家的异同，让学生理解"近代民族国家"的内涵。本环节指向的是：(1)唯物史观素养水平 3、4——能够将唯物史观运用于历史学习、探究中，并将其作为认识和解决现实问题的指导思想；(2)历史解释素养水平 2——能够选择、组织和运用相关材料并使用相关历史术语，对个别或系列史事提出自己的解释。

(过渡)欧洲近代民族国家的确立已经蕴含了现代国家制度的要素：一个是主权观念，一个是法治意识。这二者在资本主义发展的背景下，共同影响了 17 世纪以来以国际法为表征的国际关系。

(二) 国际法准则的形成与发展

1. "国际法之父"——格劳秀斯的学说

教师讲述：当时的荷兰刚刚通过尼德兰革命摆脱了西班牙的殖民统治，正在成为"海上马车夫"，生逢其时的格劳秀斯在 1625 年出版了关于国际法的学术专著《战争与和平法》。

材料六　格劳秀斯(1583—1645 年)，生于荷兰，获法学博士学位。他的主要著作有《论海洋自由》(1609 年)和《战争与和平法》(1625 年)等。他认为，法律有两种，即自然法和制定法，后者又可分为国内法和国际法两类。自然法的特征是理性，制定法的特征是意志，意志与契约相连，而契约的效力又是来自自然法，因此，无论是国内法还是国际法，都源自自然法。

他强调，在与自然法相对的制定法中，国际法占据着一个相当重要的地位。它代表一切或许多国家的意志，也来自自然法并服从于自然法的一般原则，尤其是信守诺言的原则。它规范着战争中的一般准则，即遵守法律所规定的权利与义务，区别正义战争和非正义战争，以最大努力防止战争，并在战争中实行人道主义、遵守和平条约，等等。

——何勤华著：《西方法学史》(第 2 版)，北京：中国政法大学出版社，2003 年，第 450—451 页

教师设问：根据材料六并结合所学知识，概括格劳秀斯的主要观点。(参考答案：国际法源自自然法；国际法代表一切或许多国家的意志；国际法应遵循正义、诚信的原则；最大努力防止战争，区别正义战争和非正义战争；两国交战中应秉持人道主义、遵守和平条约。)

教师引导学生分析：十五世纪后期至十六世纪上半叶，西、葡两国几乎成为垄断欧亚之间贸易的霸主。随着资本主义的发展、其他海洋大国的兴起，两国的霸主地位受到了挑战。但由于当时缺乏各国公认的法律、习俗惯例来调整和约束国与国之间的关系，为打破已有海

洋大国的垄断地位，建立新兴海洋强国，荷兰要为其海上行为寻找合法合理的依据，同时驳斥其他海洋强国的霸权言论。

格劳秀斯在自然法中找到了国际法的基础，无论国家之间是否达成一致，自然法和国际法决定了战争的正义与否，决定了人道主义干预是否合理。

格劳秀斯的学说对后世产生了深远的影响，他的《战争与和平法》为威斯特伐利亚和会及相关条约等准备好了法律框架，成为后来国际法在正义原则下发展的源头之一。

(过渡)有学者指出，由主权国家组成的国际体系，是宗教改革、格劳秀斯和《威斯特伐利亚和约》三个因素作用的结果。

2. “三十年战争之果”——《威斯特伐利亚和约》

材料七　三十年战争是发生在1618—1648年的以德意志为主要战场的一次席卷欧洲的战争。战争起因于德意志新教诸侯和天主教诸侯、神圣罗马帝国皇帝之间在政治、经济以及宗教上的矛盾，以及欧洲诸强争夺欧洲事务主导权的矛盾……交战双方从1643年起开始和谈，直到1648年10月，双方在德意志的威斯特伐利亚地区签订了《威斯特伐利亚和约》。

——黄日涵、姚玉斐主编：《国际关系实用手册》，天津：天津人民出版社，2013年，第9—10页

教师设问：根据材料七并结合所学知识，指出三十年战争的影响。(参考答案：三十年战争给欧洲带来了毁灭性的破坏；这场战争和战后签订的《威斯特伐利亚和约》创立了一系列国际关系准则，深刻改变了欧洲的政治、社会和宗教格局，成为近代国际关系的开端。)

教师讲述：三十年战争推动了以统一的宗教秩序和破碎的封建体系为标志的中世纪欧洲秩序的瓦解，而《威斯特伐利亚和约》的签订则为近代以来国际交往中出现的问题提供了一个解决方式——在通过暴力途径或依靠道德规范无法解决利益冲突的情况下，可以通过国际会议、谈判的形式达成协议。

材料八　(《威斯特伐利亚和约》规定)在所有帝国事务的表决中，他们应无阻碍地享有投票权，特别是关于解释法律、战争问题、征税、征兵或驻军、在各邦领土上建立新工事，增援旧驻军，缔结和约和联盟等等诸如此类事务；从而使今后此类事务若未经帝国各邦自由会议协商和同意，一律不得执行。最重要的是，帝国各邦都将为本身存在和自身安全，永久地享有在各邦之间或与外国进行结盟的权利，但前提是该同盟不得针对皇帝或帝国，也不得违反公共和平或本和约，同时也不得损害每一邦对皇帝和帝国作出的宣誓。

——李明倩著：《〈威斯特伐利亚和约〉与近代国际法》，北京：商务印书馆，2018年，第322页

教师设问：根据材料八并结合所学知识，指出《威斯特伐利亚和约》对于国际法的贡献。(参考答案：《威斯特伐利亚和约》中包含诸多国际法概念，比如和平共处、主权国家平等、和平解决争端、共同安全保障、信仰自由等；其体现的国际法概念被吸收进以后的国际法中，最终成为当今联合国框架下的关键组成部分。)

教师引导学生分析：《威斯特伐利亚和约》的重要性表现在：其一，对于当时欧洲而言，《威斯特伐利亚和约》为各方在“国家理性”的指导下制定外交政策提供了依据；其二，对于近代国际法而言，《威斯特伐利亚和约》在理论上和实践中成为调整国家间交往行为、建构近代国际关系体系的标准，为各国的权力争夺、利益斗争提供了一个普遍接受的秩序框架——国

际法制度;其三,对于全球治理而言,《威斯特伐利亚和约》塑造了近代国际法的走向,它的程序性特征使其具有普遍意义。因此,它被誉为“近代国际法奠基性文件”。

(过渡)当然,《威斯特伐利亚和约》也不是完美的,随着欧洲民族国家的日益增多,其体系的缺陷也暴露无遗,在法国大革命和拿破仑战争的涤荡下最终瓦解。旧国际体系的崩溃也必然要求出现一个新国际体系取而代之。

3. “协调与均势的欧洲”——维也纳体系的建立

教师讲述:1815 年 6 月的维也纳会议最终以《议定书》的方式开启了一种新的国际关系体系——维也纳体系。该体系旨在通过一种定期会议制度建立一个持久的国际关系秩序。这个体系最重要的特征是大国协调机制,这种协调是由当时欧洲的五大君主国——奥地利、英国、法国、普鲁士和俄国组成,时人称之为“五强共治”。

材料九 1815 年拿破仑战败、维也纳和会确立和平之后,五个欧洲强国——奥地利、英国、法国、普鲁士和俄国为国际政治体系带来了一个相对和平的时期,即所谓的欧洲协调。大国之间在拿破仑灭亡之后没有发生大的战争……经过一系列特别会议达成的协议将所有五个大国团结在一起,它们彼此之间从来没有卷入冲突。第一次世界大战之前超过三十多次的会见,使这个集团成了一个志同道合的领袖俱乐部,而且通过这些会见,它们既为新欧洲国家的独立赋予了合法性,也为殖民国家对非洲的瓜分赋予了合法性。

——[美]卡伦·明斯特、伊万·阿雷奎恩-托夫特著,潘忠岐译:《国际关系精要》(第 5 版),上海:世纪出版集团,2012 年,第 29 页

教师设问:根据材料九并结合所学知识,简评 19 世纪的“欧洲协调”。(参考答案:有利于协调欧洲各国的关系以维持欧洲的相对和平;丰富了国际法的原则,为国际法体系的构建提供了借鉴;仍然建立在大国强权政治的基础上;为欧洲列强在瓜分殖民地等问题上达成妥协创造了条件。)

教师讲述:在维也纳体系中,欧洲各君主国通过均势原则维护欧洲的和平以及在亚非进行的殖民主义征服和掠夺。随着欧洲国家的海外扩张,均势原则甚至成为整个国际社会所遵循的基本原则,对于各国处理外交事务具有极强的指导性,也成为国家政治生活的重要参考。

教师设问:根据材料九并结合教材第 69 页第 4 段内容,概括 19 世纪国际法体系的特征。(参考答案:国际法的主体是近代欧洲民族国家;国际法的目标是寻求主权平等和欧洲和平;国际法的意义是初步构建国际关系体系;体现了大国强权色彩。)

(设计意图)以“《威斯特伐利亚和约》”为切入口,上承“格劳秀斯的学说”,下接“维也纳体系”,便于学生了解国际法准则形成与发展的历程。本环节指向的是:(1)时空观念素养水平 3——能够把握相关史事的时间、空间联系;(2)历史解释素养水平 3——能够分辨不同的历史解释。

(过渡)19 世纪,欧洲各国经济竞争、政治对抗和外交摩擦的程度逐渐加剧,使得维也纳体系日趋瓦解,传统的协调机制逐渐失灵。尽管 1899 年的海牙和平会议通过了《和平解决国际争端条约》等条约,但并未缓和国际紧张局面,世界形势日益朝世界大战的方向演进。1914 年,一战爆发。

（三）共有的国际体系

1. 国际联盟

材料十　1. 公开的和平条约，必须公开缔结，缔结后不得有任何种类的秘密的国际谅解，而外交也必须始终在众目睽睽之下坦率进行……

3. 在一切赞成和平和参加维护和平的国家当中尽可能地消除一切经济壁垒，建立平等的贸易条件……

14. 为了大小国家都能相互保证政治独立和领土完整，必须成立一个具有特定盟约的普遍性的国际联盟。

——《威尔逊的"十四点"（摘自1918年1月8日威尔逊总统在美国国会的演说）》，转引自［英］E. H. 卡尔著，徐蓝译：《两次世界大战之间的国际关系》，北京：商务印书馆，2009年，第225、227页

教师设问： 根据材料十并结合所学知识，指出美国总统威尔逊的"十四点"对于国际法有哪些新思考。（参考答案：通过条约维护和平；消除贸易壁垒，发展自由贸易；保持主权国家的地位平等和领土完整；成立国际联盟。）

教师引导学生分析： 正是基于这样的思考和表述，成立国际联盟成为当时战胜国的基本共识。而美国总统威尔逊提出的以国际联盟为中心，建立战后国际安全体系的新设想，其实质也反映了美国力图追求并扩大其霸权以符合其国家利益的私心。

材料十一　国联的诞生不是偶然的，它是在第一次世界大战结束后的巴黎和会上建立的。近代国际组织出现，特别是19世纪欧洲协调、万国联盟和海牙体系的运行实践，为更大的国际组织的产生创造了条件。针对连绵不断的征战，尤其是一战期间交战双方的嗜血厮杀，欧美各国有影响的和平团体和个人纷纷提出各种维护和平、避免战争的方案，这些和平思潮有力地推动了国联的建立。大战结束后，为了打破战前欧洲的旧均势并建立起战后欧洲新秩序，战胜国需要建立一个钳制战败国服从凡尔赛和约裁决和协调战胜国之间矛盾的国际机构。

——李铁城、邓秀杰编著：《联合国简明教程》，北京：北京大学出版社，2015年，第1页

教师设问： 根据材料十一并结合所学知识，概括国际联盟的历史背景。（参考答案：19世纪各国的外交实践；欧美对一战的反思；世界人民和平思潮的推动。）

教师讲述： 国际联盟被视为一战后国际事务的核心，这是一个具有全球利益的国际组织。其关注的不仅是安全问题，还有劳工、卫生、文化以及其他全球问题。为此，国际联盟设置了许多附属组织，比如国际劳工组织和国联卫生组织等，类似的组织在一战后一直运作，直到二战以后并入联合国，成为联合国的一部分。

材料十二　九一八事变后，中国政府采取了依赖国联的外交方针。1931年9月21日，中国代表施肇基在国联行政院会议上，提请国联组织调查团，调查事变的真相。但由于日本代表的反对而没有及时实现……1932年1月21日，国联调查团正式成立。团员由来自英、美、法、德、意大利五国的代表各一人组成，团长为英国前驻印度总督李顿。中国前外交部长顾维钧、日本驻土耳其大使吉田射三郎，分别代表本国，作为顾问参加该团……1932年10月，《国联调查团报告书》发布，计分十章，前八章叙述了调查所得和调查团的看法，后两章系

调查团提出的解决问题的原则和对国联的建议……关于解决中国东北问题的原则，既反对恢复到九一八以前的原状，也否认维持伪满洲国的现状，而提出了“国际合作(即国联以合作的名义对东北地区实行托管)”的主张，但日本仍占有优势……1933 年 2 月 24 日，国际联盟特别大会召开，以 42 票赞成、1 票(日本)反对的结果，通过了上述报告书。当国联大会通过上述报告书后，日本决定退出国际联盟。

——臧运祜著：《20 世纪的中国与世界》，北京：北京大学出版社，2010 年，第 88—90 页

教师设问：根据材料十二并结合所学知识，以“李顿调查团”为例，分析国联维护和平的努力受挫的原因。(参考答案：国联的创设主要是为了维护英法等国的既得利益和他们所建立的“国际新秩序”；国联的运行机制存在严重缺陷；美国、苏联等国未加入国联，日本等国相继退出，使集体安全有名无实；总之，国联在保卫世界和平方面没有作出应有的贡献，反而在客观上助长了侵略，最后也不可避免地遭遇失败。)

教师引导学生分析：“李顿报告书”的公开发表，可以理解为中国获得了道义上的胜利和国联的支持；但英法对日的绥靖政策以及日本退出国联，不仅意味着国联对于日本已不再具有约束力，日本在侵华道路上变本加厉、有恃无恐，也表明日本对凡尔赛—华盛顿体系的挑战和蔑视，一定程度上宣告了国际联盟的协调外交彻底失败。

教师讲述：面对深重的国难和微弱的国力，南京国民政府积极进行国家建设，委派财政部长宋子文赴欧美访问，寻求国联的对华技术援助，但遭到日本的干预和破坏，使中国的现代化建设受到很大的影响。

(过渡)国联所建构的新秩序并未给世界带来长远的和平与发展。两次世界大战造成的浩劫向世界提出了一个严峻的问题，如何才能避免这种悲剧的重演？在世界反法西斯战争中建立一个集体维护和平与安全的国际组织的设想由此产生。

2. 联合国

材料十三　为求实现第一条所述各宗旨起见，本组织及其会员国应遵行下列原则：

一、本组织系基于各会员国主权平等之原则……三、各会员国应以和平方法解决其国际争端，避免危及国际和平、安全及正义。四、各会员国在其国际关系上不得使用威胁或武力，或以与联合国宗旨不符之任何其他方法，侵害任何会员国或国家之领土完整或政治独立。

——《联合国宪章》

教师设问：根据材料十三并结合所学知识，概括《联合国宪章》提出的国际关系原则。(参考答案：维护国家主权平等及互不干涉内政的原则；倡导摒弃武力手段，通过和平、合作方式化解国际争端。)

教师引导学生分析：1945 年 6 月 25 日，旧金山制宪会议一致通过了《联合国宪章》并于次日由 50 个国家 153 名全权代表签字。1945 年 10 月 24 日，联合国宣告正式成立。《联合国宪章》的生效和联合国的诞生，意义重大，影响深远。

我们需要认识到：第一，建立联合国既是战时反法西斯盟国集体智慧的产物，也是二战的胜利成果。它的出现是建立在世界各国人民要求和平、反对战争的基础上的，并吸取了国际联盟失败的教训。第二，为了建立这一国际机构，社会制度、意识形态迥异的各盟国，尤其是美、苏两大国之间，将种种分歧暂置一边，通过反复协商、相互妥协，最后达成一致。第三，

联合国的筹建并不一帆风顺，也远非完美，暴露出和潜伏着的分歧、矛盾不少，甚至存在大国利用联合国为自己谋利和支配联合国的企图。

材料十四　1947 年 11 月 21 日联合国大会建立了国际法委员会……许多由国际法委员会起草的最初草案都通过联合国召开的特别会议而转变为多边公约，包括 1958 年的四个关于海洋法的公约、1961 年和 1963 年关于外交和领事关系的公约等……国际法委员会致力于提出新的文件，其中主要包括关于国家的国际责任、国家与国际组织之间的关系、国家对跨国损害(包括污染)的责任等。它还起草关于人权和国家义务的宣言、关于破坏人类和平与安全的罪行的法律草案、仲裁程序的规则范例，以及关于最惠国条款的法规……所有联合国的成员国均可自由加入国际法院，其权限依赖于相关国家的一致同意。

——[印]纳吉德拉·辛格：《联合国与国际法的发展》，载[英]亚当·罗伯茨等主编，吴志成等译：《全球治理：分裂世界中的联合国》，北京：中央编译出版社，2010 年，第 379、381 页

教师设问：根据材料十四并结合所学，概括联合国对国际法发展的重要贡献。(参考答案：制定国际公约；通过若干重要宣言和决议；建立国际组织；建立国际法院并提供相应的判决和咨询意见。)

教师引导学生分析：70 多年来，联合国最重大的成就之一是制定了 500 多部具有法律约束力的公约、条约和标准在内的国际法，其内容涉及国家间共同关注的问题。联合国率先处理那些具有国际性的问题，例如，它为管理海洋的使用、保护环境、管理移徙劳工、遏止贩毒和打击恐怖主义制定了法律框架，还制定了如国际人权法、国际人道主义以及国际环境法等涉及国际问题的法律。可以说，尽管联合国在国际法领域的工作并不总是得到重视，却影响到世界各地人民的日常生活，它是实现国际关系法治化、民主化的基石和保障。

材料十五　1992 年 4 月，波黑三个主要民族(穆斯林族、克罗地亚族和塞尔维亚族)围绕波黑前途和领土划分等问题爆发内战。为制止波黑战争，安理会先后通过对波黑塞族和南联盟实施全面制裁、向波黑派驻维和部队、在波黑建立“禁飞区”、为穆族设立“安全区”等一系列决议。

1995 年 7 月，已被联合国宣布为安全区的斯雷布雷尼察发生了种族大屠杀。当时，尽管安全区内有少量荷兰籍维和部队驻守，但他们却束手无策，完全没有发挥作用。波黑塞族军队和警察部队杀害了当地 7000 多名男性穆斯林居民，成为第二次世界大战后欧洲规模最大的一次屠杀。类似的种族杀害事件在波黑内战中还发生过多起。

在北约强大的军事打击下，塞族不得不作出妥协，但联合国在波黑的维和行动也走到了尽头。1995 年 12 月，安理会通过第 1031(1995)号决议，授权北约组建多国执行部队，取代联合国在波黑的维和部队。

——李铁城、邓秀杰编著：《联合国简明教程》，北京：北京大学出版社，2015 年，第 226—227 页

教师设问：根据材料十五并结合所学知识，指出联合国在波黑的维和行动出现的问题并分析其原因。(参考答案：问题：缺乏预防暴力机制；存在经费、人员的短缺问题；应对国内冲突的经验不足；应对人道主义危机的效能有限。原因：冷战结束后国际形势的新变化；全球治理特别是安全观念的调整；民族国家的发展困境；大国的干预。)

教师引导学生分析：波黑的悲剧，给联合国维和行动留下了深刻的教训。但总体上来说，1948 年以来，联合国维和行动在维护地区安全与稳定、保护人道主义救援、帮助冲突地区实行经济重建等方面作出了重要贡献，被联合国称为“旗舰”工程。

（过渡）如何在部署维和行动中协调常任理事国立场，克服大国之间的分歧，维护国际社会的和平与稳定，成为联合国在安全治理中面临的最大挑战。

3. 全球治理的中国方案

材料十六

图 6　亚非会议外交档案

图 7　维和官兵被授予“和平荣誉勋章”

图 8　2015 年 9 月 28 日，习近平出席第 70 届联合国大会并发表讲话：《携手构建合作共赢新伙伴　同心打造人类命运共同体》

教师设问：根据材料十六并结合所学知识，概括新中国对于改进全球治理所作出的贡献。（参考答案：丰富了以《联合国宪章》为标志的国际法的内涵；加入绝大多数国际条约并积极履行相关义务；提出了构建“人类命运共同体”的理念。）

教师引导学生小结：中国是战后国际秩序的坚定维护者和积极建设者。中国珍爱和平，崇尚法治，在重大国际和地区问题上秉持正义，坚定捍卫以《联合国宪章》为核心的国际法基本原则和国际关系基本准则。为了顺应构建人类命运共同体、建设合作共赢新型国际关系的时代要求，继承并发展以《联合国宪章》为核心的国际法律体系，中国主张巩固主权平等基础、提供共同安全保障、坚持民主法治正道、确立合作共赢核心、强化法律实施机制。中国也是增强战后国际法治的重要倡导者。坚持国际法治不仅是中国基于自身经历作出的郑重选择，也是新中国一贯坚持的外交实践，更是中国走和平发展道路的必然要求。

(设计意图)以“《联合国宪章》和联合国”为切入口，上承“国际联盟”，下接“全球治理的中国方案”，便于学生了解 20 世纪以来的国际关系及全球治理在国际法方面的中国方案。本环节指向的是：(1)唯物史观素养水平 3、4——能够将唯物史观运用于历史学习、探究中，并将其作为认识和解决现实问题的指导思想；(2)历史解释素养水平 4——在独立探究历史问题时，能够在尽可能占有史料的基础上，尝试验证以往的说法或提出新的解释；(3)家国情怀素养水平 3、4——能够把握世界历史发展的进步历程，形成正确的世界观、人生观、价值观和历史观；能够表现出对历史的反思，从历史中汲取经验教训，更全面、客观地认识历史和现实社会问题；能够将历史学习所得与家乡、民族和国家的发展繁荣结合起来，立志为新时代中国特色社会主义建设、中华民族伟大复兴作出自己的贡献。

【课堂小结】

教师引导学生小结：14、15 世纪以来，民族主义逐渐成为世界各国的主流思潮，并在其指导下，民族国家纷纷建立。民族国家同时也是独立的主权国家，这就需要创设国际法和国际体系以协调彼此之间的国际关系。20 世纪以来，历经两次世界大战，世界发生了深刻变化，其中《联合国宪章》的签署和联合国的成立，是人类历史上具有划时代意义的历史事件，是人类在全球治理问题上的一座重要里程碑。而“人类命运共同体”正是为 21 世纪以来的全球治理提供的中国方案。

第13课

当代中国的民族政策

教学设计1

四川省成都市石室天府中学　唐晓丽

一、教材分析

本课是统编教材《国家制度与社会治理》第四单元《民族关系与国家关系》第3课，内容包含“民族区域自治制度的建立”“民族区域自治制度的发展”“中共十八大以来民族区域自治制度的完善”，具体讲述实行民族区域自治制度的原因、发展历程和成就。

《普通高中历史课程标准(2017年版2020年修订)》对本课的要求是：了解当代中国民族区域自治制度的历史意义。本课线索比较清晰，知识内容较少，教师应引导学生从制度视角去认识民族区域自治制度发展演变的历史，并在此基础上进一步培养学生历史学科核心素养。本课内在逻辑框架如下：

表一　本课逻辑框架

实行民族区域自治制度的背景	历史的继承;实践探索;现实需要
民族区域自治制度的发展历程	新中国成立前后,民族区域自治制度的建立与推广
	新时期民族区域自治制度的发展
	中共十八大以来民族区域自治制度的完善
民族区域自治的成就和意义	政治、经济、文化、社会事业等方面的成就

二、学情分析

学生通过初中历史的学习，已经对本课的大部分教学内容，例如实行民族区域自治制度的现实原因，民族区域自治制度的成就等相关史实有所了解。但本课多数内容和政治学科重合，导致绝大多数学生难以从历史的角度对本课内容进行深入的思考和探究。教学中需要引导学生通过分析材料，进一步理解实施民族区域自治制度的必要性，从国家治理的角度理解不断丰富和完善这一制度对于国家民族的意义，更好地浸润家国情怀素养。

三、教学目标

1. 梳理民族区域自治制度的发展历程，认识到中国共产党在马克思主义民族观中国化过程中体现出来的创新精神。

2. 通过解读不同类型的材料，认识民族区域自治制度的发展与创新，提升史料实证能力。

3. 形成正确的民族观、国家观，增强对当今中国制度建设的自信心，培养时代责任感。

四、教学重难点

教学重点：实施民族区域自治制度的意义。

教学难点：实施民族区域自治制度的背景。

五、教学过程

【导入新课】

材料一 纪录片《走进宁夏》片段①

逶迤长城，雄起高山。北纬38°是一条神奇的纬线，它所经之地汇聚了众多大自然鬼斧神工的美景。地处中国西北的宁夏，正是北纬38°经过的地区。……这首行云回转的花儿，唱响它的地方却是有着“塞上江南”之称的宁夏。它堪称北纬38°线上的一颗美丽明珠。它东西相距约250千米，南北相距约456千米，土地面积仅为6.64万平方千米。面积虽小，但宁夏在地理和人文风貌上却独具特色。这里历代长城斜贯而过，草原、湿地、荒漠聚首一地。

教师设问：请根据视频内容及所学知识，指出宁夏为何被称为“塞上江南”。（参考答案：“塞上江南”一是指宁夏宜牧宜农的优越自然条件，南部山区气候湿润，北部平原黄河流经，土质肥沃；二是厚重的文化底蕴：秦汉在宁夏设郡；古丝绸之路所经地；1032年党项族首领李元昊在此建立西夏国；元朝在西夏国旧地设行中书省；明清在此地分别实行卫所制、土司制等管理制度。）

教师讲述：大漠孤烟、黄河落日、商旅浩荡、雄浑贺兰、烟雨六盘、神秘西夏……勾勒出宁夏独特的靓丽风景，那里也被《纽约时报》评为“全球必去的46个最佳旅游目的地”。宁夏地处祖国西北腹地、黄河中上游，宜牧宜农，除了拥有优越的自然条件、历史底蕴之外，宁夏还是一个多元信仰与文化共存之地。当地的回族、维吾尔族、哈萨克族等信奉伊斯兰教，汉族中的部分群众信仰佛教、基督教、道教、天主教。在这样一个多民族、多宗教、多文化的复杂地区，是什么成就了“塞上明珠”的辉煌呢？我们可以从今天的学习中找到答案。

---

① 腾讯视频：https://v.qq.com/x/page/n06495hasxg.html，2018-05-10。

【学习新课】

（一）探寻制度之源——实行民族区域自治制度的背景

1. 历史传承

（1）中国古代“因俗而治”的治理理念

材料二 羁縻政策是中国古代王朝治理边疆民族地区的一种传统手段。“修其教不易其俗，齐其政而不改其宜”……就是在少数民族承认中央统治的前提下，中央允许其有相对有限的政治空间，使其可以保持本民族地区原有的社会经济制度、宗教信仰和风俗习惯、文化传统等。

——郭胜利：《民国政府西北民族政策研究》，兰州大学博士学位论文，2010年，第14页

材料三 土司制度作为明清时期中央王朝管理少数民族事务的一种政治制度，是由羁縻制度演化而来。西北土司制度的建立和发展，不仅与西北地区的历史经济文化有密切联系，也与明清时期的西北边疆形势有重大关系。因此，明王朝在藏区推行政教合一、在西南地区实行土司制度的同时，在西北地区推行了隶属于流官卫所军事体制之下的、带有“土流参治”特性的西北土司制度。

——王素英：《明清西北土司制度研究》，兰州大学博士学位论文，2015年，第1页

教师设问：根据材料二、三并结合所学知识，指出土司制度与羁縻制度的联系，据此分析古代民族政策的特点。（参考答案：联系：土司制度由羁縻制度演化而来；两者的前提都是地方必须承认中央的统治和管理；目的都是中央王朝为了维护边疆稳定，巩固国家统一；其实施过程中都必须尊重少数民族地区的社会经济文化等所具有的民族特色。特点：“因俗而治”，尊重少数民族的社会经济制度、宗教信仰、风俗习惯、文化传统等；在西藏、西南、西北等不同地区采取不同措施。）

（2）近代中国民族主义的兴起和发展

材料四 《中华民国临时约法》第二章第五条：中华民国人民一律平等，无种族、阶级、宗教之区别……《中华民国临时约法》还提出少数民族参与国家会议的主张……1912年颁布的《参议员选举法》和《众议员选举法》中，在参众议员的分配问题上，规定了蒙古、青海、西藏等地区的少数民族的代表名额。

——刘卫宁：《民国时期宁夏回汉民族关系研究》，中南民族大学博士学位论文，2016年，第62页

教师设问：根据材料四并结合所学知识，指出中华民国奉行怎样的民族政策。（参考答案：主张各民族一律平等；为少数民族参与国家治理提供制度保障。）

材料五 1939年春夏之交，日本加紧侵华步伐，马鸿宾所率81军，多次打退坂垣师团在绥西的进犯，取得绥西抗战的首次大捷，极大鼓舞了西北人民抗战胜利的决心。马鸿宾在军官训练班中培养的回汉青年军官兵发挥了重要作用，回汉团结成为英勇的宁夏军队强大战斗力的有利保证。

——周靖程：《民国时期宁夏政治史研究》，中央民族大学博士学位论文，2010年，第63页

教师设问：根据材料五并结合所学知识，分析少数民族军民积极参加抗战的原因。（参考答案：为了保家卫国，捍卫民族尊严；民族意识和国家意识增强；抗日民族统一战线的影响。）

教师讲述：在中国古代，中原王朝对民族地区采取"因俗而治"的治理手段，促进了边疆地区的稳定与发展，有利于维护国家统一与安定。在近代历史上，一方面，中央政府将民族平等作为一种政治追求，从法律层面促使民族政策与现代国家制度相适应；另一方面，少数民族在面临国家危亡之时能够团结一致，奋勇抗击，维护国家统一，这也是近代民族主义的重要体现。

2. 实践创新

材料六　马克思主义民族观的核心是主张各民族在平等的基础上友好团结。根据此指导思想，我党在早期工作中就比较关注民族问题……1935年，中央红军长征到过固原地区（今宁夏），并且制定了严格的纪律，尊重当地回族的风俗习惯和宗教信仰，宣传民族平等，深受回族各阶层群众的拥护和支持，播下了革命的火种……1936年5月发布《中华苏维埃中央政府对回族人民的宣言》，颁布了党的民族平等的主张，及对回族解放的关切。1936年10月成立陕甘宁豫海县回民自治政府，是我党领导的第一个民族区域自治的地方政权，也是第一个回族县级自治政权。虽然存在时间很短，却写下了我国民族区域自治史上光辉的一页，是我党把马克思列宁主义民族理论和中国民族实际相结合、解决我国民族问题的一次伟大尝试。

——郑彦卿、陈卫鹏：《改革开放以来宁夏回族自治区民族区域自治制度的成就与经验》，载《当代中国研究所第三届国史学术年会论文集》，2003-09-01

教师设问：根据材料六并结合所学知识，指出该时期我党民族政策的思想基础和核心内容。（参考答案：思想基础：马克思主义民族观、"因俗而治"的历史传统。内容：民族平等、民族团结。）

材料七　1941年5月1日，（边区政府）颁布的《陕甘宁边区施政纲领》明确规定："依据民族平等原则，实行蒙、回民族与汉族在政治经济文化上的平等权利，建立蒙回自治区。"

中共中央于1947年3月23日发出的指示中提出：在内蒙古人民代表大会宣言中，"应确定内蒙自治政府非独立政府，承认内蒙民族自治区仍属中国版图，并愿为中国真正民主联合政府之一部分"。

——中共中央统战部编：《民族问题文献汇编》，北京：中共中央党校出版社，1991年，第1021、1095页

教师设问：根据材料六、七并结合所学知识，简述新民主主义革命阶段我党落实民族政策的重要意义。（参考答案：是我党把马克思列宁主义民族理论和中国民族实际相结合、解决我国民族问题的一次伟大尝试；党的领导在民族地区得到群众的拥护和支持，有利于人民革命力量的壮大；有利于增强少数民族的国家意识；以法律的形式维护国家统一，为新中国民族区域自治制度的建立和完善提供了借鉴。）

（过渡）新民主主义革命阶段的民族政策和民族工作，为新中国成立后民族政策的制定提供了理论和实践基础。1949年10月1日，新中国成立，从国家层面废除民族压迫政策，在更广泛的民族地区落实与推广民族区域自治制度。

3. 现实需求

（1）少数民族地区人民实现当家做主愿望的需要

材料八 1954年6月，宁夏省撤销建制合并与甘肃省。党中央考虑到回族有700多万，遍布各地，在祖国大家庭中占有重要地位，根据回族人民的意愿和回族发展状况及前景，建议在回族比较集中的宁夏建立自治区。另外，甘肃省虽然也和全国情况大致相同，即呈现大分散小聚居的状况，但是在甘肃东北部的银川、吴忠、固原等地的回族人口则比较集中，占总人口的近百分之五十，所以选择这一地区建立回族自治区。

——彦卿、陈卫鹏：《改革开放以来宁夏回族自治区民族区域自治制度的成就与经验》，载《当代中国研究所第三届国史学术年会论文集》，2003-09-01

教师设问：根据材料八并结合所学知识，分析宁夏撤省建自治区的现实因素是什么。（参考答案：回族人口比重较大，在祖国大家庭中占有重要地位；回族、汉族与其他民族呈现大杂居小聚居的分布情况；党和国家尊重回族人民当家做主的意愿；调动少数民族进行社会主义建设积极性的需要；保护发展民族文化的需要。）

（2）维护国家统一的需要

材料九 1949年第一届中国人民政治协商会议筹备期间，毛泽东就新中国的国家结构形式问题征求意见。李维汉认为，中国同苏联国情不同，不宜实行联邦制。理由是：（一）苏联少数民族约占全国总人口的47%。我国少数民族只占全国总人口的6%，并且呈现出大分散小聚居的状态，汉族和少数民族之间以及几个少数民族之间往往互相杂居或交错聚居。（二）苏联实行联邦制是由当时的形势决定的。我国则是各民族在中国共产党领导下由平等联合进行革命，到平等联合建立统一的人民共和国，并没有经过民族分离。因此，在统一的国家内实行民族区域自治，更有利于民族平等原则的实现。

——中共中央统战部：《民族问题文献汇编》，北京：中共中央党校出版社，1991年，第10页

教师设问：根据材料九及所学知识，分析我国为什么不能实行联邦制。（参考答案：在中国历史上中央集权具有深厚的历史传统；少数民族占总人口比例小，并呈现大分散小聚居的民族分布状态；近代中国民族关系与苏联等国存在差异。）

教师引导学生分析：不实行联邦制是由中国的历史传统，以及当时中国的社会条件、阶级状况等因素决定的。

材料十 1949年9月7日，周恩来向政协代表作题为《关于人民政协的几个问题》的报告指出："这里主要的问题在于民族政策是以自治为目标，还是超过自治的范围。我们主张民族自治，但是今天帝国主义者还想分裂我们的西藏、台湾甚至新疆，在这个情况下，我们希望各民族不要听帝国主义者的挑拨。为了这一点，我们国家的名称，叫中华人民共和国，而不叫联邦。我们虽然不是联邦，但却主张民族区域自治，行使民族自治的权力……1949年9月29日，政协会议通过了《中国人民政治协商会议共同纲领》。《共同纲领》对如何解决中国的民族问题作出了具有历史意义的决定，即中华人民共和国的国家结构形式是以民族区域自治为补充形式的单一制的人民共和国。它是"各民族友爱合作的大家庭"。

——谢春涛主编：《中国共产党读本》，http://dangshi.people.com.cn/n/2014/0915/c85037-25664177-4.html，2014-09-15

教师设问： 根据材料十并结合所学知识，指出我国选择单一制国家结构的直接目的，并分析这一国家结构建立的作用。（参考答案：目的：防止国家分裂；保证民族平等。作用：扩大了新政权的社会基础，保证了中国共产党对于国家的强有力领导；有利于社会各阶级、各阶层广泛地参与政治，有利于社会政治稳定；为统一多民族国家的发展和繁荣提供制度保障。）

（过渡） 通过上面的分析，我们知道民族区域自治制度是对历史上民族治理理念的继承，是马克思主义民族观在革命时代实践的产物，是不同民族地区具体情况的体现。新中国推行这一制度，既遵循历史，又有创新。

（二）回顾制度之路——民族区域自治制度实施的历程

1. 新中国的民族区域自治制度的建立

（1）民族制度的有序推进

材料十一　1952 年 8 月中央人民政府正式颁布的《中华人民共和国民族区域自治实施纲要》："各民族自治区同为中华人民共和国领土的不可分离的一部分。各民族自治区的自治机关为中央人民政府领导下的一级地方政权，并受上级人民政府的领导。"

1954 年《中华人民共和国宪法》将民族区域自治确立为一项基本国策和基本政治制度。

——郑彦卿、陈卫鹏：《改革开放以来宁夏回族自治区民族区域自治制度的成就与经验》，载《当代中国研究所第三届国史学术年会论文集》，2003 - 09 - 01

教师设问： 根据材料十一并结合所学知识，指出民族区域自治制度的具体含义及法律地位。（参考答案：含义：在国家统一领导下，在少数民族聚居地设立自治机关，接受中央领导，行使自治权的制度。地位：是国家的基本国策和基本政治制度。）

教师讲述： 新中国成立初，全国范围内的解放战争还没结束，宁夏地区还有大量国民党残余势力，需要继续进行军事斗争。解放后的宁夏地区工作重点一是土地改革和民主改革，肃清封建剥削势力；二是大力宣传和落实民族政策，改善旧的民族关系，维护民族团结。因此，国家对民族地区的工作采取了慎重稳进的方针。经过一段时间的努力，各回族聚居区经济社会发展迅速，回族群众的宗教信仰、风俗习惯等也得到了相应保护，建立省级自治区的条件逐渐成熟。

材料十二　1954 年 10 月，国家民委向中共中央提出《关于拟在西北回族聚居区建立回族自治区的请示报告》。中央指示有关方面认真酝酿与研究调研，在当地组织各界人士充分讨论，尤其积极征求少数民族群众的意见与建议。

1958 年 6 月 3 日，中共中央批准成立宁夏回族自治区筹备委员会，下设办公厅、民政处、经济计划委员会、宗教事务处等工作机构。

1958 年 10 月 24 日，宁夏回族自治区第一届人民代表大会第一次会议在银川市隆重开幕。应出席会议的代表共 208 人，其中回族 89 名，占代表总数的 42.79%。10 月 25 日，宁夏回族自治区正式宣告成立。

——中国青年网：《宁夏回族自治区是怎么成立的?》，https://baijiahao.baidu.com/s?id=1612007897337095887，2018 - 09 - 19

教师设问： 根据材料十二并结合所学知识，概括宁夏自治区筹建工作的特点。（参考答案：前期充分讨论调研，体现民族民主协商精神；自治区机构设置全面，充分考虑到少数民族地区政治、经济、文化等全面协调发展的需求；自治区实行人民代表大会制度，回族代表占比高，充分体现少数民族当家作主的原则。）

教师讲述：我国民族区域自治制度最重要的特点是各民族自治地方都是中国不可分离的一部分，各民族自治机关都是中央政府领导下的一级地方政权，都必须服从中央统一领导。截至2003年底，中国在相当于乡的少数民族聚居的地方共建立了1173个民族乡。

(设计意图)通过了解宁夏民族自治区的建立过程，引导学生理解民族区域自治制度这一概念的基本内涵，认识到中国共产党推行民族政策时慎重稳进、实事求是的工作作风。本环节素养指向：史料实证素养水平1——能够从所获得的材料中提取有关的信息。

(2) 民族原则的日益成熟：民族平等、民族团结、各民族共同繁荣

表二　宁夏少数民族干部逐年增长统计表

项目 \ 数量 \ 时间	1950年	1951年	1952年	1953年	1954年
干部数量	7986	10326	11868	15693	16261
干部逐年增长率		120.3%	148.6%	196.5%	203.6%
少数民族干部数量	627	1091	2294	2354	2407
少数民族干部增长率	7.9%	10.6%	19.3%	15%	15.8%

——王巍：《中共少数民族干部问题研究——以建国前后宁夏为例》，上海社会科学院硕士学位论文，2016年，第33页

教师设问：根据表二并结合所学知识，解读《宁夏少数民族干部逐年增长统计表》蕴含的历史信息。（参考答案：1950年到1954年，宁夏干部总量迅速扩大，其中少数民族干部数量也在不断增加。因为社会主义改造和建设需要大量干部，尤其是少数民族干部；新中国成立后国家加大对少数民族干部的培养与任用力度；少数民族对新中国的认同增强。）

材料十三　案例：解决清真寺存粮问题

1953年11月12日，据惠农县县委报，该县回民清真寺有大量存粮，尤其以黄渠桥和石嘴山寺为最多，根据中央统购统销精神提请动员收购。清真寺存粮由回民群众供给，用于供养阿訇、满拉等宗教人员；也用于开斋节等宗教节日庆典及寺上修补等开销。粮食保管由清真寺的学董、方老掌握。最后征询了回民群众的意见，干部们形成四点意见：第一，一般不把清真寺作为收购粮食的主要对象；第二，充分宣传粮食收购政策；第三，群众自愿卖给国家，可以收购，过程中不能采取变相强迫收购的方法。要收购清真寺的粮食，必须县委批准派得力干部，不能推给区乡干部；第四，为减少阻力，多召开阿訇、教长座谈会，进行宣传教育。

——王巍：《中共少数民族干部问题研究——以建国前后宁夏为例》，上海社会科学院硕士学位论文，2016年，第38—39页

教师设问：根据材料十三并结合所学知识，指出"清真寺存粮问题"解决过程中，少数民

族干部开展工作的优势和作用是什么。请举例说明。(参考答案:优势:熟悉少数民族风俗习惯,善于处理民族问题。作用:少数民族干部作为代表参与本民族事务管理,是民族平等在政治上的重要体现;少数民族干部在政府与地方民族群众之间中起到了桥梁作用。)

材料十四 1996年5月,福建与宁夏建立扶贫协作对口帮扶关系。在22年间,十批干部援宁。据统计,目前仅福建省第十批援宁工作队就已实施特色产业帮扶项目97个,带动贫困人口脱贫4321人。借助闽宁协作的巨大推力,不少福建企业进驻到宁夏闽宁镇,不仅创造出大量就业岗位,更带动了当地葡萄种植、光伏农业、肉牛养殖等几大产业。22年间,福建省参与对口帮扶的市县区不断创新帮扶举措,先后投入财政援助资金16.2亿元,帮助宁夏盐池、海原、彭阳等十个对口帮扶县区,兴建了一批基础设施和社会事业项目,培育壮大了种养殖、电子商务、食品加工、服装制造等一批区域特色产业。

——搜狐网:《接力22年,这些福建人的"宁夏"故事》,https://www.sohu.com/a/250989999_351232,2018-08-30

教师设问: 根据材料十四并结合所学知识,归纳福建援助宁夏的具体措施,分析国家倡导东西部对口帮扶的意义。(参考答案:措施:派出干部对口帮扶;投入财政资金;引进福建企业,创造就业岗位;因地制宜发展宁夏特色产业;经济援助与社会事业发展同步进行。意义:有利于民族区域自治制度的落实,维护国家的安定团结;有利于实现各族人民共同繁荣。)

(设计意图) 通过两个具体案例,帮助学生理解民族区域自治制度的原则是如何落实的。本环节指向:历史解释素养水平2——能够选择、组织和运用相关材料并使用相关历史术语,对个别或系列史事提出自己的解释;能够尝试从历史的角度解释现实问题。

(过渡) 少数民族干部的培养与任用,既是民族平等,民族团结的重要体现,也是充分调动少数民族群众参与社会主义建设的重要方式。通过干部的引领作用和上传下达的桥梁作用,落实党和国家建设与发展的大政方针。通过对民族地区的大力支持,加快少数民族地区的发展,最终实现各民族共同富裕。

2. 新时期民族区域自治制度的发展与完善

(1) 理论的丰富

教师讲述: 在改革开放新时期,党和国家提出了"三个离不开"——汉族离不开少数民族,少数民族离不开汉族,各少数民族之间也互相离不开;"两个共同"——共同团结奋斗,共同繁荣发展;"五个认同"——对伟大祖国、中华民族、中华文化、中国共产党、中国特色社会主义的认同等思想,进一步丰富和发展了民族区域自治理论。

(2) 法制上的保障

材料十五 1984年5月,第六届全国人民代表大会第二次会议通过了《中华人民共和国民族区域自治法》,并于2001年2月进行了修改。2005年5月,国务院第八十九次常务会议通过了《国务院实施〈中华人民共和国民族区域自治法〉若干规定》。

在60余年中宁夏先后制定颁布了《宁夏回族自治区政府关于尊重少数民族风俗习惯的规定》《宁夏回族自治区民族教育条例》《宁夏回族自治区清真食品管理条例》等160余件地方法规、条例和自治政策,逐渐形成了与《民族区域自治法》相配套的法律体系。

——杨忠国:《新时期完善和发展民族区域自治制度——以宁夏回族自治区为例》,中

央民族大学博士学位论文,2010年,第30—68页

教师设问:请根据材料十五并结合所学知识,归纳宁夏自治区法律体系制定的特点,指出立法手段在促进民族区域自治制度不断完善中的积极意义。(参考答案:特点:服从中央与地方自治相结合;涉及领域广、数量多、体系完备;充分体现"因俗而治"的理念。积极意义:从国家和地方层面加强法制建设,使民族平等、民族团结等原则有法可依;以法律形式保障了少数民族的平等权利和自治权利;地方法律条例充分体现"因俗而治",调动地方民族群众生产与建设的积极性。)

(设计意图)本子目从理论与法制角度来说明民族区域自治制度的发展和完善,帮助学生更加全面地理解制度的生命力在于与时俱进。指向:史料实证素养水平3——能够利用不同类型史料,对所探究的问题进行互证,形成对该问题更全面、丰富的解释。

(过渡)民族区域自治制度是我国一项重要政治制度,是中国特色社会主义政治制度的重要组成部分。60余年来的发展,中国民族区域自治制度与时俱进,取得举世瞩目的成就。

(三) 展望制度之花——民族区域自治制度下的辉煌成就

材料十六 播放剪辑微视频《黄河两岸是我家——记宁夏扶贫扬黄灌溉工程》。

扶贫扬黄一期工程是上世纪九十年代立项的国家重点项目,是宁夏有史以来最大的水利扶贫项目和国内最大的以扶贫为宗旨的移民项目。该项目总投资36.69亿元,开发土地80万亩,搬迁安置移民40万人,取得了广泛的效益:(1)国内生产总值5.32亿元,人均粮食和移民人均纯收入分别比迁出前增长5倍和3倍。(2)已开发区域林草覆盖率达到27%,新的人工生态绿洲逐步取代半荒漠生态系统,区域内环境气候得到明显改善。(3)项目区内教育、卫生、饮水等基础设施不断完善,各种服务网络不断健全。移民群众发展生产、建设家园的积极性日益高涨。

——宁夏水利工程建设管理局:《惠及贫困地区的富民工程——宁夏扶贫扬黄灌溉工程巡礼》,载《宁夏画报》,2006年第3期

教师设问:根据材料十六并结合所学知识,指出扬黄灌溉工程主要解决怎样的现实问题。(参考答案:促进当地经济发展;改善山区人民群众生产、生活条件;解决农村贫困人口温饱问题,脱贫致富奔小康;改善干旱荒漠地区生态环境建设与保护。)

教师引导学生分析:兴建宁夏扶贫扬黄工程,体现了共同繁荣的社会主义目标,是社会主义制度优越性的体现;也是民族区域自治制度实施的重要成果;有利于改善宁夏南部山区贫困群众生产生活环境,对推动宁夏中部干旱带生态环境建设和全区经济全面、协调、持续发展都具有积极的促进作用;有利于改善民族关系,加强民族团结,维护民族地区的团结稳定;不仅为我国西部干旱荒漠地区生态环境建设与保护提供了丰富的实践经验,还将对全国范围内的扶贫开发工作产生广泛而深远的影响。

(设计意图)通过短视频,让学生更加形象地感知到民族区域自治的成就,进一步理解民族政策对于国家统一、社会发展的重要作用。本环节指向:家国情怀素养水平3、4——能够把握中华民族多元一体的发展趋势,形成正确的世界观、人生观、价值观和历史观;能够将历史学习所得与家乡、民族和国家的发展繁荣结合起来,立志为新时代中国特色社会主义建设、中华民族伟大复兴作出自己的贡献。

(过渡)民族区域自治制度的实施为宁夏的发展提供了制度支撑。在今天,国际形势纷繁复杂的背景下,加强民族团结,推进民族工作,有着更重要的现实意义。

材料十七

图 1　内蒙古首批疾病预防控制队驰援湖北

图 2　宁夏筹集 550 余吨农产品赴湖北

图 3　五个民族组成的援鄂医疗队

教师设问:请根据材料十七并结合教材第 77 页第一段内容,谈谈你对“各民族要像石榴籽一样紧紧抱在一起”的理解。(参考答案:言之有理即可,可围绕民族团结、民族平等、各民族共同繁荣等民族治理的理念来谈,也可以谈日常生活中的所见所闻。)

【课堂小结】

教师引导学生小结:民族区域自治制度是我国的基本政治制度,是我国的基本国策,更是长远之策。民族平等、民族团结、各民族共同繁荣是我们始终坚持不渝的原则。新时代的民族工作也被赋予了新的历史使命,要注重把握和适应时代发展趋势,使我国的国家治理能力不断与时俱进,努力创造各民族共居、共学、共事、共乐的社会条件,让各族人民在中华民族大家庭中手足相亲,守望相助,实现中华民族伟大复兴,同心共筑中国梦。

教学设计 2

四川省成都市盐道街中学　董亚伟

一、教材分析

本课是统编教材《国家制度与社会治理》第四单元的第 3 课,包含“民族区域自治制度的建立”“民族区域自治制度的发展”“中共十八大以来民族区域自治制度的完善”三个子目的内容。教材主要讲述了我国实行民族区域自治制度的背景、演进历程及重大历史意义。

《普通高中历史课程标准(2017 年版 2020 年修订)》对本课的要求是:了解当代中国民族区域自治制度的历史意义。由于本课涉及当代中国的基本政治制度,其主要任务不仅仅要让学生了解民族区域自治制度的重大历史意义,还要帮助学生认识新中国成立后选择实行民族区域自治制度的历史背景，及其建立、发展、完善的过程，理解中国共产党依法、民主、平等处理国内民族问题的智慧，增强学生维护国家统一和民族团结的意识，培养学生的历史思维能力和家国情怀。

由于本课教学内容时间跨度大，知识点多，教学过程中应进行适当取舍。要注意对比分析古今中外处理民族问题选择的不同制度，彰显社会主义民主政治的特色和制度优势，增强学生对中国特色社会主义制度的自信和认同，从而培养学生的家国情怀素养。以民族区域自治的发展历程为基本线索，通过组织史料探究和引导分析，帮助学生结合现实生活中的体会，构建民族区域自治制度的完整概念体系，筑牢中华民族共同体意识。本课的内在知识逻辑如下：

表一　本课知识框架

第一部分	符合国情的制度	从“联邦制”到民族区域自治制度
第二部分	与时俱进的制度	民族区域自治制度的法制化进程及其发展完善
第三部分	成就显著的制度	民族区域自治制度的重要意义

二、学情分析

学生经过初中阶段的历史学习，对新中国成立后实行的民族区域自治制度有一定的了解，但对于实行民族区域自治制度的历史背景、制度发展完善的进程和民族区域自治制度的特色、优越性缺乏深入了解。进入高中阶段后，学生在历史必修课程和政治课程中已经学习过这方面的知识，教学时要注重融合政治学科的相关知识，补充生动的历史史料，建构灵动的历史学习情境，使课堂充满历史味。同时，引导学生运用唯物史观分析和解决历史问题，提升历史思维品质，进而培养历史学科核心素养。

三、教学目标

1. 了解当代中国实行民族区域自治制度的历史背景，理解实行这一制度的必要性和重要性，提升史料实证意识和历史解释素养。

2. 了解新中国成立后民族区域自治制度建立与逐步完善的进程，理解民族区域自治制度的内涵和优越性，认识其对实现中华民族伟大复兴的重大历史意义。

3. 了解当代中国治理民族地区的基本方式与理念，感悟新中国解决民族问题的创新性，增进对中国特色社会主义制度的理解，增强中华民族共同体意识，涵育公民素养。

四、教学重难点

重点：了解新中国成立后民族区域自治制度的建立、发展与完善历程。

难点：探究当代中国实行民族区域自治制度的历史背景；理解民族区域自治制度的优越性及其体现的中国智慧。

五、教学过程

【导入新课】

1939 年，正值中国抗战艰难时期，顾颉刚发表了《中华民族是一个》一文，随即在学术界引发了一场关于中华民族"一"与"多"的大论辩。刚从英国学成归来的费孝通从人类学的角度质疑顾氏的"民族观"，认为中国境内存在多个"民族"，提出中华民族是"多元"的理论观点。

材料一　凡是中国人都是中华民族——在中华民族之内我们绝不该再析出什么民族——在今以后大家应当留神使用这"民族"二字。

——顾颉刚：《中华民族是一个》，载《益世报·边疆周刊》，1939 年第 9 期

材料二　在普通政治学教本上就很明白的说明：在一个政府统治之下的一辈人民所引成的一个政治团体是 State，通常译作国家。Nation 和 State 相对立，指语言，文化，及体质（血统）上相同的一辈人民。Nation 通常译作民族。

——费孝通：《关于民族问题的讨论》，载《益世报·边疆周刊》，1939 年第 19 期

教师设问：关于这场学术争论，你赞成谁的观点？并说明理由。（参考答案：开放性问题，赞成任一观点均可。赞成顾颉刚观点的理由：自古以来，中国是一个大一统国家，境内各族人民相互交融，认同中华民族；在抗战艰难时期，顾氏观点有利于抗战救亡。赞成费孝通观点的理由：中国是一个统一多民族国家，境内存在很多文化习俗各异的少数民族等。）

教师讲述：这场学术争论，虽然观点有异，却分别从现实和学理的角度丰富了中华民族的内涵。半个世纪后，费孝通先生提出了"中华民族多元一体格局"的理论。1993 年，费孝通在顾先生百岁纪念会上对那场论战进行了解释："后来我明白了顾先生是基于爱国热情……他的政治立场我是完全拥护的……所以我没有再写文章辩论下去。"①

（设计意图）组织学生围绕 1939 年的学术争论展开讨论，调动其参与学习的积极性，活跃课堂气氛。通过教师讲述 1993 年费孝通先生在顾颉刚先生百岁纪念会上对那场论战的解释，激发学生的爱国热情，增强认同感和归属感，从而开启本课的教学。本环节指向的是：(1)历史解释素养水平 3——能够分辨不同的历史解释；尝试从来源、性质和目的等多方面，说明导致这些不同解释的原因并加以评析；(2)家国情怀素养水平 3、4——能够把握中华民族多元一体的发展趋势，以及世界历史发展的进步历程，形成正确的世界观、人生观、价值观和历史观。

（过渡）我国是一个统一多民族国家，幅员辽阔，历史悠久，文化灿烂。在 56 个民族中，少数民族虽然人口占比较少，但分布地域广阔，资源丰富，文化多样。如何解决民族问题，选

---

① 费孝通：《顾颉刚先生百年祭》，转引自马戎：《如何认识"民族"和"中华民族"——回顾 1939 年关于"中华民族是一个"的讨论》，载《中南民族大学学报(人文社会科学版)》，2012 年第 5 期。

择什么样的制度来治理我国的少数民族地区，维护国家安全与统一，促进各民族团结与进步，对中国共产党而言是一项重大课题。

【学习新课】

（一）符合国情的制度——实行民族区域自治制度的背景

教师讲述：我国的民族政策是马克思列宁主义与中国实际逐步结合的产物。1922 年，因受苏俄影响，中共二大主张以联邦制为主处理和解决中国民族问题。抗日战争胜利后，中国国内外形势发生重大变化，“联邦制”逐渐退出历史舞台。1949 年中国人民政治协商会议通过《中国人民政治协商会议共同纲领》，我国的民族政策转变为民族区域自治制度。中国共产党为什么最终选择了民族区域自治制度？

材料三　中国历代中央政权，大都对少数民族地区采取了“因俗而治”的政策，即在实现政治统一的前提下，保持民族地区原有的社会制度和文化形态。汉朝在今中国新疆地区设立的西域都护府，唐朝在这一地区设立的安西和北庭两大都护府，都只管理军政要务。清朝中央政权针对不同民族地区的特点采取了不同的治理措施：蒙古族地区实行盟旗制度；对西藏则派驻藏大臣，通过册封达赖和班禅两大活佛实行政教合一制度；在新疆维吾尔族最集中的地区实行伯克制度；对南方一些少数民族地区则实行土司制度。

——中华人民共和国国务院新闻办公室：《〈中国的民族区域自治〉白皮书》，http://www.gov.cn/zhengce/2005-09/13/content_2615742.html，2005－05－27

教师设问：根据材料三并结合所学知识回答：中国古代王朝的民族政策有何特点，如何评价其作用？（参考答案：特点：因地制宜，实行不同程度的自治；“因俗而治”，尊重民族差异；追求天下统一，维护统治秩序；“怀柔羁縻”，带有民族压迫、民族歧视色彩等。作用：有利于统一的多民族国家长期存在、不断发展；有利于各民族之间的交流融合，不断增进各民族对中央政权的向心力和认同感；有利于保持边疆地区的和平；不可避免地存在民族歧视和民族压迫现象，甚至民族间的冲突和战争等。）

材料四　近代以来，中西方的世界观念发生了激烈碰撞。在中国看来，世界是以华夏地区为中心的“天下”，而在西方看来，世界应该是由“民族国家”组成的集合体……辛亥革命爆发后，西藏发生了大规模的“驱汉运动”；外蒙古直接宣布脱离中国而独立。蒙古与西藏 1913 年签署的《蒙藏协定》上称：“蒙古西藏均已脱离满清之羁绊，与中国分离，自成两国，因两国信仰同一宗教，而欲增进古来互亲互爱之关系。”

——杜宴林、才圣：《民族区域自治制度的源与流：知识谱系的考察》，载《法制与社会发展》，2013 年第 4 期

教师设问：近代以来，西方世界观的传入对中国产生了怎样的影响？（参考答案：中国传统的“天下观”“大一统”观念受到冲击；民族国家观念的传入有利于中华民族反对外来侵略，实现民族独立；受“民族自决”观念的影响，边疆少数民族地区的离心力增强，民族分裂活动频发。）

材料五　苏联少数民族人口与俄罗斯民族人口大体相当，并且多有完整的聚居区……俄罗斯形成多民族国家的历史比较短。沙皇俄国是民族的牢狱。1917 年俄国二月革命的

结果，政权落在资产阶级手中，在边疆民族地区也建立了资产阶级政府，他们反对十月社会主义革命，纷纷宣布脱离俄罗斯而独立。经过内战，大多数宣布独立的民族地区建立了苏维埃政权。为了把这些已经分离的苏维埃国家重新统一起来，不得不实行联邦制。

——黄铸：《李维汉同志思想发展的飞跃和对中国民族问题理论与实践的贡献——纪念李维汉同志诞辰100周年》，载《民族研究》，1996年第4期

教师设问： 根据材料五并结合所学知识，分析总结中苏国情的不同之处。（参考答案：中国汉族人口多，苏联少数民族人口占比大；中国形成"大杂居，小聚居"局面，苏联各民族多有完整聚居区；中国历代中原王朝大都实行民族融合政策，近代各民族平等联合进行革命，而沙俄实行民族压迫政策，俄国国内战争后，大多数民族地区已成为独立国家。）

材料六　1840年鸦片战争之后的110年间，中国屡遭帝国主义侵略、欺凌，中国各族人民陷入被压迫、被奴役境地……抗日战争（1937—1945年）时期，中国各民族进一步联合起来，同仇敌忾，抗击侵略，保家卫国。回民支队、内蒙古抗日游击队等许多以少数民族为主的抗日力量，为夺取反法西斯战争胜利谱写了可歌可泣的历史篇章。中国各民族在反对帝国主义侵略的同时，针对极少数民族分裂分子在帝国主义势力的扶持下，策划、制造"西藏独立""东突厥斯坦"、伪"满洲国"等分裂行径，进行了坚决的斗争。

——中华人民共和国国务院新闻办公室：《〈中国的民族区域自治〉白皮书》，http://www.gov.cn/zhengce/2005-09/13/content_2615742.html，2005-05-27

教师设问： 近代中国各族人民在反侵略的斗争中形成了怎样的认识？（参考答案：只有不断加强民族团结，才能抵制分裂势力，维护国家安全和统一；实现各民族平等和共同发展的前提是国家主权统一和领土完整；中国共产党是带领各族人民赢得反侵略斗争胜利、实现民族独立和国家富强的重要力量。）

教师讲述： 抗战期间，中国共产党在领导全国各族人民抗击日本侵略的过程中与时俱进地调整了民族政策，在陕甘宁边区探索并实行民族区域自治。日本投降后，中国共产党领导了内蒙古自治运动，为民族区域自治制度的实施积累了宝贵的实践经验。

材料七　1945年10月，中共中央明确提出对内蒙的基本方针是"实行民族区域自治"……1946年春，先后建立起各盟分会和各旗支会，同时以民主选举的形式改组和重建了各盟旗政府。4月3日，内蒙古自治运动统一会议召开，确定了内蒙古民族解放运动在中国共产党的领导下实行平等自治的方针，党对东蒙地区民族自治运动的领导地位开始确立。1947年4月23日，内蒙古人民代表大会隆重开幕，大会讨论了内蒙古自治政府施政纲领、暂行组织大纲，选出了临时参议会，并经临时参议会选出了内蒙古自治政府委员会，组成了内蒙古自治政府。

——白云：《试论抗战胜利后中国共产党领导的内蒙古自治运动》，载《内蒙古大学学报（人文社会科学版）》，1997年第3期

教师设问： 中共领导的内蒙古自治运动为新中国成立后民族自治区的建立提供了哪些具体实践经验？（参考答案：坚持中国共产党的领导；建立民主机构；组建民主政府；组织民主选举；确保人民当家作主。）

教师讲述： 新中国成立前夕，中共领导人依据本国民族问题的实际，在总结古今中外解决民族问题的历史经验的基础上，经过新民主主义革命时期的不断实践检验，最终在听取少

数民族人士的意见后决定在中国实行民族区域自治制度。这是各民族共同革命发展的必然结果，是各族人民的共同选择。

(设计意图)通过引导学生分析中苏不同的历史与国情、近代以来中国边疆民族地区面临的现实形势，来理解中国实行民族区域自治制度的适宜性与迫切性。通过呈现新民主主义革命时期中共建立内蒙古自治区的过程，帮助学生理解新中国成立初期选择民族区域自治制度基于一定的实践基础。本环节指向的是：(1)唯物史观素养水平3、4——能够将唯物史观运用于历史学习、探究中，并将其作为认识和解决现实问题的指导思想；(2)史料实证素养水平4——在对历史和现实问题进行独立探究的过程中，能够恰当地运用史料对所探究问题进行论述；(3)家国情怀素养水平1、2、3、4——能够具有对家乡、民族、国家的认同感，理解并认同社会主义核心价值观和中华优秀传统文化，具有对祖国和人民的深情大爱；能够表现出对历史的反思，从历史中汲取经验教训，更全面、客观地认识历史和现实社会问题。

(过渡)新中国成立后，民族区域自治制度是怎样确立的，又是如何发展完善的？

(二) 与时俱进的制度——民族区域自治制度的发展历程

1. 民族区域自治制度的建立

教师讲述：据中央统战部多位领导人员回忆，1949年9月，围绕是否继续仿效苏联采取联邦制的问题，新政协筹备小组曾展开了激烈讨论。中共中央和毛泽东采纳了李维汉的建议，实行民族区域自治制度。李维汉认为我国国情与苏联不同，不宜实行联邦制，这对探索解决国内民族问题作出了不可磨灭的理论贡献。为了推进民族区域自治的落实，李维汉在广泛听取各方意见的基础上提出了许多建设性的方案，并亲自参与一些自治区的筹建工作。

材料八　新中国成立后，李维汉担任中共中央统战部部长兼中央民族事务委员会主任委员，主管统战工作和民族工作。1951年，他主持起草了《民族区域自治实施纲要》，经中央人民政府批准，由国家主席毛泽东明令颁布实施。自治地方建立之初，汉族包办代替现象比较严重，以致有人说自治机关是“少数民族当家，汉族作主”……1950年11月，他亲自起草了《培养少数民族干部试行方案》和《筹办中央民族学院试行方案》，提出了“普遍而大量地培养少数民族干部”的方针和“培养普通政治干部为主，迫切需要的专业与技术干部为辅”的原则。1950年3月，他提出：少数民族“内部制度的改革，必须采取慎重稳进的方针”。1953年，他提出在部分情况特殊的民族地区采用和平改革的方针，此后，一些地区开始试行。

——莫岳云：《李维汉对解决中国民族问题道路的探索——纪念李维汉诞辰100周年》，载《民族研究》，1996年第3期

材料九　1956年广西成立自治区时，一部分人主张在经济文化落后的壮族聚居的桂西山区建立自治区，满足广大壮族人民政治上当家作主的要求，桂东主要是汉族聚居区，历史上经济文化比较发达，仍然保留广西省的建制。为帮助选择最佳方案，李维汉亲临广西进行调查研究，对广西的历史经济与民族发展进行了细致的分析。指出“合的方案好处更多……”广西各族各界人士经充分的协商，采纳了李维汉的建议，选择了合的方案。

——买文兰：《李维汉与中国民族区域自治制度的建立》，载《河南师范大学学报(哲学社会科学版)》，1997年第3期

教师设问：李维汉对民族区域自治制度的创建落实有着怎样的贡献？(参考答案：推动

了马克思主义民族理论的中国化，对解决中国民族问题有着重大理论贡献；主持制定了《民族区域自治实施纲要》，为民族区域自治制度的实行提供了政策保障；主张特殊民族地区"和平改革"，为少数民族找到了一条和平过渡到社会主义的道路；主张协商民主，有利于民族团结和平等；培养了大批少数民族干部，为少数民族当家作主提供了保障；指导并参与了一些民族自治区的建立。）

教师追问：你认为广西壮族自治区实行"合的方案"有什么样的好处？（参考答案：一方面满足了少数民族当家作主的愿望，促进了民族平等与团结；另一方面经济相对先进的桂东地区可以带动壮族为主的桂西地区的发展，促进广西各民族间的经济文化交流。）

教师讲述：作为和平解放西藏"十七条协议"签订的首席代表，李维汉对推动西藏自治区的建立也发挥了重要作用。

材料十　1951 年，中央人民政府和西藏地方政府签订"十七条协议"，西藏实现和平解放……1959 年 9 月，西藏自治区筹委会先后作出《关于废除封建农奴主土地所有制，实行农民土地所有制的决议》《西藏地区减租减息实施细则》《关于西藏地区土地改革的实施办法》等重大决议部署，把百万农奴和奴隶从封建农奴制度枷锁中解放出来，从而获得人身自由和宗教信仰自由，获得现代意义上宪法和法律所赋予的基本公民权利。1965 年 9 月 1 日，西藏自治区第一届人民代表大会第一次会议在拉萨召开，宣告西藏自治区成立。

——余志坤：《伟大而深刻的社会变革——纪念西藏民主改革 60 周年》，载《中国人大》，2019 年第 11 期

材料十一　江孜县的选民把选民证称为"当家作主证"，严肃认真地参加选民资格审查和人民代表的选举工作。阿里地区参加投票的人占选民总数 93%以上。昌都小日通乡的选民 100%投了票。堆龙德庆县古荣乡的翻身女农奴仁增拉姆参加选举时说："过去我是一头衰老的毛驴，终年驮着沉重的驮子，连说话的权利都没有。在共产党领导下，我真正成了主人了！"

——颜园园、逯寒青等：《民族区域自治是西藏走向繁荣稳定的根本保证——西藏民族区域自治制度实施纪实》，http://www.gov.cn/jrzg/2008-04/02/content_934920.html，2008-04-02

教师设问：西藏自治区成立的两大政治前提是什么？西藏自治区的成立有何意义？（参考答案：前提：西藏和平解放；西藏民主改革。意义：实现了西藏政治体制由落后的农奴制到社会主义民主政制的历史性变革；实现了广大农奴翻身做主人，保障了他们的人权和选举权，对世界人权事业的发展作出了重要贡献；调动了西藏人民的生产积极性，促进了西藏地区经济文化的发展；西藏传统文化得到继承和发展；确保了西藏地区的稳定，维护了国家统一与安全。）

教师追问：结合广西壮族自治区和西藏自治区的建立，分析民族区域自治制度的内涵。（参考答案：在少数民族聚居的地方实行民族区域自治；在坚持国家统一、中央领导的前提下实行民族区域自治；聚居的少数民族行使当家作主的权利；自治机关依法行使自治权力，并得到充分保障；民族自治与区域自治相结合，帮助各少数民族发展政治、经济和文化的建设事业。）

(设计意图)通过探究新中国成立初期李维汉在民族工作中所取得的卓越贡献，帮助学

生认知民族区域自治制度的内涵及建立过程。本环节指向的是：(1)唯物史观素养水平 3、4——能够将唯物史观运用于历史学习、探究中，并将其作为认识和解决现实问题的指导思想；(2)史料实证素养水平 4——在对历史和现实问题进行独立探究的过程中，能够恰当地运用史料对所探究问题进行论述；(3)家国情怀素养水平 1、2、3、4——能够具有对家乡、民族、国家的认同感，理解并认同社会主义核心价值观和中华优秀传统文化，具有对祖国和人民的深情大爱；能够表现出对历史的反思，从历史中汲取经验教训，更全面、客观地认识历史和现实社会问题。

2. 民族区域自治制度的发展完善

教师讲述：20 世纪 80 年代，社会主义建设进入了改革开放新时期，在此背景下民族区域自治制度也得到新发展。1984 年，国家颁布实施了《中华人民共和国民族区域自治法》，将民族区域自治制度确立为国家的一项基本政治制度。这是中国第一部关于民族区域自治的专门法律。中共十八大以来，以习近平同志为核心的党中央在事关民族工作全局和长远的重大问题上，提出了一系列新理念、新思想、新战略，作出了全面部署，民族区域自治制度在坚持中不断走向完善。

材料十二　2017 年 10 月 18 日，中共十九大《工作报告》把全体中国人作为一个整体表述为“民族”的地方共有 73 处。另有“中国人民”的表述 14 次，在报告中涉及国内族群差异性的整体表述如“全国各族人民”有 10 次，涉及 56 个民族层次的“民族”……2018 年《宪法》修订案两次提到“中华民族”，“中华民族”正式“入宪”。

——马戎：《中国民族区域自治制度的历史演变轨迹》，载《中央社会主义学院学报》，2019 年第 3 期

材料十三　在几千年历史长河中，中国人民始终团结一心、同舟共济，建立了统一的多民族国家，发展了 56 个民族多元一体、交织交融的融洽民族关系，形成了守望相助的中华民族大家庭。

——习近平：《在第十三届全国人民代表大会第一次会议上的讲话》，载《中华人民共和国全国人民代表大会常务委员会公报》，2018 年第 2 期

教师设问：十九大以来为什么突出强调“中华民族”和“中华民族大家庭”？（参考答案：民族间的交流交往密切，经济差距逐渐缩小；各族人民对伟大祖国、中华民族、中华文化、中国共产党和中国特色社会主义的认同感增强；国家安全形势日益复杂；民族区域自治与国家整体利益相关联，已纳入国家治理体系统筹考虑。）

教师讲述：进入 21 世纪以来，随着中国综合国力的增强，少数民族地区也从落后状态迈进了社会经济全面发展的快车道，民族区域自治制度在实践过程中面临着更加复杂的意识形态影响，遇到了一些新情况、新问题。民族区域自治制度从国家重要政治制度上升为一项基本政治制度。中共十八大以来，提出全面深化改革的总目标，特别重视民族问题的社会治理和国家治理的相结合。在强调“民族区域自治”“民族平等”和“共同繁荣”的基础上，将“中华民族”入宪，以筑牢中华民族共同体意识，同时强调各民族间的文化交流、相互尊重和包容，在共享改革开放红利的过程中，增强各族人民对伟大祖国、中华民族、中华文化、中国共产党和中国特色社会主义的认同，促进各民族共同繁荣发展。

(设计意图)本问重点考查学生通过阅读材料和教材文本，归纳概括习近平新时代民族

区域自治制度的新内涵。本问题指向的是：(1)时空观念素养水平 3——能够把握相关史事的时间、空间联系，并用特定的时间和空间术语对较长时段的史事加以概况和说明；(2)史料实证素养水平 4——能够在辨别史料作者意图的基础上利用史料。

(过渡)民族区域自治制度具有强大的生命力，体现了社会主义制度的巨大优越性。它在新疆地区的成功实践证明了这一点。

(三) 成就显著的制度——民族区域自治制度的重要意义

材料十四　新疆经济总量从 1952 年的 7.91 亿元，增长到 2018 年的 1.2 万亿元……人均生产总值从 1952 年的 166 元，增长到 2018 年的 4.9 万元……新疆的少数民族干部由 1950 年的约 3000 人增加到 2018 年的 42.8 万人，占全区干部总数的 50.3%。其中，少数民族女性干部有 23.3 万人，占新疆女性干部总数的 51.8%……2014 年至 2018 年，新疆累计实现了 231.47 万贫困人口脱贫、2131 个贫困村退出、13 个贫困县摘帽，贫困发生率已由 2013 年底的 19.4%下降至 6.1%。

——丁怡婷：《新疆同心协力共繁荣》，载《人民日报》，2019-07-31

材料十五　目前，新疆有喀什艾提尕尔清真寺、昭苏圣佑庙、克孜尔千佛洞等 109 处宗教文化古迹被列入全国重点文物保护单位和自治区级文物保护单位……中央政府拨专款对列入国家和新疆文物保护单位的克孜尔千佛洞、柏孜克里克石窟、喀什艾提尕尔清真寺等进行修缮……涉及宗教的非物质文化遗产也得到了保护和传承。

——中华人民共和国国务院新闻办公室：《新疆的文化保护与发展》，载《经济日报》，2018-11-16

材料十六　1978 年至 2018 年，新疆地区维吾尔族人口从 555 万增长到 1168 万，翻了一番……截至目前，新疆已连续三年多没有发生过一起暴恐案件，区域安全和社会治安状况明显好转，各族民众权益得到有效保障，获得感、幸福感、安全感显著增强，人均预期寿命由 1949 年解放初期的 30 岁提升到目前的 72.35 岁。

——中华人民共和国驻大不列颠及北爱尔兰联合王国大使馆官方网站：《中国驻英国使馆发言人就英国政要涉疆错误言论答记者问》，http://www.chinese-embassy.org.uk/chn/sgryr/t1799236.html，2020-07-21

教师设问：根据材料十四、十五、十六并结合所学知识，阐述民族区域自治制度的优越性。(参考答案：有利于促进民族地区的经济发展和社会进步；有利于保障各民族的平等地位；有利于实现少数民族当家作主的愿望；有利于维护民族的团结和祖国的统一、安全；有利于促进社会主义现代化建设事业蓬勃发展；有利于文化的认同、传承与交融；有利于民族地区文化的传承与保护；有利于增强制度自信、道路自信。)

教师讲述：2020 年是新疆维吾尔自治区成立 65 周年。新疆地处我国西部，与中亚多国交界，自古就是多民族聚居的地方。长期以来，贫困、民族和宗教等问题并存。新中国成立 70 多年来，在中国共产党的领导下，新疆各族人民凝心聚力，共同奋斗，实现了社会经济的高速增长。少数民族干部数量和占比的增加有利于保障少数民族处理本民族内部事务的权利，实现了少数民族当家作主的愿望。当前，新疆已连续三年未发生暴恐案(事)件，社会治安环境得到极大改善，有效维护了国家统一、安全。新疆巨大成就的取得离不开国家的重点帮扶，新疆各族人民深切感受到祖国大家庭的温暖，有利于增强对伟大祖国、中华民族的认同感。

（设计意图）通过展示新疆维吾尔自治区设立以来的巨大成就，引导学生认识民族区域自治制度的优越性，坚定学生对社会主义的道路自信和制度自信。本问重点考查学生通过阅读材料，概括新中国成立后实行民族区域自治制度的历史意义。本问题指向的是：(1)史料实证素养水平 1——能够从所获得的材料中提取有关的信息；(2)家国情怀素养水平 3、4——能够将历史学习所得与家乡、民族和国家的发展繁荣结合起来，立志为新时代中国特色社会主义建设、中华民族伟大复兴作出自己的贡献。

【课堂小结】

教师引导学生小结：“中华民族是多元一体的伟大民族。全面建成小康社会，一个少数民族也不能少。各民族团结携手，共同迈进全面小康，体现了中华民族优良传统，体现了中国特色社会主义制度的显著优势。社会主义是干出来的，幸福是奋斗出来的。有党和政府持续努力，有各族群众不懈奋斗，今后的生活一定会更好更幸福。”①

① 习近平：《决胜全面建成小康社会决战脱贫攻坚　继续建设经济繁荣民族团结环境优美人民富裕的美丽新宁夏》，载《人民日报》，2020-06-11。

第 14 课

当代中国的外交

教学设计 1

四川省成都市石室天府中学　唐晓丽

一、教材分析

本课是统编教材《国家制度与社会治理》第四单元《民族关系与国家关系》第 4 课，内容包含“开创独立自主的和平外交”“改革开放后的外交成就”“中共十八大以来的中国特色大国外交”三个子目的内容，主要讲述了新中国成立以来外交历程及外交成就。本课知识内在的逻辑框架如下：

表一　本课知识框架

新中国成立初期	开创独立自主的和平外交	“另起炉灶”	走向世界：与社会主义国家建交，迎来第一个建交高潮
		“打扫干净屋子再请客”	
		“一边倒”	
20 世纪 50 年代中期到 60 年代初	外交策略调整	提出和平共处五项原则	融入世界：赢得亚非国家的友谊和信任，赢得良好的国际声誉；恢复在联合国大会的合法席位；中美关系正常化，与众多西方大国建交；再迎建交高潮
20 世纪 70 年代	进一步打开外交新局面	突破社会制度与意识形态的限制	
改革开放后	新时期外交方针调整	全方位外交	影响世界：由国际事务的参与者向推动者过渡
中共十八大以来	中国特色外交思想形成	构建人类命运共同体	

《普通高中历史课程标准(2017 年版 2020 年修订)》对本课的要求是：了解当代中国独立自主的和平外交政策的主要成就。本课线索比较清晰，但是教材列举的外交成就众多，如果教师仅仅局限于成就的展示，那么本节内容就毫无新意和深度，且本课内容在必修课程里已有所讲述，教师设计教学过程时必须加以重点提炼、概括。

二、学情分析

学生通过统编教材《中外历史纲要(上)》的学习已经对本课的大部分教学内容有所了解,但对这些外交成就反映了我国在国家治理方面的哪些智慧,还缺乏系统的认识,也就难以进行深入的思考和探究。另外,一味罗列外交成就容易使学生感到枯燥乏味,教学中需要引导学生通过分析背景材料,探究不同外交方针、策略变化的深层原因,体会到历史课的历史味。

三、教学目标

1. 通过梳理新中国外交的发展历程,了解新中国不同时期的外交策略及取得的成就,理解新中国外交在曲折中发展。

2. 通过阅读分析四个历史时期外交策略调整的背景材料,提升从史料中获取信息的能力,增强"一份材料说一份话"的史学素养,形成重视证据的思维习惯。

3. 通过观看视频、阅读文字资料,了解"走向世界""融入世界""影响世界"三个历史时期外交成就的典型事例蕴含的外交智慧,树立正确的文明交往价值观;增强对当今中国制度建设与发展的自信心和主动维护国家形象的责任感。

四、教学重难点

教学重点:独立自主和平外交政策的主要成就。
教学难点:理解不同历史阶段外交策略的调整与外交成就的关系。

五、教学过程

【导入新课】

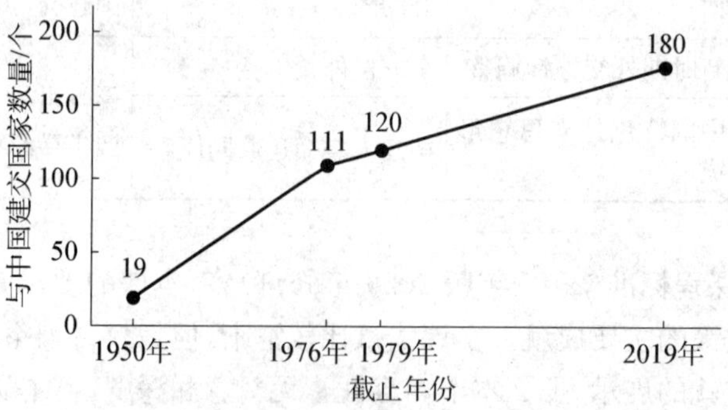

图1　与中国建交国家数量增长情况

——《国家制度与社会治理》,北京:人民教育出版社,2020年,第82页

教师设问：同学们能从图 1 中读出哪些历史信息呢？（参考答案：新中国成立以来，我国的建交国数量持续增长；外交局面逐渐被打开；逐渐得到大多数国家的承认。）

教师讲述：新中国成立第一年里，有 19 个国家与中国建交，到 2019 年同中国建立外交关系的国家有 180 个之多，而与中国建立伙伴关系的国家和国际组织达到 112 个。在外交领域，中国超越美国，成为世界上外交最广泛的国家。从新中国成立之初被以美国为首的资本主义国家孤立、封锁，到今天成为世界上外交最广泛的国家，当代中国经历了怎样的外交之路呢？这其中蕴含了中国怎样的外交智慧呢？

【学习新课】

（一）新中国成立初期开创"独立自主的和平外交"

1. 外交原则与方针的提出

材料一　独立自主原则的提出和坚持，最初是在抗日战争期间……包括在苏联和共产国际的关系中坚持独立自主。

新中国成立后，迅速建立社会主义国营经济……为独立自主外交提供了经济和物质上的保障。

美苏冷战给刚刚成立的新中国一个相对良好的发展契机。

马克思恩格斯在论述"独立自主"时，认为该原则也是建立和发展与其他民族其他国家良好外交关系的原则。毛泽东将这一理论很好地用于中国。这个观念和逻辑最终铸造了新中国外交的最主要和最坚定的指导原则。

——杨玲：《建国初期毛泽东独立自主外交思想研究》，辽宁大学硕士学位论文，2018 年，第 12—20 页

教师设问：根据材料一并结合所学知识，分析新中国独立自主的和平外交原则产生的背景。（参考答案：近代史上丧权辱国的惨痛教训；新民主主义革命斗争中的实践经验；新中国成立后国营经济的建立提供了物质条件；美苏冷战的有利契机；马克思主义民族观的灵活运用；中国传统思想文化的影响。）

材料二　不承认旧的外交关系——"凡属国民党政府所承认的资本主义国家的大使馆、公使馆、领事馆……在人民共和国和这些国家建立正式外交关系以前，我们一概不承认。"……"不允许任何外国及联合国干涉中国内政。"

——中央档案馆编：《中共中央文件选集》第 18 册，北京：中共中央党校出版社，1992 年，第 45、48 页

由于美帝国主义在中国人民解放战争时期执行的是扶蒋反共、助蒋内战的敌视新中国的政策，所以中国共产党确定，新中国在对外关系上，要实行"一边倒"，即倒向社会主义一边的战略。

1949 年 3 月七届二中全会上，毛泽东进一步指出："我们的方针是宁愿等一等。先把帝国主义在我国的残留势力清除一下，否则就会留下他们的活动余地。"

——何沁主编：《中华人民共和国史》（第 2 版），北京：高等教育出版社，2002 年，第 30—31 页

教师设问：结合所学知识，指出材料二中新中国三条外交方针的内涵，并分别简析其影响。(参考答案："另起炉灶"，不承认旧中国的一切不平等条约，划清同旧中国屈辱外交的界限。使中国改变了半殖民地的地位，在国际交往中实践独立自主；"一边倒"，倒向社会主义阵营并联合世界上一切爱好和平的国家和人民，同帝国主义的侵略政策和战争政策作坚决斗争。为新中国国民经济的恢复和发展争取了有利的国际环境；"打扫干净屋子再请客"，先消除帝国主义在华势力和一切特权，再考虑与西方国家建交。巩固了新中国的独立与主权，奠定了与世界各国建立平等互利外交关系的基础。)

2. 新中国成立初期的外交成就——走向世界

材料三 微视频：《毛泽东与莫斯科——关于条约的博弈》

视频内容概要：1945 年国民党与苏联签订了《中苏友好条约》。《中苏友好条约》以《雅尔塔协定》作为依据。主要内容：出让旅顺为中苏共用的海军基地，并交由苏联管理；中长铁路(中东铁路及支线)经营管理权归苏联所有等。

应斯大林邀请，毛泽东一行于 1949 年 12 月 16 日到达莫斯科。在与斯大林的正式会谈中。毛泽东多次提出修改 1945 年的《中苏友好条约》，结果遭到斯大林的强烈反对。借口是"苏中之间是根据雅尔塔协定缔结的这个条约，如果改动会引起英美提出修约。"毛泽东迫于无奈，为了达到出访目的，他决定采取一些措施，例如拒绝苏联方面的各种访问计划，闭门谢客，并有意向苏联透露要提前回国，即将同缅甸和印度改善关系等信息……事情很快起了变化。苏联方面为了在冷战中处于有利地位，不想失去中国这一盟友。1950 年 1 月初，斯大林积极表示准备同中国讨论中苏条约问题。双方最终在 1950 年 2 月 14 日签约。

——杨奎松著：《毛泽东与莫斯科的恩恩怨怨》，北京：生活·读书·新知三联书店，2009 年，第 401 页

教师设问：根据材料三并结合所学知识，分析为什么新中国坚持要重新签订中苏条约。(参考答案：《中苏友好条约》是大国强权政治的产物，严重损害中国的主权与领土完整；重签的目的是为了维护国家利益，捍卫民族尊严；新中国成立时颁布的外交方针，即从成立之日起宣告不承认一切不平等的条约；新中国需要树立新的独立自主的外交形象。)

教师引导学生分析："一边倒"不是盲目顺从。虽然受美苏两大阵营的制约，但是在建立中苏同盟和维护中苏友谊中，新中国领导人始终坚持捍卫国家独立、主权和民族尊严的原则。《中苏友好条约》是不平等条约，必须废除才能树立新中国独立自主的外交形象。"一边倒"与独立自主外交政策不矛盾，外交是内政的延续，废约和签约都是中国发展的需要。

(设计意图)借助史料分析独立自主和平外交原则产生的背景，理解我国治国理念方针政策的科学性，利用微视频的形象性来突破难点。本环节指向的是：(1)史料实证素养水平1——能够从所获得的材料中提取有关的信息；(2)历史解释素养水平 2——能够在历史叙述中将史实描述与历史解释结合起来。

(过渡)正是由于中国不断践行独立自主的和平外交原则，迎来了新中国第一次建交高潮，其中以社会主义国家居多。受国际形势的影响，尤其是亚非民族解放运动的高涨，众多新兴国家的独立，我国外交既迎来新的发展机遇，又迎来新的挑战。

(二) 五十年代中期外交策略的调整

1. 和平共处五项原则的提出

表二　1949—1959 年与中国建交国家数据简表

年份	1949	1950	1951	1952	1954	1955	1956	1957	1958	1959
建交国家总数	10	19	20	20	21	24	27	28	32	34

说明：1954 年，与中国建交的非社会主义的亚洲国家只有印度、缅甸、印度尼西亚、巴基斯坦四国。

——外交部官网：《建交国家一览表》(截止 2019 年 9 月)，https://www.fmprc.gov.cn/web/ziliao_674904/2193_674977/

教师设问：根据表二并结合所学知识，指出 1951—1954 年我国的建交国呈现怎样的特点，并分析其原因。(参考答案：特点：外交基本处于停滞状态，建交国以社会主义国家为主。原因：以美国为首的西方国家的敌视和封锁；新兴独立国家对新中国的疑虑；意识形态的影响。)

(过渡)新中国成立初期，错综复杂的国际形势、"阶级斗争"思维在一定程度上制约了新中国外交的发展。党和国家在分析国际国内形势的基础上，对外交方针作出进一步调整。

材料四　对《人民日报》上相关词汇使用频率进行计量分析，"一边倒"在 1949 年的使用频率是最高的，到了 1951 年和 1952 年，这一词汇的使用频率开始下降……1950 年至 1952 年"帝国主义"一词呈下降趋势，"独立自主"和"和平共处"的使用频率从 1953 年到 1956 年之间出现了迅速增长的趋势。

——张颖、潘敬国：《对建国初期新中国外交方针变化的计量分析——以〈人民日报〉为样本》，载《国际论坛》，2013 年第 2 期

教师设问：根据材料四并结合所学知识，指出材料中关键词汇的使用频率有什么变化，并分析其原因。(参考答案：变化：由高频使用"一边倒"等有浓厚意识形态色彩的词汇到大量使用"独立自主""和平共处"等国际友好词语。原因：国际局势的缓和；亚非拉民族独立运动的高涨；国内国民经济的恢复、"一五计划"的开展；外交上和平共处五项原则的提出。)

材料五　20 世纪 50 年代中后期起，由于中苏两国关系全面破坏，双方意识形态分歧发展为政治冲突和军事对抗，"一边倒"的外交战略被彻底废止……在 1953 年《朝鲜停战协定》签字后，毛泽东又反复深入地向来访的外国领导人表示，中国希望和平，中国不希望打仗，中国需要有一个长期稳定的和平环境，首先是睦邻友好的周边环境，希望通过谈判的和平方式，解决中国与邻国存在的各种问题，包括领土主权争议和边界纠纷。

——于洪君著：《从参与全球化到打造共同体》，北京：人民出版社，2017 年，第 1、32 页

教师设问：根据材料五并结合所学知识，说明 20 世纪 50 年代中期我国外交发生了怎样的变化。(参考答案：由"一边倒"到积极发展同周边国家的睦邻友好关系；由注重意识形态的革命外交转向注重国家利益的务实外交。)

教师引导学生分析：对国际环境和自身发展的重新认识是当时国家领导人转变外交思想的基础，是和平共处五项原则提出的前提条件。从此，和平共处五项原则作为我国和平外

交政策的完整体现,在国际关系中产生了深远的影响。新中国成立之初,中国认为两大阵营的斗争决定了世界的发展趋势。20世纪50年代,毛泽东提出在两大阵营之外还存在民族主义国家的第三种力量,即后来的第三世界。中苏关系恶化后,中国开始重视与第三世界发展友好的国家关系,逐渐打破革命思维主导外交工作的局面,并将务实外交思维一直延续到今天。

2. 外交成就——融入世界

材料六 微视频:《"斗智"万隆会议》

视频内容概要:新中国成立初期,由于各种原因,国际社会特别是亚非国家对新中国形象的认识是模糊甚至是虚无的。参加万隆会议除中国之外的28个国家中,只有5个与新中国建立了外交关系,还有22个国家与台湾保持着"外交"关系。朝鲜战争之后,国际社会对中国的外交理念不是十分明确,担心中国会不会是一个具有进攻性甚至输出意识形态的国家,会不会威胁亚非国家的利益。

通过一系列艰苦而充满智慧的工作,会议在和平主基调下进行,一些对新中国存疑虑甚至视中国为和平威胁的国家改变了认知,逐步认同和接受新中国和平发展的国际形象。巴基斯坦首相阿里说:"中国无侵略意图,共产党与非共产党国家能够合作。"会后不久,阿里宣布将访问中国。

——谢迪斌:《万隆会议与新中国形象的国际塑造》,载《中共党史研究》,2019年第9期

教师设问: 根据材料六并结合所学知识,指出五十年代中期国际社会对新中国印象的变化,并分析其原因。(参考答案:变化:由模糊、虚无、担心到认同、接受。原因:(后期)和平共处五项原则的影响在国际社会不断扩大;"求同存异"方针提出促使亚非会议取得圆满成功;第三世界反殖民主义反霸权主义的呼声高涨。)

教师讲述: 在日内瓦会议和万隆会议上,中国展示了外交新形象,开启了澄清西方社会歪曲中国国家形象的历程,也积累了塑造国家形象的经验。

(设计意图) 本环节指向的是:(1)时空观念素养水平3——能够把握相关史事的时间、空间联系,并用特定的时间和空间术语对较长时段的史事加以概括说明;(2)史料实证素养水平3——能够利用不同类型的史料,对所探究的问题进行互证,形成对该问题更全面、丰富的解释。

(过渡) 20世纪60年代,由于苏联推行霸权主义政策,侵犯中国主权,导致中苏关系恶化;同时美国继续推行反华政策。此时中国在外交上"两只拳头打人",即既反美又反苏,成为捍卫国家利益的唯一选择。为了进一步拓展外交空间,中国大力发展同第三世界的友好关系。进入七十年代,我国外交领域出现重大突破。

(三) 六七十年代进一步打开外交新局面

材料七 1971年10月26日,也是基辛格第二次访华自北京返美的日子。上午,他由叶剑英、乔冠华陪同去机场。途中,乔冠华问基辛格:"博士,你看今年这届联大我国能恢复席位吗?"基辛格坦诚地表达自己的看法:"我估计你们今年进不了联大! 估计明年差不多,待尼克松总统访华以后,你们就能进去了。"乔冠华笑了。

——中国青年网:《历史上的今天:一场重大的外交胜利》,http://news.youth.cn/gn/201710/t20171025_10915226.html,2017-10-15

教师设问：根据材料七并结合所学知识，指出基辛格对中国恢复在联合国大会合法席位的看法反映了什么问题。（参考答案：在中国恢复联合国大会合法席位的过程中，美国起重要作用；中美关系发展存在阻碍；美国对中国的国际影响力估计不足。）

教师讲述：1971 年，北京时间 10 月 26 日凌晨，纽约当地时间 10 月 25 日晚，联大辩论结束。一票一票地唱名表决后，联大沸腾了。美！国！输！了！要求恢复中华人民共和国在联合国合法席位的“两阿提案”得以通过。周恩来总理早已将联大表决结果通知了乔冠华，当乔冠华听到基辛格的判断时，他笑了。

材料八　尼克松、基辛格的对华缓和政策与其说体现了某种深思熟虑的战略，不如说是对形势发展的机会主义的反应……并不像他们在回忆录中宣称的那样高瞻远瞩地作出了团结中国制衡苏联的战略判断……（只是）出于对苏联远东战略意图的疑虑，才转而谋求“拉中抑苏”，以化解风险……并企图把中国推到与苏联直接对抗的第一线。

——[美]斯卡拉皮罗：《美国外交政策的制定与实施》，载《政治研究》，1985 年第 6 期

教师设问：根据材料八并结合所学知识，分析美国谋求改善中美关系的背景，说明美中两国谋求改善关系的出发点。（参考答案：背景：20 世纪 60 年代，西欧、日本等经济实力不断壮大，世界经济朝多极化趋势发展；进入 70 年代，由于财政赤字、通货膨胀、石油危机等因素，美国经济进入滞胀阶段；美国深陷越战泥潭；美苏争霸中美国处于守势；美国孤立中国的外交政策失败。美国的出发点：改善对华关系，缓解美国面临的内外危机。中国的出发点：为了缓解中苏关系恶化带来的压力和打开外交僵局，扩大国际交往并发挥中国在国际事务中的作用。）

教师引导学生分析：二十世纪六七十年代，随着第三世界力量的不断增强及国际局势的变化，美中都有改善关系的实际需求。一方面，美国因深陷越战泥潭、美苏争霸处于守势、美日关系恶化等，被迫采取全球收缩的战略，从越南撤军并调整对华关系。另一方面，从 60 年代中期起，中苏关系日趋紧张，甚至导致严重边境冲突；日本日益增强的经济军事实力也使中国感到忧虑。为了走出外交困境，中国领导人逐步接受美国通过各种渠道向中国发出的和解信号。

表三　1949—1979 年与中国建交国家数据简表（节选）

年份	1960	1963	1964	1969	1971	1972	1976	1978	1979
建交国家总数	38	43	50	47	69	87	107	112	116

——中华人民共和国外交部官网：《建交国家一览表》，（截止 2019 年 9 月），https://www.fmprc.gov.cn/web/ziliao_674904/2193_674977/

教师设问：根据表三并结合所学知识，分析中美关系改善给中国带来的影响。（参考答案：意味着美国“孤立”政策失败，中国独立自主和平外交政策取得了重大进步；缓解中苏关系紧张带来的压力；直接促进了中日建交；提升了中国的国际地位和国际影响力，迎来了新中国的又一次建交高潮。）

教师讲述：在中美关系开始改善后，中国逐渐超越社会制度和意识形态的界限，同美日等资本主义国家发展外交关系，中国外交局面被打开。从此，中国的外交战略出发点从意识

形态向国家利益迁移。

(设计意图)本环节指向的是：史料实证素养水平3——能够利用不同类型史料，对所探究的问题进行互证，形成对该问题更全面、丰富的解释；历史解释素养水平2——能够在历史叙述中将史实描述与历史解释结合起来。

(四)改革开放新时期展开全面外交

1. 新时期外交政策的调整

材料九 从党的十一大(1977年8月)提出“坚持无产阶级国际主义，继续贯彻革命外交路线”……到党的十二大(1982年9月)提出中国共产党在新的历史时期的总任务是“加快社会主义现代化建设，反对霸权主义、维护世界和平。”……再到十三大(1987年10月)再次明确强调根据国际形势和我国现代化建设的需要，围绕和平与发展两大主题来调整党和国家的外交政策，中国外交目标实现了从实现无产阶级国际主义到为经济建设服务的根本性转变。

——摘编自唐诗：《中国和平外交政策演进历程及基本经验研究》，东北师范大学博士学位论文，2019年，第149—152页

教师设问：请根据材料九并结合所学知识，指出新时期外交政策有何重大调整，说明调整的依据。(参考答案：调整：以国内经济建设为中心，反对霸权主义，维护世界和平，全面发展对外关系。依据：“文革”结束，中共十一届三中全会召开，中国社会主义建设走向新阶段；改革开放的新任务促使外交方针的调整；党和国家领导人对国际局势的正确判断，即和平与发展是时代主题。)

(过渡)新时期党和国家工作重心是发展经济，进行现代化建设，外交首要目标是为国内经济建设创造良好稳定的和平环境。因此，在外交对象、主体、角色等方面都要逐渐发生转变。

2. 新时期的外交成就

表四 《新时期外交活动大事记》节选

时间	外交活动
1978年12月12日	中美同时发表了《关于建立外交关系的联合公报》，宣布两国于1979年1月1日起正式建立外交关系
1982年9月24日	邓小平会见英国首相玛格丽特·撒切尔夫人。两国领导人在友好的气氛中就香港前途问题进行了深入的讨论
1990年	中国决定每年向联合国派遣军事观察员执行维和任务。截至2018年共派出22批次
2000年	中非合作论坛成立，论坛的宗旨是平等互利、平等磋商、增进了解、扩大共识、加强友谊、促进合作。论坛的成员为与中国建交的53个非洲国家以及非洲联盟
2001年6月15日	中国、哈萨克斯坦共和国、吉尔吉斯斯坦共和国、俄罗斯联邦、塔吉克斯坦共和国、乌兹别克斯坦共和国在中国上海宣布成立的永久性政府间国际组织——上海合作组织
2009年	巴西、俄罗斯、印度、中国和南非五国建立领导人会晤机制。积极推进全球经济治理改革进程，大大提升了新兴市场国家和发展中国家的代表性和发言权

续表

时间	外交活动
2010 年	英国驻华大使馆用微博进行了实时直播卡梅伦访华概况，短短几天，微博粉丝从 8000 多飙升至 3 万多。“微博外交”一时成为时尚，各国首脑纷纷抢滩“Web 2.0”时代的“微博外交”
2015 年 9 月	习近平出席第七十届联合国大会并发表重要讲话，提出中国治国理政的方针是“构建人类命运共同体”
2017 年 5 月 14 日	第一届“一带一路”国际合作高峰论坛开幕
2020 年	新冠肺炎疫情下，面对国际“污名化”“阴谋论”，中国不断探索，利用推特账号、抖音海外版(Tik Tok)等媒介在数字公共外交领域的重要角色，向外国民众宣传中国形象

——摘编自中华人民共和国外交部官网：《中国外交历程》，https://www.fmprc.gov.cn/web/ziliao_674904/wjs_674919/2158_674921/

教师设问：根据表四并结合所学知识，指出新时期我国外交活动在外交对象、外交主体、外交角色上分别有什么变化，并举例说明。（参考答案：外交对象：稳定大国关系、巩固和发展周边睦邻关系、积极坚持发展与第三世界的关系，举例略。外交主体：由以官方外交为主，到民间外交等亚外交形式也成为重要补充，例如微博、外交官网等互联网手段也成了重要的外交方式。外交角色：由国际事务的参与者到推动者，例如提出合作、共赢，构建人类命运共同体的全球发展方案。）

教师追问：根据表四并结合所学知识，分析新时期我国外交活动变化的影响。（参考答案：以联合国为中心的多边外交维护了联合国的权威，彰显了中国的大国责任；公共外交和民间外交是官方外交的有益补充，有助于提升本国形象；有利于增加与国际互动交流的机会，向更多的国外友人传播中国形象，对外讲好“中国故事”；“构建人类命运共同体”为当今全球治理提供了中国方案；从国内看，为进一步深化改革，推动社会主义建设提供和平的外交环境。）

(设计意图)本环节指向：(1)时空观念素养水平 4——在对历史和现实问题进行独立探究的过程中，能将其置于具体的时空框架下；能够选择恰当的时空尺度对其进行分析、综合、比较，在此基础上作出合理的论述；(2)唯物史观素养水平 3、4——能够将唯物史观运用于历史学习、探究中，并将其作为认识和解决现实问题的指导思想。

(过渡)一国的外交政策都是为内政服务的，国家利益是外交的根本出发点。但历史证明只重国家利益的外交，只会导致国际关系的紧张。在世界多极化和全球化不断发展的今天，中国又如何发展独立自主和平外交政策呢？

3. 新时代中国特色外交思想

材料十　在津巴布韦华侨中有一个名为“非爱不可”的妈妈团体，多年如一日给当地孤儿送去温暖……2010 年中国青海玉树发生地震，刚果政府慷慨解囊，向灾区捐赠一所中刚友谊小学。

——沈慎：《中国永远是非洲的好朋友、好伙伴、好兄弟》，http://opinion.people.com.

cn/n1/2018/0903/c1003-30269531.html,2018-09-03

教师设问： 根据材料十并结合所学知识分析："妈妈团"和"中刚友谊小学"的出现说明了什么问题？中国为什么要援助非洲？（参考答案：说明：中非互帮互助、同舟共济的深厚友谊。原因：中非都有着相似的历史经历；20世纪五六十年代中非关系良好开端的延续；中非都属于第三世界，合作发展是双方共同的目标；反对国际霸权主义和强权政治的需要；为建立良好国际经济新秩序作出努力。）

材料十一 2018年中非合作论坛北京峰会期间，习近平在讲话中多次表示中非是好朋友、好伙伴、好兄弟。非方领导人则表示，中国是非洲的真朋友、真伙伴、真兄弟。这三个"好"和三个"真"，充分说明中非双方之间的友谊。而这种友谊正是建立在中国对非五个"不"的基础上：不干预非洲国家探索符合国情的发展道路；不干涉非洲内政；不把自己的意志强加于人；不在对非援助中附加任何政治条件；不在对非投资融资中谋取政治私利。中国帮助非洲时，从不干涉非洲国家内政。中国在对非合作中总是以义为先，与国际关系中长期存在的不平等局面形成鲜明对比。

——央视新闻：《好朋友、好伙伴、好兄弟；真朋友、真伙伴、真兄弟》，https://www.sohu.com/a/252310686_177766,2018-09-06

教师设问： 根据材料十一并结合所学知识，分析中国在中非关系中坚持贯彻"五不"原则体现了新时代什么样的外交思想。（参考答案：体现了新时期中国在国际事务中始终秉持"真、实、亲、诚"的理念；体现了我国在外交中坚持正确的义利观，义利兼顾的思想。）

（过渡） 中国对非合作以义为先，这与国际关系中长期存在的不平等的局面形成鲜明对比，体现了中国在为积极构建合作共赢的新型国际关系而努力。

材料十二 2020年6月17日，国家主席习近平在北京主持中非团结抗疫特别峰会，并发表题为《团结抗疫 共克时艰》的主旨讲话。

图2 团结抗疫 习近平这样凝聚中非兄弟情

教师设问： 结合"中非团结抗疫特别峰会"这一外交事例，谈谈中国提出"构建人类命运共同体"理念的原因。（参考答案：经济全球化趋势不断加强；国际社会日益成为"你中有我、我中有你"的命运共同体；和平、发展、合作、共赢成为时代潮流；西方国家奉行利己主义；中国从古至今都倡导"美美与共"的交往理念；独立自主和平外交政策的新运用。）

（设计意图） 本环节指向：时空观念素养水平4——在对历史和现实问题进行独立探究

的过程中，能将其置于具体的时空框架下。例如从中非关系的具体外交实例中理解新时代中国外交政策的深刻内涵及积极意义。家国情怀素养水平 3、4——能够表现出对历史的反思，从历史中汲取经验教训，更全面、客观地认识历史和现实社会问题；能够将历史学习所得与家乡、民族和国家的发展繁荣结合起来，立志为新时代中国特色社会主义建设、中华民族伟大复兴作出自己的贡献。

【课堂小结】

教师引导学生小结： 新中国成立以来的外交成就举世瞩目。在新中国站起来、富起来、强起来的伟大进程中，走向国际、融入世界、影响世界，每一步都充满了国家治理的智慧。如今，面对百年未有之大变局，中国勇担大国责任，积极参与全球治理，政治上共同推进国际关系民主化；经济上共同推动全球化朝着均衡、普惠、共赢的方向发展；文化上相互借鉴，求同存异、尊重世界文化的多样性，共同促进人类文明繁荣进步！

教学设计 2

四川省成都市盐道街中学　董亚伟

一、教材分析

本课是统编教材《国家制度与社会治理》第四单元的第 4 课，包含“开创独立自主的和平外交”“改革开放后的外交成就”“中共十八大以来的中国特色大国外交”三个子目的内容，主要讲述了新中国成立后中国外交政策的演变与重大外交成就。

《普通高中历史课程标准（2017 年版 2020 年修订）》对本课的要求是：了解当代中国独立自主的和平外交政策的主要成就。由于本课涉及当代中国的外交政策，其主要任务不仅仅要让学生了解当代中国外交的重大成就，还要帮助学生理解当代中国外交政策的实质，认识处理国与国关系的中国智慧，培养学生历史思维能力和家国情怀。

由于本课教学内容的时间跨度大，教师在教学过程中应进行适当取舍，也要注意分析时代背景及国际国内形势的变化对中国外交政策产生的影响。本教学设计以新中国外交方针的演变脉络为基本线索，将国家利益具体化，以不同时代的三组历史人物的外交活动为载体展开教学，帮助学生完成对“外交成就”“外交方针”及“外交利益观”的系统化、层次化、立体化的认知，从而形成较完整的当代中国外交的概念体系。教学中要注重从社会治理的角度分析当代中国外交政策的基本理念，从而培养学生的家国情怀素养。本课的知识逻辑如下①：

① 赵可金：《中国外交 70 年：历史逻辑与基本经验》，载《东北亚论坛》，2019 年第 6 期。

表一　本课知识框架

历史时期	形势	核心问题	关键词
1949—1978 革命外交	两大阵营对立，美国等帝国主义国家对中国敌视、孤立、封锁、包围	中国如何在世界舞台中“站起来”，在世界舞台上赢得生存	坚持独立自主，实现站稳脚跟
1978—2012 发展外交	中国国际地位提高和国际形势的变化	中国如何在世界舞台中“富起来”，成长为一个富强的现代化国家	坚持和平发展，积极融入世界
2012至今 复兴外交	国际形势的发展和我国社会主义现代化建设的迅速发展、综合国力的提高	中国如何在世界舞台中“强起来”，获得世界各国的尊重和支持	服务民族复兴，促进人类进步

同时，通过引导学生对史料进行分析，解决其学习和认识上的问题。在研习史料的过程中培养学生的时空观念，在史料解读中提升学生的史料实证的能力，在问题情境中帮助学生达成历史理解，在独立探究中提升其历史解释素养。

二、学情分析

学生经过初中阶段的历史学习，对新中国成立后的独立自主和平外交政策、和平共处五项原则、中美关系的正常化等史实有一定的了解，但对当代中国外交政策的调整与变化的前因后果缺乏深入认识。进入高中阶段后，学生在必修课程中也接触过这方面内容。故开展本课教学时，要对教学内容加以重点提炼、概括，拓展、补充相关史实，引导学生在唯物史观的指导下理清历史发展的内在逻辑联系，并进一步培养学科核心素养。

三、教学目标

1. 了解当代中国外交史上的重要成就，感悟当代中国外交的辉煌历史。

2. 了解当代中国外交政策演变的基本历程及历史背景，理解外交的实质，培养时空观念及史料实证意识。

3. 了解当代中国制定外交政策所遵循的基本理念，感悟中国处理国与国关系的智慧，培养家国情怀，涵育公民素质。

四、教学重难点

重点：当代中国外交政策的演变历程及外交主要成就。

难点：当代中国外交政策的实质及其不断调整的原因；中国特色大国外交的特点和意义。

五、教学过程

【导入新课】 1949年8月19日，《人民日报》登载了毛泽东的名篇《别了，司徒雷登》。司徒雷登是在中国杭州出生的美国人，父母均为美国在华传教士。他曾任燕京大学校长，抗战期间，他因拒绝和日本合作，被囚禁近 4 年。1946 年司徒雷登出任美国驻华大使，1949 年 8 月离开中国，回到美国。

材料一　美国的白皮书，选择在司徒雷登业已离开南京、快到华盛顿、但是尚未到达的日子——八月五日发表，是可以理解的，因为他是美国侵略政策彻底失败的象征。

——毛泽东：《别了，司徒雷登》，载《人民日报》，1949－08－19

教师设问：根据材料一并结合所学知识，指出毛泽东发表这篇文章的背景。（参考答案：新中国即将成立，美国重新调整对华战略等。）

（设计意图）通过讲述司徒雷登这一历史人物故事，激发学生学习兴趣，进而营造灵动的、有历史味的课堂学习氛围。本环节指向的是：家国情怀素养水平 1、2——能够具有对家乡、民族、国家的认同感，理解并认同社会主义核心价值观和中华优秀传统文化，具有对祖国和人民的深情大爱。

（过渡）抗战胜利后，美国坚持"扶蒋反共"政策，大力援助国民党，支持其发动内战。随着解放战争在全国走向胜利，美苏两国基于自身国家利益重新思考和调整对华政策。

（一）开创独立自主的和平外交

1. 三大外交方针的提出

材料二　1949 年 1 月 21 日，国民政府南迁广州并通知各国驻华使团一同前往，苏联驻华大使罗申率使馆大部分人员南迁，而美国驻华大使司徒雷登却留在南京，其他西方国家使团纷纷仿效美国。4 月中旬，周恩来派黄华去南京外事处工作，"可以作为燕京大学校友同司徒雷登进行私人接触，看看他有什么要求和愿望。"

——林绪武：《黄华与司徒雷登南京商谈考析》，载《历史研究》，2015 年第 2 期

材料三　艾奇逊在 5 月指示司徒雷登说："我们应当强烈反对对中共政权，无论是事实上还是法律上的承认。"……杜鲁门作出这个决定不是偶然的，他在 6 月中旬与副国务卿韦勃的一次谈话中即已指示国务院，"要十分谨慎，不要表现出对共产党人的任何手软"。

——陶文钊：《1949—1950 年美国对华政策与承认问题》，载《历史研究》，1993 年第 4 期

教师设问：根据材料二、三并结合所学知识说明：在解放战争胜利前夕，美苏两国驻华大使的外交活动有何异同？反映出怎样的本质问题？（参考答案：不同：美国驻华大使未前往广州，而是留驻南京；苏联驻华大使离开南京，前往广州。相同：基于国家利益，对华观望。本质：外交的根本目的在于维护、服务国家利益等。）

教师追问：根据材料二、三并结合所学知识，分析中共对美国发出接触信号的态度，并分析其原因。（参考答案：态度：谨慎接触。原因：美国尚未形成明确的对华政策；避免过度刺激美国，防备其全面干涉中国革命；美苏冷战背景下，美国对中共意识形态仍有敌视；国内反帝革命浪潮的影响等。）

教师讲述：解放战争胜利前夕，美国与中共的接触格外引人注目。中共派黄华以私人名义与司徒雷登接触，说明中共在探听清楚美国对华战略真实意图之前，处理与美国的关系是非常小心谨慎的。

材料四　我们不能设想，没有苏联，没有欧洲的和美国的工人运动吸引美帝国主义的力量在西方，我们中国也能胜利……中国革命胜利以后的巩固也是一样，帝国主义是要消灭我

们的……中苏关系是密切的兄弟关系，我们和苏联应该站在一条战线上，是盟友。

——齐鹏飞、李葆珍著：《新中国外交简史》，北京：人民出版社，2014年，第6页

材料五 1949年2月米高扬访问西柏坡，斯大林了解到中共的意向，双方明确了意识形态方面的一致性；7月至8月刘少奇访问莫斯科，毛泽东知道了苏共的态度，双方进一步明确了各项方针政策的一致性。至此，中苏同盟的政治基础已经确立，毛泽东不再考虑与美国接触，公开宣布向苏联“一边倒”。

——沈志华：《从西柏坡到莫斯科：毛泽东宣布向苏联“一边倒”——关于中苏同盟建立之背景和基础的再讨论（之二）》，载《中共党史研究》，2009年第4期

教师设问：根据材料四、五并结合所学知识，指出在新中国成立前夕，中共在美苏之间最终作了怎样的选择，并指出作该选择的原因。（参考答案：选择：“一边倒”，倒向苏联为首的社会主义阵营。原因：新中国成立初期正值世界民族解放运动高涨和美苏冷战对峙之际；保障中国人民革命胜利成果的需要；中苏有着相同的社会意识形态和制度选择；中国近代民主革命的经验表明第三条道路走不通。）

教师讲述：1949年6月30日，毛泽东发表《论人民民主专政》，正式公开提出“一边倒”的外交战略方针。与此相应，中共对外战略的另一面就是通过“打扫干净屋子再请客”以清除帝国主义在华残留势力、通过“另起炉灶”来废除国民党统治时期的旧外交，从而形成独立自主的和平外交方针。“一边倒”是中共依据当时国际、国内形势而逐步作出的既艰难而又相对合理的选择。新中国成立后的第二天，苏联立即宣布与中国建交，同时断绝与台湾国民党当局的外交关系。随后，新中国先后与十几个国家正式建立外交关系，出现了新中国历史上的“第一次建交高潮”。

（设计意图）以故事还原历史细节，把新中国成立前夕中美苏三国四方（其中一方为国民党）之间的接触连接起来，帮助学生感受其中的激烈博弈，体会共和国成立之艰难、中共领导人维护国家利益的决心和展现出的外交魅力。本环节指向的是：(1)历史解释素养水平2——能够在历史叙述中将史实描述与历史解释结合起来；(2)史料实证素养水平3——在探究特定历史问题时，能够对史料进行整理和辨析。

（过渡）1950年2月14日，中苏之间签订《中苏友好同盟互助条约》，标志着新中国正式加入了以苏联为首的社会主义阵营。

表二 1949年与新中国建交的国家

1	1949.10.3	苏维埃社会主义共和国联盟
2	1949.10.4	保加利亚人民共和国
3	1949.10.5	罗马尼亚社会主义共和国
4	1949.10.6	匈牙利人民共和国
5	1949.10.6	朝鲜民主主义人民共和国
6	1949.10.6	捷克斯洛伐克社会主义共和国
7	1949.10.7	波兰人民共和国
8	1949.10.16	蒙古人民共和国

续表

9	1949.10.27	德意志民主共和国
10	1949.11.23	阿尔巴尼亚社会主义人民共和国

表三　与中国建交国家数量统计表(1949—1953 年)

年份	1949 年	1950 年	1951 年	1952 年	1953 年
当年建交数量	10	9	1	0	0

——表二、表三摘编自中华人民共和国外交部官网:《中华人民共和国与各国建立外交关系日期简表》,https://www.fmprc.gov.cn/web/ziliao_674904/2193_674977/

教师设问: 从表二、表三中你可以得出哪些历史信息？请分析出现这些情况的原因。(参考答案:信息:1949 年、1950 年与中国建交的国家数量较多,后急剧减少;与中国建交的主要是社会主义国家。原因:两大阵营对峙,以美国为首的资本主义阵营对新中国进行外交孤立;新中国实行"一边倒"的外交战略方针;朝鲜战争爆发,中国抗美援朝等。)

教师追问: 根据材料四、五及表二、表三,并结合所学知识,简评"一边倒"的外交方针。(参考答案:从当时看,选择"一边倒"是合理的,但长期来看,会影响中国外交全面发展。积极:政治上,利于新中国获得国际承认,巩固新生政权;经济上,为国民经济的恢复、发展争取了国际援助;军事上,利于清除帝国主义残余势力,维护国家安全和民族独立;国际上,利于提高国际地位,壮大维护世界和平的力量等。不足:限制了新中国对外交往的范围;外交政策长期受意识形态影响。)

教师讲述: "一边倒"连同"另起炉灶""打扫干净屋子再请客"构成了新中国三大外交方针,巩固了中苏同盟,推动了社会主义国家与新中国纷纷建交,确立了当代中国外交的基本格局。但"一边倒"也造成了中国外交发展的不平衡。

(设计意图) 以数据、图表的形式向学生直观展现"一边倒"外交战略对中国的影响。本环节指向的是:历史解释素养水平 1——能够辨别教科书和教学中的历史解释;能够发现这些历史解释与以往所知历史解释的异同;能够对所学内容中的历史结论加以分析。

(过渡) 新中国成立后,周边邻国对选择了共产党执政和社会主义道路的中国普遍存在疑惧。如何打消他们的疑惧,争取更多的国际社会的承认是一项非常重要的任务。

2. 和平共处五项原则的提出

材料六　1949 年新中国成立时,中国周边的陆地邻国大多数是刚刚赢得独立的民族主义国家……他们对选择了共产党执政和社会主义道路的中国普遍存在疑惧……我们相信,中印两国的关系会一天一天地好起来。某些成熟的、悬而未决的问题一定会顺利地解决的。新中国成立后就确立了处理中印两国关系的原则。

——齐鹏飞、李葆珍著:《新中国外交简史》,北京:人民出版社,2014 年,第 11—12 页

教师设问: 为什么周边邻国对新中国普遍存在疑惧？(参考答案:中国周边的陆地邻国多是刚刚实现民族独立的小国;意识形态和社会制度不同;中国与周边陆地邻国存在历史遗留问题或边界纠纷。)

教师讲述：1953年12月，中印两国在解决西藏问题的谈判中，周恩来总理在会见印度代表团时首次提出“和平共处五项原则”。1954年，周恩来在访问印度、缅甸期间，分别与印度总理尼赫鲁和缅甸总理吴努发表联合声明，共同倡导和平共处五项原则。

材料七　中印两国基于互相尊重领土主权、互不侵犯、互不干涉内政、平等互惠、和平共处的原则而缔结的这个协定，使两国在中国西藏地方的关系在新的基础上建立起来。这一协定的签订，不仅将进一步加强中印两国人民的友谊，并且充分证明只要各国共同遵守上述各项原则，采取协商方式，国际间存有着的任何问题均可获得合理解决。

——齐鹏飞、李葆珍著：《新中国外交简史》，北京：人民出版社，2014年，第13页

教师设问：根据材料七并结合所学知识，阐述和平共处五项原则有何重要价值。（参考答案：有利于解决与周边国家的历史遗留问题；超越意识形态和社会制度的差异，成为解决国与国之间问题的基本准则；协商解决国际争端，有利于缓和国际紧张局势，维护世界和平；推动建立公正合理的新型国际关系，利于改变全球治理体系。）

教师追问：和平共处五项原则的提出表明新中国领导人对外交的认识发生了怎样的转变？（参考答案：外交要淡化意识形态，从维护国家利益出发。）

教师讲述：和平共处五项原则的提出揭示了外交实际上是以和平的方式开展国与国之间的交往合作。外交不仅追求目标的和平，而且强调手段的和平。它表明新中国成立初期的外交与中国革命运动时期的对外关系是不同的，这意味着新中国外交开始突破意识形态的束缚，逐渐走向务实。1954年，中国第一次以大国身份参加了日内瓦会议，提出了《关于在印度支那停止敌对行动》的建议。1955年，中国参加万隆会议，周恩来在会上提出“求同存异”的方针，促成会议达成《关于促进世界和平和合作的宣言》。日内瓦会议和万隆会议实践了和平共处五项原则，并进一步丰富了其内涵。此后，和平共处五项原则受到国际社会普遍认可。

(设计意图)本设问引导学生通过阅读分析史料，理解和平共处五项原则提出的背景及重要意义。本环节指向的是：(1)史料实证素养水平3——在探究特定历史问题时，能够对史料进行整理和辨析；(2)历史解释素养水平4——能够在独立探究历史问题时，能够在尽可能占有史料的基础上，尝试验证以往的说法或提出新的解释。

(过渡)这一外交认识的转变，加快了新中国迈向国际舞台的脚步。在1954年的日内瓦会议和1955年万隆会议上，中国代表团尤其是周恩来展现出了卓越的外交智慧，深受与会代表的欢迎。

3. 国际舞台上的周恩来形象

材料八

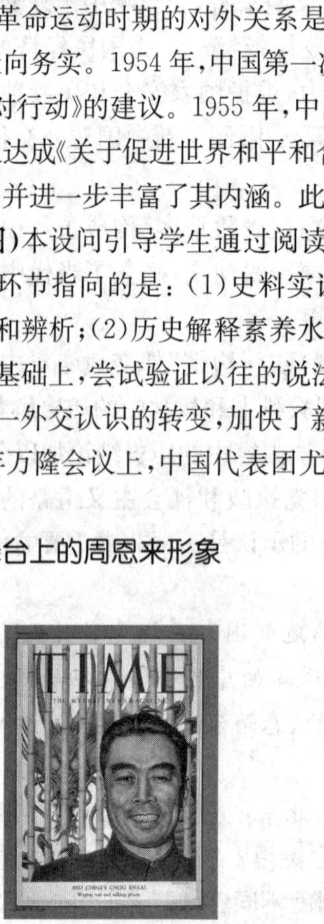

Waging War and Talking Peace(边打边谈)

图1　红色中国的周恩来(1954年)

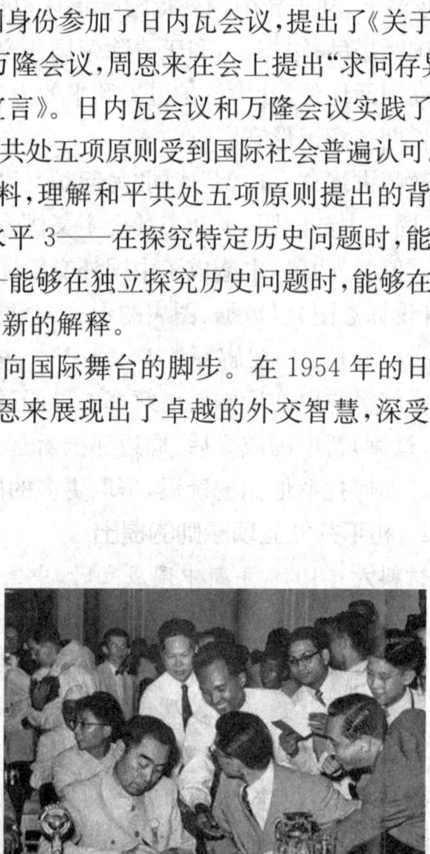

图2　万隆会议期间各方人士请周恩来签名留念(1955年)

教师设问：你能从这两张图片中读出什么样的信息？（参考答案：《时代》杂志妖魔化中国，散布中国威胁，对新中国怀有敌意。万隆会议期间周恩来受到欢迎。）

教师讲述：1954 年《时代》杂志上，周恩来像的背景是竹栅栏和一条张牙舞爪、目露凶光的青龙，图中所配文字为“边打边谈”，这反映了西方社会对新中国怀有敌意。日内瓦会议是 1954 年召开的和平解决朝鲜问题和恢复印度支那和平问题的国际会议，这是新中国第一次以世界五大国的身份亮相国际舞台。会议期间，周恩来舌战以杜勒斯为代表的“十六国”，打击了美国霸权主义气焰，同时奔走各方，积极斡旋，促成印度支那和平的实现。中国代表团在日内瓦会议期间还积极展开灵活的外交活动，使中英双方在贸易问题上取得一些积极成果，并建立了代办级外交关系。这次会议也成为中美双方接触的桥梁，打开了日后长达十几年中美大使级会谈的大门。

万隆会议是亚非国家和地区举行的第一场没有殖民国家参加的国际会议。会上，周恩来提出了“求同存异”的方针，得到广泛认可。它使不同社会制度的亚非各国认识到，当彼此间有矛盾分歧时，可以遵循这一方针，通过谈判来解决具体问题，从而促进亚非各国的文化经济交流。亚非各国还在共同抵制美国与苏联的殖民主义、新殖民主义活动和维护世界和平与合作等方面达成了共识。万隆会议后，中国与广大亚非国家建立了外交关系，进一步打破了美国为首的西方阵营对中国的外交孤立。亚非会议成为后来不结盟运动的先声。1971 年中国重返联合国，亚非拉地区众多民族国家投出了赞成票。日内瓦会议和万隆会议的成功是中国务实外交的重大胜利，它大大提高了新中国的外交形象和国际威望。

(设计意图)通过呈现与周恩来相关的两张历史图片，引导学生分析新中国成立初期在美国为首的西方国家的封锁下所取得的重大外交成就。本环节指向的是：(1)史料实证素养水平 3——在探究特定历史问题时，能够对史料进行整理和辨析；(2)家国情怀素养水平 3、4——能够将历史学习所得与家乡、民族和国家的发展繁荣结合起来，立志为新时代中国特色社会主义建设、中华民族伟大复兴作出自己的贡献。

(过渡)和平共处五项原则扩大了新中国的对外影响力，但新中国面临的外交困境依然存在。新中国是如何一一突破的呢？

材料九　经过中美双方一段时间的接触，双方最终决定于 1955 年 8 月 1 日在日内瓦(1958 年后改在华沙)举行大使级会谈……谈判一开始，中方提前释放了 11 名被俘的美国飞行员，为会谈创造了良好的氛围……1955 年 9 月 10 日，第一阶段会谈成果《中华人民共和国和美利坚合众国两国大使关于双方平民回国问题协议的声明》正式对外公布……中美华沙会谈持续了十多年，谈判内容主要涉及台湾问题、记者互访、核武器和印度支那问题四个主要方面……由于双方的基本立场差距过大，会谈没有取得直接成果，但也使双方了解到对方的态度，增进了沟通。

——官力主编：《当代中国外交》，北京：高等教育出版社，2019 年，第 58—59 页

教师设问：根据材料九并结合所学知识，说明中美华沙会谈的意义。（参考答案：中美双方建立会谈机制，在一定程度上避免了战略误判，有利于缓和中美紧张关系。会谈中双方增进了沟通，为后来中美关系的重大突破奠定了一定基础。）

(设计意图)通过引导学生分析“中美华沙会谈”的作用，认识到 50 年代中后期，中国外交虽然面临着困境，但依然为维护独立自主的和平外交而不懈努力，表明中国外交原则的坚

定性和策略的灵活性。本环节指向的是：史料实证素养水平1——在解答某一历史问题时，能够尝试从多种渠道获取与该问题相关的史料；能够从所获得的材料中提取有关的信息。

（二）中国外交的重大突破

（过渡）虽然50、60年代新中国外交在众多领域取得了一些突破和重大成就，但这一时期平均每年仅有两个国家与中国建交，增速非常缓慢，大量资本主义国家迟迟未与中国建交，新中国的外交突破之路异常艰难。

材料十 早在1946年8月，毛泽东在与美国记者安娜·路易斯·斯特朗的谈话中，就已提出了"中间地带"的观点。那时"中间地带"是指美国和苏联中间隔着的广大亚非拉国家……1956年10月至1958年期间，毛泽东重提"中间地带"的问题，并认为美国是"霸中间地带为主"。

——官力主编：《当代中国外交》，北京：高等教育出版社，2019年，第92—93页

材料十一 随着国际政治实践深入发展，毛泽东在"中间地带"理论的基础之上，全面提出了"划分三个世界"的观点。1974年2月22日，毛泽东在会见赞比亚总统卡翁达时，首次指出："我看美国、苏联是第一世界。中间派，日本、欧洲、澳大利亚、加拿大，是第二世界。咱们是第三世界。"……在三个世界划分中，他更加强调要把处于美苏超级大国和发展中国家之间的资本主义发达国家看作是反霸斗争中可以争取和团结的力量……这种对西方国家的重新评价给中国带来了深刻的变革，从根本上扫除了与西方国家发展关系的制度性障碍……为中国的未来发展预留了广阔的空间。

——官力主编：《当代中国外交》，北京：高等教育出版社，2019年，第115—116页

教师设问：根据材料十、十一并结合所学知识，指出与新中国成立初期相比，70年代毛泽东的外交理论有何新发展。（参考答案：在"中间地带"理论基础上提出"三个世界划分"理论；"三个世界划分"理论不再强调国家的意识形态，而更看重一个国家的国际经济地位及对外政策等。）

教师追问："三个世界划分"理论的提出有何意义？（参考答案：突破了革命外交理念的限制，利于中国摆脱长期以来的外交困境；不断加强与亚非拉国家的团结与合作；为改善和发展与西方资本主义国家的关系提供理论基础；为中美关系解冻奠定了理论与实践基础；为后来中国的改革开放埋下了伏笔；利于团结第三世界，联合第二世界，共同反对美苏超级大国的霸权主义。）

教师讲述：20世纪50年代中后期，中苏之间的冲突日益白热化，中国不再实行新中国成立初期的"一边倒"战略方针。70年代，毛泽东在"中间地带"理论的基础上提出"三个世界划分"理论，突出了美苏两大霸权主义的国家同世界反霸权主义力量之间的矛盾，主张联合第三世界，团结第二世界，共同反对超级大国的霸权主义。这反映了毛泽东对70年代错综复杂的世界格局的基本判断，是毛泽东外交思想运用马克思主义唯物史观的主要矛盾原理的典范，也是其国际战略思想发展的高峰。中国以此为指导积极开展外交活动，西欧资本主义国家纷纷与中国建交，出现了历史上的"第三次建交高潮"。与西方国家的和平互信交流，也为后来改革开放的顺利开展奠定了一定基础。

（设计意图）本设问引导学生通过阅读材料，认识毛泽东外交思想的转变与调整，进而理

解中美关系实现重大突破的国际背景和理论支持。本环节指向的是：(1)时空观念素养水平2——能够将某一史事定位在特定的时间和空间框架下；(2)时空观念素养水平4——在对历史和现实问题进行独立探究的过程中，能将其置于具体的时空框架下。

材料十二　1969年9月11日，中苏两国首脑"北京机场会晤"举行。这一中苏关系有可能重新缓和与改善的"戏剧性事件"引起了美国的极大关注，尼克松立即召见基辛格询问看法。基辛格经过一番分析认为，初步看来中苏发表的只有三句话的联合声明是非常冷淡的……而且中国给予柯西金的不过是起码的礼仪待遇——没有要他离开机场，又是苏联首先宣布了这次会晤，这可能意味着是苏联采取了主动行动。所以，美国与中国缓和并改善关系的大门没有从里面关上。

——齐鹏飞、李葆珍著：《新中国外交简史》，北京：人民出版社，2014年，第86—87页

教师设问：根据材料十二并结合所学知识，指出中苏"北京机场会晤"为何会引起美国的极大关注。(参考答案：60年代末中苏关系恶化势头未见好转；美国在美苏争霸中处于不利地位，想极力拉拢中国对抗苏联；中国自身国际影响力的日益增强等。)

教师讲述：20世纪60、70年代，国际形势发生重大变化，第三世界国家不断发展壮大，中国的国际影响力也日益增强，美国长期奉行的孤立中国的政策走向了破产。勃列日涅夫执政时期的苏联军事实力增强，在美苏争霸中处于优势地位。美国则深陷越南战争无法自拔，国内又面临严重的经济滞胀，在争霸中处于劣势。然而，苏联霸权主义极大威胁了中国边疆安全，1969年苏联制造了珍宝岛武装冲突事件，中苏战争一触即发。这样，缓和中美关系就有了现实基础。

(过渡)1972年，尼克松总统访华，中美双方签订《中美联合公报》，标志着中美之间结束了二十多年的敌对状态，两国关系开始走向正常化，但中美之间却迟迟未建立外交关系。

材料十三　中方声明：中华人民共和国是中国的唯一合法政府，坚决反对任何旨在制造"一中一台""一个中国、两个政府""两个中国""台湾独立"和鼓吹"台湾地位未定"的活动。

美方声明：美国认识到，在台湾海峡两边的所有中国人都认为只有一个中国，台湾是中国的一部分。美国政府对这一立场不提出异议。它重申它对由中国人自己和平解决台湾问题的关心。

——《中华人民共和国和美利坚合众国联合公报》(1972年2月28日)，载中华人民共和国驻美利坚合众国官方网站，http://www.china-embassy.org/chn/zmgx/zywj/lhgb/t705065.html

材料十四　美利坚合众国承认中华人民共和国政府是中国的唯一合法政府，台湾是中国的一部分。在此范围内，美国人民将同台湾人民保持文化、商务和其他非官方关系……

——《中华人民共和国和美利坚合众国关于建立外交关系的联合公报》(1978年12月16日)，载中华人民共和国驻美利坚合众国官方网站，http://www.china-embassy.org/chn/zmgx/zywj/lhgb/t705065.html

教师设问：根据材料十三、十四并结合所学知识，说明美国在《中美联合公报》和《中美建交公报》中的声明有何异同，指出阻碍中美建交的原因。(参考答案：相同：都承认一个中国。不同：谁是代表中国的唯一合法政府：《中美联合公报》承认一个中国，却绕开了谁是中国的合法代表，未明确表态台湾是中国的一部分。《中美建交公报》明确承认台湾是中国的

一部分，中华人民共和国政府是唯一合法政府。原因：是否承认台湾是中国的一部分。）

教师讲述：1972年《中美联合公报》的发表意味着中美关系解冻，但从美方声明的文本中，我们可以看出，美国没有明确承认台湾是中国的一部分，而《中美建交公报》双方则在台湾问题上达成共识。由此可见，台湾问题是影响中美建交的最棘手、最敏感、最关键的问题。

（设计意图）本设问通过引导学生对比分析《中美联合公报》和《中美建交公报》中涉及台湾问题的文本表述，理解影响中美关系进一步发展的关键问题。本环节指向：(1)历史解释素养水平2——能够在历史叙述中将史实描述与历史解释结合起来；(2)史料实证素养水平3——在探究特定历史问题时，能够对史料进行整理和辨析。

（过渡）历史经验告知我们，中美两国合则两利，斗则俱伤。随着中美关系正常化，中国外交由此迎来了一个大调整时期。

（三）改革开放后的中国外交

图3　邓小平访日期间乘坐新干线（1978年）

图4　邓小平访美期间参观林登·约翰逊航天中心（1979年）

教师设问：上述图片包含着怎样的历史信息？（参考答案：邓小平在访问日、美期间，考察体验了西方的现代科技，表明中共领导人非常重视发展高科技；中国外交步伐转向强调为国内经济建设创造良好的国际环境，推动改革开放。）

材料十五　现在世界上真正大的问题，带全球性的战略问题，一个是和平问题，一个是经济问题或者说发展问题。和平问题是东西问题，发展问题是南北问题，概括起来，就是东西南北四个字。南北问题是核心问题。

——宫力、王红续主编：《新时期中国外交战略》，北京：中共中央党校出版社，2014年，第56页

教师设问：根据材料十五，概括指出邓小平对80年代中期国际形势的判断，并说明这一论断对中国外交的意义。（参考答案：判断：和平与发展是当今时代的主题等。意义：有利于中国重新调整外交战略，坚持走和平发展的道路；坚定了中国继续走独立自主的和平外交路线。）

材料十六　20世纪80年代末90年代初……世界格局进入了新旧交替的历史大变革时期，中国外交面临着前所未有的复杂局面。面对这种局面，邓小平同志综观全局，审时度势，对中国外交何去何从提出了一系列高屋建瓴的指导性思想。其核心就是："韬光养晦，有所作为。""韬光养晦"的思想可以概括为"四不"和"两超"：不扛旗、不当头、不对抗、不树敌，超

越意识形态因素……中国在国际事务中不扛旗，不当头，绝不意味着我们在国际问题上没有声音、没有影响。

——赵进军主编：《新中国外交60年》，北京：北京大学出版社，2010年，第28页

教师设问：根据材料十六并结合所学知识，分析邓小平提出"韬光养晦，有所作为"的背景，并说明其意义。（参考答案：背景：和平与发展成为时代主题；改革开放进入了关键期；苏东剧变，国际社会主义遭遇重大挫折；国际政治经济秩序存在不合理现象；霸权主义依然存在。意义：有利于中国紧抓国际战略机遇期，深入推进改革开放，提升综合国力；反对霸权主义与强权政治，利于改变不合理的国际政治经济秩序，为维护世界和平贡献中国力量。）

教师追问：江泽民和胡锦涛时代中国是如何在国际舞台上讲述中国故事的？（参考答案：以联合国为中心开展多边外交，坚定支持联合国作为最重要的国际组织和多边外交平台继续发挥作用；与大国建立多种形式的伙伴关系；创建"上海合作组织"，成功实践新安全观；推进金砖国家一体化发展；务实推进中非新型战略伙伴关系，加强中非合作与交流；加强睦邻国家合作；通过多边机制积极参与国际事务。）

（设计意图）以邓小平同志访日、访美期间的活动安排为切入点，引导学生理解改革开放后的中国和平外交方针，逐渐由新中国成立初期的"和平共处"转向"和平发展"。江泽民和胡锦涛时代秉承这一外交新理念，结合国际新形势的变化积极开展外交活动，取得重大成就。本环节指向的是：(1)史料实证素养水平4——在对历史和现实问题进行独立探究的过程中，能够恰当地运用史料对所探究问题进行论述；(2)家国情怀素养水平3、4——能够将历史学习所得与家乡、民族和国家的发展繁荣结合起来，立志为新时代中国特色社会主义建设、中华民族伟大复兴作出自己的贡献。

（过渡）改革开放后，新中国从"和平共处"的外交向"和平发展"的外交全面转型并取得巨大成功，全方位外交取得重大突破和重大进展。中共十八大以来，面临世界局势的深刻变化，中国领导人因势而谋，应势而动，顺势而为，开创了中国特色的大国外交新局面。

（四）中共十八大以来的中国特色大国外交

材料十七　5次出访、两大洲、8个国家、4场国际会议、百余场双多边活动，这一组数字串联起了2019年上半年习近平主席在世界各地留下的足迹。

3月赴意大利、摩纳哥、法国，开启今年首访；4月至5月，第二届"一带一路"国际合作高峰论坛、北京世界园艺博览会、亚洲文明对话大会相继开幕；6月，"一周一访"的快节奏创造了新中国外交史上的新纪录。

——万鹏、任一林等：《从2019上半年外交足迹看习近平外交思想："无我"境界引领中国外交前行》，http://cpc.people.com.cn/n1/2019/0806/c164113-31277927.html，2019-08-06

教师设问：根据材料十七，概括2019年上半年习近平外交行程的特点。（参考答案：时间紧凑；领域广；出访国家多。）

材料十八　2019年，习近平的重要活动格外频繁，以下是主席的外交行程单（部分）：

3月，出访意大利共和国、摩纳哥公国、法兰西共和国。同出席中法全球治理论坛闭幕式的欧洲领导人举行会晤。会见美国哈佛大学校长巴科。

4月，参加第二届“一带一路”国际合作高峰论坛，表示：共建“一带一路”不仅为世界各国发展提供了新机遇，也为中国开放发展开辟了新天地。参加中国北京世界园艺博览会，强调“建设美丽家园是人类的共同梦想。会见国际货币基金组织总裁拉加德。会见联合国秘书长古特雷斯时指出，当今世界正经历百年未有之大变局，“经济全球化的大势不可逆转，合作共赢才是人间正道。”

6月，访问吉尔吉斯共和国、塔吉克斯坦、朝鲜等国。出席上合组织峰会、亚洲相互协作与信任措施会议第五次峰会、二十国集团领导人第十四次峰会、金砖国家领导人会晤。主持中非领导人会晤。同美国总统特朗普举行会晤。

8月，习近平出席2019年国际篮联篮球世界杯开幕式。会见乌兹别克斯坦总理和菲律宾总统。

11月，习近平会见美国前国务卿基辛格。习近平和彭丽媛设宴欢迎出席第二届中国国际进口博览会的各国贵宾。

12月，习近平会见日本、韩国领导人，同俄罗斯总统普京视频连线。

——新华网：《习近平日历》，http://www.xinhuanet.com/politics/xxjxs/

教师设问：根据材料十八，概括新时期中国特色大国外交的特点。（参考答案：元首外交为引领；密切与发展中国家的关系；重视周边外交；积极开展大国外交；注重发展多边外交；外交形式更加丰富；植根于悠久的历史文化；积极参与全球治理；积极构建人类命运共同体。）

教师追问：根据材料十七、十八，说明中国的国际地位发生了怎样的变化。（参考答案：国际地位提高；中国越来越走进世界舞台中心；中国成为参与全球治理的重要力量。）

材料十九 根据世界银行的统计，中国国内生产总值于2010年达到6.1万亿美元，由此超过日本而成为世界第二大经济体；2016年达到11.2万亿美元，占世界国民生产总值的比重由11.5%上升到14.9%。此外，同样根据世界银行的数据，2013—2016年，中国对世界经济的年均贡献率为31.6%，高于美国、欧元区和日本这三大经济区对世界经济增长贡献率的总和。2016年，中国的贡献率更是达到了34.7%，成为推动世界经济增长的最强动力。

——王栋、朱晓凡：《浅析中国特色大国外交理论及实践》，载《国际展望》，2017年第6期

材料二十 2015年9月22日，习近平在美国西雅图市欢迎宴会演讲时强调：“……中国的人均国内生产总值仅相当于全球平均水平的2/3、美国的1/7，排在世界80位左右。按照我们自己的标准，中国还有7000多万贫困人口。如果按照世界银行的标准，中国则还有2亿多人生活在贫困线以下。中国城乡有7000多万低保人口，还有8500多万残疾人。”

——许利平、王晓玲：《一带一路与习近平外交战略思想》，载《北京工业大学学报(社会科学版)》，2016年第4期

教师设问：根据材料十九、二十并结合所学知识，说明应如何准确理解中国的大国形象。这对今后中国开展外交活动有何启示？（参考答案：理解：中国仍是世界最大发展中国家。启示：基于自身发展利益主动有为；要有自信、有担当地开展中国特色大国外交；同时要注意量力而行。）

教师讲述：改革开放以来，中国在捍卫二战后国际秩序的同时，主张改革国际政治经济秩序中的不合理成分。中国开展以联合国为中心的多边外交，成为维护二战后国际秩序的

重要力量。在世界大变局中，中国不仅着眼于自身的发展，还积极参与全球治理，就世界和平发展的诸多议题提出中国方案，中国已发展成为多边治理体系的重要参与者、推动者和引领者。中共十八大以来，以习近平为核心的党中央领导人统筹发展安全与和平两件大事，推进落实“一带一路”的建设，创建亚投行，积极开展中国特色大国外交，构建人类命运共同体，成为区域合作受益者，更是全球治理的积极倡导者和推进者。今天，中国的朋友圈越来越广，中国与世界的互动越来越频繁。截至 2019 年，已有 180 个国家与中国建立了外交关系。

(设计意图)引导学生分析习主席外交足迹的特点，进而理解当今中国的国际影响力。以“2019 年习近平外交行程单”为切入点，理解中共十八以来中国特色大国外交的特点。本环节指向的是：(1)史料实证素养水平 1——在解答某一历史问题时，能够尝试从多种渠道获取与该问题相关的史料；能够从所获得的材料中提取有关的信息；(2)家国情怀素养水平 1、2、3、4——能够理解和尊重世界各国优秀文化传统；能够将历史学习所得与家乡、民族和国家的发展繁荣结合起来，立志为新时代中国特色社会主义建设、中华民族伟大复兴作出自己的贡献。

【课堂小结】

教师引导学生小结：新中国成立后，中国外交方针不断调整，虽历经曲折，但成就显著。中共十八大以来，中国积极参与和引领全球治理，为改革完善全球治理体系、推动国际秩序和国际体系朝着更加公正合理、普惠均衡的方向发展贡献中国智慧。未来的中国是世界的中国，中国要以自身的发展和进步促进人类的发展和进步，在促进世界发展与进步中实现中华民族的伟大复兴。

第五单元

货币与赋税制度

第 15 课

货币的使用与世界货币体系的形成

教学设计 1

四川省邛崃市高埂中学　王继平

一、教材分析

本课是统编教材《国家制度与社会治理》第五单元《货币与赋税制度》的第 1 课,包括"中国货币的演进历程"和"世界货币体系的形成"两个子目。教材主要讲述了我国从古至今的币制变迁和近现代国际货币体系的演变历程。本课知识逻辑结构如下:

表一　本课知识逻辑结构

中国货币的演进历程	世界货币体系的形成
贝币时代 ↓ 铜币时代 ↓ 纸币时代 ↓ 白银时代 ↓ 信用纸币时代	以英镑为中心的国际金本位制时代 ↓ 布雷顿森林体系时代 ↓ 后布雷顿森林体系时代 ↓ 当前中国积极参与国际货币体系改革和全球经济金融治理

《普通高中历史课程标准(2017 年版 2020 年修订)》对本课的要求是:了解中外历史上货币发行和使用情况,以及现代世界货币体系的形成。本课教材内容主要阐述了两条线索:中国币制的演进与国际货币体系的演进。货币制度与税收制度、财政制度一样,是国家经济制度的核心组成部分,是国家统治权力在经济领域的重要体现。16 世纪以后,经济全球化不断推进,近代、现代中国币制都受到了国际货币体系发展演变的影响。教学中要注意适当补充教学内容,完善知识体系,搭建准确的时空框架,在理清历史线索的同时,把时空转换中的历史逻辑清楚地展现出来,由此来构建本课的教学逻辑结构。

二、学情分析

学生通过《中外历史纲要》的学习，对古代中国、西方货币的发展变化等内容有一定史实了解，而对近现代以来国际货币体系的演变则了解很少。

本课涉及货币学、国际金融学的概念较多，这些概念可能大多数学生都搞不清楚，特别是国际货币与世界货币的区别与联系，世界货币为什么一定是黄金等。教学时，需要通过相关史料构建具体生动的历史情境，引导学生在唯物史观指导下，用联系和发展的观点看待历史上的一切，用辩证法的观点去把握对象的本质联系与内部矛盾，探寻历史发展的内在线索，并进一步培养家国情怀。

三、教学目标

1. 了解中国古代货币制度演变的主要历程，认识几个重要朝代币制变革对当时乃至以后中国历史发展产生的影响。

2. 通过了解明朝中期以来中国币制与世界币制之间的互动关系，认识到中国曾是主动参与全球化早期建构的国家；鸦片战争以后中国币制的杂乱与民国时期艰难的币制改革，都是中国国内时局与世界时局共振产生的结果。

3. 了解近现代国际货币体系演变的主要历程，理解分别以英镑、美元为中心的国际货币体系在全球金融治理上存在的缺陷及其根源，加深对国际货币体系演变规律的认识。

4. 了解二战以后至今，美国构建“金融霸权”的相关史实，认识当前推进国际货币体系改革，改进全球金融治理，构建人类金融命运共同体的伟大意义。

四、教学重难点

重点：中国古代货币制度演变的历程；近现代国际货币体系演变的历程。

难点：中国古代货币制度演变的规律；近现代国际货币体系演变的规律。

五、教学过程

【导入新课】

教师讲述：汉武帝时代，国库捉襟见肘，武帝宠臣张汤就出了个好主意。武帝采纳了他的主意：把上林苑的白鹿宰了，鹿皮硝好后切成一尺见方的小块，画上彩绘之后，标价成了40万文的顶级钱——白鹿币。汉武帝规定诸侯朝觐必须进贡白鹿币。他先把白鹿币按40万文一张的价格卖给诸侯，再让这些诸侯把白鹿币觐献给自己。

教师设问：汉武帝为什么要创制白鹿皮币呢？白鹿皮币是严格意义上的货币吗？（参考答案：原因：增加中央政府的财政收入，缓解财政危机的需要；削弱地方诸侯的实力，加强中央集权的需要。性质：白鹿皮币不是严格意义上的货币，因为它并未进入社会经济流通领域。）

(过渡)白鹿皮币的故事反映了中国古代国家货币治理的一个侧面。历代政府对货币的治理是否成功，既关系到政府自身的经济、政治利益，又对整个社会经济发展与民众生活影响极大。今天我们就来学习《货币的使用与世界货币体系的形成》。

(设计意图)通过设置情景，加深学生对"货币制度与货币治理"这个主题的了解和认识，同时激发学生学习和探究的兴趣，为本课教学打下基础。

【学习新课】

(一)"钱者，权也"——中国的货币制度与货币治理

1. 贝币时代

教师讲述：贝币时代从远古跨越到商朝前期，从天然海贝到人工仿制的骨贝、玉石贝，直到商朝后期出现铜铸币以后，中国才开始转入铜币时代。

2. 铜币时代

教师讲述：随着人类社会经济发展，交易需要投入越来越多的货币，制造货币的币材也在不断拓展更新。从春秋战国开始，铜币成为主流通货。秦朝建立以后，全国范围内统一采用圆形方孔的"半两钱"，结束了春秋战国时期杂乱的币制，实现了货币形制和铸币权的统一。汉初铜钱重量几经变化，铸币权也曾经下放到地方郡国。至汉武帝时，由中央政府统一铸造的"五铢钱"成为国家法定主流通货；铸币权也最终实现了完全由中央政府所垄断。唐朝"开元通宝"带来了铜铸币时代币制规则的一次承上启下的重大改变，实现了从称量货币到符号货币的转变，这使得经济交易更加方便。自北宋起，新铸铜钱上统一铸印当时的年号，铜铸币开始有了准确的生产时间，铜铸币的币制规则日臻完善。

(过渡)处于铜铸币巅峰时代的唐宋王朝，遇到了一系列货币治理的难题。接下来我们就来探究一下贯穿整个唐宋王朝货币治理的主干难题——"钱荒"问题。

材料一　由于铜产量的下降，到唐代宗宝应年间(762—763 年)"铜贵"问题正式形成……针对"铜贵"问题，唐政府实行了日渐严厉的铜禁政策，但收效甚微。

——钟兴龙：《唐代"铜贵"问题》，载《古籍整理研究学刊》，2013 年第 6 期

材料二　学界对北宋钱荒的研究往往认为，钱价低于铜价所造成的铜钱的熔化(注：民间私自熔钱铸器行为)、外流和窖藏等是导致钱荒的主要原因……决策者们试图通过打破单一铜铸币制度，铸造铁钱、发行纸币和使用贵金属等方式解决货币供给不足问题，但效果有限。

——周生春、李华：《北宋钱荒的内在成因新探》，载《浙江大学学报(人文社会科学版)》，2017 年第 2 期

教师设问：根据材料一、二并结合所学知识，说明唐宋时代"钱荒"问题日益严重的原因。(参考答案：铜产量下降；民间熔钱铸器、铜币外流和富人窖藏铜钱等因素导致社会上铜币的总供应量日渐减少；国内外商业贸易繁盛；政府征税方式逐渐货币化等因素导致铜币

的社会需求量急剧上升。）

教师引导学生分析：“钱荒”问题实质上就是社会流通领域中的铜钱不够用，我们可以从货币的总供应与总需求的角度，分析哪些因素导致社会流通领域中的货币总供应量减少，哪些因素导致总需求量增加就可以了。

（过渡）那么在铜铸币时代，历代中央政府是怎么治理“钱荒”问题的呢？

材料三 纵观历代为解决“钱荒”采取的措施，通常有限制铜的使用、限制私藏、禁止铜钱外流、扩大铜矿开采、推行替代货币以及实行物物交换等，这些措施即使能收到一些效果，但作用也是有限的，因为私藏、外流、毁钱等只是造成“钱荒”的次要原因，而在“贫铜”的中国古代社会，无论怎样扩大供给也都无法从根本上解决问题，顶多治标却不能治本。

——陈忠海：《中国古代的“钱荒”》，载《中国发展观察》，2017 年第 12 期

教师设问：根据材料一、二、三并结合所学知识，归纳铜铸币时代政府治理“钱荒”所采取的措施。（参考答案：打破单一铜铸币制度，推行替代货币；实行物物交换；限制铜的使用，保证币材供应；禁止私毁、私藏铜钱，禁止铜钱外流；货币减重；利用金融信用工具。）

教师引导学生分析：当政府行使国家治理职能时，通常是从制度与政策的角度入手的。制度层面，决策者们试图打破单一铜铸币制度。政策层面，按经济常识，只能从如何扩大货币供应与减少货币退出流通领域、如何加快货币流通速度着手。我们就按着这一思路，综合材料信息与所学知识，分门别类归纳就可以了。

（设计意图）探究铜铸币时代“钱荒”治理难题旨在训练学生对材料信息与所学知识进行整合的能力。本环节指向的是：(1)时空观念素养水平 2——能够认识事物发生的来龙去脉；(2)历史解释素养水平 2——能够选择、组织和运用相关材料并使用相关历史术语，对个别或系列史事提出自己的解释；(3)唯物史观素养水平 1、2——能够了解和掌握唯物史观的基本观点，即知道经济基础与上层建筑之间的辩证关系。

（过渡）在宋朝商品经济发展高度繁荣的驱动下，当时交通不便的四川地区首先出现了纸币“交子”，中国开始从铜币时代向纸币时代过渡。

3. 纸币时代

教师讲述：北宋为解决“钱荒”问题，发行了纸币“交子”（后来改为“钱引”），南宋发行了纸币“会子”。但事实上，两宋的法定主币仍然是铜钱。随后的蒙元是中国古代唯一实行纯纸币流通的朝代。明承元制，发行“宝钞”。

材料四 明代货币史经历了一个从铜到钞，再到铜、钞、银兼行，最后白银升为主币的过程……大明通行宝钞无本、无储备、无法兑现、无限额、无法以旧换新，这……必然导致纸钞的滥发、贬值和昏烂。明代白银升级为社会生活中的主币，成为普遍的支付手段，是自下而上的一个过程，自民间屡禁不绝后朝廷默认之。

——魏俊：《明代白银货币化进程及其启示》，载《求索》，2016 年第 1 期

教师设问：根据材料四并结合所学知识，归纳明朝前期纸币制度运行的特点，并说明其失败的原因及造成的影响。（参考答案：特点：发行量大；缺乏系统科学的货币政策；以失败告终。失败原因：明朝纸币制度本身存在天然缺陷；民间抵制纸币。影响：导致明代币制紊乱，造成社会生活的混乱与无序；政府对货币的控制能力降低，公信力下降；民间弃用宝钞，

自发用银，为白银货币化提供契机。）

教师引导学生分析：明初纸币发行投放量不是根据社会经济总量和市场实际需要而定，导致纸钞滥发、贬值和昏烂。这在本质上反映了政府只想倚靠国家权力强行从民间搜刮财富，这使得纸币信用丧失，终被社会抛弃。

（设计意图）学生在理解明朝纸币制度的特点、失败的原因及造成的影响以后，为探究白银崛起埋下伏笔。本环节指向的是：(1)时空观念素养水平3——能够把握相关史事的时间、空间联系；(2)历史解释素养水平2——能够选择、组织和运用相关材料并使用相关历史术语，对个别或系列史事提出自己的解释。

（过渡）在明前期宝钞逐渐崩溃的过程中，随着民间自发用银的范围不断向全国蔓延，白银的地位上升，逐渐成为社会主流货币，中国从纸币时代进入到白银时代。

4. 白银时代

(1) 明代中后期完成货币白银化转型的原因

材料五 政府初期还是着力坚持挽救宝钞，永乐至宣德时期开展了好几次规模浩大的救钞运动，但因宝钞的受领性极低、贬值迅速而逐步归于失败……政府的中上层也开始认识到赋役变通折银的做法不仅更为有效，且更容易缓和因明初实物劳役型体制高额成本带来的紧张感……伴随着赋役体制的变迁，其对白银的依赖也日益被强化。

明政府在第一个世纪里，有半个世纪禁止铜钱交易，另半个世纪没有铸造1枚铜钱投放国内市场……民间只好自发通过私铸、析分好钱来弥补货币的不足，导致私铸之风交错而起，最后私铸泛滥成灾，无法收拾……良劣币竞择的游戏，其最后结果是当劣币驱逐良币（私钱驱逐好钱）达到一定临界点，结果可能是另一种良币开始驱逐劣币（白银替代铜钱），民间称量银成为最后也是最佳的选择。

需要指出的是，政府与市场几乎先后产生了对于称量银的强烈需求机制，这个需求机制早在海外白银大量流入之前便已形成，实构成海外白银大规模流入中国的根本原因……明前期国家禁钱行为最为打击铜钱的信用基础，但明中后期的政府如果下决心去维持铜钱制度，并非没有成功的可能，但政府并无决心，它的一切打算在于抽取财政利益的短期考虑，而非维持币值稳定的长期利益考量，最后的结果是导致国家上下只有用银一条路可走。

——邱永志：《元明变迁视角下明代货币白银化的体制促因》，载《中国钱币》，2018年第1期

教师设问：根据材料五并结合所学知识，说明明代中后期完成货币白银化转型的原因。（参考答案：①政府角度：明朝前期纸币制度运行失败；铜钱短缺；折银化改革，强化了其对白银的依赖。②市场角度：铁币退出流通领域；铜币的供应不足和信用不断受打击；③国际角度：新航路开辟后，大量的美洲、日本白银输入中国，助力中国向货币白银化转型。）

教师引导学生分析：根据材料与所学知识，我们可以从政府、民间市场、外贸等角度分析为什么原本贫银的中国能够在明代中后期实现货币白银化转型。调用所学知识时，要注意政府角度还要考虑到明中期的张居正改革使得财政体制也实现了折银化。

（设计意图）本环节指向的是：(1)时空观念素养水平2——能够将某一史事定位在特定

的时间和空间框架下；能够认识事物发生的来龙去脉，理解空间和环境因素对认识历史与现实的重要性；(2)历史解释素养水平 2——能够选择、组织和运用相关材料并使用相关历史术语，对个别或系列史事提出自己的解释。

(过渡)与西方不同的是，中国的白银货币主要是民间流行的自由称量银，而不是西方国家发行的银铸币，即银元。

(2) 白银时代货币制度的局限

材料六 不是由于一般意义上的货币白银化，而是由于称量形态的白银直接成为主导货币，明代的白银货币行用发生了诸多弊端。其中比较突出的是，国家失去了通过货币发行调控市场的能力和利用货币流通量控制增加财政弹性的能力，因而长期陷于财政困境。

——赵轶峰：《明代白银货币称量形态对国家—社会关系的含义》，载《史学月刊》，2014 年第 7 期

材料七 崇祯年间，马尼拉和日本两条白银输入通道相继中断，大明王朝深陷通货紧缩的泥潭，一场铺天盖地的经济危机由此爆发。经济危机更加激化了社会矛盾和民族矛盾，就此拉开了明王朝覆灭的序幕。

——陈昆、杨小玲：《论明代白银货币化的社会影响》，载《社会科学家》，2012 年第 9 期

材料八 我国的货币体制，从宋元明初以纸币为主演变到明中后期及清以白银为主，与世界货币史演变的主流是相悖的，因为纸币的交易成本更低，纸币的使用范围越来越广是世界货币史演变的主流……明清时期的统治者对纸币超发带来的恶性通胀产生了恐惧，大多数时间都没有发行纸币，由白银充当主要的货币职能，并且也没有铸造银元，使得经济的交易成本上升。

——管汉晖、钱盛：《宋代纸币的运行机制：本位、回赎、战争与通胀》，载《经济科学》，2016 年第 4 期

教师设问：根据材料六、七、八并结合所学知识，说明白银货币自由称量的特点给明清王朝的国家社会治理带来的影响。(参考答案：政府无法通过发行货币获得收入，长期陷于财政困境；白银货币的供给严重依赖海外进口，货币主权失控；与世界货币史演变主流相悖，导致对内对外的经济交易成本上升，阻碍了中国在全球化早期的近代化转型。)

教师引导学生分析：白银货币自由称量的特点，使得政府在铜币时代通过铸币获得的收益大为降低，对货币供应总量、社会流通总量的调控能力严重减弱。中国本来就是一个"贫银"国家，白银货币的供给严重依赖海外进口，一旦外银输入中断，由此带来的通货紧缩会引爆社会经济危机，严重降低政府的社会治理能力。由纸币转换为称量白银是一种历史的倒退，与世界货币史演变的主流也是相悖的。这使得中国在国内市场、世界市场的经济交易成本上升，阻碍了中国在全球化早期向近代化的转型。

(设计意图)知道白银时代货币制度自由称量的致命缺陷，对于理解中国近代化转型迟滞以及民国"废两改元"和法币改革有积极作用。本环节指向的是：(1)时空观念素养水平 2——能够认识事物发生的来龙去脉，理解空间和环境因素对认识历史与现实的重要性；(2)历史解释素养水平 2——能够选择、组织和运用相关材料并使用相关历史术语，对个别或系列史事提出自己的解释。

(过渡)中国的白银时代长约 500 年，以鸦片战争为界，鸦片战争以前白银以流入为主。

鸦片战争以后的绝大多数时段，白银以流出为主，在 20 世纪 30 年代中期世界经济危机的打击下，中国的白银时代走到了终点。

(3) 白银时代的终点

教师讲述： 鸦片战争以后，随着外来货币的传入，中国市场上出现了白银、银元、外国纸币等多种货币并存的现象，对内对外经济交易的成本都在不断上升，民众怨声载道。20 世纪 30 年代中期，在世界经济大危机的冲击下，西方国家纷纷放弃金、银本位制，转而实行信用纸币制度，并竞相展开纸币贬值竞赛，企图转嫁危机。中国的白银受到美国大肆提高白银收购价格的冲击，被“抽血式”掠夺；日本又不断扩大对中国的侵略，中国亟需保住国家财富，维护国家经济安全。在这样的背景下，国民政府进行币制改革。1933 年国民政府“废两改元”，在全国范围内停止采用自由称量银，法定主币统一为由中央政府铸造的银元。“废两改元”是近代中国中央政府统一货币发行和确立货币主导权的过程。紧接着，1935 年国民政府推行法币改革，法定主币统一为由中央政府发行的纸币——法币；白银收归国有，禁止民间出口白银。法币改革标志着中国的货币制度完成了由金属货币向信用货币的转型，国家的货币发行和管理职能进一步强化。

5. 信用纸币时代

教师讲述： 新中国发行的人民币本质上也属于“信用纸币”或“信用货币”。随着新中国经济发展和国家实力的增强，人民币的货币信用不断提升。21 世纪初，人民币从国家货币向国际化货币发展。

(过渡) 中国币制的简单历史我们已经学过了，那自近代以来的国际货币体系是如何演变的呢？全球金融治理是否尽如人意呢？

(二) 全球金融治理视角下的近现代国际货币体系演变

教师讲述： 近代以来，随着世界范围内经济交往规模的不断扩大，国际间货币结算日益频繁和复杂，建设一个统一的世界货币体系成为世界经济发展的要求。金融全球化不断发展，世界金融市场逐步形成并不断深化，世界范围内开始出现了全球通用的国际货币或国际化的货币。

1. 以英镑为中心的国际金本位制时代的全球金融治理

材料九　英国是最早通过银行公案，规范黄金的流出流入及中央银行业务的国家，也是世界上第一个完成工业化的国家……到 19 世纪下半期，它又依靠自己雄厚的经济势力，确立了在国际贸易和国际金融方面的霸权地位……英镑代替黄金执行国际货币的职能，成为国际上的计价单位、支付手段和储藏手段。

——刘秋菊：《英镑兴衰原因分析及未来走势——从英镑本位到融入欧元》，载《黑龙江对外经贸》，2005 年第 4 期

教师设问： 根据材料九并结合所学知识，说明 19 世纪英镑确立霸主地位的原因。(参考答案：英国率先完成工业革命，成为世界上第一个工业化国家；经济、政治、文化霸权地位的确立；英国最早完成金融领域体系与规则建设；金融实力最强，伦敦成为世界金融中心；当时英镑在世界上的接受度最高，信誉最好。)

教师引导学生分析： 世界近现代史上经济金融发展的规律，往往是世界经济格局(经济

力量对比)决定了世界金融格局(金融力量对比)。因此各国货币在国际市场的力量对比,背后还是以国家实力,尤其是经济、金融实力为支撑的。所以回答本问,应该综合材料信息与所学知识,主要从经济、金融角度分析英国在这两方面有哪些优势。

(设计意图)本设问引导学生探究英国确立货币霸权或金融霸权的原因,旨在考查学生综合运用学科知识的能力。本环节指向的是:(1)时空观念素养水平4——能够选择恰当的时空尺度对其进行分析、综合、比较,在此基础上作出合理的论述;(2)历史解释素养水平2——能够在历史叙述中将史实描述与历史解释结合起来;(3)唯物史观素养水平1、2——能够了解和掌握唯物史观的基本观点,即知道生产力是历史发展的决定因素,知道经济基础与上层建筑之间的辩证关系。

教师讲述:以英镑为核心的国际货币体系实际上是一种不对称的体系,在体系中各国地位并不平等。英国掌握着世界金融霸权,国际金本位制的规则本身受英国控制,体现英国的利益,其它国家只能被动适应。该体系为英国经济扩张提供了便利,使英国成为这种体制的最大受益国。其它国家都会不同程度地受到英国货币政策调整的制约、冲击,落后国家甚至会引发国内经济动荡和外债拖欠。但我们必须认识到,以英镑为中心的国际货币体系的形成,标志着世界上第一次形成了一个统一的世界货币体系。英镑与黄金共同成为国际货币,解决了世界上因国际贸易不断增长而产生的庞大的国际货币需求,有利于推动全球化深入发展。

(过渡)一战后,英镑在世界上的地位下降,美元的地位上升,英国的金融霸权开始动摇。在1929—1933年世界经济大危机的冲击下,资本主义世界各国竞相展开“纸币贬值竞赛”,企图转嫁危机。英、法、美出于自身利益考虑,分别组建了以英镑、法郎、美元为中心的货币集团,相互之间大打“货币战”。这段惨痛的经历使他们意识到重建稳定的国际货币体系的必要性。1944年7月,布雷顿森林会议召开,美国取代英国接掌世界金融霸权,一个以美元为中心的国际货币体系,即布雷顿森林体系建立起来。

2. 布雷顿森林体系时代的全球金融治理

材料十 35美元兑1盎司黄金的官价,是美国于1934年规定的。然而1934—1944年10年多时间内,由于国内通货膨胀,美元在国内的实际购买力已经大大下降,但是美元对外价值仍然维持不变,显然这就人为地高估了美元……战后初期,除美国以外的资本主义国家黄金和外汇极其匮乏,而当时各国恢复和发展经济必须从美国购买大量商品和物资,拥有美元意味着拥有了购买美国商品的能力。这样就形成了战后至整个50年代的“美元荒”。

——邹三明:《布雷顿森林体系对国际关系的影响》,载《世界经济研究》,2000年第1期

教师设问:根据材料十并结合所学知识,分析美国故意高估美元而低估黄金的原因。(参考答案:便于美国高价出口其过剩的工业品;低价进口原料和其他战略物资;有利于美国的资本输出。)

教师引导学生分析:1944年,美国拿它10年前的金价来作当时的全球官方金价,这是“美国优先”原则的典型体现。在二战后初期各国普遍逆差情况下,高估美元可以使美国用定值偏高的美元获得更多黄金,进一步增加美国的黄金储备,为美元霸权奠定更坚实的基础。

(设计意图)关注美元与黄金的"比价"问题,可以更好地理解布雷顿森林体系。本环节指向的是:(1)时空观念素养水平 3——能够把握相关史事的时间、空间联系;(2)历史解释素养水平 2——能够在历史叙述中将史实描述与历史解释结合起来。

教师讲述:布雷顿森林体系实施的最初阶段,作为世界结算货币的美元还是诚信的,受到各国的信任,因此美元又被称为"美金"。但是,从 20 世纪 50 年代到 70 年代,美国黄金储备不断地减少,美国政府不断地背弃承诺偷印美元。最先发现端倪的是法国总统戴高乐,他命令法国财政部到美联储将法国政府手中的美元统统换成黄金,用飞机全部运回法国。法国人的行为引起了世界其他国家的警惕,一时之间,美元兑换黄金成风。

材料十一　由于各国经济发展不平衡,从 20 世纪 50 年代以后,美国的经济力量相对下降,国际收支持续逆差。这造成了美元大量外流,黄金储备急剧下降。进入 20 世纪 60 年代以后,美国始终无法扭转国际收支逆差,导致美元在国际上的地位受到挑战,美元危机接连不断。西方各国在美国的压力下企图继续维持以美元为中心的固定汇率制,但愈来愈感到力不从心。

——董君:《国际货币体系演进中的货币霸权转移》,载《当代经济管理》,2010 年第 10 期

教师设问:根据材料十一并结合所学知识,说明从 20 世纪 50 年代到 70 年代,美国不断偷印美元的原因及其造成的影响。(参考答案:原因:美国政府的财政赤字不断攀升;西欧和日本在经济上的恢复与崛起;美国的经济力量相对下降,国际收支持续逆差;国际贸易的急剧增长,加剧了对美元的需求。影响:缓解美元外流压力;减少国际收支逆差对美国经济的不利影响;减轻财政赤字带来的压力;稳定国内经济秩序,促进经济发展;破坏了世界经济秩序;一定程度上损害了美国同相关国家的关系;加速了布雷顿森林体系解体的进程。)

教师讲述:各国挤兑黄金风潮导致美国黄金储备急剧减少。在事先与盟友没有任何沟通协调的情况之下,1971 年 8 月 15 日尼克松总统突然宣布美元与黄金脱钩,美国政府停止兑换黄金,美国自己破坏了当初自己亲自主导创建的规则。1978 年 4 月 1 日,黄金正式退出国际货币体系,世界从此进入以美元为主导的后布雷顿森林体系时代。

(设计意图)本环节指向的是:(1)时空观念素养水平 3——能够把握相关史事的时间、空间联系,对较长时段的史事加以概括和说明;(2)历史解释素养水平 2——能够选择、组织和运用相关材料并使用相关历史术语,对个别或系列史事提出自己的解释。

3. 后布雷顿森林体系时代的全球金融治理

材料十二　失去了黄金储备支持的美元在国际货币体系中的地位曾一度受到威胁……时任美国国务卿的基辛格开始了他对中东的"穿梭外交",不断地在华盛顿和中东产油国之间进行游说……最终,以沙特为代表的石油输出国组织欧佩克于 1975 年通过决议,确认美元成为石油的惟一定价和交易货币,而任何想进行石油交易的国家都不得不将美元作为储备,石油—美元格局从此形成。

——李晓耕:《布雷顿森林体系的解体与演变分析——基于美元霸权的视角》,载《北京航空航天大学学报(社会科学版)》,2015 年第 1 期

材料十三　20 世纪 80 年代,日本与美国的双边贸易摩擦不断加剧,贸易战逐渐升级到

汇率战。1985年,美日等国签订了著名的“广场协议”,引发日元急剧升值……90年代初,日本资产泡沫破裂,经济增长戛然而止,并出现长达十年左右的停滞,日元升值的负面影响逐渐显露。

——王允贵:《“广场协议”对日本经济的影响及启示》,载《国际经济评论》,2004年第1期

材料十四 科索沃地处欧洲软肋,在这个地方挑起战争必然能够迫使国际金融资本因对战争的恐惧而暂停投资于欧元区和大量购买欧元……科索沃战事一起,欧元对美元的汇率就一路下跌,到战争结束时已从1欧元兑1.18美元跌到1欧元兑1.03美元的低价。而与此相反,战争期间美国股市不跌反升……经济继续保持稳定增长。

——王庭东:《科索沃战争与美欧经济矛盾》,载《山东经济》,1999年第6期

教师设问: 根据材料十二、十三、十四,并结合所学知识指出1971年美元与黄金脱钩后美元在国际贸易中的地位被削弱了吗?概括在后布雷顿森林体系时代,美国维护美元霸权的手段。(参考答案:没有。手段:建立石油—美元体系;对外发动贸易战、汇率战;通过政治军事手段来达到经济目的。)

教师引导学生分析: 美国利用自身世界霸主的影响力,游说中东产油国建立石油—美元计价机制,用石油代替黄金为美元提供信用支撑。石油—美元体系建立后,全球经济发展带来的巨量石油消费都用美元结算,这为美国过去超印、滥印的美元找到了出路,美元的货币霸权得以巩固。浮动汇率制下,美国不仅利用自身操控IMF(国际贸币基金组织)的优势,在国际外汇市场影响力最大,还经常对外发动贸易战、汇率战,既解决了自身发展困境,又打击削弱了竞争对手。1985年的广场协议、1997年的亚洲金融危机就是典型例子。当经济手段很难奏效时,美国甚至采取政治军事手段来达到经济目的,打压对美元霸权构成威胁的欧元,1999年的科索沃战争就是典型例子。

(设计意图)1971年美元与黄金脱钩以后,美元的霸权地位反而得到增强,学生理解这一问题以后,对当今美国经常挥舞“金融制裁”大棒威胁各国的时政新闻就能理解了。本环节指向的是:(1)时空观念素养水平3——能够把握相关史事的时间、空间联系,对较长时段的史事加以概括和说明;(2)历史解释素养水平2——能够在历史叙述中将史实描述与历史解释结合起来;能够尝试从历史的角度解释现实问题。

教师讲述: 美元霸权之下的全球金融治理既不公平,也不稳定。问题的根源在哪里呢?那就是美元的双重身份:既是美国自身的主权货币,又是国际货币。美国受现实利益驱使,任性使用甚至滥用货币特权,享受货币霸权带来的收益多,而相应承担的义务很少,甚至公然破坏自己制定的国际金融规则,屡次违约,而国际社会又缺少对美元的约束机制。

(过渡)2008年源于美国,波及世界的金融危机暴露了现行国际货币体系和全球金融治理机制的诸多问题,也开始推动其从“西方主导治理”向“东西方共同治理”转变。中国作为新兴经济体的“领头羊”,有哪些“中国作为”与“中国贡献”呢?

4. 当今全球经济金融治理改革的中国方案

材料十五 2016年9月4日,二十国集团(G20)领导人第十一次峰会在浙江省杭州市举行,本届峰会的主题是“构建创新、活力、联动、包容的世界经济”。

图 1　二十国集团领导人杭州峰会

2018 年 11 月 6 日，国务院总理李克强会见国际货币基金组织总裁拉加德。他表示，在当前全球经济不稳定不确定因素增多、保护主义抬头等背景下，中方愿同国际货币基金组织等主要国际经济机构密切沟通协调，推动国际经济合作、自由贸易发展，给世界经济复苏进程和金融市场注入稳定力量。

图 2　李克强与拉加德

2019 年 4 月 27 日，第二届"一带一路"国际合作高峰论坛圆桌峰会在北京举行，国家主席习近平主持会议并致开幕辞。习近平指出，中方主办高峰论坛，目的就是共商合作大计、共建合作平台，共享合作成果，让"一带一路"建设更好造福各国人民。

图 3　第二届"一带一路"国际合作高峰论坛

教师讲述：危机后的中国进一步展现实力，积极参与、推动现行国际货币体系和全球金融治理机制改革，提升新兴经济体的代表性和发言权。中国提升制度性话语权的途径有四个方面：一是在原有正式机制内进一步提升，如在国际货币基金组织（IMF）、世界银行（WB）、世界贸易组织（WTO）等机制内；二是在非正式机制内进一步提升，如在二十国集团（G20）、金砖国家（BRICS）等机制内；三是另辟蹊径提出全球经济治理的中国方案，如提出“一带一路”倡议，成立“丝路基金”和亚投行；四是加快推进人民币国际化进程。从中国深度参与全球治理的实际行动中，我们可以清楚地看到，中国始终支持和践行多边主义，倡导以包容、开放、合作、创新、共商、共建、共享、共赢的精神来构建人类金融命运共同体，促进人类共同发展！

(设计意图)对于全球治理变革的顶层理念问题，是本课学到最后，顺理成章需要解决的问题。本环节指向的是：(1)历史解释素养水平 2——能够在历史叙述中将史实描述与历史解释结合起来；能够尝试从历史的角度解释现实问题；(2)家国情怀素养水平 3、4——能够表现出对历史的反思，从历史中汲取经验教训，更全面、客观地认识历史和现实社会问题。

【课堂小结】

教师设问：对于货币金融的制度与政策，古今中外的国家和政府都进行了不同层面、不同维度的探索。这为我们当前的国家金融治理和国际金融治理提供了怎样的启示呢？（参考答案：政府制定的货币制度与货币政策要科学合理，要符合货币体系自身发展规律和社会经济发展的规律；货币制度与货币政策不能只站在政府自身利益的立场上，成为搜刮民间财富的工具；一国货币在国际上的信用与地位靠的是国家实力的支撑，国际货币体系的演变是大国博弈的结果；过度滥用货币霸权不利于世界经济、国际贸易的健康发展。）

教师讲述：展望未来的国际货币体系改革，只有沿着构建人类金融命运共同体的道路努力，全球金融治理才有改善的希望。

教学设计 2

成都市教育科学研究院附属中学　陈连蜀

一、教材分析

本课是统编教材《国家制度与社会治理》第五单元《货币与赋税制度》的第 1 课。教材共有两个子目，“中国货币的演进历程”主要讲述了先秦货币、铜钱体制、宋元纸币、明清白银的流通、近代币制改革以及人民币的发行与使用等几个中国货币演进的关键历程；“世界货币体系的形成”主要讲述了金本位制的实行及其崩溃、布雷顿森林体系的建立与瓦解等主干知识。知识内在逻辑框架如下：

表一　本课知识逻辑框架

中国货币的演进历程	世界货币体系的形成
钱币的统一 ↓ 纸币的产生 ↓ 白银货币化 ↓ 银元时代 ↓ 法币的兴衰 ↓ 人民币的发行	1816—1914：以英镑为中心的国际金本位体制 ↓ 1944—1971：以美元为中心的布雷顿森林体系 ↓ 1974 至今：世界货币体系的调整与变革

《普通高中历史课程标准(2017 年版 2020 年修订)》对本部分内容的要求是：了解中外历史上货币发行和使用情况，以及现代世界货币体系的形成。学习时，应从货币自身演进的角度来认识这些内容。人类使用货币的历史可以追溯到物物交换的时代，最早作为一般等价物或交换媒介使用的货币通常是某种特殊物品，后来逐渐固定为金属，并发展出重量、成色统一的金属铸币，后来又出现了纸币。随着全球化趋势的加剧，不同国家货币之间的兑换比率，即汇率，成为一个复杂的问题。1944 年的布雷顿森林协议确立了美元的国际货币地位，由此形成了相对稳定的世界货币体系，称为“布雷顿森林体系”。1971 年布雷顿森林体系瓦解，以美元为中心的固定汇率制度崩溃。1976 年的牙买加协议确认了浮动汇率的合法性，旨在维持全球多边自由支付原则，但仍然存在很多问题有待解决。

还需要引起重视的是，教材是从财政制度的角度来阐发货币史的，与选择性必修二《经济与社会生活》从商业贸易角度的叙述有所不同。教材从货币制度切入，阐述了中外货币发展演进历程，论述了货币制度对促进经济发展和提高国家治理能力的重要性。因此教师在教学中要聚焦于中外货币演进史上的规律性问题，来帮助学生深入理解货币制度变革历程。由于本部分内容点多面广，教师应精选核心知识，重新整合教材内容。

二、学情分析

学生通过高一必修课的历史学习，对秦朝统一货币、北宋“交子”、明清白银流通和布雷顿森林体系等内容有一定了解，但存在两大难题：一是学生了解的史实是碎片化的，形成的认识是片段式的，缺乏从古今贯通、中外关联的宏大视野全面了解中外历史上的货币发行和使用情况；二是学生对货币制度缺乏深入的理解，难以从制度变迁的视角理解制度形成和变迁背后复杂的社会原因，同时在财政金融等方面的知识上存在着结构性障碍。教学时，老师可以从现实生活中的相关史事切入，引导学生通过查阅文献和实地调研，了解货币制度的渊源、流变情况。

三、教学目标

1. 了解中国古代货币的变革情况，认识中国古代货币演进的特点及影响。

2. 了解中国近代以来币制改革和人民币的发行与使用情况，认识中国近代货币演进的时代特征，能够说明人民币的发行在民族复兴伟业中的作用。

3. 了解近代以来世界货币体系的产生和发展情况，认识国际金融中心和世界经济格局的变迁，以及21世纪以来世界货币体系的发展趋势。

四、教学重难点

重点：了解中外历史上的货币发行与使用情况。

难点：理解货币制度变革的时代特征及其影响。

五、教学过程

【导入新课】

教师设问：请同学们写出几个带有“贝”字旁的汉字，看看这些字的含义有哪些相通之处。（参考答案：汉字举例：财、赔、货、贷等。相通之处：都与财富、商业有关。）

（设计意图）与财富、商业有关的汉字，许多都以“贝”为偏旁，间接反映了上古时期曾经以海贝充当货币的事实。通过一则小活动，加深学生对中国古代货币起源的了解和认识，激发学生学习和探究的兴趣，从而为本课教学打下基础。

【学习新课】

一、中国货币的演进历程

1. “布”为何物？

材料一 《诗经》收录了一首《氓》的民歌，开始的部分说：“氓之蚩蚩，抱布贸丝。匪来贸丝，来即我谋。”意思大致是：“那个人，笑嘻嘻，抱着布，来换丝。其实不是来换丝，是来和我谈婚事”。对于诗中的“布”，有人认为指的是布匹，有人则认为指的是“布币”，即如右图所示先秦时期铸造的一种铲形铜币。

——摘编自《国家制度与社会治理》，北京：人民教育出版社，2020年，第86页

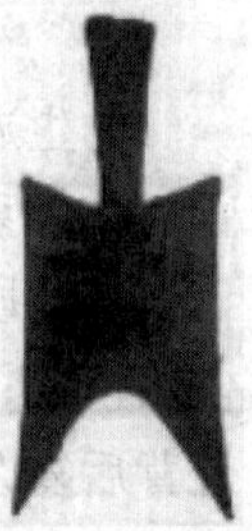

图1 春秋时期晋国布币

教师设问：结合所学知识，指出材料一中关于“布”的两种不同解释，并说明这些解释与先秦时期我国货币流通的哪些特征相符合。（参考答案：解释：一种解释为实物的布匹，另一种解释为铲形铜币。特征：民间贸易中传统的以物易物习俗依然常见，但已开始使用铜铸币。）

(设计意图)本问题意图通过关于“布”的两种不同解释，引导学生比较理性地获取先秦时期货币流通状况的信息，指向史料实证素养水平3、4中的“探究特定历史问题时，能够对史料进行整理和辨析”。

表二　一些学者主张“抱布贸丝”的“布”应为“布币”的论据

论据	出处
《氓》是《卫风》中的诗。卫的国都在今河南省淇县，出土空首布(布币的一种)的河南伊川，离淇县不远。	何丹、钱玉趾：《〈诗经·氓〉“抱布贸丝”的确解》，载《文史杂志》，2008年第3期。
《诗经》与衣服、鞋、帽有关的诗篇中，没有发现“布”字。	
朱熹在《诗集传》中为“抱布贸丝”的“布”注解为“布，币。”	
“抱”在上古的意思不同于今天“用手臂环绕、双手合抱”。从出土文物及历史记载看，上古人们穿袍裙，有怀中藏钱物之习。	胡海琼：《〈诗经〉“抱布贸丝”之“布”考辨》，载《南昌师范学院学报》，2016年第1期。

教师设问：表二中的学者是从哪些方面搜集史料论证自己观点的？这些论证过程具有哪些特点？(参考答案：方面：空间位置、传世文献、出土材料、语言文字演变、民间习俗等。特点：将传世文献与出土材料相结合；利用不同类型史料进行互证；以及在具体的时空框架下辨析史料。)

(设计意图)本问题旨在向学生展示学者通过多方面搜集和占有史料，将传世文献与出土材料相结合，利用不同类型史料进行互证，以及在具体的时空框架下辨析史料的具体案例，培养学生的历史素养，指向时空观念素养水平2——能够将某一史事定位在特定的时间和空间框架下；时空观念素养水平3——能够把握相关史事的时间、空间联系；史料实证素养水平3——能够利用不同类型史料，对所探究的问题进行互证，形成对该问题更全面、丰富的解释。

2. 钱币的演进

材料二

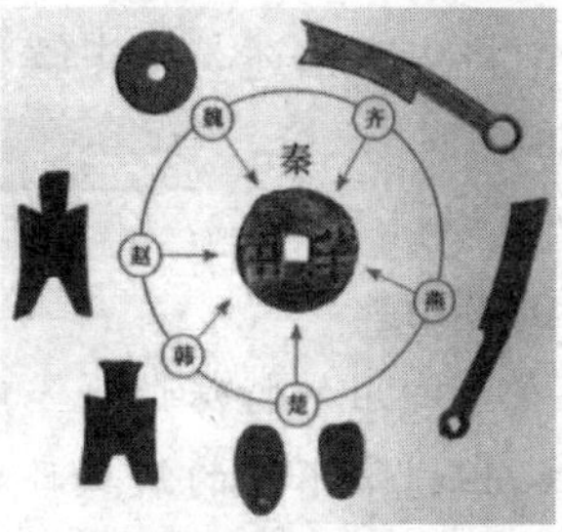

图2　秦朝统一货币示意图

图3　“秦半两”

图4　“咸丰通宝”“大清壹百”

教师设问：根据材料二并结合所学知识，指出中国古代铜币演进的主要趋势，并分析秦钱形制为后世所沿用的原因。(参考答案：趋势：从形制多样到统一为圆形方孔钱；从以“秦半两”为代表的计重铜币演变为以“咸丰通宝”为代表的年号钱。原因：币制统一，纠正了过去钱文复杂难辨、大小无准则、轻重不适当、币值不明确等弊病，便于民间行用；圆形方孔形制适应了专制君主万宇一统、皇权至上的需要。）

教师引导学生分析：春秋战国时期流通的货币主要有布币、刀币、圜钱和蚁鼻钱4种。布币由农耕工具而来，主要流通于春秋时的周、晋、郑、卫和战国时的韩、赵、魏等国。刀币起源于渔猎和手工业，主要流通于齐、燕、赵等地。圜钱由纺轮演变而来，主要流通于秦国，后来发展为铜钱。蚁鼻钱专指楚国的铜贝。秦朝在圜钱基础上将货币统一为圆形方孔钱，钱文定名“半两”，纠正了过去钱文复杂难辨、钱币大小无准则、轻重不适当、币值不明确等弊病；这种外圆内方的钱币形制，同古人“天圆地方”的宇宙观颇有联系，适应了专制君主万宇一统、皇权至上的需要，在此后被长期沿用。

材料三　“重如其文”是秦始皇统一货币时做过的努力，但没有坚持多久。由于铜原料时有不足，中央铸和委托地方铸的差别，各个时期官方财政状况的差异，防不胜防的盗铸等等，铜币在多次铸造过程中不断减重。秦末货币的严重减重变质，与秦王朝的衰亡是同步的。

——何清谷：《秦币探索》，载《陕西师范大学学报（哲学社会科学版）》，1996年第1期

教师设问：根据材料三，概括秦币在流通中出现的问题。唐代统治者为解决这一问题采取了怎样的措施？对中国古代的“钱荒”现象予以简要评价。（参考答案：问题：钱币减重严重。措施：唐初铸行“开元通宝”，改变了秦、汉以来钱币以重量命名的习惯。简评：中国古代是“贫铜国”，铜除铸币外，还大量使用在制作器皿、造像等生产生活活动中；随着商品经济的发展和人口的不断增加，货币供应量需求相应增加，这一供需矛盾致使“钱荒”严重；历代统治者采取了限制铜的使用、禁止铜钱外流、矿禁政策、官方扩大铜矿开采等措施，但其作用有限。）

教师引导学生分析：中国历代王朝铸造了大量的铜钱。由于铜钱本身价值低下，民间又有许多铜钱被囤积或销毁用以制造器皿，所以铜钱流通量时有不足，尤其在商品经济发展水平较高的唐宋时期，“钱荒”现象严重。从根本上看，“钱荒”问题出在“钱”本身上，铜钱属于贱金属货币，它们的价值较低，不适合大宗交易，而且铜、铁等铸币材料又与生产和生活资料相冲突，在这样的背景下，北宋诞生了纸币等信用货币，这符合货币自身的发展轨迹。

（设计意图）本问题旨在分析铜币在流通中的问题及其沿革变化，并对长时段存在的“钱荒”现象予以评价，指向历史解释素养水平2——能够在历史叙述中将史实描述与历史解释结合起来。

3. 纸币的试验

（过渡）到了宋代，我国发行了“交子”，它也是世界上最早发行的纸币。

材料四　最早的纸币诞生在四川，除了宋本身的时代背景，也在于四川的特殊性……四川因为躲过隋唐战乱，经济相对独立，贸易繁荣，因缺铜而依赖铁钱，但携带不便的缺点日趋凸显……最终，四川茶叶和马匹等贸易的发达以及四川铁钱的笨重，导致交子在相对独立和特殊的四川诞生。

——徐瑾著：《白银帝国——一部新的中国货币史》，北京：中信出版集团，2017年，第78—82页

教师设问：假设自己是生活在北宋时期的四川人，根据材料四并结合所学知识，说一说

你倡议使用纸币的理由。(参考答案：四川特殊性：茶马贸易、铁钱区的存在、造纸业的兴盛和雕版印刷术的发展；时代大背景：商品经济的发展、“钱荒”问题严重等。)

教师引导学生分析： 纸币是一种支付凭据和汇兑方法，起源于唐代的“飞钱”，也有学者认为其源头是汉代的白鹿皮币。交子的诞生是大时代与小地区的因缘巧合和货币制度按规律自发演进的产物。商业信贷制度的发展为交子的产生创造了前提条件，而直接促使交子产生的动因是川陕路的铁钱。成都府路的社会经济发展状况仅次于两浙路，然而在成都府路用以商品交换的媒介物却是铁钱，相比于其他经济发达地区的铜钱，重 65 斤的 10 贯小铁钱同重 5 斤的 1 贯小铜钱的购买值是相等的。这样，商品流通与作为等价物的铁钱之间产生了尖锐的矛盾，交子就在这一矛盾下应运而生了。

(过渡) 随着交子的流通，两宋政府加强了对交子的管理，对交子的信用产生了很大影响。

材料五　北宋政府在行用交子初期，凭借法偿、本位及回赎制度和相机抉择调整政策，使得前 40 界交子在近 80 年间保持了币值相对稳定，物价水平波动较小。由于交子携带便利，运输无须如铁钱征收关税，商人更愿意使用交子，在民间出现了重交子而轻铁钱的风气。交子币值在这一时期变化较小，即使有限的几次波动也均接近面值，有时甚至高于面值。熙宁十年一贯“第二十七界交子卖九百六十……第二十六界交子卖九百四十，元祐二年前后“只卖九百以上”。由此可见，交子贬值在 6%左右，哲宗时达到 10%，程度是相对较轻的，并且大多在之后就由政府立即进行纠正。

——管汉晖、钱盛：《宋代纸币的运行机制：本位、回赎、战争与通胀》，载《经济科学》，2016 年第 4 期

材料六　1107 年，政府把“交子务”改为“钱引务”，这年的发行数“较天圣一界逾二十倍，而价愈损”。“不蓄本钱而增造无艺，至引一缗当钱十数”。面对混乱的局面，北宋官府不得不宣布，民众纳税时必须交纳一定数量的铜钱。北宋末年，面对辽、金的威胁和南方的方腊起义，北宋朝廷耗尽了老本，纸币失去了本就少得可怜的准备金，北宋也在风雨飘摇中走入了历史。

——康冀楠：《北宋“交子”，世界历史上的一次货币革命》，载《开封日报》，2016-07-21

教师设问： 根据材料五、六并结合所学知识，归纳政府在交子流通过程中所发挥的作用。(参考答案：最初政府设置专门机构发行官交子，有利于维护交子的信用，促进了商品经济发展，让人民生活便利，也增加了政府的收入；后来政府出于解决财政开支需要，滥发纸币，加剧了社会矛盾。)

教师引导学生分析： 北宋四川交子先是民间发行，后来由 16 家富商主持发行兑现，最后被官府收归官办。据材料五可知，最初实行官交子制度并不是为了搜刮钱财，而是适应商业及民间周转支付所需。官交子承前启后巩固了纸币的货币地位，初步完善了纸币发行管理政策，政府担保增强了交子的信用，因而对经济发展和人民生活，起了积极作用。后来，政府为了应对财政支出的困境，大量增发官交子，引起交子不断贬值，导致交子在民间逐渐失去信用，加剧了宋王朝的经济危机。

(过渡) 宋代纸币丧失信用的历史在明代重演，而且愈演愈烈，带来了明代货币结构的深刻变革。

4. 白银时代

表三　洪武至弘治年间(1368—1505)徽州祁门土地买卖契约情况表

时间	契约张数	使用通货类别和数量
洪武年间	8	宝钞 7　银 1
建文年间	1	宝钞 1
永乐年间	16	宝钞 15、布 1
宣德年间	17	宝钞 4　布 11　稻谷 2
正统年间	48	布 29　稻谷 2　银 17
景泰年间	12	布 2　银 10
天顺年间	7	银 6　稻谷 1
成化年间	32	银 32
弘治年间	14	银 14

——傅衣凌:《明代前期徽州土地买卖契约中的通货》,载《社会科学战线》,1980 年第 3 期

教师设问:根据表三并结合所学知识,概述明代通货的使用情况,并指出其变化趋势。(参考答案:使用情况:洪武、永乐年间以钞为主;宣德、正统年间则钞、稻谷、布、银兼用,其中宣德年间以布为主;成化、弘治以银为主。变化趋势:明朝前期和中期,纸币逐步被实物货币取代;明朝中后期白银大量流通,白银货币化。)

教师引导学生分析:15 世纪 60 年代到 16 世纪初,白银大量流通使用,这与当时商品经济发展、政府取消金银禁令和白银大量流入中国有关;至万历时期政府赋税制度调整,白银使用范围进一步扩大,白银成为国家财政和民间交易的基本支付手段,物价也多以银两计算。明代白银货币化是民间与官府、白银与纸币、铜币的博弈,以及外部因素共同作用的结果。白银货币化的进程是白银从非法货币到合法货币,再到整个社会流通领域主币的扩展过程;是白银成为国家财政统一计量单位和征收形态的过程;白银成为世界货币,也是中国参与世界经济体系或者说经济全球化建构的过程。

(设计意图)本问题通过对明代通货情况和变革趋势的研讨,指向历史解释素养水平 2——能够选择、组织和运用相关材料并使用相关历史术语,对个别或系列史事提出自己的解释;能够在历史叙述中将史实描述与历史解释结合起来。

材料七　学术界一般认为《水浒传》成书于元末明初……石昌渝指出,《水浒传》文本中不见纸币踪迹,铜钱使用也很少出现,市场交易无论款额大小,朋友馈赠和买物吃酒,几乎专用白银。这种境况不可能发生在元代和明代正统(1436—1449)之前……《水浒传》成书当在嘉靖初年……沈伯俊指出,朝廷虽明令推行纸币,禁止白银作为货币流通,然而朝廷禁令对官民的实际约束力相当有限……考虑到朝廷律令与实际生活的差距,以小说描写的白银广泛使用来证明《水浒传》成书时间未必可靠……

——邵敏:《明代通俗小说货币描写研究的三个主题》,载《学术界》,2012年第10期

教师设问: 根据材料七指出关于《水浒传》成书时间的几种说法。(参考答案:元末明初说;嘉靖初年说;情况复杂难以确证说。)

教师追问: 综合材料七与表三,指出你同意哪一种说法或有何新的见解,并说明理由。(参考答案:本题为开放性问题。答案示例:我同意"嘉靖初年说"。理由:文学作品是一定时期政治、经济状况在观念形态上的反映,而《水浒传》作为主要面向市民和文人的通俗小说,更应该反映创作者所处的时代的世风民情。白银的普遍流通具有特殊性,有其"时间标识性"。据表三可知,明代前期政府禁止金银交易,大力推广"宝钞"等纸币,白银流通受限;正统以来,白银逐步在民间流通,这与《水浒传》中的大量使用白银描写有一致性,据此可以推断该书的成书时间。)

教师引导学生分析: 通过明代的世俗小说可知,白银已渗透到整个社会和人们的日常生活中,市场也前所未有地更加活跃起来。明代中后期商品经济的繁荣、商帮的形成、市镇的兴起,特别是大量丝绸和青花瓷外销,由此带来了一系列制度变迁、社会变迁,直至国家财政体系的转型,也加快了中国与全球市场的互动,中国积极参与了全球经济体系的初步建构,为全球新时代的出现作出了重要的历史性贡献。

(设计意图)本问题从对小说中的时间标志物的解析切入,进而分析明代白银货币化的影响,旨在培养学生以唯物史观为指导,综合运用时空观念、史料实证和历史解释素养的能力。指向史料实证素养水平4——能够比较、分析不同来源、不同观点的史料;能够在辨别史料作者意图的基础上利用史料;在对历史和现实问题进行独立探究的过程中,能够恰当地运用史料对所探究问题进行论述。

(过渡)近代以来,中国传统的货币制度和货币体系遭到严重挑战。

5. 银元时代

材料八 我童年时,是使用银元的时代……银元每一个,是用白银七钱三分铸成,库秤是七钱二分,银质最标准的是墨西哥铸成的,上面有一只"鹰",所以又称为"鹰洋"……鹰洋在清朝时已普遍流行,大清帝国在光绪年间大量铸造了多种银元,上面有一条龙,称为"龙洋"。到了民国初年,袁世凯秉政,又铸造了一种银元……民间将这种银元称为"袁大头",简称"大头"……银元之下,还有两种辅币,第一级是"银角子",南方称为"毫子";第二级是"铜元",俗称"铜板"。这两种辅币,并不是十进制,是要跟着银价、铜价的上落而定,所以又称"小洋",兑换店天天有市价牌子挂出……

白银七钱三分的银元已很重……因此市面上大宗交易,都用钱庄的庄票,后来钞票也通行起来了。可是银行与钱庄的库存,仍以白银为本位。一切用银元作为流通品,往来结算只是使用银元……银元放在身边,锵锵有声,而且白花花的色泽更是炫眼,所以旧时个人携带大量银元容易发生事故,俗语所谓"财不露白"。

——陈存仁著:《银元时代生活史》,桂林:广西师范大学出版社,2007年,第1、2页

教师设问: 根据材料八指出,清末民初中国经济生活中流通哪些种类的货币,并概括这些货币流通的特点。(参考答案:货币:银两、银元、铜元和纸币;特点:多种货币同时流通;本国货币与外国货币并存;传统性货币与近代性货币并存;以白银为核心;银、钱价格随市场行情变动。)

教师引导学生分析: 1840—1935年间,中国经济生活中流通的货币有银两、银元、铜元(清末制钱)和纸币。既有中央政府铸币又有地方政府铸币,还有民间私铸;纸币发行权也极为分散,享有发行权的既有华资银行,又有外资银行,华资银行又分为国家银行、商业银行和地方银行;每一种货币都形式多样,表现出明显的区域性特征;伴随着贸易而输入的各国货币,也广泛流通于中国。

材料九 国家货币之不统一,人所尽知,各省往来,几若异国。故规元不能用于汉口,洋例不能用于上海,即以京津而论,相距不过数百里,费时不过四小时,然以两地银本位之不同,金融运用,遂发生许多之难题。

——马寅初著:《中国经济之分裂》,载《马寅初全集》第三卷,杭州:浙江人民出版社,2000年,第506页

教师设问: 根据材料九并结合所学知识,指出马寅初的货币政策改革建议及其理由。(参考答案:政策建议:统一货币或发行统一的纸币、稳定币值;理由:币制不统一,不利于统一的国内市场发育;东北沦陷,大量银元从全国各地涌入上海,导致银元价格下跌;再加上世界经济危机蔓延,白银大量外流,以银元为核心的货币体制不能维护民族工商业利益。)

教师引导学生分析: 法币改革前,近代中国的各种货币均可通过比价折合为银元、银两,但折合比价是动态的。因中国经济体内的货币量决定于白银的进出口,而白银由外国控制,故世界银价的变动会引发近代中国的经济危机,从晚清时期的银贵钱贱,到20世纪30年代的金贵银贱及白银风潮,中国经济危机的发生均有世界银价变动的重要因素。同时,市场上的商品以银两、银元两种货币定价,货币撕裂了市场。银元和银两之间的价格变化导致了商品价格的波动,大大增加社会生产成本。因此对于20世纪30年代的上海商人而言,面临世界经济危机冲击导致白银大量外流、物价下跌、生产萧条的现实,急切期待政府能够统一货币,推行币值稳定的不兑现纸币,以摆脱国际银价涨跌对我国的影响。

(设计意图)本问题通过对银元时代货币流通特征的概括,进而分析近代前期币制多元与金融危机的关系,探究法币改革的必要性,指向史料实证素养水平4——能够比较、分析不同来源、不同观点的史料;在对历史和现实问题进行独立探究的过程中,能够恰当地运用史料对所探究问题进行论述。

(过渡)1935年,南京国民政府实行法币政策,从法律上宣告了银元时代的终结。

6. 法币的兴衰

材料十 新币制之施行,已奏肤功。本年旧历年关,各业安然渡过,市上并无任何之骚扰。本年上半年出口贸易,较去年同期约增四分之一。关税收入,初呈增加之现象。

——孔祥熙:《关于实行新币制的报告》(1936年8月1日),载《国民政府财政金融税收档案史料(1927—1937)》,北京:中国财政经济出版社,1997年,第448页

假定中国于抗战时,尚未实行法币政策,钞票必然挤兑,银行穷于应付,信用失坠,势所必然……人皆谓法币政策大有助于抗战,良有以也。

——马寅初著:《通货新论》,北京:商务印书馆,2010年,第141、142页

中国此次币制改革虽在政治上引起了国内和国际重大危机,但在技术上却不得不承认它取得了相当的成功……值此前所未有的变革时期,却能如此安定,实值得令人注意。

——[日]星野直树：《支那币制改革与我国策的确立》，载《中华民国史资料丛稿·译稿》，北京：中华书局，1980 年，第 47 页

注：星野直树为日本甲级战犯，时任“伪满洲国”财政部总务司司长。

教师设问：根据材料十并结合所学知识，分析法币政策实行的积极作用。（参考答案：法币政策废除了银本位制，推行信用纸币，这是我国货币制度史上的一次重大变革；法币政策的实施，促进了物价回升、市场复苏和民族工业的发展，对于当时我国经济发展起到了积极推动作用；法币政策的实施，实现了白银国有，统一了全国货币，对于抵制日本侵略也发挥了一定的积极作用；法币政策一定程度上得到了英美等国的支持，方便了民族资本参与国际市场竞争，有利于稳定国际经济秩序。）

教师引导学生分析：法币通行后，纸币不再与白银联系，把原可兑换等额银元或银两的纸币，进化为依靠政府信用流通的不兑换银元或银两的纸币，实现了中国由实物货币、金属货币、代表货币（可兑现纸币）进入信用货币（不兑现纸币）的新阶段，这是中国货币发展史上的一次飞跃。法币政策也大大加强了国民政府的经济统制力量，从提高国家治理能力以集中全国财力支援抗战的角度来看，具有积极作用。当然，也应该看到，法币政策的实施让国民政府通过四大银行垄断了金融，官僚资本逐渐膨胀，从长远看对民族资本主义工商业的发展是不利的。

（设计意图）本问题引导学生对关于币制改革的不同言论性材料进行解析，指向史料实证素养水平 4——能够比较、分析不同来源、不同观点的史料；能够在辨别史料作者意图的基础上利用史料；在对历史和现实问题进行独立探究的过程中，能够恰当地运用史料对所探究问题进行论述。

材料十一

图 5　丰子恺漫画《一壶酒换一斗米，不识关金与法币》

1949 年有一对叫“通天崽儿”的重庆夫妻，他们先用纸钞在重庆兑大洋，再用汽车带回成都换现钞，一天竟能赚百多个大洋。岂料事情就出在丈夫回重庆买银元时，恰遇沱江暴涨，车渡停航，待三天后赶拢重庆时，从成都带去的几亿现钞仅够买几个大洋了。老本尽蚀

的二人,只得双双上吊。

——寇尚民:《银元收兑往事》,载《中国钱币》,2012 年第 1 期

教师设问: 根据材料十一并结合所学知识,指出当时货币流通中存在的现象,并说明这一现象形成的原因。(参考答案:现象:纸币贬值、民间恢复物物交换;金融市场剧烈动荡。原因:内战的消耗,国民政府财政赤字严重;国民党政权滥发纸币,实行恶性通货膨胀政策;以四大家族为代表的官僚资本的巧取豪夺等。)

教师引导学生分析: 材料十一中的漫画揭露了当时民众拒用法币,采用物物交换进行贸易的状况,重庆"通天崽儿"的悲剧则反映了纸币贬值速度过快对民生的危害。抗战胜利之初,国民政府积累和接收了大量黄金和敌伪产业,还有美国的救济物资,为政府整顿税收,平衡财政收支,抑制通货膨胀提供了极好的机会,但是国民政府却因内战政策丧失了这种机会。为解决庞大的军费开支,发行法币和金圆券如脱缰野马,金融市场和货币体系全面崩溃,这加速了南京国民政府全面垮台。

(设计意图) 本问题通过漫画和回忆录中关于解放战争后期南京国民政府恶性通货膨胀现象的分析,指向史料实证素养水平 4——能够在辨别史料作者意图的基础上利用史料;在对历史和现实问题进行独立探究的过程中,能够恰当地运用史料对所探究问题进行论述,以及历史解释素养水平 3——能够分辨不同的历史解释;尝试从来源、性质和目的等多方面,说明导致这些不同解释的原因并加以评析。

(过渡) 作为中华人民共和国"名片",人民币在 2018 年 12 月 1 日度过了自己的 70 岁生日。

7. 人民币的发行

图 6 第二套人民币 1 元纸币(1955 年颁行)

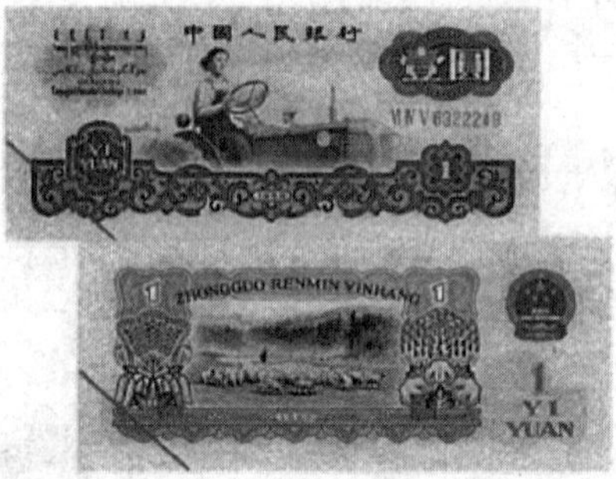

图 7 第三套人民币 1 元纸币(1962 年颁行)

教师设问: 观察我国第二、第三套人民币的一元纸币图案,结合所学知识,解读上图中纸币图案的立意。(参考答案:第二套人民币 1 元纸币印制了天安门和国徽图案,并居于正中,突出了国家认同,反映出已消除战争给国民经济带来的影响,工农业生产迅速恢复和发展,商品经济日益活跃,市场物价稳定。第三套人民币 1 元纸币印制了女拖拉机手和羊群图案,宣传了党中央恢复发展农业和畜牧业,调整国民经济结构的方针,也展示了新中国男女平等的社会风尚。两套人民币图案均有少数民族文字,宣传了党的各民族平等、团结和共同繁荣的政策,强化了中华民族共同体意识。)

教师引导学生分析: 70 年来,人民币作为国家法定货币、经济主权的象征,伴随着中华

人民共和国孕育、诞生和成长，承载着几代人的记忆，走过了光辉的历程。人民币是来源于革命年代的红色货币，伴随新中国的发展而发展。人民币的图案设计突出了家国情怀，尤其是国家认同，反映了中国共产党领导全国各族人民进行社会主义建设的生动场景，弘扬了中华民族悠久的文化遗产和民族精神，彰显了国家领袖和人民群众为建设事业努力奋斗的时代精神。随着我国经济快速发展和综合国力显著提升，人民币品种不断丰富，适应数字经济发展需要的法定数字货币的研发已经提上日程。人民币还大步走出去，在境外得到更广泛的使用。

(设计意图)本问题通过人民币图案立意的探究，指向家国情怀素养水平 1、2——能够具有对家乡、民族、国家的认同感，理解并认同社会主义核心价值观和中华优秀传统文化，具有对祖国和人民的深情大爱；家国情怀素养水平 3、4——能够将历史学习所得与家乡、民族和国家的发展繁荣结合起来，立志为新时代中国特色社会主义建设、中华民族伟大复兴作出自己的贡献。

(过渡)近年来，人民币国际化迈向新征程，人民币在世界货币体系中发挥着越来越重要的作用。

(二) 世界货币体系的形成

1. 以英镑为中心的国际金本位体制

材料十二　1870 年之后，人类货币体系的主流趋势突然发生剧烈转向。继英国之后，主要大国纷纷正式实施金本位制。1873 年，法国停止铸造银币。同年，德意志帝国决定实施金本位制。美国 1879 年停止银币铸造，正式迈向金本位制。紧接着，奥匈帝国(1892 年)、日本(1897 年)和俄国(1900 年)实施金本位制。1900 年，德国和美国以法律确认金本位制。这些国家代表了当时最主要的世界经济体，如果考虑到这些列强所拥有的庞大殖民地和附属国也必然采取类似的货币制度安排，那么，金本位制已经覆盖世界大部分地区。

——向松祚：《〈新资本论〉连载系列四十六：卷一·第九章　各国纷纷迈向金本位制》，载《IMI 研究动态》，2016 年第 22 期

教师设问：根据材料十二并结合所学知识，指出 19 世纪最后 30 年各大国纷纷实行金本位制的原因。(参考答案：以英国为中心的资本主义世界货币体系的建立；第二次工业革命带来经济高速增长；各国经济联系更加密切；金本位制利于稳定国际金融秩序，适应了国际自由贸易的需要。)

教师引导学生分析：金本位制下，固定汇率消除了汇率波动的不确定性，有利于世界贸易的进行；各国央行有固定的黄金价格，从而稳定了货币的实际价值；黄金发挥了世界货币的职能，促进了各国商品生产的发展和国际贸易的扩展，促进了资本主义信用事业的发展，也促进了资本输出；金本位制自动调节国际收支，促进了资本主义上升阶段世界经济的繁荣和发展。因此，金本位制的实行是 19 世纪后期西方文明发展的重要原因。

材料十三

1909 年，英国记者安格尔出版一本小册子《欧洲虚无的幻觉》，其主题是：世界各国尤其是欧洲各国之间的商业和金融联系已经是如此紧密，以至于没有哪个理智的国家会胆敢发动战争……易言之，以金本位制为基础的国际商业、货币、信用关系，使得任何战争都不可能

有胜利者！……1910年，安格尔将他的小册子改为书籍出版，标题是《伟大的幻觉》，结果取得难以想象的巨大成功。到1913年，该书就售出100多万本，被翻译为包括中文、日文、阿拉伯和波斯文在内的22种文字。

——向松祚：《从金本位制到布雷顿森林体系：从旧秩序和新秩序》，载《企业家日报》，2015-06-21

19世纪的人类文明基于四个支柱。第一个支柱是欧洲的权力均衡体系……第二个支柱是国际金本位制，它象征和维系着世界经济的有效运转。第三个支柱是自我调节的市场体系……第四个支柱则是自由的主权国家……四大支柱里面，最关键的支柱是金本位制。金本位制的垮台几乎就是大灾难的全部原因和导火索。当金本位制轰然崩溃之后，人们宁愿牺牲另外三大支柱，以挽救金本位制，结果不仅金本位制没有得救，其余三大支柱亦悉遭毁灭！

——[英]卡尔·波兰尼著，冯钢、刘阳译：《大转型：我们时代的政治和经济起源》，杭州：浙江人民出版社，2007年，第4页

教师设问：根据材料十三指出安格尔和波兰尼对金本位制作用认识的异同。（参考答案：相同：两人都认为金本位制推动了国际贸易的发展，促进了资本主义文明进步；不同：安格尔对国际金融秩序持乐观态度，认为金本位制有利于维护国际和平；波兰尼则认识到金本位制加剧了国际国内矛盾和危机。）

教师引导学生分析：金本位制维护的是英国的金融霸权，在金本位制被广泛采用的同时，资本主义正处于向帝国主义过渡的时期。资本主义基本矛盾的加深，逐渐破坏了各国货币制度稳定的基础。这主要表现在：第一，由于帝国主义大国不断加强对外侵略和掠夺，使世界上的黄金越来越集中到少数国家手中。第二，由于黄金是世界货币，帝国主义国家为了准备争夺世界霸权的战争，不断增加黄金储备，造成了黄金流通量的减少，使金本位制的稳定性遭到破坏。第三，为了满足国家财政开支不断增长的需要，帝国主义国家日益增加纸币发行，使金本位制遭受了巨大的冲击。第四，一些帝国主义国家开始限制，甚至禁止黄金的自由输出，进一步动摇金本位制的基础。在第一次世界大战爆发后，上述因素对金本位制的冲击加剧，金本位制在各国被停止实行。

1929—1933年，资本主义国家发生了有史以来最严重的经济危机，并引起了深刻的货币信用危机。1931年，德国政府宣布禁止黄金交易和黄金输出，这标志着德国的金汇兑本位制从此结束。很快，英国不得不宣布英镑贬值，并被迫最终放弃了金本位制。1933年，面对严重的货币信用危机，美国政府禁止银行和私人贮存黄金和输出黄金，这样，美国实行金本位制的历史也到此结束。此后，法国、瑞士、意大利、荷兰、比利时等国家也先后宣布放弃金本位制。

（设计意图）本组问题通过对金本位制兴衰原因的探究，培养学生在特定的时空背景中，对历史事物发展演变的原因进行客观理性解释的学科素养，指向历史解释素养水平2——能够选择、组织和运用相关材料并使用相关历史术语，对系列史事作出解释。

（过渡）二战后，世界货币体系面临着重建的紧迫任务，美元崛起。

2. 以美元为中心的资本主义世界货币体系

表四　怀特计划①与凯恩斯计划②的比较

<table>
<tr><td colspan="2"></td><td>怀特计划</td><td>凯恩斯计划</td></tr>
<tr><td colspan="2" rowspan="2">目标</td><td colspan="2">避免 30 年代的货币战与贸易战，重建一个汇率稳定、贸易自由的自由经济世界</td></tr>
<tr><td>成立“国际稳定基金”，注重各国汇率稳定</td><td>成立“国际清算同盟”，注重各国货币多边清算</td></tr>
<tr><td rowspan="3">份额</td><td>总盘子</td><td>50 亿美元</td><td>250 亿美元</td></tr>
<tr><td>如何确定</td><td>将该国的黄金持有、国民收入等因素纳入份额计算公式</td><td>初始份额以二战前三年平均进出口总额计算</td></tr>
<tr><td>是否实际缴纳</td><td>需有一定比例的黄金，全额缴纳</td><td>不需要实际缴纳</td></tr>
<tr><td colspan="2">汇率</td><td>新创国际货币“尤尼他”，其价值由一定量黄金价值规定，各国货币与其联系，各国货币与尤尼他的初始比价按该国货币在 1943 年 7 月 1 日与美元的比价确定</td><td>由“国际清算同盟”发行国际货币“班柯”，其价值由一定量黄金价值确定，各国货币与其联系。班柯与黄金的比价由董事会确定，各成员国自行确定该国货币与班柯的比价</td></tr>
</table>

——摘编自唐欣语：《从怀特计划、凯恩斯计划到〈国际货币基金组织协定〉(一)》，载《银行家》，2010 年第 3 期

材料十四　布雷顿森林会议主办方美国成立了三个委员会，第一委员会解决货币基金问题，第二委员会讨论世界银行问题，第三委员会讨论国际合作的其他手段。怀特任第一委员会主席，而凯恩斯主持第二委员会。“怀特让凯恩斯当世界银行委员会的主席是为了钳制他的作用”……44 个国家的代表，不同的语言，令人费解的法律词汇，就像一个“疯人院”……正是在这样的嘈杂环境下——1944 年 7 月 8 日的全会上，通过了一个没有得到人们多少注意的修正条款，该条款允许成员国在将本国货币与黄金挂钩还是美元挂钩的问题上有自主权，这就使得美元成为这个新体制唯一的主导货币。

——唐欣语：《从怀特计划、凯恩斯计划到〈国际货币基金组织协定〉(二)》，载《银行家》，2010 年第 4 期

教师设问：根据表四、材料十四并结合所学知识，比较怀特计划与凯恩斯计划的异同，并说明怀特计划最终胜出的影响。（参考答案：相同：都是为了避免贸易战和货币战，谋求稳定战后的国际金融秩序。不同：目标侧重不同，美国侧重汇率稳定，英国侧重贸易结算；对黄金的态度不同，美国看重黄金持有额，英国看重贸易额；对主导货币的主张不同，美国主张建立美元主导的国际货币体系，英国企图同美国分享国际金融领导权。影响：确立了美国的金融霸主地位；有助于国际金融市场的稳定，对战后的经济复苏起到了一定的作用；推动布雷顿森林体系的形成，在相对稳定的情况下扩大了世界贸易。）

① 怀特计划是美国财政部长助理怀特提出的“联合国平准基金计划”。
② 凯恩斯计划是英国财政部顾问凯恩斯拟订的“国际清算同盟计划”。

教师引导学生分析：怀特计划的主要内容有：国际金融以基金制为基础，基金由会员国按规定的份额缴纳，份额的多少根据会员国的黄金外汇储备、国际收支及国民收入等因素决定；基金货币与美元和黄金挂钩；稳定货币汇率，取消外汇管制、双边结算和复汇率等歧视性措施；调节国际收支，对会员国提供短期信贷，以解决国际收支逆差。怀特计划企图由美国控制"联合国平准基金"，通过"基金"使会员国的货币"钉住"美元。这个计划还立足于取消外汇管制和各国对国际资金转移的限制。凯恩斯计划的主要内容有：建立"国际清算同盟"，相当于世界银行；会员国在"同盟"的份额，以战前3年进出口贸易平均额的75%来计算；"同盟"总部设在伦敦和纽约，理事会会议在英、美两国轮流举行。凯恩斯计划是基于英国当时的困境，尽量贬低黄金的作用，这个计划实际上主张恢复多边清算，暴露出英国企图同美国分享国际金融领导权的意图。

凯恩斯计划与怀特计划提出后，英美两国展开了激烈的讨论。由于二战结束后，英国经济军事实力衰退，而美国是当时世界最大的债权国和二战的最大得益者，双方于1944年7月达成了协议，基本反映了怀特计划的内容，凯恩斯计划流产。怀特计划和凯恩斯计划反映了美国和英国经济实力的变化和两国争夺国际货币金融领导权的竞争。

材料十五 1973年后，美国更加任性地发行美元……"美元是我们的，但问题是你们的"，为所欲为，损人利己……美国通过印刷美钞来弥补赤字，维持国民经济的平衡，而将通货膨胀的代价转嫁给其他国家……金融危机发生以后，国际货币体系改革声势浩大，形势逼人。美国在如此强大的压力面前，也不得不重新布局美元战略。这主要包括：其一，实现美元基本战略依托的切换，把黄金的依托变成石油和粮食、或者是大宗商品的定价权；其二，在智能化、信息化的产业互联网时代和新一轮工业革命中，重新确定其优势产业，确保继续领跑产业革命和新经济发展；其三，创造条件推动制造业特别是先进制造业的回归，彻底扭转虚拟经济过于庞大的经济"虚胖浮肿"局面；其四，重新制定世界贸易和投资规则，重塑全球贸易版图，巩固美元的霸权。

——杨其广：《美元还那么美吗?》，载《中国金融家》，2016年第7期

教师设问：根据材料十五并结合所学知识，围绕"美元霸权"与"美元战略"，自拟一个论题，谈谈你的认识。（本题是开放性问题，答案示例：论题：20世纪70年代以来美元霸权地位进一步巩固，但面临挑战。论述：1973年，布雷顿森林体系崩溃后，美元霸权地位并未动摇，一直延续至今。美国政府持续印发美钞，并用此法来解决长期贸易逆差问题。在长期高赤字和不断飙高的债务压力之下，美国能作为世界上唯一的超级大国长期存在，这在一定程度上得益于美元的霸权地位。但是国际政治经济格局的改变也在一定程度上削弱了美国的政治经济影响力，动摇了美元霸权的基础，美元霸权地位面临挑战。）

教师引导学生分析：美元霸权是指美元在执行世界货币职能的过程中，给美国带来了诸多经济利益，但同时也给其他国家经济造成各种负面影响。1944年布雷顿森林协议以国际协议的形式确立了美元国际中心货币的地位。到20世纪50年代末，在美国政府的推动下，美元完成了对全球货币体系的控制，实质性地构建起了美元霸权。20世纪70年代布雷顿森林体系解体后，美国又通过牙买加体系控制了全球大宗商品的定价权，国际贸易仍然通过美元系统进行结算，美元的霸权地位虽受到冲击，但一直保持至今。但如果我们从美国实力变化、国际政治经济格局的变动、人类命运共同体等角度进行探究，将会发现，变革旧的世

界货币体系，已成为广大发展中国家的共同呼声，中国推行“一带一路”战略，构建人类命运共同体，则给完善国际治理体系和提高国际治理能力带来了光明的前景。

(设计意图)本组问题通过对美元霸权这一问题的探究，指向历史解释素养水平 4——在独立探究历史问题时，能够在尽可能占有史料的基础上，尝试验证以往的说法或提出新的解释。

【课堂小结】

教师引导学生小结：通过中外货币发行和使用的学习，我们明白了货币史上的重大演变都与当时社会政治、经济变革息息相关，都体现了国家制度建设与国家治理能力的内在联系。我国综合实力的增强，以及“一带一路”等战略的实施，英国脱欧和美国经贸政策调整带来的欧元、英镑和美元的贬值，给人民币国际化提供了条件与机遇。近年来，伴随着人民币越来越具有投资价值、周边地区和国家开始使用人民币作为结算货币或者是储备货币，甚至在一些国家人民币已经成为自由兑换货币和国际储备货币，已经开始发挥国际货币的作用。

第 16 课

中国赋税制度的演变

教学设计 1

成都市洛带中学校　张彩艳

一、教材分析

本课是统编教材《国家制度与社会治理》第五单元《货币与财税制度》第 2 课，包含“中国古代的赋役制度”“关税与个人所得税制度的起源与演变”两个子目的内容。本课线索清晰明了，逻辑简单，但内容相对庞杂且理论性较强，可依据课标要求作适当的取舍。

《普通高中历史课程标准(2017 年版 2020 年修订)》对本课的要求是：了解中国古代赋税制度的演变；了解关税、个人所得税制度的产生及其在中国的实行。教材介绍了秦汉以来各朝的赋役制度，但没有涉及先秦时期的，教师可对先秦时期的赋役制度作简单的补充，以便于构建更加完整的赋役制度演进轨迹；同时，本课教学还应侧重让学生理解时代背景对中国古代的赋役制度和近现代的关税及个人所得税制度的影响，进而理解税收制度对国家治理的重要作用，逻辑结构如下：

表一　本课教学逻辑结构

教材框架	中国古代的赋役制度				关税与个人所得税制度的起源与演变	
夯实基础(知识与能力立意)	先秦的赋役制度(贡助彻与春秋战国的改革)	秦汉的赋役制度(田赋、口赋、算赋等)	隋唐的赋役制度(从租庸调制到两税法)	明清的赋役制度(一条鞭法和摊丁入亩)	关税的产生及其在中国的实行	个人所得税制度的起源与演变
本课的教学结构	中国古代的赋役制度				关税与个人所得税制度的起源与演变	

二、学情分析

通过高一的学习，学生掌握了一定中国古代赋役制度的知识，但对赋税演进的规律缺乏整体的认知与把握。教师可补充部分资料，引导学生深刻理解分析赋税制度的内容及变化，进而探究中国古代赋税制度演进的规律。对于近代关税自主权的丧失及危害学生有所了解，但缺乏从古今贯通的宏大视野全面了解关税的产生及其在中国的实行情况；对财政税收等方面的知识则缺乏整体认识，知识结构不完备，难以从制度本身的视角理解其影响。教学时，可以通过史料研习、合作探究、教师讲述等方式，帮助学生克服这些难题。此外，关于个人所得税这一内容，学生在政治课上已经有所了解，教师在教学中应该从历史的角度引导学生分析个税制度在不同时期实行情况的原因。

三、教学目标

1. 通过研读史料和比较学习，知道中国古代重要的赋税制度，理解其产生的时代背景和影响。

2. 通过研读史料，了解关税制度在中国的发展演变历程，理解关税政策的制定与国家的政治、经济、文化等因素息息相关。

3. 了解个人所得税制度在中国的实行概况，理解影响其实行的时代因素。

四、教学重难点

重点：中国历代重要赋役制度产生的背景，主要内容及重要影响；关税在近现代中国的实行情况。

难点：中国古代重要赋役制度的影响；中国近现代关税的影响。

五、教学过程

【导入新课】

材料一　据《青田县志》记载，刘伯温辅佐朱元璋完成帝业，建立明朝后，回到家乡青田察访民情，在山岭村宿夜，看到几个衙役正押着一个相貌忠厚的农民走过，刘伯温问旁边的农民："他犯了什么罪？"这个农民唱起山歌来回答："三年大旱三年灾，百家种田百家哀；缸无粒米怎完税，官吏日日捕人来。"经调查当地确遭三年大旱而田赋未减，刘伯温决心请求皇帝给青田百姓减免田赋。于是，他在岭头村子住下，连夜写奏章，一直到天亮才写好。

洪武帝朱元璋上朝后，从太监手里接过刘伯温的奏章，边看边念："青田，青田，叠石成田。田无水，民无粮，赋粮减半、减半再减半……"这时，只见刘伯温从容地跨出一步，面对群臣道："万岁降旨：青田赋粮减半，减半再减半！"朱元璋这才恍然大悟，中了刘伯温的计，可是君无戏言，就只好同意减掉青田部分田赋。青田人感激刘伯温的恩情，为纪念他，就把他通宵达旦写奏章的村子，取名为"章旦"。

——摘编自徐梦：《青田地名文化初探》，载《现代交际》，2014 年第 2 期

教师设问：材料中青田减税真的是因为朱元璋中了刘伯温的计吗？你认为朱元璋减税的真正原因是什么？（参考答案：不是。原因：缓和矛盾，巩固统治的需要。）

教师引导学生分析：“税收是喂养政府的奶牛”，这是马克思关于税收本质的一句名言。税收影响民心得失，“取民有度”是巩固政权的重要前提。总的来看，中国古代百姓一直背负着沉重的赋税和徭役负担，在特殊的情况下朝廷会对百姓的赋役有所减免，这种减免的出发点是缓和因赋役负担过重而引发的社会矛盾，从而巩固政权。由此可见，朱元璋同意青田减税并不是真的中了刘伯温的计，而是出于巩固政权的目的。

（过渡）在不同的时代，政府实行了不同的赋役政策，从而确保政府财政收入的稳定和政权的巩固。那么，在中国古代，赋役制度经历了哪些变化？这些变化又有何规律？让我们一起走进课堂：《中国赋税制度的演变》。

（设计意图）创设良好的教学情境，激发学生学习和探究的兴趣，缩小学生与教学内容之间的心理距离。

【学习新课】

（一）中国古代的赋役制度

1. 先秦时期——从贡、助、彻到初税亩

（1）夏商西周的贡、助、彻

教师讲述：中国在夏商周时期，就已经产生了赋税制度的雏形——贡法、助法、彻法。贡、助、彻虽有所差异，但发展一脉相承。

夏代的贡有两种，一是诸侯进献的土贡，一是百姓缴纳的田赋。贡额是收获量的十分之一。商代仍沿袭夏代的贡制，但商代有自己的田赋制度，这就是助法。周代基本上是沿袭了夏商的赋税制度，在井田制的基础上实行彻法。助法与彻法都建立在井田制的基础上，但有所差异。

表二　助法与彻法的比较

赋役制度	实行时间	井田数（亩/块）	分田形式	纳税形式
助	商	70	中为公田，8家共耕；外为私田，8家各授一区	8家之力助耕公田，以公田所获交公。私田不再纳税
彻①	周	100	一井共900亩，授与八家共同耕种	以800亩的收获物分给八家，100亩的收获物作为田赋缴给国家

——摘编自肖东发主编：《古代税赋——历代赋税与劳役制度》，北京：现代出版社，2015年，第4页和张守军著：《中国古代的赋税与劳役》，北京：中国国际广播出版社，2010年，第13页

① 西周针对“国人（周部族）”行彻法；针对“野人（商遗民）”行助法。

教师讲述： 助法的纳税形式，是使8家之力助耕公田，以公田所获交公；周代则把收获物的九分之一交公。对劳动者而言，在彻法下能多劳多得，因而彻法更能调动劳动者的积极性。

夏商周时期，实施的贡、助、彻赋税制度具有延续性，这是因为当时的国情基本相似：生产力水平低下。井田制下的国人采用集体耕作方式，其贡、助、彻均为公田上的劳役地租或者实物地租。除此之外，国人还要承担徭役以及各地向王室的贡纳等赋税。

(设计意图) 贡、助、彻赋税制度是中国古代赋税制度的基础，但教材没有涉及。本环节通过提供材料与讲述相结合的方式，对教材内容作一补充。

(过渡) 春秋时期，伴随着社会形势的发展变化，各国纷纷进行赋税制度改革，赋税制度呈现了新的特征。

(2) 春秋时期的“相地而衰征”和初税亩

材料二　公元前685年，齐桓公即位，任用管仲改革内政。其中，属于田制、田赋方面的改革是实行“相地而衰征”。“相地而衰征”的意思是：按劳动力平均分配全部耕地，包括公田；在此基础上，实行按产量分成的实物地租制。公元前594年，鲁国正式推翻过去按井田征收赋税的旧制度，改行“初税亩”。即不分义田、私田，凡占有土地者均必须按亩交纳土地税。

——肖东发主编：《古代税赋——历代赋税与劳役制度》，北京：现代出版社，2015年，第11—14页

教师设问： 根据材料二，概括“相地而衰征”与初税亩的相同点。(参考答案：都改变了奴隶制的井税制度的征收标准和数量，破坏了西周的旧税制。)

教师引导学生分析： 西周的赋税是以井田为单位征收的。在井田制下，每户土地都是百亩，所以每井所出赋税和劳役都是一样的。管仲主张根据土地好坏或远近而分等征税，这就改变了西周旧税制的征收标准和征收数量，在很大程度上破坏了西周的旧税制。鲁国“初税亩”不分公田、私田，一切土地均按亩交纳土地税，正式废除了过去按井田征收田赋的制度。

教师追问： 根据材料二并结合所学知识，分析春秋时期赋税制度改革的原因和影响。(参考答案：原因：春秋战国时期生产力发展，铁犁牛耕推广；私田数量增加；政府财政收入受到影响。影响：激发了生产积极性；有利于生产力的发展和政府财政收入的增加；开始承认土地私有，冲击了井田制度；促使奴隶制逐渐走向解体，封建生产关系逐渐形成。)

(过渡) 战国时期农业和手工业的发展，要求在更大范围内承认私田的合法性，允许土地自由转让和买卖。这一时期的赋税改革，将春秋时期的改革成果推向新的阶段，其中商鞅变法是封建赋税制度在中国历史上基本确立的标志。秦统一后，令“黔首自实田”，规定田赋有田租、口赋、力役三种形式。汉承秦制，有所损益。

2. 秦汉到唐前期——从租赋制到租(庸)调制

(1) 秦汉时期的租赋制

材料三　公元前216年秦始皇令“黔首自实田”，对官有土地收租，对私有土地征税，税率为土地收入的2/3左右。秦二世时，田赋更高，“收泰半之赋”。汉代田租较轻，税率开始为1/15，后为1/30。

——丛建阁、刘振锋:《山东地区古代赋税制度与赋税思想及其启示》,载《山东财经学院学报(双月刊)》,2008 年第 2 期

教师设问: 根据材料三并结合所学知识,概括秦汉时期田赋制度的差异,分析这一变化的原因和影响。(参考答案:差异:秦朝田赋沉重,西汉田赋较轻。原因:西汉建立初期,经济遭到严重破坏;统治阶层大都出身布衣,见识到了农民起义的力量;统治者从秦朝灭亡中吸取教训;汉初无为而治思想的影响。影响:保护了大量自耕小农;有利于汉初经济的恢复和生产力的发展;有利于政权的巩固。)

表三　汉代五口之家农户税赋负担简表

财产税						人头税		
土地(亩)	产量(石)	税率	粮价(钱/石)	土地税(钱)	稿刍(钱)	更赋(钱)	算赋(钱)	口赋(钱)
70	150	1/30	约 80	约 400	小于 50	约 3450	至少 240	最多 60

注:①汉代五口之家需纳更赋者平均约为 1.5 人。②更赋,是一种代役税。汉代规定 23 岁至 56 岁男子,每年要到郡县服徭役一月,称为"践更",如不服役则须出 2000 钱。适龄者又有每年戍边三日的力役,以路途遥远难以往还索钱 300 文,称为"过更"。

——摘编自张敬群:《中国税制演进规律初探——三条脉络、四个节点、五个阶段》,载《税务研究》,2015 第 3 期

教师设问: 根据表三,对纳税标准和农民负担你有什么认识?(参考答案:农民纳税的主要标准是人丁;农民负担沉重。)

教师引导学生分析: 经过春秋战国的大变革,田赋已不再是夏、商、西周时期人头税性质的地租,而是财产税性质的农业税;而同时存在的算赋、口赋、更赋则仍然是人头税。相比之下,这一时期的财产税总额明显低于人头税总额,可见赋税的征收标准主要是人丁。根据表三数据作简单计算可知,汉代农户把全部收入的 34%以上交给国家,可见,汉代人民群众仍然受到沉重的剥削和压迫,休养生息、轻徭薄赋这些政策具有强烈的局限性。

(2) 曹魏时期的租调制

教师讲述: 曹操先后在公元 196 年和公元 204 年施行屯田制和租调制,租调制具体内容为:对土地所有者(包括自耕农和地主),每亩土地征收田租谷四升,每户征收户调绢两匹、绵两斤。

曹操施行的屯田制和租调制使得中国的土地制度和税收制度都发生了重大变化。首先,从土地制度上看,形成了土地制度公私并存的二元结构。其次,从税收形态上看,由于当时天下大乱,严重阻滞了商品货币流通,曹操审时度势,选择了田租、户调统统征收实物的做法,这适应了当时诸侯割据混战、商品经济关系减弱的客观条件,且有助于大力发展家庭手工业,有力地促进了桑麻种植业和纺织技术的发展。

(过渡) 曹魏的税制改革标志着中国赋税史进入一个新阶段,租调制创立后,历经两晋南北朝和隋唐,沿用达五百多年。

(3) 唐朝的租庸调制

教师设问: 阅读教材第 93 页"史料阅读"中的材料,解释租、庸、调的含义。(参考答案:租:受田农民按丁向国家缴纳的粟或稻;庸:不服徭役的丁向国家缴纳的绢或布;调:成家的人按户向国家缴纳的纺织物及原料。)

教师引导学生分析： 租庸调项目分明，有田的人才需要缴纳田租，自由的成年人才有庸的负担，成家的人才需要贡献调。唐代租庸调制的主要目的是使人身自由的农民可以拥有耕田并且成家，这样他们就负担得起政府的税额，从而有利于地主阶级的统治。

唐代的人头税只对成年男子征收，妇女无需承担赋税，这减轻了丁户的赋税负担。在税收形态上，战国时期，人头税就已经开始征收货币，在两汉，除田赋要缴纳实物外，其他各税都可以缴纳货币。但是，在东汉末年至唐朝前期这一阶段，实物税与货币税相比又占了绝对多数。这种现象的出现，说明中国税制历史演进的道路并非坦途直道，而是坎坷曲折的。

教师讲述： 租庸调制在当时调动了农民积极性，有利于农业经济的恢复和发展，保证了国家赋税收入。到唐代中期，随着土地兼并的发展，均田制已经名存实亡。安史之乱后，土地更加集中，均田制彻底瓦解，租庸调制已经无法维持，国家财政陷入严重危机。公元780年唐德宗任用杨炎为相开始推行两税法改革。

租庸调制的废除，标志着中国赋税史上计丁征赋的历史基本结束。唐后期丁税虽仍有残存，但在全国税收中已经不再居于统治地位了。租庸调制的彻底瓦解深刻反映了我国古代社会内部的重要变革：一是自耕农民大批破产和佃农化；二是地主土地所有制发展迅速。国家为了征收足够的农业税，保证国家的财税收入，单单靠那些拥有小块耕地的农民已经不能满足需求了。

(过渡)新的赋税制度——两税法应时而出，开始了中国赋税发展史的又一个新阶段。

3. 唐中期到明清——从两税法到摊丁入亩

(1) 唐代两税法

材料四　先计州县每岁所应费用及上供之数而赋于人，量出以制入。户无土、客，以见居为簿；人无丁、中，以贫富为差。为行商者，在所州县税三十之一，使与居者均，无侥利。居人之税，秋、夏两征之。其租、庸、调杂徭悉省。

——邬国义校点：《资治通鉴》，上海：上海古籍出版社，2017年，第2548页

教师设问： 根据材料四并结合所学知识，概括两税法的主要内容，并分析其影响。(参考答案：内容：以“量出制入”为原则；土著户和客居户纳税标准趋同；主要按财产征税；对商人征税；征税时间固定。影响：扩大了纳税范围，增加了国家赋税收入；税收标准从人丁逐渐转向财产，国家对农民的人身控制有所松动；征收货币税，促进商品货币经济的发展；税制简化，从制度上避免了官吏乱摊派的可能；对商人征收的税额较低，有利于商品经济的发展；国家不再干预土地分配。)

教师引导学生分析： 与历代“量入为出”的财政原则不同，两税法采用“量出制入”原则。先作出国家财政支出预算，再确定两税收入总额，据此分配各地，逐级按户按额摊收，不准多加一文。这有利于防止地方任意滥征苛敛，加重人民负担。

唐前期，对土著户(当地人)的征税标准高于客居户(外来户)，客居户还可以不服徭役。所以豪绅仕宦之家纷纷以寄住户或寄庄户的名义，取得轻税和免役的待遇。两税法规定不分土著户、客居户一律征收两税，还取消了“不课户”，官吏及商贾都要承担两税，扩大了纳税面，增加了国家赋税收入。

两税法使税目减少，缴纳时间集中，改变了过去农民“旬输月送”的局面，有利于农民安心生产和生活。

在土地制度上，两税法后，国家不再干预土地分配，完全认可了土地私有，土地制度由公私并存的二元结构转变为基本私有的一元结构。两税法下土地买卖合法，土地兼并不再受任何限制，于是土地集中达到了前所未有的程度，最终造成了农民的大规模流亡和社会动荡。

(过渡)唐之后宋、元、明初的赋税制度，虽有所变化，但基本承袭唐代租庸调制与两税法。到明中期，一条鞭法推行后，赋税制度发生了较大的变化。

(2) 明朝的一条鞭法

材料五　明中叶，封建国家开始由盛转衰，土地兼并又趋剧烈。大量土地集中到大地主手里，他们千方百计逃避国家赋税。这种情况严重影响国家田赋收入。同时，由于巨额军费和宗禄支出，以及统治阶级的奢侈浪费，财政支出与日俱增。国家每年财政收入，不足财政支出之半。

——张守军著：《中国古代的赋税与劳役》，北京：中国国际广播出版社，2010 年，第 45—46 页

材料六　一条鞭法者，总括一州县之赋役，量地计丁，丁粮毕输于官。一岁之役，官为佥募。力差，则计其工食之费，量为增减；银差，则计其交纳之费，加以增耗。凡额办、派办、京库岁需与存留、供亿诸费，以及土贡方物，悉并为一条，皆计亩征银，折办于官，故谓之一条鞭。

——《明史·食货志》，清乾隆武英殿刻本，第 831—832 页

教师设问：阅读材料五、六并结合所学知识，概括明朝中期实施一条鞭法的背景和内容。(参考答案：背景：明朝中期土地兼并严重，阶级矛盾尖锐；国库亏空，财政困难；市场白银充足。内容：赋役合一；量地计丁；纳银代役；赋役征银；官收官解。)

教师引导学生分析：实行一条鞭法以前赋役分开，赋以田亩纳课，役以户丁征集，赋役之外还有名目繁多的方物、土贡之类的额外加派。实行一条鞭法以后全部简化合并为一体，将役归于地，计亩征收。

赋役合一、役归于地改变了以前赋役分开的做法，出现了部分摊丁入亩的趋势，赋役更趋公平。赋税征银，大大地拓展了货币税的课征范围，促进了货币地租的发展，有利于农业商品化和资本主义萌芽的增长。官收官解，赋役征课不再由里长、粮长办理，改由地方官吏直接征收，解缴入库。从此，不按实物征课，省却了缴纳储存之费；不由保甲人员代为征解，免除了侵蚀分款之弊，使征收方法更加完善。

(过渡)一条鞭法推动了中国古代赋役制度的进步，为清初摊丁入亩的变革奠定了基础。

(3) 清朝的“摊丁入亩”

材料七　清王朝建立后，田赋征纳仍遵行一条鞭法，按明朝万历年间的则例征收，地赋和丁赋分别征课。随着土地兼并的日益严重，地银和丁银分别征收的弊端日益突出。由于人口增长快于土地面积的增加，土地又不断集中在大地主手中，农民不断丧失土地，又要承担沉重的丁赋，所以无地农民被迫逃隐，既影响了国家税收，又造成社会不稳。为了解决这一矛盾，康熙五十一年(1712)，针对“户口日增，地未加广”的情况，规定以现在丁册为常额，固定丁银数量，此后“滋生人丁，永不加赋”。康熙五十五年(1716)，将固定的丁银首先在广东摊丁入亩征收，并逐渐推行于全国。地税从此称为“地丁”，这就是清朝“摊丁入地”的赋税改革。摊丁入地，地丁完全按田亩征收，无论豪绅富户还是一般农民，田多则赋多，无田则无税，使赋税负担趋于合理。

——张守军著:《中国古代的赋税与劳役》,北京:中国国际广播出版社,2010年,第48—49页

教师设问: 根据材料七并结合所学知识,分析清朝摊丁入亩赋税改革的原因及其影响。(参考答案:原因:原有赋税制度的弊端;社会矛盾尖锐;固定丁银数量为改革创造条件。影响:废除了人头税,是中国赋役制度的重大改革;使农民对国家的人身依附关系进一步松弛;赋税更趋公平,减轻了农民的负担,缓和了社会矛盾;有利于财政收入的稳定;客观上起到了鼓励人口增殖的作用。)

教师追问: 根据材料七并结合所学知识,说说你对教材上"一条鞭法是中国赋役制度上的重大变革"这句话的理解。(参考答案:在税收对象上,一条鞭法上承两税法确立的以"资产为宗"的计税原则,把役改由丁、田共同承担,进一步扩大了财产税的比重,清朝"摊丁入亩"后,财产税一统天下,人头税被彻底抛弃。在税收形态上,一条鞭法上承唐朝两税法征收货币税的做法,将绝大多数的实物税都改成了货币税,"摊丁入亩"后,劳役税和实物税最终化合成了单一的货币税。)

教师引导学生分析: 从两税法到摊丁入亩,中国古代赋役征收对象逐渐从以人丁为主转向以资产为主;在税收形态上,货币税逐渐取代实物税。这三次税赋制度的改革本质上是相互衔接的,逐步推进的,每一次改革较上一次都具一定的进步性,都更趋于合理。

(设计意图) 总结从中唐到明清这一阶段赋税制度演变的规律,增强学生的史料实证能力。本环节指向的是:(1)历史解释水平1——能够对所学内容中的历史结论加以分析;(2)史料实证水平2——能够认识不同类型的史料所具有的不同价值,明了史料在历史叙述中的基础作用,在对史事与现实问题进行论述的过程中,能够尝试运用史料作为证据论证自己的观点。

教师引导学生小结: 赋税是古代国家的主要财政来源,是国家建设和运转所需经费之来源。从本质上讲,古代国家的赋税体现了古代统治者对广大劳动人民的剥削,它不可避免地存在着一些缺陷。尽管这样,两千多年来在历代王朝的不断改革下,形成的一套适合古代国家的赋税制度,对促进当时社会生产的发展曾起过积极作用,其中某些合理有用的部分对我们今天的税收制度改革不无可借鉴之处。

(过渡) 在古代社会,农业税一直是政府财政收入的主要来源。进入近代,工商税逐渐超过农业税成为主体,中国的税收制度由以农业税为主体的古代税制蜕变升华为以工商税为主体的近现代税制。近代以来,关税和个人所得税这两个税种的重要性日益凸显,下面就让我们一起来学习这两个税种的发展演变。

(二) 关税的起源与演变

1. 关税的起源

教师讲述: 关税在我国古代曾被称作"关市税",早期国家在边境要津设关置卡,过往商旅均需缴纳关市税,故亦可作通过税[①]。在关税出现后的很长一段历史时期里,存在着国内关税与国境关税并立的现象。所谓"国内关税",亦即内陆关税,就是早期国家或奴隶制城邦

① 黄天华编著:《中国关税制度》,上海:上海财经大学出版社,2006年,第5页。

国家在各自的行政管辖范围或都市领域内征收使用费——货物所有人使用了公路、栈道、隘口、桥梁、港口以及其他设施得到了极大的方便，货物和商人也受到了适当的保护，故而就应该向领主缴纳一部分费用作为补偿。[①]“国境关税”，即一个成熟形态的国家对进出其国境货物征收的关税。

(过渡)在古代中国，一直处于国内关税与国境关税并存的状态。近代以来，随着国内关税的逐渐衰亡，国境关税的重要性逐渐凸显。

2. 近代中国的关税

(1) 近代国内关税的代表——厘金制度

教师讲述：“厘金”亦称“厘捐”或“厘金税”。厘金最初一般分行厘(活厘)和坐厘(板厘)。前者为通过税，征于转运中的货物，抽之于行商；后者为交易税，在产地或销地征收，抽之于坐商。1853年因筹集镇压太平天国运动的军费，清扬州地方政府开始实行厘金制度，以后各省相继仿行，逐渐遍及全国。太平天国被剿灭以后，清政府以“善后需款”的名义，继续征收厘金，征率由各省自定，大多升至4%至10%以上。

材料八 厘金收入中，20%归中央，80%留地方作为军饷……厘金的征收，从货物的品目、征收的比率到局卡的设立均由地方政府自由操纵支配，中央政府的限制条文对地方政府几乎没有约束力……在厘金制度通行全国后，其征收比率从原来的1%，提高到多数省份的4%—10%，最高省份的厘金征收比率更是高达20%。加上清政府对厘金的征管缺少监督，地方官抽厘中饱私囊的弊端日益显露……从厘金的征收范围来看，厘金征收的名目繁多，见货即征，不问巨细。征收的对象最初只及大米，后来推及许多货物，几乎无物不征。自光绪十一年至二十年的10年间，厘金收入在年总收入中所占百分比在15.91%到19.31%之间。

——摘编自郑备军：《中国近代厘金制度研究》，浙江大学博士学位论文，2003年，第120、126、130、131页

教师设问：根据材料八并结合所学知识，分析厘金制度产生的影响。(参考答案：大大缓和了财政危机，延缓了清政府的垮台；加速晚清的财权下移；成为地方拥兵自重的经济基础，削弱了中央集权；造就了一大批贪官污吏，使晚期政治更加腐败；提高了商品成本和价格，严重阻碍了商品流通；严重阻碍了中国近代民族工商业的发展。)

教师引导学生分析：咸丰、同治年间，太平天国起义的烽火燃遍了大江南北，伴随着军事危机、政治危机和财政危机，清政府的统治岌岌可危。然而，清政府最终还是镇压了太平天国，此后延续了近半个世纪，清政府才垮台。何以如此？厘金无疑是其中一个非常重要的原因，它大大缓和了财政危机，从而延缓了清政府的垮台。

在厘金制度下，数额可观的厘金均由地方征收和控制，中央实际上无法掌握全国的财政收入情况，地方督抚因此可凭借其地方财力拥兵自重，削弱了中央集权。厘金政出多门，管理不善，违法中饱十分严重，造就了一大批贪官污吏，使晚期政治更加腐败。由于关卡林立，商贩成本加重，物价提升，阻碍了商品的流通。民族工业生产的原料抽收厘金后价格上升，由此引起生产成本提高，加之出厂的产品抽收厘金以后，其销售价格就更高。第二次鸦片战争后，洋货除交纳5%的关税和2.5%的子口税外，不再抽厘，致使国货失去了与洋货竞争之

① 黄天华编著：《中国关税制度》，上海：上海财经大学出版社，2006年，第15页。

能力，严重阻碍了中国近代民族工商业的发展。

(过渡)1927 年南京国民政府成立后，进行了一系列的财政经济改革，其中"裁厘改税"最终废除了国内的厘金制度。

材料九　1930 年南京财政部发出的裁厘通电称"对于全国厘金及由厘金变名而含有厘金性质者，均应于本年 12 月 31 日止，一律永远废除。"为弥补裁厘后财政亏空，决定于 1931 年 1 月 1 日起，对国内大宗机制工业品征收出厂税，称之为统税。开征项目为棉纱、火柴、水泥。统税具有以下特点：1. 在货物出厂时征收，未出厂的货物不得课税。2. 一物一税，不得重复征税。3. 国外输入的统税货物，同样纳税。4. 全国采用同一税率。

——黎浩：《试论南京国民政府的裁厘改税》，载《历史教学》，1998 年第 8 期

教师设问：根据材料九并结合所学知识，分析国民政府裁厘改税的进步意义。（参考答案：税目简化，税收渐趋合理；税则统一，减少腐败；课税范围大大缩小，减轻民众负担；有利于国内商品流通的畅通，有利于统一市场体系的健全和发展；促进了国内产业的发展；提高了本国产品对国外商品的竞争力，有利于民族工业的发展。）

教师引导学生分析：由于统税是国家税，地方不得重征和截收，从而减少了地方官吏中饱私囊的机会，进一步加强了中央的财权，削弱了地方割据的经济基础。统税货物是由法令明确规定的，选择的品种又为人民消费较大的货品，这就消除了厘金时代"货无巨细，遇卡抽厘"的弊病，民众负担减轻。更为重要的是，以产地税、出厂税代替通过税、目的地税，且新税制对中外商人一视同仁，税率同一，这样就有利于自由贸易和公平竞争的展开，也符合税收中的公平原则，体现了资产阶级发展资本主义的要求。另一方面，对外国输入水泥、棉纱、火柴等货物，改税之后，除交纳关税外，还要由海关按率征收统税，相对而言，国货在成本上更具有竞争优势，从而推动了民族工业的振兴与发展。

教师讲述：1931 年，内地厘金、对洋土货所征的子口税与转口税、对土货所征的复进口税均被废除。同时，在关税自主之后，陆路边境减税办法也已取消，由海陆边关统一征税。由此，中国全国范围内统一型的、西式近代国境海关终于建立起来，南京国民政府征收统一的国境关税，结束了自汉唐以来近两千年的内陆关税和国境关税并立的历史。

(2) 近代争取国境关税自主权的努力

(过渡)鸦片战争以前，中国享有完全的关税自主权。鸦片战争后，中国开始丧失关税自主权。

材料十　1858 年中英《天津条约》第 27 条规定"修改税则以十年为期，期满须于六个月前，先行知照，酌量更改。若彼此未尝先期声明更改，则税课仍照前章完纳，得俟十年，再行更改，再以后均照此限此式办理，永行弗替。"

——王铁崖主编：《中外旧约章汇编·第一册·天津条约》，北京：生活·读书·新知三联书店，1982 年，第 96—99 页

教师设问：根据材料十并结合教材第 94 页第三段内容，概括中国近代丧失关税自主权的表现。（参考答案：丧失了自主调整进出口关税税率的权力、关税修订权、海关权。）

教师引导学生分析：《通商章程善后条约》规定，"海关聘用英、法、美三国人员帮办税务"，这就使中国海关的行政权置于外国侵略者的直接掌握之中，不仅方便了外国资本倾销，而且严重地干涉、侵犯了中国内政，加速了我国社会的半殖民地化进程。

(过渡)那么中国近代关税自主权的丧失给中国带来怎样的影响呢?

材料十一 长时间的"值百抽五"低税率,刺激了外商纷纷来华牟利,国家经济门户洞开,便利了外国资本主义向中国倾销产品、掠夺原料。就连外国驻华公使阿礼国也不禁感叹说:"哪有国家有像中国这样低的外贸税率呢?"中国关税完全失去了保护民族经济、促进国内工农业发展的作用。

——姚梅琳编著:《中国海关史话》,北京:中国海关出版社,2005年,第143页

教师设问:根据材料十一并结合所学知识,简析近代低关税对中国经济发展的影响。(参考答案:破坏了中国的经济主权;便利了列强对中国倾销商品;阻碍了民族工业发展。加快了中国自然经济的瓦解,客观上为中国近代工业的兴起和发展提供了商品市场和劳动力市场。)

教师引导学生分析:协定关税以后,中国成为世界上关税最低的国家。外国低价商品的涌入使得农民、小手工业者纷纷破产,对外贸易更是长期巨额入超。低关税不仅严重损害了中国的关税收入,而且也不能有效保护国内日益发展壮大的民族工业。

但低关税客观上有利于打破中国闭关自守、自我循环的经济发展状态,为中国开创了一个自由贸易时代。低关税促使交易成本显著下降,有利于进出口贸易的发展。随着一系列通商口岸开放,低关税促使中国国内市场与国际市场更加紧密地联系起来,客观上不仅为中国的一些产品拓展了海外的市场空间,同时也极大地促成了国内统一市场的形成,尤其促成了传统市场向近代市场的转变。由于低关税促成了国内外市场扩大,为中国近代工业创造了需求,低关税贸易为商业资本转化为工业投资准备了条件。因此,近代工业在低关税的有力推动下得以兴起。

(过渡)自1842年中国丧失关税自主权以后,随着时间的推移,中国官民逐渐认识到其危害,进行了一系列收回关税自主权的努力。

材料十二 1925年的"五卅运动"直接促成了英、美、日等十二国与北洋政府的北京关税特别会议召开。1927年7月,刚刚成立的国民政府发起关税自主运动,广大民众的民族主义情绪高涨,南京国民政府遂开始了关税改革。

——易继苍、张祥品:《1927—1937年南京国民政府的关税改革》,载《许昌师专学报》,2002年06期

教师设问:根据材料十二并结合教材第94页第四段内容,概括南京国民政府关税改革的背景。(参考答案:中国人民为实现关税自主进行了英勇的斗争;南京国民政府刚刚成立,巩固政权和增加财政收入的需要;美国为取得在华竞争优势。)

(过渡)在"改订新约"的过程中,美国率先与国民政府签订了《中美关税条约》。之后,各欧洲主要强国分别与国民政府进行缔约谈判,相继承认中国关税自主。

材料十三 1929—1934年中国先后四次修订关税。1929年维持5%的进口税率不变,根据不同商品种类另加2.5%—22.5%的7级附加税。1930年,将进口税分为12级,最低为2.5%,最高为50%。1933年,将进口税分为5%至80%的14级。1934年,迫于日本的压力,国民政府对进口税税率作了些让步性的修正,但仍有些商品的进口税继续提高。

——樊卫国:《论1929—1934年中国关税改革对民族经济的影响》,载《上海社会科学院学术季刊》,2000年02期

材料十四　中国政府的关税实际收入从 1928 年的 1.3 亿元增至 1930 年的 2.8 亿元。海关行政权、关税税款及关余保管权等均未触动。

——仇华飞:《试论 1928 年中美新关税条约得失》,载《复旦学报(社会科学版)》,1996 年第 5 期

教师设问:根据材料十三、十四并结合所学知识,评价南京国民政府的关税改革。(参考答案:收回了部分的经济主权;有利于增加国家关税收入;为国民政府利用关税来保护自身的各种利益提供了可能;关税自主尚未真正实现。)

教师引导学生分析:首先,南京国民政府所实施的关税自主政策,在一定程度上提高了中国的国际地位。其次,由于打破了“值百抽五”的协定关税税率,较大地提高了进口税率,从而大大增加了国民政府的财政收入。第三,这一政策在一定程度上保护了中国民族工业和国内市场,抵制了外货的倾销。

但是不可否认,南京国民政府的关税自主是不彻底的。关税自主主要表现在两个方面,一是制定关税税率的自主权;二是海关行政权。当时南京国民政府关税税率已基本自主,但也未完全自主,比如,1934 年迫于日本的压力,国民政府对进口税税率作了些让步性的修正。另外,海关行政权仍由外国人掌握,关税税款及关余保管权等均未触动。中国的关税自主并没有完全实现。

(过渡)1949 年中华人民共和国成立后,中国人民从帝国主义手中夺回了海关管理权,同时收回了海关关税自主权,现代中国关税制度逐渐建立。

(3) 现代中国的关税

教师讲述:1950 年,政务院确立改造海关的基本方针,海关税则“必须保护国家生产,必须保护国内生产品与外国商品的竞争”。1951 年 5 月 4 日,中央人民政府政务院批准颁布了《中华人民共和国海关进出口税则》。

表四　1951 年新中国第一部进出口税则税率结构(部分)

类别	税率	主要商品	税目数	所占比(%)
必需品	免税	农作物种子、金属矿砂、棉花、报纸杂志、书籍、有革命意义的印刷品、金银、科学仪器等	39	2.03
	5	农药、铜、飞机、航空器、机车等	35	1.82
	12.5	橡胶、加工出口抽纱原料、纸浆、纺织机械等	176	9.15
	20	磷、羊毛、工业用电冰箱、部分药品、铁皮等	117	6.08
需用品	25	小麦、缝纫机、部分化工原料等	128	6.65
	40	汽油、硫酸、塑料原料、印刷品、纸张等	132	6.86
非必需品	50	豆类、咖啡、纺织原料、收音机等	121	6.29
	80	水果、肉类、食用油、塑料制成品	262	13.62
	100	茶、饮料、海产品、煤、蚕丝等	172	8.94
奢侈品	120	山货、调味品、毛皮、化妆品等	60	3.12
	200	烟、酒、迷信品等	18	0.94

——摘编自杨圣明主编:《中国关税制度改革》,北京:中国社会科学出版社,1997 年,第 150 页

教师设问: 根据表四并结合所学知识,概括 1951 年《中华人民共和国海关进出口税则》税率的特点,并分析其原因。(参考答案:特点:对不同类的商品征收不同的税率,税率差距大;以保护国内生产为主要目的;税率高。原因:经济凋敝,百废待兴;资本主义国家的敌视与封锁。)

教师引导学生分析: 新中国成立初,百废待兴,以美国为首的资本主义国家对我国实行敌视与封锁政策。为此,新中国确立了独立自主、自力更生的建设方针,并以此为基础确立了国家统制下的内向型保护贸易政策和保护性关税政策,作为与资本主义国家斗争的武器。

按照国家的经济政策和对商品的不同需求情况,将进口商品分为四类并征收不同税率的关税。这一保护性关税政策,有利于促进和鼓励国内有关产品生产的恢复与发展,保护国内产品与外国产品的竞争,也有利于提倡节约,防止浪费外汇。从税率水平来看,这部税则的平均关税水平为 52.9%,这充分体现了高税率的特点。

教师讲述: 从 1951 年到改革开放初期,对上述进出口税则进行过 20 多次局部修改,但是调整范围很小,基本没有降低整体关税水平。在"文化大革命"期间,由于受"税收无用论"思潮的影响,期间我国曾一度停征关税达 10 年之久。

1984 年 12 月,国务院通过了新的关税政策:贯彻国家的对外开放政策,鼓励出口和扩大必需品的进口,保护和促进国民经济的发展,保证国家的关税收入。1985 年,中国制定了《中华人民共和国进出口关税条例》和《中华人民共和国海关进出口税则》,大幅调整了进口税率,降低了进口关税水平。1992 年我国再次大幅度大范围降低关税。

材料十五

中国平均关税税率水平变化

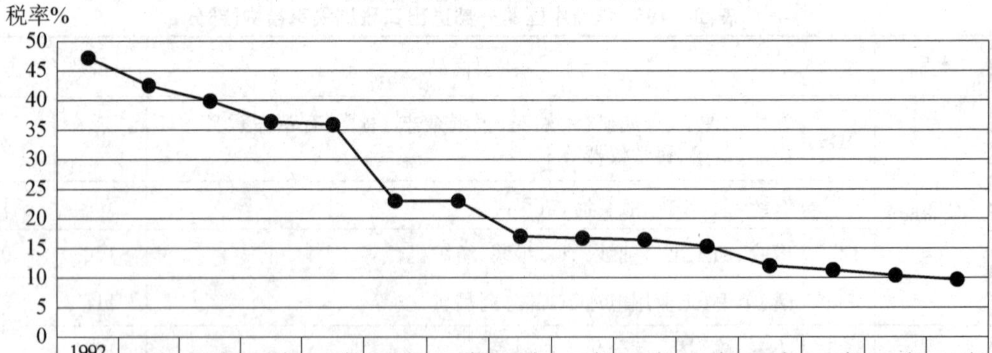

	1992年前	1992年	1993年	1994年	1995年	1996年	1997年	1998年	1999年	2000年	2001年	2002年	2003年	2004年	2005年
—●— 税率%	47.2	42.5	39.9	36.4	35.9	23	23	17	16.7	16.4	15.3	12	11.3	10.4	9.7

——资料来源:海关总署关税司

教师设问: 根据材料十五并结合所学知识,分析 1992 年后我国调低关税税率的原因。(参考答案:为适应社会主义市场经济发展的需要;为适应国际经济的通行规则,主动融入经济全球化;改革开放和现代化建设的需要;履行 WTO 关于关税规定的义务。)

教师引导学生分析：1992 年，我国开始大幅度地降低关税水平，内向型保护性关税政策也逐渐转型为开放型的保护性关税政策。原因主要如下：中共十四大明确我国经济体制改革的目标是建立社会主义市场经济体制，为适应社会主义市场经济发展的需要和国际经济的通行规则，我国制定了新的关税政策调整目标，即分步降低关税税率，扩大对外开放程度，提高对外开放水平，建立统一规范的对外经济体制。2001 年我国加入 WTO 后，认真履行有关承诺，积极调整我国关税政策。至 2010 年，我国已全部完成降税承诺，将关税税率水平降至 9.8%。

（三）个人所得税制度的起源与演变

教师讲述：个人所得税是指国家对纳税人个人取得的各项应税所得征收的一种税，是调整征税机关与自然人（居民、非居民人）之间在个人所得税的征纳与管理过程中，所发生的社会关系和法律规范的总称。

1936 年 7 月 21 日，国民政府公布所得税暂行条例，是中国历史上第一次全面开征所得税。国民政府征收所得税期间，由于政治腐败，经济落后，富人大量逃税，穷人无力纳税，中国的所得税制度只是徒有虚名，不可能真正得到实施。

自中华人民共和国成立到改革开放前，中国没有建立完整、统一的个人所得税制度，究其原因主要有：第一，计划经济体制下，人们收入水平普遍较低、差距不大。第二，公有制为主体，私营企业、个体工商户、个人经营活动和个人资产都很少。第三，国企上缴的利润是国家财政收入最主要的来源，所得税收入占比极小。第四，认识的片面性，把个税当作是资产阶级剥削劳动人民的一种手段。

改革开放后，税制建设进入一个新的发展阶段。在这一时期的税制改革当中，开征个人所得税是作为对外开放的一项重要措施先行出台的。

材料十六 为了解决对来华工作的外国人的所得征税问题，以利于引进人才和维护国家权益，财政部税务总局从 1978 年底开始研究建立个人所得税制度的问题。1980 年 9 月 10 日，第五届全国人民代表大会第三次会议通过《中华人民共和国个人所得税法》，即日公布施行，这是新中国成立以后制定的第一部个人所得税法。之后，根据时代的发展变化不断修订。

——刘佐：《中国个人所得税发展的回顾与展望——纪念〈中华人民共和国个人所得税法〉公布 30 周年》，载《税务研究》，2010 年第 9 期

教师设问：根据材料十六并结合所学知识，分析改革开放后开征个人所得税和修订个人所得税制度的原因。（参考答案：改革开放前，没有全面开征个税；对外开放后，来华外国人增多；改革开放后，个体经济迅速发展；个人之间收入差距逐渐拉大；社会主义市场经济体制的初步确立。）

教师引导学生分析：1980 年，个人所得税作为配合对外开放的重要措施先行出台，以利于引进人才和维护国家权益。80 年代中期，随着改革的全面展开，个人收入差距明显加大，需要通过税收等手段适当调节。根据中共十四大提出的建立社会主义市场经济体制的要求，我国于 1994 年实行个人所得税制度的全面改革，这标志着我国个人所得税制度朝着法制化、科学化和规范化的方向迈出了重要一步。2018 年个人所得税制度进行第

七次修改，涉及征收模式、税前扣除、减免税等方面的很多重要调整，标志着中国的个人所得税制度朝着现代化方向迈出了关键的一步，并为今后此项制度的完善奠定了重要的基础。

(设计意图)通过对现当代史上个税制度的简要回顾，及改革开放后个人所得税制度不断修订的原因分析，使学生更加深刻地认识到时代背景对税收制度的影响。本问题指向的是：(1)历史解释素养水平2——能够选择、组织和运用相关材料并使用相关历史术语，对个别或系列史事提出自己的解释；(2)唯物史观素养水平3、4——能够将唯物史观运用于历史学习、探究中，并将其作为认识和解决现实问题的指导思想。

【课堂小结】

教师引导学生小结：税收是国家为满足社会公共需要，凭借公共权力，按照法律所规定的标准和程序，参与国民收入分配，强制地、无偿地取得财政收入的一种方式。税收是一个国家政权存在的经济基础。无论是中国古代的赋役制度还是近现代的关税和个人所得税制度，都有其增加财政收入的功能。除了共同的财政作用之外，关税在现代还起着保护作用和调节作用，其最终目的是为了促进本国经济的发展。现代中国的个人所得税制度随着时代的变化不断修订，在调节国民收入和稳定社会方面发挥着重要作用。

教学设计2

成都市龙泉驿区教科院　曾清浩

一、教材分析

本课是统编教材《国家制度与社会治理》第五单元《货币与赋税制度》第2课，包括“中国古代的赋役制度”和“关税与个人所得税制度的起源与演变”两个子目的内容。

《普通高中历史课程标准(2017年版2020年修订)》对本课的要求是：了解中国古代赋税制度的演变；了解关税、个人所得税制度的产生及其在中国的实行。中国古代赋税制度经历了复杂的发展过程，相关内容在《中外历史纲要》中有所涉及，但过于分散，没有形成体系；《中外历史纲要》在介绍《南京条约》内容时涉及了“协定关税”，使学生对于近代关税自主权有一定的了解，但还比较肤浅，而对于个人所得税，《中外历史纲要》基本没有相关内容。本课教材内容主要围绕三条线索展开，第一是中国古代赋役征收标准从以人丁为主逐步转向以财产为主，赋役长期并行，役的内容逐渐并入赋税；第二是中国关税制度的发展历程，尤其是近代围绕关税自主权进行的斗争和新中国进行的关税制度建设；三是近代以来出现的个人所得税制度。这三条线索中，第一条最为繁杂。教学时教师应补充恰当史料，对教材知识体系进行大胆取舍和整合，构建新的教学逻辑：

表一　本课教学逻辑结构

教材框架	中国古代的赋役制度				关税与个人所得税制度的起源与演变	
夯实基础（知识与能力立意）	先秦的赋役制度（贡、助、彻与春秋战国的改革）	秦汉的赋役制度（田赋、口赋、算赋等）	隋唐的赋役制度（从租庸调制到两税法）	明清的赋役制度（一条鞭法和摊丁入亩）	关税的产生及其在中国的实行	个人所得税制度的起源与演变
能力提升（能力与素养立意）	春秋战国时期“取之有度”的赋税思想提出	秦汉时期“取之有度”的赋税思想开始确立	隋唐时期“取之有度”的赋税制度的调整	明清时期“取之有度”的赋税制度的改革和完善	近代以来关税制度发展的阶段及其特征	中国个人所得税征收的变化及其原因和体现的时代特征
本课的教学结构	“取之有度”的中国古代赋役制度				关税与个人所得税制度的起源与演变	

中国古代赋役制度的基本特征是“取之有度”：历经春秋战国时期“取之有度”的赋税思想提出，到秦汉时期开始确立，隋唐时期制度调整，最终于明清时期得到改革和完善。学习近代关税制度，需要将其发展放在特定的历史环境中去考察，认识近代以来关税制度发展的阶段及其特征。通过梳理个人所得税的变化，分析其成因和体现的时代特征来探究个人所得税与社会发展的关系。

二、学情分析

学生通过初中和高一年级的历史学习，对汉代的赋税种类、魏晋的租调制、北魏孝文帝改革的均田令、唐初的租庸调制和中期的两税法等内容有一定了解，但所学知识较零散，无法形成体系，对于从宏观角度评价赋役制度基本没有涉及。学生对关税已经有所了解，但学习的史实是碎片化的，缺乏整体感知；个人所得税制度则与学生社会生活知识的积累相关。本子目中涉及历史概念较多，对历史思维能力要求较高，教学过程中，教师需要通过相关史料和问题构建新的历史情境，引导学生在唯物史观指导下，将史料置于特定的历史时空下，把握历史的本质和规律，深化学生的家国情怀。

三、教学目标

1. 整理材料信息并运用比较分析方法，认识到春秋战国时期法、儒两家赋税思想的差异。

2. 通过对材料信息的整理和解读，辨析汉代董仲舒、唐代刘晏、明朝张居正赋税思想的内涵，并运用物质与意识的关系理解这些思想体现的时代特征。

3. 说明两税法、一条鞭法和摊丁入亩的特征，并在整理、辨析和探究史料的基础上，理解中国古代赋役制度发展的基本规律。

4. 能通过解读史料辩证地评价唐朝两税法。

5. 形成对关税的整体感知，能够将关税发展融入时空环境中，并分析其变化的原因。

6. 整理个人所得税的发展历程，能够结合史料探究影响个人所得税发展的因素，分析其反映的社会特征。

7. 对中国历史上的赋役制度进行反思，认识到赋役制度与经济发展、社会安定、国家治理的关系。

四、教学重难点

重点：理解中国古代赋役制度“取之有度”的特征及其发展规律。

难点：认识赋役制度与经济发展、国家治理的关系。

五、教学过程

【导入新课】

材料一

中国历史呈现出王朝往复循环的周期性现象，打江山—坐江山—失江山，周而复始。黄炎培先生将其称为“其兴也勃焉，其亡也忽焉”的历史周期律。王朝崩溃的开始，往往是苛捐杂税的加重打破了社会的稳定……历朝历代一直在“低税—王朝兴起—重税—起义爆发”的恶性循环中打转，中国历史繁荣与贫困总是在轻税与重税中交替变更。

——卢洪友、张楠：《国家治理逻辑下的税收制度：历史线索、内在机理及启示》，载《社会科学》，2016 年第 4 期

教师设问：材料一表明赋税制度与国家的兴衰有什么关系？为了实现国家的发展和长治久安，统治者推行的赋税思想和赋役制度体现了怎样的历史特征？今天就让我们带着这些问题共同走进第 16 课《中国赋税制度的演变》。

(设计意图)通过描述古代王朝的兴衰与赋税的关系，让学生初步形成“赋税制度是国家治理的重要组成部分，关系着国家的兴衰”的意识，点明本课的主题。再通过设置“悬念”，激发学生学习和探究的兴趣，为本课教学打下坚实的基础。

【学习新课】

教师讲述：中国古代的赋役制度一般包含了“赋”和“役”两个组成部分。“赋”，即赋税，是指各种捐、税的总称，是依照法律或习俗由政府征收的款项。“役”主要指劳役、徭役，是服劳力之事。赋是百姓对国家的经济义务，役则是对国家的劳力义务。

赋役制度作为上层建筑的重要组成部分，受到经济基础的制约。赋税思想是中国古代社会思想的重要组成部分，对国家赋役制度的推行产生重要影响。

(一)“取之有度”的中国古代赋役制度

(过渡)夏商周时期，中国已产生了贡、助、彻等赋役制度，其“九一而助”“什一自赋”的赋

役标准，说明“取之有度”的赋役思想在中国具有悠久的历史渊源。春秋战国时期，思想界“百家争鸣”，诸子百家提出了一系列治理国家的方案，各国统治者纷纷进行赋役制度改革，体现了春秋战国社会转型时期的社会形势；而法家和儒家关于赋税征收思想的不同，体现了法儒两家治国理念的巨大差异。

1. 春秋战国时期的赋税思想和赋役制度

材料二　秦国的商鞅提出了“强者必富，富者必强”的主张，在社会剩余产品的分配上，他主张尽量扩大国家所占有的份额，重征赋税。他认为“民弱则尊官，贫则重赏”，要想国强，就要使民在贫富之间运动。他说：“治国能令贫者富，富者贫，则国多力，多力者王”。

——周道生：《论中国古代赋税思想的特点》，载《湖南社会科学》，1995 年第 2 期

教师设问：根据材料二并结合所学知识，概括商鞅的赋税思想。（参考答案：主张通过赋税制度实现“富国贫民”；将富国放在第一位，富国才能强国；主张重征赋税，加强对人民的剥削；赋税制度要服务于巩固统治的需要。）

教师引导学生分析：春秋战国是社会大动荡、大变革的时期，为了在兼并战争中取得胜利，统治者均十分重视国家的富强之道。法家提出了“富国贫民”思想，认为富国才能强国；提出重税强征等主张，强化对人民的控制。这一系列主张体现了法家维护地主阶级利益的本质，有利于强化对人民的控制，也顺应了春秋战国社会转型时期的时代要求。

材料三　在税收征收上，孔子强调惠民，坚决反对重税，主张“敛从其薄”。他强调培养税源和征收什一税，反对竭泽而渔，主张“百姓足，君孰与不足；百姓不足，君孰与足”。孟子主张统治者要实行“春省耕而补不足，秋省敛而助不给”的“仁政”，征收税收要看人民是否乐意，“易其田畴，薄其税敛，民可使富也。”他主张“野九一而助，国中什一使自赋”，即主张农业什一税。

——丛建阁、刘振锋：《山东地区古代赋税制度与赋税思想及其启示》，载《山东财经学院学报》，2008 年第 2 期

教师设问：根据材料二、三并结合所学知识，指出与法家相比，春秋战国时期儒家赋税思想的不同点。（参考答案：儒家更清晰地认识到赋税制度与国家的兴衰和社会安定的关系；儒家强调统治者要“以民为本”，减轻人民的负担，实施“仁政”；主张进行赋税制度建设，提出了实施“农业什一税”等主张。）

教师引导学生分析：春秋战国时期，诸侯国兼并战争不断，社会动荡不安，人民流离失所。与法家主张强化统治，实行“富国贫民”思想不同，儒家从缓和社会矛盾与维护统治的关系角度，认为统治者要实现国富民强，必须重视人民的生存，减轻人民的负担，轻徭薄赋，在农业税上实施十一而税。这一系列主张本质上是儒家赋税“藏富于民”思想的体现，反映了春秋战国时期社会转型的形势，为中国“取之有度”赋税思想的形成奠定了基础。

（设计意图）通过引导学生对春秋战国时期儒家、法家赋税思想进行概括和比较，提升学生提取和解读材料信息的能力；通过对法家“富国贫民”“重征赋税”和儒家“藏富于民”“取之有度”两种赋税思想的对比，探究赋税制度与国家治理的关系。在探究“春秋战国时期的赋税思想”这一新历史问题时，能够对史料信息进行提取、整理，体现了史料实证素养水平 3 的要求。

（过渡）法家“富国贫民”思想最终赢得了秦朝统治者的认可。在此思想指导下，秦朝对

人民横征暴敛,"取之无度",导致强国速亡。汉朝吸取历史教训,在赋税制度上"与民休息",国家走向强盛。秦汉时期的赋税,除田赋以外,口赋、算赋对人征收,属于人头税性质。赋役制度上,汉承秦制,有所损益变化。

2. 秦汉时期的赋税思想和赋役制度

材料四 董仲舒总结了秦王朝灭亡的历史教训,指出"赋敛亡度,竭民财力"的后果将是"百姓散亡,不得从耕织之业",使得天下"群盗并起,是以刑者甚众,死者相望,而奸不息"。所以,他主张一方面要"有文德以教训于天下",主张"罢黜百家,独尊儒术";另一方面要"薄赋敛,省徭役,以宽民力",以达到"民财内足以养老尽孝,外足以事上共税,下足以畜妻子极爱"的"善治"状态。

——何晓蓉:《董仲舒赋税思想及其启示》,载《湖南财经高等专科学校学报》,2004年第2期

材料五 汉代田租税率开始为十五税一,后调整为三十税一。但董仲舒曾上书汉武帝,说百姓"月为更卒,已复为正,一岁屯戍,一岁力役,三十倍于古;田租口赋,盐铁之利,二十倍于古……故贫民常衣牛马之衣,而食犬彘之食。重以贪暴之吏,刑戮妄加,民愁亡聊,亡逃山林,转为盗贼,赭衣半道,断狱岁以千万数。"

——摘编自尹怡朋:《秦汉养老政策研究》,山东师范大学硕士学位论文,2006年,第29页

教师设问: 根据材料四并结合所学知识,概括董仲舒赋税思想的内涵,并结合材料五分析西汉赋役制度的特征。(参考答案:内涵:赋敛无度会破坏社会生产,激化社会矛盾,危及统治;主张"薄赋省徭"以减轻农民负担、缓和阶级矛盾并促进经济发展。特征:西汉赋役制度内容广泛,包括田租、徭役、口赋等内容;统治者总结了秦朝灭亡的教训,注重减轻农民的田赋负担;但农民徭役、口赋等负担仍十分沉重。)

教师引导学生分析: 秦朝统一以后,赋税沉重,最终激化了阶级矛盾,导致秦朝二世而亡。西汉建立初期,经济遭到严重破坏;统治阶层大都出身布衣,见识到了农民起义的力量;统治者从秦朝灭亡中吸取教训,实行休养生息政策,田租实行十五税一、三十税一,推动了"文景之治"及汉武帝前期的强盛。与前朝相比,西汉认识到赋役制度相对宽松的必要性,但由于战争和巩固统治的需要,农民徭役、口赋等负担仍十分沉重,表明统治者对董仲舒的赋税主张在实施上有所保留。

(设计意图) 本问通过考查学生对秦汉时期赋役制度特征的理解和赋役思想的概括,让学生认识到重征赋税和轻徭薄赋两种思想导致了秦汉不同的历史结局。学生通过对材料信息的整理和解释,形成对先秦、秦汉时期中国古代赋役制度的辩证认识,体现了历史解释素养水平2——"能够在历史叙述中将史实描述与历史解释结合起来"的要求。

(过渡) 秦汉以后,"取之有度"的赋税思想得到继承和发展。魏晋时期,伴随着均田制的实施,出现了租调制,隋朝时将其完善为租庸调制并被唐朝继承。随着形势的发展变化,唐朝后期实行两税法,中国古代赋税制度出现重大调整。

3. 隋唐时期的赋税思想和赋役制度

(1) 隋唐时期的赋税思想

材料六 刘晏说:"户口滋多,则赋税自广,故其理财,常以养民为先。"……提出赋税征

课的三个原则：一是“因民所急而税之，则国用足”……二是“知所以取，人不怨”。也就是说，课税既要增加国家的财政收入，又要使百姓不感到沉重负担，并在实施中力求做到。三是视农业丰歉调整生产者的税赋负担，对农民实行“常岁平敛之，荒年蠲救之”的政策……他在大历年间曾对户税、地税进行整顿，改变税率，把纳税时间分为夏秋两季。改革盐法盐制，创立常平盐制度。他采取自由经营方式进行盐法改革。

——丛建阁、刘振锋：《山东地区古代赋税制度与赋税思想及其启示》，载《山东财经学院学报》，2008 年第 2 期

教师设问：根据材料六并结合所学知识，概括唐代刘晏赋税思想的内涵。（参考答案：将增加人口与赋税增长相结合；推进以自由经营为特征的盐法改革；有限度地课税；根据农民收入调整税赋负担；纳税方式为夏秋两次纳税。）

教师引导学生分析：唐代刘晏重视理财，提出了赋税征课的三个原则，其思想中“理财，常以养民为先”“常岁平敛之，荒年蠲救之”是对儒家传统轻徭薄赋思想的进一步发展；以自由经营方式进行盐法改革，有利于商品经济的发展，扩大赋税来源；把纳税时间分为夏秋两季和“以入量出”的赋税设计有利于减轻农民的负担，为两税法的实施奠定了基础。刘晏赋税思想的核心是“取之有度”。

（设计意图）本设问要求学生对唐代刘晏“取之有度”赋税思想加以概括，训练学生对有效信息进行完整、准确、合理解读的能力和材料信息的概括能力，在探究新历史问题时，能够对史料信息进行提取、整理，体现了史料实证素养水平 3 的要求。

（2）隋唐时期的赋役制度

材料七　安史之乱前，天宝十四年(755 年)，中央政府管理支配户数为 891 万多户，人口为 5292 万多人。安史之乱开始后，唐中央王朝支配的户数和人口锐减，主要财政收入只能依靠淮南和江南。为了弥补财政亏空，唐中央政府就征收名目繁多的苛捐杂税。各地方豪强依托财势，采取托名骗取官爵等手段逃避徭役、赋税。由于唐王朝对土著户(当地人)的征收标准高于客居户(外来户)，客居户还可以不服徭役，所以豪绅仕宦之家纷纷以寄住户或寄庄户的名义，取得轻税和免役的待遇。这样，田赋和徭役都落在农民身上，农民不堪重负，大量逃亡。

——金开诚主编：《中国古代赋税徭役》，长春：吉林文史出版社，2010 年，第 61—62 页

材料八　两税法……取消租庸调及一切杂役杂税……不分主户与客户，只要有当地资产，即为当地人，一律上籍征税；无固定居所的商人，所在州县按其收入的三十分之一征税……课税不以年龄而异，而是根据贫富，拥有资产多的人，多缴税，反之，则少缴税，顺应了社会经济发展的方向……税收分夏秋两季征收，分别在六月和十一月征收完毕……“量出以制入”，根据预算国家一年的支出来制定下一年相应的税赋。

——沈露璐：《两税法研究》，载《现代商贸工业》，2010 年第 19 期

教师设问：阅读材料七、八并结合所学知识，分析唐朝中后期实施两税法的原因，并概括两税法的特征。（参考答案：原因：均田制遭到破坏；国家财政困难；豪绅之家骗取轻税和免役的待遇，加重了农民负担；阶级矛盾尖锐。特征：税制统一，由分税到并税；纳税对象扩大，主客户和商人均要纳税；以财产为主要征税标准；纳税时间调整：分两次进行，夏秋两季征收；课税原则为“量出以制入”；有利于商品经济发展。）

教师引导学生分析：唐初以来实行以均田制为基础的租庸调制，但由于唐朝前期人口不断增加和土地兼并加剧，均田制无法维持，租庸调便无法施行，国家财政收入随之减少。安史之乱后，国家财政困难加剧，为了保证国家的财政收入，780年，唐德宗采纳杨炎的建议，实行两税法：取消租庸调及一切杂役杂税，实现税制统一；纳税对象、纳税标准、纳税时间、纳税原则均发生变化，尤其是将商人纳入征税对象，体现了历史发展的趋势，有利于商品经济的发展；纳税标准上由以人丁为主到以财产（田地）为主，体现了赋税制度的发展方向；纳税对象、纳税时间、纳税原则都有利于减轻农民的负担。这些内容表明赋税制度出现重大调整，两税法的实施是对"取之有度"赋税思想的实践和发展。

（设计意图）通过对材料信息的整理和解读，培养学生客观叙述历史事实、正确解释历史事物的能力，深化学生对两税法这一历史概念的理解，符合历史解释素养水平3"尝试从来源、性质和目的等多方面，说明导致这些不同解释的原因并加以评析"的要求。

材料九　郭虚中认为："两税法实施的本身对当时所发生的作用，应从利弊两方面来看：利的方面，主要在它实行之初，改变了一些过去赋役极端紊乱和负担过分不合理的现象，农民的负担暂时得到一些减轻，社会也较过去安定些。"范文澜……写道："初行两税法，百姓也有些好处……两税法虽然对民众的负担丝毫不曾减轻，而且还加重些，但比起乱收税来，总算是有个统一的税制。"

——陈明光：《20世纪唐代两税法研究评述》，载《中国史研究动态》，2000年第10期

教师设问：根据材料九，概括史学界关于两税法实施的不同观点，并选择其中一种观点进行论述。（参考答案：观点：两种观点都采用了一分为二的辩证思维方式进行分析，其中郭虚中侧重于肯定其积极作用，认为两税法的实施统一了税制，暂时减轻了农民的负担，有利于社会的安定；范文澜肯定税制统一的积极意义，但其实施加重了人民负担，侧重于消极影响；论述：两税法的实施使唐朝中期以来混乱的税制得到统一，在一定时期内，保证了国家的财政税收；改变了自战国以来以人丁为主的纳税标准，体现了纳税标准以人丁为主到以财产为主的历史发展趋势；表明国家对农民的人身控制有所放松；乡绅、商人都要交税，扩大了税源，增加了政府的财政收入，相对减轻了农民的负担。但两税法后，土地兼并不受限制，大地主千方百计地把赋税转移到农民身上，农民负担仍然沉重。）

教师引导学生分析：史学界对两税法实施的评价观点众多，但都主张应一分为二地评价。材料中两位历史学家肯定了两税法统一税制，在纳税程序上春秋两次纳税的方式有利于社会的安定，但对两税法的实施是否真正地减轻了农民的负担，两位分歧较明显：郭虚中认为减轻了农民的负担；而范文澜认为农民的负担没有得到减轻。结合中国赋税制度的发展历程，对两税法进行评价，积极方面可从税制统一、征税标准、征税对象、农民负担、政府收入、商品经济发展等视角进行分析；而消极方面主要从实施的实际效果（农民负担仍然沉重）角度进行分析。

（设计意图）本题设问以考查学生的评价能力为目标，通过评价史学家的观点和学生形成自己的评价两个角度，培养学生描述和阐释事物的能力，特别是认识历史事物本质的能力。本题第一问要求学生概括史学界的不同观点，目的是培养学生"能够分辨不同的历史解释"的历史素养，体现了历史解释素养水平3的要求；第二问要求学生结合所学知识作出历史评价，体现了历史解释素养水平3"尝试从来源、性质、目的等多方面，说明导致这些不同解

释的原因并加以评析”的要求。

(过渡)唐代两税法是赋役制度发展史上的一个转折点，宋元时期基本沿袭唐朝后期制度，北宋中期王安石变法推行募人代役，而明清时期的赋役思想和赋役制度改革既体现了对历史的继承，又有新的发展。

4. 明清时期的赋税思想和赋役制度改革

(1) 张居正的赋税思想

材料十　根据当时“私家日富，公室日贫，国匮民穷，病实在此”“豪民有田不赋，贫民曲输为累，民穷逃亡，故额顿减”的社会现实，张居正建议神宗下令减免过去民间拖欠的钱粮赋税，“夫出赋税以供上者，下之义也；怜其穷困，量行蠲免者，上之恩也”，因为“民惟邦本，本固邦宁”。针对历朝历代采取的“重农抑商”的治国策略，张居正认为，“余以为欲物力不屈，则莫若省征发以厚农而资商：欲民用不困，则莫若轻关市以厚商而利农。”“士农工商四民者，国之石(柱石)民也。”

——张思：《张居正赋税改革思想及其法律实践》，黑龙江大学硕士学位论文，2011 年，第 26—27 页

教师设问：根据材料十并结合所学知识，概括张居正赋税思想体现的时代特征。(参考答案：坚持“民为邦本”的基本理念，反映了明朝坚持儒家思想的正统地位，宋明理学对明代社会影响深入；主张统治者“与民休息”，反映了明朝中后期阶级矛盾尖锐的时代特征；提出“农商互利”的经济主张，反映了明朝中后期，伴随资本主义萌芽，商品经济进一步发展的经济特征。)

教师引导学生分析：明朝张居正继承儒家“仁政”“德治”的传统观念，坚持“民惟邦本，本固邦宁”的赋税理念，主张统治者要减轻人民的负担，缓和社会矛盾，推行“休养生息”政策。这反映了明朝中后期社会矛盾尖锐，宋明理学对社会影响强化等时代特征。面对当时商品经济发展和资本主义萌芽的状况，在坚持以农为本的前提下，张居正提出发展商业以促进农商互利，顺应了历史发展的趋势。

(设计意图)本设问考查学生对张居正赋税思想的理解，要求学生从材料中提取和解读关键信息，培养学生获取和解读信息、调动和运用知识的能力，体现了史料实证素养水平 3“在探究特定历史问题时，能够对史料进行整理和辨析”的要求。

(2) 明清的赋役制度改革

(过渡)明清时期赋役制度改革，推行赋役合一、纳银代役等措施，体现了中国古代赋役制度的发展趋势。

材料十一　(一条鞭法)合并编派、合并征收，即把之前的各种劳役进行合并，分摊于田地中，编征时结合百姓的土地和财产以及劳动力状况，把土地的夏、秋两税一起征收……用银缴纳，选择上等佳品以供皇室，其余上交钱银……一切的税银均由官方统一征收、押运，避免了地方贪污税银和提高了征税效率。

——张辉：《论赋税制度对政权的影响》，载《商业财会》，2019 年第 6 期

材料十二　清王朝建立后，田赋征纳仍遵行一条鞭法，按明朝万历年间的则例，地赋和丁赋分别征课。康熙五十一年(1712 年)，针对“户口日增，地未加广”的情况，规定“滋生人丁，永不加赋”。康熙五十五年(1716 年)，将固定的丁银首先在广东摊入田亩征收；雍正元

年(1723 年),开始普遍推行"摊丁入亩",把固定下来的丁税平均摊入田赋中,征收统一的地丁银,不再以人为对象征收丁税。此后,地丁完全按田亩征收,使赋税负担趋于合理。

——摘编自张守军著:《中国古代的赋税与劳役》,北京:中国国际广播出版社,2010 年,第 48—49 页

教师设问: 根据材料十一、十二并结合所学知识,比较明清赋役制度改革的异同点。(参考答案:相同:简化赋役征收方式,推行并税改革;都不同程度实行"量地计丁""计亩征银"。不同:明朝仍征收部分人头税,而清朝摊丁入地,取消了人头税;摊丁入亩进一步减轻了失地农民和商人的负担,表明人身控制逐渐放松,有利于商品经济的发展,有利于促进人口的增长。)

教师引导学生分析: 明朝推行一条鞭法,清朝推行摊丁入亩,二者一脉相承。它们都推动并税制改革,征收方式由多繁到"一条",得以简化;田赋折银与徭役折银使地方赋役收入统一折算成白银形式的收入,实现了田赋与徭役的统一,体现了赋役制度由征收实物到征收货币(征银)的转变,有利于商品经济的发展;田地等财产成为征税的主要依据,顺应了中国古代征税标准由以人丁为主到以田地为代表的财产为主的历史趋势。明清赋役制度改革,顺应了中国古代赋役制度改革的发展方向。

(设计意图) 本设问考查学生对一条鞭法、摊丁入亩等历史概念的理解,要求学生提取和解读材料中的关键信息,培养学生获取和解读信息、调动和运用知识的能力,体现了史料实证素养水平 3"在探究特定历史问题时,能够对史料进行整理和辨析"的要求。

5. 中国古代赋役制度演进的内在逻辑——关于"黄宗羲定律"的思考

教师设问: 根据所学知识,概括中国古代赋役制度发展的趋势。(参考答案:税收种类由繁到简;标准由人丁为主到财产为主;由必须服役到可以代役;由征收实物到征收货币(征银);适应了中国古代商品经济发展的趋势等。)

教师引导学生分析: 结合本课已学内容,从唐代租庸调制、两税法到明清一条鞭法、摊丁入亩,可以总结出税收种类、征税标准、服役方式、征收方式等方面的历史发展趋势。减轻人民负担是中国古代赋税制度改革的总体趋势,体现了"取之有度"的赋税思想。

(设计意图) 本问题以历史趋势为引导,启发学生对历史问题进行总结和反思;通过对已学中国古代赋役制度发展历程的概括,培养学生调动和运用知识的能力,体现了史料实证素养水平 4"在对历史和现实问题进行独立探究的过程中,能够恰当地运用史料对所探究问题进行论述"的要求。

教师讲述: 关于中国古代赋税制度的发展规律,黄宗羲在《明夷待访录》中对中国古代的赋税制度改革提出了自己的观点,秦晖在其论文中将这一观点概括为"黄宗羲定律"。温家宝总理曾要求相关部门的领导在推行农村税费改革时注意研究这个问题,指出"共产党人一定能够走出'黄宗羲定律'的怪圈"。

材料十三　原来税种繁多时,虽有官吏易于上下其手之弊,但这些税种包括了能够"巧立"的一切"名目",也使后来者难以再出新花样。如今并而为一,诸名目尽失,恰好为后人新立名目创造了条件。时间稍移,人们"忘了"今天的"正税"已包含了以前的杂派,一旦"杂用"不足,便会重出加派。黄宗羲精辟地把它总结为"积累莫返之害"。

——秦晖:《并税式改革与"黄宗羲定律"》,载《农村合作经济经营管理》,2002 年第 3 期

材料十四　直至明清时期，政府对于田赋的征收，基本上控制在'十一而税'的范围内，从秦汉到明清，田赋的加税是相当困难的，即使是因战争灾害等原因而进行临时性的加税，也要受到社会的强烈谴责，明代后期有所谓的'三饷'加派……不过每亩'九厘'银……在明末的亩产量中所占的比例，微乎其微。

——陈支平：《中国社会经济史学理论的重新思考》，载《中国社会经济史研究》，1998年第1期

教师设问：根据材料十三并结合所学知识，简述黄宗羲关于中国古代赋役发展规律的观点，并加以评价。（参考答案：观点：历代税赋改革，每改革一次，税就加重一次，而且一次比一次重。评价：这一观点不正确，从长时段看，农民的税负总体上应呈周期性变化态势，而不是单边上扬的；中国古代王朝呈现的是"低税—王朝兴起—重税—起义爆发—建立新王朝—低税"的循环。）

教师追问：用材料十四中学者的观点去批驳黄宗羲的观点有何不足？（参考答案：材料只从田赋和主税角度论述，没有包含杂税、徭役等视角，有失偏颇；材料十四只是一个证据，孤证不立，还需要寻找更多类型、更加丰富的证据进行互证。）

教师引导学生分析：黄宗羲认为，中国古代的并税改制使税收越加越多，农民负担越来越重，这一观点显然有失偏颇。每个新兴王朝建立之初，为了缓和社会矛盾，大多采用了宽松的赋役政策，材料十四中明清时期田赋控制在'十一而税'的范围内即可作为旁证，而王朝后期往往由于赋役政策严酷，激化阶级矛盾。学生需要认识到，材料十四中学者的观点，只从田赋和主税角度论述，没有包含杂税、徭役等，据此论证有失偏颇。且如果单独用其去批驳黄宗羲的观点，孤证不立——历史论证应采取"二重证据法"，寻找更多类型、更加丰富的证据进行互证。

（设计意图）本题从史料互证、史料考证、史料研习角度进行教学设计。引导学生对材料观点加以概括和思考，培养论证和探讨问题的能力，引导学生关注学术观点，培养"在独立探究历史问题时，能够在尽可能占有史料的基础上，尝试验证以往的说法或提出新的解释"的能力，符合历史解释素养水平4的要求；教师的追问从史料研习入手，引导学生关注史料互证，符合史料实证素养水平3"能够利用不同类型史料，对所探究的问题进行互证，形成对该问题更全面、丰富的解释"的要求。

（二）艰难发展的关税与个人所得税制度

教师讲述：鸦片战争以后，中国沦为半殖民地半封建社会，自然经济开始解体，商品经济有所发展。与之相适应，税收制度也由以田赋为主的封建税制逐步转向以工商税收为主的近代税制。关税和个人所得税的发展演变体现了社会的发展变迁。

1. 关税的产生及其在中国的实行

教师讲述：依据国家的关税政策、税法及进出口税则，对进出关境的物品征收的税，称为"关税"。中国的关税最早出现在西周时期，在很长一段历史时期里，我国的关税有国内关税和国境关税两种。伴随近代国家的形成和国际贸易的发展，直到1937年，我国宣布废除国内关税，才实施统一的国境关税。近代以来，我国关税制度不断发展演变：

表二 近代以来关税制度的发展演变

时代	内容
鸦片战争前	中国享有完全的关税自主权
鸦片战争后	《南京条约》规定：英国商人"应纳进口、出口货税、饷费，均宜秉公议定则例"；根据《望厦条约》等不平等条约和片面最惠国待遇规定，中国失去了自主调整税率的权力；列强掌控了中国国境关税的海关大权
20 世纪 20 至 30 年代	中国共产党和中国国民党明确提出废除不平等条约，要求关税自主的主张。1927 年南京国民政府宣布关税自主，公布国定《进口税暂行条例》；1928 年国民政府发表"改订新约"的对外宣言，到 1930 年陆续与美、法、日等国签定关税协定，但仍不能完全自主地制定税率；1937 年我国宣布废除国内关税，实施统一的国境关税
新中国成立初期	政务院制定颁布了《中华人民共和国海关进出口税则》及其实施条例，这是新中国第一部独立的专门的海关税法，统一了全国关税制度
改革开放后	1985 年，国务院颁布《中华人民共和国进出口关税条例》和《中华人民共和国海关进出口税则》，强化法制化建设；1987 年，全国人大常委会通过《中华人民共和国海关法》，国务院重新修订发布关税条例，进一步完善关税的基本制度

——摘编自《国家制度与社会治理》，北京：人民教育出版社，2020 年，第 94—95 页

教师设问：根据表二并结合所学知识，概括近代以来关税制度发展的阶段及其特征。(参考答案：鸦片战争后到 20 世纪二三十年代：关税自主权遭到破坏。20 世纪二三十年代到新中国成立前：收回了部分关税主权，但仍不能完全自主地制定税率；国内与国境关税统一。新中国成立后至改革开放前：建立了独立自主的、统一的关税制度。改革开放后：关税制度进一步制度化和法制化。)

教师引导学生分析："鸦片战争后关税自主权破坏—近代收回关税自主权的斗争—新中国成立完全收回关税主权—改革开放后关税制度的法制化建设"这一近代关税发展历程，反映了近现代历史发展的特征。

(设计意图)此设问通过引导学生对近代以来关税制度的发展阶段及其特征进行概括，帮助学生对关税发展历程形成整体性认识，培养学生对有效信息进行完整、准确、合理解读的能力，符合史料实证素养水平 3"在探究特定历史问题时，能够对史料进行整理和辨析"的要求。

2. 个人所得税制度的演变

教师讲述：个人所得税是近代中国税制发展出的新税种，它是以纳税人个人取得的各项应税所得为征收对象的一种税种。

材料十五 中国的个人所得税始议于 20 世纪之初。清末宣统年间，曾经起草过《所得税章程》，其中包括对个人所得征税的内容。中华民国成立后，曾经以上述章程为基础制定过《所得税条例》，并于 1914 年初公布，但是在此后的 20 多年间未能实行。1936 年 7 月 21 日，国民政府公布《所得税暂行条例》，自同年 10 月 1 日起陆续开征。

——刘佐：《中国个人所得税发展的回顾与展望》，载《经济研究参考》，1999 年第 9 期

教师设问：根据材料十五并结合所学知识，分析 20 世纪前后中国个人所得税征收的变化及原因。(变化：20 世纪以前中国没有征收个人所得税；20 世纪以后逐渐由关注到征收。

20 世纪以前没有征收原因：以自然经济为基础，商品经济发展水平低；封建体制下，统治者采取重农抑商政策；人民生活水平低下等。20 世纪以来逐渐征收原因：伴随着西方的侵略，西方税制传入中国；伴随着近代工业的发展，自然经济逐渐解体，商品经济发展水平提高，部分社会阶层收入提高；为了巩固统治，晚清政府、北洋政府和国民政府均大力发展近代工商业。）

教师引导学生分析： 从材料十五可以看出，20 世纪以来个人所得税在中国的发展经历了以下过程：清末宣统年间起草章程—中华民国成立后公布条例—1936 年开征税收。个人所得税建立在纳税人个人所得的基础上，是与商品经济发展相适应的近代税种。20 世纪以前的中国，受自给自足自然经济的制约，统治者抑制商品经济政策的限制，商品经济发展缓慢，人民收入水平较低，纳税以田赋为主。20 世纪以来，受近代西方税制的影响，伴随着近代工业的发展，商品经济发展水平提高，征收个人所得税具备相应的历史条件。

(设计意图)学生根据史料和所学知识，从经济基础、政府政策、社会条件等视角分析 20 世纪以前的中国没有个人所得税的原因；并在 20 世纪的时空框架下，从经济基础的变化、商品经济发展水平、经济体制变化、政治制度的变化、外来税制的影响等各方面分析出现变化的原因，体现了时空观念素养水平 3"能够把握相关史事的时间、空间联系，并用特定的时间和空间术语对较长时段的史事加以概括和说明"的要求。

教师讲述： 新中国成立后，受到当时政治环境和经济体制的制约，我国长期没有征收个人所得税。1980 年开征个人所得税作为对外开放的一项重要措施得以出台，之后，为了适应发展社会主义市场经济的需要，我国于 1994 年实行了个人所得税制度的全面改革，确立了比较完善的、统一的、符合中国国情的个人所得税制度。21 世纪以来，我国对个人所得税进行了多次改革，对个人所得税起征点进行了多次调整。

材料十六　我国个人所得税起征点的调整历程

2005 年 10 月 27 日，第十届全国人大常委会将个人所得税费用扣除标准由 800 元提高到 1600 元；2007 年 12 月 29 日，第十届全国人大常委会将个人所得税免征额由 1600 元提高到 2000 元；2011 年 6 月 30 日，第十一届全国人大常务委员会将个人所得税免征额调整为 3500 元；自 2018 年 10 月 1 日起，将起征点从 3500 元提高至 5000 元，2019 年 1 月 1 日起，增加涉及民生保障、国民教育、住房消费的 6 个专项扣除优惠政策。

——搜狐网：《我国个人所得税的发展历史》，https://www.sohu.com/a/293045992_120055777，2019 - 02 - 02

教师设问： 根据材料十六并结合所学知识，分析个人所得税起征点变化所体现的时代特征。（参考答案：我国经济发展迅速，人民生活水平不断提高；我国经济结构的变化和所有制结构的调整；党和国家对民生问题的关注度增强；经济体制改革不断深化；对外开放不断深化等。）

教师引导学生分析： 起征点提高直接反映了我国经济不断发展，人民生活水平不断提高；这一现象正是由于改革开放不断深入，经济体制改革不断深化，大力发展第三产业和私营经济的必然结果。个人所得税起征点的不断提高，反映了党和国家持久关注民生问题，注重提高人民收入，改善人民生活水平；合理分配国民收入，促进社会公平。

(设计意图)学生从史料中整理个人所得税起征点的变化历程，并将这一变化置于当时特定的时空环境中，理解当时的社会发展特征，体现了时空观念素养水平 4“在对历史和现实问题进行独立探究的过程中，能将其置于具体的时空框架下”的要求。

【课堂小结】

教师引导学生小结：中国的赋役制度，经历了由以田赋和人头税为主的古代税制向以关税和个人所得税为代表的近代税制的演变过程，这个过程存在着内在逻辑和规律：每一次重大赋税制度改革都面临着经济社会形势发展的巨大变化，面临着经济发展的迫切要求；紧跟经济发展的步伐，税制日趋先进是中国赋役制度演进的基本规律；普遍征税、公平税负、蓄力减轻纳税人负担是历史上大多数赋役制度改革的主基调；从改革的结果看，赋役制度改革带来的是人民休养生息、经济繁荣发展、国库充盈。

赋役制度既有对传统的沿承，也有对现实的考量；既反映了社会经济的变迁，也体现了国家治理方式的变革。

(设计意图)学生学习赋税制度不仅仅要掌握其内在规律，更需要从中思考：其作为国家治理的经济手段，中国历史上的执政者是如何为实现富国强民，而对赋税制度进行探索的，这一探索能够为我们提供什么借鉴？教师通过引导学生思考赋税制度改革与经济发展的关系、赋税制度改革与人民生存的关系，引导学生得出结论：执政关注民生问题，才能让社会安定，国家富强，从而升华本课主题。这体现了家国情怀素养水平 3、4——“能够表现出对历史的反思，从历史中汲取经验教训”的要求。

第六单元

基层治理与社会保障

第 17 课

中国古代的户籍制度与社会治理

教学设计 1

四川成都龙泉第二中学　胡朝莉

一、教材分析

本课是统编教材《国家制度与社会治理》第六单元《基层治理与社会保障》的第 1 课，包含“历代户籍制度演变”“历代基层组织与社会治理”和“历代社会救济与优抚政策”三个子目的内容。教材主要依托中国历代户籍制度的演变来讲述社会基层管理，它既包括国家社会基层治理，又包括国家社会救济。

《普通高中历史课程标准(2017 年版 2020 年修订)》对本课的要求是：了解中国古代以赋役征发为首要目的的户籍制度，以及有代表性的基层管理组织；知道中国古代王朝在社会救济和优抚方面采取的重要措施。对于第一子目的学习内容，教师可在引导学生根据教材内容梳理历代户籍制度演变情况的基础上，聚焦中国古代户籍制度演进史上的几个关键时间点，通过剖析史料深入浅出地得出中国古代户籍制度的演变趋势；同时整合第二子目的学习内容，采用突出重点的教学，从秦汉乡里制以及保甲制的由来和发展两个侧重点入手，引导学生理解中国古代户籍制度与基层组织形态的内在联系；对于第三个子目的学习，则可聚焦国家实施救济与优抚的原因、特点与作用等历史核心问题。三个子目构成本课学习的主要内容，内容较多，老师可结合补充史料，对教材内容进行大胆取舍。整合后的知识内在逻辑联系如下：

表一　本课知识逻辑框架

<table>
<tr><td>教材框架</td><td colspan="5">历代户籍制度演变</td><td colspan="4">历代基层组织与社会治理</td><td>历代社会救济与优抚政策</td></tr>
<tr><td>时间</td><td>先秦到秦汉</td><td>魏晋时期</td><td>隋至唐前期</td><td>唐中后期至两宋</td><td>元明清</td><td>秦汉</td><td>唐</td><td>宋</td><td>明清</td><td>/</td></tr>
<tr><td rowspan="2">基础夯实</td><td rowspan="2">战国产生；秦分类登记；汉专员管理</td><td rowspan="2">黄籍白籍</td><td rowspan="2">输籍法；“大索貌阅”</td><td rowspan="2">主户与客户制</td><td rowspan="2">元“诸色户计”；明承元制；清“摊丁入亩”后，户籍功能发生变化</td><td rowspan="2">乡里制(三老、有秩、啬夫、游徼、里正、亭长)</td><td rowspan="2">邻保制</td><td rowspan="2">保甲制</td><td rowspan="2">明十家牌法；清里甲制、保甲制</td><td>原因</td></tr>
<tr><td>特点</td></tr>
</table>

续表

<table>
<tr><td colspan="2">教材框架</td><td colspan="5">历代户籍制度演变</td><td colspan="4">历代基层组织与基层社会治理</td><td>历代社会救济与优抚政策</td></tr>
<tr><td rowspan="3">能力提升</td><td rowspan="2">A</td><td rowspan="2">秦户口调查等级制度的特点;强国与户籍管理制度的关系</td><td rowspan="2">“土断”的原因及影响</td><td rowspan="2">/</td><td rowspan="2">户籍制度较之前代的变化及影响</td><td rowspan="2">/</td><td>三老的社会管理职能</td><td>/</td><td>/</td><td>/</td><td rowspan="2">评价</td></tr>
<tr><td colspan="4">保甲制的发展由来</td></tr>
<tr><td>B</td><td colspan="5">户籍制度的概念
户籍制度的演变趋势</td><td colspan="4">/</td><td>/</td></tr>
</table>

二、学情分析

学生通过高一历史必修课程《中外历史纲要(上)》的学习,对中国古代史政权的更替、政治制度的变化与创新、民族交融、区域开发和思想文化的传承与发展等内容有一定的了解,但存在两大难题:一是缺乏从宏大视野全面了解中国历代王朝如何实现有效的基层管理;二是缺乏从微观视角深入理解赋役制度与户籍制度的内在联系。教学时,可以以现实生活中的相关现象为切入点,通过查阅相关文献和调研,建构相对具体生动的历史情境,引导学生从历史发展的角度,在特定的时空之下,了解户籍制度演变的具体情况,并在此基础上进行纵向追溯和横向联系,从而对教学内容形成更加深入的理解。

三、教学目标

1. 运用历史史料,从历史发展的角度,分析中国古代户籍制度的演变趋势和原因,提升唯物史观素养和历史解释能力。

2. 通过梳理历代王朝基层组织形态,了解中国古代社会的基层治理,构建时空观念,理解中国古代户籍制度与基层组织的内在联系。

3. 掌握中国古代救济优抚政策的相关要素(原因、特点及历史作用等),养成合理使用教材史料、分析教材史料的历史学习与思维能力。

4. 从中国古代国家治理理念中,生成对当今社会治理的启发性认识,提升解决历史与现实问题的能力。增强对当今中国制度建设与发展的自信心,树立为新时代中国特色社会主义建设而努力奋斗的责任意识。

四、教学重难点

重点:中国古代户籍制度的演变。

难点:理解户籍制度与赋役制度、社会发展的关系;理解中国古代户籍制度、基层组织形态与基层治理的内在联系。

五、教学过程

【导入新课】

表二　汉“编户齐民”簿

户主：徐宗
　　籍贯：居延西道里
　　身份：士五(伍)
　　年龄：50
妻：一人
男同产 2 人，女同产 2 人
家产
　　田地：50 亩
　　房屋：一间
　　牲畜：二牛

——摘编自赵幸著：《湖湘饮馔史话》，长沙：湖南科技出版社，2010 年版，第 174 页

表三　中华人民共和国常住人口登记卡

<table>
<tr><td>姓名</td><td colspan="2">文××</td><td>户主或与户主关系</td><td>户主</td><td>户别</td><td>非农业人口</td></tr>
<tr><td>曾用名</td><td colspan="2"></td><td>性别</td><td colspan="3">男</td></tr>
<tr><td>出生地</td><td colspan="2">四川省成都市</td><td>民族</td><td colspan="3">汉族</td></tr>
<tr><td>籍贯</td><td colspan="2">四川省成都市</td><td>出生日期</td><td colspan="3">1978 年 01 月 01 日</td></tr>
<tr><td>本市(县)住址</td><td colspan="2">四川省成都市**区**街道**路**号</td><td>宗教信仰</td><td colspan="3">无</td></tr>
<tr><td>公民身份证件编号</td><td colspan="2">5101**************</td><td>身高(厘米)</td><td>155</td><td>血型</td><td>B 型</td></tr>
<tr><td>文化程度</td><td>初中</td><td>婚姻状况</td><td>已婚</td><td colspan="2">兵役状况</td><td>退役</td></tr>
<tr><td>服务处所</td><td colspan="2"></td><td>职业</td><td colspan="3">个体户</td></tr>
<tr><td>何时由何地迁来本市县</td><td colspan="6">2005 年 5 月 10 日因购房由四川省成都市龙泉驿区北泉路 888 号迁入</td></tr>
<tr><td>何时由何地迁来本址</td><td colspan="6">2005 年 5 月 10 日因购房由四川省成都市龙泉驿区北泉路 888 号迁入</td></tr>
</table>

承办人签章：蔡**
2005 年 5 月 10 日　　　　登记日期：2005 年 5 月 10 日

教师设问： 表二和表三是老师根据《居延汉简》整理的汉武帝建元 3 年(公元前 142 年)居延西道里一农户“户口簿”信息表与当代中国一公民的户口簿信息表，同学们发现哪些不同？(参考答案：古代户籍制度更强调身份、财产、家庭成员；现代户籍就是公民基本信息的

记载。)

教师讲述:户籍制度从古至今都是国家的一项基本行政管理制度,对国家治理产生重要影响,那么古今中国户籍制度为何会有如此差异?古代户籍是如何产生、发展的?又产生了怎样的历史影响?让我们带着这些问题学习第17课《中国古代的户籍制度与社会治理》。

(设计意图)依托学生熟知的户口簿引发共鸣,引导学生积极参与课堂互动,然后通过层层设问,引入本课内容,激起学生学习欲望。

【学习新课】

(一)历代户籍制度的演变

1. 户籍制度的演变过程概述

(课前预习)根据教材第98—99页内容,并结合所学知识,梳理中国古代户籍制度的演变过程。(参考答案:见表四。)

表四 中国古代户籍制度演变情况

朝代	概况
先秦	大规模制定户籍,始于战国
秦	分类登记(民户户籍、宗室籍、宦籍、市籍等)
汉	丞相主管全国户籍,各地方均有专员主管
东晋	黄籍和白籍(土断)
隋	输籍法
唐	唐承隋制,管理更严,"大索貌阅"
宋	主户与客户
元	"诸色户计",户口类型比较复杂,一旦定籍,就得"各安生理"
明	继承元以职业定户籍的做法,"黄册"(以里甲制为基础)
清	普通户籍基本沿袭明,管理相对松弛;康熙"摊丁入亩"后,户籍制度功能发生变化

教师讲述:户籍制度起源很早,商周时期已有户籍雏形。春秋战国时期,随着铁犁牛耕技术的使用,以家庭为单位的小农经济形成与发展,户籍制度随之创建起来。在战国时期就有一个非常著名的关于户籍管理的小故事,那就是商鞅"作法自毙"的典故,同学们知道吗?

"作法自毙"的故事发生在战国时期的秦国。秦惠公元年,公子虔告商鞅谋反,商鞅逃亡至边关,欲宿客舍,结果因未出示证件,店家害怕"连坐"不敢留宿。后来商鞅潜回商邑,兵败被杀,死后被车裂。而当时商鞅不能出示的证件就是他创设的户籍制度的身份证——照身帖。它是一块打磨光滑的竹板,由官府统一发放,上面刻有持有人的头像及籍贯信息。商鞅规定,全国人都必须持有照身帖,外出的人必须随身携带,住宿的人必须出示,否则店家就会被连坐处以刑罚。由此可见,商鞅制定了严密的户籍制度以加强对秦国人口和土地的控制。

接下来的秦汉时期，国家在加强户籍管理上也采取了一些措施。

(1) 先秦至秦汉

材料一　秦国自商鞅变法以后，更加强了户口调查登记制度，地方官员每年都要将载有人口数字的“计籍”送中央汇总。《商君书》载：“四境之内，丈夫女子，皆有名于上，生者著，死者削”，并强调“强国知十三数：境内仓、口之数，壮男、壮女之数，老、弱之数，官、士之数，以言说取食者之数，利民之数，马、牛、刍稿(农作物的秸秆)之数”。随着秦统一六国，这套户口登记、统计和上报制度也随之推行到了全国。秦代的户口、土地的调查登记，是首先让本人或户主申报。申报之后，还有官府审验等程序。秦代的户口调查登记已经包括了职业、居所、爵位、年龄(或身高)财产等项内容。

——摘编自陈锋：《中国古代户籍制度与人口税的演进》，载《江汉论坛》，2007 年第 2 期

教师设问：根据材料一并结合所学知识，概括秦户口调查登记制度的特点。(参考答案：地方官办理，中央总控；涉及范围广，包括全国男女；自己申报与政府审核验印相结合；内容全面细致，指导思想明确。)

教师设问：秦欲“强国”必先知“十三数”，根据材料并结合所学知识，说明秦朝“强国知十三数”与户籍管理的关系。(参考答案：“十三数”的获取，只有严格的户籍制度才能确保。通过这套户口登记、统计和上报制度能有效地征收赋税，确保兵役徭役，实现富国强兵。)

教师讲述：汉代，户籍制度得到进一步健全和发展。户籍是上计的重要内容之一，上报户籍是中央督促各郡国县道重视人口的增减和检查户籍制度实行情况的一种手段。汉统治者还利用“赐民爵”制度，引诱流民重新占籍。但是，到了东汉末年，统治失序，国家控制的土地和人口大量流失，严重威胁社会稳定和政权巩固。那么接下来的魏晋时期，户籍制度又会如何发展？

(2) 魏晋南北朝时期

材料二　东晋一朝，中原丧乱，大批流民流寓江左，形成了许多侨郡县。这些人不为所在州县编户，无固定租税负担，他们与土著百姓生法无异而负担不同，容易引起侨旧矛盾，有的成为豪门世族的佃客、部曲，形成“编户虚耗，南北权豪，竞招游食”，遂形成“国弊家丰”的严重局面……东晋、南朝政府先后十次颁布命令，实行“土断”。户籍上，对白籍侨民实行土断，与黄籍户一样承担国家税役。对于世家大族隐藏户口的，严厉打击。南方土著和北方侨民混合杂居，侨流“后裔遂长为南方之人矣”……“以土断定”使侨置系统与当地系统混合编制，构筑成新的地方行政辖隶系统，亦可增加国家赋税收入。

——雷震：《黄、白籍问题与“土断”》，载《汉中师院学报》，1992 年第 1 期

教师讲述：东晋南朝的户籍制度源于西晋。西晋的正式户籍是“黄籍”(土著)，在黄籍上注册的主要是纳税服役者。“白籍”始于东晋初期，是侨州郡县所辖的侨寓户的户口册，是一种临时性的、不役不税的户籍。

教师设问：根据材料二并结合所学知识，简要分析东晋、南朝政府“土断”的原因和影响。(参考答案：原因：国家战乱，北民大量南迁；地方行政管辖系统出现混乱局面，侨人和土著居民矛盾激化；出于增加国家财政收入的考虑；豪门士族势力膨胀威胁中央统治。影响：促进了民族融合和南北文化的交流；增加政府财政收入和兵源；将流民正式编入户籍，一定程度上可缓和社会矛盾，利于社会稳定；打击了豪强士族势力，有利于加强中央集权，维

护统治。)

教师引导学生分析：东汉末年，地方豪强士族逐渐成为影响国家治理的一大障碍，尤其是东晋一朝，南北分裂，使得政府控制的土地与人口进一步流失，北民大量南迁，他们在逃亡中往往成为地方豪强的私附。“土断”实际上成为王权与士族博弈的举措，在实行过程中势必损害豪强利益，这也就导致了“土断”在东晋屡兴屡废的命运。

(过渡)中唐至两宋时期，是我国古代户籍制度的一个重要转折时期。

(3) 中唐至两宋

材料三　唐前期均田制之下，有“人”即有“田”，到唐中后期实行两税法后，规定“户无主客，以见居为簿；人无丁中，以贫富为差”。宋初，统治者因势利导采取“不抑兼并”“不立田制”的政策，“有钱则买，无钱则卖”使土地的流转空前加快。与此相适应，编户规则也发生了变化，宋政府根据常产的多少和是否直接承担国家赋税将全部居民划分为主户和客户，客户与地主的契约关系，使其对地主的人身依附关系较之前代有所放松……这样，大量的佃农亦可涌入城市。

——摘编自曹端波：《唐宋户籍制度的变革与社会转型》，载《安顺学院学报》，2008年第4期

教师设问：根据材料三并结合所学知识，指出：中唐到两宋时期，较之前朝户籍制度有何变化？产生了怎样的影响？(参考答案：变化：赋役征收标准由以人丁为主到以财产为主，户籍制度逐渐产生主、客户的区别。影响：增加政府财政收入；使得逃离本乡的农民有了合法身份，且对地主的人身依附关系有所松弛；促进了市民阶层的形成和城市经济的繁荣。)

教师引导学生分析：在宋代，主户是承担赋役的税户，客户则被基本免除了向国家纳税服役的义务。客户、地主和国家间的关系是“农夫输于巨室，巨室输于州县、州县输于朝廷”，其实际是封建政权的剥削被地主的剥削掩盖起来，因而农民的阶级斗争也必然把矛头集中在地主身上，不断发生抗租、夺地、吃大户的现象。

(4) 元明清

教师讲述：元代是中国历史上第一个统一中国的少数民族政权，其户籍制度因统治阶级与普通民众在民族、文化、习俗等方面存在巨大差异而实施了“诸色户计”，即将全国的人户以职业、民族、宗教信仰的不同而划分为数十种户计的户籍制度。明承元制。清代雍正年间，随着人口不断增长，人地矛盾尖锐，户籍管理制度相应发生变化。

材料四　清初沿用明“一条鞭法”，丁银与田赋独立存在。随着清政权的稳固和社会经济的恢复发展，土地频繁更换主人，加之民族矛盾与阶级矛盾一直非常尖锐，为增加人丁数量、稳定税收收入，康熙规定：“滋生人丁永不加赋”，至雍正年间“摊丁入亩”，彻底将田赋与丁银合二为一，进一步减轻了封建人身依附关系。至此，中国古代户籍制度功能发生重大变化：摆脱了赋役制度的征发功能，成为单纯的政治制度。

——郝英：《清初摊丁入亩赋税制度改革研究》，山东大学硕士论文，2010年，第26—36页

教师设问：根据材料四，指出清户籍制度发生变化的原因，并分析其影响。(参考答案：原因：清政权的巩固；土地商品化进一步发展；社会矛盾尖锐复杂；增加财政收入的需要。

影响：政府偏重于赋役的征发，使得其对人口的控制功能大大弱化，促进了商品经济发展。）

（设计意图）户籍制度的演变过程采用学生课前预习，与教师整体串联、对关键时间点进行重点讲解相结合的“学”与“教”的方法。首先，通过小故事引起学生对本课重点知识的学习兴趣。然后利用史料教学法，层层剖析中国古代户籍制度的演变概况，让学生深入浅出地理解户籍制度与赋役制度、社会发展的关系，把握中国古代户籍制度演变的关键时间节点。本环节的指向是：(1)时空观念素养水平2——能够将某一史事定位在特定的时间和空间框架下；能够认识事物发生的来龙去脉，理解空间和环境因素对认识历史与现实的重要性；(2)史料实证素养水平3——在探究特定历史问题时，能够对史料进行整理和辨析；(3)史料实证素养水平4——能够在辨别史料作者意图的基础上利用史料。

2. 户籍制度的概念

教师设问：根据前面已学知识，同学们对户籍已有自己的理解，那么，请你们根据对古今“户口簿”内容的比较，结合已学知识，归纳户籍制度的含义。（参考答案：户籍是登记居民户口的册籍①，户籍制度是一项基本的国家行政制度。在中国古代，户籍制度是与土地直接联系的，用以稽查户口、征收赋税、调派徭役、维护统治秩序的制度。）

教师引导学生分析：中国历史上的户籍制度是与土地直接联系的，以家庭、家族、宗族为本位的人口管理方式。在当代，户籍制度也是中国政府一项基本的社会管理制度，是国家依法收集、确认、登记公民出生、死亡、亲属关系、法定地址等公民人口基本信息的法律制度。

（设计意图）引导学生通过比较古今“户口簿”主体内容的共通性，并结合中国古代户籍制度的演变情况，归纳得出户籍制度的内涵与外延。本环节的指向是：(1)唯物史观素养水平1、2——能够了解和掌握唯物史观的基本观点和方法，理解唯物史观是科学的历史观。(2)时空观念素养水平3——能够把握相关史事的时间、空间联系，并用特定的时间和空间术语对较长时段的史事加以概括和说明。

（过渡）如果说古代户籍制度是因赋役的需要而建立与完善的，那么在这完善的过程中又呈现出怎样的发展趋势呢？

3. 古代户籍制度演变趋势

教师设问：结合所学，概括中国古代户籍制度发展演变的趋势。（参考答案：户籍制度与赋役制度逐渐分离；百姓对政府的人身依附关系不断弱化；以中唐、两宋为界，户籍制度的功能发生显著变化；自唐中后期，户籍制度的制定更加周密与严格化。）

教师引导学生小结：随着我国古代国家的建立，古代户籍制度应运而生，并不断发生变化。伴随着经济、政治不断地发展，百姓对户籍的人身依附关系不断弱化，尤其唐宋以后，随着商品经济的发展，户籍制度开始与土地制度分离，但它仍然是征收税赋的重要依据。直至清雍正年间实行“摊丁入亩”，最终结束了中国历史上人丁、地亩的双重标准，使赋役一元化，户籍管理与征调赋税彻底分开。古代户籍制度也就完成了彻底的蜕变，不再具有财政意义，成为单纯的户籍管理制度。

（设计意图）通过引入史料，引导学生运用比较、分析、归纳等历史思维方法，从户籍制度与赋役制度关系、政府与农民关系的演变等多角度提取有效信息，概括户籍制度演变趋势。

---

①《辞海》，上海：上海辞书出版社，2002年版，第1428页。

本环节指向：(1)史料实证素养水平 3——在探究特定历史问题时，能够对史料进行整理和辨析；(2)历史解释素养水平 2——能够选择、组织和运用相关材料并使用相关历史术语，对个别或系列史事提出自己的解释。

(过渡)在中国古代，户籍制度与基层组织密切关联，形成中央对地方基层有效的社会治理，那么中国古代基层组织又是如何发展的？

(二) 历代基层组织形态与基层社会治理

1. 乡里制

教师讲述：商周时期，国野分治实际是宗法、分封的产物，并非严格意义的地方基层治理。到了战国时期，商鞅变法推行什伍制度，启动了真正意义上的地方基层治理的探索。秦汉乡里制度与编户齐民制度相互关联，编户齐民制度实际兼具户籍管理与基层地方治理的双重职能。

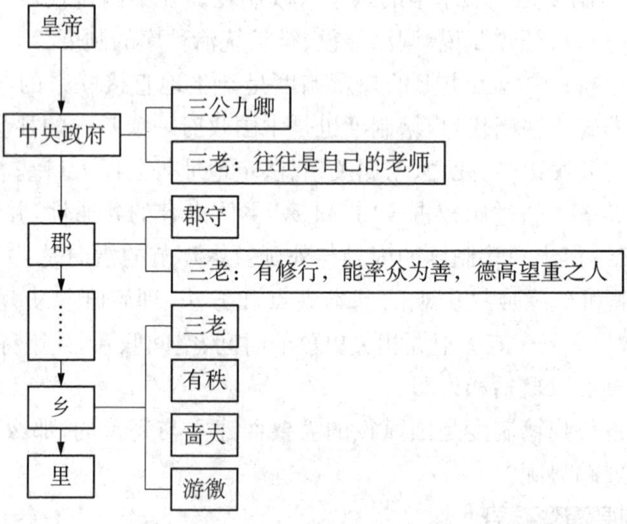

图 1　秦汉地方基层组织形态示意图

教师设问：请同学们通过查阅词典、上网等方式了解先秦三老、有秩、啬夫、游徼的由来，并借此推断其职能。(参考答案：三老：掌教化、调停民事纠纷、收税。有秩：人口达到五千人的乡，由郡指派一人为有秩，掌听讼、收税。啬夫：不足五千人的乡，由县指派一人为啬夫，掌狱讼、赋税。游徼：掌捕盗。)

教师讲述：秦汉去古未远，保留了上古的某些原始民主传统。早在战国时期，魏国就设有三老，秦置乡三老，汉增置县三老，东汉以后又有郡三老，并置国三老。

教师设问：秦汉时期的乡官三老主要掌管教化，那么请同学们根据图 1 并结合自己所查资料，想一想：汉代怎样的人才能是"三老"？(参考答案：年老且德行非常高的长者。)

教师讲述："三老"在秦汉时期地位颇高，即使贵为天子的汉明帝，见了他也得作揖，还得给他倒酒夹菜。公元 59 年冬，在天子专为贵族子弟设立的太学上，第一次举行尊老养贤之礼。在这次盛会上，汉明帝任命李躬(自己的老师)为三老。这天明帝亲自派人用蒲草裹轮的车将李躬接来，以免颠簸，并亲自以宾主(而非君臣)之礼迎之。当三老进屋之后，汉明帝又给李躬作揖，请他入座。于是，李躬面朝东方坐下(汉朝以东为上，这是尊位)。汉明帝又亲自挽起袖子，操刀切割祭肉，蘸上酱料，请李躬食用，并敬酒。汉明帝还下令让李躬终身享受二千石俸禄，同时赏赐全国的三老(郡、县、乡)每人一石酒、四十斤肉。

教师设问：请同学结合时代背景，思考：为什么就是身为天子的皇上对“三老”也如此敬重呢？(参考答案：汉武帝“罢黜百家，独尊儒术”后，儒家思想已成为社会主流思想；“三老”自身的修养与社会地位；统治者引领社会风尚的需要。)

教师讲述：两汉时期，乡里户籍的统计工作由乡官里吏来完成，《张家山汉简》记载：每年八月是全国清查整理户籍的时间，乡部啬夫、吏、令史是共同审查居民户籍内容真实性的责任人，一旦审定，户籍副本还要上报备案①。由此，我们不难发现：秦汉时期中央通过乡里组织和户籍制度对地方进行层层管制，将每一座城镇、每一个村庄、每一个家庭、每一个人，都毫无遗漏地编入国家行政网络之中，以此加强政府的统治基础。所以我们可以得出这样的结论：基层乡里组织承担着户籍编制与管理的职能。

(设计意图)理解中国古代户籍制度与基层治理的内在联系是本课教学难点之一，教师引导学生自己通过多种途径获取史料，辨析史料，进而生成对秦汉基层组织职能的认识，教师再进行提升性总结，用深入浅出的教学方式突破这一难点。本环节的指向是：史料实证素养水平 3——在探究特定历史问题时，能够对史料进行整理和辨析；能够利用不同类型史料，对所探究的问题进行互证，形成对该问题更全面、丰富的解释。

2. 保甲制

教师讲述：乡里既是基层行政区划，又承担着管理地方户籍的职能。历代政府均注重建立基层民众的自我管理与相互监督机制。从秦汉的什伍制，到唐的邻保制，再到北宋王安石实施保甲制、明王守仁推行十家牌法，直至清政府相继设置里甲制、保甲制，地方治理最终实现了行政区划、户籍管理与地方社会治安的三者结合。

(过渡)中国古代以农业文明为基础，以赋税为主要财政收入，自然灾害会给生产力相对低下的农业社会带来严重的灾难。面对灾难，历代政府是如何治理与补救的？

(三) 历代社会救济与优抚政策

1. 原因

教师设问：阅读教材第 101—102 页内容，并结合所学，概括指出中国历代施行社会救济与优抚的原因。(参考答案：古代社会生产力水平低；治国理念思想指导，维护统治需要；中国尊老爱幼、扶弱济贫文化传统的影响；自然灾害频发。)

教师引导学生分析：教材分别从经济(生产力)、政治(政府)、思想、自然灾害等角度介绍救济与优抚的原因。注意指导学生掌握“原因”“背景”类问题的分析方法。

(过渡)古代中国以农立国，自然灾害、战争等都会给生产力水平相对低下的农业社会带来严重的灾难。古代人民常常因为天灾或是疫病而陷入生活困境，进而揭竿而起，统治者为

---

① 张信通：《秦汉乡里制度和管理研究》，河南大学硕士学位论文，2007 年，第 43 页。

了维护自己的统治，就不得不实施救灾济贫和优抚措施，这是政府管理的重要职能。那么，中国古代的社会救济与优抚政策有何特点？

2. 特点

教师设问： 通读教材本子目内容，概括中国历代社会救济与优抚政策的特点。（参考答案：救济、优抚主体多元化：既有政府救济，又有民间社会参与；救济方式和手段多元性：政府救济重点是救灾、救急，社会救济重在日常生活中的赈济；既包含国家的制度建设，又涉及国家机构的建立与完善；宗族在救济中发挥重要作用；民间救济从自发性逐渐向组织化发展。）

教师引导学生分析： 教师可引导学生分析教材，提取与本问题有关的历史信息。可从救济主体、救济方式和手段、救济内容以及救济制度发展的过程等方面引导学生加以分析概括。

（过渡）中国古代社会救济主要由政府实施，宋代以后，宗族、慈善机构的作用逐渐增大。建立相对健全、完善的社会保障体系对古代王朝究竟有何重大意义？

3. 历史评价

材料五　社会救济是中国古代历朝实施“仁政”的重要内容。康熙二十一年，“令直隶、河南巡抚察明，加意抚绥，招辑复业。遣官领送回籍，仍捐给籽粒，俾得耕田亩”。乾隆九年，直隶等处水灾严重，灾民极度困苦，经赈济后，皆能安心度日，也无滋事妄行之处。

——摘编自杨景仁辑：《近代中国史料丛刊三编·筹济编》，台北：文海出版社，1989年

材料六　“大抵（各地政府）经理不善，款项不充，致各省穷民仍多无所归者”。而民间，则有“诸乳妇多不良，第贪三百钱（育婴堂每月给乳妇工食费三百文）。得堂中之衣褓，皆用于己子；所养之子，置之不顾，故多病死”。

——摘编自唐甄著：《潜书·恤孤》，乌鲁木齐：新疆青少年出版社，2005年，第131—132页

教师设问： 根据材料五、六并结合教材第101页第一自然段，简析中国古代救济制度的历史作用。（参考答案：进步性：有利于促进封建社会生产的恢复；有利于维护统治，增进百姓对政权的认同；有利于增进百姓对中国传统儒家“仁政”文化的认同感。局限性：可能滋长政府官员及民间社会的腐败。）

（设计意图）本子目的学习主要以教材为依托进行知识的传授，其目的一是想让学生明白教材是基础知识的载体；二是也想让教师的“教”回归教材。但是教师又必须明确：即使回归教材，我们也不是简单地“教”教材，而是必须明确“怎么教”“如何教”——对教材资源应该进行重新整理，提取主干知识的同时，还应从学生实际学情出发，合理整合教材。通过重组教材内容，给学生展现出一幅客观描绘中国古代救济、优抚的历史图画，引导学生认识到：中国古代政府在救济与赈灾时体现的人文关怀。本环节指向：（1）唯物史观素养水平1、2——能够了解和掌握唯物史观的基本观点和方法，理解唯物史观是科学的历史观。（2）史料实证素养水平3——在探究特定历史问题时，能够对史料进行整理和辨析；能够利用不同类型史料，对所探究的问题进行互证，形成对该问题更全面、丰富的解释。（3）家国情怀素养水平1、2——能够具有对祖国和人民的深情大爱。

【课堂小结】

(过渡)弗朗西斯·培根说过,读史可以明智。本节课我们一起学习了《中国古代的户籍制度和社会治理》,了解到中国历代户籍制度的变化与社会基层治理的实效,那么,古人治国理念对当代国家治理有何现实意义呢?

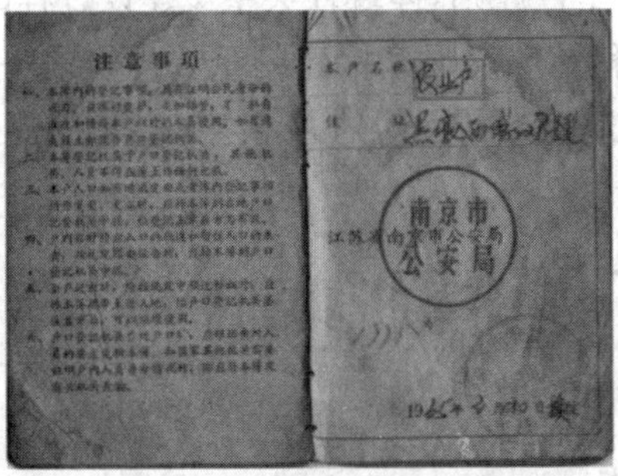

图 2　改革开放前的户口簿

1958 年,《户口登记条例》第一次明确将城乡居民区分为“农业户口”与“非农业户口”。

图 3　改革开放以来的户口簿

1996 年在新启用的常住人口登记表和居民户口簿上,取消了农业和非农业两个户口类型。

图 4　当代中国地方社区便民服务

图 5　当代中国的社会救济

图 6　当代中国的社会保障

教师设问:根据图 2—6 并结合所学知识,指出当代中国政府在户籍制度改革、基层组织建设和社会保障救济领域呈现出怎样的发展特点。(参考答案:渐进性;便民性;人民性;公平化;民主化;法制化。)

教师引导学生小结:在中国社会的发展过程中,户籍制度、基层社会治理与社会救济始终扮演着重要的社会角色，发挥着重要的社会功能。随着中国改革开放不断地发展深化，户籍改革正在有序推进农业转移人口的市民化、城市化。关于社会基层社区建设，习近平总书记不断强调：要积极探索创新，通过多种形式延伸管理链条，提高服务水平，让千家万户切身感受到党和政府的温暖①；习近平同志在党的十九大报告中明确提出：按照兜底线、织密网、建机制的要求，全面建成覆盖全民、城乡统筹、权责清晰、保障适度、可持续的多层次社会保障体系②。在此过程中应该体现对所有公民的公平性原则，体现社会主义建设过程的渐进性、人民性、便民性原则。确立普遍平等的公民权利是现代国家构建的重要内容之一，是建构现代民主国家制度的基础，是中国特色社会主义道路不断完善的必由之路。

教学设计 2

四川大学附属中学　袁小琴

一、教材分析

本课是统编教材《国家制度与社会治理》第六单元《基层治理与社会保障》的第 1 课，包括“历代户籍制度演变”“历代基层组织与社会治理”“历代社会救济与优抚政策”三个子目的内容。本课知识框架如下：

表一　本课知识框架

<table>
<tr><th>时期
内容</th><th>西周</th><th>春秋战国</th><th>秦</th><th>汉</th><th>魏晋南北朝</th><th>隋</th><th>唐</th><th>宋</th><th>元</th><th>明</th><th>清</th></tr>
<tr><td rowspan="2">户籍制度</td><td rowspan="2">/</td><td colspan="3">建立与发展</td><td>/</td><td colspan="3">从关注人丁到兼顾人丁和资产</td><td>/</td><td colspan="2">逐渐丧失赋役征发功能</td></tr>
<tr><td colspan="2">什伍编排</td><td>编户齐民</td><td>黄籍白籍</td><td>输籍法</td><td>大索貌阅</td><td>主客户</td><td>职业户口</td><td>黄册</td><td>户籍停编</td></tr>
<tr><td>基层组织</td><td>/</td><td>/</td><td colspan="2">乡里制
什伍制</td><td>/</td><td>/</td><td>邻保制</td><td>保甲制</td><td>/</td><td>里甲制
十家牌法</td><td>保甲制
(门牌法)</td></tr>
<tr><td>社会救济和优抚</td><td>备荒设计</td><td>仁政思想</td><td colspan="2">常平仓
鸠杖</td><td>/</td><td colspan="2">官仓、义仓、养病坊</td><td>社仓、义田、福田院</td><td>众济院</td><td colspan="2">养济院以及优抚八十高年平民</td></tr>
</table>

《普通高中历史课程标准(2017 年版 2020 年修订)》对本课的要求是：了解中国古代以赋役征发为首要目的的户籍制度，以及有代表性的基层管理组织；知道中国古代王朝在社会

① 艾菲编制：《习近平总书记关于城乡社区治理重要论述的精髓要义是什么?》，http://www.qstheory.cn/society/2018-08/07/c_1123236606.htm，2018-08-07。

② 尹蔚民：《认真学习宣传贯彻党的十九大精神，全面建成多层次社会保障体系》，http://theory.people.com.cn/n1/2018/0109/c40531-29752898.html，2018-01-09。

救济和优抚方面采取的重要措施。户籍制度、基层组织、社会救济政策共同构成了古代中国基层社会治理的主要内容,在学习时,要注意关注户籍制度、基层管理组织和社会救济之间的相互关联,以及这些制度与其他方面,如户籍制度与赋役制度、户籍制度变革与社会环境变迁之间的关联等。

二、学情分析

学生通过《中外历史纲要》的学习,对古代中国的历史演变有了较为宏观的认识,但是对户籍制度、基层治理等具体内容,了解并不多,因而理解起来有较大的难度。教学时,需要借助相关史料创设具体生动的历史情境,引导学生在唯物史观指导下,连续地或分阶段地梳理历史发展的脉络,深入认识古代中国基层治理的智慧,为当代提高社会治理能力提供有益启示。

三、教学目标

1. 了解历代户籍制度的内容,利用文献记载、出土文物等来说明制度制定与实施情况,分析制度演变的时代背景和具体的发展变化,学会在具体的时空框架下看待历史上的户籍制度。

2. 了解历代名目众多的基层管理组织,认识古代基层组织管理注重相互监督和自我管理的特点。

3. 了解古代中国的社会救济和优抚措施,认识政府和民间发挥的不同功能。

4. 通过以上三方面内容的学习,加深对中国国情的认识,找出其中利于当今社会提高基层治理能力的经验,从历史中汲取智慧。

四、教学重难点

重点:历代户籍制度的演变和历代基层组织。

难点:古代基层社会治理的特点。

五、教学过程

【导入新课】

材料一

图 1

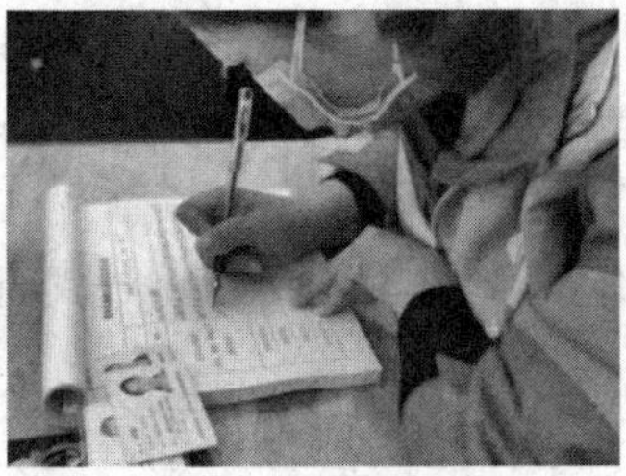

图 2

疫情期间的部分新闻标题：

国家医保局2月22日：《对新冠肺炎患者医疗费用单独列预算》

人民网2月18日：社会保障是抗击新冠肺炎疫情的重要制度保障。

四川日报2月19日：川籍在厦门务工人员，返岗大巴、动车、高铁车票全额报销

图3

图4

教师设问：以上几则新闻图片和新闻标题，相信各位同学都不陌生。自2020年1月以来，抗击新型冠状病毒是我们每个人都亲身经历的事件。有没有同学能够根据以上材料，说说我们是如何应对疫情的？（参考答案：街道和社区进行了宣传，体现了基层治理的作用；在城市以小区为单位，在农村以村为单位，对家庭和个人进行隔离和封闭式管理，这体现了基层组织的作用；出入时进行身份登记，以及对人员信息的追踪，体现了户籍制度的运用；国家制定疫情期间的社会保障措施，以及社区志愿者在严控期间为困难居民上门采送生活物资等，体现了国家层面和社区基层为共同抗击疫情作出的努力。）

教师讲述：这些努力体现出的基层治理的鲜明特点，与我们的历史文化传统密不可分。当今的基层治理方面延续了哪些历史文化传统？今天，我们就一起来学习《中国古代的户籍制度与社会治理》。

（设计意图）利用每个学生都亲身经历过的现实事件导入，能够迅速抓住学生的注意力，激发学习兴趣，同时引导学生从基层治理的层面来发现问题、思考问题。

【学习新课】

（一）户口册上的古代中国：户籍制度

1. 发展概况

（1）战国至秦汉时期的户籍——制度的建立与发展

教师讲述：齐国管子曾说："欲理其国者必先知其人，欲知其人者必知其地"①。秦国商鞅也强调国家对人口的控制，并且提出大规模编排民户、制定户籍。

材料二

强国知十三数：竟（境）内仓（粮仓）府（金库）之数，壮男壮女之数，老弱之数……四境之内，丈夫女子皆有名（登记名字）于上（官府），生者著（注上），死者削（注销）。

——石磊译注：《商君书》，北京：中华书局，2009年，第51，161页

令民为什伍，而相牧司连坐……民有二男以上不分异者，倍其赋。

① （唐）杜佑撰，王文锦、王永兴等点校：《通典》，北京：中华书局，1988年，第55页。

——《史记·商君列传》，北京：中华书局，1959 年，第 2230 页

教师设问： 根据材料二并结合所学知识，说明商鞅为什么高度重视户籍管理，并概括其加强户籍管理的措施。（参考答案：原因：强国需要准确掌握人口以及物资等数量；户口是兵役、徭役和赋税征收的依据；维护社会秩序的需要。措施：无论男女，都登记在簿；实行分异令；实行什伍连坐制，编排户口；实行分类登记制度。）

教师引导学生分析： 战国时期各诸侯国面临的问题主要有两个，一是必须增强国家经济实力与军事实力；二是需要重构基层社会秩序。商鞅在秦国采取的措施是：以什伍制来管理人口，把个体小农按五家为一伍的编制，编入国家的户籍，男女都在政府的簿籍上有所登记，国家从而掌握人口数量；颁行分异令，推动小农户生产发展，保障国家的税源和兵源；禁止人口迁移，稳定秦国的人口。

为什么春秋战国时期如此重视对人口和土地的管理？春秋战国时期，随着铁犁牛耕的出现、土地私有制的发展，宗法分封制逐渐崩溃。在诸侯争霸的背景下，各诸侯国意识到人口和土地的重要性，不断增强对人口和土地的控制。商鞅变法所制定的户籍制度确立了古代国家对民众的绝对控制，使“溥天之下，莫非王土；率土之滨，莫非王臣”实现了从西周的礼仪层面向制度层面的发展。

（过渡） 可见，人口和土地是经济发展的基础，而且人口是赋役征发的重要依据，秦国重视人口管理，逐渐壮大国家实力，最终统一六国。我们今天有幸看到秦朝时期的户口册。

材料三　《里耶秦简》户籍档案 K27

第一栏：南阳户人荆不更（爵位）蛮强
第二栏：妻曰嗛
第三栏：子小（身高尺寸）上造□
第四栏：子小女子驼
第五栏：臣（奴隶）曰聚
伍长（职务）

——湖南省文物考古研究所编著：《里耶发掘报告》，长沙：岳麓书社，2007 年，第 203 页

教师设问： 根据材料三，概括指出《里耶秦简》户籍登记的主要内容。（参考答案：户主栏登录了户主的籍贯、爵位和姓名；其他栏包括：户主之妻、子男的爵位及姓名、子女的姓名，以及户人的奴隶（臣）和户主所担任的职务。）

教师追问： 与材料二比较，说明材料三的史料价值。（参考答案：材料二是历史文献，记载了商鞅的主张和国家政策法规的内容，材料三是出土文献，记录了当时的真实历史信息，两则材料可以相互印证，有助于我们更全面地认识秦国至秦朝的户籍管理制度。）

教师引导学生分析： 从材料三可以看出，男女都在簿籍上有所登记，“小”和“大”是国家征发赋役和兵役与否的依据，在户籍中要特别注明，可见户籍的主要功能是赋税徭役的征发依据。户主担任“伍长”的职务，这与基层什伍编制相印证。通过两则材料，可以看出秦国在商鞅变法以后逐渐采取了一整套的措施来完善和强化户籍管理，国家有能力通过设计周密的户籍制度来实现对整个社会的有效控制。

（设计意图）在提取秦简信息的基础上解读秦户籍管理的内容，需要学生借助时代背景史论结合地论述，建构历史事件与历史现象之间的关联，在特定的时空框架下对史事作出合理解释，这里指向历史解释素养水平2；根据出土文献认识秦代户籍登记的内容，指向史料实证素养水平3——能够利用不同类型史料，对所探究的问题进行互证，形成对该问题更全面、丰富的解释。

（过渡）秦短命而亡，刘邦攻入秦都咸阳时，大家眼里都是秦始皇累积下来的金帛财物，但萧何不一样，他特别搜罗了秦主要官署留下的记录和律令。这些文书里，包含了天下攻守地理形势、每个区域户口多少、统治范围内的强弱、各个地方的民众面临的主要问题等。后来刘邦在楚汉相争过程中逐渐占据优势，汉朝能够迅速统治天下，这些文书功不可没。汉承秦制，有所损益。汉代户籍登记内容更加详尽，从中央到地方设有管理户籍的专职官员，通过“八月算人”定期进行人口调查。那么国家掌握的人口到底有多少？我们来看两汉魏晋时期的人口统计数据。

表二　两汉魏晋时期的人口统计

年　度	公元(年)	户籍(户)	口数(口)
前汉　平帝元始2年	2	12,233,062	69,594,978
后汉　光武帝中元2年	57	4,279,634	21,007,820
后汉　桓帝永寿3年	157	10,677,960	56,486,856
西晋　武帝太康元年	280	2,459,840	16,163,863

——梁方仲编著：《中国历代户口、田地、田赋统计》，上海：上海人民出版社，1980年，第4—5页

教师设问：根据表二并结合所学知识，指出东汉初年、西晋初年在册人口数量的变化，并分析其原因。（参考答案：变化：东汉初年、西晋初年在册户籍与人口数量大量减少。原因：连续的战乱使大量人口脱离了国家的户籍；人口迁移可能使得统计数据不准确；豪门、寺院等隐匿人口，国家控制的户籍人口大量减少；国家治理能力不断被削弱，控制人口的能力降低。）

教师引导学生分析：汉末地主豪强与国家争夺人口，户籍散乱。东晋时期黄籍、白籍实行后，国家多次组织“土断”，是国家与豪强之间争夺人口的表现。

（设计意图）利用两汉、魏晋时期人口数量的变化，分析户籍制度与社会矛盾之间的关联。本环节旨在培养学生时空观念素养水平4——能够选择恰当的时空尺度对其进行分析、综合、比较，在此基础上作出合理的论述，在历史时空环境中，具体、动态地分析历史现象。

教师讲述：战国至秦汉时期的户籍制度受社会环境的影响而产生与发展，户籍制度的首要目的是征收赋役，这不仅推动了社会经济发展，还以其独有的基层编组加强了对小农的社会控制，增强了统一国家的凝聚力。

（过渡）隋统一之后，各地户口严重不实。隋朝完善户籍管理机构，“大索貌阅”，普查户口，重新核定户籍，户籍制度得以重建。唐承隋制，完善了户籍管理制度。

(2) 唐宋时期的户籍——从关注人丁到兼顾人丁与资产

材料四　《周大足[1]元年(701 年)沙州敦煌县効谷乡籍》中的一户(节选)

户主邯寿寿年伍拾陆岁	白丁	课户见输
女娘子年拾叁岁	小女	
亡弟妻孙年叁拾陆岁	寡	
计布二丈五尺		
计麻三斤		
计租二石		
		廿亩永业
肆拾肆亩已受		廿三亩口分
合应受田壹倾叁拾壹亩		一亩居住园宅
八十七亩未受		

——[日]池田温著,龚泽铣译:《中国古代籍帐研究·录文·籍帐》,北京:中华书局,2007 年,中国古代籍帐研究后图第 24 页

教师设问: 根据材料四并结合所学知识,概括说明唐朝户籍中的内容。(参考答案:该户籍包括了家庭成员的基本信息,包括是否"课户见输";还有租调统计、授田情况和田地数额及分布。唐朝户籍既继承了秦汉户籍制度关于家庭成员基本信息的内容,又有田产等内容,还有与唐朝时期的均田制、租庸调等相关的内容,这反映了国家户籍制度逐渐走向完善。)

教师引导学生分析: 相比秦汉时期,唐朝户籍将财产情况与家庭成员情况登记在一起,这与当时的均田制、租庸调制等相关。自秦汉以来,历代王朝制定的户籍制度,以及与之相应的由国家直接干预的土地占有、分配和使用的规定,包括与户籍制度联系在一起的赋税徭役制度中,应属唐代的最完备。

教师追问: 与秦简中的户籍内容相比,指出唐朝户籍内容的特点。(参考答案:人丁与财产信息并存;对人口信息记载更加详实;国家对人口的控制进一步强化。)

教师追问: 材料中的"八十七亩未受"说明什么问题?(参考答案:说明均田制下的应授田额与实际授田数不相符,且实际授田数可能远小于应授数。可见均田制并没有被严格执行。)

教师引导学生分析: 唐朝户籍登记内容更加详实,体现出唐朝前期国家治理能力的强化。实授田数与应授田数不符,这种现象在当时并不是个例,说明随着土地兼并的恶性发展,均田制已经逐渐走向瓦解,国家控制的户籍人口大量减少,户籍制度逐渐崩坏,国家治理能力逐渐下降。唐中后期推行两税法,它"唯以资产为宗,不以丁身为本",改变了自战国以来以人丁为主的赋税制度,一定程度上放松了国家对农民的人身控制,同时把过去许多享有免征租调特权的官僚地主改为纳税户,国家治理能力有所增强。宋初统治者针对国家占有土地的实际状况,采取了"不抑兼并"的政策,允许土地买卖,使土地流转空前加快,因此编户

① 注:此处"周"是指武则天建立的朝代,"大足"是年号。

原则也产生了相应的变化。宋朝户籍根据土地占有和缴税情况分为主户和客户,体现出户籍制度关注人丁与财产信息,赋役制度继承了两税法精神,坚持"以资产为宗"的原则。这说明,中唐两宋时期的户籍制度已经发生变异。

(设计意图)根据出土文物,了解唐朝户籍登记的内容,并结合唐宋时期的发展情况,来理解户籍制度的变化。本环节指向唯物史观素养水平3、4——能够将唯物史观运用于历史学习中,即用经济基础与上层建筑的辩证关系来理解历史的发展变化。

(过渡)元朝统治者在户籍制度上采取按职业划分户口类型的措施,明初继承了这种分类。这种企图以统治者主观意志来划分户类、必须世代承袭、不准分家和不许变更职业的管理办法,实际上是与古代中国人身自由逐渐扩大、赋役与户籍日渐脱离的社会发展趋势背道而驰的,就这一点上与宋朝户籍制度相比,实是国家治理能力的倒退。

黄册制度是明朝对普通民户的户籍管理制度,从黄册的编造样式、程序、监督以及黄册的管理等都有严格周密的规定。明中后期黄册伪滥,导致政府所拥有的征发赋役的户口与土地数字急剧减少,政府对户籍制度的管理也发生了变化。

(3) 明清时期的户籍——逐渐丧失赋役功能

材料五 "一条鞭法"的实施废止了以户丁为主征调赋役的办法,改以田亩为主要征调对象。黄册再也不能称作"赋役黄册"了,只具有人口统计的作用。赋役银由政府官收官解,里甲组织丧失了原有的征解税粮、编派徭役的功能。一些少田或者无田的农民逐渐减轻或者摆脱了徭役的压迫,获得了较多的人身自由。到清朝,"摊丁入亩"的推行,把丁银全部摊入田赋之中,延续了两千年的人头税从此不再单独征收,劳动者人身不再成为赋役征发的依据,传统的人丁、土地双重的征发赋税的标准演变为仅仅以财产(土地)为依凭的单一赋税标准,这对清代前期以人丁编审为主体的户籍制度可以说是釜底抽薪。在"摊丁入亩"推行过程中,清政府还调整了当时的阶层状况,比如解除贱民户籍,把一些卑贱地位的人列入平民户籍。

——摘编自王威海著:《中国户籍制度——历史与政治的分析》,上海:上海文化出版社,2006年,第201—202、209—210页

教师设问:根据材料五并结合所学知识,指出明清时期户籍制度发生的变化,并分析其原因。(参考答案:变化:逐渐丧失赋役功能;社会控制的功能也在不断减弱;废除贱民户籍,并入平民户籍。原因:社会生产力水平的提高和商品经济的发展,使得原有户籍制度不能适应管理;国家逐渐放松了户籍管理;一条鞭法和摊丁入亩的推行,改变了赋役征发的方式,促使户籍制度逐渐丧失赋役功能。)

(设计意图)指出明清户籍制度的变化,一方面能让学生纵向理清户籍制度功能的演变,另一方面帮助他们理解元明时期以职业为标准的户籍制度到清朝废除贱民,体现了清朝国家治理较之元明的进步。分析变化的原因,引导学生明晰户籍制度与赋役制度、基层组织之间的关联,阐释社会发展因素带来的变化,进而认识到,户籍制度在早期促进社会的发展,到了古代社会后期,其对社会经济的阻碍、对人身自由的约束等消极作用逐渐明显。

引导学生形成关于户籍制度的完整知识结构,将明清时期的户籍制度功能与秦汉时期的进行比较,选择恰当的时空尺度对其进行综合、比较,在此基础上作出户籍制度对社会发

展产生作用的合理论述，指向核心素养的时空观念水平 4。

2. 发展特点

教师设问：根据上述材料并结合所学知识，概括说明古代户籍制度演变的特点。（参考答案：从户籍制度的产生与演变来看，与政治、经济背景密切相关，随着社会的变化而不断发展；从户籍登记的内容来看，从关注人丁到兼顾人丁与资产；从户籍制度的功能来看，前期户籍以赋役征发为首要目的，同时进行严格的社会控制，后期逐渐丧失赋役征发功能，放松人身控制。不同时代户籍制度有不同内容，但是总体上仍然呈现出延续性。）

（设计意图）引导学生综合运用分析、比较、归纳等思维方法，理解不同时空条件下制度的延续、变迁与发展，用特定的时间和空间术语对较长时段的史事加以概括和说明，以利于学生把握古代中国户籍制度发展的规律，对此形成历史的逻辑意识和宏观视野。本环节指向学科核心素养中时空观念素养水平 3、4。

3. 影响

教师引导学生分析：古代中国的户籍制度既为国家的赋役提供了基础，又进行了严格的社会控制。古代中国的户籍制度是专制主义集权制国家的基石，是一项基本的社会治理制度，王朝国家掌握的户口繁盛，则王朝兴盛、繁荣，臻于盛世；王朝国家掌握的户口减耗，则意味着王朝国家走向衰退，乃至灭亡。

（过渡）户籍制度能否有效推行，在于基层组织的工作推进。

（二）邻里之间的古代中国：基层组织

1. 发展概况

教师讲述：从秦汉到明清，县是最基层的行政机构，下设直接管理民众的基层组织，历代基本沿袭乡里制度，名称稍有变化。这些基层组织依靠什么人来发挥作用？采用怎样的原则和方式在古代中国的邻里发挥作用？

材料六　乡置有秩、三老、游徼。有秩主知民善恶，为役先后，知民贫富，为赋多少，平其差品。三老掌教化。凡有孝子顺孙，贞女义妇，让财救患，及学士为民法式者，皆扁表其门，以兴善行。游徼掌徼循，禁司奸盗……

亭有亭长，以禁盗贼。

里有里魁，民有什伍，善恶以告……什主十家，伍主五家，以相检察。民有善事恶事，以告监官。

——《后汉书》第一册，上海：汉语大词典出版社，2004 年，第 431 页

教师设问：根据材料六并结合所学知识，概述秦汉时期的基层管理运行情况。（参考答案：实行连坐制度，什伍之间相互监督，善恶相告；上有亭长负责禁盗贼；县设有秩负责行政，管赋税等；三老负责教化；游徼负责治安。）

教师引导学生分析：以三老、有秩、游徼为代表的教化、行政、治安系统，构成了秦汉时期基层管理组织的主体。在这个系统之下，还存在"什伍"组织，其中里典、伍老负责与老百姓接触，核查并上报户口情况；老百姓相互监督，实行连坐制度。可见古代社会基层组织的任务主要是征发赋役和维护稳定。

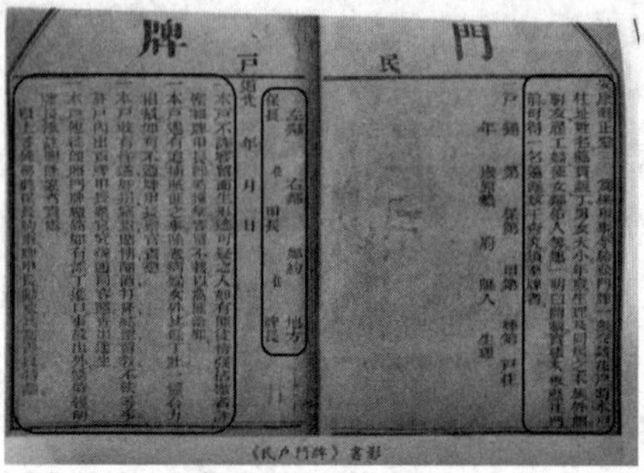

图5 《民户门牌》书影

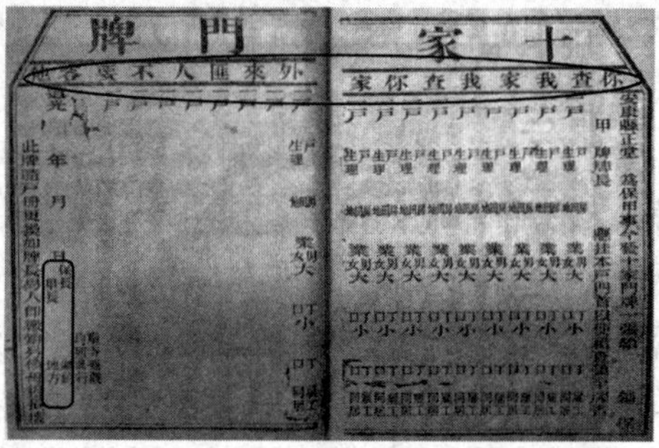

图6 《十家门牌》书影

——(清)徐栋辑,张霞云校点:《保甲书》,芜湖:安徽师范大学出版社,2012 年,第 182—183 页

教师设问: 根据图 5、图 6 并结合所学知识,指出清代的门牌制度体现了怎样的基层治理。(参考答案:《民户门牌》需要登记住户的住址、姓名、家庭成员、身体情况(生理)等基本信息,注意事项如“不许容留可疑之人”“丁壮要合力追捕盗贼”“迁移和添丁进口要及时上报”等,可见个人、家庭处于左邻右里、地方力量的严密控制之中;《十家门牌》“你查我家我查你家,外来匪人不要容他”的口号凸显了门牌法相互监督、共同维稳的目的;有保长、甲长、乡约、地方的签字,可见官府和民间力量的配合,在维持治安方面发挥了积极作用。)

教师引导学生分析: 对材料信息进行有效且准确的解读需要做到:一是判定材料价值,培养辨伪能力;二是寻找关键字词,提取显性信息;三是结合时代背景深入挖掘,解读背后的隐性信息。

教师讲述: 不管是中国古代前期的什伍组织,还是后期的保甲组织,都具有鲜明的居民自我管理和相互监督特征。如在什伍组织出现以前,“古者八家而井……八家相保,出入更守,疾病相忧,患难相救,有无相贷,饮食相召,嫁娶相谋,渔猎分得,仁恩施行,是以其民和亲而相好”①。而在宋代以来逐渐发展起来的乡约,更是人们对这种向往的一种实践。

2. 特点

教师设问: 根据上述材料并结合所学知识,概括历代基层组织发展的特点。(参考答案:历代县级以下政府设置的基层组织不断发展变化,但基本以乡里为主,并发挥主导作用;具有区划、户籍管理和维护社会治安等多重功能;强调基层民众的自我管理与相互监督;类型逐渐多样化,宗族组织逐渐发挥重要作用;传统儒家伦理道德在基层治理中发挥的作用越来越大。)

(设计意图)引导学生在探究特定历史问题时,能够对史料进行整理和辨析,能够恰当地运用史料对所探究的问题进行论述,本环节指向史料实证素养水平 3。

3. 作用

教师引导学生分析: 古代基层组织是君主专制主义国家政权结构中最基层的行政单位。其有效运行,既能节省国家行政开支、有效治理基层地方,稳定基层社会秩序,还一定程度上推动了基层经济发展。基层组织运行良好,国家稳定兴盛;当乡里制度运行出现问题,

① (汉)韩婴撰,许维遹校释:《韩诗外传集释》,北京:中华书局,1980 年,第 143—144 页。

则意味着国家对基层控制力衰退，并伴随王朝出现动荡混乱。值得注意的是，历史发展过程中也会产生新的因素，比如宋代出现的乡约，在明清不断发展，这些非官方力量的加入，也在促使基层治理的形式发生变化。

（过渡）通过学习户籍制度和基层组织，我们了解了古代政府对普通人群的日常管理。那么还有一些特殊人群、特殊情况，政府又将如何处理应对？我们接下来学习灾贫当前的古代中国——社会救济。

（三）灾贫当前的古代中国：社会救济和优抚

1. 原因

材料七

图 7 《清明上河图》（局部）

根据“惠养乞丐法”，每年十月入冬之后，天下各州县必须“差官检视内外老病贫乏不能自存者”，将他们一一登记在册，每人一日“给米豆一升，小儿半之”，每三天发放一次，从本年十一月初一开始发放，至来年三月的最后一天停止。

根据“居养法”，各州设立居养院，“鳏寡孤独贫乏不能自存者，以官屋居之，月给米豆，疾病者仍给医药”。

——吴钩著：《风雅宋——看得见的大宋文明》，桂林：广西师范大学出版社，2018 年，第 348 页

教师设问：材料七中的图片是张择端的《清明上河图》局部，图中圈出的人物手持饭碗，请问他的身份最有可能是什么？（参考答案：乞丐。）

教师追问：有人认为我国古代的社会救济事业在宋代发展较大，根据材料七并结合所学知识，指出为什么宋代政府要以法律的形式对贫苦无依的人群进行救助。（参考答案：宋代在经济方面采取“不立田制”“不抑兼并”等措施，造成社会分化严重，社会弱势人员较多；政府重视并积极主导，采取社会保障措施；社会救济思想的发展，如儒家“仁政”、佛家济贫等。）

教师引导学生分析：通过分析宋代政府以法律形式救助贫苦人群的原因，我们可以进一步拓宽视野，分析古代社会救济不断发展的主要原因：现实因素——社会矛盾尖锐，社会分化严重；政策因素——政府重视并以法律形式推动；思想因素——古代以儒家为代表的社会救济思想的发展。

2. 措施

教师讲述：古代中国自先秦起就有丰富的社会救济思想，历代统治者也注意对弱势群体进行救助，很多措施一脉相承，比如：古代应对自然灾害采取预防、治理和补救的政策——荒政，如汉朝的常平仓、隋唐的官仓和义仓、宋朝的社仓等；对老弱贫苦等弱势群体的优抚救助，如秦汉时期的鸠杖、唐朝养病坊、宋朝福田院、元朝众济院、明清养济院以及优抚八十高年平民等措施。

3. 特点

教师设问：根据材料七并结合所学知识，以宋代为例，概括古代社会救济的特点。（参考答案：制度性；季节性；保障内容多元，主要保障基本生存；官方与民间合力发展，官方为主导，民间参与发挥作用；体现儒家“民本”“仁政”思想。）

4. 影响

教师设问：根据材料七并结合所学知识，分析古代社会救济的影响。（参考答案：积极：有利于缓和阶级矛盾；促进政权认同；整合了社会资源，促进了社会的稳定发展；倡导了救济弱势的善举，弘扬了传统美德，一定程度上有助于中华民族的凝合力和内聚力。局限：古代社会救济的目的是稳定社会秩序、巩固国家统治；社会救济的措施主要停留在保障人们最低生活水平的层次上；王朝兴衰影响其实施的稳定性；社会救济发挥的作用有限。）

教师引导学生分析：根据材料并结合教材解答关于古代中国社会救济的问题链：分析古代中国非常重视社会救济的原因、社会救济的措施、社会救济的特点，以及政府与社会力量如何发挥作用、社会救济的效果等等。不管是社会救济的思想，还是救济的措施，都体现了以儒家的“仁政”思想为主的人文传统，这是古代国家社会治理的重要内容。从先秦到明清，古代社会救济注重对弱势群体的救济，扶弱济贫的传统美德不仅在当时增强了中华民族凝聚力，也影响至今。

（设计意图）提供史料，以宋代为例引导学生认识到，社会救济的制度与措施有其具体时空的背景和特点，再结合教材引导学生放大视野，在长时段中去综合分析古代的社会救济的特点。认识中国古代丰富的社会救济思想，思考实施社会救济的原因；认识古代中国社会救济是官方为主体、民间协助共同发挥作用；思考社会救济的作用。从而，对古代中国的社会救济进行了比较全面、客观的历史解释，让学生理解并认同中华优秀传统文化，具有对祖国和人民的深情大爱，本环节指向核心素养的家国情怀素养水平1、2。

（过渡）户籍制度、基层组织和社会救济共同构成了古代中国基层社会治理的基本内容，从社会控制、社会治安、社会保障等方面展示了古代基层治理的图景。其中既体现了国家的意志，又体现了民间社会的参与。那么究竟国家与社会各自扮演怎样的角色，抑或二者又如何互动？

材料八　中国古代中央派遣的官员到知县为止，不再下去了，县衙门与农民家庭大门之间的距离是交给地方的，所以构成了中央集权的专制体制和地方自治体制。中央所做的事是极有限的，地方上的公益不受中央干涉，由自治团体管理。表面上看是自上而下的政治轨道执行政府命令，事实上政令和人民接触时就转入了自下而上的政治轨道，发挥效力的是绅士。自治团体由当地人民具体需要中发生，而且享受着地方人民所授予的权力，不受中央干涉。

——摘编自费孝通著：《乡土中国·乡土重建》，北京：群言出版社，2016 年，第 158、160 页

材料九　中国村庄被认为并不具备民主性自主，因为它受到政府潜在的或实际的干预，其事务一般受到乡绅的左右而非村民，领袖得到政府官员的认可，并秉承官员意志做事。笔者认为这种观点更接近乡村生活的实际情况。乡村享有自主权，是因为当局无力完全控制或监督它的活动，当政府认为有必要或想要对乡村生活进行干预时，政府也从来没有犹豫过。

——摘编自萧公权著：《中国乡村——论 19 世纪的帝国控制》，台北：联经出版事业股份有限公司，2014 年，第 312 页

教师设问： 关于古代社会的基层治理，学界主要有两种观点："皇权不下县，乡村唯自治"和"政权已下乡，乡村无自治"。根据材料八、九并结合所学知识，请选择你赞同的观点进行进一步的阐释，也可以自己提出新的观点并进行阐释。（参考答案：言之成理即可。）

教师引导学生分析： 根据本课所学，选择自己赞同的观点，利用史实来加以论证，对"皇权不下县"和"皇权下县"两种学界有争论的观点提出自己的见解。除这两种观点以外，教师还可以引导学生认识一些比较辩证地看待这个问题的观点，比如认为"传统乡村社会的基层治理模式体现了国家政权与宗族权力、底层社会自治权的一种平衡和博弈"①。教师可以给出一些参考文献，供学有余力和有兴趣的同学进一步学习，如陈晓枫、陈子远《中国古代基层治理诸说辨析》、鲁西奇《关于古代乡里制度的界定、研究理路与初步认识》、秦晖《传统中华帝国的乡村基层控制：汉唐间的乡村组织》、胡恒《皇权不下县？——清代县辖政区与基层社会治理》、张德美《皇权下县——秦汉以来基层管理制度研究》等等。

（设计意图） 培养学生独立思考的能力和智力的独立性，学会拓展新维度、表达新观点，成为具有批判意识、善于分析问题的思考者。学生基于前面三部分内容的学习，以时空观念、史料证据，尤其是以历史理解为支撑和基础进行历史解释。本环节指向历史解释素养水平 4——在独立探究历史问题时，能够在尽可能占有史料的基础上，尝试验证以往的说法或提出新的解释。

【课堂小结】

教师引导学生小结： 古代户籍制度、基层组织、社会救济与优抚政策共同构成了古代国家基层治理的重要内容。这些制度与政策，虽然由古代社会每个发展时期的具体历史条件决定，但又呈现出鲜明的延续性。其中蕴藏的不少文化传统，如户籍制度变迁追求平等、自由，基层组织注重自我管理，社会救济体现民本思想等，为今天的社会治理提供了智慧与启迪，为新时代坚持"以人民为中心"的发展思想与价值立场注入了厚重的历史底蕴。

（设计意图） 一方面，通过学习本课，学生能够对上层建筑的基层治理领域的实质进行深入分析；另一方面，能够表现出对历史的反思，从历史中汲取经验教训，更全面、客观地认识历史和现实社会问题，本环节指向家国情怀素养水平 3、4。

---

① 唐鸣、祁光中：《中国乡村治理的历史底色》，载《紫光阁》，2018 年第 1 期。

第 18 课

世界主要国家的基层治理与社会保障

教学设计 1

四川省金堂县竹篙中学校　王海　黎文

一、教材分析

本课是统编教材《国家制度与社会治理》第六单元《基层治理与社会保障》第 2 课，包含“西方主要国家基层治理的历史与特点”“现代社会保障制度的建立与发展”两个子目的内容。教材主要讲述了西方古希腊、西欧封建社会、现代国家不同历史阶段的基层治理概况，以及近代济贫制度、以社会保险制度为核心内容的现代社会保障制度、福利国家社会保障体系的演变历程，同时简要介绍了中国特色社会保障制度的建立与完善过程。本课知识内在逻辑结构如下：

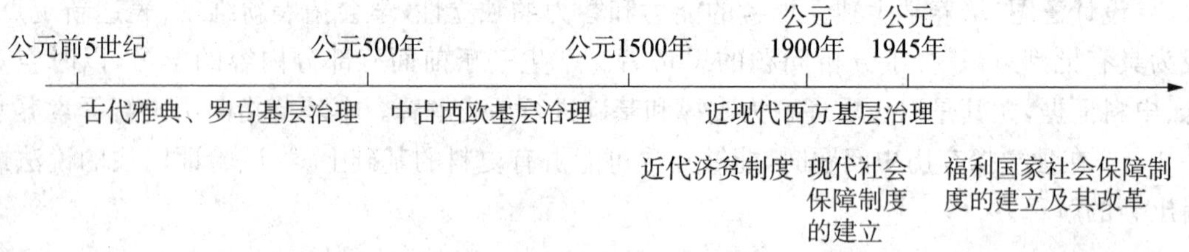

图 1　本课知识结构框架

《普通高中历史课程标准（2017 年版 2020 年修订）》对本课的要求是：知道西方主要国家基层治理的特点及其由来；了解现代社会保障制度的产生及其实行情况。依据“选择性必修课程是学生根据个人兴趣、升学需求而选择修习的课程”的定位，本课应在必修课程基础上拓展。本课史事时空跨度大，教学中可以典型国家为例，以基层治理与社会保障的现代化及其面临的挑战与应对为主线，探讨相关制度产生的具体时代背景及其意在解决的社会问题；并对某一制度的创新之处和存在的缺陷进行辩证地分析，从而提高学生理解历史、解释历史的能力，形成正确的历史观和价值观。

二、学情分析

《中外历史纲要（下）》第 3、19 课分别介绍了中古欧洲教会、庄园、城市等基层治理的史实和福利国家社会保障的内容；本册教材第9课讲述了中古时期基督教的宗教伦理对社会治理的作用。本课内容贯通古今、兼顾中外并跨越多个学科，对学生的知识储备要求较高。同时，由于受不同文化背景的影响，学生容易对一些史事和历史概念产生误解。教学时，需通过相关材料构建具体的历史情境，以问题为引领，引导学生分析基层治理和社会保障制度沿革的阶段特征，理解历史变迁与特定时代经济、政治和文化传统等方面的关系；并在解决历史问题过程中建构知识体系，深度理解历史核心概念，发展历史思维，健全人格，以彰显历史学科的育人价值。

三、教学目标

1. 了解西方基层治理沿革的史实，运用有关材料，探讨其意在解决的社会问题，认识历史发展延续与变迁的辩证统一。

2. 概述西方社会保障发展历程，运用有关材料，探讨其演进的时代特征及其背后的复杂社会因素，辩证地认识现代社会保障制度的作用。

3. 在了解西方基层治理和社会保障制度演进史实的基础上，尝试总结历史的经验教训，健全人格，增强社会责任感。

四、教学重难点

重点：西方现代国家基层治理；现代社会保障制度演变的阶段特征。

难点：西方现代社区治理的主要特征；福利国家社会保障制度的危机及其改革。

五、教学过程

【导入新课】

教师讲述： 2019年底，新冠肺炎疫情席卷武汉，并有迅速向全国各地蔓延的趋势，中华民族面临着新中国成立以来发生的传播速度最快、感染范围最广、防控难度最大的一次重大突发公共卫生事件，对我国社会治理体系和治理能力带来了重大挑战。面对疫情，中央迅速提出“切实落实以社区防控为主的综合防控措施”①。

教师设问： 结合下图，说说社区在基层防疫过程中的作用。（参考答案：言之有理即可。）

教师讲述： 社会治理的基础支撑在基层，能不能在社区构筑起抵御疫情的严密防线，决定着抗疫斗争全局的成败。在疫情期间，全国许许多多的社区工作者、志愿者每天为居家隔离的居民送去生活必需品，随访健康状况等，他们的无私奉献，不断筑牢疫情防控的“社区

① 《关于加强新型冠状病毒感染的肺炎疫情社区防控工作的通知》，中国政府网：http://www.nhc.gov.cn/jkj/s3577/202001/dd1e502534004a8d88b6a10f329a3369.shtml，2020-01-26。

图2 社区防疫

防线”。中国大陆的社区建设始于20世纪90年代，起步较晚，而西方的社区发展则有较长的历史，社区在西方是如何发展起来的？在西方社会治理中的地位如何？对我国的社区建设有哪些启示？让我们带着这些问题走进课堂：《世界主要国家的基层治理与社会保障》。

（设计意图）利用学生熟悉的时政新闻照片，激发学习兴趣，从而为本课教学打下基础。

【学习新课】

（一）西方主要国家基层治理的历史与特点

1. 古典时代的遗风

教师设问：在古典时代，古希腊城邦林立，各城邦小国寡民，而罗马帝国则地域辽阔，二者的基层治理状况有何不同呢？阅读教材第104页的第一子目第一自然段和“史料阅读”，概括雅典基层治理的主要特点。（参考答案：村社自治；全体公民直接参与；运用法律机制处理纠纷。）

材料一 罗马人在不列颠建设的城镇大体分三类……这三类城镇都有富裕市民组成的议事会，议事会负责推举管理街道、水渠等公共建筑，以及行使司法权的地方长官。

——钱乘旦、许洁明著：《英国通史》，上海：上海社会科学院出版社，2002年，第13页

教师设问：根据材料一并结合所学知识，指出罗马不列颠城镇治理与雅典基层治理的不同之处。（参考答案：雅典是全体公民参与，而罗马只有富裕的社会上层参与；雅典是以村社为中心的直接治理机制，而罗马则形成了以议事会为中心、决策与执行分工合作的治理体制。）

教师引导学生分析：古希腊文明对罗马文明影响很大，但因社会历史条件的不同，罗马帝国行省的基层治理在治理主体和治理方式等方面形成了自己独特的特点。

（过渡）公元476年，被称为“蛮族”的日耳曼人消灭了西罗马帝国，在融合希腊罗马文化、基督教精神和日耳曼传统的基础上，中古欧洲文明诞生了。

2. 封建时代的基层治理

(过渡)随着日耳曼人的入侵，罗马帝国的许多城市衰落，乡村在很长一段时间成为欧洲的中心，庄园是主要的基层单位。

(1) 乡村治理

材料二　在同一个村庄包含几个庄园的情况下，各庄园领主和佃农们共同组成村民会议……北安普敦郡的哈尔斯通……一次村民会议，竟然决定了一个村庄(含 6 个庄园)今后一个世纪的工作规划。

几乎所有庄园法庭的决议文件，都以“经整个村庄共同体一致同意”，或者“经领主和全体习惯佃农、自由佃农一致同意”等作为开场白，标榜权威性。

——侯建新：《西欧中世纪乡村组织双重结构论》，载《历史研究》，2018 年第 3 期

教师设问：根据材料二并结合所学知识，概括中古西欧乡村治理的主要特点，并分析其意义。(参考答案：特点：村民参与公共事务；村庄成员具有强烈的集体意识；重视法律权威；形成了庄园与村庄双重管理体制。意义：培育民主、法治意识；稳定乡村秩序，推动乡村社会发展；共同体精神对后世欧洲基层治理产生深远影响。)

教师引导学生分析：长期以来，我国史学界以及不同类型的教材普遍将庄园看作中世纪欧洲乡村社会的中心，村社被认为是封建社会以前的原始社会村落组织，在中世纪并非实体存在。著名学者侯建新先生则认为，“庄园”和“村庄”是平行共存的两种成分，“混合共同体”是对这一组合的定性。二者有妥协、有抗争，形成一种独特的紧张关系，这种关系是西欧乡村组织的历史特征，[①]维持了庄园数百年的正常生产和生活秩序。图 3 展现了 13 世纪西欧乡村的勃勃生机和平民百姓的日常与生活智慧。

图 3　秋季，农民在林中打橡子给猪吃

现代西欧乡村政权组织机构的名称虽有所不同：英国称为教区或者社区，法国称为市镇，德国则称为乡镇，但基本上都形成了以村民大会为基础的地方自治模式。

(设计意图)通过组织研习材料，培养学生质疑意识、实证意识、理性精神等批判性思维，同时，通过引导学生概括中世纪乡村治理的特征，理解其对中世纪城乡以及现代乡村自治的价值与意义，认识历史发展是变迁与延续的统一。本环节主要指向：(1)史料实证素养水平 1——能够从所获得的材料中提取有关的信息；(2)时空观念素养水平 3——能够把握相关史

① 侯建新：《西欧中世纪乡村组织双重结构论》，载《历史研究》，2018 年第 3 期。

事的时间、空间联系，并用特定的时间和空间术语对较长时段的史事加以概括和说明。

(过渡)随着人口的增长，乡村地区许多依附于封建领主的农奴逃往城市，他们团结起来，为争取城市自由而斗争。10世纪，西欧城市开始复兴，欧洲社会重心开始从农村向城市转移。德意志谚语"城市的空气使人自由"生动精辟地道出了中世纪西欧城市的基本特征。

(2)"城市的空气使人自由"

材料三 亨利一世于1100年授予泰恩河畔的纽卡斯尔城的特许状规定："如果一个乡下人来到自治市镇居住满一年零一天，他就可以成为市民，除非之前他的领主让他或他自己只是在这市镇呆一段时间。"

——张蕊：《从中世纪英格兰自治市镇的特许状看近现代宪政因素》，载《外国法制史研究》，2015年第00期

教师设问：根据材料三并结合所学知识，指出"城市的空气使人自由"的具体表现，简析其历史意义。（参考答案：表现：市民在一定程度上摆脱了领主的束缚，实现了人身、财产等自由；城市享有处理自身事务的权利。意义：适应了工商业发展需要，推动城市发展；削弱封建割据势力，加强了王权，推动近代民族国家的形成；孕育了欧洲近代政治文明；有利于西欧从传统社会向现代社会转型。）

教师引导学生分析：城市位于封建领主的土地上，居民主要从事工商业活动。但封建领主用对待农奴的方式对待城市市民，严重影响了市民的生产和经营活动。一些城市通过与封建领主谈判，或金钱赎买，或武装暴动，以契约方式确立了城市自治的核心：自由与自治，这对欧洲文明的进步产生了深远影响。

(过渡)中古欧洲是一个信仰的时代，无论是在乡村还是城市，都分布着大大小小的教堂和修道院。

(3) 教会的作用

图4 由主教主持，给新生儿洗礼（15世纪）

图5 坚信礼（1357年前后）

图6 婚礼，这一仪式在主教的手中完成（1430年前后）

图7 埋葬死者（15世纪）

教师设问：根据图4至图7，谈谈教会在中世纪西方基层治理中的重要作用。（参考答案：创办社会公益事业，维护社会稳定；强化精神控制，影响人们的思想意识和日常行为。）

教师引导学生分析：在中古欧洲，教会是人们精神世界的管理者，几乎伴随每个欧洲人的一生：受洗、婚配、葬礼等等都在神圣的教堂中举行。时至今日，教会仍在欧洲社会中发挥积极作用。

(过渡)封建时代的西欧，城乡社会治理体现出鲜明的时代特色。

材料四 有学者认为，"在13世纪中期，王国共同体是一个模糊不清的事物，而村庄、百

户区与郡共同体才是一个真实的鲜活的事物”，因为“几个世纪以来，人们在郡法院和郡公共事务上的实践活动，使得郡形成了自己的一种结合体，百户区与教区也是如此”。

——程汉大：《英国地方自治：法治运行的三个阶段》，载《经济社会史评论》，2016 年第 3 期

教师设问： 根据材料四并结合所学知识，归纳中世纪英国基层治理的主要特点。（参考答案：治理主体分散；以自治方式为主；王权对地方的控制有限。）

教师引导学生分析： 中古西欧政治上分裂割据，教会权威与世俗权威并存，民族主义和对国王统治的忠诚还未得到人们的认同，这一系列因素决定了这一时期基层治理的主体、方式和效果等。

（过渡） 以庄园制和农奴制为主要表现形式的农村管理体系在 14 世纪后走向衰落，席卷整个欧洲的黑死病也沉重地打击了大大小小的城市。与此同时，战争和准备战争的压力促使欧洲的君主们建立起专业化、职业化的官僚队伍，征收税赋、管理国内事务，从而将分散于封建领主的权力集中在中央政权的手上，并借助战争和集权在国内塑造了民族意识与民族认同，由此开启了现代国家建构的历史进程。到了 19 世纪中期，西欧国家逐渐通过改革建立起大众参与的民主制度，最终推动了现代国家的诞生。①

3. 现代国家的基层治理

（过渡） 现代国家建构的动力主要来自于工业与市场合力构成的经济力量，最早开始工业革命的英国成为世界上第一个规范意义上的现代国家。② 19 世纪 30、40 年代，英国的城市化进程迅猛发展，城市治理也迎来巨大的挑战。为适应这一新变化，英国 1835 年颁布了《市政法案》，建立了现代自治市制度。

（1）现代自治市制度的建立

材料五　英国自治市的……自治权被城市政治和商业寡头所垄断。被这种自治权所笼罩的市民们虽然能够享有自由，但却难以享受城市发展所带来的利益：税收被城市寡头们吃喝玩乐、挥霍一空，城市发展所带来的人口膨胀、环境污染、交通阻塞却时时地困扰着市民……1832 年议会改革法案的通过……又进一步加剧了英国人民对民主选举的渴望。

——陈国申：《从传统到现代：英国地方治理变迁》，华中师范大学博士学位论文，2008 年，第 81 页

教师设问： 根据材料五并结合所学知识，概括英国 1835 年《市政法案》颁布的时代背景。（参考答案：传统的寡头政治日益腐败；市民不能共享城市发展成果；工业化、城市化弊端显现；1832 年议会改革的推动。）

教师引导学生分析： 工业革命导致城市人口激增、环境污染、交通拥挤等一系列社会问题，自由的传统激发了市民参与城市治理的迫切愿望，政府顺应时代潮流而变革，这一系列因素客观上推动了英国城市治理从传统走向现代。

（设计意图） 学生通过研习材料，理解工业化、城市化是国家治理现代化的重要推动力量。本环节指向的是：（1）史料实证素养水平 1——能够从所获得的材料中提取有关的信

---

① 李晓鹏：《迈向后现代国家：现代国家建构及其未来》，华中师范大学博士学位论文，2014 年，第 1 页。

② 任剑涛：《工业、市场与现代国家》，载《思想战线》，2016 年第 3 期第 42 卷。

息;(2)历史解释素养水平2——能够选择、组织和运用相关材料并使用相关历史术语,对个别或系列史事提出自己的解释;(3)时空观念养水平4——在对历史和现实问题进行独立探究的过程中,能将其置于具体的时空框架下。

(过渡)1835年《市政法案》通过后,英国通过一系列立法,不断推进地方治理的现代化进程。1894年《地方政府条例》规定,民主选举产生的议会为城区、乡区和郡属市的权力机构,全面负责地方事务的管理。同时规定,乡区下设教区(威尔士的教区称社区),教区人口超过300人的设立教区议会作为权力机关,不足300人的以教区大会作为权力机关。1900年《城镇议会法》要求所有的自治市都要设立民选议会。[①] 至此,英国实现了基层治理现代化。

材料六 与传统的地方自治相比……地方政府即议会由普选产生,直接对当地居民负责,无需经中央任命或认可程序……它将司法和治安职能剥离出去,转交给独立的法院系统和警察系统,自己专注于地方行政,兼管少量地方立法,内部的专业分工也更加细致……体现在治安职能上的政治统治色彩销声匿迹,民生服务成为地方政府的主导职能。

——程汉大:《英国地方自治:法治运行的三个阶段》,载《经济社会史评论》,2016年第3期

教师设问:根据材料六并结合所学知识,指出与传统地方自治相比,英国现代地方自治的新变化,并分析其意义。(参考答案:变化:普选产生地方政府;地方政府治理行政化、专业化;政府职能以服务民生为主。意义:改善民生,缓和社会矛盾;促进民主政治发展;推动欧美各国地方治理的改革。)

教师引导学生分析:英国通过立法,实现了地方治理的民主化、专业化、服务化和现代化,为英国赢得了"地方自治之家"的美誉。此后,欧美其他各国纷纷效仿英国进行地方治理的变革。

(过渡)地方治理现代化导致地方政府职能发生显著变化,随着战后福利国家的建立,它几乎是地方居民全部服务的唯一提供者。20世纪70年代末以来,全球性的经济危机导致地方政府的公共开支不断缩减,但是公民的服务需求仍在增加,因而公民对地方政府不满情绪越来越大。面对巨大挑战,西方发达国家积极反思公民、社会和国家之间的责任,转变治理理念,社区重新进入政府决策的视野。

(2) 现代社区治理

材料七 1998年英国政府和志愿组织的代表共同签署了一份《政府与志愿组织及社区组织合作框架协议》……从1995年至2005年,英国已注册的慈善组织已从12万个上升至16万个以上。此外,还有5.5万个社会企业和几十万个小型社区组织。

表一 2001—2008年英国公民每月至少参加一次志愿活动的情况

	2001年	2003年	2005年	2007年8月	2008年4月至2008年12月
非正式志愿活动	34%	37%	37%	35%	35%
正式志愿活动	27%	28%	29%	27%	26%
被访者总数	9340	8920	9195	8804	6538

① 程汉大:《英国地方自治:法治运行的三个阶段》,载《经济社会史评论》,2016年第3期。

——韩央迪:《英美社区服务的发展模式及对我国的启示》,载《理论与改革》,2010 年第 3 期

教师设问: 根据材料七并结合教材知识,概括指出当代英国社区治理的主要特点,并就我国公众参与社区治理谈谈自己的看法。(参考答案:特点:多元主体协作:政府政策引领,私人部门、非政府组织和公众广泛参与;提供公共服务为主要职能;社区服务市场化。看法:言之有理即可,如完善法律政策体系,保障公众参与权利;加大宣传引导力度,提升公众参与意识;培养公共精神,提升公众参与素养。)

教师引导学生分析: 20 世纪 80 年代以来,面对当代基层治理的诸多现实问题,各国通过自下而上的方式落实社区主义,旨在建立共建共治共享的社会,从而推动社会进步,这为我国从 20 世纪 90 年代才开始的社区建设提供了许多宝贵的经验。

(设计意图) 学生通过研习材料,认识英国现代社区治理的运行机制,感悟其基层治理智慧,提升个人社会责任感。本环节主要指向:(1)史料实证素养水平 1——能够从所获得的材料中提取有关的信息;(2)家国情怀素养水平 3、4——能够将历史学习所得与家乡、民族和国家的发展繁荣结合起来,立志为新时代中国特色社会主义建设、中华民族伟大复兴作出自己的贡献。

教师设问: 西方国家基层治理从传统到现代的演变经历了一个较长的历史进程,结合上述材料,指出影响国家基层治理变迁的主要因素。(参考答案:社会经济发展与政治变革;社会形态的更替;社会思想观念的变化;传统文化遗产的影响。)

(过渡) 工业化不仅推动了西方国家基层治理现代化,同时,伴随工业化、市场化而来的失业、工伤事故、疾病、老年生计等社会问题,推动了现代社会保障制度的建立。

(二) 现代社会保障制度的建立与发展

教师讲述: 在中古欧洲,家庭是社会成员的保障主体,教会慈善机构是救助贫困人群的主要社会力量。16 世纪宗教改革后教会权力衰落,教会慈善救济制度也随之瓦解。圈地运动以后,家庭保障功能逐渐丧失,失业、贫困、流浪成为西欧各国普遍的社会现象,统治阶层亟待建立新的社会稳定机制。1601 年英国颁布《济贫法》,确立了近代济贫体制的最终框架,此后西欧各国纷纷建立了近代济贫制度。

1. 近代济贫制度

材料八 16 世纪英国济贫法制度……给老弱病残者等所谓的“值得救济者”提供必要的生活救济,对流民等所谓的“不值得救济者”予以惩罚并强制其进行劳动……16、17 世纪的济贫法制度除了提供现金救济以外,还提供相关的实物救济……甚至还向身患疾病的人提供少量的药物救济。18 世纪,英国济贫法制度……对一些特殊人群如儿童、麻风病人、精神病人等提供专项救助。

1834 年新济贫法颁布实施以后……济贫院也曾被称为穷人的“巴士底狱”,但到 19 世纪中期以后,济贫法制度……不断改革……建造新的条件较好的济贫院,改善济贫院的伙食等;对济贫院中的违反规定者的惩罚也逐渐减轻;逐步放宽临时性救济条件并扩大临时救济人群。

——丁建定:《试论英国济贫法制度的功能》,载《学海》,2013 年第 1 期

教师设问： 根据材料八并结合所学知识，指出英国近代济贫制度改革的主要趋势和主要目的。（参考答案：趋势：救济对象、范围不断扩大；救济方式逐渐多样化；惩戒性功能逐渐降低，救济功能逐步上升；政府介入反贫困的力度逐渐加大。目的：救助弱势群体，缓和社会矛盾，稳定社会秩序，维护统治。）

教师引导学生分析： 济贫制度下的大部分救济领取者几乎不承担任何个人责任，加之英国社会经济尚未发展到可以为大部分贫困者提供社会救济，政治民主化也没有发展到普通民众能够享受普遍的社会保障权益。因此，为了避免贫困人群对社会救济产生依赖，济贫制度的惩罚性功能始终存在。但是，济贫制度也从法律上确认了政府在解决贫困问题中须承担一定的政治责任，为了防止因民生问题而导致社会秩序失控，政府也在根据形势变化而不断调整救济政策。

（过渡） 济贫制度的根本缺陷是它以救贫为主，而不是以预防贫困为主，随着工业化的深入推进，它显然已经无法满足社会发展和变化的需要。因此，西方社会迫切需要建立一种既体现国家责任，也包含着个人权利与义务的新型社会福利制度，这种新型的社会福利制度就是以社会保险制度为核心内容的现代社会保障制度。

2. 从济贫到社会保险：现代社会保障制度的建立

材料九 19 世纪 70 年代以后……疾病、伤残、失业和生活无保障时刻危胁着劳动人民的生存……政府经办的济贫已成杯水车薪，远远满足不了广大劳动人民维持生存的需要，且这种济贫因过于苛刻的条件而剥夺人的尊严，使得许多贫民不能接受或不敢接受……民间、私人的互助保险组织虽能提供较体面的救助，但因其义务在先原则，广大需要救济的贫民因付不起互助金和保险金，享受不到互助救助……自 19 世纪 80 年代开始，欧洲各国相继制定了一些社会保障立法。

——胡威：《社会保障制度及其政治价值原则研究——以社会正义为视角》，吉林大学博士学位论文，2005 年，第 14—15 页

教师设问： 根据材料九并结合所学知识，分析 19 世纪中后期欧洲各国社会保障立法的时代背景。（参考答案：工业化加剧了劳工的社会风险；济贫体制、民间互助等传统救助手段失灵；马克思主义传播，工人运动发展；社会保障理论的发展。）

教师引导学生分析： 19 世纪中后期，资本主义国家经济危机频发，失业率居高不下，贫困人口飙升。面对经济衰退、工人运动蓬勃发展、社会秩序动荡等一系列严重的经济和社会问题，许多政治经济学家不断对古典自由主义进行反思，从而推动现代社会保障制度的形成与发展。

（设计意图） 学生通过研习材料，结合特定的时代背景理解现代社会保障制度建立的必要性，从而提高历史解释能力。本环节指向的是：(1)历史解释素养水平 2——能够选择、组织和运用相关材料并使用相关历史术语，对系列史事提出自己的解释；(2)时空观念养水平 4——在对历史和现实问题进行独立探究的过程中，能将其置于具体的时空框架下。

（过渡） 19 世纪 80 年代，德国的俾斯麦政府先后通过了社会保障的三部法律——《疾病保险法》《工伤事故保险法》《老年与残疾保险法》。这三部法律被视为西方现代社会保障制度建立的标志性文献。

表二　19世纪末德国三大社会保险法的内容比较

	《疾病保险法》	《工伤事故保险法》	《老年与残疾保险法》
保险对象	符合法律规定的工厂劳动者，年收入不超过2000马克	符合法律规定的工业劳动者，年收入低于2000马克	年收入低于2000马克的所有工资劳动者与雇员
财政来源	费用由雇主承担30%，雇工承担70%，国家予以一定的补贴	费用全部由雇主承担	费用由雇主及雇工各负担一半，国家予以补贴，参保者服兵役期间的保费由国家负担
资格条件	患病	因工伤害，但不包括故意受伤害	老年津贴领取者需达到70岁，并缴费1200周，残疾津贴领取者也需缴费200周
组织管理	由各种疾病保险基金组织管理，雇工因承担大部分费用而在各类疾病保险管理机构中发挥决定作用	工伤事故保险由企业协会管理，雇主在工伤保险管理中发挥决定作用	养老保险由国家统一管理

——丁建定著：《西方国家社会保障制度史》，北京：高等教育出版社，2010年，第147页

教师设问：根据表二并结合所学知识，指出19世纪80年代德国社会保障制度的主要特点，简析其积极作用。（参考答案：特点：以产业工人为主要保障对象；雇主、雇工和国家共同负担保障资金；责任与风险共同分担；以年老或不可预测的风险为主要保障内容；社会自主管理与国家统一管理相结合；组织管理相对分散。作用：在一定程度上保障了劳工利益，维护社会公平；缓和社会矛盾，稳定社会秩序；推动欧洲各国现代社会保障制度的建立；促进资本主义经济快速发展。）

教师引导学生分析：俾斯麦政府通过国家干预社会财富再分配的方式，试图弥补市场机制的缺陷，从根本上维护资本的统治。与济贫法体制相比，三大社会保险法从保障对象、主体、内容、组织管理等方面都有较大的发展，它有利于德国社会稳定和经济发展。在德国经验的影响下，欧美其他各国纷纷建立自己的社会保障制度。

（设计意图）学生通过研习材料，认识德国三大社会保险法对西方国家社会保障制度建设和社会经济发展的重要意义。本环节主要指向：(1)历史解释素养水平2——能够选择、组织和运用相关材料并使用相关历史术语，对个别或系列史事提出自己的解释；(2)时空观念素养水平3——能够把握相关史事的时间、空间联系，并运用特定的时间和空间术语对较长时段的史事加以概括和说明。

（过渡）20世纪30年代经济危机爆发后，英国加大了社会保障力度。二战爆发后，尽管物资匮乏，人民的平均营养水平反而提高了，根本就没有出现饥饿现象。[①] 1942年12月，影响整个西方世界的《贝弗里奇报告》出台，报告的主要内容是建立一个包罗万象的社会保障体系，让所有英国人“从摇篮到坟墓”，永远免受贫穷疾病之苦。1945年英国工党上台执政后，逐步推行“贝弗里奇报告”中的社会保障计划。

---

① 钱乘旦、许洁明著：《英国通史》，上海：上海社会科学院出版社，2002年，第339页。

3. 福利国家:“从摇篮到坟墓”的社会保障制度

教师设问: 阅读教材第107页的第一自然段,概括战后英国社会保障制度的新发展。(参考答案:覆盖全体公民;保障范围全面;建立社会救助、社会保险和社会福利服务相结合的社会保障体系。)

教师引导学生分析: 二战前社会保障的主要出发点是救济弱势群体、缓和劳资矛盾,而战后福利国家则力图为整个社会构筑一个安全保障网络。福利国家不单纯是对市场缺陷的补救,其核心理念是经济发展需服务于人的需要和发展。因此,福利国家社会保障不仅仅为有特殊困难的人提供救助,而且还发展了各项公众福利服务,保障项目也从分散向全面和体系化方向发展。

(过渡)1948年7月,工党政府首相艾德礼向全世界宣布,英国建成世界上第一个“福利国家”。经过历年的修改、补充和完善,英国的社会福利体系日臻完备,成为资本主义国家竞相效仿的对象。

材料十 1950—1974年,英国政府承担费占整个社会保障费的比例从15%左右增长到25%,雇工承担的社会保障费占社会保障费总数的比例从35%降为15%。整个20世纪70年代,国家承担的社会保障费用增幅最大,增长幅度为449%,雇主承担的社会保障费用增长幅度为399%,雇工承担的社会保障费增长幅度为297%。

——刘波:《当代英国社会保障制度的系统分析与理论思考》,华东师范大学博士学位论文,2005年,第36页

教师设问: 根据材料十并结合所学知识,简析以英国为代表的福利国家社会保障制度的影响。(参考答案:缩小贫富差距,改善民众生活;维护社会公平,缓和社会矛盾;维护战后经济政治体制稳定;加重财政负担;增加企业税负,降低投资积极性,制约经济持续发展;个人税负沉重,责任意识淡化,妨碍改革。)

教师引导学生分析: 20世纪50、60年代,西方资本主义国家进入发展的“黄金时代”,福利国家社会保障制度功不可没。

(设计意图)学生通过研习材料,辩证认识社会保障制度对社会发展的影响,提升理性认识历史和现实的能力。本环节主要指向:(1)史料实证素养水平2——在对史事与现实问题进行论述的过程中,能够尝试运用史料作为证据论证自己的观点;(2)时空观念素养水平3——能够把握相关史事的时间、空间联系,并用特定的时间和空间术语对较长时段的史事加以概括和说明。

(过渡)20世纪70年代,西方国家遭遇严重的经济危机,经济陷入滞胀,福利国家的社会福利制度面临着严峻的形势和挑战:过度的福利依赖成为特有的社会现象,持续增加的社会福利开支让很多国家的财政入不敷出。在这种情况下,西方国家不得不进行改革,采取诸如削减给付水平、缩短给付时间、严格限制给付条件等一系列措施。那么,改革的结果如何呢?

2010年6月,深受主权债务危机困扰的希腊政府公布了一项严厉的五年期紧缩计划,大幅度削减福利和公共部门支出,结果数以万计的希腊人聚集在国会门外,抗议紧缩举措;英国保守党与自由党联合政府的紧缩政策,则被认为导致了2011年8月6日以来的暴力骚

乱，让伦敦几成“街头战场”，[①]作为老牌资本主义国家的英国向来被视为“绅士之都”，此次骚乱“狠狠地扇了英国一巴掌”，让人们对英国的印象大打折扣。

图 8　伦敦“街头战场”，多个社区出现打砸、纵火和抢劫行为

材料十一　当福利国家制度造成一系列麻烦乃至危机，迫切地需要改革时，其改革的主动权却把握在民众的选票之中。普通民众对自己的直接物质利益显然有着更为感性的认识，因此他们往往本能地反对一切有可能削减福利的改革……事实证明，不改革是等死（国民经济被福利包袱所拖垮），改革是找死（执政党立即下台）。政府在这样的形势下，想不“混日子”也难。

——吕磊、陈晓律：《当代西方福利国家的危机——以英国为例》，载《南京大学学报（哲学·人文科学·社会科学）》，2011 年第 6 期

教师设问：根据材料十一并结合所学知识，概括指出造成当代英国福利制度改革艰难的主要因素，并从国家治理的角度谈谈你的认识。（参考答案：主要因素：现代民主选举制度；现代政党政治体制；民众对福利的高期望值；全面、普惠性福利制度的缺陷。认识：言之有理即可，如社会保障水平要与经济发展水平相适应；建立健全政府、企业、个人三方社会保障责任共担机制，鼓励社会力量多方参与，建立多渠道多层次的社会保障体系；社会保障制度的改革和完善应立足于基本国情。）

教师引导学生分析：随着西方现代民主政治的发展，民众获得了“一人一票”的民主权利，政党如何获取选票成为其活动的中心任务，也是其执政的基本原则。为了争取大选的胜利，各政党在福利项目上互相攀比，致使历年的福利开支呈现只能上不能下的局面。因此，当代福利制度危机反映出的不仅仅是一个单纯的福利政策问题，而是西方社会治理的一种根本的制度性缺陷。

（设计意图）组织学生通过研习材料，认识到当代福利制度问题与公民权利、普选制度、政党竞争、经济发展等各领域的问题是交织在一起的，它是西方国家社会治理的系统性、制度性问题；在认识西方社会治理的根本性缺陷的基础上，增强对当今中国制度建设与社会治

① 吕磊、陈晓律：《当代西方福利国家的危机——以英国为例》，载《南京大学学报（哲学·人文科学·社会科学版）》，2011 年第 6 期。

理的自信心和责任感。本环节指向：(1)历史解释素养水平 2——能够选择、组织和运用相关材料并使用相关历史术语，对个别或系列史事提出自己的解释；(2)家国情怀素养水平 3、4——能够表现出对历史的反思，从历史中汲取经验教训，更全面、客观地认识历史和现实社会问题；能够将历史学习所得与家乡、民族和国家的发展繁荣结合起来，立志为新时代中国特色社会主义建设、中华民族伟大复兴作出自己的贡献。

【课堂小结】

西方基层治理和社会保障制度深刻影响了世界各国社会治理体系的变革。晚清时期，西方基层治理理念和制度传入中国，但直到新中国成立后，我国的基层治理和社会保障才真正步入现代化轨道。进入新时代，我们党把“完善和发展中国特色社会主义制度，推进国家治理体系和治理能力现代化”确定为全面深化改革的总目标。习近平总书记指出，“文明因多样而交流，因交流而互鉴，因互鉴而发展”①，如何避免西方社会治理的制度性缺陷，借鉴其有益经验，夯实、筑牢党和国家长治久安的制度根基，是一个值得我们长期探索的问题。

教学设计 2

四川师范大学附属中学　何成荣

一、教材分析

本课是统编教材《国家制度与社会治理》第六单元《基层治理与社会保障》第 2 课，包含“西方主要国家基层治理的历史与特点”“现代社会保障制度的建立与发展”两个子目的内容。教材主要讲述了西方主要国家的基层治理流变：西欧中世纪就已经形成了以庄园和城市为中心的基层治理；近代以来西方主要国家也一直强调基层自治；现代发达国家基本构建起了完善的社会保障体系，保证了社会的稳定与发展。本课逻辑结构如下：

表一　本课逻辑结构

	上古时期	中古时期	近代时期		现代时期
基层治理	古雅典、罗马基层治理	庄园—村庄共同体 城市自治运动 教会治理	近现代基层治理		
社会保障	/		济贫法体系	社会保障制度建立	福利社会的构建与改革

① 习近平：《深化文明交流互鉴 共建亚洲命运共同体——在亚洲文明对话大会开幕式上的主旨演讲》，人民网：http://politics.people.com.cn/n1/2019/0516/c1001-31087124.html，2019-05-16。

《普通高中历史课程标准(2017 年版 2020 年修订)》对本课的要求是：知道西方主要国家基层治理的特点及其由来；了解现代社会保障制度的产生及其实行情况。由于《中外历史纲要(下)》第 19 课《资本主义国家的新变化》对“福利国家”等课程内容已经有所叙述，因此，在教学时就应该在必修课程基础上实现学科知识的整合、研究视角的拓展和学生学习能力的提升，以体现选择性必修课程“根据学生个性发展和升学考试需要设置，选修选考”的课程功能与定位。教学过程中，在构建学科概念群体系的同时，要对关键概念进行多种材料形式、多种研习角度和不同思维层面的解读。另外，本课属于本单元的最后一课，在教学中应注意古今贯通，中外结合，以有效彰显历史学科的学术价值和人文价值。

二、学情分析

学生通过高一《中外历史纲要》的学习，对西方在 20 世纪中期之后的“福利国家”政策等内容有了一定的了解，历史学科核心素养和关键能力也得到了初步的训练。但其对于基层治理的概念、西方基层治理的历史流变及特点、福利保障制度的由来和评价等尚缺乏深层次认识；历史材料的解读、历史事物的解释、历史语言的组织等能力尚有待进一步提升。

教学时，需坚持大概念引领下的学科教学。首先，要精心设置课程立意，以“西方的基层治理理念与实践”为核心，构建包括核心概念、关键概念、次级概念、关联概念的概念群；其次，通过相关史料构建具体生动的历史情境，实现“知识问题化，问题材料化”，建立符合学术逻辑和学生学习逻辑的问题群；最后，还应该建立包括课堂设问与课后探究、练习等多种形式的评价机制，将学生关键能力和学科素养的提升落到实处。

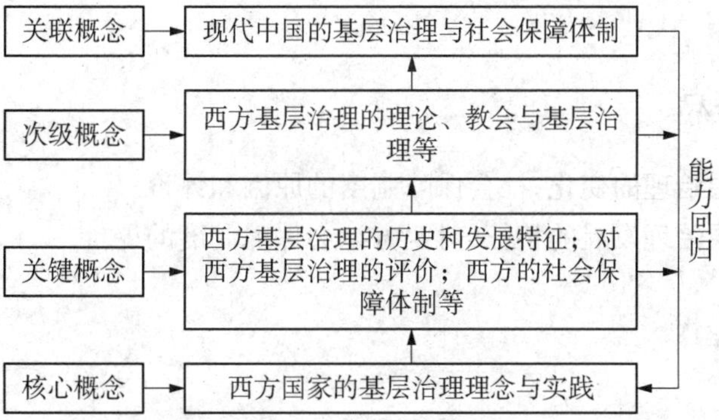

图 1　“西方的基层治理与社会保障制度”概念群

表二　“西方的基层治理与社会保障制度”问题群

关键知识	问题群
西方基层治理的理念	(1) 说明西方基层治理传统理念的主要内涵
西方基层治理的流变	(2) 说明中世纪英国城市自治的特点 (3) 说明 19 世纪 30 年代以后英国地方自治体制得以完善的表现 (4) 概括 20 世纪七八十年代以后，西方城市基层治理发生的变化，并分析其原因

续表

关键知识	问题群
西方基层治理的发展特征和评价	(5) 概括西方地方治理的发展特征 (6) 对近现代西方基层治理体系的评价
社会保障制度	(7) 说明英国建立现代社会保障制度的原因 (8) 对西方的现代社会保障制度进行简要评价

表三　课程评价机制

	评价手段
课内	设问
课后	(1) 探究：我们应该选择怎样的社会保障之路 (2) 练习

三、教学目标

1. 知道西方主要国家基层治理的传统理念，认识其对西方社会发展产生的深远影响。

2. 了解西方主要国家不同历史时期基层治理制度的流变，认识其前后变迁的社会根源。

3. 理解西方主要国家基层治理制度的发展特征，掌握西方基层治理的发展趋势。

4. 了解现代社会保障制度的产生及其实行情况，辩证认识社会保障制度在国家治理层面的作用。

四、教学重难点

重点：西方基层治理的变化；社会保障制度的原因和评价。

难点：西方基层治理发展的特征；对西方社会保障制度的评价。

五、教学过程

【导入新课】

图 2

图 3

教师设问：20世纪80年代以来，西方国家的很多社区都树立了以上标识，这些标识中有一个词组："NEIGHBOURHOOD WATCH"。请大家将该词组翻译成中文，注意翻译力求准确，并具有一定的文学色彩。（参考答案：邻里相望。）

教师讲述：在"邻里相望"社区，社区成员被组织起来，在互相照看预防犯罪之外，还要制止故意损坏公共或他人财物的行为，如禁止涂鸦，遗弃汽车，以及负责寻人和照看宠物等。

（设计意图）通过一个小型的学生活动，营造问题情境，使学生形成对西方国家基层治理的初步了解和认识，并激发学生学习和探究的欲望，为本课教学打下基础。

（过渡）"邻里相望"社区的建设正是西欧长期以来基层治理理念的产物，而这一理念的内涵是什么？它又是怎样从理念变为现实的？我们走进课堂：《世界主要国家的基层治理与社会保障》。

【学习新课】

（一）西方主要国家基层治理的历史与评价

1. 西方基层治理的传统理念

材料一　农民建起自己的村落……作为他们与领主的中间人，村长或执事由村民会议推选产生。如遇领主阻挠，村民甚至不惜以集体拒服劳役或支付现金的方式坚守自己的权利……不论村庄还是庄园，所有决定和对违法行为的判决都要经过法庭。任何农民都可以在庄园的法庭上说说心里话……村民按照财产多寡分摊政府税款……庄稼收割后穷人和妇女优先捡拾麦穗。

——侯建新：《西欧中世纪乡村组织双重结构论》，载《历史研究》，2018年第3期

教师设问：根据材料一，说明中世纪西方基层治理理念的主要内涵。（参考答案：自治的精神；法制的原则；民主的原则；集体主义的原则；互助的原则。）

教师引导学生分析：西欧中世纪基层治理理念的本质是基层民众积极参与的群体治理。该理念在西欧历史上经历了从乡村到城市，从农业到非农业的传播过程，成为近现代西方主要国家基层治理的思想根源。

（设计意图）要想对西方传统的基层治理形成一定的认识，就首先要了解西方传承已久的基层治理的思想根源。只有在了解其思想思源的基础上，我们才能更好地认识西方基层治理的发展状况，并对其在漫长的历史时期内的成效进行综合分析评价。本环节引导学生通过阅读史料，概括西欧中世纪共同体理念的主要内容。首先，学生需要根据材料内容和设问对材料进行整理；其次，要提取材料中与设问相关的历史信息；再次，需构建材料中信息点与信息点之间、信息点与历史知识之间的内在联系；最后，利用材料信息和所学知识组织语言。本环节指向了：(1)史料实证素养水平1——能够从所获得的材料中提取有关的信息；(2)史料实证素养水平2——在对史事与现实问题进行论述的过程中，能够尝试运用史料作为证据论证自己的观点。

（过渡）从维护贵族群体权利的大宪章运动，到近代西欧民族国家的认同，再到当代欧洲联盟的成立和运行，西欧基层治理理念在欧洲可谓源远流长。

2. 从传统向现代的流变——西方基层治理的历史

教师讲述：早在雅典文明和罗马统治时期，西欧就已经形成了基层自治的传统，村社自治的基层治理模式一直延续到近代欧洲。

(1) 欧洲中世纪的基层治理

① "乡村共同体"——农村自治的传统

教师讲述：在中世纪欧洲，地方的管理者是领主，他们建立庄园，为土地及居民提供军事保护，组织当地经济发展；同时，他们对封地的治理也离不开村社的辅助。村落、庄园一体的"乡村共同体"逐渐形成。

图4　七个村落组成的共同体

图5　菩提树下的村落审判

教师讲述：在共同体内，村落拥有在领主领导下的一定自治权。村民在村民大会组织下，民主选举村长，建立村落法庭，实现共同体的正常运作。而在这种村落自治理念影响下建立起来的西欧中世纪城市，就是一个个独特的城镇共同体。

② "城镇共同体"的兴起——自治市运动

(过渡)"城市运动，比任何其他中世纪运动更明显地标志着中世纪时代的消逝和近代的开端。"[①]

材料二　到11世纪末，一个由市民和官吏团组成的会议开始成形……商界领袖开始要求封建领主给予城市自由特许状……市民运用各种不同的方法，以期达成城市的自由……英国国王给予城市有限的自治权，借此获得它们的支持，以对抗贵族……中央不能直接任免自治市的市政官员……1243年亨利三世曾收回伦敦选举市长的权利，直到伦敦城付出了1000镑的罚金，才把选举权重新授予城市……这种事情在当时曾多次发生。

——[美]威尔·杜兰特著，台湾幼狮文化译：《世界文明史·信仰的时代》，成都：天地出版社，2017年，第619—625页

教师设问：(1)根据材料二并结合所学知识，说明中世纪英国城市自治的特点。(参考答案：商界群体和市民起重要推动作用；自治权主要来自王室授予；自治权存在不确定性；中央不能对地方进行直接管辖。)

① [美]汤普逊著，耿淡如译：《中世纪经济社会史(300—1300年)》下册，北京：商务印书馆，1967年，第407页。

(2) 根据材料二并结合所学知识,指出为什么说西欧的"城市运动……更明显地标志着中世纪时代的消逝和近代的开端"。(参考答案:城市运动是西欧商品经济发展和民众自治意识不断增强的产物;其自治的理念和实践,冲击了西欧中世纪的封建制度、封建势力和封建价值体系;为近代民主政治的构建奠定了社会基础;为资本主义萌芽的产生和发展提供了有利的社会环境;有利于资产阶级人文主义思想的形成与传播。)

教师引导学生分析: 12世纪和13世纪西欧的经济革命,引起了基层治理的变革,城市自治共同体在欧洲纷纷建立。城市拥有自主管理权及自己的法院和法官,有权自行处理自主管辖范围内的争端,并有权派代表出席国家议会。随着地方人民的地方自治传统不断地深化,各乡镇都拥有自己任命的行政官员,并有权利规定税收和分配税款等,这一定程度上为近代民主政治的构建奠定了社会基础。但是,自治市的自治权主要依靠君主的赐予,具有不确定性。中央与地方之关系,应以法律为根据。因法律而建立起来的自治体系,将自然长久延续;依靠历史人物用强力手段树立起来的自治体系,是难以持久的。

③教会与基层治理

教师讲述: 都铎王朝颁布《济贫法》后,教区从教会基层单位逐渐转变为基层的地方政府组织。教会通过发放许可状、建设大学等活动,在基层治理中发挥了自身的作用。

图6 教皇向犹太商人颁发特许状

图7 《中世纪大学》

(过渡) 18、19世纪,随着工业化和城市化的不断发展,中世纪的地方自治政府体制越来越不能应对复杂的社会变化,基层治理逐渐走上近代化的道路。

(2) "城镇共同体的发展与完善"——近代基层治理体制

材料三 1835年颁布的市政法案是有关英国地方政府结构的第一次立法,标志着英国现代地方政府体制的初步形成。19世纪八九十年代,中央政府完全改组了地方政府体制。中央政府对地方政府某些服务的最低标准作出规定,通过提供财政援助加强对地方政府的监督。随着经济、政治和社会的发展,英国地方政府的功能不断变化,成为投放公共服务的最首要机构。

——摘编自孙宏伟:《英国地方自治体制研究》,南开大学博士学位论文,2014年,第82、84、93页

教师设问: 根据材料二、三,说明19世纪30年代以后英国地方自治体制得到完善的表

现。(参考答案：立法自治；中央对基层治理的干预有所加强；地方政府职能走向公共服务。)

教师引导学生分析：工业革命推动了城市化进程迅速发展，也推动了资本主义民主政治日益完善；自由主义思想的盛行为处理中央与地方的关系提供了理论依据。作为资本主义基层治理的重要组成部分，以立法自治为主要特征的基层城市自治在此时进入新的发展高潮。地方城市职能由重政治统治向注重公共服务转变；社会力量也被引入到城市治理的过程中。这都有效地推动了基层治理的走向完善，也推动了西方社会现代化的进程。

(3)“政府主导治理”——二战后至20世纪七十年代的基层治理

教师讲述：20世纪前半期直至六七十年代，受到凯恩斯主义和国家垄断资本主义的影响，政府进一步“倡导”乃至“主导”城市社区建设，在城市基层治理中发挥了重要的作用。基层治理呈现地方自治权有所扩大、社区地位日益提升的趋势。

(4)“社区复兴运动”——20世纪80年代以后的基层治理体制

材料四 20世纪七八十年代以后，受新自由主义影响，西方发达国家第三条道路兴起……社区重新进入政府的决策视野，积极的公民权利和社会融合成为公共政策的主旋律。“政府大幅削减公共开支，积极推进公共部门的私有化，政府对社区服务的投入急剧下降。”“政府逐渐从服务供给的垄断者身份转变为服务购买的最大雇主，形成了以社区为依托的社区照顾政策”。发达国家的社会力量参与社区治理的空间得以扩大，在美国发展出一些以发展经济为重点的“社区发展公司”……在英国，一些社区志愿者组织相继出现，陆续进入社区治理领域。

——吴晓琳、郝丽娜：《“社区复兴运动”以来国外社区治理研究的理论考察》，载《政治学研究》，2015年第1期

教师设问：根据材料四并结合所学知识，概括20世纪七八十年代以后，西方城市基层治理发生的变化，并分析其原因。(参考答案：变化：政府减少对基层治理的干预；基层治理走向市场化；强调公民的自为和积极参与；社会力量参与基层治理的空间扩大。原因：资本主义世界经济危机和社会福利危机的影响；新自由主义和“第三条道路”的影响；城市化加速发展的社会需求。)

教师引导学生分析：在凯恩斯主义失灵，主要资本主义国家纷纷陷入经济滞胀的背景下，新自由主义和“第三条道路”为社会基层治理提供了新的思路。在基层管理中引入市场化因素和社会力量，进一步发挥社区作用的“社区复兴运动”兴起。社区治理实际上是一个多方合作：社区治理的理念和规范由政府政策主导，而社区公共服务是由企业和公共服务组织的公民提供；在社区治理的分工方面，政府主要负责过程监督和资金支持，很少直接服务。这种去机构化的多元社区服务体系使公民、企业、非政府组织和政府共同分享着对社区的治理权力。英国社区治理中多元的服务主体，能够满足社区居民的不同需要，社区服务效率也因此得到很大提升。

(过渡)西方基层治理经历了长时期的发展，其发展历程呈现怎样的特征？我们又应该如何评价西方的基层治理体系呢？

3. 西方基层治理发展的特征

教师设问：根据材料二、三、四并结合所学知识，概括西方地方治理发展的特征。(参考

答案：地方治理的主体从单一走向多元；地方自治成为发展潮流；政府职能从政治统治走向公共服务；实现自治的手段从王权授予走向立法保障；基层治理逐渐向社会化与市场化方向发展。）

教师引导学生分析：西方地方治理的过程，从某种意义上讲就是地方治理从传统走向现代的发展进程，其变化可以从自治主体、治理方式、政府职能和实现手段等方面去认识。另外，还可以鼓励学生提出新的视角，如中央与地方的关系等。

(设计意图)本问考查学生通过阅读史料，概括西欧基层治理发展的特征。学生首先需要根据设问对材料进行分类整理，这指向了史料实证素养水平3——能够对史料进行整理和辨析。其二，提取材料中与发展趋势相关的历史信息，这指向了史料实证素养水平1——能够从所获得的材料中提取有关的信息。其三，构建起不同材料信息点之间的内在逻辑联系，这指向了史料实证素养水平4——能够比较、分析不同来源、不同观点的史料。最后，利用材料关键词和历史专业术语组织语言，这指向了：(1)史料实证素养水平3——在探究特定历史问题时，能够对史料进行整理和辨析；(2)历史解释素养水平2——能够选择、组织和运用相关材料并使用相关历史术语，对个别或系列史事提出自己的解释。

4. 对西方基层治理的评价

材料五　自从光荣革命后，地方治理进入了一个充分的自由发展期……早期守夜人国家对地方政府的放任导致地方腐败和贫困、失业及卫生等问题逐渐恶化……19世纪末地方政府法颁布后，现代地方政府体系确立，地方政府完全被纳入了地方居民的监督中；20世纪50年代地方政府提供基本公共服务后，上述社会问题逐渐得以解决……20世纪80年代地方公共服务市场化改革后，企业活力获得了提升，但却付出了(社区治理)两极分化，服务质量下降、公民监督不力等代价。

——陈国申编著：《从传统到现代：英国地方治理变迁》，北京：中国社会科学出版社，2009年，第243—246页

教师设问：根据材料五并结合所学知识，以英国为案例，对西方近现代的基层治理进行简要评价。(参考答案：积极：推动国家政制和政策不断走向完善；对经济发展和社会进步产生积极作用；增强了公民的参政意识和参政能力。局限：地方基层治理在一定程度上导致了地方两极分化、服务质量下降和公民监督不力等问题。)

教师引导学生分析：首先，地方治理变迁本身就是国家形态变迁的一部分，不断出现的新的治理模式来自国家政体和政策的沿革。英国的近代基层治理始于光荣革命，最初呈现为一种不受约束的发展；19世纪末地方政府法颁布后，现代地方政府体系确立标志着现代国家的人民主权在地方终于得以实现。所以说，地方治理的变迁又反过来推动国家政制和政策走向完善。

其二，现代国家在实现了地方治理职能的彻底转变后，贫困、失业及卫生等问题才收到了良好的效果。每一轮的地方治理转型源于经济和社会的变化；反之，也对经济发展和社会进步产生影响。

其三，地方治理对公民的影响主要有两大变化：一是公民所接受的地方治理的内容发生了变化，从接受统治发展到接受服务；二是实现了从臣民到公民的跨越。公民享有了选举权，地方治理的进行需要社会组织与人民的积极参与。在地方治理的进程中，人民的政治能

力得到锻炼，公民意识得以强化，地方治理的社会基础也得以巩固。

当然，我们也应该看到，西方的基层治理绝非完美无缺，在不同历史时期，其基层治理都存在着多种局限。例如因政府职能转型，社区资金不足而导致服务质量存在个体差异；公民的治理参与存在明显差异等。这都为我们的基层治理和社区建设提供了借鉴。

（设计意图）对西方近现代基层治理进行综合评价，这已经涉及较高层次的能力要求。设问的目的，在于培养学生以唯物史观为引领，辩证看待历史事物的能力。这需要学生认知历史，理解历史，进而学有所得。学生的辩证思维过程指向了：(1)唯物史观素养水平3、4——能够将唯物史观运用于历史学习、探究中，并将其作为认识和解决现实问题的指导思想；(2)史料实证素养水平2——在对史事与现实问题进行论述的过程中，能够尝试运用史料作为论据论证自己的观点；(3)历史解释素养水平2——能够选择、组织和运用相关材料并使用相关历史术语，对个别或系列史事提出自己的解释。

（二）从济贫到保障——现代社会保障制度的建立与发展

1. 含义

教师讲述：社会保障制度即社会安全保障，是国家通过立法，用国民收入分配和再分配的办法，而制定的社会保险、救助、补贴等一系列制度的总称，是现代国家最重要的社会经济制度之一。

在英国，早在17世纪初就已经颁布了《济贫法》，随后，济贫法体系不断发展。那英国又为何会从济贫法体系向现代社会保障制度转变呢？

2. 背景

材料六 19世纪末，在伦敦有30.7%的人口处于贫困状态……他们夜晚大都聚卧在泰晤士河边的堤垣上或铁道桥梁的涵洞内，人挤人以取暖。他们宁愿这样过活而不愿去济贫联盟的临时寝室，因为这要以第二天做锤石子的苦工为代价。

1867年议会改革使部分上层劳工取得选举权。19世纪末因工人支持自由党而出现了“自由—劳工联盟”。政府过去对工人运动以打压为主的策略逐渐向以拉拢为主的方式转变……1948年，以一人一票为特征的选举制度在英国正式确立。

——陈国申编著：《从传统到现代：英国地方治理变迁》，北京：中国社会科学出版社，2009年，第152—158页

教师设问：根据材料六并结合所学知识，说明英国建立现代社会保障制度的原因。（参考答案：失业与贫困现象严重；传统济贫制度存在弊端；社会贫富分化加剧；社会矛盾尖锐；工人的斗争；民主政治的发展与完善；凯恩斯主义的影响。）

（设计意图）本问要求学生根据材料并结合所学知识，说明英国建立现代福利国家的原因。这指向了：(1)唯物史观素养水平3、4——能够将唯物史观运用于历史学习、探究中，并将其作为认识和解决现实问题的指导思想；(2)时空观念素养水平2——能够认识事物发生的来龙去脉，理解空间和环境因素对认识历史与现实的重要性；(3)史料实证素养水平2——在对史事与现实问题进行论述的过程中，能够尝试运用史料作为论据论证自己的观点；(4)历史解释素养水平2——能够选择、组织和运用相关材料并使用相关历史术语，对个别或系列史事提出自己的解释。

3. 目的

教师讲述：综上所述，西方国家构建社会保障制度的目的是：逐步增进全体社会成员的物质和文化福利，保持社会安定，促进经济增长和社会进步。

4. 发展历程

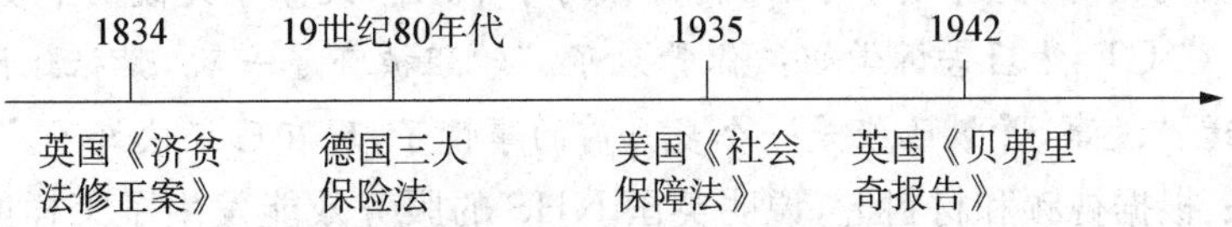

图 8　近代社会保障制度的发展历程

教师讲述：随着工业革命的逐步完成，资产阶级不断成熟。1834 年，英国颁布《济贫法修正案》。修正案最重要的一条原则就是严格禁止对有工作能力的人提供济贫院之外的救济，对于申请救济的贫困劳工，要求他们必须住入济贫院并从事教区安排的工作以获得救济。这适应了自由资本主义发展的需要，被看作英国近代社会救济机制建立的标志。

19 世纪后期，德国就建立了针对退伍军人的社会保险制度。1881 年，威廉一世根据俾斯麦的建议，决定“用积极的手段来改善工人的福利”。1883 年《疾病保险法》、1884 年《工伤事故保险法》和 1889 年《老年与残疾保险法》的通过，使得德国成为第一个建立了现代社会保险制度的国家。之后，各国相继仿行。

1935 年，美国政府颁布《社会保障法》，建立了更合理的一系列救济法，直观地救济穷人，同时在某种程度上抑制富人。这使社会保障制度从一开始就充当了调和社会利益矛盾的“调节器”，一定程度上缓和了社会矛盾，保障了社会生产力的恢复。1935 年《社会保障法》标志着美国现代社会保障制度的最终确立。

1942 年，英国经济学家贝弗里奇为主席的英国各部研究社会保险及有关福利联合委员会提出了《社会保险和联合服务报告书》，史称《贝弗里奇报告》。该报告建议实行福利国家政策，构建起战后英国推行福利国家社会立法政策的蓝图，在英国和西方世界引起强烈反响。现代社会保障制度在英国建立起来。

图 9　《贝弗里奇报告》

（过渡）展示视频《NHS》并讲述：2012 伦敦奥运开幕式的歌舞表演展示了最能代表英国的两项内容：一是作家罗琳与她的《哈利·波特》；二是为全体英国人提供免费医疗的国民健康服务体系（NHS）。NHS 建立于 1948 年，作为英国社会福利制度的典型项目，2009 年政府拨款即达 900 多亿英镑。NHS 为全英国 6000 多万人口服务，可说是全球最大规模的公立医疗系统，雇员达 150 万，其中包括 9 万名医院医生、3.5 万名家庭医生、40 万名护士和 1.6 万名急救人员，全国有 1600 间医院和特别护理中心。NHS 正是二战后西方构建福利国家的重要表现。

NHS 曾在英国的国民医疗健康领域发挥过积极的作用，但 20 世纪七八十年代以后，其效能逐渐发生变化。下面的故事折射出其效能的改变。

材料七 来自中国留英学生的口述故事①

我刚来英国的时候，一位学姐某次打篮球后脚踝处一直隐隐作痛，预约了个GP(社区医生)，排在半个多月之后。学姐见到大夫说明情况，大夫说“没事没事”，开了一管药膏。学姐觉得自己是骨头的问题，药膏起不了作用，又预约了个GP，又等了大概半个多月。这次大夫比较负责，拍了张CT，然后告诉学姐：“你骨裂了。”学姐被吓了一跳，紧张地问该怎么办，大夫很淡定地答道：“没事，骨裂已经是一个多月前的事情了，现在已经快好了。”

教师设问：根据视频和材料七，说明英国NHS的服务效能发生了怎样的变化。(参考答案：服务效能降低。)

教师讲述：NHS服务效能的降低，在一定程度上折射出当今西方福利制度的困境。

5. 评价

材料八 从20世纪50年代到80年代，瑞典的公共支出占GDP的60%……到1986年政府财政赤字达到了13%。为了维持庞大的福利支出，瑞典政府被迫大举借债，2004年所欠外债达1.43万亿瑞典克朗……目前瑞典只有7%的就业人口拥有自己的企业，每年有13%中小企业倒闭，一个重要原因就是无法承受巨额的税收。

——阎安：《瑞典的社会福利制度及其特点》，载《科学·经济·社会》，2006年第1期

一名叫汉斯的德国公民，现年56岁，由于长期失业成为社会救济对象。他每月可从社会保障局领到1255欧元的现金作为生活费。750欧元的房租和医疗健康保险均由政府支付。每年换季时，汉斯还能再得到几百欧元的服装补贴。如果生活上仍有困难，可以申请额外资助。②

——柴野等：《高福利让“老欧洲”骑虎难下》，载《环球时报》，2006-03-27

教师设问：根据材料八并结合所学知识，对战后西方的社会保障制度进行简要评价。(参考答案：积极：社会福利在一定程度上保障了人民的利益，有效地缓解了社会的矛盾，体现了社会公正与正义；对稳定资本主义制度起了重要的作用。消极：增加了政府财政支出，造成财政赤字；降低了人们的工作积极性；带来社会道德危机；过高的福利和税收政策一定程度上加剧了社会阶层的对立与分裂，社会公平也受到损害。)

教师引导学生分析：“从摇篮到坟墓”的社会保障制度包括医疗保健、社会保险和社会服务，涉及生、老、病、残、鳏、寡、失业和教育等各个方面。这有利于保障低收入群体的利益，缓和社会矛盾，并一定程度上体现了社会公平与正义，对于维护资本主义制度有一定的积极作用。

但是，国家在社会保障方面的开支已占财政支出的很大比重。美国1982年社会福利开支已达3411亿美元，占国民生产总值的五分之一，占财政支出32.4%，加上教育、保险等，竟达50%，远远超过国防军费开支。西欧各国攻府的福利开支在财政支出中的比重，1957年为55.3%，1978年上升到64.7%。这必然会增加政府财政支出，造成财政赤字。

同时，高福利政策降低了人们的工作积极性，部分低收入人群把社会福利当作自己无限

① 知乎：https://www.zhihu.com/question/29698414，2015-04-28。
② 当时德国普通职工的月平均工资约2800欧元。

索取的依据，社会道德危机日益凸显。下图出自德国一个社保案例。

实物救济申请
结婚戒指：51 欧元
洗衣机：306 欧元
厨房用品：161 欧元
煤气灶：397 欧元

图 10　德国实物救济案例

另外，政府为保证社会保障制度的实施，被迫实行高税收的政策，以美国为例，21 世纪初美国的中产阶层的税负为 15%—35%，负担颇重，但超级富豪因大量从事投资活动而享受仅为 15%的较低税负。这导致中产阶层与富裕阶层的矛盾日益尖锐，社会阶层的分裂与对立日益加剧，社会公平也受到损害。2011 年美国的"攻占华尔街"运动正是这一社会现象的反映。

图 11　攻占华尔街

（设计意图）本问要求学生根据材料并结合所学知识，对二战后西方的社会保障制度进行简要评价，以辩证和发展的眼光评价历史事物。本环节指向：(1)唯物史观素养水平 3、4——能够将唯物史观，即生产力与生产关系，经济基础与上层建筑的辩证关系运用于历史学习、探究中，理解历史的发展变化和社会形态的演变过程；(2)史料实证素养水平 2——在对史事与现实问题进行论述的过程中，能够尝试运用史料作为论据论证自己的观点；(3)历史解释素养水平 2——能够选择、组织和运用相关材料并使用相关的历史术语，对个别或系列史事提出自己的解释。

【课堂小结】

教师引导学生小结：国家，既是国与家的联合，又是国与民的联合，还是国与社会的联合。在建设现代国家的进程中，当今的西方主要国家和中国都以追求民众"整体福祉"为目标，在基层治理和社会保障方面不同程度地践行了以民为本的公共政策。

图 12 志愿服务公益广告

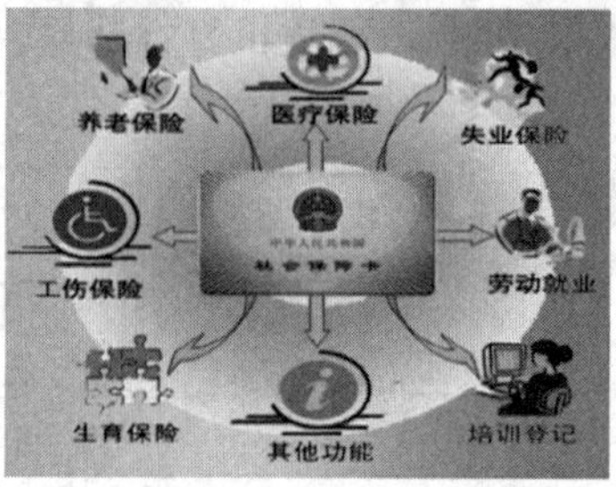

图 13 社会保障卡的功能

教师讲述：民众“整体福祉”的实现是国家得以兴盛的重要基石。中国共产党第十九届四中全会提出了推进国家治理体系和治理能力现代化，满足人民对美好生活新期待的目标。我们可以在一种开放的胸怀中，吸收人类文明的优秀成果，不断进行基层治理理论与实践的创新，促进国家、社会、家庭和国民的和谐发展。正所谓，“民惟邦本，本固邦宁”①。

（设计意图）在课堂小结部分，将中外的基层治理与社会保障联系起来，以起到提升学生认识，凸现教学立意的作用。本环节指向家国情怀素养水平 4——能够将历史学习所得与家乡、民族和国家的发展繁荣结合起来，立志为新时代中国特色社会主义建设、中华民族伟大复兴作出自己的贡献。

【课后探究】

材料九 “十二五”期间，我国社会保障公共投入规模年均增长在 15%以上。然而，伴随经济发展进入新常态，国民经济增速已从上世纪的两位数下降到 7%左右，财政收入增幅也从曾经的 20%以上降低到个位数。……一方面，一些人渲染所谓“福利病”“福利国家病”“福利陷阱”和社会保险财政崩溃论调，主张限制甚至削减公共福利、基本养老保险采取大账户制、社会医疗保险实行商业保险化等等。……另一方面，公众对社会保障制度的期望越来越高，不仅要求持续提高养老金、医保等社会保障待遇，而且要求免费医疗、普遍性福利的呼声高涨。

——光明网：《中国社会保障改革面临四大问题与五大挑战》，http://theory.gmw.cn/2016-02/16/content_18892794.htm，2016 - 02 - 16

教师设问：面对社会保障制度所存在的问题，你觉得我们应该选择怎样的社会保障之路？结合本课所学和下列参考资料，撰写 300—500 字的论文。要求：观点明确，逻辑严密，史论结合。

参考资料：

丁建定：《西方社会保障制度改革及其评价》，载《学习与实践》，2007 年第 2 期

黄安年：《当代西方国家社会保障制度的演变》，载《求是学刊》，2002 年第 3 期

金家厚：《西方社会福利制度范式的流变——兼评福利理论范式的变迁》，载《理论界》，2011 年第 9 期

郑秉文：《中国社会保障制度改革的瓶颈与出路》，载《中国科学报》，2013 - 06 - 24

① 李学勤主编：《十三经注疏·尚书正义》，北京：北京大学出版社，1999 年，第 177 页。

周端明：《社会保障的新理念与中国农民扶持性社会保障体制》，载《经济学家》，2006 年第 5 期

丁越兰、赵建芳：《中国社会保障体制改革的社会效应分析与改革思路》，载《西安财经学院学报》，2004 年第 6 期

光明网：《中国社会保障改革面临四大问题与五大挑战》，http://theory.gmw.cn/2016-02/16/content_18892794.htm，2016－02－17

（参考答案：略。）

（设计意图）本问要求学生解决“我们应该选择怎样的社会保障之路”的问题，并要求学生在查阅相关史料的基础上形成自己的观点。本环节指向：(1)唯物史观素养水平 3、4——能够将唯物史观运用于历史学习、探究中，并将其作为认识和解决现实问题的指导思想；(2)时空观念素养水平 4——在对历史和现实问题进行独立探究的过程中，能将其置于具体的时空框架下；(3)史料实证素养水平 4——能够比较、分析不同来源、不同观点的史料；在对历史和现实问题进行独立探究的过程中，能够恰当地运用史料对所探究问题进行论述；(4)历史解释素养水平 4——在独立探究历史问题时，能够在尽可能占有史料的基础上，尝试验证以往的说法或提出新的解释；(5)家国情怀素养水平 3、4——能够将历史学习所得与家乡、民族和国家的发展繁荣结合起来，立志为新时代中国特色社会主义建设、中华民族伟大复兴作出自己的贡献。

后　记

本书是教育部基础教育课程教材发展中心、教育部课程教材研究所何成刚研究员主持编写的“高中历史教学设计丛书”中的一册。

何成刚、刘松柏(四川师范大学附属中学)、梁晓东(四川省嘉祥教育科学研究院、成都嘉祥外国语学校)共同确定了本书的写作思路，并参与了本书的修改完善和统稿定稿工作。李致远(四川师范大学附属中学)负责本书第一、四单元的书稿审读和修改定稿工作，梁晓东负责本书第二、三单元的书稿审读和修改定稿工作，何成荣(四川师范大学附属中学)负责本书第五、六单元的书稿审读和修改定稿工作。邱袁(四川师范大学附属中学)、曾娟、王灵艳(成都嘉祥外国语学校成华校区)、曾真(彭州市嘉祥外国语学校)、杨梦(乐山嘉祥外国语学校)参与了书稿审读和校对工作。雷玲(四川省嘉祥教育科学研究院)参与了古文献资料的检索和复核工作。

本书是四川省中小学名师名校长工作室专项重点课题“新时代高中历史教师史学方法素养提升实践研究”(课题编号:SCJG20B016;负责人:刘松柏)、成都市教育科研名师专项课题“新时代高中历史教师教学评价素养培育的实践研究”(课题编号:CY2020ZM11;负责人:刘松柏)、全国教育科学“十三五”规划 2017 年度单位资助教育部课题“普通高中学生学习思维品质培养的跨学科实践研究”(批准号:FHB170590)的子课题“普通高中学生审辨式思维培养的历史学科实践研究”(负责人:梁晓东)的部分成果。感谢复旦大学出版社朱建宝、张彦珺编辑为本书出版付出的劳动。

图书在版编目(CIP)数据

高中历史教学设计.国家制度与社会治理/何成刚总主编;刘松柏,梁晓东主编. —上海:复旦大学出版社,2021.6
ISBN 978-7-309-15580-8

Ⅰ.①高… Ⅱ.①何… ②刘… ③梁… Ⅲ.①中学历史课-教学研究-高中 Ⅳ.①G633.512

中国版本图书馆 CIP 数据核字(2021)第 055468 号

高中历史教学设计.国家制度与社会治理
何成刚 总主编
刘松柏 梁晓东 主编
责任编辑/朱建宝

复旦大学出版社有限公司出版发行
上海市国权路 579 号 邮编:200433
网址:fupnet@fudanpress.com http://www.fudanpress.com
门市零售:86-21-65102580 团体订购:86-21-65104505
出版部电话:86-21-65642845
江苏句容市排印厂

开本 787×1092 1/16 印张 25.5 字数 605 千
2021 年 6 月第 1 版第 1 次印刷

ISBN 978-7-309-15580-8/G·2231
定价:80.00 元